OS REIS

Estudo sobre o caráter
régio particularmen.. ..a ı ıança e na Inglaterra

MARC BLOCH

Título original: Les Rois Thaumaturges (1924)

Primeira edição em francês, 1924. Primeira edição em português pela antoniofontoura.com.br, 2018.

Imagem da capa: Apresentação de um livro a um Rei, século XVI. Disponível em https://commons.wikimedia.org/wiki/File:Presentation_of_a_book_to_a_king;_the_royal_arms_of_England_(France_and_England_quarterly)_in_lower_border;_two_female_figures_before_a_fire,_and_a_kneeling_figure_beside_a_black-draped_bed_(f._9r)_Cropped.jpg

Os reis taumaturgos / por Marc Bloch / traduzido por Antonio Fontoura.
Curitiba, antoniofontoura, 2018. 402 p.
1. Reis e governantes; 2. Monarquia; 3. Despotismo. II. Título

1

Sumário

Introdução

Este rei é um grande mágico.

Montesquieu. Cartas Persas, I, 24.

O único milagre considerado perpétuo na religião dos Cristãos e na casa da França...

Pierre Mathieu, Histoire de Louys XI, roi de France, 1610, p. 472.

Em 27 de abril de 1340, Frei Francisco, da Ordem dos Pregadores, bispo de Bisaccia na província de Nápoles, capelão do rei Roberto de Anjou e nesse momento embaixador do rei da Inglaterra Eduardo III, apresentou-se perante o doge de Veneza[1]. Entre a França e a Inglaterra acabara de se iniciar a luta dinástica que se tornaria a Guerra dos Cem Anos; as hostilidades já haviam começado; mas a campanha diplomática ainda se prolongava. Em toda Europa os dois reis rivais procuravam alianças. O Frei Francisco havia sido encarregado por seu senhor de solicitar apoio dos Venezianos e sua intervenção amigável ante os Genoveses. Acabou conservado um resumo de seu discurso[2]. Nele destacava, como seria de se esperar, as disposições pacíficas do soberano inglês. "O sereníssimo príncipe Eduardo", desejando ardentemente evitar o massacre de uma multidão de cristãos inocentes, tinha, se acreditarmos nele, escrito a "Filipe de Valois, que se diz rei da França", para lhe propor três meios, a sua escolha, de decidir entre eles, sem guerra, a grande disputa; o primeiro, o combate em local fechado, verdadeiro julgamento de Deus, fosse na forma de um duelo entre os dois próprios pretendentes, fosse em um combate mais amplo entre dois grupos de seis a oito fiéis; ou, dentre uma ou outra das duas seguintes provas (cito aqui textualmente): "Se Filipe do Valois for, como afirma, o verdadeiro rei da França, que o demonstre expondo-se a leões famintos; porque os leões jamais atacam um verdadeiro rei; ou que realize o milagre da cura dos doentes, como costumam fazer os verdadeiros reis", – entenda-se, aqui, sem dúvida, os outros verdadeiros reis da França. "Em caso de insucesso, ele se

---

[1] Coloca-se sobre este personagem uma pequena dificuldade. O documento veneziano o chama Ricardo: "fratrii Ricardo Dei gratia Bisaciensis episcopus incliti principis domini regis Roberti capellano et familiari domestico". Mas em 1340, o bispo de Bisaccia, que era um Pregador e, por conseguinte, um "frei", chama-se Francisco. Cf. Eubel, *Hierarchia catholica*, ed. a 2-a, 1913; e Ughelli, *Italia sacra*, t. VI, in-4°, Veneza, 1720, col. 841. Não se pode duvidar que este frei Francisco tenha tomado a palavra diante do doge; o escriba veneziano pode ter cometido, em algum momento, um erro de escrita ou de leitura (falsa interpretação de uma inicial?); achei conveniente reparar o erro.
[2] Veneza, Archivio di Stato, Commemoriali, voi. III, p. 171; analisado em *Calendar of State Papers*, Veneza, I, nr. 25. Devo a posse de uma cópia desta curiosa peça à extrema gentileza de Cantarelli, professor da Universidade de Roma. Não existe menção à embaixada do bispo de Bisaccia em Roma em E. Deprez, *Les preliminaires de la Guerre de Cent Ans*, 1902 (*Bibl. Athenes et Rome*). A análise do *Calendar* não é isenta de erros; traduz-se *Pontyus in Picardiam* (Ponthieu): *the counties... of Pontoise*.

reconhecerá indigno da realeza." Filipe – sempre segundo o testemunho do Frei Francisco – tinha, "em sua soberba", rejeitado estas sugestões[1].

É possível nos perguntarmos se Eduardo III realmente as teria feito. Os documentos sobre as negociações anglo-francesas chegaram até nós em um verdadeiro bom estado; não se encontram traços da carta resumida pelo bispo da Bisaccia. É provável que este último, querendo impressionar os Venezianos, tenha-a imaginado inteiramente. Mas vamos supor que tenha sido realmente enviada; em tal caso não se deve tomar mais a sério a prova dos leões ou a do milagre que o convite ao duelo, desafio clássico que, nesta época, trocavam soberanos no momento de entrar em guerra, embora jamais, a memória do homem, tenha-se visto qualquer um deles realmente guerreando. Simples fórmulas diplomáticas que, em todo caso, ou melhor, no caso que nos ocupa, foram palavras lançadas ao vento por um loquaz diplomata.

Estas vãs propostas merecem, porém, a reflexão dos historiadores. Apesar de sua aparente insignificância, lançam uma luz muito viva sobre coisas profundas. Que se compare com o pensamento que teria na atualidade um plenipotenciário, colocado em semelhantes circunstâncias. A diferença nos revela o abismo que separa duas mentalidades; pois propostas semelhantes, destinadas à audiência, respondem necessariamente às tendências da consciência coletiva. Frei Francisco não persuadiu os Venezianos: nem as provas, apresentadas diante deles, do espírito pacifista de Eduardo III – segundo ele disse – que até o último momento havia sido demonstrado, nem as promessas mais positivas contidas mais adiante no discurso, fez com que decidissem abandonar a neutralidade que consideravam lucrativa para seu comércio. Mas as supostas ofertas, que se disse terem sido feitas pelo rei da Inglaterra a seu rival da França, possivelmente não encontraram venezianos tão incrédulos como se poderia imaginar. Sem dúvida não esperariam ver Filipe de Valois descer à cova dos leões; mas a ideia de que

"o filho de um rei não podem os leões devorar"

era-lhes familiar por toda a literatura de aventuras de sua época. Sabiam muito bem que Eduardo III não estava disposto a ceder a seu rival o reino da França, inclusive se este realizasse curas milagrosas. Mas que todo verdadeiro rei da França – como todo verdadeiro rei da Inglaterra – fosse capaz de tais

---

[1] "...ne tanta strages Christianorum, que ex dicto belo orta et oritur et oriri in posterum creditur, ipsi serenissimo principi Eudoardo imputaretur aliquatenus, in principio diete guerre suas literas supradicto destinavit Philipo, continentes quod ad evitandum mala super inocentes ventura eligeret alterum trium: silicet quod de pari ipsi duo soli duelum interarent, vel eligeret sibi sex vel octo aut quot velet, et ipse totidem, et si[c] questio terminaretur inter paucos, Altissimo de celo justiţiara querenti victoriam tribuente; aut si veros rex Francie esse[t], ut asserit, faceret probam offerendo se leonibus famelicis qui verum regem nullactenus lesunt; aut miraculum de curandis infirmis, sicut solent facere ceteri reges veri, faceret (ms: facerent); alias indignum se regni Francie reputaret. Que omnia supredicta, ac plures et diversos (ms: diversi) pacis tractatus contempsit, se in superbiam elevando".

prodígios, isto era, de toda forma, um fato da experiência que nem mesmos os mais céticos, no século XIV, atreviam-se a pôr em dúvida. Acreditava-se na realidade deste singular poder em Veneza, como em toda a Itália, e quando necessário se recorria a ele: um documento, salvo da destruição por puro caso, legou-nos a lembrança de quatro bravos Venezianos que, em 1307 – e 33 anos antes da missão do Frei Francisco – se dirigiram à França para obter sua cura para obter da mão de Filipe o Belo a sua cura[1].

Assim, o discurso de um diplomata loquaz nos vem oportunamente recordar que nossos ancestrais, na idade média e mesmo em plenos tempos modernos, faziam da realeza uma imagem muito diferente da nossa. Em todos os países os reis eram considerados então personagens sagrados; e em certos países eram ao menos considerados taumaturgos. Durante longos séculos, os reis da França e os da Inglaterra – para empregar uma expressão então clássica – "tocaram as escrófulas"; devendo-se entender por isso que presumivelmente curavam, apenas pelo contato de suas mãos, aos doentes tomados por essa afecção; em torno deles existia a crença comum de sua virtude medicinal. Durante um período um pouco menos extenso, viu-se os reis da Inglaterra distribuir a seus súditos, e mesmo para além dos limites de seus Estados, anéis (os *cramp-rings*) que, por terem sido consagrados por eles, teriam recebido, pensava-se, o poder de devolver a saúde aos epiléticos e de acalmar dores musculares. Estes fatos, ao menos em suas grandes linhas, são perfeitamente conhecidos pelos eruditos e os curiosos. Porém, deve-se admitir que repugnam particularmente a nosso espírito: porque, sobre eles, quase sempre se mantém o silêncio. Os historiadores que escreveram grossos volumes sobre as ideias monárquicas não os mencionam jamais. As páginas a seguir têm como principal objetivo preencher esta lacuna.

A ideia de estudar os ritos de cura e, mais genericamente, a concepção da realeza que neles se manifesta, veio a mim há alguns anos quando li no *Cerimonial* de Godefroy os documentos relacionados à sagração dos reis da França. Estava longe de compreender naquele momento a verdadeira extensão da tarefa que deveria empreender; a amplitude e a complexidade das pesquisas a que me vi envolvido em muito ultrapassaram minhas expectativas. Tive razão em perseverar, apesar de tudo? Temo que as pessoas às quais confiei minhas intenções tenham me considerado mais de uma vez vítima de uma curiosidade bizarra e, especialmente, assaz fútil. Em que caminho oblíquo eu me coloquei? "This curious by-path of yours", disse-me, nestas palavras, um amável inglês. Entretanto, pensei que este atalho merecia ser seguido e acreditei perceber, por experiência, que me levaria bastante longe. Considerei que, com o que até então não era mais que uma anedota, poderia fazer história. Seria fora de propósito buscar, nesta *Introdução*, justificar em detalhes meu projeto. Um livro deve levar sua apologia em si mesmo. Simplesmente queria indicar aqui, brevemente, como concebi meu trabalho e quais foram as ideias diretrizes que me guiaram.

---

[1] Tanto a crença relativa aos leões, quanto a viagem dos quatro venezianos, serão tratadas posteriormente.

A questão não poderia ser a de estudar os ritos de cura isoladamente, fora de todo este grupo de superstições e lendas que formam o "maravilhoso" monárquico: isso teria sido condená-los de antemão como não mais que uma anomalia ridícula, sem qualquer ligação com as tendências gerais da consciência coletiva. Eu me servi deles como um fio condutor para estudar, particularmente na França e na Inglaterra, o caráter sobrenatural a tanto tempo atribuído ao poder real, que se poderia, utilizando um termo que os sociólogos desviaram ligeiramente de sua significação primeira, denominar de realeza "mística". A realeza! Sua história domina toda a evolução das instituições europeias. Quase todos os povos da Europa Ocidental foram, até nossos dias, governados por reis. O desenvolvimento político das sociedades humanas em nossos países resumiu-se quase que unicamente, durante um longo período, nas vicissitudes do poder das grandes dinastias. Ora, para compreender o que foram as monarquias de outrora, para explicar sobretudo sua vasta influência sobre o espírito dos homens, não basta esclarecer até o último detalhe os mecanismos da organização administrativa, judiciária, financeira, que impuseram a seus súditos; nem é suficiente analisá-las em abstrato, ou buscando deduzir a partir de alguns grandes teóricos os conceitos de absolutismo ou de direito divino. Faz-se necessário penetrar nas crenças e fábulas que floresceram em torno das casas régias. Em muitos pontos, todo este folclore nos diz mais que qualquer tratado doutrinário. Como escrevia com razão, em 1575, Claude d'Albon, "jurisconsulto e poeta delfinês", em seu tratado *Da majestade real*: "o que levou aos Reis tal veneração, foram principalmente as virtudes e os poderes divinos, de que existem apenas neles e não em outros homens"[1].

Obviamente, Claude d'Albon não acreditava que essas "virtudes e poderes divinos" fossem a única razão de ser do poder real. Faz-se necessário declarar que também eu não penso assim? Sob o pretexto de que os reis do passado, incluídos os maiores – um São Luís, um Eduardo I, um Luís XIV –, com os curandeiros de nossos campos, pretendiam curar as enfermidades por um simples toque, nada seria mais ridículo que não ver neles nada além de feiticeiros. Foram chefes de Estado, juízes, líderes em guerras. Por meio da instituição monárquica, as sociedades antigas satisfaziam certo número de necessidades eternas, perfeitamente concretas e de essência perfeitamente humana, que as sociedades atuais sentem de modo semelhante, e que procuram satisfazer, usualmente, por diferentes meios. Mas um rei era, depois de tudo, para seus povos fiéis, algo diferente de um simples alto funcionário. Uma "veneração" os rodeava, e que não tinha sua origem unicamente nos serviços emprestados. Como poderíamos compreender este sentimento de lealdade, que em certas épocas da história alcançou tal força e um acento tão particular se, equivocadamente, nos negássemos a ver, ao redor de suas coroas, uma auréola sobrenatural?

---

[1] Claude d'Albon, De la maiesté royalle, instituition et preeminence et des faveurs Divines particulieres *envers icelle*, V, Lyon, 1575, p. 29.

Esta concepção da realeza "mística" não será analisada aqui em seu germe e em seus primeiros princípios. Suas origens escapam ao historiador da Europa medieval e moderna; escapam, na verdade, à história como um todo; somente a etnografia comparada pareceria capaz de lançar sobre eles alguma luz. As civilizações das quais imediatamente surgiu a nossa receberam esta herança de civilizações ainda mais antigas, perdidas nas sombras da pré-história. Significaria dizer que encontraremos aqui por objeto de nosso estudo aquilo que se costumou denominar, de maneira algo desdenhosa, de "sobrevivência"?

Teremos mais tarde ocasião de observar que esta palavra, de toda maneira, não poderia ser legitimamente aplicada aos ritos de cura considerados em si mesmos; o toque das escrófulas nos surge, de fato, como uma criação da França dos primeiros Capetos e da Inglaterra normanda; quanto à bênção dos anéis pelos soberanos ingleses, iremos vê-la ocupando seu lugar no ciclo da realeza milagrosa muito mais tarde ainda. Resta a própria noção do caráter sagrado e maravilhoso dos reis, dado psicológico fundamental, do qual os ritos que estudaremos formam não mais do que uma de suas várias manifestações. Mais antigo que muitas das mais antigas dinastias históricas da França ou Inglaterra, pode-se assim dizer que ele sobreviveu por longo tempo em um meio social, quase ignorado por nós, que por outro lado tinha condicionado seu nascimento. Mas caso se entenda, como é usual, por "sobrevivência" uma instituição ou uma crença da qual toda verdadeira vida foi retirada e que não tem mais razão de ser senão a de ter respondido alguma vez a algo, uma espécie de fóssil, testemunha tardia de épocas passadas, neste sentido a ideia que nos ocupamos, desde a idade média e até o século XVII ao menos, não possui nada que nos autorize a caracterizá-la por este termo; sua longevidade não foi uma lenta degeneração. Conservou uma vitalidade profunda; seguiu dotada de uma força sentimental ativa incessante; adaptou-se a condições políticas, e sobretudo a novidades religiosas; revestiu-se de formas até então desconhecidas, entre as quais, precisamente, os próprios ritos de cura. Não a explicaremos em suas origens, porque nos desviaríamos, para fazê-lo, do campo específico de nosso estudo; mas a explicaremos em sua duração e evolução: esta é também uma parte, e muito importante, da explicação total. Em biologia, explicar a existência de um organismo não é apenas investigar seu pai e sua mãe; é também determinar os caracteres do ambiente que lhe permite viver e o obriga a se modificar. Ocorre o mesmo, *mutatis mutandis*, com os fatos sociais.

Em suma, o que procurei fazer aqui é fundamentalmente uma contribuição à história política da Europa em sentido amplo, no verdadeiro significado desta palavra.

Pela própria força das coisas, este ensaio de história política tomou a forma de um estudo de história comparada: pois tanto a França quanto a Inglaterra possuíram reis médicos, e quanto à ideia da realeza maravilhosa e sagrada, ela foi comum a toda a Europa ocidental: necessidade feliz caso seja verdade, como acredito, que a evolução das civilizações das quais somos herdeiros só nos apresentará mais clara no dia em que saibamos considerá-la fora do quadro muito estreito das tradições nacionais[1].

Mas há mais. Se não temesse tornais ainda mais pesado um título já muito longo, teria dado a este livro um segundo subtítulo: *História de um milagre*. A cura das escrófulas ou da epilepsia pela mão dos reis foi, de fato, tal como registrou aos Venezianos o bispo de Bisaccia, um "milagre": um grande milagre, na verdade, que se deve contar entre os mais ilustres sem dúvida, ou ao menos entre os mais contínuos que o passado nos apresenta; inumeráveis testemunhas o confirmam; seu resplendor só se apagou ao final de cerca de sete séculos de uma popularidade permanente e uma glória quase sem nuvens. A história crítica de semelhante manifestação sobrenatural poderia ser indiferente à psicologia religiosa ou, melhor dizendo, a nosso conhecimento do espírito humano?

Cℛℬ𝒪

A maior dificuldade que encontrei no curso de minhas investigações proveio do estado das fontes. Não porque os testemunhos relativos ao poder taumatúrgico dos reis não fossem, em seu conjunto, com toda reserva aos períodos iniciais, bastante abundantes; mas se encontram dispersos em extremo, e sobretudo são de naturezas prodigiosamente diversas. Isso pode ser compreendido por um único exemplo: nossa mais antiga informação sobre o toque das escrófulas pelos reis da França se encontra em uma pequena obra de polêmica religiosa com o título *Tratado sobre as relíquias*; o mesmo rito na Inglaterra aparece comprovado pela primeira vez, de maneira segura, por uma carta privada, que não é senão, possivelmente, um mero exercício de estilo; a primeira menção que se possui dos anéis de cura, consagrados pelos reis ingleses, deve ser encontrada em um edito real. Para seguir a narrativa, fez-se necessário recorrer à contribuição de uma multidão de documentos de diferentes espécies: livros de contas, peças administrativas de todos os tipos, literatura narrativa, escritos políticos ou teológicos, tratados médicos, textos litúrgicos, monumentos figurados – e não apenas isso; o leitor verá desfilar ante seus olhos

---

[1] Não quero de toda forma ocultar aqui que em minha pesquisa nem sempre consegui alcançar um equilíbrio adequado entre os dois países cujos destinos paralelos pretendi seguir. Para alguns talvez se ache que a Inglaterra foi um pouco sacrificada. Pude estudar a história dos ritos de cura nesse país em seus detalhes, tão completamente, ou quase, creio eu, como na França, mas a história da realeza sagrada em geral, não. O estado presente da Europa, pouco favorável às viagens e às aquisições de livros estrangeiros por bibliotecas públicas ou privadas, tornou ainda pior as pesquisas de história comparada. O remédio consistiria, sem dúvida, em uma boa organização de empréstimo internacional para os livros impressos e os manuscritos; sabe-se que a Grã-Bretanha, especialmente, não entrou ainda por este caminho. Meu trabalho de toda forma não teria sido possível, como o indiquei, se não fosse pela generosidade do doador – Sr. de Rothschild –, a quem o Institut de France deve sua *Maison* de Londres. Infelizmente pude fazer apenas uma única estadia de estudo na Inglaterra, quase no início de minhas pesquisas, quer dizer, em um momento em que os problemas ainda não apareciam com toda amplitude e complexidade que se vão descobrindo mais tarde: de onde certas lacunas que, apesar da boa vontade de meus amigos londrinos, nem sempre consegui preencher.

inclusive um jogo de cartas. As contas reais, tanto francesas como inglesas, não poderiam ser utilizadas sem um exame crítico; eu lhes dediquei um estudo especial; mas discuti-lo aqui seria carregar inutilmente a *Introdução*; preferi incluí-lo ao final do volume. O material iconográfico, bastante pobre, foi relativamente fácil de inventariar: elaborei uma informação pormenorizada sobre ele, que se encontrará também em apêndice [1]. As outras fontes me pareceram muito numerosas e heterogêneas para que um recenseamento pudesse ser tentado; por isso me conformei em citá-las e comentá-las à medida em que as ia utilizado. De resto, em semelhante tema, o que poderia significar uma nomenclatura de fontes?; qualquer coisa, na verdade, parecida ao conjunto de movimentos de uma sonda. Há bem poucos documentos dos quais se podia dizer de antemão, com alguma certeza: este fornecerá ou não fornecerá uma indicação útil sobre a história do milagre real. Foi necessário tatear, confiar na sorte ou no instinto e perder muito tempo para obter tão somente um magro resultado. Ainda se todas as recopilações de textos estivessem providas de índices – ou seja, índices por matérias! Mas será necessário lembrar quantas não os possuem? Estes indispensáveis instrumentos de trabalho se tornam cada vez mais raros à medida que são pesquisados documentos de datas mais recentes. Sua frequente ausência constitui um dos vícios mais chocantes de nossos métodos atuais de publicação. Falo disso possivelmente com algum rancor, porque esta infeliz lacuna muito me dificultou. Ainda assim, mesmo quando existe um índice, ocorre que seu autor negligenciou sistematicamente em incluir as menções relativas aos ritos de cura, sem dúvida porque considerou que estas vãs práticas são consideradas inferiores à dignidade da história. Muitas vezes me senti como um homem colocado entre um grande número de cofres fechados, alguns dos quais guardariam ouro, e outros pedregulhos, sem que nenhuma inscrição me ajudasse a diferenciar entre tesouros e pedras. Ou seja, estou muito longe de pretender ter sido completo. Possa o presente livro incitar os pesquisadores a novas descobertas!

ᘓᔫᔪᘂ

Felizmente, não atravessei, de toda forma, um terreno inteiramente novo. Que eu soubesse, não existia, sobre o tema, nenhuma obra histórica que tenha apresentado a amplitude e o caráter crítico que eu procurei dar à minha. Porém, a "literatura" das curas reais é bastante rica. Em verdade, é dupla: há duas literaturas de diferentes origens que seguem em paralelo, mas que usualmente se ignoram entre si: uma compreende os trabalhos de eruditos de profissão, e a outra – mais abundante – é obra de médicos. Eu me esforcei por conhecer e utilizar ambas. Será colocada mais à frente uma lista bibliográfica[2] que sem dúvida parecerá suficientemente extensa. Mas não desejo que algumas obras particularmente importantes, sobre as quais me apoiei, ficassem perdidas nessa multidão. Devo nomear aqui meus principais guias. Os estudos já antigos de Law Hussey e de Waterton me renderam grandes serviços. Entre os autores

---

[1] Na edição francesa (N. do T.).
[2] Na edição francesa (N. do T.).

ainda vivos devo mais do que poderia expressar a François-Delaborde, ao Dr. Crawfurd e a Helen Farquhar.

Também contraí uma imensa dívida de reconhecimento aos meus predecessores de outras épocas. Do século XV ao XVII muito se escreveu sobre os ritos de cura; nesta literatura do Antigo Regime mesmo as confusões são interessantes, pois podem se extrair delas informações curiosas sobre o estado de espírito da época; mas para além disso, não possuem muito maior importância. O século XVII em particular viu nascer, junto a obras ou panfletos de rara inépcia, alguns trabalhos notáveis, como as páginas consagradas às escrófulas por Du Peyrat em sua *História eclesiástica da Corte*; sobretudo devo destacar duas tese acadêmicas: a de Daniel Georges Morhof e a de Jean Joachim Zentgraff; não encontrei em nenhuma outra parte tal abundância de referências úteis. Sinto um prazer muito particular ao registrar aqui tudo o que devo à segunda destas duas dissertações: pois posso saudar seu autor como um colega. Jean Joachim Zentgraff era de Estrasburgo; nascido na cidade livre, tornou-se súdito de Luís XIV, pronunciou o elogio de Henrique o Grande[1] e fez, em sua cidade natal, incorporada à França, uma brilhante carreira universitária. O livro que aqui aparece está entre as *Publications* de nossa Faculdade de Letras ressuscitada; e me é agradável continuar, de algum modo, com um espírito que se ressente da diferença das épocas, a obra iniciada então por um reitor da antiga Universidade de Estrasburgo.

---

[1] 17 de maio de 1691. O discurso foi impresso: Speculum boni principis in Henrico Magno Franciae et Navarrae rege exhibitum exercitatione politica Deo annuente, in inclyta Argentoratensium Academia... Argentorati, Literis Joh. Friderici Spoor, placa pq in-4°. 54 p. Esta pequena obra deve ser muito rara: não conheci outros exemplares que aqueles da Bibl. Nat. e da *Bibl. Wilhelmitana* em Estrasburgo. Nela se lê, p. 12, um elogio do Édito de Nantes que, apesar de sua brevidade, pôde, em sua época, parecer significativo. Sobre a carreira de Zentgraff (além dos artigos *Allgemeine deutsche Biographie* e *La France Protestante*), pode-se ver O. Berger-Levrault, *Annales des professeurs des Academies et Universites alsaciennes*, Nancy, 1892, p. 262.

Livro Primeiro: As Origens

Capítulo I. Os inícios do toque das escrófulas

§ 1. As escrófulas

Por *écrouelles*, ou mais frequentemente *scrofule*, que é apenas uma forma culta da primeira (ambas as palavras, tanto a popular quanto a erudita, derivadas do latim *scrofula*), os médicos na atualidade designam a adenite tuberculosa, ou seja, as inflamações dos linfonodos causadas pelos bacilos da tuberculose. É evidente que, antes do nascimento da bacteriologia, a especialização desses nomes, que remontam à medicina antiga, não era possível. As diferentes afecções ganglionares não podiam ser claramente diferenciadas; ou, pelo menos, os esforços de classificação – de antemão destinados ao fracasso – que poderiam ser buscados por uma ciência ainda incerta, não deixaram qualquer vestígio na linguagem médica atual; essas afecções eram todas comumente denominadas de *écrouelles,* em francês, e de *scrofula* ou *strumae* em latim, sendo essas duas últimas palavras acabando por se tornar, ordinariamente, sinônimos. É justo acrescentar que o maior número das muitas das inflamações ganglionares tem origem tuberculosa; a maioria dos casos descritos como escrofulosos pelos médicos da Idade Média, por exemplo, também o seria por nossos médicos. Mas a linguagem popular era mais imprecisa do que o vocabulário técnico; os nódulos linfáticos mais facilmente atacados pela tuberculose são aqueles do pescoço, e quando a doença se desenvolve sem cuidados e ocorrem supurações, a face aparenta ser atingida: daí surge uma confusão, comum em muitos textos, entre as escrófulas e várias afecções da face ou mesmo dos olhos[1]. A adenite tuberculosa ainda hoje é muito comum; como não seria antigamente, em condições de higiene muito piores do que as nossas? Adicionem-se, ainda, outras adenites, e todo esse amplo grupo de doenças de todos os tipos que o erro comum confunde: teremos uma ideia dos estragos que, na antiga Europa, poderiam provocar as doenças denominadas de "écrouelles". Na verdade, o testemunho de alguns médicos da Idade Média ou dos tempos modernos afirma que, em certas regiões, eram verdadeiramente endêmicas[2]. O mal é raramente fatal; mas, especialmente quando cuidados adequados estão ausentes, é inconveniente e pode desfigurar; as frequentes supurações tinham algo de repugnante; o horror que inspiravam era expresso ingenuamente em mais de uma narrativa antiga: o rosto se encontrava "corrompido"; as feridas espalhavam "um odor fétido...". Incontáveis pacientes,

---

[1] Ainda hoje os tratados de medicina alertam os praticantes sobre a confusão entre escrófulas e afecções do rosto: cf. de Gennes em Brouaudel, Gilbert e Girode, *Traité de Médecine et de Thérapeutique*, III, p. 596 e ss. Confusão com doenças dos olhos ver, por exemplo, Browne, *Adenochairedologia*, p. 140 e ss.; 149; 168. Cf. Crawfurd, *King's Evil*, p. 99.
[2] Para a Itália (região de Luca), ver o testemunho de Arnaud de Villeneuve citado por H. Fimke, *Aus den Tagen Bonifaz VIII (Vorreformationsgeschichtliche Forschungen 2)*, Münster 1902, p. 105, n. 2; para a Espanha, ver a seguir.

ardentemente esperando a cura, prontos para acorrer aos remédios conhecidos por todos: eis o pano de fundo da imagem que deve se apresentar aos olhos do historiador do milagre real.

Já mencionei o que foi esse milagre. Na França antiga, a escrófula era comumente chamada de *mal le roi*; na Inglaterra, conhecida como *King's Evil*. Os reis da França e da Inglaterra, pelo simples toque de suas mãos, realizado de acordo com ritos tradicionais, pretendiam curar o escrofuloso. Quando esse poder milagroso começou a ser exercido? Como foram levados a reivindicá-lo? Como suas populações foram levadas a reconhecê-lo? Problemas delicados, que vou buscar resolver. O conjunto de nosso estudo será fundado em testemunhas confiáveis; mas aqui, neste primeiro livro dedicado às origens, tocaremos um passado mais obscuro; devemos nos resignar, de antemão, a apresentar senão grandes hipóteses; são permitidas ao historiador, desde que não as apresente como certezas. Antes de tudo, procuraremos reunir os mais antigos textos que abordavam, como então se dizia, os "príncipes médicos". Começaremos com a França.

§ 2. Os inícios do rito francês

O primeiro documento no qual, inequivocamente, o "toque" francês é mencionado, chegou até nós por conta de uma controvérsia bastante singular[1]. No início do século XII, o mosteiro de Saint-Medard de Soissons afirmava possuir uma relíquia, a mais importante de todas: um dente do Salvador, um dente de leite, dizia-se[2]. Para melhor difundir a glória de seu tesouro, os monges compuseram um panfleto, que já não possuímos, mas que, graças a tantos outros exemplos, podemos imaginar a natureza: uma coleção de milagres, um folheto para uso de peregrinos, sem dúvida uma produção bastante grosseira[3]. E não muito longe de Soissons vivia um dos melhores escritores da época, Guibert, abade de Nogent-sous-Coucy. A natureza o dotou de um espírito justo e refinado; pode-se presumir, assim, que alguma querela obscura, hoje já esquecida, em uma dessas amargas rivalidades da Igreja cuja história daquele período está repleta, tenha-o animado contra seus "vizinhos" de Soissons[4], e o tornado ainda mais exigente em seu amor pela verdade. Ele não acreditava na autenticidade do dente ilustre; quando surgiu o panfleto em questão, ele tomou a sua pena para advertir aos fiéis que estavam sendo enganados pelos "falsários"[5] de Saint-Medard. Assim nasceu este curioso tratado sobre as *Relíquias dos Santos*, que a Idade Média parece ter aprovado medianamente (só

---

[1] Que se apresenta após *De Pignoribus Sanctorum* de Guibert de Nogent, cuja edição mais acessível é Migne, *P. L.*, t. 156.

[2] *P. L .*, t. 156, col. 651 e ss.

[3] Col. 664 no início do 1. III § IV: "in eorum libello qui super dente lioc et sanctorum loci miraculis actitat".

[4] Col. 607 "nobis contigui"; col. 651 "finitimi nostri".

[5] Col. 652 "Attendite, falsarii...".

14

nos resta um manuscrito, talvez produzido sob os olhos do próprio Guibert)[1], mas que hoje nos permite revelar, dentre muitas confusões, as provas de um sentido crítico assaz refinado, algo raro para o século XII. É um trabalho razoavelmente descompromissado, que contém, além de anedotas divertidas, uma série de considerações um tanto díspares a respeito de relíquias, visões e manifestações milagrosas em geral[2]. Vamos abrir o primeiro livro. Guibert, em perfeita conformidade com a mais ortodoxa doutrina, desenvolve a ideia de que os milagres não são, em si mesmos, sinais de santidade. Têm Deus como único autor; e a Sabedoria divina escolhe instrumentos, "canais", homens que sejam convenientes a seus projetos, mesmo que ímpios. A seguir toma emprestado alguns exemplos da Bíblia, e mesmo de historiadores antigos, que para um estudioso da época seriam objeto de uma fé quase tão cega como o próprio Livro Sagrado: a profecia de Balaão, a de Caifás, Vespasiano curando um coxo, o mar de Panfília se abrindo diante de Alexandre o Grande e, finalmente, os sinais que tantas vezes anunciaram nascimento ou morte de príncipes[3]. Eis o que Guibert acrescenta:

> O que eu digo? Não vimos nosso Senhor, o Rei Luís, usando um prodígio costumeiro? Eu vi, com meus próprios olhos, pessoas doentes que sofrem de escrófulas no pescoço, ou em outras partes do corpo, acorrendo em multidões para serem tocadas por ele, – um toque ao qual ele acrescentava um sinal da cruz. Eu estava lá, muito perto dele, e eu mesmo o defendi contra aqueles que o importunavam. O rei, no entanto, mostrava para eles sua generosidade inata e, chamando Ele com sua serena mão, humildemente fazia o sinal da cruz sobre eles. Seu pai, Filipe, também utilizou com ardor esse mesmo poder milagroso e glorioso; não sei por quais erros que cometeu, acabou por perdê-lo[4].

---

[1] Trata-se do manuscrito em latim 2900 da Bibl. Nat., que provém do próprio monastério de Nogent.

[2] Ver especialmente a interessante memória de M. Abel Lefranc, *Le traité des reliques de Guibert de Nogent Etudes d"histoire du Moyen Age dédiées à Gabriel Monod*, 1986, p. 286. Lefranc parece exagerar um pouco o sentido crítico de Guibert que, no entanto, é incontestável. Cf. Bernard Monod, *Le moine Guibert et son temps*, 1905.

[3] Col. 615 e 616. A passagem relativa às escrófulas está, no entanto, estranhamente interposta em meio a exemplos antigos e a rejeição às profecias de Balaão e Caifás. Todo o tratado é muito mal composto. A maioria dos exemplos citados por Guilbert de Nogent eram clássicos em seu tempo; veja, por exemplo, o resultado da profecia de Caifás – dado como o tipo de simoníaco – S. Pierre *Damien, Liber gratissimus, c. X, Monumenta Germaniae, Libelli de lite*, I, p. 31.

[4] Posteriormente, no manuscrito, irá afirmar à fol. 14: "Quid quod dominum nostrum Ludovicum regem consuetudinario uti videmus prodigio ? Hos plane, qui scroplias circa jugulum, aut uspiam in corpore patiuntur, ad tactum eius, superadito crucis signo, vidi catervatim, me ei coherente et etiam prohibente, concurrere. Quos tamen ille ingenita liberalitate, serena ad se manus obuncans, humillime consignabat. Cuius gloriam

Tais são as poucas linhas constantemente citadas desde o século XVII pelos historiadores das "écrouelles". Os dois príncipes mencionados são, evidentemente, por um lado, Luís VI e, por outro, Filipe I e seu pai. O que se pode concluir?

Em primeiro lugar, que Luís VI (cujo reinado se estende de 1108 a 1137) deveria possuir o poder de curar os escrofulosos; e os doentes acorriam até ele em multidões, e o rei, persuadido, sem dúvida, da força milagrosa que o céu lhe dera, rendia-se às suas orações. E não era algo feito ao acaso, consequência de um momento de entusiasmo popular excepcional; já estamos na presença de uma prática "costumeira", um rito regular com as roupagens que terá durante todo o curso da monarquia francesa: o rei toca os doentes e faz o sinal da cruz sobre eles; esses dois gestos sucessivos permanecerão tradicionais. Guibert é uma testemunha ocular, que não pode ser contestada; ele conheceu Luís VI em Laon, e talvez em diferentes circunstâncias, e sua dignidade como abade lhe valia um lugar próximo a seu soberano[1].

Há mais. Este maravilhoso poder não era considerado algo pessoal do rei Luís. Foi lembrado que seu pai e antecessor Filipe I, cujo longo reinado (1060-1108) nos leva quase a meados do século XII, exerceu o poder antes dele; foi dito que o perdera como resultado de "Não sei quais erros", como afirma Guibert de maneira discreta, fortemente ligado à família capetíngia e preparado para esconder seus erros. Não há dúvida de que se refere à dupla união adúltera de Filipe com Bertranda de Monforte. Excomungado como resultado desse crime, o rei, acreditava-se, teria sido atingido, por conta da ira divina, por várias doenças "ignominiosas"[2]; não seria surpreendente que tivesse perdido seu poder de cura. Esta lenda eclesiástica tem pouca importância aqui. Mas deve-se lembrar que Filipe I foi o primeiro soberano francês sobre quem podemos afirmar com certeza que tocou os escrofulosos.

Também deve ser destacado que este texto, tão precioso, permanecia em seu tempo como absolutamente único. Se, no decorrer do curso das eras, buscarmos as curas efetuadas pelos reis da França, deveremos, para encontrar um novo texto, alcançar o reinado de São Luís (1226-1270), sobre quem, aliás, as informações são abundantes[3]. Se os monges de Saint-Médard não tivessem reivindicado a posse de um dente de Cristo, se Guibert não tivesse tomado a atitude de criticá-los, ou se seu tratado, como tantos outros do mesmo tipo, estivesse perdido, seríamos sem dúvida tentados a identificar São Luís como o primeiro monarca a realizar a cura. Na verdade, não há motivos para acreditar

---

miraculi cum Filipepus pater ejus alacriter exerceret, nescio quibus incidentibus culpis.amisit". O texto de P. L ., t. 156, col. 616, grafias à parte, está correto.

[1] Cf. G. Bourgin, *Introduction* à sua edição de Guibert de Nogent, *Histoire de sa vie* (*Collect. de textes pour l"étude et l"ens. de l"hist*), p. XIII. O Sr. G. Bourgin parece não ter prestado atenção à passagem do *Tratado sobre as Relíquias* relativas à cura da escrófula, caso contrário não teria apresentado os encontros entre Guibert e o rei como meramente "prováveis".

[2] Orderic Vital, 1. VIII, c. XX, ed. Leprévost, III, p. 390.

[3] Serão discutidos mais adiante.

que, entre 1137 e 1226, tivesse ocorrido interrupção na realização dos milagres. Os textos relativos a São Luís apresentam claramente seu poder como sendo tradicional e hereditário. Simplesmente, o silêncio contínuo, por quase um século, dos documentos, precisa ser explicado. Faremos isso posteriormente. Por enquanto, ocupados em determinar o início do rito, conservemos apenas a recente observação enquanto um convite à prudência: uma feliz coincidência preservou as poucas frases nas quais um escritor do século XII lembrava, de forma passageira, que seu rei curava escrofulosos; outros acidentes, menos favoráveis, podem ter roubado de nós vestígios análogos a respeito de soberanos mais antigos; ao afirmar, sem qualquer outra base, que Filipe I foi o primeiro a "tocar as escrófulas", arriscaríamos cometer um erro semelhante ao que teríamos caído se, caso o único manuscrito do *Tratado de Relíquias* tivesse desaparecido, chegássemos à conclusão de que a ausência de qualquer menção anterior a São Luís implicaria ser este rei o iniciador do rito.

Podemos esperar encontrar indícios para antes de Filipe I?

A dúvida sobre se os reis das duas primeiras linhagens já possuíam a virtude medicinal reivindicada pelos capetíngios não é nova. Já foi considerada muitas vezes pelos estudiosos dos séculos XVI e XVII. Controvérsias que ecoaram à mesa real. Em certo dia da Páscoa, em Fontainebleau, Henrique IV, depois de ter tocado as escrófulas, satisfez-se em animar o jantar com o espetáculo de uma justa semelhante; posicionaram-se doutos combatentes: André Du Laurens, seu primeiro médico, Pierre Mathieu, seu historiador, e o capelão Guillaume Du Peyrat; o historiador e o médico sustentaram que o poder de que seu mestre havia dado novas provas remontava a Clóvis; o capelão negou que Merovíngios ou Carolíngios já o possuíssem[1]. Entremos nessa disputa e busquemos formar uma opinião. O problema, bastante complexo, pode ser dividido em várias questões mais simples, que devem ser examinadas sucessivamente.

Em primeiro lugar, pode-se encontrar textos nos quais algum rei, pertencente às duas primeiras dinastias, que tenha se aventurado a curar os escrofulosos? Nesse ponto, não teremos dificuldade em concordar com a posição negativa, muitas vezes expressada com grande veemência por Du Peyrat, por Scipio Dupleix, por todos os bons espíritos eruditos do século XVII. Nenhum texto desta natureza foi produzido. Vamos seguir adiante. A alta idade média é conhecida por suas fontes escassas e, portanto, fáceis de serem exploradas; durante vários séculos, os estudiosos de todas as nações as desprezaram conscientemente; se um texto como acabei de utilizar nunca foi destacado, pode-se concluir, sem receio de errar, que não existe. Mais tarde, teremos ocasião de ver como nasceu, no século XVI, o relato de como Clovis curou seu escudeiro Lanicet; esta tradição então nos parecerá desprovida de qualquer fundamento; irmã mais nova das lendas da Santa Ampola ou da

---

[1] Du Peyrat, *Histoire ecclesiastique de la cour*, p. 817. Deve-se destacar que, na atualidade, Sir James Frazer assumiu, sem perceber os problemas históricos que acarretava, a antiga teoria de Du Laurens e Pierre Mathieu: *Golden Bough*, I, p. 370.

origem celestial da flor-de-lis deve, como seria necessário ter sido feito há muito tempo, ser mantida esquecida nas antigas lojas de acessórios históricos fora de moda.

É conveniente postular o problema de forma mais abrangente. Nem os Merovíngios nem os Carolíngios, segundo testemunham os textos, possuíam esta forma especial do poder de cura aplicada a uma doença definida: a escrófula. Mas eles não teriam capazes de curar qualquer outra doença particular, ou mesmo todas as doenças em geral? Consultemos Gregório de Tours. Pode-se ler a seguinte passagem, no livro IX, a respeito do rei Gontrão, filho de Clotário I:

> Contava-se comumente, entre os fiéis, que uma mulher, cujo filho, que sofria de febre e prostrado na cama com dores, atravessou a multidão em direção ao rei e, aproximando-se dele por detrás, arrancou sem que ele percebesse algumas franjas de seu manto real; colocou-as em água e deu a água para seu filho beber; imediatamente a febre baixou; o paciente se curou. Eu não coloquei, de minha parte, o assunto em debate. Na verdade, eu mesmo muitas vezes vi demônios habitando corpos possuídos chamando pelo nome do rei e, ao perceberem a virtude que dele emanava, admitirem seus crimes[1].

Assim, Gontrão tinha, além de súditos e admiradores – Gregório de Tours, como sabemos, entre estes últimos –, a reputação de ser um curandeiro. Uma força milagrosa se ligava às roupas que havia tocado. Sua mera presença, ou mesmo – o texto não é muito claro –, ainda mais simplesmente, a invocação de seu nome, libertava os possessos. A questão toda se resume em saber se ele compartilhava essa capacidade maravilhosa com os da sua linhagem, ou se a mantinha, por outro lado, apenas individualmente. Sua memória não parece ter sido objeto de culto oficialmente reconhecido, embora no século XIV o hagiógrafo italiano Pierre de Natalibus tenha acreditado ser seu dever dedicar a ele um lugar em seu *Catalogus Sanctorum*[2]. Mas não se pode duvidar que muitos de seus contemporâneos, o Bispo de Tours, em primeiro lugar, consideravam-no um santo; não que fosse particularmente puro ou gentil; mas era tão piedoso! "Teria sido, não um rei, mas um bispo", escreveu Gregório algumas linhas antes da passagem que citei acima. Além disso, o mesmo Gregório nos fornece muitos detalhes sobre antepassados, tios e irmãos de Gontrão; Fortunato cantou louvores a inúmeros reis Merovíngios; em nenhum lugar encontramos que qualquer desses príncipes – sendo elogiados como mais

---

[1] *Historia Francorum*, IX, c. 21: "Nam caelebre tunc a fidelibus ferebatur, quod mulier quaedam, cuius filius quartano tibo gravabatur et in strato anxius decubabat, accessit inter turbas populi usque ad tergum regis, abruptisque clam regalis indumenti fimbriis, in aqua posuit filioque bibendum dedit; statimque, restincta febre, sanatus est. Quod non habetur a me dubium, cum ego ipse saepius larvas inergia famulante nomen eius invocantes audieram ac criminum propriorum gesta, virtute ipsius discernente, fatere".

[2] Biblioteheca Hagiographica Latina, 1, p. 555.

ou menos piedosos, generosos ou corajosos –, tenha curado alguém. A mesma constatação se faz em relação aos Carolíngios. O renascimento Carolíngio nos deixou uma literatura relativamente rica que inclui, em particular, tratados semipolíticos, semimorais sobre a realeza, além de biografias ou coleções de anedotas a respeito de certos soberanos; seria impossível encontrar qualquer alusão ao poder de cura. Se, por conta de uma única passagem de Gregório de Tours, decidíssemos que os primeiros Merovíngios possuíam virtudes medicinais, deveríamos supor, ao mesmo tempo, que tal virtude teria sofrido um eclipse com os Carolíngios. Não há qualquer possibilidade, portanto, de estabelecer uma continuidade entre Gontrão e Filipe I, entre o rei do século VI e do século XII. É mais simples admitir que esses milagres foram atribuídos a Gontrão pela opinião comum, não enquanto um atributo real, mas porque parecia fluir necessariamente do caráter de santidade com o qual os fiéis o identificavam: pois aos olhos de seus contemporâneos, o que seria um santo senão, acima de tudo, um taumaturgo benevolente? Consequentemente, e como veremos mais tarde, Gontrão parece ter sido mais facilmente um santo do que um rei: ele pertencia a uma dinastia que os Francos haviam há muito considerada sagrada. Mas se, pelo menos em parte, sua santidade e, consequentemente, seus poderes milagrosos fossem devidos a sua origem real, este dom se constituía, no entanto, em uma graça pessoal que seus antepassados e seus sucessores não possuíam. A série ininterrupta de reis médicos, que a França medieval conheceu, não se iniciou com o soberano piedoso, querido pelo coração de Gregório de Tours.

Devo me interromper por aqui. Sem dúvida, os textos Merovíngios ou Carolíngios, pelo menos como chegaram até nós, não nos apresentam, em nenhum lugar, um rei que curasse a escrófula e, com exceção da passagem de Gregório de Tours que acabamos de estudar, que nos fale de curas reais, de qualquer tipo que se possa imaginar; isso é incontestável; mas essas fontes, como já observei, são muito pobres; de seu silêncio, devemos derivar qualquer coisa além de um erro fundado na ignorância? Não será possível que, sem termos conhecimento, os soberanos das duas primeiras linhagens tocassem os doentes? Certamente, em todas as ordens da ciência, as provas negativas são perigosas; na crítica histórica, mais particularmente, o argumento *ex silentio* está sempre repleto de perigos. No entanto, não nos deixemos engar por essa terrível ausência. Quanto ao próprio problema que nos interessa aqui, Du Peyrat escreve, muito oportunamente:

> Alguém poderá me dizer, talvez, que discutir *ab autoritate negativa* não permite qualquer conclusão, mas farei a mesma observação que fez Coeffeteau a Plessis Mornay, de que esta é uma impertinente lógica na História; que, ao contrário, argumenta-se afirmativamente: para todos aqueles Autores, São Remy, Gregório de Tours, Incmaro e outros que o seguiram sob a segunda linhagem, todos eram obrigados, enquanto fiéis historiadores, a colocar por escrito uma coisa assim memorável, se fosse praticada em seu tempo... e, portanto, não tendo sido escrito sobre este

19

milagre, pode-se afirmar que era desconhecido em seu século[1].

Em outras palavras, toda questão se resume em saber se os documentos contemporâneos das dinastias merovíngias e carolíngias são de tal natureza que a prática das curas reais, caso tivessem existido, não teria sido jamais mencionada neles. Isto é algo que parece pouco provável, especialmente no que diz respeito ao século VI, por um lado – os dias de Fortunato e Gregório de Tours – e, mais ainda, no belo período da dinastia seguinte. Se Carlos Magno ou Luís o Pio tocassem os doentes, não se deve crer que o monge de St. Gall ou o Astrônomo teriam mencionado tal característica maravilhosa? Que nenhum desses escritores, próximos à corte real, que formam a brilhante plêiade do "renascimento carolíngio", teriam deixado escapar, mesmo que rapidamente, a mais fugaz alusão a este grande fato? Sem dúvida, como lembrei acima, de Luís VI a São Luís os documentos são igualmente silenciosos, mas agora devo interpretar esse silêncio que, além disso, durou apenas três reinados: mostrarei como tal silêncio tem origem em um movimento do pensamento político, resultado da reforma gregoriana, cujas ideias fundamentais são tão diferentes quanto possível daquelas que animavam os autores de quem acabei de falar. O incomparavelmente mais longo silêncio das literaturas merovíngias e carolíngias seria propriamente inexplicável – se não fosse explicado simplesmente pela própria ausência do rito cujos traços buscamos em vão. Não há razão para acreditar que os descendentes de Clovis ou de Pepino tivessem em algum momento, enquanto reis, pretendido curar qualquer pessoa.

Passemos agora aos primeiros capetíngios. A vida do segundo príncipe desta linhagem, Roberto o Pio, foi escrita, como se sabe, por um de seus protegidos, o monge Helgaud. Trata-se de um panegírico. Roberto aparece ali adornado com todas as virtudes, especialmente aquelas que agradariam os monges. Em particular, Helgaud elogia sua bondade para com os leprosos; e acrescenta:

> A virtude divina concedeu a este homem perfeito uma grande graça: aquela de curar os corpos; com sua tão piedosa mão, toca as feridas dos doentes e marca-os com o sinal da santa cruz, libertando-os da dor e da doença[2].

Grandes debates foram travados a respeito deste curto trecho. Eruditos qualificados se recusaram a ver nestas linhas o primeiro testemunho do poder de cura dos reis franceses. Examinemos seus motivos.

---

[1] Histoire ecclesiastique de la Cour, p. 806.

[2] *Histor. de France*, X, p. 115 A e Migne, P. L., t. 141, col 931: "Tantam quippe gratiarn in medendis corporibus perfecto viro contulit divina virtus ut, sua piissima manu infirmis locus tangens vulneris et illis irnprimens ignum sanctae crucis, omnetn auferret ab eis dolorem infirmitatis". Gostaria de mencionar que a interpretação desta passagem, que será desenvolvida a seguir, já foi indicada, em suas linhas gerais, pelo Dr. Crawfurd, *King's Evil*, p. 12 e 13.

O que afirma, exatamente, a Vida do Rei Roberto? Que este príncipe curou doentes; mas, seria devido a uma graça especial ou em virtude de uma vocação hereditária que teria sido comum a toda sua linhagem? O texto não especifica. Pode ser legítimo perguntar se Helgaud, tomado de admiração pelo rei, cujas grandes realizações descreveu e talvez desejoso em preparar sua futura canonização, não tenha considerado o poder maravilhoso que emprestou a seu herói enquanto manifestação de uma santidade estritamente individual. Lembremo-nos da passagem de Gregório de Tours citada anteriormente; concluímos que o rei Gontrão fora pessoalmente considerado um santo, mas não que os Merovíngios fossem considerados uma linhagem de taumaturgos; não podemos considerar que o testemunho de Helgaud possui significado semelhante? No entanto, em uma análise mais detida, tal analogia parece ser superficial. O texto de Gregório de Tours surge absolutamente isolado, no silêncio universal e prolongado de todos os documentos; para estabelecer um elo de filiação entre as virtudes medicinais do filho de Clotário e o autêntico início do toque dos escrofulosos sob Filipe I, seria necessário um salto de cinco séculos, atravessando três dinastias; deveríamos supor que uma loucura teria tomado os autores que não possuíam qualquer motivo para ficar em silêncio. Aqui não há tais dificuldades. Entre Roberto II e Filipe I, seu neto, há apenas um curto intervalo: 29 anos; uma única geração; um único reinado, aquele de Henrique I, que é precisamente o mais desconhecido de todos aqueles daquela época; conhecemos pouco desse príncipe; ele poderia muito bem ter tocado os doentes sem que vestígios desse gesto tenham chegado até nós; e temos mesmo o direito de nos surpreender com nossa própria ignorância. Admitamos por um instante que foi Roberto II quem iniciou o ilustre rito cuja história estamos tentando escrever, e vejamos a que conclusões podemos chegar. Seus fiéis acreditavam que ele fosse capaz de curar; é o que parece ter ocorrido, segundo se depreende das afirmações de seu biógrafo. Pode ser que tenham considerado uma graça pessoal de seu senhor. Mas, posteriormente, seus descendentes e sucessores, por sua vez, reivindicaram o privilégio paternal como se fora sua própria herança. É possível que Helgaud, de quem não se sabe se sobreviveu por muito tempo a seu herói, tenha ignorado tal pretensão, ou tenha preferido, por qualquer que fosse a razão, silenciá-la. Nós não podemos nos permitir tal dúvida, uma vez que sabemos, por um texto irrefutável, que o próprio neto de Roberto, alguns anos depois, exerceu o mesmo poder. Nada mais natural imaginar, entre duas gerações tão próximas, a continuidade de uma mesma tradição milagrosa, ou melhor, do mesmo rito: o toque, seguido pelo sinal da cruz, quer fosse por Roberto ou por Luís VI (a este respeito, os textos nada falam sobre Filipe I), os gestos de cura são bastante semelhantes. Helgaud não parece ter visto um legado ancestral na "grande graça" que Deus, segundo ele, havia concedido a seu rei. Pode-se inferir, com boa possibilidade de acerto, que Roberto II foi o primeiro dos reis taumaturgos, o elo original da cadeia gloriosa, mas não – algo que seria contraditório com os fatos – que nenhum rei, posteriormente, teria realizado curas.

Outra dificuldade: Filipe I tocou os escrofulosos; e na frase de Helgaud não há qualquer menção à escrófula. A frase aparece em um contexto que trata da ação do rei em relação aos leprosos; mas os leprosos não parecem ser visados por ele de maneira especial; não parece ser esta ou aquela afecção, lepra ou escrófula, todas as diferentes doenças que Roberto, de acordo com seus admiradores, sabia curar. "É digno de nota", escreve M. Delaborde, "que as escrófulas não apareçam mencionadas na passagem desta biografia, na qual acreditávamos ver um primeiro exemplo do dom especial de nossos reis, mas sim o poder geral de curar doenças, comum a todos os santos"[1]. Certo. Mas é correto afirmar que tal dom, que se reconhecia o rei possuir, tenha sido, desde o início, percebido como sendo tão "específico"? Estamos tão habituados a perceber a virtude milagrosa dos príncipes franceses como tendo por objeto exclusivo as escrófulas, que não mais nos espantamos com o fato deste poder ter assumido essa forma estritamente limitada. Afirmar que sempre tenha sido, desde seus inícios, restrito desta maneira é, porém, afirmar um postulado injustificável. Façamos uma comparação. A maior parte dos santos verdadeiramente populares possui, também, dons específicos: um cuida dos olhos de alguém, outro das dores do estômago e assim por diante. Além disso, e até onde é possível analisar, tais especializações raramente estão em suas origens; a melhor prova é a de que, por vezes, elas variam. Todo santo se torna um médico para o povo; pouco a pouco, como consequência de associações de ideias, muitas vezes obscuras, às vezes por conta de simples semelhanças entre palavras, seus fiéis passam a atribuir a este santo o dom de aliviar, preferencialmente, esta ou aquela doença; o tempo faz, então, seu trabalho; ao final de certo número de anos, a crença neste poder particularmente específico acaba por se tornar, no pobre mundo dos sofredores, um verdadeiro artigo de fé. Mais tarde encontraremos um dos grandes santos peregrinos, S. Marcoul de Corbeny; como os reis da França, ele curava escrófulas; adquiriu tal especialidade muito posteriormente; por longos séculos fora apenas um santo como os outros, invocado indiferentemente para todo tipo de doenças. Sua história, que conhecemos bem, parece verdadeiramente repetir, com algumas centenas de anos de distância, aquela dos reis da França, que nos aparece de forma menos nítida: como o santo de Corbeny, provavelmente os reis começaram curando muitas doenças para se especializarem apenas posteriormente. As representações coletivas das quais emergiu a ideia do poder medicinal dos reis são suficientemente sutis para que sejam acompanhadas em todos os seus detalhes; porém, não são ininteligíveis; eu me esforçarei para restituí-las; estão conectadas a todo um ciclo de crenças sobre a sacralidade da realeza que apenas começamos a penetrar; o que teria que ser considerado inconcebível é que os franceses tenham cismado que seus soberanos eram capazes de curar não todos os doentes em geral, mas apenas e tão somente os escrofulosos.

Vamos supor, ao contrário, que as coisas tenham se passado como no caso de S. Marcoul. Os primeiros capetíngios, a partir de Roberto o Pio, por exemplo, "tocavam" e "marcavam com o sinal da cruz", todas as pessoas

---

[1] Du toucher des écrouelles, p. 175, n. I.

pobres, vítimas de várias doenças, que, atraídas pela reputação taumatúrgica, acorriam a eles; essa multidão certamente incluía homens escrofulosos; pois a escrófula era, na Europa daquele tempo, uma afecção extremamente frequente e temida. Mas se trata basicamente de uma afecção benigna, de aparência mais desagradável do que verdadeiramente perigosa e, acima de tudo, facilmente suscetível a remissões, ao menos aparentes ou temporárias[1]. Entre os homens escrofulosos tocados pela mão sagrada do rei, alguns se recuperarão, e muitos outros parecerão curados. Efeito da natureza, diríamos nós; efeito da virtude real, dizia-se no século XI. Que alguns casos semelhantes viessem realmente a ocorrer, qualquer que fosse a razão, em condições particularmente propícias para estimular a imaginação – o que acabou por fazer com que os doentes, dessa forma aliviados, se destacassem em relação a outros que, sofrendo de diferentes males, não tenham se beneficiado pelo toque –, acabou por ser suficiente para fazer com que as mentes passassem a identificar, no príncipe capetíngio, um especialista nas escrófulas. Sem dúvida, na reconstituição de tal encadeamento de ideias participam necessariamente um grande número de hipóteses. O *processo* pelo qual um curandeiro geral se torna especializado sempre será difícil de ser apreendido em detalhes, pois se trata do resultado de uma multidão de pequenos fatos, de natureza diversa, que atuam de maneira cumulativa; cada fato tomado isoladamente é insignificante para que os documentos os mencionem; isto é o que os historiadores chamam de "acaso"; mas a possibilidade da ocorrência de tal *processo* é abundantemente demonstrada pela história do culto aos santos. Aqui, encontramos um suporte sólido a nossas induções, já que não dispomos de um texto. Não há motivo para rejeitar o testemunho fornecido por Helgaud; nada, na evolução que pudemos restaurar, vai de encontro à verossimilhança. O fato, então, permanece.

Devemos permanecer em terreno seguro, concluindo o seguinte: Roberto o Pio, o segundo dos Capetíngios, passou a ser visto, por seus fiéis, como alguém que possuía o dom de curar os doentes; seus sucessores herdaram tal poder; mas, transmitida de geração a geração, essa virtude dinástica se modificou, ou melhor, tornou-se gradualmente mais específica; concebeu-se a ideia de que o toque real do soberano não curava todas as doenças indiscriminadamente, mas apenas uma delas, que aliás era muito comum; já no reinado de Filipe I, o próprio neto de Roberto, essa transformação estava concluída.

Conseguimos assim determinar, com certa probabilidade, os inícios, na França, do toque da escrófula. Resta pesquisar, no verdadeiro sentido da palavra, suas origens, isto é, entender como se passou a ver os reis enquanto médicos prodigiosos. Mas esta pesquisa não pode, por enquanto, ser realizada de maneira frutífera. O milagre real, de fato, é tanto inglês quanto francês; em um estudo explicativo de suas origens, ambos os países não podem ser considerados separadamente. Não podemos estabelecer se o rito da cura surgiu primeiramente na França se não tivermos fixado o momento em que este surgiu

---

[1] Sobre este ponto, como também sobre a análise crítica relativa ao milagre real, veja o Livro III.

Inglaterra; sem este cuidado indispensável, como podemos saber se os reis da França simplesmente não imitaram seus rivais de além do Canal da Mancha? Como analisar a concepção de realeza, que o rito não fazia mais que traduzir? As mesmas ideias coletivas estão, em sua origem, em ambas as nações vizinhas. Acima de tudo, agora se faz necessário realizar, para a Inglaterra, a mesma discussão crítica à qual acabamos de submeter os textos franceses.

§ 3. Os inícios do rito inglês

No final do século XII, vivia na corte do rei Henrique II da Inglaterra um clérigo de origem francesa, Pierre de Blois. Ele era um daqueles eclesiásticos letrados, tão comumente presentes na brilhante corte Plantageneta, infinitamente mais espirituais, segundo Hauréau[1], do que aqueles que se reuniam em torno do rei da França do mesmo período. Temos, dentre outras obras suas, uma preciosa coleção epistolar. Vamos folheá-la. Encontraremos lá duas cartas muito semelhantes, dirigidas a clérigos da comitiva real; em uma delas, Pierre diz tudo o que é possível, de ruim, a respeito da corte dos cortesãos; na segunda, afirma seu oposto[2]. Essa retração, como acreditavam alguns historiadores[3], teria sido imposta pela insatisfação de seu soberano? Admito ter dificuldade em tomar esses textos seriamente; como se fossem mais do que meros exercícios de retórica ou sofismas, um Sic et Non, bem ao gosto de seu tempo. Mas isso pouco importa. A segunda carta contém a seguinte passagem:

> Confesso que ajudar o rei é [para um clérigo] realizar uma coisa santa; pois o rei é santo; ele é o Cristo do Senhor; não foi em vão que recebeu o sacramento da unção, cuja eficácia, se por acaso alguém a ignorasse ou duvidasse, seria amplamente demonstrada pelo desaparecimento desta praga que ataca a virilha e pela cura das escrófulas[4].

Assim, Henrique II curava os escrofulosos. Sua virtude real também se relacionava ao desaparecimento (*defectus*) de uma praga que atacava a virilha (*inguinariae pestis*). Não sabemos exatamente a que estas últimas palavras se

---

[1] Journ. des Savants, 1881, p. 744.

[2] Migne, P. L., t. 207, ep. XIV, col. 42; ep, CL, col. 439.

[3] Por exemplo, A. Luchaire, em seu interessante artigo sobre Pierre de Blois, *MM. Acad. Sc. Morales*, t. 171 (1909), p. 375. Para analisar a correspondência entre Pierre de Blois e a sinceridade de suas cartas, é importante assinalar que ele compôs um manual de arte epistolar, o *Libellas de arts dictandi rhetorice*: cf. Ch.-V. Langlois, *Notices et extraits*, XXXIV, 2, p. 23. Sobre a carreira de Pierre, veja J. Armitage Robinson, Pierre of Blois, em *Somerset Historical Essays* (*Published for the British Academy*) Londres, 1921.

[4] P. L., t. 207, col. 440 D: "Fateor quidem, quod sanctum est domino regi assistere; sanctus enim et christus Domini est; nec in vacuum accepit unctionis regiae sacramentum, cujus efficacia, si nescitur, aut in dubium, venit, fidem ejus plenissimam faciet defectus inguinariae pestis, et curatio scrophularum". O texto do ms. nouv. accru. lat. 785 da Bibl. Nat. fol, 59, está conforme estas edições, salvo intervenções insignificantes: "unctionis regie accepit sacramentum".

referiam: talvez, a uma epidemia de peste que, acreditavam, teria cedido à maravilhosa influência do rei. Confundir certas formas de bubão da peste com a adenite da virilha, como observou o Dr. Crawfurd – um excelente historiador da medicina – não seria nada impossível para um homem daquela época[1]. Pierre de Blois não era médico; compartilhava equívocos comuns a toda população; esta peste bubônica que, segundo ele, e provavelmente de acordo também com a opinião corrente entre sua corte, Henrique II havia milagrosamente feito desaparecer, ele deveria considerar realmente considerar como um caso especial desse vasto grupo de afecções ganglionares que a Idade Média reunia sob o nome de escrófulas. Em suma, as escrófulas eram a especialidade de Henrique II. Seu poder de cura não era pessoal; ele o possuía por conta de sua função: era por ser rei que era um taumaturgo. Morreu em 1189. Para o século seguinte, uma série de textos, mais numerosos à medida que nos aproximamos do ano 1300, mostram-nos seus sucessores enquanto herdeiros do mesmo dom[2]. Na história do milagre real, ele ocupou, para a Inglaterra, o mesmo lugar que Filipe I na França; o do primeiro soberano do qual se pode dizer, com certeza, que tocou os escrofulosos. Mas não há nada que nos impeça de buscar, com o auxílio de conjecturas, as origens desta cura para além dele.

Vimos que, de acordo com alguns estudiosos franceses do Antigo Regime, o iniciador para este lado do Canal teria sido Clovis; uma honra semelhante foi concedida, por um pastor inglês do século XVI, William Tooker, ao rei Lucius, que teria sido o primeiro cristão a reinar sobre a Grã-Bretanha[3]. Esta narrativa possui pouco crédito e não tem qualquer mérito. Clovis ao menos era um personagem real; o bom Lucius jamais existiu exceto na imaginação de eruditos. Passemos à história. Durante a maior parte do período anglo-saxão, não se menciona qualquer virtude medicinal atribuída aos reis[4]. É necessário alcançar o momento imediatamente anterior à conquista normanda para encontrarmos um príncipe que, com ou sem razão, podemos supor poder ocupar a primazia nesta linha de curandeiros: Eduardo, o Confessor, ainda hoje quase universalmente considerado como fundador do rito inglês. Uma tradição que se reforçou ainda mais, pois Shakespeare – partindo, como era seu hábito, de Holinshed – a fez presente em uma de suas peças mais ilustres e lidas: Macbeth. Malcolm e Macduff, fugindo do ódio do tirano da Escócia, se refugiam na corte

---

[1] *King's Evil*, p. 25 e 26. Devo muito a ele esta excelente análise.
[2] Estes textos serão discutidos a seguir.
[3] *Charisma*, p. 84. Tooker também propôs, ainda que de maneira menos segura, que José de Arimateia teria sido o instaurador do rito inglês. Lucius (para quem Bede, em seu *Historia eclesiástica*, I, 4, contribuiu para difundir a fama na Inglaterra) deve sua origem, segundo sabemos, a uma menção no *Liber Pontificalis*, por conta de uma carta que de fato "Lucius King Breton" enviou ao papa Eleutério. Harnack demonstrou que o redator da vida de Eleutério havia indevidamente proposto transformar em um príncipe bretão, um rei de Edessa: *Sitzungsberichte der kg. preussischen Akademie*, 1904, I, p. 909 a 916.
[4] Cf. J. F. Payne, English medicine in the Anglo-Saxon times (Fitzpatrich Lectures). Oxford 1904, p. 158.

de Eduardo; Malcolm foi testemunha atônita do milagre e o descreve ao companheiro:

> Mas pessoas tocadas de moléstias estranhas, cheias de úlceras, tristíssimo espetáculo a todos, desespero da medicina, sãs ele tem posto com lhes pôr ao pescoço uma áurea estampa, ao tempo em que murmura santas preces. Dizem também que aos reis seus sucessores transmitirá esse poder bendito de curas realizar. Mas além dessa virtude estranha, o dom possui celeste da profecia, sobre lhe cercarem o trono várias bênçãos que o declaram cheio de graças[1].

Devemos concordar com Shakespeare?

A vida e, mais particularmente, as virtudes sobrenaturais de Eduardo, o Confessor, são conhecidas por nós especialmente por quatro documentos: algumas passagens de Guillaume de Malmesbury em sua *Historia Regum* e três biografias, a primeira anônima, as outras duas de Osbert de Clare e Ailred de Rievaulx. Ailred escreveu a sua em 1163, sob Henrique II; Osbert em 1138, na época de Etienne de Blois. Guillaume é um pouco mais antigo: a primeira redação de sua *Histoire* ocorreu na segunda metade do reinado de Henrique I, em 1124 ou 1125. Ou seja, *A vida anônima* se passa quase contemporaneamente a de seu herói; teria sido escrito após a morte de Eduardo, em aproximadamente 1067, não além de 1076. Tal era, pelo menos, a opinião comum. Procurei demonstrar, em outro lugar, que esta afirmação não possui fundamento, e que esta *Vida* também data do reinado de Henrique I, sendo sua primeira parte escrita entre 1103 e 1120. Considero aqui tal conclusão como dada[2].

Eduardo, o Confessor, era considerado um santo; sua adoração, ainda desprovida de qualquer consagração oficial, já se encontrava estabelecida sob Henrique I; Osbert foi o advogado de sua canonização, trabalho concluído quando iniciado por Ailred. Portanto, não é surpreendente que as quatro obras que enumeramos apresentem um bom número de curas milagrosas. Sendo santo, seria assim um taumaturgo. Entre estas pequenas histórias, apenas uma foi tradicionalmente considerada pelos historiadores do "toque". Ela se encontra praticamente idêntica nos quatro autores; Ailred, como em outros casos, fez pouco mais que adaptar os textos verborrágicos e confusos de Osbert a um estilo apropriado; este último conhecia a *Vida anônima*; quanto aos dois escritores mais antigos, Guillaume e o autor desconhecido da *Vida*, que se costuma denominar comumente de *Biógrafo*, parecem ter tido como fonte

---

[1] Ato IV, cena III: "strangely-visited people, / All sworn and ulcerous, pitiful to the eye, / The mere despair of surgery, lie cures, / Hanging a golden stamp about their necks, / Put on with holy prayers: and 'tis spoken, / To the succeeding royalty he leaves / The healing benediction". Cf. Holinshed, *Chronicles of England, Scotland and Ireland*, 1. VIII, cap. 7, ed. de 1807, I, in-. 4, Londres, p. 754 [Aqui foi utilizada a tradução de Carlos A. Nunes. N. do T.].

[2] Em relação a tudo o que se refere à vida de Eduardo, o Confessor, recomendo a leitura da minha edição de Osbert de Clare, *Analecta Bollandiana*, XLI (1923). p. 5 e ss.

comum uma coleção de milagres, sem dúvida composta em Westminster, também citada por Osbert. Passamos a resumir, brevemente, este famoso episódio[1]:

Havia na Inglaterra uma jovem mulher que sofria de uma doença terrível: um inchaço das glândulas do pescoço, que espalhava mau cheiro. Instruída por um sonho, foi pedir ao rei sua cura. Este, tendo trazido um vaso cheio de água, mergulhou os dedos nela e depois tocou as partes doentes, fazendo vários sinais da cruz sobre elas. Imediatamente, sob a pressão da mão real, saíram sangue e pus; a doença pareceu ceder. A paciente ficou retida na corte; mas o tratamento, ao que parece, não foi refeito. No entanto, passou-se apenas uma semana antes da feliz mulher perceber que estava radicalmente curada; que posso dizer? não apenas fora curada de seu mal, mas também de uma obstinada esterilidade que a afligia. No mesmo ano, ela gerou uma criança para seu marido.

Tal é a trama geral da narrativa. Nossos autores adicionam alguns comentários, que merecem tanto ou mais nossa atenção que o próprio texto.

Eis uma observação que é peculiar a Guilherme de Malmesbury:

> No nosso tempo, alguns se servem desses milagres [aquele da jovem e outros semelhantes que, como veremos futuramente, eram atribuídos ao adolescente Eduardo] por uma obra de falsidade; afirmam que o rei possuía o poder de curar esta doença não em virtude de sua santidade, mas a título hereditário, como privilégio da linhagem real[2].

Observação duplamente preciosa, pois nos ensina tanto sobre as ideias de Guillaume quanto sobre aquelas, diferentes das suas, e que eram as de muitos de seus contemporâneos. Para o monge de Malmesbury, apenas os santos realizavam milagres; os reis os poderiam realizar caso fossem santos, mas não somente por serem reis; não existia uma dinastia taumatúrgica. Retornaremos mais tarde a essa concepção que, pensando em Gregório VII, podemos adequadamente qualificar de gregoriana. O que nos interessa acima de tudo, por enquanto, é a opinião contrária; em seu combate, Guillaume nos forneceu um testemunho irrefutável sobre ela.

Estamos na Inglaterra em 1124 ou 1125. Sobre Eduardo, o Confessor, morto já havia cerca de 60 anos, dizia-se ter aliviado muitos doentes. Essas curas eram da mesma natureza? Nem todos concordavam. Alguns acreditavam que os milagres da escrófula eram diferentes dos demais: teria sido por conta de sua origem real, e não devido a virtudes religiosas, que Eduardo fora capaz de curá-las. Os homens que defendiam essa ideia, evidentemente, tinham motivos

---

[1] *Vita Aeduuardi regis qui apud Westmonasterium requiescit*, em *Lives of Eduardo the Confessor*, ed. Luard (*Rolls Series*), p. 428; Guillaume de Malmesbury, *Historia Regium*, II, I, § 222, ed. Stubbs (*Rolls Series*), I, p. 272; Osbeet de Clare, cap. XIII; Ailred ed. R. Twysden, *Historiae anglicabae scriptores X*, folio, Londres 1652, col. 390 et Migne, P. L., t. 195, Col. 761.

[2] Loc. cit., p. 273: "unde nostro tempore quidam falsam insumunt operam, qui asseverant istius morbi curationem non ex sanctitate, sed ex regalis prosapiae hereditate fluxisse".

para acreditar que os reis curavam a escrófula: de onde teria surgido tal concepção? Sem dúvida, dos fatos que tinham diante de seus olhos. Seu rei era Henrique I; Será que Henrique I já reivindicava para si possuir o maravilhoso dom que, como sabemos, seu neto Henrique II irá reivindicar? É difícil escapar a essa conclusão.

Um outro texto mais ou menos contemporâneo à *Historia Regum* deve ser levado em consideração aqui. Citei, há pouco, a famosa passagem de Guibert de Nogent, que constitui o nosso mais antigo testemunho sobre o rito francês; mas eu havia omitido, propositalmente, as últimas palavras. Vamos restabelecê-las agora:

> O que dizer (escreve Guibert) sobre o tema da cura das escrófulas por outros reis? Guardarei silêncio sobre este ponto; mas não sei se o rei da Inglaterra teve a audácia de tentá-la[1].

Os historiadores franceses aproveitaram por muito tempo esta pequena frase para argumentar que, no momento em que o *Tratado das Relíquias* foi escrito, isto é, no reinado de Henrique I, os reis ingleses ainda não possuíam aquele belo privilégio já detido pelos Capetíngios[2]. Essa interpretação teria feito a alegria de Guibert; era o que ele desejava impor à posteridade. Mas talvez seja uma conclusão um pouco simplista. A vontade com a qual o abade de Nogent, conhecido por seu excitante patriotismo, defende a prerrogativa da dinastia francesa, tem algo de suspeito: por que ele teria sentido necessidade de escolher, dentre todos os soberanos da Europa, o príncipe normando para negar-lhe expressamente o dom médico? Tudo se passa como se tivesse chegado a seus ouvidos, a partir da Inglaterra, o que Dr. Crawfurd denomina, em uma expressão feliz, de "um vago ruído de usurpação"[3]. Seu testemunho que, tomado isoladamente, não prova nem desmente nada – em relação àquele de Guilherme de Malmesbury –, acaba por confirmar, indireta e involuntariamente nossa indução de há pouco. Com toda a probabilidade, Henrique I tocou os escrofulosos.

A passagem de Guilherme de Malmesbury, que acabei de discutir, não é o único texto que, em nossas diversas fontes, vem acompanhado do relato de cura de uma mulher escrofulosa. Agora devemos citar uma frase quase idêntica que se encontra em três autores diferentes: o *Biógrafo*, Guillaume e Osbert; devemos supor que já se encontrava na relação de milagres primitivos, fonte

---

[1] "Super aliis regibus qualiter se gerant in hac re, supersedeo; regem tamen Anglicum neutiquam in talibus audere scio". Tal era, pelo menos, o texto original do manuscrito adotado pelos editores; cf. cf. Migne, P. L., t, 156, col, 616. Alguém que aparece ser do século XII procurou corrigir *scio* in *comperio* (substituindo por rasura o grupo *sc* por um *p*, e escrevendo acima da linha o grupo *co* sobre do sinal da abreviação).

[2] Ver, por exemplo, Mabillon, *AA. SS. ord. S. Bened*, IV 2, p. 523; esta é, ainda hoje, a interpretação de M. Delaborde.

[3] *King's Evil, p. 18.* O Dr. Crawfurd, que não considera que Henrique I tenha tocado escrofulosos, vê na frase de Guibert uma alusão aos milagres de Santo Eduardo.

dos dois primeiros escritores. Parto da versão presente no texto do *Biógrafo*, o mais antigo; para compreendê-la, é importante lembrar que Eduardo, expulso de sua pátria pela invasão dinamarquesa, passou toda sua juventude na corte dos duques normandos, seus parentes.

> Este milagre era novo para nós, mas o rei o realizou com frequência durante sua adolescência, enquanto vivia na Nêustria, país agora chamado de Normandia; sabemos disso pelo testemunho dos franceses[1].

Trata-se de uma observação notável! Sem dúvida, ninguém é profeta em seu próprio país. Mesmo assim, é difícil entender por que, enquanto um jovem no exílio, Eduardo tenha exercido em benefício de estranhos um poder taumatúrgico que posteriormente lhe faltaria em seu próprio reino: ou, em outras palavras, é difícil compreender como a ideia de que as coisas haviam se passado deste modo poderiam ter surgido nas mentes de seus hagiógrafos. Assim, qual o significado, a propósito de um santo especificamente inglês, deste apelo ao povo do outro lado do Canal da Mancha, aos franceses? Examinemos mais de perto a história do reinado de Henrique I; isso nos fornecerá a chave do mistério[2].

Soberano longe de ser legítimo, Henrique I era um político extremamente inteligente. Ele se esforçava para adular os sentimentos de seus súditos nativos; desafiando as zombarias da nobreza normanda, casou-se com uma senhora que pertencia à antiga linhagem real da ilha; desse casamento, nasceu um filho; fez divulgar, então, uma profecia, na qual o jovem príncipe figurava como representante das aspirações nacionais, como o reverenciado broto do antigo tronco dinástico, então despedaçado pela usurpação de Haroldo e pela conquista. A esta visão lhe faltava um profeta. Henrique ou seus conselheiros escolheram Eduardo o Confessor: o último dos reis anglo-saxões foi indicado para anunciar, em seu leito de morte, a chegada da criança predestinada. Este episódio passa a fazer parte das vidas do santo; nós o encontramos nas obras citadas anteriormente, com forma idêntica ou muito semelhante. Seu fundo comum – constituído com toda probabilidade, como se sabe, por uma coleção de milagres hoje perdidos – estava, portanto, sob a influência de um pensamento político: aquele de Henrique I.

À luz desses fatos, vamos agora tentar interpretar a história da mulher escrofulosa. Todas as vidas de São Eduardo a mencionam; seu testemunho, é claro, não nos pode levar à conclusão de que Eduardo o Confessor tenha realmente curado, ou acreditasse ter curado, uma adenite cervical; a historieta simplesmente nos prova que, no momento em que as mais antigas dessas vidas foram escritas, este prodígio estava presente: é o tempo do reinado de Henrique I. Temos sérias razões para pensar que Henrique tocava a escrófula. De quem

---

[1] p. 429: "Quod, licet nobis novum videatur, hoc eun in adolescentia, cum esset in Neustria quae nunc Normannia nuncupatur, saepius egisse Franci testantur".
[2] Para a análise que segue, veja meu *Introduction à la Vie* por Osbert de Clare, especialmente, p. 20 e 35.

ele pretendia herdar seu poder? Guilherme de Malmesbury não nos permitiu ignorar o argumento de que certos indivíduos zelosos, preocupados em encontrar um precedente para o benfazejo gesto de seu príncipe, selecionaram um milagre que a opinião pública atribuía a São Eduardo: algo que era, sem dúvida, interpretação oficial. Que mais bela origem poderia ser encontrada para esta prerrogativa real, do que ligá-la à lembrança de um monarca tão piedoso, querido ao coração dos ingleses, a quem o próprio Guilherme o Conquistador pretendia ser visto como herdeiro? A biografia do santo, tal como fora formada ao longo do século XII, apresenta muito claramente, como vimos, a chancela governamental. Uma profecia foi introduzida; não teria sido também criada uma cura? Não é provável, no entanto, que a aventura do jovem inglês tenha sido inventada integralmente por adulteradores sem escrúpulos: livrar um homem escrofuloso de sua doença era um feito natural para um santo e, caso possamos dizer dessa maneira, um ato tão clássico quanto restaurar a visão de um cego ou o uso dos membros de um paralítico: diferentes ações elevadas que os hagiógrafos não deixaram de atribuir a São Eduardo. Mas quando os conselheiros de Henrique I se depararam com esta parte da lenda, ainda em seu estágio formativo, foram naturalmente induzidos a destacá-la de forma a justificar, graças a ela, as virtudes taumatúrgicas de seu mestre. Havia apenas uma dificuldade: o milagre era único. Eduardo havia apenas uma vez, durante seu reinado, "tocado" as escrófulas; frágil base de vínculo para a especialidade médica reivindicada, a título de herança, pelo rei Henrique. A lenda sobre este ponto já estava firmemente estabelecida; teria sido inconveniente, e talvez um sacrilégio, mudá-la. Mas, antes de reinar, Eduardo viveu na Normandia; desta sua permanência no continente, a tradição inglesa não se ocupara; imaginou-se afirmar que, ao menos na própria corte dos ancestrais diretos de Henrique I, ele havia multiplicado a cura das escrófulas. Esta correção foi introduzida na versão hagiográfica primitiva. Nós a encontramos em todas as vidas antigas. Guilherme de Malmesbury rejeitou as conclusões extraídas dos milagres normandos; mas não teve a audácia de rejeitar qualquer informação fornecida por suas fontes; ele acreditava, como todos os demais, nos prodígios realizados em terra estrangeira. Hoje temos o direito de sermos mais céticos, ou mesmo mais críticos; nós também consideramos esses prodígios como "uma obra de falsidade"[1].

Assim, não há nenhuma razão para acreditar que os reis anglo-saxões tenham jamais pretendido, enquanto reis, curar os escrofulosos – tanto Eduardo o Confessor quanto seus predecessores; é certo que Henrique II exerceu esse poder; é provável que Henrique I apropriou-se deste poder e, desejando

---

[1] A alusão aos milagres normandos está ausente em Ailred. Em sua época, sob Henrique II, a crença no poder taumatúrgico dos reis estava firmemente estabelecida; já não havia interesse em insistir no grande número de curas de escrofulosos operadas por Santo Eduardo; por outro lado, este apelo a fatos conhecidos, supostamente realizados no exterior, deve ter parecido bizarro; é por isso que Ailred, que foi oficialmente responsável pela edição do texto de Osbert, suprimiu a frase em questão.

justificá-lo, colocou-o sob o abrigo de um grande nome: o de São Eduardo[1].
Tais foram, até onde podemos conhecer, os inícios do rito inglês[2].

---

[1] O *Ashmolean Museum* em Oxford possui uma medalha de origem escandinava ou anglo-saxônica, encontrada no século XVII perto da própria cidade de Oxford. Está perfurada na parte superior e pode ser identificada uma inscrição de restauração difícil. Quando descoberta, podiam ser lidas as letras E.C.; por uma singular aberração, alguns estudiosos interpretaram *Eduardus Confessor*, como se Eduardo, em vida, já tivesse seu título hagiológico. No entanto, as moedas distribuídas pelos reis ingleses dos tempos modernos aos escrofulosos que foram tocados – em seu termo técnico *touch-pieces* – também aparecem perfuradas para que pudessem ser suspensas no pescoço dos pacientes; esses estudiosos engenhosos imaginaram que tinham em mãos uma *touch-piece* de Santo Eduardo. Não há necessidade de refutar tal opinião. Cf. Farquhar, *Royal Charities*, I, p. 47 e ss.

[2] Entre Henrique I e Henrique II se intercala o reinado de Estêvão de Blois. Estêvão era apenas o sobrinho do primeiro desses dois reis, e apenas no lado materno; ele reinou apesar dos últimos desejos de seu tio. No entanto, teria reivindicado o poder de cura do qual seu tio havia sido o iniciador? Ou, ao contrário, Henrique II, ao chegar ao trono, foi obrigado a renovar uma tradição que, por um momento, viu-se interrompida? Este pequeno problema, devido à falta de documentos, permanece insolúvel.

Capítulo II. As origens do poder de cura dos reis: a realeza sagrada nos primeiros séculos da Idade Média

§ 1. A evolução da realeza sagrada; o sagrado

O problema que se impõe à nossa atenção é, agora, duplo. O milagre real se apresenta acima de tudo como a expressão de certa concepção de poder político supremo; a partir deste ponto de vista, para explicá-lo, será necessário ligá-lo ao conjunto de ideias e crenças de que foi uma de suas mais características manifestações; de toda forma, explicar um caso particular para um fenômeno geral não é o próprio princípio de qualquer "explicação" científica? Mas, tendo conduzido a nossa investigação até este ponto, não devemos ainda completar a nossa tarefa; se nos interrompermos ali, deixaremos escapar precisamente o particular; será necessário explicar as razões pelas quais o rito da cura, resultado de um movimento de pensamentos e sentimentos comuns a toda uma parte da Europa, surgiu em um momento específico, tanto na França quanto na Inglaterra, e não em qualquer outro lugar. Em suma, por um lado, as causas profundas, por outro, a ocasião, o estampido que trouxe à vida uma instituição que estava, havia tanto tempo, em potência nos espíritos.

Mas, pode-se perguntar, haverá necessidade de uma longa pesquisa para descobrir as representações coletivas que são a fonte do toque das escrófulas? Não é evidente, à primeira vista, que este rito, aparentemente tão singular, foi nas sociedades medievais e modernas apenas o último eco dessas crenças "primitivas" que a ciência da atualidade, graças ao estudo dos povos selvagens, tem permitido restituir? Não basta, para compreendê-lo, analisar os grandes catálogos de fatos, organizados, com tanto cuidado e engenhosidade, por Sir James Frazer, folheando *Le Rameau d'Or* ou *Les Origines Magiques de la Royauté*? "O que teria dito Luís XIV", escreveu o Sr. Salomon Reinach, "se lhe provassem que, ao tocar a escrófula, ele imitava um chefe polinésio?"[1] E já Montesquieu, sob a máscara do persa Usbeck, falava a respeito do mesmo príncipe: "Este rei é um grande mágico; ele exerce seu domínio sobre o próprio espírito de seus súditos... Chega a fazê-los acreditar que os cura de todos os tipos de males, tocando-os, tão grande é a força e o poder que tem sobre os espíritos"[2]. No pensamento de Montesquieu, a palavra mágico não era senão uma piada. Nós, atualmente, conhecemos seu sentido pleno. Tomei essa pequena frase como epígrafe para este livro; seria possível inscrevê-la, ainda mais corretamente, à frente das belas obras de Sir James Frazer, que nos ensinaram a compreender as relações, há muito ignoradas, entre certas antigas concepções da natureza das coisas e as primeiras instituições políticas da humanidade. Sim, o milagre das escrófulas é, sem dúvida, todo um sistema psicológico que pode ser denominado "primitivo": primeiro porque traz a marca de um pensamento ainda pouco evoluído e imerso no irracional, mas também porque se encontra em estado particularmente puro nas sociedades que

---

[1] Cultes, mythes et religions, II, p. 27.
[2] Lettres Persanes, 1. 24.

convencionamos chamar de "primitivas". Mas quando dizemos isso, o que fazemos senão indicar, de forma aproximada, o gênero de representações mentais a que devemos dirigir nossa pesquisa? A realidade histórica é menos simples e mais rica do que essas fórmulas.

Sir James Frazer escreve: "certos reis, nas Ilhas do Pacífico e em outros lugares, vivem supostamente em uma atmosfera carregada de uma espécie de eletricidade espiritual tal que, se podem destruir todos os que invadem seu círculo sagrado, possuem também, felizmente, o dom de torná-los sãos novamente por um simples contato. Podemos conjecturar que os predecessores dos monarcas ingleses tenham sido, antigamente, objeto de ideias semelhantes: *a escrófula provavelmente recebeu o nome do mal do rei, porque se acreditava que um rei poderia causá-la, bem como curá-la*"[1]. Permita-me esclarecer. Sir James Frazer não afirma que, no século XI ou XII, os soberanos ingleses ou franceses fossem considerados capazes de espalhar escrófulas ao seu redor, ao mesmo tempo em que as curavam; mas imagina que, no passar das eras, seus antepassados tivessem de lidar com tal espada de dois gumes; pouco a pouco, o temível lado do dom real seria esquecido, e permaneceria retido apenas seu lado benéfico. De fato, como já sabemos, os reis taumaturgos do século XI ou XII não tiveram que rejeitar qualquer parte de sua herança ancestral, já que nada de suas virtudes milagrosas teve origem em um passado muito remoto. Este argumento, ao que parece, pode ser suficiente. Deixe-nos, no entanto, colocá-lo de lado por um momento; caso deseje, suponha que o poder de cura dos príncipes normandos ou capetíngios tenha origens muito antigas. A hipótese de Sir James Frazer será mais forte? Penso que não. Baseia-se no caso das ilhas Tonga na Polinésia, onde se afirma que alguns chefes exercem uma homeopatia deste tipo. Mas qual o valor de tal raciocínio por analogia? O método comparativo é extremamente fértil, mas na condição de não abandonar o geral; não pode ser usado para reconstruir detalhes. Certas representações coletivas, que afetam toda a vida social, são encontradas, sempre pelo menos de um ponto de vista geral, em um grande número de povos; parecem sintomáticas de determinado estado da civilização; variam com eles. Em outras sociedades, conhecidas apenas por documentos relativamente recentes ou incompletos, não são historicamente comprovadas; tais ideias estavam ausentes nelas, realmente? é provável que não; a sociologia comparativa permite-nos restaurá-las, com muita probabilidade. Mas essas grandes ideias, comuns a toda, ou quase toda, humanidade, evidentemente receberam, de acordo com cada lugar e circunstância, diferentes aplicações. O estudo das tribos oceânicas ilumina a noção de realeza sagrada, à medida que floresceu sob diferentes céus, na Europa

---

[1] Golden Bough, I, p. 371. "royal personages in the Pacific and elsewhere have been supposed to live in a sort of atmosphere highly charged with what we may call spiritual electricity, which, if it blasts all who intrude into its charmed circle, has happily also the gift of making whole again by a touch. We may conjecture that similar views prevailed in ancient times as to the predecessors of our English monarchs, and that accoringly scrofule received its name of the King's Evil from the belief that it was caused as well as cured by contact with e king". O destaque é meu. Cf. Ibid. III, p. 134.

antiga ou mesmo medieval; mas não podemos esperar encontrar todas as instituições da Oceania na Europa. Em um arquipélago polinésio – o único exemplo invocado – os chefes são ao mesmo tempo causadores de doenças e médicos; assim se traduz a força sobrenatural de que são detentores; a mesma força pode ter se manifestado, em outros lugares, de diferentes formas: por exemplo, apenas de maneira benéfica, sem qualquer contrapartida indesejável. Entre os primeiros missionários, muitos acreditavam que encontravam nos "selvagens", de forma mais ou menos obliterada, todos os tipos de concepções cristãs. Vamos evitar o erro oposto, e não transportemos os Antípodas como um todo para Paris ou Londres.

Procuremos, portanto, reconstruir, em toda a sua complexidade, o movimento das crenças e sentimentos que possibilitaram o estabelecimento do rito do toque em dois países da Europa Ocidental.

Os reis da França e da Inglaterra conseguiram se tornar médicos milagrosos, porque eram personagens sagradas: "sanctus enim et christus Domini est", disse Pierre de Blois a respeito de seu mestre Henrique II, para justificar suas virtudes taumatúrgicas. Por conseguinte, será necessário indicar, antes de tudo, como o caráter sagrado da realeza conseguiu ser reconhecido, antes que se possa explicar a associação de ideias naturalmente derivadas dessa sacralidade, enquanto uma espécie de conclusão evidente: o poder de cura daqueles que eram reverenciados[1].

Os Capetíngios sempre se apresentaram como os legítimos herdeiros da dinastia carolíngia; e os próprios Carolíngios enquanto herdeiros de Clovis e seus descendentes; os reis normandos da Inglaterra reivindicavam, como um bem patrimonial, a sucessão dos príncipes anglo-saxões. Dos líderes dos antigos povos francos, Anglos ou Saxões aos soberanos franceses ou ingleses do século XII, a filiação é direta e contínua. É, portanto, para as antigas realezas germânicas que devemos, primeiramente, olhar; ali encontraremos um conjunto de ideias e instituições extremamente arcaicas.

Infelizmente, nós as conhecemos muito mal. Toda a Germânia antes do cristianismo sempre nos permanecerá, por falta de literatura escrita,

---

[1] Devo muito, pela análise que se segue, ao belo livro de Kern, *Gottesgnadentum*. Uma abundante bibliografia (infelizmente não classificada) pode ser encontrada neste trabalho; ela me permitirá reduzir, em grande medida, as indicações bibliográficas, particularmente as que se referem ao sagrado. Talvez eu preste um serviço aos pesquisadores assinalando que nada de útil será encontrado no artigo de Jos von Held, *Kötigtum und Göttlichkeit; Am Ur-Quell, Monatschrift für Volkskunde*, III (1892). Sobre o sagrado, após o volume de Kern, aparece a útil obra de Reginald Maxwell Woolley, *Coronation rites (The Cambridge Handbooks of Liturgical Study)* in-12, Cambridge 1915; e uma tese da faculdade de direito de Toulouse, de Georges Péré, *Le sacre et le couronnement des rois de France dans leurs rapports avec les lois fondamentales*, s, 1. 1921, onde algumas indicações relevantes podem ser encontradas, mas que, infelizmente, apresenta uma ignorância surpreendente sobre a literatura a respeito do tema; ver também Ulrich Stutz, *Raims und Mainz in der Königswahl des X. und zu Beginn des XI. Jahrhunderts; Sitzungsber der preussischen Akademie*, 1921, p. 414.

irremediavelmente obscura. Podemos entrever apenas alguns vislumbres. Que não são suficientes para nos assegurar que a concepção da realeza fosse, entre os alemães, como as de todos os povos no mesmo estágio de civilização, marcados por um caráter religioso[1]. Tácito observara que, ao contrário dos chefes de guerra temporários, escolhidos livremente em razão de seu valor pessoal, os reis eram, entre os alemães, escolhidos apenas entre certas famílias nobres: sem dúvida, haveria certas famílias dotadas hereditariamente de uma virtude sagrada[2]. Os reis eram considerados seres divinos ou, pelo menos, descendentes dos deuses. "Os godos", afirma Jordanes com suas próprias palavras, "atribuíam suas vitórias à benéfica influência que emanava de seus próprios príncipes; não os viam como homens comuns; eles lhes davam o nome de Ases, ou seja, semideuses"[3]. A palavra Ases é encontrada nas antigas línguas escandinavas; serviu, de fato, para designar deuses ou certas categorias deles. Temos acesso a várias genealogias reais anglo-saxônicas que foram preservadas: todas remontam a Wotan[4]. Desta fé na origem sobrenatural dos

---

[1] O caráter sagrado da antiga monarquia germânica tem sido repetidamente trazido à luz. De maneira proveitosa, pode-se consultar, sobretudo, H. Munro Chadwick, *The ancient Teutonic priesthood; Folk-Lore*, 1900; cf. do mesmo autor, *The origin of the English nation*, Cambridge 1907, p. 320; indicações interessantes em J. Flach, *Les origines de l'ancienne France*, III, p. 236 e 237 e Paul Vinogradoff, Outlaines of historical jurisprudence, I, Oxford 1920, p. 352. A seguir estão algumas informações tiradas do grupo escandinavo. Não ignoro que, entre tais populações, o caráter sagrado da realeza se acentuou, de maneira sensível, por conta da ausência de um sacerdócio especializado que parece ter existido em muitas outras tribos germânicas. Os reis do norte sempre permaneceram sacerdotes; os reis da Germânia propriamente ditos, à época das invasões, em sua maior parte, não tinham, ou já não tinham, funções deste tipo. Mas essas diferenças, por mais importantes que sejam, não nos interessam aqui; no Sul, como no Norte, a noção fundamental era a mesma; isso é tudo o que nos convém recordar.
[2] Germ. VII: "Reges ex nobilitate, duces ex virtute sumunt". Muitas vezes, e com razão, esta frase foi aproximada àquela de Tácito que se lê em Gregório de Tours, *Histor. Franc.*, II, 9, a propósito das origens francas: "ibique iuxta pagos vel civitates reges crinitos super se creavisse de prima, et, ut ita dicam, de nobiliori família".
[3] *Getica*, c. XIII, ed. Mommsen (*Mon. Germ. A A., V*), p. 76, a propósito da família real dos Amalas: "iain proceres suos, quorum quasi fortuna vincebant, non puros homines, sed semideos id est Ansis uocauerunt". Sobre o uso da palavra Ase, cf. Maurice Canex, *Le mot "Dieu" en vieux-scandinave (Collect. linguistique Soc. linguistique de Paris, X, et thèse Fac. Lettres, Paris)*, 1921, p. 10, n. 1. E. Mogk, artigo *Asen* em Hoops, *Reallexikon der gercez. Altertumskunde* parece acreditar que a palavra se aplicava apenas a reis mortos e, após sua morte, eram deificados; não vejo esta interpretação em Jordanes. Em um curioso texto de Justin, *Histor. Philippic.*, VII, 2, vemos os macedônios serem acompanhados em combate por seu rei ainda criança: "tanquain deo victi antea fuissent, quod bellantibus sibi regis sui auspicia defuissent"; encontramos aqui uma crença análoga a que o texto de Jordanes testemunha nos Godos.
[4] Cf., entre outros Kemble, *The Saxons in England*, ed. de 1876, Londres, I, p. 336; W. Golther, *Handbuch der deutschen Mythologie*, 1895, p. 299; J. Grimm, *Deutsche Mythologie*, 4ª ed., Berlim 1878, III, p. 377. O mais recente estudo sobre as genealogias é a dissertação de E. Hackenbrg, *Die Stammlafeln der anglo-sächsischen Königreiche*,

reis, decorreu um sentimento de lealdade. Não se ligava a este ou aquele indivíduo: a primogenitura não existia; o direito hereditário dentro da dinastia era mal estabelecido; poderia ocorrer a substituição do soberano, com a condição de que ele viesse sempre do interior da mesma família. "Da mesma forma", escreveu Atalarico ao senado romano, "que aquele que nasceu de vós é dito ter origem senatorial, aquele que é da família Amala – diante da qual, toda nobreza se apaga –, é digno de reinar"; e em outro lugar, o mesmo príncipe, mesclando noções germânicas com um vocabulário romano, falou do "sangue dos Amalas, destinado à púrpura"[1]. Somente essas linhagens predestinadas eram capazes de fornecer verdadeiros líderes, pois possuíam essa bênção misteriosa – *quasi fortuna*, como disse Jordanes – na qual as pessoas encontravam, antes de qualquer talento militar ou de liderança, a razão de seu sucesso. A ideia de legitimidade pessoal era frágil; forte era a concepção de legitimidade dinástica[2]. No século VI, um grupo que se separou da nação dos Hérulos se estabeleceu na região do Danúbio; um ramo da linhagem tradicional seguiu este grupo, e lhe forneceu seus chefes. Certo dia, pereceu inteiramente. Sua última prole, como ocorrera com tantos outros príncipes naqueles tempos de violência, havia sido assassinada por seus próprios súditos. Mas esses bárbaros, que haviam massacrado seu rei, não se resignaram em permanecer sem o sangue real; decidiram enviar um representante para a longínqua pátria de onde eles mesmos haviam partido – "de Thulé", como afirma Procópio – pelo qual, muito provavelmente, queria indicar a península escandinava. Os primeiros escolhidos morreram no caminho; os embaixadores retornaram e trouxeram outro. Enquanto isso, os Hérulos, cansados de esperar, acabaram colocando como líder um dos seus, escolhido apenas devido a seu valor individual; não tendo talvez ousado elegê-lo eles mesmos, solicitaram ao imperador que o nomeasse. Mas quando o herdeiro legítimo chegou, embora fosse desconhecido de todos, em apenas uma noite quase todas as pessoas ficaram a seu lado[3].

Esses reis verdadeiramente divinos deveriam possuir algum poder sobre a natureza. De acordo com uma concepção que se encontra em muitos outros

---

Berlim 1918. Não tive acesso a ela; encontrei as principais conclusões resumidas por Alois Brandi., *Archiv für das Studium der neueren Sprachen*, t. 137 (1918), p. 6 e ss. (especialmente p. 18). Há uma possível alusão à origem supostamente divina dos merovíngios em uma frase da famosa carta escrita por Avitus, Bispo de Viena, a Clovis em seu batismo. Cf. Junghans, *Histoire de Childerich et de Chlodovech*, trad. Monod (*Bibl. Hautes Etudes*, fasc. 37), p. 63, n. 4.

[1] Cassiodoro, *Variae*, VIII, 2: "quoniam quaevis claritas generis Hamalis cedit, et sicut ex vobis qui nascitur, origo senatoria nuncupatur, ita qui ex hac familia progreditur, regno dignissimus approbatur". IX, 1: "Hamali sanguinis purpuream clignitatem".

[2] É a isto que os historiadores alemães se referem quando opõem o *Geblütsrecht* ao *Erbrecht*.

[3] Procópio, *De Bello Gothico*, II, 15. Cf. Kern, *Gottespiadentum*, p. 22. Para Procópio, os Hérulos instalados em "Thulé" eram um grupo chegado tardiamente da região do Mar Negro, onde os hérulos teriam vivido "de toda a antiguidade" (II, 14); um erro óbvio e rejeitado por unanimidade.

povos (desenvolveu-se com força particular nas sociedades chinesas), ao reis eram responsabilizados pela ordem das coisas. O rei da Noruega, Halfdan o Negro – como narra a lenda recolhida no século XIII na *Heimskirngla* – teria sido "de todos os reis, aquele que havia tido a maior sorte nas colheitas"; quando morreu, seu cadáver, em vez de enterrado inteiro em um único lugar, foi recortado em quatro, e cada parte enterrada sob um monte em cada um dos quatro distritos principais do país, porque "possuir o corpo", ou de um de seus fragmentos "trazia, àqueles que o possuíam, a esperança de boas colheitas"[1]. Um grande príncipe, conforme ainda acreditavam os dinamarqueses do século XII, poderia, ao tocar crianças e trigo, garantir aos homens uma bela progênie, e também belas colheitas[2]. Por vezes, quando a colheita falhava, o rei era deposto. Tal parece ter sido, segundo o testemunho de Amiano Marcelino, o destino dos reis da Borgonha; o historiador romano, com sua usual inteligência, convidou-nos a perceber este costume nas tradições do antigo Egito, o país clássico da realeza sagrada. O mesmo costume parece ter existido na Suécia pagã[3].

Senhores dos anos férteis, teriam os reis alemães também estendido seu poder às doenças? A *Heimskringla*, redigida, como mencionei há pouco, no século XII, na Islândia, pelo padre Snorre Sturlason, atribui algumas curas ao

---

[1] *Heineskringla*, ed, Finnur Jonsson, I, *Halfdana Saga Svarta*, K, 9. Para a tradução deste texto, e os da mesma fonte que serão citados mais adiante, devo muito à ajuda meu colega Maurice Cahen.

[2] Isto é o que pode ser concluído de uma passagem do historiador dinamarquês Saxo Grammaticus (XIV, IV, ed. Holder Egger, Estrasburgo, 1886, p. 537). De acordo com este texto, quando Waldemar I, da Dinamarca, atravessou a Alemanha em 1164 para ir à dieta de Dole, as mães teriam feito seus filhos o tocarem, e os camponeses tocavam-no com seu trigo, esperando assim obter para ambos um bom crescimento. Assim, mesmo no estrangeiro se acreditava no maravilhoso poder de Waldemar: exagero manifesto, no qual o chauvinismo de Saxo Grammaticus influenciou decididamente. Esta história, no entanto, é muito instrutiva. Nada nos diz sobre o espírito dos alemães, mas sobre o dos dinamarqueses. Para louvar o rei de seu país, o que imaginou Saxo? Que os próprios povos vizinhos reconheciam a mão sagrada do príncipe. Presumivelmente, por parte de seus compatriotas, esse gesto teria parecido trivial demais para ser mencionado. Provavelmente não inventou a crença que descreveu: de onde teria surgido? Devemos supor que ele simplesmente, por efeito retórico, tenha mudado o país. Talvez compartilhasse da crença; ele a menciona com óbvia simpatia, ainda que, por respeito sem dúvida às doutrinas da Igreja, pensou que não poderia de se abster em indicar seu caráter supersticioso: "Nec minus snpersticiosi agrestes...".

[3] Amm. Marcellin., XXVIII, 14: "Apud hos generali nomine rex appellatur Hendinos, et ritu ueteri potestate deposita remouetur, si sub eo fortuna titubauerit belli, vel segetum copia negauerit terra, ut soient Aegyp tii casus eiusmodi suis adsiguare rectoribus". Para a Suécia, *Heimskringla*, I, *Ynglinga*, K. 15 e 43; note na segunda dessas passagens o surgimento da ideia de que as colheitas ruins seriam devido não à ausência desse poder misterioso no rei, daquela *quasi fortuna* mencionada por Jordanes, mas precisamente por uma falta cometida por ele (negligência na realização dos sacrifícios); é o início de uma interpretação racionalista, distorcendo uma crença antiga. Existem superstições semelhantes entre os primitivos; há, sobre o tema, abundante literatura; v. sobre o tema, L. Lévy-Bruhl, *La mentalité primitive*, 1922, p. 366 e ss.

rei Olavo, filho de Harald, que reinou na Noruega no início do século XI[1]. Mas Olavo, Santo Olavo, era um santo do cristianismo; talvez os milagres atribuídos a ele pela Saga irlandesa sejam apenas o eco de um tema hagiográfico. Sem dúvida, nossos textos são muito pobres para nos permitir afirmar que alguma tribo germânica tenha visto, em qualquer de seus reis, um médico; é melhor permanecermos incertos neste ponto, como ordena a sábia prudência. Deve-se observar, além disso que, na sociologia comparada – à qual, na ausência de documentos, sempre somos tentados a recorrer –, nada nos obriga a admitir que nos reis da antiga Germânia, pelo fato deles serem dotados de virtude divina, fossem todos, ou mesmo a maior parte, curandeiros; pois os reis curandeiros parecem ter sido sempre, e em todos os lugares, bastante raros. Esta é, pelo menos, a impressão dada pelas obras de Sir James Frazer; são muito poucos os exemplos desta forma de magia real que se encontram nessas grandes coleções; os chefes waalo do Senegal, os polinésios das ilhas Tonga são citados incessantemente, como aqueles figurantes no teatro que reaparecem sempre nos mesmos cenários, para representar o desfile de um exército[2]. Na verdade, não há nada de surpreendente nesta escassez. O poder milagroso atribuído aos reis pelos "primitivos" é geralmente conhecido por ser empregado para fins coletivos, destinado a obter o bem-estar de todo o grupo, não direcionado a fins individuais; seu papel está em fazer chover ou garantir a regularidade das

---

[1] *Heimskringla*, II, *Olafs Saga Helga Konengs*, II, K. 155 e 189. Olavo morreu em 1030. W. Ebstein, *Zur Geschichte der Krankenbehandlung*; *Janus*, 1910, p. 224, aproveitou esses textos (no segundo deles vemos que Olavo cura um garotinho com um tumor no *pescoço*) para defender uma origem escandinava ao toque da escrófula: o costume teria partido dos países do Norte e passado para a Inglaterra (sob Eduardo) e daí para a França. Esta teoria provavelmente não precisa ser refutada extensivamente. Basta lembrarmos as datas; o poder de cura de Olavo é atestado apenas por um documento do século XIII, sem que, além disso, haja qualquer outro dado que nos permita crer que os reis nórdicos acreditassem no exercício de um dom dinástico; os milagres de Santo Eduardo são conhecidos apenas por um texto do início do século XII, algo muito suspeito em todos os aspectos; na França, o rito certamente entrou em vigor já na segunda metade do século XI (Filipe I) e, muito provavelmente, a virtude taumatúrgica dos príncipes franceses remonta ao final do século X; ou seja, a um momento anterior, não apenas em relação à Saga a quem devemos o relato das curas operadas por S. Olavo, mas inclusive do próprio reinado deste monarca, bem como o de S. Eduardo.
[2] É possível adicionar algumas famílias nobres da Arábia, cujo poder de cura, especializado nas curas da raiva, parece remontar ao período pré-islâmico cf. a seguir. Para a Antiguidade clássica, os textos são obscuros. Uma passagem de Plutarco, *Pyrrhus*, c. III nos ensina que a Pirro foi atribuído o dom da cura, sendo a sede daquela virtude maravilhosa encontrada em seu dedão do pé; mas não há nada que indique que ele tenha compartilhado o privilégio com outros reis de Epiro; talvez estejamos diante de um caso análogo ao do merovíngio Gontrão: a associação peculiar a um indivíduo particularmente ilustre, mas não a toda uma linhagem, de uma crença geral no caráter mágico da realeza. Além disso, duas doenças, lepra e icterícia, aparecem nos antigos textos conhecidos como *morbus regius* (como referência, notadamente Law Hussey, *On the cure of scroffulous diseases*, p.188), sem que seja possível determinar com certeza se esta denominação possuía, originalmente, qualquer relação com um "milagre" real.

colheitas, muito antes de se preocupar em aliviar misérias particulares; e se sabe o quão fácil seria preencher várias páginas com os casos de chefes "fazedores de chuva", fornecidos pelos repertórios etnográficos. Assim, pode-se explicar por que o rito do toque, do qual nos ocupamos, desenvolveu-se mais facilmente em sociedades nas quais a religião interditava atribuir aos reis uma influência sobre grandes fenômenos cósmicos que dominam a vida das nações.

Uma revolução religiosa trouxe um verdadeiro golpe à antiga concepção da realeza sagrada, como havia florescido entre os Germânicos; o advento do cristianismo os privou de seu apoio natural: o paganismo nacional. Os reis continuaram como chefes de Estado; por um momento, após as invasões, seu poder político foi, inclusive, mais forte que nunca; mas não mais se passaram por personagens divinos, ao menos oficialmente. Não há dúvida de que as antigas ideias não desapareceram de repente. É provável que tenham sobrevivido, de forma mais ou menos intensa, na consciência popular. Nossos textos nos permitem identificar alguns de seus vestígios; provavelmente encontraríamos muitos mais se nossos documentos não fossem todos de origem eclesiástica e, portanto, a respeito deste tema, hostis ao passado[1]. Os cabelos compridos que formavam o atributo tradicional da dinastia franca (todos os demais homens livres, assim que atingissem a idade adulta, passavam a usar cabelos curtos) certamente tinham sido, originalmente, símbolos de ordem sobrenatural; ou, melhor ainda, esses cabelos nunca cortados devem ter sido

---

[1] Limito-me aqui a dados seguros. Outros foram invocados. De acordo com alguns historiadores (por exemplo, Grimm, *Deutsche Rechtsaltertüner*, 4ª ed., I, pp. 314 e ss., e Munro Chadwick, *loc. cit.*), os carros atrelados a bois, nos quais Einhard nos apresenta entre os últimos merovíngios, seriam carros sagrados, análogos aos que serviram, de acordo com Tácito (*Germ.*, 40), às procissões da deusa Nerto; uma hipótese sedutora mas, antes de tudo, apenas uma hipótese. Uma lenda, atestada pela primeira vez pelo pseudo-Fredegário (III, c. 9), faz de Meroveu o filho de um monstro marinho: vestígio de um antigo mito pagão? ou pura lenda etimológica, cujo princípio seria um jogo de palavras, nascido na Gália, com o nome de Meroveu? Como saber? Devemos ser prudentes. Permita-me aqui indicar aqui um divertido exemplo dos excessos nos quais os folcloristas mais ardentes podem cair. Lemos em Grimm, *loc. cit.*, I, p. 339, esta frase, suportada por uma referência ao poema provençal de Ferrabrás: "Der könig, der ein pferd tödtet, hat kein recht im reich". Seria um "tabu"? Voltemos aos textos. Ferrabrás é um rei pagão, mas um valente cavaleiro. Ele luta contra Olivier. Por acidente, mata o cavalo de seu inimigo: um ataque grave às regras das justas corteses; nada mais vil do que triunfar sobre um oponente, suprimindo sua montaria. Daí as censuras de Olivier ao rei: quem age desta forma, já não merece reinar: "rey que raval auci nun a dreg en regnat" diz o texto provençal citado por Grimm (I, Bekker, *Der Roman von Fierabras*, Berlim, 1829, v. 1388); "Rois ki ceval ocist n'a droit en ireté", diz o poema francês (ed. Guessard, em *Les Anciens poètes de la France*, 1860 v. 1119). Ferrabrás desceu, então, de seu cavalo, e com os dois heróis agora amarrados, o combate pode continuar sem injustiças. O verso que citei, se isolado de seu contexto, parece trazer uma informação curiosa sobre a magia real: foi desta forma que Grimm a interpretou; mas vamos ler a cena completa: só encontraremos algumas indicações bastante triviais sobre a esgrima cavalheiresca.

originalmente concebidos como o próprio lugar do poder maravilhoso reconhecido aos filhos da linhagem eleita; as *regis criniti* eram Sansões. Este costume, já há muito tempo demonstrado, durou tanto quanto os próprios merovíngios, sem que, entretanto, possamos saber se, pelo menos entre o povo, continuou possuindo algum valor mágico[1]. Muitas das pessoas que pertenciam às casas reais anglo-saxãs foram veneradas como santas após sua morte; o mesmo ocorreu, embora em menor número, com os merovíngios; não tanto porque tais linhagens fossem particularmente férteis em virtudes religiosas ou privadas; mas porque foram elevados voluntariamente aos altares os membros das famílias que se costumava considerar sagradas[2]. Desde Dagoberto, a dinastia merovíngia perdeu sua força; no entanto, esses reis, simples fantoches, continuaram a reinar por conta de seu nome por mais de um século e meio. O primeiro golpe de Estado tentado contra eles, o de Grimoaldo, falhou miseravelmente. O próprio Charles Martel se considerou suficientemente forte apenas para reprimir a realeza por certo período, não para usurpar o título real. Sem dúvida, este fracasso bem como esta prudente abstenção explicam-se em parte pelas rivalidades entre os grandes: mas apenas em parte; devemos acreditar que a linhagem legítima preservava em seus fundamentos uma espécie de prestígio. Pode-se comparar a situação dos descendentes de Clovis, reduzidos pelos mordomos do palácio a uma mera existência representativa, à vida dos mikados entre os Xoguns do antigo Japão; guardadas as devidas proporções, é provável que, de fato, os príncipes francos, bem como os imperadores japoneses, fossem durante muito tempo protegidos, senão precisamente por sua natureza sagrada, ao menos pelas lembranças obscuras que seu antigo papel deixara em seus espíritos. No entanto, para que fossem preservadas as aparências, os reis francos ou ingleses, até o século VIII, eram apenas cristãos como os demais e, talvez possamos dizer, inteiramente laicos. Nenhuma cerimônia eclesiástica consagrava seu advento, cujas solenidades

---

[1] Os testemunhos mais antigos são, indubitavelmente, Claudien IV, *Consul. Honor.*, 446; *Laud. Stilic.*, I, 203; Avitus, carta a Clovis sobre seu batismo, ed. U. Chevalier, *Oeuvres de St. Avit*, Lyon 1890, cp. XXXVIII, p. 192; Priscus, Ιστορία Γοθίχη, c. 16. O cadáver de Clodomiro, no campo de batalha de Vézeronce, foi reconhecido pelos seus longos cabelos, "honra da linhagem real". Ver a passagem muito curiosa de Agathias, *Histor.* I, c. 3. O costume imposto aos francos adultos, para o uso de cabelo curto é atestado por Greg. de Tours, *Histor.*, III. 18. Não preciso aqui pesquisar se, entre outros povos germânicos, o cabelo comprido também era insígnia real. Pelo menos é certo que em alguns deles era um privilégio comum a todos os homens livres: para os Suevos no tempo de Tácito, *Germ.* XXXVIII; para os godos, F. Dahn, *Die Könige der Germanen*, III, p. 26. Sobre o valor mágico dos cabelos longos, cf. J Frazer, *Folk-lore in the Old Testament*, II, Londres, 1919, p. 480 e ss.
[2] O mesmo fato foi notado por Bréhier em relação a Bizâncio (no trabalho notado a seguir): "Outro fato significativo (da sobrevivência do culto imperial) é a frequência das canonizações imperiais".

eram, além disso, reguladas apenas por um costume bastante variável. Nenhuma marca religiosa particular marcava suas frontes[1].

Aos soberanos germânicos que, como os merovíngios, após as invasões reinavam em um país profundamente romanizado, a tradição do povo conquistado oferecia todos os esplendores da religião imperial. Sem dúvida, lá também, o cristianismo havia passado; mas, se por acaso modificou gradualmente algumas fórmulas, quase não tocara o fundo das coisas; em Bizâncio, a religião imperial duraria quase tão longamente quanto o Império[2]. Conhecemos sua pompa oficial; mas não sabemos qual a verdadeira impressão que poderia provocar sobre as almas. Alguns imperadores foram considerados taumaturgos; Vespasiano, proclamado no Oriente, em um ambiente carregado de esperanças messiânicas, fez algumas curas; mas estas ocorreram em Alexandria, terra acostumada por milênios a venerar seus chefes como deuses; e, de toda forma, sempre se suspeitou que os sacerdotes do Serapeu, de notória habilidade, teriam maquinado tais manifestações milagrosas; Adriano, dizia-se, havia curado um cego[3]. Tais exemplos são isolados. Jamais saberemos se a crença no caráter divino dos imperadores era suficientemente forte para que, entre a massa, seu poder milagroso fosse considerado verdadeiramente ativo. Mas não se pode duvidar que a religião imperial era um maravilhoso instrumento de auxílio para reinar. Os bárbaros permitiram que desaparecesse[4]. Nem os merovíngios se estabeleceram como sucessores do Império. Clovis, é verdade – de acordo com Gregório de Tours, cujo testemunho não me parece que deva ser rejeitado –, ao aceitar uma magistratura das mãos do soberano de

---

[1] Os textos relativos ao cerimonial do advento nas dinastias bárbaras podem ser encontrados convenientemente reunidos e inteligentemente comentados em W. Schuecking, *Der Regierungsantritt*, Leipzig 1889. Em suma, entre os merovíngios, a chegada ao poder pelo novo rei era acompanhada de várias práticas que se modificavam, e que nunca parecem ter se organizado e fixado em um ritual coordenado: elevação no escudo, investidura da lança, passeio solene pelo reino... Todas essas práticas têm um caráter comum; permanecem estritamente laicas (na medida em que são vistas como esvaziadas de seu antigo caráter religioso, que era pagão); a Igreja não intervém. Cf. uma opinião expressa recentemente, em sentido oposto ao expresso aqui, por dom Germain Morin, abaixo, Apêndice III.

[2] Ver Louis Bréhier e Pierre Batiffol, *Les survivances du culte impérial romain*, 1920; especialmente p.35, 43, 59; cf. J. Ebersolt; *Moyen âge*, 1920, p. 286.

[3] Sobre Vespasiano, Tácito, *Hist.* IV, 81; Suetônio, *Vesp.*, 7; Dion Cassius, LXVI, 8. Sobre Adriano, *Vita Hadriani*, c. 25. Cf. Otto Weinreich, *Antike Heilungswunder* (*Religionsgeschichtliche Versuche*, VIII, 1), Giessen 1909, p. 66, 68, 75; H. Dieterich, *Archiv. für Religionswissensch*, VIII, 1905, p. 500, n, I. Sobre Vespasiano e o messianismo, as belas páginas de Renan, *L'Antéchrist*, c. IX.

[4] M. Batiffol (loc. cit., p. 17, n. 2) nota com razão que os vestígios do culto imperial são encontrados no Reino ostrogodo da Itália; sob Teodorico, a púrpura era adorada: Cassiodore, *Variae*, XI, 20 e 31. Mas o reino de Teodorico se encontrava, do ponto de vista do direito político, em uma situação incerta; ele ainda era, teoricamente ao menos, parte do Império; e apenas quando magistrados imperiais *primiscrinii* e *primicerii*, mencionados nas fórmulas de Cassiodoro, cumprissem os ritos tradicionais.

Bizâncio, se faz chamar a si mesmo de Augusto por uma espécie de usurpação[1]. Seus descendentes não mantiveram o título. No entanto, poderiam ter se sentido mais livres do que Augusto, nas margens do Bósforo; as conquistas de Justiniano, reintroduzindo no Ocidente as armas "romanas", levaram os reis franco a se libertar de toda dependência dos antigos mestres do mundo; eles haviam até então consentido em aceitar a imprecisa supremacia de um imperador distante; não queriam permanecer presos a um vínculo de sujeição, por vago que fosse, diante de vizinho muito próximo e muito ameaçador. Mas enquanto afirmavam sua autonomia – notadamente pela cunhagem de moedas em seu nome – decidiram, seja pela presença de um vestígio de respeito, seja pela indiferença, não tomar nada dos antigos títulos, tão ricos em termos que evocavam a sacralidade do príncipe. O culto imperial desapareceu na Gália ao mesmo tempo em que desapareceu o domínio de Roma. No máximo, pode-se notar que não pereceu inteiramente a manutenção de certos hábitos de pensamento, bem como certa tendência a confundir as categorias do político e do divino.

Mais tarde, Carlos Magno renovou o elo com a tradição romana. O Império ressuscitou[2]. Mas se tratava de um Império totalmente cristão. A religião imperial, pagã em sua essência, interrompida por uma longa proscrição, não poderia renascer com ele. Em Bizâncio, os imperadores não deixaram de se denominar divinos; Carlos Magno, ou um de seus conselheiros, que escreveu o prefácio do *Libri Carolini* em seu nome, não hesitou em censurá-los pelo seu orgulho, do alto de sua ortodoxia[3]. No entanto, naquela época, algumas outras expressões inofensivas, tomadas da linguagem obsequiosa do Baixo Império, reapareceram; falava-se novamente dos imperadores sagrados, do Augusto mais sagrado, do palácio sagrado[4]; o próprio Incmaro, embora tão preocupado em

---

[1] Sem dar margem a uma discussão que seria, aqui, totalmente fora de propósito, basta-me fazer ressaltar que uma inscrição italiana dá a Teodorico – de que não há dúvida de que foi *magister militum*, isto é, um funcionário imperial – o título de "semper augustus": CIL, X, 6851. Assim, o uso não impedia que, em países romanizados submetidos aos bárbaros, ocorressem tais confusões de linguagem. Resta, é claro, mais de um ponto obscuro – nomeadamente no que diz respeito ao título preciso dado a Clovis pelo imperador Anastásio – no texto de Gregório de Tours.

[2] Sobre as teorias politico-religiosas do período carolíngio, uma útil coleção de referências e inteligentes indicações podem ser encontradas em H. Lilienfein, *Die Anschauungen von Staat und Kirche im Reiche der Karolinger; Heidelb. Abh. zur mittleren und neueren Gesch.*, z, Heidelberg 1902; infelizmente, o autor tende a explicar tudo pela antítese entre "Romanismo" e "Germanismo". Quando alguém decidirá abandonar essa dicotomia pueril? Eu tirei um pouco de coisas de W. Ohr, *Der Karolingische Gottesstaat in Theorie und Praxis*, Leipzig 1902

[3] I, I, 3; Migne, P. L., t.98 COL 1014 e 1015. Bem mais tarde, Frederico Barbarossa, que teria tido muitos motivos para censurar a si mesmo neste aspecto, não teve medo de condenar, por sua vez, o uso da palavra *santo* aplicada ao imperador bizantino. Ver Tageno de Passau em *Monum. Gernianiae*, SS., XVII, p. 510, linha 51 e ss.

[4] E. Eichmann, em *Festschrift G. v. Hertling dargebracht*, p. 268, n. 3, cita alguns exemplos; muitos outros poderiam ser adicionados; basta referir-se aos índices de

negar aos soberanos temporais qualquer caráter sacerdotal, não se esqueceu, e acabou escrevendo, certo dia, sobre os "olhos sagrados" do Imperador?[1] Porém, este vocabulário que, de toda forma, pelo menos na França não sobreviveu por muito tempo na era carolíngia[2], não nos deve enganar. Em Roma já havia se despojado de seu valor original; tais fórmulas de piedade tornaram-se, por assim dizer, simples fórmulas de cortesia. Entre os escritores do século IX, existia apenas uma familiaridade verbal com os textos latinos; ou mesmo, se os contemporâneos dos primeiros imperadores francos tomavam tais palavras de aparência antiga em seus sentidos plenos, não era porque pensassem na antiga adoração obsoleta que anteriormente se expressava com termos semelhantes, mas em um cerimonial jovem, e autenticamente cristão. Sagrados, os soberanos do Ocidente haviam se tornado assim, oficialmente, graças a uma nova instituição: a consagração eclesiástica do advento e mais particularmente o seu rito fundamental, a unção. A unção aparece, como veremos, nos reinos bárbaros dos séculos VII e VIII. Em Bizâncio, ao contrário, foi introduzido apenas mais tarde e por uma evidente imitação de costumes estrangeiros. Na época de Carlos Magno, os bizantinos se divertiam com aquele gesto que não entendiam; relatavam, provavelmente de maneira zombeteira, que o papa ungiu o imperador franco "da cabeça aos pés"[3]. Os historiadores por vezes se perguntavam sobre a origem da diferença entre as pompas monárquicas do Ocidente e do Oriente. A razão me parece clara. A religião imperial, ainda viva na Roma do Leste, acabou por tornar inútil o novo rito.

Em suma, nos reinos formados pelas invasões, uma multidão de memórias, de várias origens, germânicas ou romano-orientais, manteve uma atmosfera de veneração quase religiosa em torno da realeza; mas nenhuma instituição regular deu corpo a esse vago sentimento. Foi a Bíblia que forneceu, enfim, os meios para que se pudesse reintegrar, na legalidade cristã, a sagrada realeza dos velhos tempos. Inicialmente, ela ofereceu úteis comparações. No capítulo 14 de Gênesis, lê-se como Abraão recebeu pão e vinho das mãos de Melquisedeque,

---

Capitularia regum Francorum e dos *Concilia* nas edições dos *Monumenta Germ.*; cf. também Sedulius SCOTTUS, *Liber de rectoribus christianis*, c. 9, e S. Hellmann (*Quellen und Unters, zur latein, Philologie des Mittelalters*, I, I), p. 47; Paschase Radbert, *Epitaphium Arsenii*, 1. II, c. 9 e 16, d. Duemmler (*Kgl. Preussische Akadernie, Phil.-hist. Klasse, Abhandl,*, 1900, II), p. 71 e 85.

[1] *De ondine palatii*, c. XXXIV, ed. Prou (*Bibl. Ec. Haut Etudes*, fasc. 58), p. 90: "in sacris ejus obtutibus". Sabemos que este tratado de Incmaro é apenas o desenvolvimento de um trabalho anterior composto por Adalardo de Corbie e agora perdido. A expressão que acabei de mencionar seria mais adequada às ideias de Adalardo do que às de Incmaro; talvez este a tenha recolhido na própria fonte.

[2] Era encontrado em uso na Alemanha na época dos imperadores saxões: Waitz, *Verfassungsgeschichte*, 2ª ed. VI, p. 155, nº 5; e, é claro, retomou à moda sob os Hohenstaufen: cf. Max Pomtow, *Ueber den Einfluss der altrömischen, Vorstellungen vom Staat eut die Politik Kaiser Frieclrichs I*, Halle 1885, em particular p. 39 e 61. Veja também a seguir.

[3] Tanto este tópico, quanto a controvérsia relativa à introdução da unção em Bizâncio, serão discutidos adiante.

rei de Salem e sacerdote do Deus forte[1]: um episódio misterioso que, ainda hoje, os exegetas têm dificuldade em explicar. Os primeiros comentadores escaparam do embaraço atribuindo-lhe um significado simbólico: Melquisedeque foi uma figura de Cristo; e é desta forma que aparece representado em tantas catedrais. Mas essa aparição enigmática devia também instigar os apologistas da realeza. Este sacerdote-rei fazia remontar, a um passado de prestígio, o ideal daqueles que conferiam características sobre-humanas aos reis; no período da grande controvérsia do Sacerdócio e do Império, nos séculos XI e XII, Melquisedeque – São Melquisedeque, como diz o sacramentário carolíngio de Santo Amando[2] – estava em voga. Pode-se recorrer a seu exemplo do período merovíngio. Fortunato afirma sobre Childeberto:

"Nosso Melquisedeque, [cujo nome] traz o justo título de rei e sacerdote, laico, concluiu a obra da religião"[3].

Mas o Antigo Testamento não foi apenas uma fonte de símbolos, pois forneceu o modelo de uma instituição muito concreta. No velho mundo oriental, os reis, como se sabe, eram considerados personagens sagrados. Seu caráter sobrenatural era marcado em muitos povos por uma cerimônia cujo significado era claro: eles eram, em seu advento, ungidos em certas partes de seus corpos com um óleo previamente santificado. As tabuletas de Tell-el-Amarna nos preservaram a carta de um representante de uma dinastia síria, Addou Nirari, escrita no ano 1500 a.C. ao faraó Amenófis IV para lembrá-lo do dia em que "Manahbiria, o rei do Egito, seu avô, tornou rei meu avô Takou, em Nouhasshé, espargindo óleo sobre sua cabeça". No dia em que for finalizada a organização dos documentos que hoje ainda nos falta sobre a sagração de nossos reis, a transcrição deste venerável pedaço de argila estará na capa do trabalho: pois é por conta destas antigas civilizações sírias ou cananeias, tornadas tão estranhamente familiares aos cristãos dos séculos VII e VIII pela leitura da Bíblia, que a unção real chegou até nós. Os filhos de Israel, dentre outros, a praticavam. Entre eles, além disso, como provavelmente em outros povos próximos, a unção não era exclusividade dos reis. Ela possuía um lugar de primazia no cerimonial hebraico; constituía o procedimento normal para

---

[1] *Gen.*, XIV, 18; cf. *Salmos.*, CIX, 4; o papel simbólico de Melquisedeque aparece discutido de maneira abundante na *Epístola aos hebreus.*

[2] Mémoires de l'Acad. des Inscriptions XXXII, 1, p. 361.

[3] II, 10: "Melchisedek noster, rnerito rex atque sacerdos, — Cormplevit laicus religionis opus". Pode-se compreender o papel iconográfico de Melquisedeque no início da Idade Média a partir de um artigo de F. Kern, *Der Rex und Sacerdos in biblischer Darstellung; Forschungen und Versuche zur Gesch. des Mittelalters und der Neuzeit, Festschrift Dietrich Schafel... dargebracht*, Iéna 1915. A palavra *sacerdos* aplicada a um soberano laico é uma reminiscência de certas fórmulas de adulação oficial que podem ser encontradas no quinto século para Bizâncio, utilizadas pela própria chancelaria pontifícia, quando se dirigia ao Imperador; cf. a seguir. Mas entre os versos de Fortunato e a linguagem que usou mais de cem anos antes para Teodósio II, Marciano ou Leão I, não há dúvida de que não existe qualquer outro vínculo senão os hábitos comuns implantados nos espíritos por conta de séculos de religião imperial.

transferir um homem ou um objeto da categoria do profano para a de sagrado[1]. Esta aplicação geral da Antiga Lei foi tomada de empréstimo pelos cristãos. Ela desempenhava um papel importante no ritual do novo culto, especialmente no Ocidente e particularmente nos países de rito galicano: Espanha, Gália, Grã-Bretanha, Norte da Itália. Lá serviu, em particular, para a confirmação dos catecúmenos, e para a ordenação dos sacerdotes e bispos[2]. A ideia de retomar, na sua totalidade, os velhos costumes israelitas, de passar da unção catecúmena ou sacerdotal para a unção real deveria, naturalmente, vir à mente; o exemplo de Davi e Salomão permitiu restituir aos reis, de maneira cristã, seu caráter sagrado[3].

A nova instituição primeiro tomou forma no reino visigodo de Espanha, onde, desde o desaparecimento do arianismo, a igreja e a dinastia viviam em uma união particularmente íntima; apareceu já no século VII. A seguir, iniciou-se no estado franco.

Os merovíngios jamais haviam sido ungidos reis, e é desnecessário lembrar, que Clovis tampouco o fora; a única unção que recebeu foi aquela que o rito galicano impunha aos catecúmenos. A lenda, como teremos ocasião de ver, apenas mais tarde transformou a cerimônia realizada em Reims por S. Remi na primeira coroação real; tratou-se, na realidade, de um simples batismo. Mas quando em 751, Pepino, dando o passo que seu pai Carlos Martel não ousara, decidiu lançar ao convento os últimos descendentes de Clovis e tomar para si mesmo as honras reais, sentiu a necessidade de colorir sua usurpação com uma espécie de prestígio religioso. Sem dúvida, os antigos reis jamais deixaram de transmitir aos olhos de seus fiéis a impressão de serem pessoas bem superiores às demais; mas a aureola mística que as envolvia era devida apenas ao império

---

[1] Texto da carta de Addou-Nirari, J. A. Knudtzon, *Die El-Amarna Tafeln*, Leipzig 1915, I, No. 51, cf. II, p. 1103, e também p. 1073. Sobre a unção no culto hebraico, pode-se ver, entre outros, T. K. Cheyne e J. Suthertherland Black, *Encyclopaedia biblica*, no verbete *Unção*. A carta de Addou-Niari nos leva naturalmente à pergunta sobre a prática da unção real no antigo Egito. Meu colega, o senhor Montet, se propôs a me escrever sobre a questão: "No Egito, todas as cerimônias começavam pela lavagem do lavar o herói da festa, deus, rei ou falecido; depois, ungido com um óleo perfumado... Após isso, começa a cerimônia propriamente dita. Na festa da coroação, as coisas acontecem da mesma forma: primeiro as purificações e as unções; então o herdeiro do trono recebe suas insígnias. Portanto, não é a unção que transforma esse herdeiro, este candidato real, em um faraó, senhor das Duas Terras". A tabuleta de Tell-el-Amarna parece aludir a um rito em que a unção desempenhou um papel mais importante; sem dúvida um rito sírio, para o qual teria se curvado o faraó consagrador.

[2] L. Duchesne, *Origines du culte chrétien*, 5e ed., 192o; cf. Liber Pontificalis, II, in-4, 1892, p. 38, n. 35. Sobre o caráter da unção dada aos catecúmenos no rito galicano – a unção que Clovis recebeu em Reims – uma controvérsia surgiu entre liturgistas ou, mais especialmente, entre os teólogos; tal controvérsia não nos interessa aqui: ver artigos de dom de Puniet e R. P. Galtier, *Revue des questions historiques*, t. 72 (1903) e Rev. d'histoire ecclésiastique, XIII (1912).

[3] A respeito de tudo o que diz respeito aos primórdios das referências à unção real e discussões seguintes, v. Apêndice III.

exercido sobre a consciência coletiva por obscuras reminiscências que datavam dos tempos pagãos. A nova dinastia, ao contrário, uma linhagem genuinamente santa, tinha sua sagração em um ato preciso, justificado pela Bíblia, totalmente cristão. Os teólogos da Gália estavam bastante preparados para aceitar esta ressurreição de uma prática judaica; a voga entre eles era então favorável ao Antigo Testamento; em parte como resultado das influências irlandesas, com as leis de Moisés penetrando na disciplina eclesiástica[1]. Foi assim que Pepino foi o primeiro dos reis da França a receber a unção das mãos de sacerdotes, assim como os líderes hebreus. "É manifesto", disse ele com orgulho em um de seus diplomas, "que, pela unção, a Divina Providência nos elevou ao trono"[2]. Seus sucessores não deixaram de seguir seu exemplo. Também ao final do século VIII, o mesmo rito se estabeleceu na Inglaterra, provavelmente como imitação do que havia ocorrido no país franco. Logo se generalizou para quase toda a Europa ocidental.

Ao mesmo tempo, um segundo rito, de diferentes origens, uniu-se a este. Em 25 de dezembro de 800, na Basílica de São Pedro, o Papa Leão III colocou uma "coroa" sobre a cabeça de Carlos Magno, proclamando-o imperador; tratava-se, sem dúvida, de um círculo dourado, semelhante àquele que, em torno da cabeça dos soberanos bizantinos, já há vários séculos substituíra o diadema, uma faixa de pano adornada com pérolas e pedras preciosas que outrora utilizaram Constantino e seus sucessores imediatos. A coroa e o diadema, emprestados pelos imperadores das monarquias orientais – o diadema, presumivelmente, pela monarquia persa – possuíam originalmente, sem dúvida, uma virtude religiosa; mas aos olhos de um cristão do período de Carlos Magno, a coroa não possuía qualquer outro caráter sagrado além daquele que lhe conferia as mãos que o entregara ao príncipe – em Bizâncio, as do patriarca, e em Roma, as do papa –, como, também, não possuía o ritual eclesiástico que cercava o prelado à época. Uma vez ungindo como rei, Carlos Magno não o fora novamente como imperador. Pela primeira vez, em 816, em Reims, seu filho, Luís o Piedoso, recebeu, a título imperial, do Papa Estêvão IV, a marca do óleo abençoado, bem como a coroa. Os dois gestos tornaram-se quase inseparáveis. Para consagrar um imperador, era necessário cumprir ambos, e logo após ser consagrado como rei. A partir da época de Carlos o Calvo, na

---

[1] Cf. P. Fournier, *Le Liber ex lege Moysi et les tendances bibliques du droit canonique irlandais; Revue celtique*, XXX (1909), p. 231 e ss. Pode-se observar que a comparação com os rei David e Salomão é o vínculo comum a todos os rituais da coroação. Os papas, por sua vez, costumam usá-los em sua correspondência com os soberanos francos: v. alguns exemplos recolhidos, *Epistolae aevi carolini (Monum Germ.)*, III, p. 505, n 2 ; cf. também E. Eichmann em *Festschrift G. von Hertling dargebracht*, p. 268, n. 10. Carlos Magno não utilizava o apelido de David entre os de sua família? A história da unção real deve ser comparada com a do dízimo; esta instituição também foi tomada da lei de Moisés; há muito tempo permanecera em uma situação de mera obrigação religiosa, sancionada apenas por punições eclesiásticas; Pepino lhe conferiu força da lei.
[2] *Monum. Germaniae, Diplomata Karolina*, I, no 16, p. 22, "divina nabis providentia in solium regni unxisse manifestum est".

França, e a partir do século IX na Inglaterra, o rei passou a ser sucessivamente ungido e coroado. Em torno destes dois ritos fundamentais se desenvolve, em todos os países, um amplo cerimonial. Rapidamente, multiplicaram-se as insígnias reais entregues ao novo soberano. Já sob Carlos o Calvo, o cetro aparece ao lado da coroa; o mesmo ocorre nos demais antigos textos litúrgicos ingleses. Estes emblemas eram, em sua maior parte, antigos; a inovação foi a de lhes conferir um papel na pompa religiosa da elevação ao trono. Em suma, a solenidade sempre foi dupla: de um lado a entrega das insígnias, dentre as quais a coroa permanecendo a essencial; e, de outro, a unção, que permaneceu sempre como o ato santificador por excelência. Assim nasceu a sagração[1].

Os reis se tornaram, segundo a expressão bíblica, "Cristos do Senhor", protegidos contra as ações dos maus pelo preceito divino, pois o próprio Deus dissera: *"Nolite tangere Christum meum*, não toque meu Cristo, meu ungido". Já em 787, no concílio de Chelsea – quando, com toda probabilidade, foi realizada a primeira unção real na Inglaterra –, este mandamento foi lembrado[2]. Por conta dele, os inimigos da realeza se transformavam em sacrílegos; proteção deveras ilusória, sem dúvida, a julgar pela história cheia de violência desses tempos turbulentos[3] ; será possível, no entanto, que os príncipes atribuíssem a estas palavras do Livro Sagrado um valor mais alto do que imaginamos hoje, fazendo com que o desejo de se beneficiar delas tenha levado a mais de um deles buscar a sagração oferecida pela Igreja?

O santo óleo elevou os soberanos acima da multidão; não compartilharam eles tal privilégio com sacerdotes e bispos? No entanto, havia um reverso da medalha. Durante a cerimônia, o oficiante que dava a unção aparecia, por um momento, superior ao monarca que, devotamente, a recebia; era necessário, pensava-se, que um sacerdote fizesse um rei: um sinal evidente da preeminência do espiritual sobre o temporal. Muito pouco depois de Carlos Magno, tais ideias já eram suportadas por alguns prelados. Veja-se Incmaro de Reims. Ninguém atribuiu mais valor à sagração real. Esta cerimônia possuía, até então, apenas uma história bastante breve. Incmaro, como teremos ocasião de apresentar posteriormente, acreditou encontrar um precedente ilustre e milagroso, se não inventando, ao menos engenhosamente adaptando uma lenda. De onde surge o interesse deste homem, capaz de amplos projetos, em tais gestos litúrgicos? Para entender os motivos de sua atitude, basta unir duas passagens de suas obras: "É à unção, ato episcopal e espiritual", escreveu a Carlos o Calvo em 868, "é à bênção, muito mais que de vosso poder terrestre, que você deve a dignidade real". Portanto, sem sagração não haveria verdadeiro rei, qualquer que fossem seus títulos "terrestres" ao trono; este já era o pensamento aceito em certos círculos eclesiásticos, a menos de cem anos após a primeira unção franca.

---

[1] Ver abaixo, Apêndice III.

[2] Ver abaixo.

[3] Ainda é possível destacar que na França, apesar dos distúrbios dinásticos dos séculos IX e X, o único rei que morreu violentamente – e ainda assim, no campo de batalha – foi um usurpador notório, Roberto I. Entre os anglo-saxões, Eduardo II foi assassinado em 978 ou 979, mas foi santificado: Santo Eduardo, *o Mártir*.

Além disso, ficou registrado nas atas do Concílio de Sainte-Macre, redigidas por Incmaro, que presidiu a assembleia: "a dignidade dos pontífices é superior à dos reis: porque os reis são sagrados reis pelos pontífices, enquanto os pontífices não podem ser consagrados pelos reis"[1]. Não é possível ser mais claro. Talvez o temor de interpretações semelhantes tenha levado o rei da Alemanha, Henrique I, no século seguinte, a se recusar – caso único dentre aqueles de sua época e linhagem – a unção e a coroa oferecidas a ele pelo arcebispo de Mainz, acabando por ser censurado pela boca do apóstolo de São Pedro, autor de uma vida de santo, que afirmou que ele reinava "sem a benção dos pontífices"[2]. O novo rito era uma espada de dois gumes.

No entanto, não foi senão após alguns séculos, quando se inicia a grande querela gregoriana, que este risco realmente se evidenciou. Durante os primeiros dois ou três séculos, parece ter contribuído para confirmar, na mente das pessoas – com exceção de alguns teóricos eclesiásticos – a noção do caráter sagrado dos reis. Ou melhor: de seu caráter mais que meio-sacerdotal. Não que certas mentes argutas já não tivessem percebido, evidentemente, os perigos que essa confusão, entre uma dignidade essencialmente temporal e o sacerdócio, poderia provocar na Igreja e mesmo no cristianismo. Aqui novamente nos deparamos com Incmaro. Ele nunca se cansou de repetir que nenhum homem, após a vinda de Cristo, poderia ser ao mesmo tempo sacerdote e rei[3]. Mas sua própria insistência prova o quanto a ideia que ele combatia já se encontrava difundida. Pois tinha a aparência de doutrina oficial, como o demonstra, melhor do que qualquer outro documento, a antiga liturgia da sagração.

---

[1] *Quaterniones*, Migne, P. L., t. 125, col. 104 "Quia euirn – post illam unctionein qua cuni caeteris fidelibus meruistis hoc consequi quod beatus apostolus Petrus dicit 'Vos genus electum, regale sacerdotium' –, episcopali et spirituali unctione ac benedictione regiam dignitatem potius quam terrena potestate consecuti estis". Concílio de Sainte Macre, Mansi, XVII, 538: "Et tanto est dignitas pontificum major quam regum, quia reges in culmen regium sacrantur a pontificibus, pontifices autem a regibus consecrari non possunt". Cf. no mesmo sentido, uma bula João VIII, dirigida em 879 ao Arcebispo de Milão, *Monum. German.*, *Epist.* VII, I, No. 163, p. 133, 1. 32. A importância atribuída por Incmaro à coroação é expressa cm particular na proclamação de *Libellus proclamationis aduersus Wenilonem*, escrita em nome de Carlos o Calvo, mas cujo verdadeiro autor foi, sem dúvida, o Arcebispo de Reims: *Capitularia*, ed. Boretius, II, p. 450, c. 3.

[2] Não se deve esquecer, além disso, que na França oriental, ou na Alemanha, a tradição do período parece ter imposto a sagração com menos força do que na própria França; no entanto, o antecessor imediato de Henrique I, Conrad, certamente foi consagrado; como devem ter sido seus descendentes e sucessores. Sobre a recusa de Henrique I, referências e discussões abaixo, *Apêndice III.*

[3] Cf. Lilienfein, *Die Anschauungen vom Staat end Kirche*, p, 96, 109, 146. A mesma ideia já havia sido fortemente expressa – sobre as pretensões dos imperadores bizantinos – pelo Papa Gelásio na passagem do *De Anathematis vinculo*, muitas vezes citada nas grandes polêmicas dos séculos XI e XII: Migne, P. L., t. 59, col. 108-109. Cf. também, na mesma época de Incmaro, Nicolas I: Mansi, *Concilia*, XV, p. 214.

Vamos folhear, por um momento, tais textos antigos. Constatamos, facilmente, que houve um esforço para reunir neles tudo o que pudesse favorecer uma confusão entre os dois ritos quase semelhantes que davam acesso, um ao sacerdócio, o outro à realeza; é a Antiga Lei que usualmente fornece as fórmulas necessárias: "Que suas mãos sejam ungidas com o óleo santificado, que ungiu os reis e os *profetas*", diz um ritual muito antigo, contemporâneo aos primeiros dias da dinastia carolíngia. Uma oração, sem dúvida mais recente, desenvolve e precisa o mesmo pensamento; não sabemos quando foi composta; historicamente, aparece pela primeira vez na coroação de Carlos o Calvo como rei de Lorena; por uma curiosa coincidência, foi o próprio Incmaro quem, naquele dia, fez o gesto de sagração; sem dúvida uma tradição já estabelecida lhe impôs o uso das seguintes palavras: "Que Deus te coroe com a coroa da glória... e te faça rei pela unção dada com o óleo da graça do Espírito Santo, com aquele óleo que Ele ungiu sacerdotes, reis, profetas e mártires". E o antigo cerimonial anglo-saxão: "Deus... tu que por unção com óleo consagrou o sacerdote Aarão, teu servo, e que, mais tarde, pela aplicação deste mesmo unguento, instituiu para reinar sobre o povo israelita sacerdotes, reis e profetas... rogamos a ti, Pai Todo-Poderoso, que conceda santificar pela sua benção, por meio desta gordura tomada de uma das suas criaturas, a este teu escravo... e lhe permita imitar, diligentemente, os exemplos de Aarão ao serviço de Deus"[1].

---

[1] Ainda nos falta, para todos os países, um inventário realmente crítico das *ondines* da sagração. Devo, portanto, limitar-me aqui a indicações rápidas, certamente muito incompletas mas, em suma, suficientes para o tema que tenho em vista. O antigo ritual galicano publicado por dom Germain Morin, *Rev. Bénédictine*, XXIX (1912), p. 188, fornece a bênção: "Unguantur manas istae de oleo sanctificato unde uncti fuerant reges et profetae". O sacerdote: "Coronet te Dorninus corona gloriae... et ungat te in regis regimine oleo gratine Spiritus sancti sui, tende unxit sacerdotes, reges, prophetas et martyres"; e foi usado pera Carlos o Calvo (*Capitularia regun Francorum*, ed Boretius, II, 457) e Luís o Gago (Ibid., 461); Encontra-se em um Pontifício de Reims G. Waitz, *Die Formeln der deutschen Konigs – und der Römischen Kaiser-Krönung; Abh, der Gesellsch. der Wissensch. Göttingen*, XVIII (1873) p. 80; pode ter se originado em um determinado *Benedictio olei* (é claro, e por uma boa razão, sem uso da unção real) pelo *Sacramentaire Gélasien*, ed. H. A. Wilson, Oxford 1894, p. 70. A oração anglo-saxã: "Deus... qui iterunique Aaron famulum tuum per unctionern olei sacerdotem sanxisti; et postea per hujus ungnenti infusionem ad regendum populum Israheleticum sacerdotes ac reges et prophetas perfecisti...; ita quaesumus, Omnipotens Pater, ut per hujus creaturae pinguedinem hune,servum tuum sanctificare tua benedictione digneris, eumque... et exempta Aaron in Dei servitio diligenter imitari... facias": no *Pontifical* de Egbert, ed. *Surtees Society*, XXVII (1853), p. 101; a *Bénédictional* de Roberto de Jumièges, ed. A. WiLSON, Bradshaw Society, XXIV (1903), p. 143; o *Missel* de Léofric, ed. F. E. Warren, 4º, Oxford, 1883, p. 230; com algumas diferenças no *ordo* denominado Ethelred, ed. J. Wickam Legg, *Three Coronation Orders. Bradshaw society*, XIX (1900), p. 56. Nas últimas recompilações, esta oração vem precedida de outra que se assemelha bastante à oração carolíngia, empregada para Carlos o Calvo e Luís o Gago: talvez uma delas fosse escolhida. O poeta da *Gesta Berengarii*, parafraseando a liturgia da Sagração, menciona que o óleo utilizado servia aos hebreus para ungir reis e profetas (IV, v. 180; *Monum. German. Poetae Latini*, IV, I, p. 401).

Bem se vê que não era apenas a imagem dos reis dos judeus, mas também a de sacerdotes e profetas, bem como a grande sombra de Aarão, fundador do sacerdócio hebreu, que eram evocadas, junto a tantos antepassados, ante os soberanos ingleses ou franceses no dia de sua sagração. Como se surpreender, então, com um poeta do período, comemorando a coroação de um imperador – um imperador bastante pobre, Berengário do Friul, mas o que importa? – que ousou dizer de seu herói, no momento em que o representava indo em direção da igreja onde a cerimônia ocorreria: "em breve ele seria sacerdote", *mox quipe sacerdos ipse futurus erat*?[1]

Mas nem sempre os chefes do clero falavam a mesma língua de Incmaro. No momento em que este último apresentava, de maneira tão nítida, a incompatibilidade, sob a Nova Lei, das dignidades reais e presbíteras, a debilidade crescente da dinastia convidava os prelados a reivindicarem o papel de mentores dos reis; nos belos dias do estado Carolíngio, este tom não teria sido concebível. Em 794, os bispos do norte da Itália, presentes no Sínodo de Frankfurt, emitiram uma defesa da doutrina ortodoxa contra as adaptações espanholas; um apelo ao soberano, protetor da fé, encerrava esta declaração teológica. Carlos Magno era ali tratado não apenas como "senhor e pai" e "governador muito prudente de todos os cristãos", mas também, em suas próprias palavras, de "rei e sacerdote"[2]. E, alguns anos antes, O próprio Papa Estêvão III, desejoso de lisonjear Carlos e Carlomano, dos quais precisava, não hesitou em buscar na primeira Epístola de Pedro uma expressão que o apóstolo aplicava aos eleitos, modificando algo de seu significado original para honrar a dinastia franca: "Sois a linhagem santa, real e sacerdotal"[3]. Apesar de tudo o que os Incmaros do mundo pudessem, posteriormente, dizer, tais observações jamais foram esquecidas.

Assim, as monarquias da Europa Ocidental, herdeiras de um longo passado de veneração, estavam definitivamente marcadas pelo selo divino. E permaneceriam assim para sempre. A França Capetíngia, ou a Inglaterra Normanda, não mais do que a Alemanha dos Imperadores saxões ou sálios, jamais renunciaram, nesse ponto, à tradição carolíngia. Ao contrário: no século

---

[1] Gesta Berengarii, IV, pp. 133-4 (Monum. Germaniae, Poetae Latini, IV, I, p. 399).

[2] O libellus foi redigido por Paulino de Aquileia, *Monum. Germaniae, Concilia*, II, I, p. 142: "Indulgeat miseratus captivis, subveniat oppressis, dissolvat fasciculos deprimentes, sit consolatio viduarum, miserorum refrigerium, sit dominus et pater, sit rex et sacerdos, ait omnium Cbristianorum moderantissimus gubernator...". Deve-se observar que, por uma espécie de contradição que não era rara nestas questões, os bispos, na frase anterior, contrapunham ao combate do rei contra os inimigos visíveis da Igreja à luta dos bispos contra seus Inimigos Invisíveis: o que levava a uma oposição muito clara entre o temporal e o espiritual, Cf. a seguir.

[3] Jaffé-wattenbach, 2381; *Prima Petri*, II, 9. A citação é encontrada em Incamro, *Quaterniones* (passagem reproduzida acima), mas aplicada a todos os fiéis com quem os reis compartilhavam sua primeira unção (a unção batismal); assim, não há dúvida de que, para a instrução de Carlos o Calvo, a frase é conscientemente restituída a seu sentido primitivo.

XI, todo um grupo se propôs a aproximar, mais nitidamente do que já havia sido feito, a dignidade real e a sacerdotal. Esses esforços, sobre os quais devemos comentar posteriormente, não nos interessam no momento. Basta-nos saber que, independentemente de qualquer assimilação precisa com o sacerdócio, os reis continuaram sendo considerados seres sagrados nos dois países que nos interessam particularmente. Isto é o que os textos nos demonstram de maneira inequívoca. São conservadas algumas cartas dirigidas a Roberto o Pio por um dos mais respeitáveis prelados de seu tempo, Fulberto, bispo de Chartres; ele não hesita em dar ao rei os títulos de "Santo Padre" e de "Santidade", que os católicos então reservavam ao chefe supremo de sua Igreja[1]. E vimos acima como Pierre de Blois fazia com que a "santidade" dos reis fosse consequência da unção; sobre esta questão, a maior parte de seus contemporâneos, não há dúvida, pensavam como ele.

Mas Pierre de Blois foi mais longe; meu senhor, disse ele, é um personagem sagrado; então meu senhor pode curar as doenças. Dedução singular à primeira vista; mas veremos que, para uma mente comum do século XII, ela não tinha nada de surpreendente.

§ 2. O poder curativo do sagrado

Os homens da Idade Média, ou pelo menos sua grande maioria, formavam uma imagem muito materialista da religião e, pode-se dizer, extremamente prosaica. Como poderia ser de outra forma? O mundo maravilhoso, cujas portas eram abertas pelos ritos cristãos, a seus olhos não estava separado, por um abismo intransponível, do mundo em que viviam; os dois universos se penetravam mutuamente; como não imaginar que o gesto que operava no além, operasse também aqui em baixo? Certamente, a ideia de intervenções desse tipo não surpreendia ninguém; pois ninguém tinha uma noção exata das leis naturais. Os atos, objetos ou indivíduos sagrados eram assim concebidos: não apenas como receptáculos de forças capazes de atuarem na vida presente, mas também como fontes de energia capazes de exercer uma influência imediata nesta terra; além disso, não se construía uma imagem bastante concreta desta força que era, por vezes, representada como se fosse pesada? O tecido colocado ao altar de um grande santo – Pedro ou Martinho – tornava-se mais pesado, afirmava Gregório de Tours, sempre e quando o santo desejasse manifestar, deste modo, seu poder[2].

Os sacerdotes, carregados de eflúvios sagrados, eram considerados magos por muitas pessoas, qualidade que os tornava ao mesmo tempo venerados e

---

[1] *Histor. de France*, X, carta XL, p. 464 a; LXII, p. 47413. Fulberto (I. LV, p. 470 e LVIII, p. 472 c) chama também de "sagradas" as cartas reais, segundo um antigo costume imperial romano, atualizado na época carolíngia (por exemplo, Loup de Ferrières, *Monum. Germ.*, *Epist.*, VI, I, n. 18, p. 25); mais tarde, Eudes de Deuil (*De Ludovici Francorum Regis profectione in Orientem*, Migne, P. L., t. 185, I, 13 e II, 19), parece reservar esta frase para as cartas imperiais (trata-se do imperador bizantino).
[2] In gloria martyrum, c. 27; De virtutibus S. Martini, I, c. 11.

odiados. Em alguns lugares, as pessoas se benziam ao cruzarem seu caminho, e encontrá-los era considerado mau presságio[1]. No reino da Dinamarca, no século XI, foram responsabilizados por intempéries e contágios, tal qual feiticeiros e, ocasionalmente, perseguidos de maneira tão agressiva por serem causadores desses males, que Gregório VII se viu forçado a protestar[2]. Porém, por que olhamos tão longe ao Norte? É da França e, sem dúvida, no século XIII, que provém a seguinte anedota: o pregador Jacques de Vitry, que nos relata, conhecia-a "por uma fonte segura": havia uma epidemia em uma vila; para acabar com ela, os camponeses não imaginaram nada melhor que sacrificar seu pároco; certo dia, quando este, em vestes sacerdotais, enterrava um morto, lançaram-no na cova, ao lado do cadáver[3]. Essas pessoas – sob formas mais anódinas – não existiriam ainda nos dias de hoje?

Assim, o poder que a população comum outorgava ao sagrado às vezes assumia um caráter temível e infeliz; mas na maioria das vezes, sem dúvida, era considerado algo benéfico. Mas existe bênção maior e mais sensível que a saúde? Facilmente se atribuía determinado poder de cura a tudo o que, em qualquer grau que fosse, participasse de uma sagração[4]. A hóstia, o vinho da comunhão, a água do batismo ou a água na qual o oficiante, depois de ter tocado as santas espécies, mergulhara as mãos; os próprios dedos do sacerdote eram remédios: ainda hoje, em algumas províncias, o pó que se acumula na igreja, os musgos que crescem nas paredes, possuiriam as mesmas propriedades[5]. Tais ideias ocasionalmente levavam espíritos grosseiros a

---

[1] Jacques de Vitry, *Exempla ex sermonibus vulgaribus*, ed. Crane (*Folk-lore Society*), Londres 1890, p. 112, n. CCLXVIII..

[2] Jaffé-Wattenbacii, no 5164 ; Jaffé, *Monumenta Gregoriana* (*Bibliotheca revum germanicarum*, II), p. 413: "Illud interea non praetereundum, sed magnopere apostolica interdictione prohibendum videtur, quod de gente vestra nobis innotuit: scilicet vos intemperiem temporum, corruptiones aeris, quascunque molestias corporum ad sacerdotum culpas transferre.... Praeterea in mulieres, ob eandem causam simili immanitate barbari Titus damnatas, quicquam impietatis faciendi vobis fas esse, nolite putare".

[3] Jacques de Vitry, *loc. cit.*

[4] Sobre as superstições médicas relativas a coisas sagradas, encontramos uma coleção útil de fatos nos dois trabalhos de Ad Franz, *Die Messe im deutschen Mittelalter*, Freiburg 1. B. 1902, p. 87 e 207; e *Die kirchlichen Benediktionen im Mittelalter*, Freiburg i. B. 1909, especialmente II, p. 329 e 503. Cf. também A. Wuttne, *Der deutsche Volksaberglaube*, 2 ed., Berlin 1869, p. 131 et ss.; e para a Eucaristia, dom Chardon, *Histoire des sacrements*, livro I, seção III, cap. XV em Migne, *Theologiae curses completus*, XX, col. 337 e ss. A eucaristia e a água benta também foram concebidos como possuidores de propósitos mágicos do mal; e, como tal, desempenharam um papel considerável nas práticas reais ou imaginadas da feitiçaria medieval; v. muitas referências em J. Hansen, *Zauberwahn, Inquisition and Hexenprozess im Mittelalter* (*Histor. Bibliothek*, XII), 1900, p. 242, 243, 245, 294, 299, 332, 387, 429, 433, 450.

[5] P. Sabillot, *Le paganisme contemporain*, in-12, 1908, p. 140 e 143; A. Wuttke, *loc. cit.*, p. 135. Cf. a respeito do vinho da missa, Elard Hugo Meyer, *Deutsche Volkskunde* 1898, p. 265.

estranhas aberrações; Gregório de Tours narrou a história desses chefes bárbaros que, sofrendo com problemas nos pés, banharam-nos em uma patena[1].

Obviamente, o clero condenava tais excessos; mas permitia que permanecessem as práticas que não considerassem ataques à majestade do culto; além disso, as crenças populares escapavam, em grande medida, a seu controle. Entre todas as coisas da igreja, os santos óleos, sendo o veículo normal das consagrações, pareciam particularmente férteis nas virtudes. Os prevenidos os absorviam para que o ordálio os favorecesse. Acima de tudo, constituíam-se em um maravilhoso recurso contra os males do corpo. Era necessário proteger os vasos que os guardavam contra a indiscrição dos fiéis[2]. Na verdade, naqueles tempos, quando se dizia sagrado, dizia-se apto à cura.

Agora, lembremos o que eram os reis. Quase todos acreditavam, para repetirmos Pierre de Blois, em sua "santidade". Mas há mais. A própria "santidade", como a obtinham? Em grande medida, sem dúvida, aos olhos do povo, desta predestinação familiar que as massas, guardiãs das ideias arcaicas, não tinham certamente deixado de crer; mas também, desde os tempos carolíngios, de forma mais precisa e cristã, de um ritual religioso, a unção; em outras palavras, deste óleo bento que, além disso, parecia a tantos doentes ser o mais eficaz dos remédios. Os reis foram, portanto, duplamente projetados para o papel de benfazejos taumaturgos: inicialmente, e em si mesmos, por seu caráter sagrado; e, mais particularmente, por uma das fontes, a mais visível e respeitável, de onde emanava deles este caráter. Como não poderiam, mais cedo ou mais tarde, tornarem-se curandeiros?

Porém, eles não se se tornaram curandeiros de uma só vez, ou seja, assim que a unção real tivesse sido implantada nos Estados da Europa Ocidental, ou em todos os países. As considerações gerais que apenas foram apresentadas não são, portanto, suficientes para explicar o surgimento, na França e na Inglaterra, do rito do toque. Apenas nos mostram como as mentes foram preparadas, umas para imaginar, outras para admitir tal prática. Para dar conta de seu nascimento, em uma data precisa e em um meio determinado, devemos invocar a fatos de

---

[1] *In gloria martyrum*, c. 84. Ele menciona um "conde" bretão e um "duque" lombardo que haviam tido, independentemente entre si, tal fantasia singular.

[2] Outras obras citadas anteriormente. V. Vacant e Mangenot, *Dictionnaire de theologie catholique*, verbete *Chrême*, dom Chardon, *loc. cit.*, livro I, sec. II, cap. II, col. 274 e, a respeito do uso do óleo santo nos malefícios, Piansen, *Zauberwahn*, p. 128, n. 3, 245, 271, 294, 332, 387. Pode-se também recordar que Luís XI moribundo foi levado a Plessis-les-Tours, a Santa Ampola de Reims e ao bálsamo milagroso que se acreditava a Virgem teria dado São Martinho, e se fez ungir com os dois unguentos, esperando receber deles a saúde: Prosper Tarbé, *Louis XI e la sainte ampoule*, Reims 1842 (*Soc. des bibliophiles de Reims*) e M. Pasquier, *histor. e philolog.* 1903, p. 455-458. A relação entre o poder de cura reivindicado pelos reis com a comumente se atribuía à Santa Crisma foi feita por Leber, Des cérémonies du sacre, p. 455 e ss. Mas, é claro, a unção não era a única fonte desse poder, nem da ideia que se fazia dele, já que nem todos os reis ungidos o exercitavam; pensava-se, ainda, que era uma questão de virtude hereditária: cf. abaixo.

uma ordem diferente, que podem ser definidos como fortuitos, já que supõem, em um nível superior, o jogo de vontades individuais.

§ 3. A política dinástica dos primeiros Capetos e de Henrique I Beauclerc

O primeiro soberano francês que passou a curar os males foi Roberto o Pio. Agora, Roberto foi o segundo representante de uma nova dinastia. Ele recebeu o título real e a unção, durante a vida de seu pai Hugo, em 987, ou seja, no mesmo o ano da usurpação. Os Capetos se afirmaram posteriormente; por esta razão dificilmente podemos imaginar quão frágil foram os seus poderes nestes primeiros anos. Sabemos, no entanto, que tal poder era contestado. O prestígio dos Carolíngios era grande; desde 936 ninguém se atrevera a contestar a coroa; foram necessários um acidente de caça (aquele em que Luís V morreu) e uma trama internacional para torná-la possível. Em 987, e mesmo posteriormente, quem poderia estar seguro de a queda era definitiva? Para muitos, sem dúvida, o pai e o filho associados no trono eram, como Gerbert escreveu em 989 ou 990, apenas reis interinos, "inter-rois" (interreges) [1]. Durante muito tempo existiram centros de oposição, em Sens, e em vários lugares do sul. Na verdade, um golpe de sorte, no Domingo de Ramos de 991, colocou em poder de Hugo o pretendente que descendia de Carlos Magno, tornando inúteis todos os esforços que poderiam ter agradado aos partidários de uma linhagem cujo chefe era agora prisioneiro, e cuja última prole desapareceria no esquecimento. Mas esse sucesso inesperado não garantia o futuro. A lealdade que alguns legitimistas professavam aos descendentes de seus antigos senhores talvez nunca se tenha constituído em um perigo extremamente grave para a família dos Capetos; a real ameaça estava em outro lugar: no sério ataque que esses mesmos acontecimentos de 987, aos quais os novos reis deviam o trono, provocaram à lealdade dos súditos e, especialmente, à herança monárquica. As decisões da Assembleia de Senlis provavelmente marcaram o triunfo do princípio eletivo. Claro, esse princípio não era novo. Como vimos, na antiga Germânia havia o corretivo da necessidade do rei vir de uma mesma linhagem sagrada. Agora, iria o direito à livre escolha existir sem dificuldades? O historiador Richer coloca na boca do Arcebispo Adalbéron, pregando aos grandes a favor de Hugo Capeto, este formidável discurso: "a realeza não é adquirida pelo direito hereditário"[2]; e, em uma obra dedicada aos reis Hugo e Roberto, Abbon escreveu: "Conhecemos três tipos de eleições

---

[1] *Lettres*, ed. 3. Havet (Collection pour l'étude... de l'histoire), n. 164, p. 146. Sobre a oposição aos primeiros capetos, veja especialmente Paul Viollet, *La question de la légitimité à l'avenentent de Hugues Capet*, Mém. Académ. Inscriptions, XXXIV, s (1892). Não vejo necessidade de relembrar que se pode referir aos livros clássicos de M. F. Lot, *Les derniers Carolingiens*, 1891 e *Études sur le réne de Hugues Capet*, 1903.

[2] IV, II: "Sed si de hoc agitur, nec regnum iure heredi ario adquiritur, nec in regnum promovendus est, nisi quem non solunt corporis nobilitas, sed et anind sapientia iltu trat, fides munit, magnanimitas firmat".

gerais: a do rei ou imperador, a do bispo, a do abade"[1]. Esta última afirmação deve ser considerada como especialmente significativa: o clero, acostumado a considerar a eleição como a única fonte canônica de poder episcopal ou abacial, tenta necessariamente ver nela também a origem mais louvável do poder político supremo; ou, o que uma eleição fizera, outra poderia desfazer, caso fosse necessário, mesmo sem esperar pela morte do primeiro eleito e, em qualquer caso, desprezando as reivindicações de seus filhos; certamente não se havia esquecido do que acontecera durante os cinquenta anos após a deposição de Carlos o Gordo. E, para santificar o feliz candidato, qualquer que fosse sua origem, sempre se recorria à unção. Em suma, a tarefa mais urgente que se impôs aos Capetos era a de reconstruir sua legitimidade em seu próprio benefício. Por pouco que fossem conscientes dos perigos que os cercavam, e daqueles que não podiam deixar de desaparecer sobre sua descendência, deveriam sentir a necessidade de ampliar o esplendor de seu nome por meio de alguma manifestação inédita. Em condições quase semelhantes, os carolíngios recorreram a um rito bíblico: a unção real. O surgimento do poder de cura sob Roberto II não poderia ser explicado por preocupações semelhantes daqueles que haviam induzido Pepino a imitar os príncipes hebraicos? Afirmar isso seria presunçoso; mas a suposição possui algum fundamento.

Claro, nem tudo devia ser calculado. Roberto possuía uma grande reputação pessoal de piedade religiosa. É provavelmente por esta razão que o milagre Capetíngio começou com ele, e não com seu pai Hugo. O caráter de santidade que era dado ao rei, enquanto homem, unido à santidade inerente à dignidade real, indubitavelmente levaram seus súditos a lhe atribuir virtudes taumatúrgicas. Pode-se supor que agiram espontaneamente os primeiros doentes que, em uma data que jamais saberemos, pediram para serem tocados por ele. Quem sabe, afinal, se outros fatos semelhantes já não haviam ocorrido isoladamente nos reinados precedentes, como ocorrera sob Gontrão? Mas quando se vê essas crenças até então flutuantes tomando corpo em um momento tão oportuno para um poder dinástico ainda inseguro, dificilmente podemos acreditar que não houvesse qualquer segunda intenção política, não certamente em sua formação, mas, se assim pudermos dizer, em sua cristalização. No entanto, não há dúvida de que Roberto tinha fé, bem como seus conselheiros, na eficácia das forças maravilhosas que emanavam de sua pessoa. A história das religiões nos mostra abundantemente que, para explorar um milagre, não há necessidade de ser cético. É bem possível que a corte se tenha visto tentada a atrair os doentes e a difundir a fama das curas operadas; e não era necessário, em primeiro lugar, ter grandes preocupações em saber se o poder de cura era pessoal do senhor da vez, ou peculiar ao sangue capetíngio. De fato, como vimos, os sucessores de Roberto tiveram o cuidado de não deixar cair em desuso um dom tão precioso; curaram como aquele o fizera, e rapidamente se especializaram em uma doença determinada: as escrófulas.

---

[1] *Canones*, IV (*Histor. de France*, X, p. 628): "Tres namque electiones generates novimus, quarum una est Regis vel Imperatoris, a tera Pontificis tertia Abbatis".

Pode-se perguntar se cada um deles, por sua vez, reivindicando sua parte no glorioso privilégio, vislumbrava algo além de seu interesse particular. Mas seus esforços combinados levaram, talvez inconscientemente, a dotar toda sua dinastia de um caráter sobrenatural. Além disso, até o reinado de Henrique Beauclerc, instaurador, até onde se sabe, do ritual inglês (ou seja, até o ano 1100 pelo menos), os reis descendentes de Roberto II foram os únicos, na Europa, a tocar os doentes; os outros "cristos do Senhor" não o tentaram; de modo que a unção não bastava para conferir este maravilhoso talento e que, para fazer do rei um verdadeiro santo, um verdadeiro rei, era necessário algo mais que uma eleição seguida de uma sagração: a virtude ancestral ainda importava. A persistência, na linhagem capetíngia, de pretensões taumatúrgicas, certamente não criou essa fé na legitimidade familiar, que deveria ser um dos melhores suportes da realeza francesa; ao contrário: a ideia deste milagre patrimonial foi aceita apenas porque ainda subsistia nos corações as antigas ideias sobre linhagens hereditariamente sagradas; mas que o espetáculo das curas reais contribuiu para fortalecer esse sentimento e, de certo modo, dar-lhe nova juventude, é algo de que não se pode duvidar. O segundo dos capetíngios inaugurou o prodígio. Seus descendentes, para maior benefício da monarquia, tornaram-no uma prerrogativa, não de um rei, mas de uma dinastia.

Passemos à Inglaterra. Também lá encontramos reis médicos. O problema eterno que se coloca aos historiadores, quando encontram instituições similares em dois estados vizinhos, apresenta-se a nós: coincidência ou interação? E se nos inclinarmos a esta última hipótese, de que lado, em que dinastia devemos buscar os modelos e de que lado os imitadores? Dúvida que já foi intensa: o patriotismo esteve, por muito tempo, interessado em uma resposta; os primeiros eruditos que, nos séculos XVI e XVIII, preocuparam-se com isso, jamais deixaram de concluir em benefício da França ou da Inglaterra, segundo fossem franceses ou ingleses. Não teremos dificuldade em proceder, hoje, com maior serenidade. É claro que as crenças coletivas, que estão na raiz dos ritos de cura e explicam seu sucesso, foram resultado de um estado político e religioso comum a toda a Europa ocidental, e floresceram espontaneamente tanto na Inglaterra como na França, e vice-versa; mas certo dia, em ambas as margens do Canal, concretizou-se uma instituição precisa e regular: o "toque" real; foi o nascimento da instituição cuja influência de um país sobre outro pode ser sentida.

Examinemos as datas. Henrique Beauclerc, o primeiro daqueles de sua linhagem, de quem sabemos que tocou os doentes, começou a reinar no ano 1100; neste momento, Roberto II, que parece ter sido o iniciador na França, já estava morto há 69 anos. A prioridade francesa dificilmente pode ser colocada em dúvida. Os capetíngios não foram plagiadores. Teriam sido plagiados? Se o milagre real tivesse se desenvolvido na Inglaterra independentemente de qualquer imitação estrangeira, sua evolução, com toda a probabilidade, seria a mesma que na França: primeiro, o surgimento de uma virtude taumatúrgica aplicada a todas as doenças indiscriminadamente; a seguir, por ação de acasos que nos serão sempre misteriosos, ocorre a gradual especialização a uma doença determinada; e, sem resposta melhor senão pelo acaso, teriam sido escolhidas as escrófulas. Claro, as escrófulas são peculiarmente propícias ao milagre, uma vez que, como vimos, facilmente apresentam a ilusão de cura. Mas há muitas outras afecções que se comportam de forma semelhante. Conhecemos vários santos especialistas em escrófulas; mas para quantos outros males não invocamos, particularmente, este ou aquele santo? Agora, não se sabe se na Inglaterra os reis já reivindicavam, mesmo em sua origem, um poder de cura de natureza indeterminada, e a doença que afirmavam ser capazes de aliviar desde o início fora precisamente a mesma que antes deles e, como consequência de uma evolução inteiramente natural, seus vizinhos da França se constituíram médicos. Henrique I, príncipe mais da metade francês, não podia ignorar as curas realizadas pelos capetíngios, seu senhor feudal e seu rival. Provavelmente invejava seu prestígio. Podemos duvidar que desejou imitá-los?[1]

Mas ele não confessou a imitação. Por meio de uma ação feliz, colocou seu poder milagroso sob a invocação de uma grande figura nacional. O último dos representantes dessa dinastia anglo-saxã, à qual conseguiu se unir por casamento, o soberano virtuoso que logo se tornaria o santo oficial da monarquia, Eduardo o Confessor, foi seu patrono e seu fiador. Teve qualquer dificuldade com a opinião religiosa de seu país? No momento em que Roberto o Pio, na França, começava a tocar os doentes, a reforma gregoriana, tão hostil – mais tarde retornarei a isso – às prerrogativas reais, e tão especialmente hostil a toda usurpação de privilégios sacerdotal, ainda não havia nascido. Quando o rito de cura atravessou o Canal, a reforma já estava em pleno funcionamento; suas ideias orientadoras foram expressas, como vimos, na depreciativa frase de Guilherme de Malmesbury, protestando contra as "obras de falsificação" realizadas pelos fiéis da realeza. Mas não devemos julgar, pelo espírito de Guillaume, o de todos os eclesiásticos ingleses. No momento em que Henrique I começou a exercer seu maravilhoso talento, um clérigo, ligado à catedral de York, escrevia 35 tratados, a quintessência de todo o pensamento antigregoriano, no qual proclamava sua mais absoluta e intransigente fé nas virtudes da unção real, e no caráter sacerdotal e quase divino da realeza[2]. Henrique I, pelo menos durante a primeira parte de seu reinado, viu-se em dificuldades com os reformadores. Foi provavelmente em seu entorno que se elaborou uma falsa bula papal que, desconsiderando todos os novos princípios, outorgava aos reis ingleses "reconhecimento e a proteção... de todas as igrejas

---

[1] Após a Guerra dos Cem Anos, enquanto os reis da Inglaterra ainda utilizavam oficialmente o título de Rei da França, facilmente convenceram-se, na Europa, que era com base nesta afirmação de que eles se apresentavam como curadores de escrófulas: veja, a propósito de Jacques I, a carta do enviado veneziano, Scaramelli, e o relato de viagem do duque Jean Ernest de Saxe Weimar, abordados posteriormente neste livro. Os fatos acima tornam desnecessário discutir esta teoria.

[2] Ver sobretudo o 4ª tratado *De consecratione pontificum et regum*, em que o ritual de sagração se encontra comentado: *Libelli de lite (Mon. Germ.)* III, p. 662 e ss. Sobre o "Anônimo de York" cf. H Boehmer, *Kirche und Staat in England und in der Normandie im XI und XII jahrhundert*, Leipzig 1899, p. 177 e ss. (trechos então inéditos, p. 433 e ss.).

da Inglaterra" e uma espécie de legado pontifício perpétuo [1] . Não é surpreendente que, sem dúvida neste momento, a prática taumatúrgica – suprema exaltação da crença na força sagrada dos reis – tenha sido implantada em seus estados; nem é surpreendente que esta prática tenha prosperado, desde então, em um solo favorável.

Na França, por volta do ano 1000, e na Inglaterra, cerca de um século depois, o rito do toque surgiu nas dinastias nas quais o direito da primogenitura, ao contrário do antigo uso germânico, começava a predominar. Nos países muçulmanos dos primeiros momentos do Islã, o sangue real tinha a fama de servir como cura para a raiva; mas o sangue do monarca reinante, do califa, não era, aos olhos do povo crente, o único que possuía essa virtude; cada membro da família na qual o califa seria escolhido, cada coraixita, possuía o mesmo poder maravilhoso no líquido que fluía entre suas veias [2]. Isso porque toda a linhagem real era considerada sagrada: além disso, os Estados islâmicos jamais reconheceram, em questões políticas, os privilégios da primogenitura. Na França e na Inglaterra, por outro lado, a cura da escrófula sempre foi considerada uma prerrogativa estritamente reservada ao soberano; os descendentes de um rei, se não fossem reis, não compartilhavam o poder [3]. O caráter sagrado já não se estendia, na Germânia primitiva, a toda uma linhagem;

---

[1] Cf. H. Boehmer, *loc. cit.*, p. 287 e ss. Minha introdução a Osbert de Clare, *Analecta Bollandiana*, 1923, p. 51.

[2] J. Wellhausen, *Reste arabischen Heidentums* (*Skizzen and Vorarbeiten*, H. 3, Berlin 1887), p. 142; cf. G. W. Freytag, *Arabum proverbia*, I, Bonn 1838, p. 488; E. W. Lane, An Arabic-English Lexicon, 17, Leipzig 1884, p. 2626, 2. Col. Esta superstição deve ter origem pré-islâmica. O mesmo poder – atribuído ao sangue dos Banou-Sinan – é mencionado em uma antiga poesia recolhida na *Hamasa*, tradução de G. W. Freytag, II, 2, in-a, Bonn 1847, p. 583.

[3] Como foi sempre destacado pelos escritores do Antigo Regime; eles viam nesta observação um excelente argumento contra a tese naturalista, segundo a qual o poder de cura era um atributo familiar e, de nenhuma forma fisiológico, da linhagem real (cf. será discutido posteriormente): por exemplo, du Laurens, *De Mirabili*, p. 33. Não ignoro, é claro, que nos tempos de Roberto II ou Henrique I da Inglaterra, o princípio da primogenitura ainda estivesse longe de ser universalmente reconhecido; mas já estava firmemente assentado; na França tinha sido aplicado, apesar das tradições carolíngias, desde o advento de Lotário em 954. O estudo da introdução desta nova ideia na lei monárquica nunca foi feito com seriedade; mas este não é o lugar para tentá-lo. Basta observar, a este respeito, que a própria força das ideias monárquicas levou algumas mentes a considerar dignas do trono, não o filho mais velho, mas aquele que, qualquer que fosse sua idade, tivesse nascido após seu pai ter sido proclamado rei, ou consagrado como tal; para que fosse verdadeiramente uma criança real, era necessário, segundo tais juristas, nascer não de um príncipe, mas de um rei. Essa concepção nunca tomou força da lei; mas serviu de pretexto para a revolta de Henrique da Saxônia contra o irmão Otão I. (Cf. Boehmer-Ottenthal, *Regesten des Kaiserreichs unter den Herrschern aus dem sähsischen Hause*, p. 31 e 33); podem ser encontradas discussões em diversos textos: por exemplo Eadmer, *Vita s. Dunstani* (*Memorials of St. Dunstan*, ed. Stubbs, *Rolls Series*, p. 214, c. 35); Mathieu Paris, *Historia Anglorum*, ed. Madden, R. S., I, p. 353; e *Chronica majora*, ed. Luard, R. S., IV, p. 546.

concentrava-se em uma pessoa, a mais velha de determinado tronco familiar, o único herdeiro legítimo da coroa; apenas essa pessoa tinha o direito de fazer milagres.

Para qualquer fenômeno religioso, existem dois tipos de explicações tradicionais. O primeiro, que podemos chamar voltairiano, vê no fato estudado o trabalho consciente de um pensamento individual seguro de si mesmo. O segundo, ao contrário, procura nele a expressão de forças sociais profundas e obscuras; gostaria de nominar este tipo de romântico; um dos grandes serviços prestados pelo romantismo não foi o de enfatizar apaixonada e vigorosamente a ideia de espontaneidade nos assuntos humanos? Esses dois modos de interpretação são contraditórios apenas aparentemente. Para uma que instituição – que esteja destinada a servir a fins específicos marcados por uma vontade individual – possa se impor a todo um povo, faz-se necessário que esteja fundada na corrente profunda da consciência coletiva; e talvez, reciprocamente, para que uma crença, ainda vaga, possa se concretizar em um rito regular, não é indiferente que algumas vontades claras o ajudem a tomar forma. A história das origens do toque real, se puderem ser aceitar as hipóteses apresentadas acima, merecerá ser incluída entre os numerosos exemplos que o passado fornece de uma dupla ação desse tipo.

Livro Segundo: Grandeza e vicissitudes das realezas taumatúrgicas

Capítulo I. O toque das escrófulas e sua popularidade até o fim do século XV

§ 1. Os ritos francês e inglês

Vimos como a prática do toque surgiu na França Capetíngia e na Inglaterra Normanda. Devemos agora testemunhar o seu desenvolvimento nos últimos séculos da Idade Média, até quando a grande crise moral, iniciada em fins do século XV, abalou a crença no poder de cura dos reis, dentre muitas outras ideias antigas. Mas, em primeiro lugar, tentemos evocar o aspecto sensível que este poder tomou, durante todo esse período, aos olhos dos homens.

Os ritos francês e inglês eram, a princípio, bastante semelhantes. Como poderia ser de outra forma? O segundo não fora copiado do primeiro? Inicialmente, ambos eram muito rudimentares. Mas há, em cada ritual, uma espécie de força interna de desenvolvimento; o toque régio não escapou a esta lei geral; pouco a pouco se tornou mais complexo; ao mesmo tempo surgiram profundas diferenças entre os ritos dos dois países. Esta evolução ultrapassa em muito o alcance deste capítulo; será apenas nos tempos modernos que o milagre real tomou seu lugar entre a pompa, minuciosamente regulamentada, que cercava as monarquias absolutistas. Por agora, abordaremos apenas suas formas assaz simples e mutáveis, e imperfeitamente conhecidas, pelo menos em seus detalhes; pois as cortes da Idade Média, precisamente porque a etiqueta era pouco rigorosa, não nos deixou senão muito poucos documentos a respeito da ordem cerimonial.

Além disso, estas formas primitivas não eram originais. Os reis médicos se viram levados, naturalmente, a reproduzir os atos imutáveis que uma longa tradição, popularizada pelas vidas dos santos, associava aos taumaturgos. Da mesma forma como teriam agido os piedosos curandeiros que, à época, tinham suas histórias narradas, os reis tocavam os pacientes com suas mãos, na maioria das vezes, e ao que parece, nas próprias partes infectadas. Assim, repetiam, sem suspeitar, um antigo costume, contemporâneo às mais antigas crenças da humanidade: o contato de dois corpos, efetuado de uma forma ou de outra, ainda que comumente por intermédio das mãos, não teria sido sempre, aparentemente, o meio mais eficaz de transmissão de forças invisíveis do pessoa a pessoa? A este velho gesto mágico, outro foi adicionado, também tradicional em seu tempo, mas especificamente cristão: o sinal da cruz feito sobre os pacientes ou suas feridas. Foi reproduzindo assim a imagem sagrada que os santos, em muitas circunstâncias – segundo suas próprias palavras –, teriam triunfado sobre as doenças; os reis seguiram seu exemplo: na França de Roberto II, e da mesma forma na Inglaterra, ao que parece, desde o início. Além disso, para os devotos, o sinal divino acompanhava todas as ações importantes da vida; como não poderia santificar o rito da cura?[1] Por meio deste gesto, o rei manifestava, aos olhos de todos, o exercício de seu poder milagroso na presença de Deus. A expressão comumente usada nos relatos ingleses do século XIII é muito característica: para indicar que o rei tocava os doentes, geralmente se dizia, simplesmente, que "lhes fazia o sinal"[2].

As antigas Vidas de Eduardo o Confessor contêm uma indicação curiosa. Quando a mulher escrofulosa foi aconselhada em sonho a encontrar seu rei, diziam os hagiógrafos, ela aprendeu com essa revelação que seria libertada de seu mal "se fosse lavada pelo rei, com água"; de fato lemos, na continuação da narrativa, o santo – reproduzo a singular expressão da *Vida anônima* – *ungiu* as partes doentes com as pontas dos dedos humedecidos com água. Também ali se reconhece um processo mais antigo, um legado mágico mais remoto: o líquido no qual um taumaturgo havia molhado suas mãos passava a receber, a partir deste contato, propriedades milagrosas. Devemos então acreditar que os reis costumavam usar essa receita? Penso que não. É pelo toque direto que todas as descrições autorizadas do rito inglês, a partir do rito francês, atribuem o poder de cura[3]. É impossível extrair das Vidas de Santo Eduardo qualquer informação precisa sobre o ritual seguido no século XII ou mais tarde na corte da Inglaterra; pois o episódio das escrófulas, que os conselheiros de Henrique usaram como protótipo do milagre real, sem dúvida não foi inventado por eles; devia tomar parte do ciclo do Confessor mesmo antes da ascensão de seu senhor. Em outras narrativas parecidas, nas mesmas biografias, a água também desempenha um papel importante. Porém, tratamos aqui de tema hagiográfico, cuja literatura lendária e, mais particularmente, as obras escritas na Grã-Bretanha, oferece muitos exemplos; não tratamos de textos que abordavam a cura cerimonial, como era realmente praticada pelos reis ingleses[4].

Neste cerimonial – e, ao menos inicialmente, em ambos os lados do Canal –, a água desempenhava um modesto papel. Assim que colocavam seus dedos em tantos tumores repugnantes, os reis lavavam suas mãos. Este gesto, nascido da mais básica necessidade higiênica, não possuía originalmente caráter

---

[1] Um exemplo do uso terapêutico do sinal da cruz: *Garin le Lorrain* (*Li Romans de Garude le Loherain*, ed., P. Paris: *Les Romans des deux pairs*, I, p.227) em que se vê os médicos fazendo o sinal da cruz após colocar um emplastro sobre a ferida do duque de Bégon. Sendo o sinal da cruz tanto uma regra, como um rito de bênção e exorcismo, em todas as ações ordinárias da existência, *o Regula Coenobialis* de São Columbano punia, com seis golpes (a serem dados por um monge mais velho), o monge que não o fazia sobre sua colher antes de beber, ou sobre a lâmpada que acabara de ser acesa: *Zeitschrift für Kirchengeschichte*, XVII (1897), p. 220.

[2] Exemplo entre muitos outros: R. O., *Cnancery Miscellanea*, IV, I, fol. 17 v, 27 de maio de 1378 "xvij egrotis signatis per regern xvij d".

[3] Ver nas páginas seguintes a interpretação de um texto obscuro de Etienne de Conty.

[4] Cf. *La Vie anonyme*, ed. Luard, *Lives of Eduardo the Confessor*, p. 429, e sobretudo Osberrt de Clare, cap. XIV, XV, XVI, XVII (onde se encontrarão referências a passagens correspondentes em outras obras biográficas); ver também Ad. Franz, *Die kirchlichen Benediktionen*, I, p. 79 e ss., sobretudo, p. 84.

taumatúrgico. Mas como as pessoas poderiam evitar atribuir alguma virtude à água das bacias reais? Por ter molhado uma mão capaz da cura, parecia que a própria água, por sua vez, tornava-se remédio. Um monge de Corbie, Etienne de Conty, que compôs um pequeno tratado sobre a realeza francesa no início do reinado de Carlos VI, descreveu nesta obra o rito da escrófula. O rei, após ter tocado, lavava-se; a água que utilizara era recolhida pelos doentes; eles a bebiam, por nove dias, em jejum e devotamente; após o que seriam curados, "sem outro remédio"[1]. Esta singular superstição não parece ter atravessado o Canal; e mesmo na França, não se encontram quaisquer vestígios dela nos tempos modernos. Mas na Inglaterra, como veremos mais adiante, a moeda dada aos escrofulosos tornou-se tema de uma crença muito semelhante: em ambos os casos, o fluido curativo era transportado da mão real para algo que essa mão havia tocado. Em torno do núcleo primitivo, formado pelo rito oficial, todo um folclore se desenvolveu.

Na realização do ato taumatúrgico, os reis não ficavam em silêncio. Muito cedo, os reis da França tomaram o hábito de acompanhar, com algumas palavras consagradas, o duplo gesto tradicional. Godofredo de Beaulieu relata como São Luís, ao tocar as partes doentes, pronunciava certas palavras, "apropriadas à circunstância e sancionadas pelo costume, perfeitamente santas e católicas"[2]. São essas mesmas palavras "sagradas e devotas" que Filipe o Belo, segundo se dizia, ensinou em seu leito de morte ao príncipe Luís – ou melhor, relembrou-

---

[1] Bibl. Nat. lat. 11730, fol. 31 v: "Item post dictam sanctam unctionem et coronacionem regum Francie omnes predicti reges singulares quilibet ipsorum fecit pluries iniracula in vita sua, videlicet sanando omnino de venenosa, turpi et inmunda scabie, que Gallice vocatur escroelles. Item modus sanandi est iste postquam rex audivit missain, afffertur ante eusu vas plenum aque, statim tune facit oracionem suam ante altare et postea manu dextra taiigit infirmitatern, et lavat in dicta aqua. Infirmi vero accipientes de dicta aqua et potantes per novera dies jejuni cum devotione sine alia inedicina omnino sanantur. Et est rei veritas, quod quasi innumerabiles sic de dicta infirmitate fuerunt sanati per plures reges Francie". Esta passagem já aparecem em D'achery, em suas notas, em *De vita sua* de Guibert de Nogent, e posteriormente por Migne, P. L., t, 156, col. 1022-23. Sobre o autor, ver observação em L. Delisle, *Le cabinet des manuscrits de la Bibi. Nationale II*, p. 127 (publicado anteriormente, *Bibl. Ec. Chartes*, 1860, p. 421). O pequeno tratado sobre a realeza francesa está no início de uma continuação da crônica martiniana, que também se deve a Etienne de Conty (fragmento desta continuação publicado por J. H. Albanes e U. Chevalier, *Actes anciens et documents concernant le bienheureux Urbain V*, p. 73), no qual o último fato citado é a batalha de Nicopoli (25 de setembro de 1396). O texto citado no início desta nota não deixa de apresentar obscuridades: dependendo da maneira como se traduza a palavra *lavat* de um significado ativo ou neutro – dois significados que são, ambos, perfeitamente conformes ao uso clássico – será possível traduzir que o rei lavava as feridas, ou que se lavava após tê-las tocado. Prefiro a segunda interpretação, já que a primeira – geralmente aceita, no entanto – é absolutamente contrária a tudo o que sabemos do rito francês.

[2] *Histor. de France*, XX, p. 20, c. XXXV (texto citado abaixo).

as, porque não deveriam ser muito sigilosas[1]. Quais seriam elas? Não há opção senão ignorá-las. A fórmula estereotipada adotada posteriormente por nossos monarcas – "O rei toca você, Deus te cura" – é atestada somente a partir do século XVI. Esta frase, ou qualquer outra semelhante, nunca parece ter sido empregada no outro lado da Mancha. Não que lá os soberanos, tampouco, permanecessem mudos. Mas o que saía de suas bocas eram apenas orações.

Da solenidade francesa, é claro, a religião não estava ausente. Penetrava pelo sinal da cruz e de outras maneiras. O rei, relata Etienne de Conty, antes de ver os doentes, começava a orar. O costume era, sem dúvida, antigo; mas seria algo além de uma oração muda? No século XVI, veremos surgir fórmulas especiais para esta ocasião, mas muito curtas e com claros vestígios de lendas tardias[2]. Em face dessa pobreza, a Inglaterra nos oferece uma extrema riqueza: o cerimonial do toque assumiu a aparência de um verdadeiro serviço litúrgico, no qual o rei, assistido por seu capelão, era quase um oficiante. Infelizmente, a liturgia inglesa da escrófula não registrou qualquer momento anterior aos tempos modernos; o primeiro "serviço para a cura dos doentes" que conhecemos data da época de Henrique VIII, talvez de Henrique VII. Não há dúvida, no entanto, que contém composições muito mais antigas, e que seu particular desenvolvimento ritual é também antigo. Thomas Bradwardine, capelão de Eduardo III, em um tratado filosófico escrito em 1344, já observava que seu rei, antes da cura, "ocupava-se de orações"[3]. Mais ainda: no século anterior, documentos da Casa Real Inglesa, para expressar que o Rei tocava os doentes, dizia não apenas, como já indiquei, que ele "lhes fazia o sinal", mas também, e mais comumente, que ele os "abençoava": termo tornado quase em clássico; encontrado no próprio Bradwardine e no médico Jean de Gaddesden[4]. Certamente, como se verá mais adiante, o valor atribuído à bênção real em si não era, neste momento, peculiar à Inglaterra. O poder sagrado que foi conferido à mão do soberano se manifestava em um gesto protetor deste tipo, como no gesto que deveria expulsar a doença. Parece que, naturalmente, ambos os gestos acabaram se confundindo. No entanto, os documentos franceses nunca estabelecem essa relação. Por outro lado, era algo constante na Inglaterra. Isso

---

[1] Ives de Saint-Denis, *Histor. de France*, XXI, p. 207 C e D: "primogenitum iterum ad se vocatum secretius, praesente scilicet solo confessore, instruxit de modo tangendi inftrmos, dicens ei sancta et devota verba quae in tangendo infirmos dicere fuerat assuetus, Sinailiter docuit eum quod cum magna reverentia, sanctitate et puritate deberet ilium contactum infirmorum et maudis a peccato manibus exercere". A conversa do moribundo Filipe Belo e o herdeiro do trono também é atestada pela relação do enviado do rei de Mallorca (que não sabe o que foi dito), *Bib. Ec. Charters.*, LVIII (1897), p. 12.

[2] Ver a seguir.

[3] Ver a seguir.

[4] Exemplos dentre muitos outros: R. O. *Chancery Miscellanea*, IV, 1, fol 20, 3 de junho de 1278 "tribus egrotis benedictis de manu Regis"; E. A. 332, 18, 8 de abril de 1289: "Domino Hennco die Parasceue, apud Condom... pro infernis duos Rex benedixit ibidem: xxj. d. st". Bradwardine: texto citado abaixo. John of Gaddesden, *Praxis enedice seu Rosa anglica dicta*, in-80, s. l. n. d. [1492] fol. 34 v (ver abaixo).

ocorria porque os ingleses criaram uma cerimônia de cura, que parecia exigir necessariamente o uso de palavras tomadas do vocabulário eclesiástico.

De onde veio esse notável contraste entre os dois ritos? As razões são obscuras. Talvez – mas isso é apenas uma hipótese – seja necessário buscá-las no próprio meio no qual a prática do rido inglês surgiu. A noção do papel sagrado da realeza havido sido exacerbada pelas polêmicas levantadas em torno da reforma gregoriana: se Henrique I contava com muitos clérigos entre os seus mais chegados, como aquele "Anônimo de York", não é de surpreender que tenha se permitido ser persuadido a tomar atitudes quase sacerdotais, imitadas posteriormente por seus sucessores.

Originalmente, ao que parece, os reis exerciam seu poder taumatúrgico um tanto aleatoriamente sobre os doentes que se apresentavam diante deles. Guibert de Nogent nos apresenta uma multidão bastante desordenada que se aglomerava em torno de Luís VI. Gradualmente, à medida que as grandes monarquias ocidentais se tornaram mais organizadas em tudo, e os hábitos regulares e rotineiros da burocracia começaram a penetrar até na vida da corte, também certa disciplina foi introduzida nas formas exteriores do milagre real. São Luís "tocava seus doentes" todos os dias, ou ao menos nos dias em que era requisitado por eles, mas apenas em hora específica: após sua missa. Os retardatários passavam a noite no palácio, onde um alojamento e provisões lhes eram preparados, e compareciam no dia seguinte, e no momento apropriado, diante do rei. O hábito de praticar o rito sem periodicidade regular ainda existia na França sob Filipe o Belo; o mesmo ocorria na Inglaterra, sob o reinado dos três Eduardos. Permaneceu assim até o final do século XV; Henrique VII não parece ter tido uma data fixa para realizar os toques. Na França, por outro lado, sob Luís XI, os doentes eram agrupados de modo a serem levados ao rei apenas um dia por semana; foi certamente um ganho de tempo considerável para um monarca ativo e ocupado[1].

Da mesma forma na França, no mais tardar desde o século XV, tornou-se costume realizar uma seleção entre os pobres que vinham buscar, de seu soberano, o alívio de seus males; pois a especialidade do augusto médico estava agora bem estabelecida: ele curava a escrófula e tão somente a escrófula. Por conseguinte, era conveniente que fossem admitidos apenas os pacientes afetados por este mal; abrir a porta aos demais teria imposto ao príncipe um desnecessário desperdício de tempo, além de, talvez, um risco a seu próprio seu prestígio, fazendo-o realizar gestos de cura que seriam certamente ineficazes. Daí a necessidade de um primeiro diagnóstico mais ou menos sucinto, cujos cuidados foram confiados, sem dúvida, ao médico da corte; qualquer pessoa que desejasse obter a graça do toque real deveria primeiro se submeter a este exame.

---

[1] A respeito de São Luiís, sua vida por Guillaume de Saint-Pathus, ed. Delaborde (*Collection de textes pour servir à l'étude... de l'histoire*), p. 99. Para Filipe o Belo e os soberanos ingleses, os dados apresentados abaixo, Apêndice, I. Para Luís XI, Commines, VI, c. VI, ed. Maindrot (*Collection de textes pour servir à l'étude... de l'histoire*), II, p. 41.

Isso nem sempre ocorria sem protestos. Certo dia, Carlos VII se encontrava em Langres; um certo Henrique Payot, ferrador que vivia perto desta cidade, desejava trazer sua irmã, que parecia padecer de escrófula; os assistentes do rei se recusaram a admiti-la, argumentando que ela não tinha escrófulas; Henrique Payot, já amargado pelos prejuízos trazidos pelas guerras, vingou-se desta contrariedade proferindo impropérios, clamando uma maldição divina sobre seu soberano e a rainha, e tratando o casal real com o louco e a louca. Repetiu essas palavras com outras igualmente inadequadas; tanto assim que o infeliz mais tarde teve que conseguir uma carta de perdão, que ele pagou, sem dúvida, com seus últimos tostões[1].

A generosidade para com os pobres deste mundo era um dever que a consciência moral da Idade Média impunha fortemente aos soberanos. E estes se ajustavam a ela sem impor maiores problemas. Quem tenha revisado as contas das despesas das casas reais, tanto na França – onde os documentos desse tipo são, infelizmente, muito raros – quanto na Inglaterra, onde foram infinitamente melhor preservados, sabe que as esmolas ocupavam um lugar verdadeiramente importante[2]. E entre os doentes que vinham pedir a cura aos reis, havia grande miséria. Logo se tornou habitual lhes dar algum dinheiro. Na França, sob Filipe o Belo, parece que, inicialmente, só era dado dinheiro àqueles que vinham de longe, estrangeiros ou nacionais que vinham dos locais mais remotos do reino; e o valor da doação era variável, variando de 20 soldos – pelo menos em 1307 e 1308, essa parece ter sido o valor comum – até 6 e mesmo 12 libras[3]. Não falarei dos seguintes reinados: de Filipe IV a Carlos VIII não existem quaisquer informações em relação a esta questão. Na Inglaterra, sob Eduardo I, Eduardo II, Eduardo III, a esmola aos escrofulosos era sempre a mesma: 1 denário[4]. Muito inferior à da França, pois muito mais difundida. Todos os doentes, ou quase todos, participavam da distribuição; no máximo, pode-se supor que, em seus primeiros dias, alguns – os mais nobres, os mais ricos – não participavam desta prática. Tais exceções devem ter sido sempre extremamente raras; caso contrário, os valores pagos não teriam atingido as somas formidáveis que apresentarei em seguida. Elas desapareceram, sem dúvida, muito rapidamente; nos tempos modernos já não existiam. A moeda se tornou, aos olhos do público, um elemento essencial do rito; não recebê-la das

---

[1] O que antecede, segundo a carta de perdão datada em Romorantin, 23 de outubro de 1454, e concedida a Henri Payot: "homem simples, ferrador, morando em Persay le Petit, distrito de Sens e diocese de Langres". Arch. Nat. JJ. 187, fol. 113 v (destacado por Charpentier, suplemento ao artigo *scroellae* do *Glossarium* de Du Cange).

[2] O que se segue parte da análise das contas reais, estudadas abaixo no *Apêndice I*.

[3] Indubitavelmente, de acordo com os hábitos da Casa Real e, ainda que as contas não o indiquem expressamente, em moeda *parisis*.

[4] Os mais pobres podiam também receber ajuda alimentar adicional: E. A. 350, 23, semana a partir de domingo 12 de julho de 1277: "Sexaginta et undecim egrotis benedictis de manu regis per illam ebdornadarn de clona regis per elernosinariurn suum y. s. xj. d. In pascendis quinqu.e panperibus dictorum egrotorum per elemosivarium regis vij d. ob."

mãos do rei teria sido, na melhor das hipóteses, apenas parcialmente milagroso. A seguir, estudaremos esta superstição em maiores detalhes; porém, queria mencioná-la desde já; porém, relaciona-se com a Idade Média desde suas origens distantes, pois seu nascimento só pode ser explicado pela prática muito cedo difundida pela corte inglesa em acompanhar com a doação de uma esmola, em qualquer caso, o gesto de cura dos reis.

Acabamos de ver em torno de quais ritos cerimoniais os reis exerceram seu maravilhoso poder. Resta nos perguntarmos qual o sucesso que suas ações alcançam junto ao público. Eles se colocavam como taumaturgos: quem acreditava neles? Eles se apresentavam como médicos: qual era sua clientela?

§ 2. A popularidade do toque

Lembremos que na Inglaterra, sob os três reinados sucessivos de Eduardo I, Eduardo II, e Eduardo III (1272-1377), os doentes, depois de tocados, recebiam uma esmola cujo valor era invariavelmente fixado em um denário. Possuímos algumas contas que nos fornecem, para diversos períodos, o valor desses pagamentos, seja o total para o ano ou, ainda mais comumente, para dias, semanas ou quinzenas. Vamos começar discutindo esses números. Eles possuem uma espécie de eloquência brutal. A seguir, comentaremos sobre eles[1].

Dos três soberanos que mencionei, o mais antigo aparece em nossas fontes, infelizmente por demais incompletas para que possamos realizar comparações seguras, como possuindo o "registro" do milagre. Eduardo I "abençoou" 983 pessoas durante o 28º ano do reinado; 1219 no 32º ano, e durante 18º, 1736. Aqui estão outros anos menos brilhantes: 25º, 725; 5º, 627; 17º, 519; no 12º, finalmente, 197[2].

---

[1] Para todos os detalhes técnicos das contas, inglesas ou francesas, consulte o *Apêndice I*. Contém, em particular, a lista de contas da Casa Real Inglesa que consultei ano a ano, o que me permitirá simplificar as referências. Para interpretar as informações fornecidas pelas contas de Eduardo, usei Henry Gough, *Itinerary of King Edzvarçl the first*, 2 vol. in-40, Paisley, 1900; cf. também o itinerário do mesmo príncipe, por Th. Craib, do qual há uma cópia datilografada no *London Record Office*; para completar as estadias de Eduardo I na Aquitânia, Ch. Bémont, *Rôles Gascons* (*Doc. Inédits*), III, p. ix e ss. Para Eduardo II, usei C. H. Hartshorne, *An Itinerary of Edward*; British Archaeological Association, *Collectanea Archaeologica*, I (1861), p. 153-144. Não ignoro que essas várias rotas, elaboradas com base em documentos da chancelaria, deveriam ser verificadas e, sem dúvida, retificadas, detalhadamente, por meio das análises da própria Casa Real; mas não tive tempo para realizar esse trabalho; e, além disso, para o objeto que eu tinha em vista, apenas as linhas principais eram importantes.

[2] O 28º ano do reinado vai de 20 de novembro de 1299 a 19 de novembro de 1300; 32º, de 20 de novembro de 1303 a 9 de novembro de 1304; 18º de 20 de novembro de 1289 a 19 de novembro de 1290; 25º de 20 de novembro de 1296 a 9 de novembro de 1297; o 5º de novembro de 1276 a 19 de novembro de 1277; 17º de 20 de novembro de 1288 a 19 de novembro de 1289; 12 de 20 de novembro de 1283 a 19 de novembro de 1284. Obtive os totais acima, somando os valores apresentados em maiores detalhe pelas diferentes contas apresentadas às páginas 13, 14, e 15. De Eduardo I existe uma espécie de livro caixa da corte (no *Record Office, Chancery Miscellanea*, IV, 1), que se estende de 31 de

Passemos a Eduardo II. O único dado anual que conhecemos dele é pequeno: 79 pessoas tocadas durante o 14º ano de seu reinado (8 de julho, 13 de julho a 7 de julho de 1321). Mas outras informações, que não fazem parte do mesmo quadro cronológico, apresentam seu poder de cura em uma perspectiva um tanto menos desfavorável: em 1320, de 20 de março a 7 de julho, por um período de quatro meses, viu 93 doentes chegarem a ele; em 1316, de 27 de julho a 30 de novembro, em um espaço de tempo ligeiramente superior ao anterior, 214[1].

Eduardo III, de julho de 1337 a 13 de julho de 1338, fez 136 curas. Foi um ano bastante pobre. Não deve ser considerado típico. De 12 de julho de 1338 a 28 de maio de 1340 – um pouco mais de 22 meses – o número de milagres atingiu 885, o que significa cerca de 500 por ano. Por outro lado, a partir de 25 de janeiro de 1336, até 30 de agosto de 1337 – 19 meses –, não ultrapassou 108[2].

Como um todo, estes números são impressionantes. Fornecem uma ótima ideia do prestígio taumatúrgico dos Plantagenetas. Thomas Bradwardine, que morreu em 1349, arcebispo de Canterbury, nos diz, em obra composta quando ainda era capelão de Eduardo III, que os milagres realizados por seu senhor foram atestados "pelos doentes curados, pelas pessoas que no momento viram seus efeitos, pelos povos das nações, pelo renome universal"[3]. Exagerava ele a

---

janeiro de 1278 a 9 de novembro do mesmo ano. Não consegui utilizá-la para as estatísticas de toque porque, além de passagens perfeitamente claras como "pro x x x egrotis egritudinis Regis" (9 v), "pro c $\frac{xx}{iiii}$ xij egrotis de morbo regio curatis" (II v.), existem outras que aparecem apenas como "pro egrotis", de modo que não se pode determinar se a esmola é dada a qualquer doente ou a escrofulosos tocados pelo rei. Da mesma forma, não foi possível ter em conta as referências "pro infirmis" da lista das esmolas no ano 21, E. A. 353, 16.

[1] O primeiro dado foi fornecido pelo Brit. Mus. Àdd. mass. 9951, fol. 3 v; o segundo por Add. mss. 17632, fol. 5; o terceiro resulta da soma dos artigos detalhados da conta analisada em *Archaeologia*, XXVI, p. 319-320 (v. abaixo).

[2] O primeiro valor E. A. 388, 5 (rolo, última membrana); o segundo R. O., *Treasury of Receipt, Miscell. Books*, 203, fol. 177; o terceiro, Brit. Mus., Cotton Nero C VIII, fol. 208 (uma indicação relativa ao alimento dado aos pobres, fol. 207 v, permite determinar, para o último valor, o período a que se aplica o valor aos pacientes afetados). Note-se que existe uma sobreposição entre os valores de Cotton Nero C VIII e as de E. A. 388, 5; cf. abaixo, p. 102, n. 23.

[3] Thomae Bradwardine... *De causa Dei contra Pelagium et de virtute causarum ad suos Merlonenses libri tres*, gr. in-80, Londres 1618, I, c. I, corol. pars 32, p. 39. "Quicumque etiam negas miracula Christiana, veni et vide ad oculum, adhuc istis temporibus in locis Sanctorum per vices miraculosa gloriosa. Veni in Angliam ad Regem Anglorum praesentcm, duc tecum Christianum quemcunque habentem morbum Regium, quantumcunque inveteratum, profundatum et turpem, et oratione fusa, manu imposita, ac benedictione, sub signo crucis data, ipsum curabit in nomine Jesu Christi. Hoc enim facit continue, et fecit saepissime viris et mulieribus immundissimis, et catervatim ad eum ruentibus, in Anglia, in Alemannia, et in Francia circumquaque: sicut facta quotidiana, sicut qui curati sunt, sicut qui inter-fuerunt et videront, sicut populi nationum et farna

popularidade do rito inglês? Teríamos esta sensação, caso as contas não nos convidassem a tomar suas afirmações a sério. A fama que invoca não é uma figura de retórica; ela arrastava aos reis da Inglaterra multidões inteiras, às vezes mais de mil homens por ano.

Nenhum documento nos fornece dados numéricos precisos sobre a atividade médica dos reis da França. No entanto, deve-se supor que sua reputação no mesmo período não fosse menor que a de seus vizinhos. Crenças semelhantes em ambos os países foram as bases de um rito similar. Filipe o Belo, como veremos a seguir, não era requisitado apenas por seus próprios súditos; ele viu seguirem a ele, nos dias de toque, espanhóis, italianos e, entre os franceses, habitantes dos feudos distantes e não submetidos ao poder real; ao que parece, as pessoas de seus próprios domínios não possuíam uma fé menos forte nele do que nestes estrangeiros, ou meio estrangeiros. Bradwardine, que admitia aos príncipes franceses, bem como aos Plantagenetas, o poder taumatúrgico, afirmou que "em ambos os reinos o prestígio, por uma voz unânime", proclamava o milagre real. Em relação à Inglaterra, os documentos confirmam em todos os aspectos o seu testemunho; seria o mesmo, sem dúvida, para as fontes francesas, se estas fossem mais completas.

Mas os números ingleses, tão relevantes em seu total, são extremamente variáveis em detalhes. Essas diferenças não parecem surgir da maneira como a informação nos foi transmitida; as contas da Casa Real que analisamos não foram menos cuidadosamente registadas sob Eduardo III do que sob Eduardo I, nem durante o 12º ano do reinado deste último os dados são menos exatos que no decorrer do 18º; os números mais baixos não são menos dignos de crédito que os mais altos. Por que essas irregularidades?

Para alguns anos, o motivo é bastante simples. O rei está em guerra ou em viagem; apenas raramente fora capaz de realizar um rito que supõe a paz, e que fora praticado apenas excepcionalmente fora do território nacional; por vezes, durante vários meses, era completamente impedido de realizá-lo. De 20 de novembro de 1283 a 19 de novembro de 1284 (12º ano do reinado) Eduardo I tocou, como eu disse, apenas 197 pessoas. Mas analisemos mais detidamente esse número. Perceberemos que, desse total, 185 vieram antes de 15 de março[1]; foi nessa mesma data que o Plantageneta entrou no País de Gales, cuja submissão desejava concluir; ele ainda estava lá no dia 19 de novembro. Dos

---

quam celebris certissime contestantur. Quod et omnes Reges Christiani Anglorum soient divinitus facere, et Francorum, sicut Libri Antiquitatum et fama Regnorum concors testantur Unde et morbus Regius nomen sumpsit". A obra, que alcançou certo reconhecimento na história da filosofia medieval, data de 1344. Cf. F. Ueberweg, *Grundriss der Geschichte der Philosophie*; II, *Die mittlere... Zeit*, 10ª ed., 1915, p. 586.

[1] Na verdade, esse número não pode ser estabelecido com precisão. De acordo com a lista das esmolas A, 351, 15, oito doentes foram tocados durante a semana que começou em 12 de março (o dia da festa de São Gregório Papa). Devemos atribuí-los ao período anterior a 15 de março – isto é, à Inglaterra – ou ao período posterior – ao País de Gales? Adotei a primeira solução, que me pareceu mais provável. Caso tivéssemos escolhido a segunda, mudaríamos muito pouco nossos resultados.

doze indivíduos restantes, três foram ao encontro do rei durante sua breve estadia no condado de Chester, na fronteira[1]; os outros nove foram, sem dúvida, soldados ou galeses submetidos. Os 983 pacientes listados de 20 de novembro de 1299 a 19 de novembro 1300 (28º ano do reinado), pelos livros da Casa Real, não devem, de fato, ser imputados aos doze meses. As menções ao toque, nos registros, cessam abruptamente em 12 de dezembro; no dia 13, o rei, com seu exército, entrou na Escócia, ainda em plena revolta. O ritos foram reiniciados a partir de 3 de janeiro: no dia 1º, Eduardo voltava a pisar o solo em inglês. As referências voltam a faltar uma segunda vez a partir do dia 24 de junho: no dia 5 de julho, a corte se encontrava novamente na Escócia. Os 725 doentes que atribuíamos ao 25º ano do reinado (20 de novembro de 1296 a 19 de novembro de 1297) foram de fato abençoados durante um período de pouco menos de nove meses, estendendo-se até o dia 18 de agosto; entre os dias 22 e 27 deste mês, Eduardo atravessou o mar para alcançar Flandres, de onde não sairia até o final do ano financeiro, e onde não pretendeu curar ninguém. Estamos menos informados sobre Eduardo III. Os números são dados somente a nós globalmente, para amplos períodos. É claro, no entanto, que o número de 885 pessoas para o espaço de quase dois anos, que vai de 12 de julho de 1338 a 27 de maio de 1340, não pode representar a média normal, já que quase todas as curas operadas durante esse período tiveram, como veremos, por palco o continente.

Em outros momentos, parece que os reis concederam pouco tempo ao rito de cura, porque tarefas mais urgentes os deixavam com poucos momentos de inatividade. A partir de 25 de janeiro de 1336, até o dia 19 de julho de 1338, Eduardo III fez pouco menos de 244 curas[2]; é notável que este período de baixa atividade taumatúrgica coincida com um período de extrema atividade diplomática e militar dedicada inteiramente às preliminares da guerra com a França. Da mesma forma, durante o ano do reinado 1283-1284, antes mesmo de cruzar a fronteira galesa, Eduardo I abençoou, em apenas 4 meses, 187 pessoas, um número significativamente menor que aqueles usualmente alcançava; sem dúvida, empregou seus dias para discutir ou ordenar as importantes medidas necessárias à obtenção da submissão do antigo país celta.

Viagens, guerras, preparativos para guerras; fatos fortuitos que fornecem a razão de alguns de nossos números mais baixos, nada havendo que afetasse a crença nas virtudes da mão real. Não podemos nos orgulhar, porém, de sabermos tudo; outras circunstâncias de natureza semelhante, que nos escapam

---

[1] Semana que começa em 17 de setembro (domingo antes de São Mateus).

[2] 108 de 25 de janeiro de 1336 a 30 de agosto de 1337; 136 de 10 de julho de 1337 a 10 de julho de 1338; total: 244; mas os números se sobrepõem. Pode-se notar que o Contrerôle de Garderobe dos anos 8 VIII, que contém um *Titulus de elemosina* (f. 200 v à 208) que se estende desde 31 de julho, ano 8 (1334) até agosto de 1337, não apresenta nenhuma indicação de doentes tocados para o período de 31 de julho do ano 8, a 24 de janeiro do ano 10, ou seja, 31 de julho de 1334 a 24 de janeiro de 1336. Durante a maior parte desse período, Eduardo estava na Escócia, ou então nos condados do norte, ocupado na aventura escocesa.

hoje, como doenças do soberano, festas na corte, epidemias, escassez de alimentos, insegurança das estradas, podem, em outros momentos, ter afastado os augustos médicos de sua tarefa taumatúrgica, ou terem contido, por um instante, a multidão dos fiéis. Seria inútil fingir explicar todas as irregularidades de nossas estatísticas, ou mesmo da maioria, como flutuações da fé no milagre da escrófula. As três contas de Eduardo III que foram preservadas, apresentam-nos números que são consideravelmente inferiores às do reinado de Eduardo I; devemos concluir, a partir deste fato, existirem evidências de um declínio na crença? Não temos o direito de fazê-lo, pois nenhum desses documentos se relaciona com um período que poderia ser considerado normal. No entanto, as estatísticas do toque merecem o interesse do historiador que procura reconstruir, em suas nuances, a evolução da lealdade monárquica. Os textos literários, os documentos oficiais, oferecem-nos apenas uma imagem deste sentimento que muitas vezes é distorcido e, em todo caso, suspeito; por outro lado, as contas que possuímos para a Inglaterra e mesmo a França, permitem-nos apreciá-lo vivo, em uma de suas mais características e espontâneas manifestações; por vezes, excepcionalmente, registram inclusive suas variações.

Primeiro, Eduardo II. Todos os cronistas, acompanhados pela maioria dos historiadores modernos, concordam em nos dar a impressão de que este príncipe, de caráter e inteligência medíocres, rodeado de más companhias, suspeito de vícios repugnantes, traído por seus parentes e destinado ao mais miserável dos fins, fora um soberano impopular[1]. Mas tais testemunhos deixam espaço para dúvidas; podemos imaginar que, simplesmente, reflitam o ódio de alguns grandes nobres. O que as pensavam pessoas comuns? Vejamos nossas contas. Os três números que possuímos para este reinado são bastante baixos, e nenhum deslocamento para fora das fronteiras ou a realização de quaisquer preparativos militares explicariam sua pobreza[2]. Acima de tudo, decaem ao longo do tempo: em 1316, 214 doentes foram abençoados em cerca de quatro

---

[1] T. F. Tout, *The place of the the reign of Edward II in English history* (*Manchester Historical Series*, xxi), 1914, p. 9, escreveu: "Chronichlers do not often agree, but their agreement is absolutely wonderful in dealing with the character of Edward of Carnarvon".

[2] Para ser perfeitamente correto, pode-se obscrvar que, de 20 de junho de 132 a 21 de julho do mesmo ano, Eduardo II fez uma curta viagem a Picardia (cf. *Collectanea Archaeologica*, I (1861), p. 135 e seguintes), no período de 20 de março a 7 de julho de 1320, durante o qual ele recebeu 93 doentes, totalizando deduzindo 18 dias de ausência; e, a partir do 14º ano do reinado (a partir de 8 de julho de 1320), subtraem-se mais 14 dias: deduções muito baixas para poder alocar substancialmente os totais durante um período de quatro meses de um lado, durante um ano inteiro do outro. Não conheço os números do 10º ano do reinado (8 de julho de 1316 a 7 de julho de 1317), exceto pela análise dada em *Archechaeologia*, xxvi. 318 e ss.; se esta análise estiver completa, não deve conter menções de toque, exceto pelo período que vai de 27 de julho a 30 de novembro de 1316; a falta de menções deste tipo para o resto do ano me parece difícil de explicar. A conta é mantida na biblioteca da *Society of Antique Dealers of London*. Que o presente trabalho estimule um estudioso inglês a buscar a solução do pequeno problema que acabei de apontar.

meses; de 20 de março de 132 a 7 de julho do mesmo ano, em um espaço de tempo bastante semelhante, apenas 93; do dia 8 de julho de 1320 a 7 de julho de 1321, um ano, caímos para 79. Os anos de 1320-1321 são aqueles nos quais se levantou contra o frágil rei seu sobrinho Thomas de Lancaster, também pessoa de escasso valor, mas que a consciência popular transformou em herói; quando morreu no dia 22 de março de 1322, sob o machado do executor, milagres lhe foram atribuídos[1]; não há dúvida de que, já em 1320, a popularidade de Eduardo desapareceu ante a estrela cada vez maior de seu rival. A um monarca sem prestígio não mais se pedem curas.

Vimos acima que, em 1299-1300, a força taumatúrgica de Eduardo pareceu cessar abruptamente quando este príncipe pôs o pé em solo escocês: a Escócia estava quase inteiramente levantada contra os invasores ingleses. Mas vamos agora nos colocar neste mesmo país durante o 32º ano do reinado (1303-1304). A conquista do país acabara; muitos velhos inimigos se uniram ao soberano; em fevereiro, o próprio regente e a maioria dos condes se submetem; a anexação influencia inclusive os costumes. Até o dia 25 de agosto de 1304, Eduardo ficou ao norte de Tweed; lá abençoou nada menos do que 995 doentes desde 20 de novembro de 1303. Não se pode supor que todas as pessoas que o acompanhassem fossem apenas ingleses que o seguiam. Certamente, muitos escoceses. Neste país anteriormente rebelde, muitas pessoas começaram a reconhecer o Plantageneta como rei legítimo; imploraram por seus milagres.

Os reis da França e da Inglaterra reivindicavam igual poder de cura. Porém, o rei da Inglaterra possuía terras no continente que o pertenciam enquanto feudo do rei da França. Nessas regiões semifrancesas e semi-inglesas, para qual dos dois taumaturgos rivais seguiam os escrofulosos? Possuímos uma descrição muito detalhada das curas realizadas por Eduardo I durante uma viagem que realizou, durante a primeira parte do 17º ano de seu reinado, a seus estados da Aquitânia; tocou alguns doentes em Condom, condado próximo a Libourne e em outros lugares, mas foram poucos: 124 em cerca de sete meses; ao retornar à Inglaterra, a partir de 12 de agosto, em pouco mais de três meses, 395 pessoas acudiram até ele[2]. Aparentemente, o prestígio do senhor feudal ofuscava aquele do vassalo, aos olhos dos bordoleses e gascões. Além disso, posteriormente teremos a oportunidade de observar que, de fato, não se desperdiçava, mesmo em Bordeaux, a oportunidade de pedir por sua saúde a um Capeto.

A situação mudou quando os Plantagenetas assumiram o título de Rei da França. Em 1297, Eduardo I, tendo conquistado Flandres, deixou de curar: por

---

[1] Cf. J. C. Davies, *The baronial opposition to Edward II*, Cambridge 1918, p. 109.
[2] Lista das esmolas, E. A. 352, 18. Entre 29 de junho e 1 de julho, Eduardo passou para Poitou; desembarcou em Dover no dia 12 de agosto; enquanto isso, permaneceu ou viajou no reino da França, fora de seu feudo na Aquitânia e, claro, não tocou ninguém. É verdade que, de 29 de julho a 4 de agosto, pelo menos, ficou no pequeno município de Ponthieu, na foz do Somme, que pertencia a ele; não parece ter exercido seu poder. O último toque no continente refere-se à semana que termina em 26 de junho; e o primeiro, na Inglaterra, na semana que terminou em 14 de agosto (Membrana 4).

estar neste país nominalmente francês e, de toda forma, sem qualquer vínculo com a coroa inglesa, era apenas um soberano estrangeiro[1]. Mas chegamos a Eduardo III. Devemos recordar que os dados recapitulativos das despesas de sua Casa Real, no período de 12 de julho de 1338 a 27 de maio de 1340, registram 885 doentes abençoados. Agora, durante esses 22 meses, Eduardo permaneceu na Inglaterra em apenas duas ocasiões, totalizando menos de quatro meses[2]; o resto do tempo passou do outro lado do canal, lutando contra Filipe de Valois, ou negociando com os senhores e burgueses dos Países Baixos; particularmente, viajou a Flandres e às regiões propriamente francesas do Norte; em suma, pouco abandonou o território deste reino capeto que reivindicava como sua herança. É difícil acreditar que todos os 885 milagres realizados tenham ocorrido em um prazo inferior a quatro meses, ou que todos pertencessem a algum acampamento próximo ao monarca inglês. Provavelmente, o maior número era de pessoas do continente. O príncipe que, em 26 de janeiro de 1340, recebeu, dos habitantes de Gantois, homenagem como rei da França, bem poderia exercer, na própria França, seu prodigioso poder.

As contas inglesas nos conduziram ao nosso solo. Fiquemos lá; e, retornando alguns anos, até o momento em que a legitimidade dos Capetos não fora contestada, vamos pegar as tabuletas de cera que serviram de livros de despesas aos caixeiros da Casa Real de Filipe o Belo. Os que correspondem – tal como foram preservados – ao período de 18 de janeiro a 28 de junho de 1307, por um lado, e de 1 de julho a 30 de dezembro de 1308, por outro, foram mantidos por Renaud de Roye. Este personagem era um oficial meticuloso; não contente em indicar com precisão o destino dos montantes remitidos a pessoas "que sofrem com o mal real" – em vez de confundi-las, como faziam seus predecessores, com outras esmolas – não teve receio de insistir em anotar o nome e o local de origem de cada doente: informação infinitamente preciosa para o historiador, embora, com exceção do abade Lebeuf[3], ninguém houvesse percebido seu interesse. Entre os escrofulosos, nem todos receberam dinheiro; somente aqueles que houvessem vindo de longe tinham esse direito. As tabuletas da Casa Real francesa não nos permitem estabelecer uma estatística completa, análoga à oferecida pelos documentos ingleses. Mas, graças ao espírito detalhista de Renaud de Roye, elas fazem reviver, com maior alívio, os favorecidos pelo milagroso[4].

---

[1] Cf. também viagem de 1289 para a França, fora de Aquitânia – nota anterior.
[2] Eduardo III desembarcou em Antuérpia em 16 de julho de 1338; deixou o continente em 20 de fevereiro de 1340: T. F. Tout em W. Hunt e Reginald L. Poole, The political history of England, III, p. 335 e 344. Os Itinéraires d'Edouard III d'Angleterre pendant ses expéditions en France, fornecida por Jean Lemoine em apêndice a sua edição da Chronique de Richard Lescot (Soc. de l'hist. de France) são insuficientes.
[3] Mémoire touchant l'usage d'écrire sur des tablettes de cire; Méni. Acad. Inscriptions, XX (1753), p. 307: "o nome, a qualidade e o país das pessoas a quem foram dadas [esmolas] foram marcados: isso merece ser observado em detalhe".
[4] As tabuletas de Renaud de Roye estão publicadas no Recueil des Historiens de France, XXII, p. 545 a 565; as referências que se seguem são fornecidas nas páginas deste

A condição social dos indivíduos afetados em geral não é especificada. Pode-se observar, no entanto, e sem grandes dificuldades, que todas as classes aparecem representadas na multidão sofrida que acudia ao rei. Certamente foi uma nobre esta *senhorita* Jeanne de la Tour que, em 12 de maio de 1307, em Poitiers, após ter sido tocada, aceitou 60 soldas das mãos de Vivien, o porteiro[1]. Mesmo os religiosos não tiveram medo de recorrer ao terapeuta real: nos anos 1307-1308, por cerca de doze meses, e apenas entre os estrangeiros ou entre os franceses originários de províncias distantes, foram ao rei um agostiniano, dois franciscanos, e uma franciscana[2].

Usualmente, não possuíamos os nomes dos enfermos do norte que viviam nas imediações da corte, para estes anos de 1307 e 1308, quando Filipe o Belo, seguindo em direção ao sul, não ultrapassou Poitiers; e isso porque, a princípio, não receberam esmolas. No entanto, a Normandia com Elbeuf, Artois com Montreuil-sur-Mer e Champagne com Hans perto de Sainte-Menehould, aparecem excepcionalmente como os locais de origem observados por Renaud de Roye; sem dúvida, Agnès d'Elbeuf, Gilette la Chatelaine de Montreuil e Marguerite de Hans eram mulheres pobres, a quem não se poderia negar nenhum dinheiro[3]. As menções a regiões mais distantes são de particular interesse. Por meio delas, compreendemos que a virtude taumatúrgica do Capeto possuía adeptos nas províncias centrais, tão distantes de tudo; em Toulousain, estando há pouco tempo ligada à unidade francesa, e em Bigorre, um distante vale dos Pireneus tomado pelo rei havia menos de vinte anos; nas terras dos grandes vassalos, na Borgonha; na Bretanha para além da metade independente; em Montpellier, que obedecia ao rei de Maiorca; em Bordeaux, capital continental dos Plantagenetas[4].

Pensemos sobre esses fatos por um minuto. Estamos em 1307 e 1308: os anos trágicos nos quais a necessidade de dinheiro, cada vez mais urgente, precipitará a monarquia capetíngia no escandaloso caso dos Templários. Não há

---

volume. As tabuletas são de leitura difícil; e no caso de alguns dos trechos relacionados ao toque, que mencionam ao local de origem, que não puderam ser lidos pelos editores, não serão considerados abaixo. Eu confrontei a edição com a cópia antiga das tabuletas de 1307, contidas no ms. da Bibl Nat. Latim 9026.

[1] 554 d. "Domicella Johanna de Torre, patiens morbum regium, ibi tunc, LX s. per Vivianium". Para as funções de Viviano, cf. ibid. g11 j. 528 f. 543 e.

[2] 560 k; 557H;553 k.

[3] 558 b; 559 b; 558 b.

[4] La Souterraine (Creuse): 557 e, La Marche (?), 557 h.; Tolouse; Toulousain: 554 C, 558 g, 5581.; Bigorre: 561 a; Bourgogne: 558 1; Nantes: 557 e; Guingamp: 557 C; Montpellier: 558 C; Bordeaux: 553 k. Para a situação política ou feudal destas regiões ou vilas, bastará consultar o trabalho definitivo de Aug. Lorgnon, *La formation de l'unité française*, 1922. A soma entregue à irmã Agnes, franciscana de Bordeux, foi anormalmente alta: 12 libras, valor que só foi possível encontrar, novamente, para quatro lombardos e navarros vindos chegados pouco antes de serem tocados (553 j). Seria o caso do governo tentar atrair, por conta da doação de uma generosa esmola, os doentes súditos do rei da Inglaterra? (*Cf. Infra*, p. 287, para a política seguida diante dos espanhóis no século XVI).

dúvidas de que o povo começa a sentir o peso do sistema fiscal real com uma força quase insuportável. Pouco importa! De todos os cantos do reino, os doentes vão ao rei da França. Quando, em Guingamp, em plena Bretanha bretã, ou nas vilas próximas a Toulouse, país de idioma occitano, um antigo país albigense, os pobres sentem que estão sofrendo de escrófula, tomam sua vara de viagem e os caminhos por vezes difíceis e perigosos, alcançando os castelos de Île de France ou do Vale do Loire, onde seu soberano vive; vieram lhe pedir um milagre. No dia 23 de dezembro de 1307, em pleno inverno, a corte estava em Nemours, nas margens do Loing, quando chegou um homem chamado Guilhelm; havia saído de Hauban, em Bigorre, sobre os terraços que dominam o Alto Adour; havia percorrido um longo caminho para obter a graça de ser tocado[1]. Tudo o que as obras literárias nos contam sobre a realeza, seu prestígio, seu papel sagrado, será tão eloquente quanto a história desses humildes fiéis?

Habitantes de Languedoc, de Bordeaux, da Bretanha, por mais longe que vivessem de Paris, eram antes de tudo franceses: era de seu rei que esperavam uma cura. Da mesma forma, os escoceses que haviam se submetido por Eduardo I eram abençoados por ele, enquanto os flamengos o eram por Eduardo III, para esses o verdadeiro herdeiro da coroa francesa; todos esperavam um prodígio desses monarcas apenas porque os consideravam senhores legítimos. Na procissão dolorosa que se agrupava em torno dos príncipes taumaturgos, em ambos os lados do Canal, é possível encontrar estrangeiros propriamente ditos? Bradwardine afirma que, em relação ao seu soberano, "eles chegavam em multidões, da Inglaterra, da Alemanha, da França, de todos os lugares"[2]. Os registros ingleses, que nos fornecem apenas números, não nos permitem confirmar tal afirmação; no entanto, ao que nos parece, devemos confiar neste capelão real; suas próprias funções o levaram a acompanhar seu senhor na realização do rito milagroso; além disso, até agora sempre o encontramos preciso em suas palavras. Dos milhares de homens que foram tocados pelos Plantagenetas, ele sem dúvida reconhecia os que não eram seus súditos. Em relação aos capetíngios, as tabuletas da Casa Real, na época de Filipe o Belo, dão-nos uma imagem vívida de seu prestígio europeu.

Em primeiro lugar, nas terras do Império. Ao longo da fronteira ocidental da França, havia uma faixa de terra que se estendia de norte a sul – as antigas terras de Lotário nas divisões carolíngias – que dependia nominalmente do soberano alemão, mas que, de fato, disputava a influência francesa com os imperiais. Filipe o Belo era, particularmente, muito ativo ali. Sua "política de

---

[1] 561 a: "Guillelmus de Alba in Bigorra, paciens morbum reps, ibi tunc, xx s. per Petrum de Carnoto". A identificação de Alba com Hauban (Altos Pirineus, Bagnères de Bigorre) não é apenas conjectural; além disso, pouco importa, uma vez que a localização regional é dada, com certeza, pela palavra *Bigorra*.

[2] Veja acima. Em 1344, a data do tratado de Bradwardine, os franceses, aos olhos de um fiel partidário dos Plantagenetas, podiam ser tomados por súditos de Eduardo III. Mas os alemães continuavam sendo, sem dúvida, estrangeiros.

expansão"[1] foi muitas vezes descrita; mas comumente só foram retidas as indicações de crônicas ou de documentos da diplomacia: tratados com cidades ou senhores, processos judiciais, alianças entre senhores. No entanto, gostaríamos de penetrar mais profundamente nas coisas; gostaríamos de descobrir, nas regiões onde o poder capetíngio gradualmente crescia, o que pensavam as multidões a respeito do rei da flor de lis. Mas como atingir esse objetivo? Ao menos sabemos, graças a Renaud de Roye, que em situações de necessidade, aquelas pessoas se voltavam para ele enquanto um realizador de milagres. Em Lorena, nesta cidade de Metz, cujos bispos, nos últimos anos, viram o governo francês por várias vezes buscando criar alianças, acreditava-se na eficácia do toque. Também no sul as pessoas acreditavam, bem como em Lausanne, em Saboia e, nas margens do Ródano, em Tarascon Provençal[2].

A mesma fé florescia ainda mais em países mais puramente estrangeiros: além dos Pireneus, não apenas no pequeno reino de Navarra que a Rainha da França trouxe como dote para seu marido, mas também na Espanha propriamente dita; e, particularmente, para além dos Alpes. Apenas naqueles anos de 1307 e 1308, o rei viu pelo menos 16 italianos chegarem a ele: Lombardos – incluindo pessoas de Milão, Parma, Plaisance – Giovanni de Verona, quatro venezianos, um Toscano, Romagnóis, uma mulher de Urbino, e mesmo um frade de perto de Perugia[3]. Estamos próximos à época descrita por Dante como aquela em que a dinastia capetíngia, como uma "planta ruim", espalhou sua sombra por toda parte[4]. Essa monarquia invasora tinha muitas armas: entre elas, o milagre. Que admiráveis propagandistas não deveriam ser, por exemplo, o Irmão Gregório, da ordem agostiniana, em seu convento na Úmbria, ou a senhora Chiara, em Bolonha, "a Gorda", em sua terra natal, se por acaso esses doentes, depois de terem sido tocados, encontraram-se curados![5]

A política eclesiástica de Filipe o Belo por vezes aparentou ser uma espécie de paradoxo histórico. Este príncipe, que desferiu um rude golpe ao

---

[1] Este é o título de um livro bem conhecido de Kern, *Die Anfänge der franztisischen Ausdehnungspolitik bis zum Jahr 1308*, Tubinga, 1910.

[2] Metz: 558 B; Lorraine: 553 K; Lausanne: 554 D; Saboia: 551 G; Tarascon: 554 b. A respeito de Metz e a diplomacia capetíngia, Kern. *loc. cit.* p. 172 e 144. Note-se que as somas indicadas aos estrangeiros, se são às vezes bastante altas, também diminuem, em outros casos, até o mínimo de 20 soldos, sem dúvida o valor normal das esmolas do toque.

[3] Navarra: 552 C. 553 j, 554 a; Espanha: 553 m, 554 c, 557 c, 559 e, ("Maria de Garda in Esturia, paciens morbum regis... apud Longuet Pontern") ; Lombardia: 553 j, e lat. 9026, p. 13 das tabuletas "... de Lombardia paciens morbum regium" (omitido na edição); Milão: 560 a; Parma: 551 h; Plaisance: 560 f; Johannes de Verona, 558 d; Veneza: 553 f; Romagne: 558 h, 560 h; Bolonha: 553 m; Toscana: 554 e; Urbino: 557 k; "Gando" cerca de Perusa: 560 k.

[4] *Purg.*, XX, 43 e ss.

[5] 560 k: "Prater Gregorius de Gando prope Perusium, ordinis sancti Augustini, paciens morburn regis..."; 553 m: "Clara de Bononia Crassa et Maria de Hispania, patientes morbum regium...". Sem dúvida deve ser suprimida a vírgula colocada pelo editor entre *Bononia* e *Crassa*).

papado, era, sem dúvida, um homem profundamente religioso, um devoto, quase um asceta[1]. Ele não era um Frederico II de Hohenstaufen. Como explicar sua atitude? O enigma pode não ser tão difícil de resolver como parece à primeira vista. Nós nos esquecemos muito facilmente de quem fora Bonifácio VIII. Este papa pouco legítimo, que conseguira a tiara apenas por conta da "grande recusa" de seu antecessor – entenda-se: uma abdicação conseguida em condições suspeitas e, em si mesma, de valor duvidoso –, este perseguidor dos Espirituais, parecia um objeto de escândalo para muitos cristãos puros. Foram necessários Sciarra Colonna e Nogaret para transformá-lo em mártir. Apesar de tudo, ainda nos é obscuro o estado de espírito deste mui piedoso monarca que autorizou, ou permitiu que ocorresse, e a seguir cobriu o próprio nome, o inesquecível atentado; e quanto à mentalidade de seus seguidores, bons católicos em sua maioria, que quase sempre se mostraram mais implacáveis do que ele? O estudo do toque de escrófula pode esclarecer esse problema psicológico. Nogaret e Plaisians, em sua memória justificativa composta em 1310, finalizaram um longo elogio a seu rei com as seguintes palavras que são, de certa forma, seu ponto culminante: "Deus por suas mãos trabalha em favor dos doentes com milagres evidentes"[2]. Não tomemos essa frase como se fora um vão argumento vindo de um defensor. Para os contemporâneos, expressava um fato incontestável, do qual fluía todo um modo de sentir. A mesma esperança que levou os peregrinos a tomar os caminhos aos grandes santuários empurrava as multidões capetíngias ansiosas pela cura. Perugia e Urbino, cidades que, ao menos teoricamente, pertenciam ao Patrimônio de São Pedro, enviaram-nos seus escrofulosos novamente em 1308 – é importante nos determos nesta data – cinco anos após Anagni. Instrumento Eleito das Elevadas Graças, médico maravilhoso visto como um santo em quase todo mundo católico, o rei da França não era, fosse aos olhos de seus súditos, fosse a seus próprios, um mero governante temporal; havia nele algo de muito divino para que pudesse curvar sua cabeça diante de Roma. Quem jamais saberá que orgulho secreto a consciência de seu poder taumatúrgico alimentou o coração de Filipe o Belo? Ou que conforto seus fiéis, em tempos difíceis, extraíam da visão de doentes de todas as nações que se aglomeravam à sua porta?

A segunda metade do século XIV e quase todo o século XV foram, para as monarquias, primeiro a francesa, depois a inglesa, também um período de crise. Na França, a rivalidade entre os Valois e dos Plantagenetas, a invasão estrangeira, as desordens políticas e sociais de todos os tipos; na Inglaterra, as revoluções dinásticas e a guerra civil sacudiram a estrutura do Estado. Em meio a tal turbulência, teria a crença no milagre real permanecido absolutamente intacta? É algo que gostaríamos de saber. Infelizmente, faltam-nos informações

---

[1] Cf. Ives de Saint Denis, *Histor. de France*, XXI, p. 202 e 205; Wenck, *Philipp der Schöne*, p. 67 n. 2.

[2] P. Dupuy, *Histoire du differend d'entre le pape Boniface VIII et Philippe le Bel*, in-40, 1655, p. 519: "apertaque miracula Deus infirmis, Deus per manus eius ministrat" Sobre a data da memória, cf. R. Holtzmann, *Wilhelm von Nogaret*, Friburgo en B., 1890, p. 200; Georges Lizerand, *Clément V et Philippe IV le Bel* (tese em letras, Paris), 1910; p. 209.

precisas. Os registros já não existem. Os livros da Casa Real Inglesa foram parcialmente preservados; mas sobre o tema que nos ocupa, nós os consultaríamos em vão; pois para esse período já não mais informam, como antes, a quantidade de esmola distribuída aos escrofulosos. Algumas vezes acreditou-se encontrar neste silêncio a prova de que os reis deixaram de realizar o gesto de cura ou, pelo menos, que não o realizavam com a mesma freqüência que antes. Na minha opinião, nada disso. É algo que se explica mais facilmente por uma modificação da escrita: sem dúvida o capelão continuava, como no passado, a dar aos doentes algum dinheiro; mas no Livro das Despesas, estes pagamentos feitos por ele passaram a ser combinados sob a mesma rubrica com outros que realizava. Conhecemos o valor geral das esmolas reais; seus detalhes nos escapam. Além disso, não há dúvida de que na Inglaterra, como na França, na época da Guerra dos Cem Anos e da Guerra das Duas Rosas, os reis continuaram a tocar a escrófula; textos bastante diversos de vários tipos – crônicas, obras médicas, ou sobre polêmicas políticas – nos dão essa certeza[1]; mas não nos permitem medir a popularidade do rito.

Parece difícil, no entanto, acreditar que a luta entre os diferentes ramos da família real, da qual a Inglaterra foi o palco, não perturbasse o sentimento popular. Mas não nos limitemos a conjecturas. Deste desassossego, o grande jurista Sir John Fortescue, um defensor de Henrique VI, forneceu-nos provas impressionantes. Exilado na Escócia entre os anos de 1461 a 1463, escreveu para seu senhor vários tratados, que ainda possuímos; ele negava a Eduardo IV, que neste momento estava no trono, a virtude terapêutica; segundo entendia, apenas Henrique VI a mantinha: "em contato com suas muito puras mãos... ainda vemos hoje os doentes que sofrem do mal real, mesmos aqueles que os médicos abandonaram no desespero, recuperarem, pela intervenção divina, a desejada saúde; que o Todo-Poderoso seja louvado, pois da graça divina flui a graça da saúde, e as testemunhas desses fatos se encontram fortalecidas em sua fidelidade ao rei, o título indubitável deste monarca que, com a aprovação de Deus, encontra-se confirmado"[2]. Assim, a dinastia dos Lancaster recusava aos

---

[1] Textos de Fortescue citados abaixo; textos médicos; textos diversos (teologia, filosofia política...).

[2] *De titulo Edwardi cornitis Marchie*, c. X, em *The works of Sir John Fortescue knight, his life, Works and family history*, in-40, Londres 1869 ("printed for private distribution": um exemplar no Museu Britânico), p. 10: "virtute cujus debitae sibi unctionis per mundissimorum suarum manuum contactum labe aliquii utpote sanguine bomicidii et faine luxuriae incontaminatarum, languentes morbo regio, de quibus medici expertissimi desperarunt, usque in hodiernum diem optatam Domino conferente recipiunt sospitatem ad Dei omnipotentis laudem, de cujus gratia revit gratia sanitatum, aci videntium et assistentium fidelitatis ad ipsum regem constantiam, et sui inclubitatissimi tituli, Domino approbante, confirmationem". Para a seguinte passagem, ver abaixo, do mesmo autor, um texto da mesma época, a *Defensio juris domuns Lancastriae* (ed. Clermont. p. 508; passagem publicada também em Preind, *The history of Physick*, 5ª ed. II, 1758, p. [32] e Crawfurd, King's Evil, p. 45 (ver abaixo). Fortescue inclui a cura das escrófulas entre os dons em um terceiro tratado, também da mesma época. *Of the Title of the House of York* (ed. Clermont, p. 498; Crawfurd, *loc. cit.*, p. 46).

príncipes da casa de York o dom dos milagres. Não há dúvida de que seus adversários políticos agiam da mesma maneira. Cada lado procurava desacreditar o ritual praticado pelo outro. Como pensar que algo deste descrédito não influenciaria o rito como um todo? Pensava-se: o rei legítimo podia curar; mas quem era o rei legítimo? A incerteza que por muitas vezes se lançou sobre tema tão delicado, não poderia deixar de secar o fluxo de doentes que, antigamente, mostrava-se sempre tão ansioso pelos dias do toque. Sobre este declínio da fé não podemos fornecer, como vimos acima, provas numéricas definitivas; mas temos uma pista, que podemos examinar.

Pouco após a Guerra das Duas Rosas, vemos reaparecer nos registros de Henrique VII e Henrique VIII algumas menções relativas ao toque. São raras; com toda a probabilidade, estão incompletas. A maioria dos doentes, sem dúvida, estaria à margem do orçamento geral destinado às esmolas, cujos detalhes ainda nos escapam; só conhecemos alguns pagamentos realizados, excepcionalmente, por pessoas extranhas ao serviço regular das instituições reais de caridade e, por esse motivo, registrados nos livros de caixa da Casa Real, que foram parcialmente preservados até nossos dias. Para a época dos primeiros Tudors, bem como para o período imediatamente anterior, devemos desistir de estatísticas anuais comparáveis às que encontramos, sobre o tema, para os reinados de Eduardo I, Eduardo II e Eduardo III. Porém, em vez de alinhar adições, examinemos separadamente, nas contas de Henrique VII, as várias entradas referentes a "curas". Cada um dos que recebiam milagres ganhavam, uniformemente, 6 xelins e 8 denários. Na época dos três Eduardos, a soma, como já tive ocasião de comentar, também foi corrigida, mas menos elevada: um denário. É claro que a diferença de valores não pode ser estabelecida por uma simples comparação numérica; é inútil observar que 6 xelins 8 denários equivalem a 80 denários, porque com o mesmo nome de denário designava-se, durante a época de Henrique VII, uma quantidade de metal precioso muito menor do que ao final do século XIII, por exemplo; o declínio constante das espécies monetárias é um dos fatos fundamentais da história econômica da Idade Média. Não se pode duvidar, no entanto, que as esmolas dadas por Henrique VII foram muito superiores às recebidas pelos doentes da época de Eduardo I ou mesmo de Eduardo III. Sob este último príncipe, um denário era uma pequena peça de prata, pesando pouco menos do que uma grama e $\frac{1}{2}$[1]. Sob Henrique VII e durante os primeiros anos do reinado de Henrique VIII, 6 xelins 8 denários representavam uma peça de ouro, pesando pouco mais de 5 gr.[2]; era denominada de *anjo* porque levava a efígie de S.

Sobre a vida de Fortescue e a cronologia de suas obras, ver Ch. Plummer, Introdução à sua edição do tratado *On the governance of England*, 1885.

[1] Exatamente 22 grãos 2/9, pelo menos até o 18º ano de reinado; o grão valia 0 gr. 0648. Mais tarde, o denier gradualmente caiu para 18 grãos: E. Hawkins, *The silver coins of England*, 3ª ed. (revisada por R. L. Kenyon). Londres, 1887, p. 207.

[2] Exatamente 80 grãos: R. L. Kenyon, *The Golden coins of England*, Londres, 1884, p. 89. O peso é dado para o reinado de Henrique VIII; mas foi, sem dúvida, o mesmo sob

Miguel Arcanjo. O *anjo* era, a princípio, sob os Tudors, a unidade que se destinava ao toque; continuaria a desempenhar esse papel sob os Stuarts. Seu valor, enquanto moeda, variava como a demais espécies metálicas, de acordo com a política financeira; em 1526, Henrique VIII a elevou para 7 shellings, "fragilizando" a moeda; mas os doentes não sofreram com essa operação; a partir de então passaram a receber exatamente 7 xelins e 8 denários[1]; ou seja, continuaram recebendo a mesma peça de ouro que no passado: parecia ser indispensável não frustrá-los com uma certa quantidade, ainda quase fixa, de metal precioso. Quanto ao poder de compra do dinheiro em momentos diferentes, não é possível, no estado atual da ciência, realizar medições exatas. Sabemos, no entanto, que antes da Peste Negra, um denário formava o salário diário normal de um apanhador de feno, isto é, de um trabalhador muito mal pago; em inícios do século XVI, o *anjo* era o valor pago habitualmente para uma consulta com um médico de prestígio: pode-se, assim, avaliar a diferença[2]. Em suma, de Eduardo III a Henrique VII, as esmolas aos escrofulosos passoram da prata ao ouro e, ao mesmo tempo, seu valor econômico aumentou significativamente. Quando ocorreu esta alteração? Sob Henrique VII ou antes dele? De forma súbita ou gradual? Não sabemos. Eduardo IV parece ter sido o primeiro rei a utilizar o *anjo*; mas chegou a utilizá-lo para o rito de cura? Nada nos permite afirmar. Algo, no entanto, é certo: esta curiosa mudança que transformou as esmolas dadas aos doentes em prêmio real, em atrativo àqueles que receavam ser tocados, ocorreu durante este período de crise em que príncipes rivais disputavam a coroa, negando-se mutuamente o direito ao milagre. Simples coincidência? É difícil acreditarmos nisso. Cada pretendente parecia procurar atrair, por todos os meios disponíveis, os escrofulosos em busca da cura; pois, como afirmou Fortescue, não havia "confirmação" mais evidente de um "título", até então "indubotável", que o dom taumatúrgico. Na França, onde tais lutas não ocorreram, a soma dada aos beneficiários do toque permaneceu sendo bastante baixa; seu valor, sob Luís XII e Francisco I, era de 2 soldos torneses, um valor equivalente a duas peças muito pequenas de prata[3].

Henrique VII. Por tudo o que diz respeito à história monetária de toque sob os Tudors, Farounar, *Royal Charities*, I.

[1] Farquhar. I p. 84. Simplico um pouco quando afirmo "a mesma moeda de ouro" porque o título da moeda variou naquele momento e teve que mudar novamente depois disso, mas isso não importa muito aqui.

[2] Para o denário, veja *Statute of Labourers* de 1350, *Statutes*, I, p. 311: "et que nul preigne en temps de sarcler ou feyns faire for que j. d. le jor"; prefiro traduzir *feyns faire* por *faner*, devido a sua relação com *sarcler,* e especialmente porque nos artigos seguintes são precvistos os salários dos catadores de feno; é naturalmente, mais elevado: 5 d. o acre ou 5 d. o dia de trabalho. Para o *anjo*, Farquhar, I, p. 73.

[3] Discutido abaixo. Sob Louis XII, por conta da ordenança de 19 de novembro de 1507, o "grand blanc", que valia 12 d. t., pesavau um pouco menos de 2 gr. 85; igualmente sob Francisco I até 1519; de 1519 a 1539, o "blanc" (12 dt.) será um pouco menor que 2 gr. 66; de 1540 a 1547, o "douzain" (também 12 d.) um pouco mais do que 2 gr., 68. Cf. A. Blanchet e A. Dieudonné, *Manuel de Numismatique Française*, II, p. 308 e 314.

Não devemos ver no surpreendente aumento das esmolas inglesas o efeito de uma disputa entre casas rivais?

No entanto, a fé no milagre real sobreviveu, vitoriosa, a tormentos políticos. Veremos a seguir de quais elementos psicológicos profundos ela tomava sua força de resistência. Mas na época em que chegamos, havia outros suportes, além daquelas tendências de espírito parcialmente inconscientes: a ciência médica, a teologia, a filosofia política se apoderaram da prática e lhe deram a sanção da palavra escrita. Vejamos, então, aqueles que escreveram estes livros e, primeiramente, os médicos.

§ 3. O toque das escrófulas na literatura médica da Idade Média

Durante muito tempo, os escritores médicos evitaram qualquer referência ao poder taumatúrgico dos reis. Na verdade, um grande número deles se limitou a copiar ou comentar, mais ou menos servilmente, os antigos ou os árabes; seu silêncio é amplamente explicado pelos seus modelos. Mas também há, aparentemente, outro motivo, que descobrimos com facilidade, quando o vemos quebrado pela primeira vez.

Um *Tratado de Medicina* (*Compendium Medicinae*), que desfrutou de certa notoriedade na Idade Média, chegou a até como tendo sido escrito por Gilbert o Inglês (*Gilbertus Anglicus*). Sobre este personagem, nada se sabe com certeza; seu apelido indica ter alguma relação com a Inglaterra: por sua nacionalidade? Origens familiares? Estadia naquele país? Como saber? Quanto à data do tratado, pode ser fixada, sem temor a erros, na primeira metade do século XIII; porém, não é possível estabelecer uma maior precisão. Esta obra misteriosa é, acredito, a primeira de seu tipo em que o toque é mencionado. De fato, lê-se no livro III estas palavras: "As escrófulas... chamadas também de mal real, porque os reis as curam"[1]. Uma simples alusão, como vemos, feita como

---

[1] Ed. de Lyon, in 40, 1510, no capítulo *De scrophulis et glandulis*: "et vocantur scrophule... et etiam morbus regis quia reges hune morbum curant". Temendo que esta frase tivesse sido interpolada tardiamente, quis consultar um dos antigos manuscritos do *Compendium*, ms. 173 da Bibl. de Vendôme, que é do século XIII; a frase está lá (fol 122 a). Quanto à data do tratado, está estabelecido da seguinte forma: Gilbert, a respeito das doenças do olho, menciona "collirium quod feci Bertranno filio domini H. de Jubileto" (ms de Vendôme, fol 94b; 137 da edição de Lyon). A família de Giblet (Djebaïl) foi uma das grandes famílias senhoriais da Terra Santa; podemos encontrar sua genealogia em Du Cange, *Les familles d'Outremer*, ed. E. G. Rey (Documento não publicado), 1869, p. 325; só pode se tratar, aqui, de Bertrand II, filho de Hugue. Bertrand participou da cruzada de 1217 e apareceu no mesmo ano como testemunha de um ato; Hugue morreu em 1232. Esta passagem foi relatada por Littré, *History Literary*, XXI, p. 394,. M. J. F. Payne, *English Medicine in the Anglo-Norman Period* (*British Medical Journal*, 1904, II, 1283), a rejeita como uma interpolação; apenas um estudo completo do ms. definitivamente resolveria o problema; no entanto, devo salientar que o ms. de Vendôme contém o texto mais importante. M. Payne também data Gilbert em torno do ano 1200; ele aceitou a tradição – atestada pela primeira vez no século XVIII – segundo

de passagem, e que se refere mais ao costume da linguagem do que a um modo de tratamento expressamente recomendado pelo autor. Eram franceses, e súditos de Filipe o Belo, os escritores que realmente deram ao milagre real certidão de pertencimento à ciência: Bernard de Gourdon[1], os quatro mestres anônimos que comentaram os tratados cirúrgicos de Roger e Roland de Parma[2] e, enfim, Henri de Mondeville, o próprio cirurgião do rei, tão orgulhoso de encontrar em seu senhor, um colega: "Da mesma forma", escreveu ingenuamente, "que nosso Salvador, Senhor Jesus Cristo, ao exercer a medicina com suas mãos, desejava honrar os médicos, assim também nosso sereníssimo soberano, o rei da França os honra, a eles e à sua profissão, curando a escrófula pelo simples toque"[3]. Nem todos compartilhavam desse entusiasmo. Em cerca de 1325, morava em Ypres, um cirurgião, mestre Jean, que nos deixou um tratado sobre sua arte; ele, ao que parece, participou das lutas políticas que então dividiam Flandres; colocou-se entre os adversários do grupo da flor-de-lis; daí, sem dúvida, o ceticismo manifestado em relação ao dom taumatúrgico da opinião médica francesa sobre os capetíngios. "Irão lhe dizer", ele escreve, "que muitas pessoas acreditam que Deus deu ao rei da França o poder de curar as escrófulas supurantes simplesmente com o toque de sua mão; segundo o que essas pessoas acreditam, muitos doentes se recuperam; mas às vezes não"[4]. É

---

a qual ele teria sido médico do arcebispo de Canterbury, Hubert Walter; mas que fé podemos ter sobre tal disse-me-disse tão tardio, que não é compatível a qualquer referência a um texto antigo? Não tive acesso a H. E. Handerson, *Gilbertus Anglicus* (*Cleveland Medical Library Assoc.*), Cleveland, Ohio, 1918, citado por Lynn Thorndike, *A history of magic and experimental science*, II, Londres 1923, p. 478, n. 1; a nota de Thorndike sobre Gilbert não dá detalhes sobre o problema da data.

[1] *Lilium Medicinae*, ed de 1550, par. I, p. 85; *Lilium* foi escrito em torno de 1305.

[2] *Collectio Salernitana*, II, Nápoles 1853, p. 597; a atribuição a autores franceses é possível, mas não existe certeza.: cf. Gurlt, *Gesch. der Chirurgie*, I, p. 703.

[3] J. L. Pagel, Leben, Lehre und Leistungen des Heinrich von Mondeville, Theil I, Die Chirurgie des Heinrich von M., Berlin 1892 (texto editado pela primeira vez no Archiv für Klinische Chirurgie, XL e XLI), Tract. II., Notabilia introductoria, p. 235: "Et sicut praedictum est, quod Salvator noster, Dominus Jhesus Christus, officium cyrurgicum propriis manibus exercendo voluit cyrurgicos honorare, ita et eodem modo Princeps Serenissimus, Francorum rex, ipsos et eorum statue honorat:, qui curat scrophulas solo tactu..."; cf. Tract. III, doct. II, cap. IV, p. 470. As duas passagens estão ausentes na tradução francesa (em que não se encontra o 3º tratado, e o prólogo do 2º aparece apenas em forma bastante resumida): La Chirurgie de maître Henri de Mondeville, ed. A. Bos, 2 vol., 1897-8 (Soc. des anc. textes). Sobre as datas de Henri de M., v. nota em Wenck, Philipp der Schöne, p. 16, n. 4.

[4] *La chirurgie de maître Jehan Yperman*, ed. Broecrix, *Annales acadêm. archéolog. Belgique*, XX (1863), p. 259. "Van des conincs evele sal inen jou nou segghen her hebben vele lieden ghelove ane den coninc van Vranckerike dat hem God macht heeft ghegheven scrouffelen te ghenesene die loepen ende dat aile met sin begripe van der hant ende dese lieden ghenesen vele bi hore ghelove ende onder wilen ghenesen si niet". Devo a tradução desta passagem a meu colega de Bruxelas, Ganshof. Sobre Jean Yperman, ver a introdução de Broeckx; fora responsável pelo serviço médico do exército

óbvio que, aos olhos do mestre Jean, a ideia de incorporar o toque real entre os remédios recomendados pela farmacopeia clássica parecia ainda certa novidade. Porém, muito rapidamente deixou de ser vista como tal. Verdade seja dita: escritores posteriores, como Gui de Chauliac na França, em sua *Grande Chirurgie* escrita em 1363, e que até os tempos modernos permanecia um dos livros favoritos dos médicos[1]; e, na Inglaterra, John of Gaddesden, sob Eduardo III[2], e Jean de Mirfield sob Ricardo II[3], obedeciam ao impulso dado pelo grupo francês em torno do ano 1300. Agora é bastante notável que o rito de cura tenha obtido assim uma espécie de consagração científica no mesmo momento e ambiente em que, como veremos mais adiante, encerrou-se o ostracismo a que a doutrina eclesiástica o havia condenado até então. Por tantos anos silenciosos sobre o tema, os médicos provavelmente apenas imitavam a abstenção cautelosa, por razões que indicaremos oportunamente, cujo exemplo era dado pela teologia.

Além disso, nem todos alteraram seu comportamento. Apenas os franceses e os ingleses, que pertenciam a nações diretamente interessadas na glória do milagre real, deram a ele, pelo menos eventualmente, um lugar em seus escritos; não foram acompanhados por seus colegas estrangeiros: não que estes chegassem a questionar as virtudes do toque; entre esses, casos como o daquele Jean de Ypres, motivado por um ódio violento contra os capetíngios nas lutas municipais que ocorriam em Flandres, eram excepcionais; usualmente, contentavam-se em não falar nada. Como explicar este silêncio? Para alguns, por ignorância ou rotina; mas, em outros casos, parece ter sido uma atitude deliberada. Tomemos, por exemplo, Arnaud de Villeneuve, um dos maiores médicos do século XIV. Sem dúvida aragonês de origem, viveu na França e Avignon; como acreditar que jamais teria ouvido falar das curas realizadas pelos Valois? A busca por qualquer menção no capítulo "*De scrophula*" de *Traité de médecine pratique*[4], seria vã; um espírito independente e capaz de aliar inclusive certa espécie de originalidade em sua credulidade, certamente não compartilhava a fé cega de seus contemporâneos. Tanto quanto posso ver, a

---

de Ypres durante a guerra contra o conde Luís, em 1325 (p. 134). Cf. Gurit, *Geschichte der Chirurgie*, II, p. 137.

[1] Tract. II, doct. I, cap. IV; texto latino: *Chirurgia magna Guidonis de Gauliaco*, in-40, Lyon 1535, p. 79; texto francês, ed. E. Nicaise, 1890, p. 127.

[2] *Praxis medica, rosa anglica dicta*, lib. II, no § intitulado "Curatio scro-phularum...", ed. de 1492, in-8°, s. l. n. f., p. 54 v.

[3] *Breviarium Bartholomaei*, British Museum, Harleian ms. 3, fol. 41, col. r (já citado em Crawfurd, *King's Evil*, p. 42). Não entendo por que Lanfrank, que em seu *Science of Cirurgie* (*Early English Texts*, O. S. 102, III, II, 13), dedica um capítulo às escrófulas, mas não mencionar o poder de cura dos reis: talvez copiasse um autor mais antigo, que não o mencionara.

[4] *Compendium medicinae practicae*, lib. II, cap. V (ed. de Lyon, in-4 , 1586, p. A 54 v e ss.).

noção do poder de cura dos reis não penetrou, antes do século XVI, na literatura médica internacional[1].

Não se deve imaginar, tampouco, que os médicos da Idade Média, fossem ingleses ou franceses, tenham se derramado em frases entusiasmadas sobre os rituais de cura. Os milagres – fossem dos príncipes temporais, fossem dos santos – eram, para eles, coisas familiares, que de modo algum contradiziam seu sistema de mundo. Sua crença era tranquila, e sem fanatismos. Não diferenciavam, além disso, os remédios naturais, cuja ação para eles era, comumente, inteiramente misteriosa, do sobrenatural, e os citavam lado a lado, sem malícia. E muito frequentemente enviavam aos reis os escrofulosos que resistiam a qualquer tratamento. "Como último recurso", dizia Bernard de Gourdon em sua *Lis de la Médecine*, "deve-se recorrer ao cirurgião, ou então, aos reis"[2]. Jean de Gaddesden inverte a ordem: "Se os remédios", lemos em sua *Pratique Médicale*, "são ineficazes, que o paciente seja enviado ao rei, para ser tocado e abençoado por ele; em último lugar, se tudo o mais for insuficiente, que seja enviado ao cirurgião"[3]. Não vejo aqui nenhuma ironia. Gaddesden não acredita que o cirurgião se sairá necessariamente melhor do que o rei; ao contrário, é de opinião que a operação, que é perigosa, deve ser evitada a todo custo: será opção apenas após esgotadas todas as outras possibilidades, incluindo o milagre. Os reis nem sempre curam, mas também nem os santos: não existem dúvidas, no entanto, das virtudes de ambos. Os apologistas da realeza taumatúrgica, nos séculos XVI e XVII, falarão em um tom diferente, pois não viviam na mesma atmosfera; erguiam sua voz para que fossem ouvidos por pessoas menos confiantes. Assim, uma fé simples é expressa de forma simples e ingênua.

Desta forma, o toque de escrófula se tornou na França e na Inglaterra um lugar médico comum. Os manuais técnicos atuaram, à sua maneira, para a glória da monarquia. Sem dúvida, mais de um médico, tendo exaurido seus conhecimentos, deu a seus clientes um conselho que se tornou clássico: "vá ao rei". Vamos agora procurar saber o que os doutores da Igreja diriam a seu rebanho.

---

[1] O primeiro médico estrangeiro na França e na Inglaterra que o mencionou, parece ter sido, creio, o italiano Jerome Mercuriale, em seu *De morbis puerorum*, publicado pela primeira vez em 1533: ed. de 1588, em 4 °, Veneza, p. 35. Em seguida, outro italiano Fabrizio d'Acquapendente, um dos fundadores da anatomia científica, em seu *Pentateuchus*, publicado pela primeira vez em 1592 (citado por Guru, *Gesch. der Chirurgie*, II, 451).

[2] *Loc. cit.*: "Finaliter oportet recurrere ad manum chirurgicam... et si non, vadamus ad reges". Jean de Mirfield emprega expressões semelhantes.

[3] *Loc. cit.*: "Et si ista non sufficiant, vadat ad Regem, ut ab eo tangatur atque benedicatur: quia iste vocatur morbus regius; et valet tactus nobilissimi et serenissimi regis anglicorum. Ultimo tamen si ista non sufficiunt tradatur cirurgico".

§ 4. O toque de escrófula perante a opinião eclesiástica

No século XI, pouco após o estabelecimento, na França, do primeiro rito de cura, um grande movimento doutrinário veio abalar em seus fundamentos os alicerces da vida da Europa católica. Historiadores, atribuindo por epônimo ao Papa Gregório VII, usualmente o nomeiam gregoriano. Seguirei os costumes aceitos. Mas deve-se lembrar que esse *despertar* religioso, nascido de sentimentos profundos, foi acima de tudo uma obra coletiva. Um grupo de monges e prelados revolucionou a Igreja. Esses homens, cuja influência foi tão forte, não estavam de modo algum no nível de pensamento dos inventores; as teses que repetiram à exaustão haviam sido produzidas por outros antes deles; sua originalidade se encontra em outro lugar: neste implacável sentido lógico que os incitou a empurrar aos extremos a aplicação dos princípios que haviam recebido da tradição, um pouco embotados por seu prolongado uso – com a severa sinceridade com que as mais surradas teorias partiam de suas bocas –; especialmente no esforço que fizeram, heroicamente, para transformar em práticas de conduta, ideias (em sua maior parte, tão antigas quanto o próprio cristianismo) que, durante séculos, todos haviam se acostumado a manter encerradas no inofensivo mundo dos tratados de teologia ou moralidade. Sua influência determinou a atitude que a literatura eclesiástica teve de adotar por muitos anos em relação ao milagre real; veremos que direção tomou[1].

Para entender as concepções políticas desta escola, é importante representar exatamente (o que, por vezes, se esquece) contra o quê se opunham. O poder temporal, tão ferozmente combatido, nada tinha em comum com o Estado laico que muito mais tarde seria atacado por outros pensadores católicos; longe de procurar romper todos os laços com a religião pretendia, ao contrário, revestir-se de um caráter eminentemente religioso: era uma realeza sagrada, um legado de tempos antigos, sancionado, imprudentemente talvez, pela Igreja dos séculos VIII e IX. O rito da unção real, desde sua introdução na Europa Ocidental, cresceu, de forma constante, em sua importância e prestígio. Como veremos a seguir, pelo menos em certos círculos, extraía-se deste ato, mais expressamente do que nunca, a noção do caráter quase-sacerdotal dos soberanos. Imperadores e reis se valiam do óleo sagrado para tentar submeter seu clero e o próprio papado.

Agora, em relação àqueles príncipes mundanos que se julgavam personagens sagrados, os reformadores queriam, antes de mais nada, remover-

---

[1] Seria completamente absurdo apresentar aqui uma mesmo que breve bibliografia sobre o movimento gregoriano. Os trabalhos mais recentes foram analisados por J. P. Whitney, *Gregory VII*; *Engl. Historical Review*, 1919, p. 129. Para a história das doutrinas políticas durante este período, o livro abrangente mais recente é R. W e A. J. Carlyle, *A history of mediaeval political theory in the West*, III e IV, Edimburgo e Londres, 1915 e 1922. Confesso ter extraído muito pouco de E. Bernheim, *Mittelalterliche Zeitanschaseungen in ihrem Einffuss auf Politik und Geschichtsschreibung*, I, Tübingen, 1918; por outro lado, será sempre frutífera qualquer consulta a F. Kern, *Gottesgnadentum*.

lhes sua aura sobrenatural, para reduzi-los, o que quer pensassem seus seguidores, a simples seres humanos, cujo império se limitava a coisas terrenas. É por isso que, por uma coincidência apenas aparentemente paradoxal, os partidários da origem popular do Estado, os teóricos de uma espécie de contrato social, foram encontrados neste momento entre os mais fanáticos defensores da autoridade em matéria religiosa. Sob Gregório VII, um monge alsaciano, Manegold de Lautenbach, em um tratado dedicado à apologia da política pontifícia, explicou como o rei, escolhido para reprimir os projetos dos ímpios e proteger os bons, deveria ser, caso não tivesse condições, despojado de sua dignidade "porque, neste caso, de acordo com todas as evidências, ele mesmo quebrou o pacto que o fez rei"; Manegold, algumas linhas adiante, não temeu em comparar tal pacto, essencialmente revogável entre as pessoas e seu líder, com o contrato que um homem estabelece, "por um salário justo", com aquele que irá cuidar de seus porcos[1]: fórmulas de um excepcional rigor; mesmo seu autor não conseguiu compreender sua imensa importância; porém, estavam inseridas na lógica profunda do movimento de pensamento do qual haviam surgido. Os historiadores frequentemente apresentam esse movimento como uma tentativa de submeter o temporal ao espiritual: interpretação exata, a princípio, mas incompleta; antes de tudo, tratou-se de um amplo esforço, no campo político, para destruir a antiga confusão entre o temporal e o espiritual.

Em relação ao poder monárquico, dispomos da opinião do próprio Gregório VII; ela a consignou na famosa carta dirigida ao Bispo de Metz, Hermann, no dia 15 de março de 1081. Acabara de excomungar pela segunda vez o imperador Henrique IV; sabia que estava empenhado em uma luta agora inescapável; discrições não se faziam mais necessárias; neste ardente manifesto, expõe a nu seu pensamento; talvez tivesse exagerado em suas expressões, geralmente mais contidas; mas seus exageros (caso fossem realmente exageros) serviram apenas para enfatizar os traços essenciais de uma doutrina que era, como um todo, perfeitamente firme e coerente. Ele humilha, com uma espécie de raiva, a realeza perante o sacerdócio, e a coloca tão baixa que a apresenta quase como uma instituição diabólica. Agora, de onde viria a flagrante inferioridade dos príncipes deste mundo? No fato de que, em sendo leigos, não

---

[1] *Ad Gebehardum liber*, c. XXX (*Monum. German.*, *Libelli de lite*, I, p. 365): "Neque enim populus ideo eum super se exaltat, ut liberarn in so exorcendae tyrannidis facultatem concedat, sed ut a tyrannide ceterorum et improbitate defendat. Atqui, cum ille, qui pro coercendis pravis, probis defendendis eligitur, pravitatem in se fovere, bonos conterere, tyrannidem, quam debuit propulsare, in subiectos ceperit ipse crudelissime exercera, nonne clarum est, merito ilium a concessa dignitate cadere, populum ab oins dominio et subiectione liberum existere, cum pactum, pro quo constitutus est, constet ilium prius irrupisse?... Ut enim de rebus vilioribus exemplum trahamus, si quis alicni digna mercede porcos suos pascendos committeret impsumque postmodo eos non pascere, sed furari, mactare et perdere cognosceret, nonne, prornissa mercede etiam sibi retenta, a porcis pascendis cum contumelia ili un amoveret?" Sobre Manegold ver, entre outros, A. Fliche, *Les théories germaniques de la souveraineté à la fin du XI siècle, Revue historique*, CXXV (1917), p. 41 e ss., e R. W. e A. J. Carlyle, op. cit.

faziam parte das graças sobrenaturais; o que é um imperador ou um rei, que parece tão poderoso nesta terra, perante um padre capaz de, "por uma palavra de sua boca", transformar pão e vinho "em corpo e sangue de nosso Senhor"? Ou perante um exorcista (sabemos que se entende, por esta palavra, o clérigo provido da terceira das ordens menores)? Afinal, o imperador ou o rei manda apenas nos homens, enquanto o exorcista – e estes são os próprios termos do ritual de ordenação, que Gregório oportunamente recorda – é "um imperador espiritual constituído para expulsar os demônios"[1]. E o Papa acrescenta estas palavras que devemos recordar:

> "Onde podemos encontrar entre os imperadores e os reis um homem que, sem sequer mencionar apóstolos ou mártires, por seus milagres igualou São Martinho, Santo Antônio ou São Bento? Qual o imperador ou rei que ressuscitou os mortos, restaurou a saúde aos leprosos, a luz ao cego? Veja o imperador Constantino, de piedosa memória; Teodósio e Honório, Carlos e Luís, todos amigos

---

[1] Ph. Jaffé, *Gregorii VII registrum* (*Bibliotheca rerum Germanicarutn*, II), VIII, 21, p. 453 e ss., especialmente p. 457: "Quis nesciat reges et duces ab iis habuisse principium, qui, Deum ignorantes, superbia, rapinis, perfidia homcidiis, postremo universis pene sceleribus, mundi principe diabolo videlicet agitante, super pares, scilicet homines, dominari caeca cupiditate et intolerabili praesumptione affectaverunt?" Sobre a inferioridade perante o exorcista, p. 459: "Meminisse etiam debet fraternitas tua quia major potestas exorcistae conceditur, cum spiritualis imperator ad abjiciendos daemones constituitur, quam alicui laicorum causa saecularis dominationis tribui possit". Em relação ao padre, p. 460, especialmente: "et, quod maximum est in Christiana religione, quis eorum valet proprio ore corpus et sanguinem Domini conficere?". As palavras "spirituales imperatores ad abjiciendos daemones" se encontra atualmente em uma das orações prescritas pelo Pontificado Romano para a ordenação do exorcista; a fórmula é antiga; ver por exemplo as diversas *ordines* reunidas por dom Martene, *De antiquis ecclesiae ritibus*, ed. de Bassano, 1788, fol., II, p.30 e ss. Sobre questão de saber se Gregório VII realmente atribuía ao poder civil uma origem diabólica, trata-se de um tema muito discutido: ver especialmente a interessante leitura de Cauchie (*Revue d'histoire ecclésiastique*, V (1904), p. 588-597) que se esforça para conciliar as diferentes declarações de Gregório VII sobre este assunto, muito diferente, deve ser dito, em sua forma, de acordo com o fato de o papa ter razões para ser agradável ou desagradável em relação a este ou aquele soberano temporal. Monsenhor Cauchie conclui (página 593): "Não há contradição em dizer: 1° De fato, o poder é estabelecido de maneira diabólica; 2°, em princípio, apesar desse vício original, deve ser considerado como desejado ou permitido por Deus". Isso não significa afirmar que Gregório VII considerava que nada no mundo se faz sem permissão de Deus, inclusive o que é feito pelo diabo, ou seja, que ele não era maniqueísta? Concordaremos com isso. Em suma, não se pode duvidar que ele nada tenha visto de diabólico na origem das realezas: este é também o significado da famosa resposta do Bispo de Liege, Wazon – Gregoriano antes de Gregório – em carta para o imperador Henrique III a respeito da comparação entre as unções reais e sacerdotais, sendo a segunda criada *ad vivificandum*, mas a primeira *ad mortificandum*: *Anselmi Gesta Episcop. Leodensium* em *Monum. German.*, SS., VII, p. 229.

da justiça, propagadores da religião cristã, protetores das igrejas; a santa Igreja os louca e reverencia; mas não afirma que tenham brilhado pela glória de tais milagres[1].

Assim, Gregório VII expressamente negou aos governantes temporais, mesmo aos mais piedosos, o dom dos milagres. Ao fazê-lo, estaria ele pensando no poder taumatúrgico que os monarcas franceses já reivindicavam há duas gerações? A forma muito abrangente de seu pensamento torna difícil encontra nela uma alusão tão precisa; além disso, seus olhos estavam voltados ao Império e não ao pequeno reino Capetíngio. Sem dúvida, seu desejo era extrair, das ideias que formou sobre a natureza do poder político, uma conclusão natural sem considerar qualquer caso em particular. Porém, a mesma ideia, necessariamente decorrente dos princípios da escola Gregoriana, surgiu de outros; que, aliás, não deixaram de aplicá-la aos reis franceses ou ingleses. Sem dúvida, a Igreja sempre ensinou que o milagre não provava santidade: vem de Deus, que escolhe quem deseja como seus instrumentos[2]. Mas essa teoria, na qual mentes conciliadoras, como a de Guibert de Nogent, acreditavam poder encontrar os meios de aceitar as curas reais sem se chocar frontalmente contra a ortodoxia, não podia parecer aos doutores mais estritos nada além do que uma desculpa medíocre; eles bem sabiam que as pessoas não pensavam assim. Pretender que um príncipe laico fosse capaz, enquanto príncipe, de realizar curas sobrenaturais, teria sido, quer se desejasse isso ou não, fortalecer nas almas a própria noção de realeza sagrada que os reformadores energicamente se esforçavam para destruir.

Seu estado de espírito foi apresentado de maneira perfeita, nos primórdios da história do toque, por Guilherme de Malmesbury, denunciando, como se pode lembrar, enquanto "obras de falsidade" os milagres atribuídos a São Eduardo, produzidos por aqueles que fingiam que este príncipe "possuía o poder de curar, não em virtude de sua santidade, mas a título hereditário, como privilégio da linhagem real"[3]. O interessante é que esse protesto explícito não se repetiu. Outros escritores defensores da mesma doutrina protestaram à sua maneira, mas sem brilho. Na França, durante quase dois séculos, vemos a literatura de origem eclesiástica (ou seja, durante esse período, toda literatura histórica e didática) observar, sob o tema do rito taumatúrgico, um silêncio quase unânime; o mesmo ocorreu na Inglaterra, por um período ainda mais logo: acaso ou negligência? Qual a resposta? Veja-se, por exemplo, a carta que, entre 1235 e 1253, o bispo de Lincoln, Robert Grossetête, enviou a Henrique

---

[1] *Loc. cit.* p. 462 "Namque, ut de apostolis et martyribus taceamus, quis imperatorum vel regum aeque ut beatus Martinus, Antonius, Benedictus, miraculis claruit? Quis enim imperator aut rex mortuos suscitavit, leprosos mundavit, caecos illuminavit? Ecce Constantinum piae memoriae imperatorem, Theodosium et Honorium, Carolum et Ludovicum, justitiae amatores, Christianae religionis propagatores, Ecclesiarum defensores, sancta quidem Ecclesia laudat et veneratur, non tamen eos fuisse tanta miraculorum gloria indicat."

[2] V., por exemplo, São Tomás de Aquino *Summa theolog.*, II, 2, quest. 173, art. 2.

[3] Ver acima.

III, seu senhor, para lhe explicar, a seu pedido, a natureza e os efeitos da unção real[1]; em vão buscaríamos ali qualquer alusão ao poder maravilhoso que, aos olhos do povo, acreditava-se ser parte do óleo sagrado; como admitir um esquecimento? Só se pode pensar em uma deliberada omissão. Apenas dois autores são exceção: Guibert de Nogent na França, e Pierre de Blois na corte inglesa; sua atitude não nos deve surpreender; em tudo demostraram uma frágil preocupação em adotar as ideias da escola gregoriana: Guibert, contemporâneo do terrível Papa, falou sem simpatia da perseguição exercida contra os sacerdotes casados[2]. Pierre de Blois, íntimo de Henrique II, não parecia reprovar a política eclesiástica de seu mestre, muito pouco favorável, como se sabe, às "liberdades" do clero[3]. Somente homens tão indolentes em relação às concepções desejadas pelos reformadores poderiam ceder lugar, em seus textos, ao milagre real; os demais ficaram em silêncio, obedecendo a uma espécie de palavra de ordem, mais ou menos tácita, mas que não se impunha com menos rigor nas consciências. Já tive ocasião de destacar, com relação ao rito francês, a longa recusa imposta pelos textos às solicitações dos historiadores; agora sabemos o motivo: encontramos a influência exercida pelo grande despertar do século XI, cuja ação se prolongou, como por ondas sucessivas, nos dois séculos seguintes. Não é surpreendente para nós que tal influência tenha sido imposta, com semelhante força, a todos os escritores da época; não apenas aos teólogos ou aos cronistas monásticos, mas também aos escritores em língua vulgar; malabaristas que em nenhum momento emprestaram a seus reis lendários, em qualquer novela épica ou de aventura, aquelas maravilhosas curas que se realizavam quase diariamente, próximas a eles, por verdadeiros soberanos. Sabemos hoje que todo este mundo acabou se sujeitando, muito mais do que antes imaginávamos, à pressão eclesiástica[4].

---

[1] Ed. Luard (*Rolls Series*), CXXIV, p. 350. Pode-se notar, ainda, que Giraud de Cambrie, escreveu, à época de Filipe-Augusto, seu *De principis instructions*, que, mesmo sendo favorável à dinastia capetíngia, em nenhum momento menciona o milagre real.
[2] De vita sua, I, c. VII, ed. G. Bourgin (Collection de textes pour servir à l'étude et l'ens. de l'histoire), p. 20.
[3] Foi chanceler do arcebispo Richard, que sucedeu a Thomas Becket no cerco de Canterbury, e cuja política parece ter sido muito diferente da de seu antecessor. V. J. Armitage Robinson, *Somerset Historical Essays*, 1921, p. 108.
[4] É justo acrescentar que, tanto quanto é possível constatar, o silêncio observado pelos escritores da ficção parece ter se prolongado para bem depois do momento em que, como veremos a seguir, cessou o ostracismo que acabamos de mencionar, mesmo em círculos eclesiásticos muito rigorosos, na abordagem do milagre real. Não é do meu conhecimento que nenhum trabalho narrativo na Idade Média tenha usado o toque da escrófula. Talvez seja necessário explicar esta ausência, tão singular, considerando-se o espírito rotineiro dos romancistas; nesta Idade Média tardia, esses autores faziam pouco mais do que repetir os temas transmitidos por épocas anteriores. Apresso-me, porém, a assinalar que minhas pesquisas, neste ponto, menos do que em qualquer outro, não pretenderam ter sido completas e que, além disso, não encontrei para a literatura destes últimos séculos o mesmo auxílio que para a primeira epopeia medieval. O estudo desta, e de alguns romances de aventura, foi de fato amplamente facilitado por algumas

Mas, pode-se sem dúvida perguntar, por que os partidários das concepções gregorianas escolheram o caminho do silêncio? Como explicar que esses audazes fanáticos não tenham atacado um rito que deveria horrorizá-los? Porém, não eram eles, afinal, os únicos mestres; eles encontraram, mesmo nas fileiras do clero, adversários que muitas vezes eram hábeis e eloquentes; por que não se em encontra, dentre eles, nenhum que expressamente defenda o milagre real? Em torno do movimento gregoriano, desenvolve-se toda uma polêmica, decisiva para a educação política do mundo medieval; por que razão o toque das escrófulas não encontrou lugar nela? A resposta é simples: este grande conflito de ideias deixou a França e a Inglaterra quase completamente fora do seu campo de ação. O caso do misterioso escritor inglês ou normando que, por ignorarmos seu nome, chamaremos de Anônimo de York, constitui uma exceção, pode-se dizer, única[1]; ele não pode ser censurado por seu silêncio em relação a um rito que, em sua época, era recém nascido, se é que já havia nascido. Mas, excetuando-se ele, os homens que lideravam a luta por meio de livros ou panfletos eram alemães ou italianos que pensavam apenas no Império e negligenciavam os reinos do Ocidente. Isso não quer dizer que, nestes, a grande discussão do *regnum* contra o *sacerciotium* não perturbasse o Estado, como ocorrera em outros lugares; mas, durante muito tempo, ela usualmente abordou questões práticas, relacionadas à nomeação de dignidades eclesiásticas ou a liberdades fiscais ou judiciais do clero. Essas amargas disputas, ainda que todas confinadas ao campo da prática, pressupunham implicitamente a oposição de concepções rivais e de sentimentos contrários. Apenas aqui, nestes dois países, este profundo antagonismo usualmente permaneceu, se não inconsciente, pelo menos, não externado. Houve algumas exceções a esta regra,

---

dissertações alemãs, muito úteis como coleções de referências, que listo aqui: A. Euler, *Das Königturn im altfranzösischen Epos* (*Ausg. u. Abh.* 65), Marburg 1886; O. Geissler, *Religion und Aberglaube in den mittelenglischen Versromanzen*, Hall 1908; M. Hallauer, *Das wunderbare Element in den Chansons de Geste*, Basel 1918; O. *Kuhn Medizinisches aus der altfrenzösischen Dichtung* (*Abh. zur Gesch. der Medizin*, 8), Breslau 1904; Laue. *Ueber Krankenbehandlung und Heilkunde in der Literatur alten Frankreichs*, Gerttingen 1904; F. Werner, *Königtum und Lehenswesen im französischen Nationalepos*. (*Roman, Forsch,* 23) 1908. De uma indicação de Funck-Brentano, *Le roi*, p. 177, n. 4, se poderia concluir que o *Mystère de St. Remy*, preservado em ms. do século 15, Arsenal 3364, contém uma passagem relativa ao toque; verificação feita, nada havia; o *Mystère* só descreve o milagre da Santa Ampola.

[1] Há tentação de pode de relacionar o *Anonyme*, enquanto teórico político, a seu contemporâneo, o francês Hugue de Flèury, cujo *Tractatus de regia potestate et sacerdotali dignitate* é dedicado a Henrique I da Inglaterra; mas apesar da famosa frase em que Hugue compare o rei a Deus Pai e o bispo apenas a Cristo (I, 3, *Monum Germ., Libelli de lite*, III, p. 468) – uma frase que, além disso, como demosntra M. A. J. Carlyle, *A History of Mediaeval Political Theory*, IV, p. 268, parece ser apenas uma reminiscência literária –, este autor não pode ser relacionado como um partidário decidido do *regnum*; pertence a este grupo que M. Luchaire, classificando Hugue de Fleury ao lado de Ive de Chartres, chamou com justiça de "terceiro partido" francês (Lavisse, *Histoire de France*, II, 2, 219).

mas poucas, e veremos adiante que a mais ressonante delas se explica pelas próprias e excepcionais circunstâncias. De uma maneira geral, seja por sabedoria (pois nunca na França, nem mesmo na Inglaterra, a luta assumiu um caráter tão implacável quanto no Império), seja por falta de gosto por especulações teóricas, quase sempre se evitou, nos dois países que nos ocupam, levantar quaisquer dificuldades de princípio. Pelo menos na França, isso foi evitado até que, sob Filipe o Belo, a monarquia Capetíngia se tornou uma grande potência europeia, parecendo herdar o papel que os Hohenstaufen, desaparecendo da cena mundial, haviam deixado vago; o rei da França passou a se apresentar, por sua vez, como defensor do poder temporal; os polemistas franceses, seguindo seu senhor, entraram na arena; não tiveram qualquer preocupação, como veremos a seguir, em esquecer o dom taumatúrgico.

Em nosso país, além disso, a partir de meados do século XIII, a ordem para o silêncio já começava a ser relaxada. Dois obscuros escritores eclesiásticos, o autor anônimo dos milagres dos santos de Savigny – uma obra composta entre 1242 e 1244 – e o tal Clemente que escreveu em torno de 1260 uma vida do padre normando Thomas de Biville mencionam, incidentalmente, o primeiro o "mal real"[1], e o segundo, de maneira mais precisa, "o mal da escrófula que o rei da França cura com as mãos pela graça divina"[2]. Mas foi somente após a morte de São Luís, e falando em seu favor, que os sacerdotes realmente começaram a ousaram romper o velho ostracismo. O piedoso rei parecia santificar tudo o que se relacionava a ele. Mas veja o quão prudente seus biógrafos avançaram neste terreno perigoso. Guillaume de S. Pathus menciona o toque apenas de passagem[3]. Geoffrey de Beaulieu, ao contrário, dedica-lhe todo um desenvolvimento; e o faz com a expressa intenção de evidenciar o caráter religioso desta contestada prática; ele não se contenta em

---

[1] *Histor. de France*, XXIII, p. 597 c.: "Dicebant autem aliqui qui eum visitabant quod hic erat morbus regius, id est lupus".

[2] *Histor. de France*, XXIII, p. 565, §XXXVI: "morbus erat scrophularum, a quo rex Franciae tactu mannum suarum divinitus curat". Sobre o livro e seu autor, ver Paulin Paris, *Hist. litteraire*, XXXI, p. 65 e Leopold Delisle, *Mémoire sur le bienhereux Thomas de Biville*, Saint Lô, 1912. Na tradução para o francês publicada por De Poutaumont, *Vie du B. Thomas Hélie de Biville*, Cherbourg 1868, os milagres estão ausentes e, portanto, também a passagem que nos ocupa. Um sermão em honra a São Marculfo, que é provavelmente do século XIII, mas ao qual não pode ser atribuído uma data precisa, também usa a expressão *morbus regius*: cf. será visto a seguir. Du Cange, ou melhor ainda, os Beneditinos, complementando o *Glossarium* de Du Cange, no verbete *Scroellae* citam a seguinte frase que tomam de um glossário latino-francês da biblioteca de Saint-Germain des Prés (reproduzo o texto exato do ms.); "A escrófula, uma doença que surge no pescoço, é o mal do Rei". Graças a uma amável comunicação do Sr. Antoine Thomas, consegui identificar este glossário a um ms. da Bibl. Nat, com o número 13032 da coleção latina; a frase em questão é lida na fol. 139 v; este ms. é do século XIV e, portanto, bem posterior aos textos indicados acima. Ainda mais tardios são os *Milagros de Saint Fiacre*, citados por Carpentier em Du Cange, no termo *Malum Regis*: AA.SS. *Ago*, VI, p. 618.

[3] Ver a seguir.

insistir que as palavras pronunciadas nestas ocasiões eram "na verdade, santas e católicas"; chega a afirmar que seu herói foi o primeiro a introduzir no rito o sinal da cruz, "para que a cura possa ser atribuída mais às virtudes da cruz do que à ação da majestade real"[1]. Esta afirmação não pode ser aceita como verdadeira; sabemos de Helgaud e Guibert de Nogent que Roberto II e Luís VI já haviam feito o mesmo; e não temos razão para crer que a tradição tivesse, sobre este ponto, sido interrompida. Geoffrey comete uma inexatidão; voluntária ou não? Como saber? Pouco importa, a princípio: em ambas as hipóteses, explica-se da mesma maneira. Era necessário demonstrar que o piedoso soberano se esforçava para exercer seu poder de cura em plena conformidade com a mais rígida ortodoxia. Nada revela, de maneira tão evidente, os escrúpulos da opinião eclesiástica[2].

Chegamos a Filipe o Belo. Neste momento, durante a grande luta com a cúria, os apologistas da monarquia francesa apelaram pela primeira vez, como já me referi acima, ao milagre real. Já ouvimos Nogaret e Plaisians[3]. Encontramos a mesma tese desenvolvida com certa extensão no pequeno tratado conhecido geralmente sob o título *Quaestio in utramque partem*, cuja reputação foi suficiente para que fosse copiado em um dos registros da Chancelaria, na própria época em que foi composto; e no século seguinte, Carlos V ainda o tinha em tal estima que fez seu próprio tradutor, Raoul de Presles, traduzi-lo para o francês. Em vez de eu mesmo traduzir o texto, citarei esta tradução. O autor anônimo enumera as provas do "justo título" do rei da França:

---

[1] *Histor. de France*, XX, p. 20, c. XXXV. "In tangendis infirmitadbus, quae vulgo scroalae vocantur, super quibus curandis Franciae regibus Dominus contulit gratiam singularem, pius Rex modum hunc praeter reges caeteros voluit observare. Cum enim alii reges praedecessores sui, tangendo solummodo locum morbi, verba ad hoc appropriata et consueta proferrent, quae quidem verba sancta sunt atque catholica, nec facere consuevissent aliquod signum crucis, ipse super consuetudinem aliorum hoc addidit, quod, dicendo verba super locum morbi, sanctae crucis signaculum imprimebat, ut sequens curatio virtuti crucis attribueretur podus quam regiae majestati". Passagem registrada por Guillaume de Nangis, *ibid.* p. 408.
[2] Alguns escritores do Antigo Regime, por exemplo, Du Laurens, *De Mirabili*, p. 17 e Raulin, *Panegyre*, p. 179, citam como um reconhecimento quase oficial do dom taumatúrgico atribuído aos reis da França, uma frase da bula da canonização de São Luís: "strumis beneficium liberationis impendit"; mas esta frase (*Histoire de France*, XXIII, 159d), é claro, diz apenas respeito aos milagres realizados pelo corpo sagrado, após a morte do rei; ninguém poderia ter incluído a cura das escrófulas, privilégio hereditário dos reis da França, entre as provas da santidade de Luís IX. A bula não mencionaria tais curas. Além disso, é natural que se tenha pedido S. Luís, após sua morte, dentre outros milagres de cura, o alívio de uma doença sobre a qual, durante sua vida, já havia exercido algum poder. Suas relíquias foram muitas vezes concebidas como tendo uma virtude especial contra a escrófula; cf. Jacobus Valdesius, *De dignitate regum regnorumuque Hispaniae*, in-4° Granada 1602 (relíquias de Poblet, na Catalunha) e Cabanès, *Remèdes d'autrefois*, p. 40, n. 2.
[3] Discutido acima.

Em segundo lugar, esses mesmos provam os evidentes milagres, que obviamente são notórios para todos, e notoriamente manifestos. Por isso nosso Senhor, o Rei, respondendo por seu justo título, pode dizer aquelas palavras do evangelho, com a qual nosso Senhor Jesus Cristo respondeu às fraudes dos judeus, dizendo: *"Se não acreditar em mim, acredite nas minhas obras"*. Pois assim com, em virtude do direito de herança, o filho sucede ao pai na adoção do reino, assim também, por de um direito hereditário, um Rei sucede a outro com o mesmo poder de fazer esses mesmos milagres, que Deus realiza tanto por eles quanto por seus ministros[1].

Aos publicistas, seguiram-se os historiadores: leigos como Guillaume Guiart, sob Filipe o Belo[2], eclesiásticos como, sob Filipe V, o monge Ive de Saint-Denis, que era uma espécie de historiador oficial[3], já não temiam em conceder espaço, em suas obras, ao "milagre" do toque. Há mais. A própria eloquência sagrada se colocou, neste período, a serviço do prestígio taumatúrgico dos Capetíngios. De um dominicano normando, o irmão Guillaume de Sauqueville, há um curioso sermão sobre o tema "Hosana ao filho de David"[4] que foi proferido em torno do ano 1300. O orador revela-se animado por um orgulho nacional extremamente vívido; proclama insistentemente a independência da França em relação ao Império, e o próprio Império é fortemente ironizado com o emprego de um lamentável jogo de palavras (*Empire: en pire*)[5]. Era o momento no qual a grande controvérsia dos escritores franceses contra o papado foi acompanhada de uma polêmica contra as

---

[1] M. Goldast, *Monarchia S. Romani Imperii*, in-4°, Hanover, 1612, I, Il 49. Original em latim, *ibidem* II (ed. Amsterdam 1631), p. 102; mas cito diretamente um dos manuscritos, Arch. Nat. JJ. 28, fol. 250: "Secundo, hoc idem probant aperta miracula, universe orbi manifeste notoria et notorie manifesta. Unde Dominus Rex, de iusto titulo su respondes, dicere potest illud Euangelicum quod respondit Dominus Ihesus contra calumpnias Judeorum: *Si mihi non uultis credere, operibus credite*. Sicut enim hereditario iure succedit, faciente Deo, alter alteri in simili potestate huiusmodi miraculi faciendi". Sobre a obra em si, ver Richard Scholz, *Die Publizistik zur Zeit Philipps des Schönen und Bonifaz VIII (Kirchenrechtliche Abhandl. hgg.* von U. Stutz, 6-8), p. 224 e ss.; mais recentemente M. P. Fournier no *Bulletin du jubilé*, publicado pelo *Comité français catholique pour la célébration du sixième centenaire de Dante*, p. 172, n. 1, formulou a hipótese, sem que tenha insistido sobre ela, que a *Quaestio* poderia ser de *Plaisians*. Porém, é pouco provável que seja descoberto quem é o autor anônimo.

[2] *Histor. de France*, XXII, p. 175, V. 198, e ss. "Diex di ciel, li souverains peres, – Si grant bonne aventure donne – A quiconques a la couronne – De la terre ramenteue, – Qu'il fait, puis qu'il l'a receue, – Tout son vivant miracles beles; – Car il guerist des escroeles – Tant seulement par y touchier, – Sans emplastres dessus couchier; – Ce qu'autres roys ne puent faire".

[3] Ver acima.

[4] Mateus, XXI, 9.

[5] Do francês: "Império: pior" (N. do T.).

pretensões dos imperadores à hegemonia universal[1]. O rei da França, diz o irmão Guillaume, merece o nome de filho de Davi; Por quê? Porque David significa "mão valente" (*manus fortis*); agora, a mão real é valente na cura dos enfermos: "Todo príncipe que herda o reino da França, imediatamente após ser ungido e coroado, recebe de Deus esta graça especial e esta particular virtude de curar os doentes com o toque de sua mão; por isso que se veem enfermos do mal real acudirem ao rei desde muitos lugares e de diferentes terras". Estas são as próprias palavras iniciais do sermão[2]. Os argumentos dos polemistas quase não alcançavam as multidões; por outro lado, que efeito teriam sobre elas tais palavras que partiam do alto do púlpito!

Ao mesmo tempo, vivia na Itália um escritor cuja atitude em relação aos ritos de cura estava destinada a exercer uma ação realmente poderosa em toda a opinião eclesiástica. Frei Tolomeo, da ordem dos Pregadores, nativo de Lucca, morreu por volta de 1327 sendo bispo de Torcello; era um fecundo historiador e teórico político. Seria difícil extrair de suas obras uma doutrina sólida; este polígrafo não era um grande pensador. Era incontestavelmente hostil ao Império e favorável à supremacia pontifícia; mas devemos, sem dúvida, considerá-lo menos um devoto do papado e mais um devoto partidário da casa de Anjou, cujos interesses então se confundiam em muitos aspectos, mas não em todos, com os do chefe da Igreja. Nada de mais natural para um habitante de Lucca, pois a cidade era uma das maiores apoiadoras da política dos Anjou no norte da Itália; Carlos de Anjou, vigário imperial na Toscana, era altamente respeitado; o próprio Tolomeo o chamou, por duas vezes, de seu senhor e seu rei. Mas uma vez morto o grande conquistador guelfo, a ligação que nosso dominicano mantinha para com ele parece ter se transferido para a linhagem; quando o príncipe Carlos de Tarante, sobrinho do rei Robert de Nápoles, caiu em 1315 no campo de batalha de Montecatini, foi Tolomeo, prior de Santa Maria Novella de Florença, que se comprometeu a reivindicar o corpo junto aos vitoriosos pisanos[3]. Agora, Carlos de Anjou, irmão de São Luís, era um Capeto; como tal,

---

[1] Cf. Paul Fournier, La Monarchie de Dante et l'opinion française: Comité français catholique tour la célébration du sixième centenaire de la mort de Dante Alighieri, Bulletin, 1921, p. 155 e ss.

[2] *Bibl. Nat.* latim 16495, fol. 96 d. e ss. O sermão é em honra de São Nicolas, mas o santo não aparece senão ocasionalmente. A frase inicial – "Qulibet heres Francie, ex quo inunctus et coronatus, habet specialem gratiam et virtutem a Deo quod tactu manus suae curat infirmos: propter quod habentes infirmitatem regiam veniunt ad regem de multis lotis et terris diversis" – é reproduzida no artigo de N. Valois sur Guillaume de Sauqueville, *Histoire littéraire*, XXXIV, p. 298 e ss., de onde extraí as informações sobre o autor e a data dos sermões.

[3] Há, sobre Tolomeo de Lucca, uma literatura abundante, mas não existe um trabalho completamente exaustivo: a maioria das obras úteis a serem conhecidas foram indicadas e utilizadas por G. Mollat, *Etude critique sur les Vitae Papurum Avenionensium d'Étienne Balease*, 1917, p. 1 e ss; adicione-se o recente artigo de Martin Grabmann, *La scuola italiana tomistica; Rivista di filosofia neo-scolastica*, XV (1923), cujo § IV é dedicado a Tolomeo, e ainda há algumas informações relevantes na dissertação de Karl Kruger, *Des Ptolomaus Lucensis Leben und Werke*, Gifittingen 1874; veja-se também a

sem qualquer dúvida, um crente do milagre real; e um crente de tal forma fiel que, tornando-se rei na Itália, reivindicou, como veremos, o dom taumatúrgico. Essas considerações explicam o favor que Tolomeo testemunhou ao toque das escrófulas. Ele falou sobre este tema em dois de seus textos. Primeiro, em um opúsculo de polêmica política conhecido sob o nome de Compêndio dos direitos do Império (*Determinatio campendiosa de jurisdictione imperii*), escrito em torno do ano 1280, precisamente para servir aos interesses do rei de Nápoles contra o rei dos romanos e o próprio papa; no capítulo XVIII, tentou provar que a realeza vinha de Deus, apresentando, dentre outros, o seguinte argumento: esta teoria estaria provada "pelo exemplo de certos príncipes de nossos dias, bons católicos e membros da Igreja; na verdade, como resultado de uma especial influência divina e uma participação mais completa do que o homem comum no Ser em Si, eles possuem um poder singular sobre multidões de enfermos: como os reis da França, como Carlos nosso Senhor", essa é a marca dos Anjou: "e também, diz-se, dos reis da Inglaterra"[1]. Se Tolomeo tivesse falado deste "poder singular" apenas na *Determinatio*, sendo lido apenas em sua época, e caído no esquecimento após o século XIV, seu nome ocuparia apenas um lugar medíocre na história que nos ocupamos aqui. Mas, ao mesmo tempo, ele compôs outro trabalho, destinado a um sucesso muito maior. Ele havia sido discípulo de São Tomás de Aquino; na obra de seu mestre, encontrou

---

Introdução, incluída por M. Kammer em citação a seguir; para o mais, refiro-me às referências dadas pelo Sr. Mollet. Os autores que trataram as ideias políticas de Tolomeo, como Albert Bazaillas, *Etude sur le De regimine principum; Rec. Académ. Sciencès Belles Lettres et Arts de Tarn et Garonne*, 2ª série, VIII (1892), em particular p. 136-143 e Jacques Zeiller, *L'idée de l'Etat dans saint Thomas d'A quin*, 1910, p. 161, não me parecem, em geral, ter dado atenção suficiente às suas relações com o partido de Anjou. Sobre a relação dos habitantes de Lucca com a casa de Anjou, cf. Krammer, *loc. cit.*, p. XVI-XVII. Tolomeo chama Carlos de Anjou *rege nostro Karolo* no *De regimine*, IV, 8 e *dominus noster rex Karolus* na *Determinatio* (ver nota a seguir). Ele insiste, em *De regimine*, IV, 8, na perfeita assimilação dos franceses com os nativos do reino de Nápoles. Finalmente, a totalidade da *Determinatio* visa defender os direitos de Carlos de Anjou ao Vicariato da Toscana, contra Rodolphe de Habsburgo e o próprio Papa Martinho IV; veja ainda, a este respeito, a introdução da edição Krammer, F. Kern, *Die Reichsgewalt des deutschen Königs nach dem Interregnum; Hisior. Zeitschrift*, CVI (1911), p. 71-74. Sobre o episódio de 1315, R. Davidsonn, *Forschungen zur Geschichte von Florenz*, IV, Berlim 1908, p. 368.
[1] Ed. Mario Krammer, Hanover e Leipzig, 1909 (*Fontes iuris gerinanici antiqui*), p. 39, c. XVIII: "Hoc etiam apparet in modernis principibus viris catolicis et ecclesiasticis, quod ex speciali divina influentia super eos, ex ampliori participatione Entis, singuliorem habent virtutem super populum egritudine laborantem, ut sunt reges Francie, dominus noster rex Karolus, et de rege Anglie fertur". Cf. H. Grauert, *Aus der kirchenpolitischen Litteratur des 14. Jahrh. Histor. Jahrbuch*; XXIX (1908), particularmente páginas 502 e 519. Grauert acreditava que o tratado havia sido escrito em 1300; O *rex Karolus* não seria então Carlos de Anjou, mas seu filho Carlos II; prefiro aliar-me à data estabelecida por Krammer. Não há dúvida de que Tolomeo tenha sido o autor do *Determinato* após Martin Grabiviann, *Neues Archiv*. XXXVII (1912), p. 818, em outra obra deste autor, uma referência ao *libellus sive iractatus de iurisdictione Imperii et Sumni Pontificis*.

um *Tratado do Governo dos Príncipes* que permaneceu inacabado; ele o retoma e o conclui. E, em um dos capítulos adicionados por ele ao primitivo trabalho, dedicou algumas linhas à unção, em particular a que recebiam os reis da França; encontramos ali as seguintes palavras: "os reis sucessores de Clovis são ungidos (por um óleo em outros tempos trazido do céu por uma pomba); e por efeito desta unção, vários sinais, maravilhas e curas, aparecem neles."[1] Frase muito menos explícita do que a citada acima; mas que acabou, porém, tendo um impacto bastante diferente. Isso porque o *Tratado do Governo dos Príncipes* participou da moda da qual, geralmente, foram objeto os textos de São Tomás; e as diferentes contribuições do Doutor Angélico e de seu sucessor foram difíceis de serem diferenciadas. Sob o Antigo Regime, particularmente, os apologistas do toque frequentemente recorreriam à autoridade de São Tomás[2]. Na verdade, quem teriam o direito de invocar era apenas o nome de Frei Tolomeo. E mesmo aos historiadores mais bem informados, o texto do *Tratado* apresentava, até recentemente, um difícil problema: por que aquele morador de Lucca, vigoroso defensor da Igreja e do papado, foi um dos primeiros a reconhecer os "prodígios" e as "curas", pelos quais nem a Igreja nem os papas até então professavam qualquer apreço? Após a publicação relativamente recente da *Determinatio*, o enigma foi resolvido. As pretensões da casa de Anjou tornaram Tolomeo um crente do toque e, indiretamente, os ritos taumatúrgicos ganharam o apoio apócrifo e valioso de São Tomás de Aquino.

Os primeiros publicistas franceses que haviam criado o argumento do milagre demonstraram certa audácia; seus sucessores nada mais fizeram que tomá-lo de suas mãos.

Foi especialmente no círculo de Carlos V, na França no século XIV, que mais se recorreu a ele. Veja-se, em primeiro lugar, uma solene carta enviada pelo próprio rei em 1380 em favor do capítulo de Reims; no cabeçalho aparecem duas iniciais, *K* e *A* do nome real, adornadas com pequenos e elegantes desenhos, e nos mostram, ao lado da cena clássica de doação – o

---

[1] *De regimine principum ad regem Cypri*, II, cap. XVI; *Sancti Thomae Aquinatis... opera omnia*, in fol., Parma 1864, p. 250, col. 1 et 2 : "Cujus sanctitatis etiam argumentum assumimus ex gestis Francorum et beati Remigii super Clodoveum, regem primum Christianum inter reges Francorum, et delatione olei desuper per columbam, quo rex praefatus fuit inunctus, et inunguntur posteri signis et portentis, ac variis curis apparentibus in eis ex unctione praedicta". Sobre *De Regimine*, veja-se, por último, o excelente trabalho de Martin Grabmann, *Die echten Schriften hl. Thomas von Aquin*, Munique, 1920 (*Beiträge zur Gesch. der Philosophie des Mittelalters*, XXII, 1-2), p. 216 e ss. A atribuição da continuação – que certamente não é de S. Thomas – a Tolomeo, se não é certa, pelo menos é muito provável; e acrescento que a passagem referente ao milagre real, que é próxima daquela mais desenvolvida da *Determinatio*, parece-me ser outro argumento muito forte a favor desta tese. A data da composição da continuação é contestada; alinho-me às conclusões de A. Busson, *Sitzüngsber, der phil.-hist. Klasse der k. Akademie Wien*, LXXXVIII (1877), p. 723.

[2] Por exemplo, Meurier, De sacris unctionibus, p. 261; Mauclerc, De monarchie divisa, col. 1567; Du Peyrat, Histoire ecclesiastique de la Cour, p. 306; Oroux, Histoire ecclésiastique de la Cour, I, p. 180.

soberano entregando aos cônegos o pergaminho que os tornará senhores das terras de Vauclerc – a imagem do batismo milagroso de Clovis; o preâmbulo narra, de fato, a lenda da Santa Ampola; mas também, em relação direta com ela, o dom da cura:

> Na santa igreja da ilustre cidade de Reims, Clovis, então rei da França, ouviu a pregação do mais glorioso confessor, o abençoado Remígio, bispo desta famosa cidade; ali, quando batizava o dito rei com seu povo, o Espírito Santo, ou mesmo um anjo, apareceu na forma de uma pomba, descendo do Céu e trazendo um frasco com o licor da santa crisma: é desta crisma que este próprio rei e depois dele todos os reis da França, nossos antecessores e eu próprio, nos dias de sagração e coroação, sendo Deus propício a nós, recebemos a unção, pela qual, e sob a influência da clemência divina, tais virtudes e tal graça recaem sobre os reis da França que, pelo mero toque de suas mãos, curam os enfermos do mal das escrófulas: algo claramente demonstrado pela evidência dos fatos, testado em inúmeras pessoas[1].

Era a primeira vez que um monarca cristão se apresentava expressamente como taumaturgo.

Quanto aos oradores e escritores, cuja erudita eloquência florescia na corte do sábio rei, eles exaltavam o poder do toque. O autor do *Sonho do Pastor* o evoca pela boca de seu cavaleiro, que reivindica, contra o padre, o caráter divino do poder temporal[2]. Raoul de Presles, que citamos ter traduzido *Quaestio*

---

[1] Original no *Arch. de Reims*, aos fundos do capítulo metropolitano, Vauclerc, fascículo 1, n° 4; ed. dom Marlot, *Historia ecclesie Remensis*, II, p. 660 (edição francesa sob o título de *Histoire de la ville de Reims*, IV, in-4°, Reims 1846, p. 631) e *Le Théâtre d'honneur*, p. 757 (parcialmente). A carta parece ter sido ignorada por E. Dupont que, em suas *Notices et documents publiés par la Soc. de l'Hist. de France* a *l'occasion du cinquantième anniversaire de sa fondation*, 1884, p. 187-218, registrou-a entre um número de cartas "com vinhetas". Ainda, está ausente da lista de carta cujas iniciais fornecem "representações" de Carlos V, preparada por L. Delisle., *Recherches sur la librairie de Charles V*, I, 1907, p. 61. Cito o original: "quando in sancta egregie civitatis Remensis ecclesia a Clodoveo, tune Francorum rege, audita est gloriosissimi confessoris beati Remigii eiusdem clare urbis episcopi predicacio, cui, dum ibidem prefatum regem cum suo populo baptizaret, Spiritus Sanctus seu angelus Dei in columbe specie, de Celo descendens, apparuit, portans et ministrans sibi ampulam sancti chrismatis liquore refertam de quo ipse Rex et omnes deinceps Francorum reges predecessores nostri in eorum et nos eciam in nostra consecracione et coronacione, Deo propicio, suscepimus unctionem, per quam ipsis regibus, diuina operante clemancia, virtus infunditur et gracia qua solo contactu manuum infirmos servant ab egritudine scrofularum, quod in personis innumeris per facti evidenciam constat esse probatum".

[2] Redação latina: Goldast, *Monarchia imperii*, I, l. 1, cap. CLXXII e CLXXIII, p. 128-129; redação francesa: J. L. Brunet, *Traitez des droictz et libertez de l'église gallicane*, fol., 1731, II, livre 1, caps. LXXIX e LXXX, p. 81-82, O autor do *Sonho do Pastor* reproduz Occam quase textualmente (ver abaixo), como mostra Carl Muller, *Zeitschrift*

in utramque partem do latim para o francês, apresentou no prefácio de sua tradução de *A Cidade de Deus*, encomendada também pelo seu senhor, um pomposo elogio à monarquia francesa, não deixando de mencionar o maravilhoso privilégio [1] . Da mesma forma – e veremos isso mais detalhadamente a seguir – Jean Golein, em sua tradução do *Rational des divins offices*, de Guillaume Durand. E, igualmente, Anseau Choquart quando, em nome do Rei, discursou ao Papa Urbano V, nos últimos dias do mês de abril de 1367, de forma a dissuadi-lo a retornar a Roma [2].

Não nos enganemos. A exaltação do poder de cura era, neste ambiente, apenas uma manifestação, dentre muitas outras, de uma tendência geral, cujo significado não é difícil de entender. Em torno de Carlos V e seus conselheiros, havia claramente um vigoroso esforço para reforçar, sob quaisquer meios, o prestígio religioso e sobrenatural dos Capetos. Como nos demonstrou o Sr. Noël Valois, foi nessa época que nasceu, na corte francesa, a ideia de reservar aos nossos reis, como honra própria à sua dinastia, o título até então banal de um "muito cristão" [3] . Jamais se louvou tanto as tradições milagrosas que

---

fur Kirchenrecht, XIV (1879), p. 142, mas com uma modificação que não é desimportante; veremos isso posteriormente.

[1] Ed de 1531, folio Paris, fol. N. III v. Depois de mencionar a unção e o milagre da Santa Ampola (Raoul dirige-se diretamente a Carlos V): "Et ne tiengne vous ne autre que celle consecracion soit sans tres gram digne et noble mistere car par icelle voz devanciers et vous avez telle vestu et puissance qui vous est donnee et atribuee de dieu que vous faictes miracles en vostre vie telles si grandes et si apertes que vous garissiez d'une tres horrible maladie qui s'appelle Ies escroelles de iaquelle nul autre prince terrien ne peut garir fors vous". A passagem foi reproduzida por Guillebert de Metz em sua Description de Paris, composta pouco depois de 1434: Leroux de Lincy e L. M. Tisserand, *Paris et ses historiens* (*Hist. Génér. de Paris*), in-4°, 1867, p. 148.

[2] C. E. Bulaeus [Du Boulay], *Historia Universitatis Parisiensis*, IV, in-4°, Paris 1668, p. 408: "ex sanctissima unctione spirituali, et divina, non humana, qua inungitur Rex ipse, propter quam sanctificatus est... et exinde curat morbos in signum sanctissimae unctionis". A respeito do autor do discurso e das circunstâncias em que foi pronunciado, ver R. Delachenal, *Histoire de Charles V*, III, 1916, pp. 517 e ss. (especialmente 518, n. 5).

[3] *Le roi très chrétien, dans La France chrétienne dans l'histoire, ouvrage publié... sous la direction du R. P. Baudrillart*, 1896, p. 317 e ss. Podemos adicionar os textos citados por M. Valois, Jean Golem, em seu tratado sobre a coroação, *infra*, Apêndice IV, p. 480, 1. 13, e uma passagem do pequeno tratado de Etienne de Conty sobre a realeza francesa, que, logo após Carlos V (ver acima) e que bem refletia as teorias presentes no círculo deste rei: Bibl. Nat. Latim 11730, fol. 32 v, col. r: "Romani pontifices omnes semper scripserunt et scribunt cotidie regi Francie cristianissimo (sic), quasi suppellativo in fide catholica, sed aliis regibus omnibus et principibus scribunt: tali regi christiano, in simplici positivo". Valois percebeu claramente todo o trabalho de propaganda que feito em torno de Carlos V. "O trono está agora cercado por inteligentes clérigos que se esforçam para descobrir, no passado, os fatos mais adequados a aumentar o prestígio da realeza... Quem mais, senão eles, afirmou tanto a santidade da monarquia? Quem mais voluntariamente falou da Santa Ampola ou lembrou a origem celestial das flores de lis?" (p. 323).

orgulhavam a monarquia das flores de lis; e mais; como veremos adiante, parece que neste pequeno mundo leal centrado na "Livraria" real, não havia quaisquer receios em enriquecer o patrimônio lendário deixado pelos antepassados[1]. Aos olhos da opinião comum, os reis recebiam sua marca divina nas cerimônias da coroação; sem dúvida, estas cerimônias foram, por parte de Carlos V, objeto de especial interesse: sua biblioteca continha pelo menos sete volumes relativos ao ritual francês, à qual se deveria acrescentar um trabalho sobre a coroação imperial e um saltério contendo o serviço da consagração inglês[2]; há mais: foi por sob sua direta inspiração que foi composta, por um de seus escritores contratados (o carmelita Jean Golein), um pequeno tratado sobre a coroação dos reis e das rainhas da França, que em breve estudaremos mais detalhadamente. De onde partiu este zelo do soberano, e de todo seu círculo, em relação a tudo o que tocava a realeza sagrada? Sem dúvida, é necessário ter em conta o espírito pessoal de Carlos V; muito piedoso e profundamente tomado pela grandeza de sua dignidade, naturalmente aderiu ao caráter religioso do "estatuto real"; além disso, sua inteligência, inclinada a especulações teológicas (este "engenho sutil", para utilizar a expressão de Jean Golein), acabou por "levá-lo... a estudar" tanto que entendia "os termos da teologia"[3], passando a apreciar as teorias místicas e simbólicas da realeza e da coroação que os estudiosos de seu tempo se apressavam em oferecer. Portanto, seria ingenuidade concluir, de todo este barulho que fizeram os escritores oficiais ou não oficiais em torno do aspecto maravilhoso da monarquia, nada além de um desejo de agradar aos gostos desinteressados do príncipe. É um fenômeno que veremos reproduzido, durante a história que estamos estudando aqui, com verdadeira regularidade: ao final de graves crises que repetidamente agitaram as dinastias francesa e inglesa, quando se tratava de reparar os danos à popularidade da casa real, foram quase sempre o ciclo da realeza sagrada, e especialmente o poder taumatúrgico, que forneceram os temas favoritos à propaganda dos seguidores leais; para citar apenas exemplos relativamente recentes e bastante evidentes, sob Henrique IV na França, sob Carlos II na Inglaterra, é esta corda que os servos de legitimidade preferiram fazer vibrar. Agora, sob Carlos V, o estado emergia de uma crise formidável, que havia sido desencadeada sobre todo o reino pela batalha de Poitiers. Alguns historiadores da atualidade estimaram como bastante reduzidos os riscos a que se submeteram a dinastia Valois e a própria monarquia. O perigo, no entanto, parece ter sido realmente grande, não apenas por conta dos esforços feitos por alguns homens inteligentes para submeter o governo a uma espécie de controle nacional, mas ainda mais devido ao violento movimento de ódio e revolta que se seguiu, e que colocou a nobreza contra toda uma parcela de seu povo. A própria alta burguesia participou: ainda não conseguindo, como nos séculos seguintes, forçar em massa as portas da

---

[1] Discutido novamente abaixo.
[2] Léopold Delisle, Recherches sur la librairie de Charles V, II, Inventaire général des livres ayant appartenu aux rois Charles V et Charles VI, números 227-233, 226 e 59.
[3] Ver Apêndice IV.

classe privilegiada. A monarquia pareceu estar, por um momento, envolvida no descrédito no qual se encontrou uma casta com a qual o poder real parecia fazer causa comum; para aqueles que duvidam da força dos sentimentos que agitaram os espíritos nestes anos trágicos, basta recomendar a leitura das três cartas de Etienne Marcel que, por acaso, acabaram preservadas. Não é este o momento de explicar como os Valois conseguiram triunfar diante da tempestade. Mas não há dúvida de que a memória desses eventos, que sabemos sempre muito presentes na mente de Carlos V, fez com que ele se esforçasse por estabelecer, por todos os meios, a ascendência da monarquia sobre os espíritos. Como, então, poderíamos nos surpreender com um príncipe que, como já foi dito – e com razão –, sabendo desde cedo apreciar o verdadeiro valor do "poder da opinião pública", não negligenciasse a arma do milagre?[1]

Mas esse político refinado era ao mesmo tempo um devoto. Parece que o louvor às vezes indiscreto que se fazia em torno dele e de seu poder milagroso, inspirava-o, ao mesmo tempo, alguns escrúpulos. Ele queria manter seus apologistas dentro dos limites impostos por uma sadia ortodoxia. Temos, a respeito de suas preocupações, um curioso testemunho em um texto, até agora quase ignorado, sobre o qual convém dizer algumas palavras. Entre os muitos trabalhos que Carlos mandou traduzir do latim ao francês, às suas custas, estava um dos mais importantes tratados litúrgicos da Idade Média, o *Racionalidade dos ofícios divinos*, composto em torno de 1285 pelo Bispo de Mende, Guillaume Durand; a tradução, confiada ao carmelita Jean Golein, foi oferecida ao rei por seu autor em 1372; ela é bem conhecida; foi impressa em 1503, em um momento em que a literatura didática da Livraria de Carlos V fornecia, às prensas de comerciantes empreendedores, material tão valioso; mas o que até hoje não parece ter sido percebido é que se trata mais do que uma simples tradução. No final do capítulo em que o bispo de Mende havia dado a teoria geral da unção, sem qualquer aplicação particular à unção dos reis, Jean Golein, "por reverência" a seu "muito temido e senhor soberano", que fora consagrado rei da França em 19 de maio de 1364, considerou que deveria adicionar, por ele mesmo, um "pequeno tratado da sagração de príncipes" que, no manuscrito original, adornado com o *ex-libris* real, não ocupava mais de vinte e duas páginas, cada uma escrita em duas colunas e com letra bastante estreita. Ao invés da sagração dos príncipes como um todo, é exclusivamente a coroação francesa que este "pequeno tratado" retrata e estuda. Paralelamente a um desenvolvimento bastante aborrecido sobre o significado simbólico, ou o "sentido misterioso", do ritual de Reims, existe uma série de valiosas indicações sobre o direito público francês – especialmente sobre os fundamentos lendários do direito sucessório – e sobre a concepção da realeza sagrada e seu ciclo maravilhoso; muito deste livro será utilizado neste trabalho, posteriormente.

---

[1] Delachenal, *Histoire de Charles V*, II, p. 369: "Carlos V possuía, mesmo antes de ser rei... o sentimento muito claro do poder da opinião pública". No movimento contra os nobres, encontramos certo número de testemunhos característicos reunidos em um mesmo trabalho, I, p. 395 e ss. Não seria muito difícil adicionar outros.

Mas há mais. Em ao menos um ponto específico, e que particularmente nos interessa agora – ou seja, o poder de cura –, Jean Golein expressamente se apresenta como intérprete autorizado do pensamento de seu senhor. Escreveu Raoul de Presles, em seu prefácio a *A Cidade de Deus*, dirigindo-se a Carlos V: "Vós tendes tal virtude e poder, dados e atribuídos por Deus, que realizardes milagres em vossa vida". Esta expressão, como vimos em vários dos textos citados acima, estava em perfeita conformidade com o uso corrente. No entanto, ao que parece, parece ter chocado o piedoso rei: "Ele não deseja que seja considerado santo, nem que faça milagres", explica Jean Golein; tais coisas são ditas apenas sem o seu "consentimento"; e o bom Carmelita explica que apenas Deus faz milagres. Não há dúvida. Mas que não se exagere a humildade do príncipe ou de seu porta-voz. Pois se era correta tal incontestável verdade teológica, Golein teve o cuidado de nos lembrar dos santos bem como dos reis taumaturgos; tanto por uns como por outros, é a virtude divina que opera, quando realizam maravilhas; é por isso que pessoas mal educadas nos "termos teológicos" afirmam que uns fazem milagres ou curam tal ou qual doença. A comparação parecia suficiente para o orgulho monárquico. Assim, Carlos V e seus doutores conciliavam sua preocupação com a ortodoxia ao justo desejo de que "o estado real" deveria ser "não menos apreciado do que o permitisse a razão"[1].

O impulso foi inaugurado pelo círculo de Filipe o Belo, e seguido pelo de Carlos V. Doravante, as curas maravilhosas deixaram de ser parte obrigatória de qualquer elogio à realeza francesa. Sob Carlos VI, o monge Etienne de Conty as classificou entre os bons privilégios que atribui a seus reis[2]. Por pelo menos duas vezes, sob Carlos VII e Luís XI, os embaixadores franceses perante o tribunal pontifício invocaram-nas para provar a peculiar santidade da Casa da França e, consequentemente, a legitimidade do poder exercido pelos seus senhores sobre a Igreja [3]. Estes últimos exemplos são particularmente significativos. Mais tarde, veremos que no conjunto complexo de ideias e sentimentos cuja forma doutrinária foi o galicanismo, a antiga noção de realeza sagrada tinha sua participação; com ela a manifestação mais concreta e mais sensível aos espíritos rudes: o dom taumatúrgico. Não é surpreendente, portanto, encontrarmos o argumento do milagre partindo da boca de advogados

---

[1] Em tudo o que precede, basta-me remeter ao Apêndice IV, em que encontramos uma análise e longos trechos do tratado de John Golein. Será possível notar que Raoul de Presles é questionado – com muita cortesia, mas expressamente.

[2] Ver acima. Pode-se acrescentar aos escritores do século XV que falaram do toque, Nicolas de Larisvilla, em "um tratado... da Consagração da Igreja de S. Remy... no ano de 1460" citado por Marlot *Le théâtre d'honneur*, p. 758.

[3] Perante Pio II, em Mântua, em 30 de novembro de 1459, d'Achery, *Spicilegium*; fol., 1723, III, p. 821, col. 2, cf. Du Fresne de Beaucourt, *Histoire de Charles VII*, VI, p. 256. Perante Sisto IV, em 1478, De Maulde, *La diplomatie au temps de Machiavel*, p. 60, n. 2, cf. J. Comblet, *Louis XI et le Saint Siège* (tese de Letras, Nancy) 1903, p. 170. O primeiro texto menciona expressamente a cura das escrófulas; o segundo os "milagres" realizados pelos reis, sem maiores detalhes.

que falavam em causas de natureza eclesiástica. No início do ano 1493, um julgamento, que envolveu os mais sérios interesses políticos e religiosos, ocorreu perante o Parlamento; o caso opôs dois clérigos que reivindicavam o cargo de bispo de Paris: Girard Gobaille, eleito pelo capítulo, e Jean Simon, designado pelo rei e confirmado pelo papa. O advogado de Jean Simon, chamado Olivier, foi naturalmente levado a defender o direito do rei de intervir em nomeações eclesiásticas; e uma das aplicações mais marcantes deste direito era a regalia espiritual, isto é, a faculdade, tradicionalmente exercida pelo monarca francês, de receber os benefícios de certos bispados enquanto houvesse vacância do cargo; exclamou no decorrer de sua súplica (transporto para o jargão jurídico, mesclando latim e francês, como era costume nos tempos de nosso orador): *"De modo semelhante, o rei não é puramente laico*, porque ele não é apenas coroado e ungido como outros reis, mas consagrado; e, *além disso, como afirmou Jehan André"* – um canonista italiano do século XIV que reencontraremos adiante – *"*em sua *Notícia sobre os Decretais*, no capítulo *licet*, o rei pelo seu singular contato, diz-se, cura os doentes *e por isso não é de se maravilhar se ele tem direito de regalia"*[1].

Na Inglaterra, os publicistas não parecem ter usado muito deste tipo de argumento. Talvez nos séculos XIV e XV houvesse um menor número de oportunidades de disputa com Roma do que existia na França. No entanto, um escritor desta nação fez uso da arma taumatúrgica em uma sonora polêmica contra o papado. Mas, ainda que fosse inglês, servia ao Império. Foi a época – em torno de 1340 – na qual um soberano alemão, Luís da Baviera, despertou a velha querela quase adormecida desde o fim dos Hohenstaufen. Ele agrupou a seu redor certo número de homens de letras, incluindo alguns dos mais vigorosos pensadores da época: dentre eles Guilherme de Occam. Entre outros opúsculos compostos nesta ocasião pelo ilustre filósofo, está *Oito questões sobre o poder e a dignidade do papa*. Vamos ler o oitavo capítulo da quinta questão. Occam afirmava provar que os reis recebiam, por meio da unção, "graça dos dons espirituais". Entre suas provas, citou a cura da escrófula pelos reis da França e da Inglaterra[2]. Realmente, não se pode ser menos gregoriano.

---

[1] Arch. Nat., X I A. 4834, fol. 24.1 (5 fev. 1493) : "Pareillement le roy n'est pas pur lay quia non solum coronatur et inungitur, sicut ceteri, ymo consecratur; y a plus, car, comme dit Jehan Andre in N[ovel]la in D[ecretales], c. licet, ad solum tactum dicitur sanare languidos et egrotos et par ce ne se fault esmerveiller s'il a droit de regale". Sobre o processo, cf. Ibid., fol. 122 V°, e *Gallia Christiana*, V II, col. 155-156.

[2] *Octo quaestiones superpotestate ac dignitate papali*, quaest. V, cap. VII-IX; Goldast, *Monarchia S Romani Imperii*, II, p. 372. (Para a data do opúsculo v. A. G. Little, *The Grey Friars in Oxford*, Oxford 1892, p. 233). A questão debatida é a que segue: "an rex hereditarie succedens ex hoc quod a persona ecclesiastica inungitur et consecratur et coronatur, gratiam consequatur doni spiritualis". Entre as razões propostas em favor da opinião favorável, afirma o seguinte: "Naturalis curatio aegritudinis corporalis est gratia Dei spiritualis. Quibusdam autem regibus, scilicet Franciae et Angliae, sicut fertur, per unctionem regalem confertur potestas curandi et sanandi specialiter scrophulas patientes. Ergo per huiusmodi unctionem rex consequitur gratiam doni spiritualis". Conforme as

Assim, o milagre real foi amplamente utilizado nos séculos XIV e XV pelos apologistas da realeza. O que, na mesma época, pensavam os partidários da supremacia papal? O bispo português Álvarez Pelayo, que foi, contemporaneamente a Occam, um dos mais virulentos panfletários deste campo, tratou o milagre como "mentira e fantasia"[1]. Muito mais tarde, o Papa Pio II, em seus *Comentários*, expressou um discreto ceticismo a respeito das curas supostamente realizadas por Carlos VII, que talvez refletisse sobretudo sua irritação em relação ao incessante argumento dos polemistas ou oradores galicanos, de quem não gostava; além disso, os comentários não eram destinados a serem publicados durante a vida de seu autor[2]. Tais declarações aparecem como excepcionais. Os publicistas franceses deixaram de guardar silêncio sobre os ritos de cura; voluntariamente os destacavam. Neste terreno, não foram copiados por seus adversários; e isso não apenas no momento em que o Grande Cisma acabou alterando a direção das preocupações dos polemistas eclesiásticos; sob o reinado de Filipe o Belo, não se vê os escritores do campo pontifico aceitando o desafio lançado por Nogaret ou pelo autor do *Quaestio em utramque partem*. Pode-se ter a impressão de que, no início do século XIV, as

---

regras das discussões escolásticas, Occam fornece as razões para a posição negativa. Entre elas: "Ad secundum motivum respondetur, quod si reges Angliae et Franciae habent gratiam curandi descrophulis, non habent potestatem propter unctionem regalem: quia multi alii reges quamois inunguntur, huiusmodi gratia non decorantur: sed sunt digni huiusmodi gratia propter aliam causam, que nec licet nec potest ab homine indicari". Tendo a opinião afirmativa, no curso do desenvolvimento (Cap X), a última palavra, esta sem dúvida que é a de Occam. Mas devemos reconhecer que, ao longo do trabalho, a rede de proposições, contraproposições, réplicas, tréplicas, etc., o próprio pensamento do autor é extremamente difícil de ser seguido; entendemos o horror que os processos de exibição da Occam inspiravam nos homens do Renascimento. É em Occam que o autor de *Songe du Verger* se inspirou; cf. visto anteriormente; será visto novamente posteriormente.

[1] Collirium super hereses novas, em R. Scholz, Unbekannte kirchenpolitische Streitscbtiften aus der Zeii Ludwigs des Bayern, Parte II, Roma 1914 (Bibi. des Kgl. Preuss. Instit. in Rom, X) p. 509: "Nec dicat hereticus quod reges Francie et Anglie gratiam curationis habere consueverant, quia hoc apocrifum enim vel sompnium... Item constat quod hec virtus curationis non est virtus corporis sed anime... sicut nec regnum, quod institutum est ad bene regendum, datur sanguini, sed vite...". Sobre Álvarez e suas obras, v. R. Scholz, Unbekannte Strcitscriften, I (Bibliothek, IX), 1911, pp. 197 e ss. (com referências bibliográficas). Álvarez nem sempre teve a mesma atitude com relação ao milagre real, como será visto posteriormente.

[2] Livro VI. Citado segundo o texto de J. Quicherat, *Procès... de Jeanne d'Arc* (*Soc. de l'hist. de France*), IV, pp. 514-515 (sobre a peregrinação de Carlos VII a Corbeny, em que se faz alusão a esta passagem, ver abaixo): "Mos enim Franciae regibus est, die quae coronationem sequitur, templum quoddam peregrinando petere, cui sanctus Marchoul praesidet, atque ibi aegrotos curare. Miraculum Galii vulgaverunt, morbum quemdam humano in gutture nasci, qui solo regis tactu et arcanis quibusdam curetur verbis; idque post coronationem in hoc templo fieri... quarta die peregrinatio facta est, in qua de curatione morborum nihil satis compertum habeo, quamvis Gallici omnia illa credant fieri miraculose".

curas realizadas pelos Capetos ou pelos soberanos ingleses se impusessem a todos, mesmo à opinião religiosa mais intransigente, como uma espécie de verdade experimental. Todos começaram a falar livremente sobre elas, provavelmente porque ninguém mais se sentia chocado. Na Inglaterra, Thomas Bradwardine, filósofo assaz ortodoxo e futuro arcebispo, cita-as, sob Eduardo III, sem criticá-las, durante uma análise sobre os milagres em geral [1]. Os canonistas italianos Giovanni Andrea – o *Jean André* de nossos antigos autores – na primeira metade do século XIV, e Felino Sandei, no final do século seguinte, mencionam de passagem os "milagres" do rei da França como um fato conhecido por todos. Sandei, é verdade, atribui-os à "força do parentesco" – isto é, a uma espécie de predisposição fisiológica hereditária – e não a uma graça divina reservada aos nossos monarcas. Mas ele obviamente acredita nos milagres e não sonha em criticá-los [2]. As maravilhosas virtudes das duas dinastias se tornam um dos lugares-comuns da diplomacia. O Irmão Francisco que se dirige em nome de Eduardo III ao Doge de Veneza [3], os enviados de Luís XI dirigindo-se ao Duque de Milão [4], um embaixador escocês discursando ao próprio Luís XI [5] aludem a elas, de forma bastante natural. Transformar-se em algo banal foi o mais belo sinal de vitória para uma crença há muito contestada?

Aparentemente, foi no final do século XV, na França que, pela primeira vez, as curas reais fizeram sua estreia na arte. A iconografia medieval, toda religiosa, nunca ousou, até onde a conhecemos, representar um prodígio, por assim dizer, quase profano; por isso, uma miniatura do século XIII que apresenta Eduardo o Confessor tocando uma mulher escrofulosa deve, naturalmente, ser localizada no campo da hagiografia. Mas em 1488, na abadia do Mont Saint-Michel au Péril de la Mer, que desde os últimos anos da guerra inglesa e particularmente após a criação, em 1º agosto de 1469, da ordem real

---

[1] Discutido acima.

[2] Joannis Andreae, J. C. Bononiensis, *In sextum Decretalium librum Novelia Commentaria*, fol. Veneza 1581, liv. III, Tit. IV, *De praebendis et dignitatibus*, cap. II, fol. 94 v°; expõe as razões pelas quais, segundo os franceses, os reis da França e da Inglaterra possuíam certos direitos de colação eclesiástica: "Item ad solum manus tactum certos infirmos sanare dicuntur". J. Andrea morreu em 1348; ver acima; Felino Sandei (1444-1503): *Commentaria in V libros Decretalium*, folio, Basileia 1567, lib. II, tit. XX, cap. LII, p. 823: segundo este autor, para que um santo pudesse ser canonizado, não bastava provar a realização de milagres, mas também "sanctimonia vitae": "quia multi non sancti faciunt miracula, aut vi verborum: ut consecratio eucharistiae, aut vi parentelae, ut Rex Franciae, vel illi de domo sancti Pauli arte magica". Sobre a "Família de São Paulo", bruxos italianos que remontavam sua origem ao apóstolo dos gentios, ver abaixo. Sobre a teoria de Sandei, ver também discussão posterior.

[3] Discutido acima.

[4] De Maulde, *Les origines de la Révolution française*, pp. 26-27 (27 de dezembro de 1478)

[5] Elphinstone, o futuro bispo de Aberdeen, enviado em 1479 por Jaime III a Luís XI; o discurso é reproduzido (e talvez retocado) por Hector Boetius, *Murthlacencium et Aberdonensium episcoporum vitae*, ed. J. Moir (*New Spalding Club*), in-4°, Aberdeen, 1894, p. 73 (a primeira edição das vidas é de 1522).

da cavalaria, fora colocada sob a proteção do arcanjo, tornando-se verdadeiramente em santuário nacional e dinástico, o abade André Laure mandou executar, para o coro da igreja abacial, esplêndidos vitrais. Um deles, na capela retangular que se chamava então Saint-Michel du Circuit, foi dedicado à coroação dos reis da França; neles, foram distribuídos, em vários compartimentos, os episódios essenciais da cerimônia; o dom taumatúrgico que – como o abade, sem dúvida, pensava – deveria ser considerado consequência da unção, não fora esquecido; um dos medalhões superiores lhe foi reservado. Em 1864, o padre Pigeon, autor de *Um Novo Guia Histórico e Descritivo do Mont Saint-Michel*, descreveu-o da seguinte forma: "O segundo medalhão representa o rei que, após ter comungado sob as duas espécies, encontra-se em um parque onde um número considerável de doentes está reunido, tocando um a um com sua mão direita, da fronte ao queixo e de uma face a outra". Infelizmente!, não podemos confrontar essa descrição tão mediocremente precisa com o original. Entre tantos outros crimes contra a arte, a administração penitenciária, a quem o Monte por muito tempo foi confiado, permitiu a destruição ou a dilapidação do mais antigo dos monumentos que a fé dos súditos erguera para a glória do milagre real. Do vitral da coroação, nada mais resta[1]. Mas pense na glória que foi para o milagre real ocupar um lugar entre as imagens dos milagres dos santos que uma igreja oferecia à veneração dos fiéis! A antiga crença no poder taumatúrgico dos príncipes parecia ter triunfado definitivamente, não apenas, como vimos acima, sobre as rivalidades políticas, mas também sobre a hostilidade, surda ou violenta, que por muito tempo testemunharam os mais ativos elementos da opinião eclesiástica.

§ 5. *O toque das escrófulas e as rivalidades nacionais; tentativas de imitação*

Apenas duas famílias reais praticavam o toque da escrófula nos séculos XI e XIII: os Capetos na França, e os príncipes normandos e seus herdeiros, os Plantagenetas na Inglaterra. Elas competiam entre si; além disso, não podiam deixar de provocar a inveja das outras casas régias. É importante estudar, em relação a essas pretensões rivais entre si, capazes ainda de criar rivalidades comuns, as reações do orgulho nacional ou dinástico.

Constata-se, não sem certa surpresa, que a maioria dos escritores franceses ou ingleses, na Idade Média, aceitava, sem amargores de ambos os lados, as curas realizadas pelo monarca estrangeiro. Guibert de Nogent, negando a Henrique qualquer poder taumatúrgico, não encontrou imitadores. Os mais patriotas geralmente silenciavam a respeito dos prodígios realizados do lado oposto do Canal; ou, por vezes, e sem maiores detalhes, afirmavam que apenas seu próprio rei sabia curar.

Porque ele cura as escrófulas

---

[1] Veja abaixo o Apêndice II, n. 1 (para a miniatura que representa o milagre de S. Eduardo), e n. 2 (para o vitral do Mont Saint-Michel).

Apenas as tocando

Sem tratá-las com emplastros,

Algo que outros reis não podem fazer[1],

cantava sobre Filipe o Belo o poeta-soldado Guillaume Guiart. Mas ninguém, mesmo entre os mais fanáticos, foi tão longe a ponto de iniciar uma verdadeira controvérsia sobre o tema. Quanto aos espíritos conciliadores, como o médico Bernard de Gourdon[2], não hesitaram em reconhecer a mesma virtude maravilhosa em ambas as dinastias. Esta moderação é ainda mais surpreendente porque pode ser contrastada com a atitude completamente diferente, como se verá, adotada nos tempos modernos pelos patriotas dos dois países; de fato, a partir do século XVI, foi o ódio religioso, muito mais do que as paixões nacionais, que impediu os franceses de admitir o milagre inglês, e vice-versa. Nada disso existia antes da Reforma. Além disso, a fé no maravilhoso era muito profunda, na Idade Média, para que alguém olhasse tão minuciosamente para outra manifestação sobrenatural. O estado de espírito dos franceses em relação ao rito inglês, ou dos ingleses em relação ao rito francês, não deixa de ser semelhante àquele dos devotos do paganismo que, fiéis ao deus de sua cidade e considerando-o mais forte e mais benfazejo que os demais, não se viam, por isso, obrigados a rejeitar a existência das divindades das nações vizinhas:

Eu tenho o meu Deus a quem sirvo, você servirá aos seus.

São dois deuses poderosos.

Fora dos dois grandes reinos ocidentais, a opinião comum parece ter admitido com grande benevolência o toque da escrófula. Sua eficácia só foi contestada, mais ou menos abertamente, por alguns raros escritores, que não obedeciam precisamente a preconceitos nacionalistas: o bispo português Álvarez Pelayo e o Papa Pio II, que falavam a partir da ortodoxia eclesiástica e do ódio ao galicanismo; o médico flamengo Jean d'Ypres, adversário da flor de lis por razões que quase se poderia denominar de política doméstica. Por sobre tudo isso, como já sabemos, desde os primeiros anos do século XIV, os Capetos, e talvez também os Plantagenetas, viam chegar a eles pessoas doentes de países estrangeiros: uma prova impressionante da universalidade de sua fama para além das fronteiras.

Mas, ainda que não se negasse, em quase todos os lugares, em reconhecer o poder dos reis taumaturgos da França e da Inglaterra, por vezes se tentou, em

[1] *Histor. de France*, XXII, p. 175 v. 204 e ss..; cf. abaixo. Assim mesmo, Jean Golein (cf. abaixo) considerava o rei da França possuir "esta prerrogativa sobre todos os outros reis, sejam eles quem forem"; o rei da Inglaterra era então o inimigo.

[2] Texto citado acima. Thomas Bradwardine, na passagem reproduzida acima, reconheceu, embora sendo inglês, o poder milagroso da dinastia francesa; mas, escrevendo em 1344, ele, sem dúvida, considerava seu senhor, Eduardo III, como o herdeiro legítimo dos Capetos, bem como dos Plantagenetas: o que remove algum valor de sua imparcialidade.

diversas regiões, criar concorrentes. Em que consistiram esses esforços? Ou, para colocar o problema de uma forma mais abrangente: existiriam na Europa, em lugares diferentes que os dois Estados vistos até aqui, príncipes médicos, exercendo sua arte, fosse pela imitação de práticas francesas ou inglesas ou – pois não se pode descartar *a priori* qualquer possibilidade – em virtude de uma tradição nacional independente? É o que examinaremos a seguir.

Para que tivéssemos o direito de dar uma resposta definitiva a esta questão, seria necessário proceder a uma análise, praticamente infinita, de textos de todas as origens. Minhas pesquisas foram forçosamente limitadas. Felizmente, os estudos dos eruditos do Antigo Regime, especialmente franceses e hispânicos, ofereceram uma valiosa ajuda. Os resultados que vou apresentar, embora de natureza provisória, podem, acredito, ser considerados bastante prováveis. Examinarei o problema como um todo, mesmo que venha a sair por um momento do quadro cronológico fixado no início deste capítulo. Alguns dos testemunhos que estudaremos são, na verdade, posteriores à Idade Média. Mas nenhuma tentativa séria no caminho indicado foi realizada após o início do século XVI; e seu fracasso – porque, tanto quanto pude verificar, todos fracassaram –, funcionando como uma espécie de contraprova, pode nos oferecer conclusões importantes sobre os motivos que explicam o nascimento e o desenvolvimento de ritos de cura nos reinos capeto e inglês durante o período medieval.

Vamos primeiro abordar rapidamente algumas afirmações infundadas relativas a diferentes Estados da Europa. No início do século XVII, dois polemistas franceses, Jerome Bignon e Arroy, preocupados em assegurar aos Bourbons uma espécie de privilégio taumatúrgico, opunham os milagres que o rei da França operava por simples contato, às curas realizadas pelos reis da Dinamarca que, afirmavam, curavam o mal caduco, isto é, a epilepsia, mas apenas graças a "um remédio secreto"[1]. Sem dúvida, pretendiam responder ao argumento proposto por algum publicista do campo adversário que não consegui identificar. Nenhum fato na história dinamarquesa, ao que me parece, vem justificam tal afirmação. Alguns escritores, devotos aos Habsburgos, atribuíram aos reis da Hungria (cujo título, tal como sabemos, foi herdado pelos chefes da casa da Áustria), a partir do século XVI, o poder de curar a icterícia. A escolha desta doença é explicada por um vestígio do vocabulário científico da antiguidade clássica; muitas vezes se denominava a icterícia, por razões que nos escapam, pelo nome de mal real, *morbus regius*. Em todos os aspectos, o talento maravilhoso atribuído aos reis da Hungria parece ter sido nada mais que apenas uma fábula erudita; pelo menos, não se conhece evidência de que algum dia o tenham posto em prática; e, sobre isso, podem-se repetir as sábias palavras

---

[1] P. H. B. P. (Jérôme Bignon) *De l'excellence des Roys et du royaume de France*, pequeno em 8°, 1610, p. 510; Besian Arroy, *Questions décidées*, 1634, p. 40-41. Não aparece nenhuma referência a esta tradição, completamente fabricada, em dúvida, em qualquer erudito dinamarquês. Chr. Barfoed, sobre a cura das doenças pelo toque: *Haands-Paalaeggelse*, Copenhague 1914.

escritas por um autor anônimo, em 1736, na *Biblioteca racionalizada das obras dos eruditos da Europa*: "Teriam sido muito pouco caridosos para exercer tal dom, caso realmente o tivessem"[1].

A crença no poder de cura de reis e príncipes foi certamente duradoura na Alemanha. Encontramos o eco desta crença em uma curiosa declaração de Lutero, encontrada em seu *Tischreden*:

> Há algo de milagroso em ver como alguns remédios – e se os menciono, é porque estou bem informado sobre este ponto – são eficazes quando aplicados pelas mãos de grandes príncipes ou senhores, enquanto nada fazem se o forem por algum médico. Ouvi dizer que os dois eleitores da Saxônia, duque Frederick e duque Jean, possuem uma água para os olhos que só age quando eles mesmos a administram, seja a causa da doença calor ou frio. Um médico não ousaria dar este remédio. Da mesma forma como na teologia, que é do ponto de vista espiritual que devemos aconselhar as pessoas: tal pregador tem mais graça para consolar ou educar a consciência do que um outro[2].

Mas essas noções flutuantes nunca parecem ter seriamente se concretizado. Alguns senhores, como os eleitores saxões, sem dúvida possuíam remédios de família; existe hoje, na Biblioteca de Gotha, três volumes de manuscritos preservados e, até onde possa saber, inéditos, no qual o eleitor

---

[1] O poder de cura da icterícia foi reconhecido aos reis da Hungria pelo jesuíta Melchior Inchofer, *Annales ecclesiastici regni Hungariae*, ed. de 1797, III, Presburgo, p. 288-89 (assim como o poder de cura, pelos reis da Inglaterra (?), de curar picadas venenosas); a primeira edição é de 1644. A mesma tradição se encontra comprovada na França por Du Laurens, *De mirabili*, p. 31; Mathieu, *Histoire de Louis XI*, p. 472 (Segundo Du Peyrat, *Histoire ecclesiastique*, p. 793; Balthasar de Riez, *L'incomparable piété des tres chrestiens rois de France*, 1672, II, p. 151-152); no país espanhol por Armacanus [Jansénius], *Mars Gallicus*, p. 69; é notório, por fim, que estes autores se copiavam mutuamente. A passagem citada pode ser encontrada na *Bibliothèque raisonnée*, XVI, I (Amsterdam 1736), p. 153 (c. r. de Mathias BEL, *Notitia Hungariae novae*). Para a palavra *morbus regius*, ver acima.

[2] XXIV, 9, ed. Förstemann, III, pp. 15-16: "Aber Wunder ist es (dass ich dieses auch sage, dess ich gewiss bericht bin), dass grosser Fiirsten und Herrn Arznei, die sie selbst geben und appliciren, kräftig und heilsam sind, sonst nichts wirkte, wenns ein Medicus gäbe. Also höre ich, dass beide Kurfiirsten zu Sachsen etc. Herzog Friedrich und Herzog Johanns, haben ein Augenwasser, das hilft, wem sie es geben, es komme die Ursach der Augenweh aus Hitze oder aus Kälte. Ein Medicus dürfte es nicht wagen noch geben. Also in Theologia, da den Leuten geistlich gerathen wird, hat ein Prediger mehr Gnade, betrübte Gewissen zu trosten und lehren, dem ein ander". A edição de *Tischreden* de Förstemann reproduz a edição *princeps*, doada em 1566, por Eisleben a Aurifaber; ou, como se sabe, o texto de Aurifaber está sempre sobre suspeita. Infelizmente, na edição crítica das obras, conhecida como a "de Weimar", *Tischreden* aparece também incompleta; a ausência de um índice torna a busca quase impossível dentro de volumes parecidos.

Jean, precisamente um daqueles que Lutero cita, mandou registar informações de ordem médica ou farmacêutica, e onde talvez possamos encontrar como fabricar o *Augenwasser*, tão maravilhosamente efetivo[1]. O remédio, quando os próprios príncipes o administravam, era considerado particularmente eficaz. Mas o contato de suas mãos não funcionava sozinho. E sobretudo jamais se identificou a organização de práticas rituais regulares e duradouras.

Alguns escritores, no entanto, reivindicavam para os Habsburgo um verdadeiro poder taumatúrgico; o mais antigo deles, e sem dúvida sua fonte comum, é um monge suábio, Felix Fabri que, no final do século XV, compôs uma *Descrição da Alemanha, da Suábia e da Cidade de Ulm*, onde encontramos o seguinte:

> Lemos nas crônicas dos condes de Habsburgo que esses senhores receberam uma tal graça dada que, qualquer pessoa que sofresse de escrófula ou gota e que recebesse sua bebida das mãos de um deles, logo encontrava o uso de uma garganta saudável e graciosa: isso foi muitas vezes visto no Albrechtstal na Alta Alsácia, um país onde há homens escrofulosos por natureza; eles se faziam curar como acabei de dizer, na época em que esse vale pertencia aos condes de Habsburgo ou aos duques da Áustria. Além disso, é fato notório e muitas vezes provado que qualquer gago, mesmo que pedisse, se fosse abraçado por um desses príncipes, logo adquiria uma fala fácil, tanto quanto sua idade o permitisse[2].

Estas são, de fato, belas fábulas, dignas do grande viajante Felix Fabri. É difícil levá-las a sério. A alusão a Albrechtstal suscita especialmente suspeita; este território, mais conhecido hoje em dia como Val de Villé, que Rodolphe de Habsbourg recebeu como dote de sua esposa no ano de 1254, saiu das mãos da casa da Áustria em 1314 e jamais foi recuperado[3]. Seria mais fácil confiar no Monge de Ulm se ele tivesse colocado as mais espetaculares curas dos

---

[1] E. S. Cyprianus, *Catalogus codicum manuscriptorum bibliothecae Gothanae*, in-4°, 5754, p. 22, num. LXXII-LXXIV.

[2] Felicis Fabri *monachi Ulmevsis Historiae Suevorum*, lib. I, c. XV, em Goldast, *Rerum Suevicarum Scriptores*, folio, Ulm 1727, p. 60: "Legimus enim in Chronicis Comitum de Habspurg, quod tantum donum gratis datum habeant, ut quicunque strumosus aut gutture globosus de mânu alicuius Comitis de Habsburg potum acceperit, mox sanum, aptum et gracile guttur reportabit. quod sepe visum est in valle Albrechztaal in Alsatia superiori, in qua sunt homines strumosi naturaliter, qui passim praedicto modo sanabantur, dum vallis adhuc esset illorum Comitum vel Austriae Ducum. Insuper notorium est, et sepe probatum, quod dum quis balbutiens est, vel impeditioris linguae, si ab uno Principe de praemissis sine alio quocunque suffragio osculum acceperit, officium loquendi disertissime aetati suae congruum mox patenter obtinebit". Sobre o autor, veja-se em último lugar a Max Haeussler, *Felix Fabri aus Ulm und seine Stellung zum geistlichen Leben seiner Zeit (Beitrage zur Kulturgeschichte des Mittelalters... 15)*, 1914.

[3] O. Redlich, *Rudolf von Habsburg*, Innsbruck 1903, p. 87; Th. Nartz, Le Val de Villé, Strasbourg 1887, p. 17; *Das Reichsland Elsass-Lothringen*, III, pp. 1191-1192.

Habsburgos em um lugar diferente do que em um país onde, em seu tempo, havia mais de um século e meio que lá não exerciam seu poder. Certamente, não pensaria em imaginar tais histórias se, a seu redor, todos já não estivessem habituados a considerar os reis como seres dotados de todo tipo de virtudes maravilhosas; ele enfeitou um tema popular, mas o enfeite parece ser invenção sua. Pelo menos nenhum outro testemunho o confirma; historiadores posteriores apenas o repetem; com ainda menor precisão[1]. Se os Habsburgo tivessem praticado um ritual de cura, como seus rivais na França e na Inglaterra, seria possível acreditar que estaríamos limitados a parcas informações sobre esta manifestação milagrosa presentes nos relatos de um obscuro cronista suábio, e às vagas afirmações de certos publicistas contratados da Áustria ou da Espanha?

Nós já conhecemos Alvarez Pelayo. Lembremos que certa vez ele qualificou de "mentira e fantasia" as pretensões dos reis franceses e ingleses. Mas, ele nem sempre foi tão severo em relação à taumaturgia real. O interesse de seus protetores, e sem dúvida também seu próprio patriotismo, por ao menos uma vez silenciou sua ortodoxia. Talvez nascido nos Estados de Castela, criado em todo caso na corte castelhana, escreveu pouco depois de 1340 para o soberano deste país, Alfonso XI, um *Espelho de reis*. Ele tentou provar que o poder temporal, embora fruto do pecado, recebera, no entanto, sanção divina. Eis aqui uma de suas provas:

> Os reis da França e da Inglaterra possuem, diz-se, uma virtude (de cura); do mesmo modo, os piedosos reis da Espanha, de quem tu descendes, possuem uma semelhante, que atua sobre os possuídos e sobre alguns doentes que sofrem de vários males: eu mesmo vi na minha infância seu avô, o rei Sanches [Sanches II, que reinou de 1284 a 1295], junto a quem me criei, colocar o pé na garganta de um endemoniada, que enquanto isso, cobria-o com insultos, e ler algumas palavras tomadas de um pequeno livro, expulsando o demônio da mulher e deixando-a perfeitamente curada[2].

Até onde eu sei, esta é a primeira evidência que temos do talento de exorcista reivindicado pela casa de Castela; note-se que, ao contrário do que

---

[1] A tradição segundo a qual os Habsburgo podiam curar as escrófulas – negado por Camerarius, Operae horarum subcisivarum, 1650, p. 145 – se encontra em Armacanus [Jansenius], *Mars Gallicus*, 1636, p. 69; no jesuíta Melchior Inchofer, *Annales ecclesiastici regni Hungariae*, ed. 1797, III, p. 288. Raulin, *Panégyre*, p. 176, acredita que curavam "o bócio e o pescoço inchado".

[2] *Speculum regum*, ed. R. Scholz, *Unbekannte kirchenpolitische Streitschriften*, II, p. 517: "Reges Francie et Anglie habere dicuntur virtutem; et reges devoti Yspanie, a quibus descendis, habere dicuntur virtutem super energuminos et super quibusdam egritudinibus laborantes, sicut vidi, cum essem puer, in avo tuo, inclito domino rege Sancio, qui me nutriebat, quod a muliere demoniaca ipsum vituperante tenentem pede super guttur eius et legentem in quodam libelo ab ea demonem expulsit et curatam reliquit".

acabamos de encontrar em Félix Fabri, Alvarez relata um fato específico, do qual pode muito bem ter sido testemunha. A mesma tradição é encontrada em vários autores do século XVI[1]. Não temos o direito de colocá-los em dúvida. Com toda a probabilidade, o povo de Castela realmente atribuía a seus reis o poder de curar tais doenças nervosas que, naquele tempo, eram consideradas de origem demoníaca; além disso, não há afecção que ofereça um terreno mais favorável ao milagre, a forma primitiva da psicoterapia. Provavelmente houve certo número de curas isoladas, como a que Alvarez relata de dom Sanches; mas aqui também, a crença não parece ter dado origem a um rito regular; e parece ter tido apenas uma frágil vitalidade. No século XVII, já não era mais do que uma memória, explorada pelos apologistas da dinastia, mas sem qualquer apoio popular. Conheceu céticos confessos, até mesmo na Espanha. Um médico desta nação, Dom Sébastien de Soto, nega-o, em uma obra intitulada, de forma bizarra, *Sobre as doenças que tornam lícito às freiras deixarem o claustro*. Outro médico, dom Gutierrez, mais fiel à religião monárquica, respondeu-lhe nestes termos: "Seus argumentos [de don Sébastien] são sem valor; ele conclui que, sendo inexistentes quaisquer atos, não existe poder; é como se ele dissesse que Deus, porque não produziu e não produzirá todas as criaturas possíveis, é incapaz de produzi-las; igualmente, nossos reis possuem essa virtude, mas por humildade não a exercem"[2]. Assim, opositores e defensores do poder antidemoníaco atribuído aos reis de Castela concordavam, neste momento, em pelo menos um ponto: que esse poder jamais teve a oportunidade de ser, efetivamente, colocado à prova. Em outras palavras, ninguém mais realmente acreditava nele.

Médicos de possuídos, pelo menos de forma honorária, enquanto herdeiros dos reis de Castela, os reis de Espanha, no século XVII, às vezes eram tidos, aos olhos de seus partidários, como também capazes, como os reis da França, de curar a escrófula; e isso, diziam os doutos, enquanto sucessores da outra grande dinastia ibérica: a dinastia aragonesa. Na verdade, conhecemos pelo menos um príncipe aragonês do final da Idade Média a quem a superstição popular, habilmente explorada por um partido político, atribuiu a ele após sua morte e

---

[1] Seria muito extenso e, além disso, irrelevante, citar todos os autores do século XVII que trataram da tradição relativa à cura das endemoniadas pelos reis de Castela; será suficiente remeter novamente a Gutierrez, *Opusculum de Fascino*, 1653, p. 153 e a Gaspar A. Reies, *Elysius*, 1670, pp. 261 a 342, que apresenta abundantes referências. A mesma tradição se encontra na França em Albon. *De la maiesté royalle*, Lyon 1575, p. 29 v°, em Du Laurens, *De mirabili*, p. 31 e em diversos autores que se inspiraram neste último.

[2] Gutierrez, *Opusculum de Fascino*, 1653, pp. 155-156: "vana eius est arguties, ab actu negative ad potentiam, quasi dicerat Deus non produxit creaturas possibiles, imo non producet, ergo non est illarum productiuus, haec illatio undique falsa est, sed Reges nostri humili majestate ducti illius virtutis exercitio non intendunt, omne huiusce modi ius sacris Sacerdotibus relinquentes. Turn quia minus, quam exteri, his nouitatibus Hispani delectamur". Conheço a obra de Sébastien de Soto, *De monialium clausura licite reseranda ob morbos*, apenas por meio da refutação de Gutierrez.

talvez até mesmo – mas isso é menos certo – ainda durante sua vida, dentre outras curas maravilhosas, aquela da escrófula: é don Carlos de Viane. Quando este infante de Aragão e Navarra encerrou em Barcelona, em 23 de setembro de 1461, seu destino aventureiro e trágico, seus seguidores, que desejavam fazer dele, em vida, portador da bandeira da independência catalã, procuraram – sendo incapazes de usar nada mais senão sua memória – torná-lo um santo. A seu cadáver foram atribuídos milagres. Luís XI, em carta de condolências dirigida aos deputados da Catalunha, já em 13 de outubro, aludia expressamente a esses oportunos prodígios. Uma mulher escrofulosa, em particular, teria sido curada no túmulo; vejamos sob quais termos um relato contemporâneo menciona o fato: "Uma mulher que não teve a oportunidade de se apresentar ao Príncipe durante sua vida disse: 'Eu não pude vê-lo durante sua vida para que fosse curada por ele. Mas eu confio que ele me responderá após sua morte.'" Não está muito claro em como entender a importância dada a este tema; para que pudéssemos concluir com certeza que dom Carlos, antes de se tornar cadáver, desempenhara papel de médico, seria necessário um número maior e mais confiável de testemunhos. Mas que seus restos realmente passaram a possuir o dom benfazejo de aliviar enfermidades, e especialmente a escrófula, não resta dúvida. Seu culto, apesar de privado da sanção oficial da Igreja, foi bastante próspero nos séculos XVI e XVII; seu santuário principal era a abadia de Poblet, para além de Barcelona, onde descansava o corpo milagroso. Entre as relíquias, uma mão era objeto de uma particular veneração; seu contato, dizia-se, libertava das escrófulas[1].

O caso de dom Carlos é curioso. Devemos ver nele um exemplo de uma tendência de espírito que nossas pesquisas nos tornarão cada vez mais familiares; em todos os países, a opinião coletiva inclinava-se a representar, como taumaturgos, os personagens nascidos de sangue augusto e destinados à coroa, sobretudo quando algo em sua vida parecia exceder a sorte comum: especialmente quando ilustres e não merecidos infortúnios conferia-lhes – como ocorreu ao infeliz príncipe de Viane – o halo do martírio. É provável, além disso, que nos países fronteiriços à França e, como a Catalunha, perpassados por influências francesas, os milagres reais tomassem naturalmente a forma clássica dada pelo exemplo capetíngio na imaginação dos povos; o contágio

---

[1] A pesquisa acima mencionada, contida nas memórias de um canônico de Mallorca, Antoni de Busquets, foi publicada por M. Aguilo em *Calendari Catalá pela l'any 1902*, editado pelo Sr. Joan Bta. Batle. Infelizmente não consegui obter este livro. Conheço apenas a tradução da passagem sobre a escrófula, dada por M. Batista Y Roca, *Notes and Queries*, 1917, p. 481. Sobre os milagres póstumos e o culto de dom Carlos, veja G. Desdevises du Désert, *Don Carlos d'Aragon, prince de Viane, 1889*, p. 396 e ss. Carta de Luís XI na ed. da *Soc. de l'histoire de France*, II, num III. Nas relíquias de Poblet, testemunho curioso no relato do viajante francês Barthélemy Joly que visitou o mosteiro em 1604, *Hispanic Review*, XX (1909), p. 500. De acordo com J. Valdesius, *De dignitate regum regnortungue Hispaniae*, 1602, em Poblet se venerava um braço de S. Luís que se pensava igualmente curar a escrófula. Teria havido confusão entre os poderes atribuídos às duas relíquias?

neste caso é muito mais fácil, pois dom Carlos descendia, por parte de mãe, da dinastia dos Capetos de Navarra. Mas não há qualquer vestígio que um rito regular de toque tivesse se desenvolvido na corte de Aragão.

Quanto às alegações dos polemistas hispanizantes do século XVII [1], reivindicando para seus mestres o dom de curar os escrofulosos, só podem ser consideradas como uma vã tentativa de aumentar o prestígio dos Habsburgos da Espanha, às custas do privilégio dos monarcas franceses. Sabemos, a partir de um grande número de testemunhos que, naquele momento e no século anterior, muitos espanhóis viajaram à França expressamente para serem tocados; e outros buscaram Francisco I, com o mesmo objetivo, quando este último, prisioneiro após Pavia, desembarcou na costa aragonesa [2]. Esta vontade só pode ser explicada porque tal cerimônia jamais ocorrera em Madri ou no Escorial.

Na Itália, finalmente, nas últimas décadas do século XIII, um soberano procurou se estabelecer como médico, ou pelo menos seus partidários procuraram representá-lo como tal; já o encontramos em nossa caminhada: trata-se de Charles de Anjou[3]. Ele era da linha capetíngia. O sangue da França correndo em suas veias foi, sem dúvida, seu melhor título para o papel de curandeiro. Somos, porém, informados a respeito desta tentativa apenas por uma frase, muito breve, como vimos, de Tolomeo de Lucca; não há indícios de que os reis angevinos de Nápoles tenham seriamente perseverado nela.

Assim, os ritos franceses e ingleses conseguiram excitar, no decorrer do tempo, os ciúmes de alguns publicistas e induzi-los a reivindicar, para seus próprios soberanos, um poder semelhante; mas nunca foram realmente imitados. E mesmo onde, como em Castela, em que uma crença análoga à que floresceu em ambas as margens da Mancha sobreviveu por algum tempo, ao que parece, em uma existência original, faltou-lhe o vigor necessário para fazer nascer uma instituição regular e realmente viva. Qual a origem do monopólio das curas reais mantido pela França e pela Inglaterra?

Problema infinitamente delicado e, na verdade, praticamente insolúvel. O historiador já tem dificuldades em explicar a ocorrência de fenômenos positivos; que dizer das dificuldades de sua tarefa quando se trata de fornecer os motivos de um não-ser? Neste caso, toda sua ambição deve quase sempre se limitar a apresentar considerações que são mais ou menos verossímeis. E aqui estão aquelas que, segundo me parecem, explicam, ao mínimo possível, esta incapacidade taumatúrgica revelada pela maioria das dinastias europeias.

Quando estudamos o nascimento do toque, acreditamos ter descoberto uma causa profunda além de causas ocasionais: a causa profunda seria a crença

---

[1] Por exemplo, J. Valdesius, *De dignitate regum regnorumque Hispaniae*, in-4°, Granada 1602, p. 140; Armacanus [Jansenius], *Mars Gallicus*, p. 69; Gaspar A. Reies, *Elysius*, p. 275 (que atribuem uma origem aragonesa ao poder); Gutierrez, *Opusculum de fascino*, p. 153. Estes autores remetem a P. A. Beuter, *Cronica generale d'Hispagna*. Como a ocorreu a Batista e Roca (*Notes and Queries*, p. 481), não consegui encontrar a passagem a que se refere o autor.

[2] Discutido abaixo.

[3] Discutido acima.

no caráter sobrenatural da realeza; as causas ocasionais seriam, no caso da França, a política da dinastia dos Capetos em seus inícios, e na Inglaterra, a ambição e a habilidade do rei Henrique I. A crença era comum a toda a Europa Ocidental. O que faltou aos demais estados que não a França ou a Inglaterra foram, portanto, apenas as circunstâncias particulares que, nestes dois reinos, permitiram que as noções, até então um pouco vagas, assumissem nos séculos XI e XII a forma de uma instituição precisa e estável. Pode-se supor que, na Alemanha, as dinastias saxãs ou suábias derivavam da coroa imperial demasiada grandeza para que sonhassem em atuar como médicos. Em outros países, sem dúvida, nenhum soberano foi suficientemente astuto para conceber tal projeto, ou bastante ousado, perseverante ou com prestígio pessoal, para conseguir impô-lo. Houve algo de acaso ou, caso se prefira, de gênio individual na gênese dos ritos francês ou inglês. Ao que parece, foi o acaso, entendido também no mesmo sentido, que explicaria a ausência de manifestações semelhantes em outros lugares.

Quando, em torno do século XIII, ou pouco depois, a fama das curas praticadas pelos Capetos e pelos Plantagenetas se difundiu por todo o mundo católico, é possível pensar que mais de um príncipe os tenha invejado. Mas já era provavelmente muito tarde para se construir uma imitação com qualquer possibilidade de sucesso. Os ritos francês e inglês tinham a seu favor a maior força daquela época: a tradição. Um milagre atestado por gerações: quem ousaria seriamente negá-lo? Mas criar um novo milagre, que a doutrina eclesiástica, desfavorável em princípio à realeza taumatúrgica, sem dúvida teria atacado, seria uma tentativa por demais perigosa que talvez sequer tenha sido tentada – algo que não sabemos –, e quase inevitavelmente destinada ao fracasso. A França e a Inglaterra não perderam o privilégio que uma prática tão antiga assegurava.

A concepção de uma realeza sagrada e maravilhosa, auxiliada por algumas circunstâncias fortuitas, deu à luz ao toque da escrófula; profundamente enraizada nas almas, foi-lhe permitido sobreviver a todas as tempestades e assaltos. É provável, além disso, que tenha extraído dela uma nova força. Começou-se por dizer, com Pierre de Blois: os reis são seres santos; vamos até eles; sem dúvida receberam, dentre tantas outras graças, o poder de curar. Então se disse, como o autor da *Quaestio in utramque partem*, sob Filipe o Belo: o meu Rei cura; ele então não é um homem como os demais. Mas não basta ter mostrado a vitalidade, durante os últimos séculos da Idade Média, ou mesmo o florescimento de práticas primitivas. Ao menos na Inglaterra, surgiu um segundo rito de cura, inteiramente diferente do antigo: a benção dos anéis medicinais, supostamente soberanos contra a epilepsia. É conveniente estudar agora esta nova eflorescência de velhas crenças.

Capítulo II. O segundo milagre da realeza inglesa: os anéis medicinais

§ 1. O rito dos anéis no século XIV

Na Idade Média, todos os anos, na Sexta-feira Santa, os Reis da Inglaterra, como todos os bons cristãos, adoravam a cruz. Na capela do castelo onde se encontravam naquele momento, usualmente se erguia uma cruz; pelo menos até o século IV, tratava-se da "Cruz Gneyth"; era o nome de uma relíquia milagrosa que, aparentemente, Eduardo I havia conquistado junto aos gauleses, e se acreditava ser um pedaço da mesma madeira em que Cristo fora pregado[1]. O rei se colocava a uma pequena distância da cruz, prostrava-se e, sem se erguer, aproximava-se lentamente da insígnia divina. Tal era a atitude prescrita para este ato por todos os liturgistas: "É necessário", dizia Jean d'Avranches, "que, neste gesto de adoração, a barriga esteja ao solo, pois, de acordo com Santo Agostinho, em seu comentário ao Salmo 43, a genuflexão não é uma humilhação perfeita; mas aquele que se humilha lançando-se completamente no solo, nada há mais ele que permita mais humilhação"[2]. Uma curiosa miniatura de um manuscrito da Blbiothèque Nationale, contendo a vida de São Luís, por Guillaume de Saint-Pathus [3], mostra o piedoso rei na realização mais conscienciosa desse rito, que os textos em linguagem na palavra inglesa designam com a expressão bem característica de "*creeping to the cross*": "rastejar à cruz"[4]. Até então, nada havia o que diferenciasse os costumes ingleses daqueles universalmente em vigor na Igreja Católica.

Mas sob os Plantagenetas, ao mais tardar sob o reinado de Eduardo II, o cerimonial da "Boa Sexta-feira" – ainda hoje, lá assim se denomina a Sexta-feira Santa – ficou mais complexa para os reis com a adição de uma prática singular, que não pertencia ao ritual corrente. Vejamos o que ocorria naquele dia na capela real, no tempo de Eduardo II e seus sucessores, até Henrique V, inclusive.

Uma vez que findavam suas prosternações, o monarca inglês, aproximando-se do altar, depositava como oferenda certa quantidade de ouro e prata, sob a forma de belas peças de moedas, florins, nobles ou esterlinas; pegava então essas moedas, "resgatava-as", como se dizia, colocando em seu

---

[1] Cf. Liber Quotidianus contrarotulatoris garderobae (Soc. of Antiquaries of London), in-4°, Londres 1787, Glossary, p, 365; Hubert Hall, The antiquities and curiosities of the Exchequer, 2e ed., in-12, Londres 1898, p. 43.

[2] Migne, P.L., t. 147, col. 51: "Adoratio omnium ita fiat, ut uniuscuiusque venter in terra haereat; dum enim juxta Augustinum in psalmo XIIII genu flectirun, adhuc restat quod humilietur; qui autem sic humiliatur ut totus in terra haereat, nihil in eo amplius humilitatis restat". Cf. sobre este rito, J.D. Chambers, *Divine worship in England in the thirteenth and fourteenth centuries*, in-4°, Londres 1877, Appendix, p. XXXI; e E.K. Chambers, *The Medioeval Stage*, II, p. 17, n. 3 (bibliografia).

[3] Lat. 5716, fol. 63; reproduzido por Joinville, ed. N. de Wailly, in-4°, 1874, p. 2.

[4] J. A. H. Murray, *A new English Dictionary*, no verbete *creep* (o texto mais antigo, de cerca de 1200).

lugar certa quantia equivalente em qualquer dinheiro e, com os metais preciosos que foram em um momento oferecidos, e quase imediatamente recuperados, ordenava, logo a seguir, que se fizessem anéis. É claro que tais anéis, o último ato de um complexo conjunto de operações, não eram comuns. Passavam a ter a capacidade de curar certas doenças daqueles que as carregavam. Quais, exatamente? Os documentos mais antigos não especificam: *"Anulx a doner pour medicine as divers gentz"* [Anéis dados, como remédios, a várias pessoas], afirma uma ordenança de Eduardo II; *anuli medicinales*, limitam-se a indicar as contas da Casa Real. Mas no século XV, surgem textos mais explícitos: vê-se que esses talismãs aliviavam dores ou espasmos musculares e, mais particularmente, a epilepsia: daí o nome de *cramp-rings*, anéis contra a cãibra, que os encontramos aplicados a eles nesta época, utilizados ainda hoje pelos historiadores ingleses para designá-los. Como se verá a seguir, o estudo da medicina popular comparada tende a provar que, desde seus inícios, foram considerados especializados neste tipo específico de curas milagrosas[1].

Trata-se de um rito estranho, de certa forma complementar ao do toque, mas diferentemente dele, pois privativo à realeza inglesa; a França não apresenta nada de similar. Como devemos representar sua gênese?

§ 2. As explicações lendárias

Quando a fé na virtude maravilhosa dos *cramps-rings* atingiu seu apogeu, foram buscados, como seria de se esperar, patronos lendários. A elevada figura de José de Arimateia domina a história poética do cristianismo inglês; discípulo de Cristo, teria sido ele que, de acordo com os Evangelhos, tivera a honra de enterrar o cadáver do Crucificado; e fora ele, segundo os autores piedosos, quem anunciara pela primeira vez a Boa Nova aos povos da ilha da Bretanha: uma crença lisonjeira para uma igreja em busca de origens quase apostólicas; já na Idade Média, os romances da Távola Redonda tornaram-no familiar a um vasto público. Imaginou-se que esse personagem de prestígio também trouxera para a Inglaterra, com muitos belos segredos tomados dos livros de Salomão, a arte de curar epilépticos por meio de anéis. Esta é, pelo menos, a tradição – presumivelmente inglesa, em suas origens – que o historiador espanhol Jacques Valdés, que escreveu em 1602, ecoou[2]. Provavelmente não se julgará necessário discuti-la aqui.

Em um momento significativamente anterior, desde o início do século XVI, pelo menos, surge outra tentativa de interpretação; seu propósito era o de colocar a cerimônia da Sexta-feira Santa sob a invocação de Eduardo o

---

[1] *Household Ordinance d'York*, Junho de 1323; a melhor edição em T.F. Tout, *The place of the reign ofEdward II in English history*, Manchester 1914, p. 317: "Item le roi doit offrer de certein le jour de graunde venderdy a crouce Vs., queux il est acustumez recivre divers lui a le mene le chapeleyn, a faire ent anulx a doner pur medicine as divers gentz, et a rementre autre V s.". Para as contas que apresentam uma descrição mais precisa do rito, ver a seguir; Cf. *Murray*, loc. cit. sobre a palavra *cramp-ring*.

[2] Jacobus Valdesius, *De dignitate regum regnorumque Hispaniae*, in-4°, Granada, 1602, p. 140.

Confessor. Curiosamente, esta teoria, em certo sentido, ainda encontra adeptos entre os atuais historiadores ingleses: não que se admita que Eduardo realmente possuísse um anel de cura, mas muitos creem que, na origem do rito – qualquer que seja o momento em que tenha ocorrido – os reis da Inglaterra pensavam que, ao realizá-lo, imitavam, de alguma forma, seu piedoso antecessor.

Isto porque um anel desempenhou papel fundamental em certo episódio, o mais célebre dentre todos, da lenda do Confessor; aqui está um breve resumo da história apresentada pela primeira vez em 1163 por Ailred de Rievaulx[1]. Certo dia Eduardo, abordado por um mendigo, desejou dar-lhe uma esmola; encontrando sua bolsa vazia, deu a ele seu anel. Mas, sob os pobres farrapos, escondia-se São João Evangelista. Certo tempo depois – ao final de sete anos, afirmam certos textos – dois peregrinos ingleses, viajando pela Palestina, encontraram um bom ancião: era, novamente, São João; ele lhes deu o anel, implorando-os para que o levasse novamente a seu senhor e, ao mesmo tempo, anunciassem a ele que, em pouco tempo, estaria na presença dos eleitos. Este pequeno conto, poético em si, e ao qual certos hagiógrafos, bem conhecedores dos segredos do outro mundo, acrescentavam adornos novos e sedutores[2], era extremamente popular: escultores, miniaturistas, pintores, fabricantes de vidros, ornamentadores de todos os tipos, reproduziam-no à vontade, na Inglaterra e mesmo no continente[3]. Henrique III, que dedicou ao último dos reis anglo-saxões uma devoção particular – sabemos que deu ao filho mais velho o nome de Eduardo, estrangeiro até então à onomástica das dinastias Normanda e

---

[1] Twysden, *Historiae anglicanes scriptores* X, col. 409; Migne, P. L., t. 195, col. 769.

[2] *Analecta Bollandiana*, 1923, p. 58 e ss.

[3] Certo número de obras de arte foi indicado por John Dart *Westmonasterium*, I, Londres, fol., 1742, p. 51 e por Waterton, *On a remarkable incident*, pp. 105 e ss. (a miniatura do século XIII reproduzida por Waterton na p. 105 foi reproduzida também, mais recentemente, por Hubert Hali, *Court Life under the Plantagenets*, Londres 1902, pl. VII). Pode-se adicionar a este número, sem pretensão de sermos exaustivos: 1° um vitral da igreja de Ludlow (mencionado por W. Jones, *Finger-Lore*, p. 118, n. 1); 2° um azulejo de faiança em Chapter House na Westminster Abbey, reproduzido por Kunz, *Rings for the finger*, p. 342; 3° tapeçarias de início do século XIII (?), hoje perdidas, executadas por Westminster (*Notes and documents relating to Westminster Abbey*, nr 2: *The history of Westminster Abbey by John Flete*, ed. J. A. Robinson, Cambridge 1909, pp. 28-29); 4° na França, um vitral da catedral de Amiens, do século XIII (G. Durand, *Monographie de la cathedrale d'Amiens*, I, p. 550). Na Biblioteca da Universidade de Cambridge, se conserva, sob o registro Ec III 59, um manuscrito do século XIII, que contém um poema, em versos, francês, *Estoire de Seint Aedward le Rei*, dedicado pelo autor à sua rainha Eleonora, esposa de Henrique III. Três miniaturas, assinaladas por Waterton e descritas sumariamente por Luard, *Lives of Edward the Confessor*, p. 16, são dedicadas à lenda do anel. Outra, reproduzida por Crawfurd, *Cramp-Rings*, pl. XXXIX, representa os doentes que se aproximam do santuário do santo; no santuário vemos duas estatuetas, a do rei que cedendo o anel e a de São João como peregrino. Não sei se essa pequena pintura apresenta uma imagem exata do relicário oferecido sob Henrique III a Westminster e derretido sob Henrique VIII. Para outras obras de arte, agora perdidas, dedicadas à mesma lenda, veja também a nota seguinte.

Angevina – mandar pintar o encontro dos dois santos nas paredes da capela de Saint-Jean, na Torre de Londres. Eduardo II, por sua vez, no dia de sua coroação, ofereceu à Abadia de Westminster duas estatuetas de ouro que representavam o príncipe que segurava o anel, e o falso mendigo que se preparava para recebê-lo[1]. Westminster era, na verdade, o lugar apropriado para tal presente; não apenas o túmulo de São Eduardo era venerado, como os monges também se mostravam fiéis a um anel que havia sido retirado do dedo do corpo santo, quando foi transladado para um novo santuário, em 1163[2]. Usualmente se acreditava ser o mesmo anel que o Evangelista havia aceitado e depois retornado. "Se alguém quiser provas de que as coisas ocorreram desta forma", falava Jean Mirk a seus ouvintes, no ano de 1400, em um sermão, após lhes contar a famosa história, "basta seguir para Westminster, onde se verá o anel que esteve, durante sete anos, no Paraíso"[3]. Porém, e precisamente entre os muitos textos que mencionam essa preciosa relíquia, nenhum, até uma data relativamente recente, indicava que se lhe atribuía qualquer particular poder de cura. Além disso, absolutamente nada do cerimonial real da Sexta-feira Santa lembrava São Eduardo ou São João. Para encontrar uma menção ao Confessor relacionada aos *cramps-rings*, deveremos alcançar o humanista italiano Polydore Virgile que, a serviço dos reis Henrique VII e Henrique VIII, escreveu, a seu pedido, uma *História da Inglaterra* publicada pela primeira vez em 1534. O objetivo desse historiador oficial era obviamente encontrar um protótipo autorizado para os anéis maravilhosos distribuídos por seus senhores; é por isso que lhe apraz em considerar o anel preservado no "templo" de Westminster como também dotado de uma virtude soberana contra a epilepsia. Seu trabalho, que teve grande sucesso, contribuiu para difundir amplamente a opinião, tornada clássica, de que a cura dos epiléticos pelos anéis, como já se pensava a respeito do toque da escrófula, teria tido São Eduardo como seu iniciador[4]. Mas, sem dúvida, o italiano não inventara tal ideia; ele a teria, ao que

---

[1] Sobre a ordem de Henrique III: John Stow, *A suvvey of the Cities of London and Westminster*, I, Londres 1720, p. 69; para Eduardo II, Dart, *loc. cit.*

[2] Pelo menos é o que John Flets afirma em sua *Histoire de Westminster*, ed. J. A. Robinson (*Notes and documents relating to Westminster Abbey*, 2), p. 71; Flets, é verdade, é um autor tardio; foi monge em Westminster de 1420 a 1425; mas a tradição que ele ecoa é muito provável; concorda com o testemunho de Osbert de Clare que, escrevendo em 1139, informava que Eduardo havia sido enterrado com seu anel: *Analecta Bollandiana*, 1923, p. 122, linha 2.

[3] *Mirk's Festial*, ed. Th. Erbe, *Early English Text Society, Extra Series*. XCVI, p. 249 : "Then whoso lust to have this preuet sothe, go he to Westminstyr; and ther he may se the same ryng that was seuen yere yn paradys"; sobre o autor, em último lugar, Gordon Hall Gerould, *Saints' Legends*, Boston e Nova Iorque, 1916, p. 184 e ss.

[4] Polydorus Virgilius, *Historia Anglica*, lib. VIII, ed. de Leyden, in-12, 1651, p. 187; a mesma teoria se encontra no século XVII em Richard Smith, *Florum historiae ecclesiasticae gentis Anglorum libri septem*, 1654, in-4°, p. 230; em Nicolas Harpsfield, *Historia Anglorum ecclesiastica*, fol., Douai 1622, p. 219, citado por Crawfurd, *Cramp-Rings*, p. 179. Historiadores modernos pensaram em encontrar uma espécie de confirmação em um dos nomes populares da epilepsia, conhecida na Idade Média, por

parece, recolhido já formulada junto ao círculo de seus protetores; e que ação seria mais natural do que aquela de conferir ao grande santo da dinastia a paternidade de ambos os milagres dinásticos? O ilustre anel, que havia estado "no Paraíso", forneceu um meio fácil de estabelecer o elo desejado entre as narrativas hagiográficas e o ritual; por uma espécie de efeito retroativo, recebeu um tardio poder médico, necessário para que fosse capaz de reivindicar o título de ancestral dos *cramp-rings*. Presumivelmente, acabaria se transformando em objeto de popular peregrinação de doentes, se a Reforma, que ocorreu pouco após o surgimento de uma crença tão favorável aos interesses de Westminster, não interrompesse tão abruptamente, na Inglaterra, o culto às relíquias. Mas as reais origens do rito da Sexta-feira Santa nada têm a ver com Eduardo o Confessor ou com a lenda monárquica em geral. É na história comparada das práticas supersticiosas que resolveremos seu segredo.

---

razões que nos escapam, sob o nome de mal-St-Jean (Laurence Joubert, *La première et seconde pârtie des erreurs populaires touchant la medecine*, 1587, 2ª parte, p. 162: Guillaume Du Val, *Historia monogramma*, in-4°, 1643, p. 24; H. Gunter, *Legenden-Studien*, Colônia, 1906, p. 124, n. 1; M. Hofler, *Deutsches Krankheitsnamen-Buch*, in-4°, Munique, 1899, nas palavras *Krankheit, Sucht, Tanz*). Mas por que a epilepsia foi chamada pela primeira vez assim? e qual seria o São João, cujo nome recebeu? Não sabemos nada sobre essas questões. Sabemos claramente que por vezes, São João Batista, e por vezes, São João Evangelista, eram invocados. Em Amiens, a cabeça de São João Batista, preservada desde 1206 na catedral, era objeto de uma peregrinação muito popular pelos epilépticos; cf. O. Thorel, *Le Mal Monseigneur Saint-fean Baptiste au XVIe siecle a Amiens; Bullet. Trimestr. Soc. antiquaires Picardie*, 1922, p. 474. Segundo Antoine Mizauld (Memorabilium... Centuriae IX, in 12, Colônia 1572, cent. V, 11) a festa de São João do Verão – uma festa, como se sabe, dedicada a São João Batista – era particularmente propícia à cura de epiléticos; é possível, como supôs Günter *loc. cit.*, que a expressão mal-saint-Jean derive sua origem de uma comparação estabelecida pela imaginação comum entre os gestos desordenados de epilépticos e as danças rituais de Saint-Jean. Mais tarde, essa mesma palavra sugeriu a ideia de atribuir ao santo um poder especial sobre a doença que recebia seu nome. Então, por um erro perfeitamente natural, as virtudes atribuídas ao Batista passaram ao apóstolo, seu homônimo: um exemplo de uma confusão bastante frequente entre santos de mesmo nome; assim, Hubert de Brétigny, por analogia com Hubert de Liége, também curava a raiva (H. Gaidoz, *La rage et St. Huvert, Bibliotheca mythica*, 1887, p. 173). Tudo isso não passa, é claro, de conjectura, e esse pequeno problema hagiológico ainda não está claro. Porém, sua solução nos importa pouco, em relação aos objetivos que temos em mente. A relação entre o nome vulgar da epilepsia com o episódio da lenda do Confessor em que aparece São João, não parece ter existido antes do século XIX (Cf. Waterton, *On a remarkable incident*, p. 107, em que aparece de maneira discreta; e com mais clareza em Crawfurd, *Cramp-rings*, p. 166). Trata-se de uma ideia engenhosa, obra de eruditos bem informados, e não uma ideia popular.

§ 3. As origens mágicas do rito dos anéis

Os anéis estão, desde a Antiguidade, entre os instrumentos preferidos pela magia e, mais particularmente, pela magia médica[1]. Na Idade Média, como nos séculos anteriores, uma pitada de feitiçaria se ligava aos mais inofensivos dentre eles; os anéis usados por Joana d'Arc preocuparam muito seus juízes, e a pobre menina teve que protestar, presumivelmente sem convencer ao tribunal, que jamais os usou para curar ninguém[2]. Esses talismãs, praticamente universais, era úteis para aliviar todos os tipos de afecções, mas, preferencialmente, ao que parece, dores musculares e epilepsia; esta última doença, cujas manifestações violentas são naturalmente capazes de difundir um surto supersticioso, foram comumente consideradas de origem demoníaca[3]. Era, portanto, mais sobrenatural que qualquer outra. Claro que, para tais fins, não eram quaisquer os círculos de metal utilizados; eram usados anéis especiais, aos quais certas práticas de consagração, religiosas ou mágicas, conferiram um poder excepcional: *anuli vertuosi*, como denominavam os sábios. Contra a gota, como afirmava substancialmente um registro alemão do século XV, proceda da seguinte forma: mendigue, invocando o martírio de Nosso Senhor e Seu Sangue Sagrado, até ter obtido 32 denários; desses, pegue 16, e faça deles um anel; você pagará o ferreiro com os outros 16; será necessário usar o anel incessantemente e rezar 5 Pais Nossos e 5 Aves Marias, diariamente, em memória do martírio e do Santo Sangue de Nosso Senhor[4]. Em outros lugares, as prescrições tomaram formas macabras: aconselhava-se o uso de metais retirados de caixões velhos ou de um prego utilizado para se enforcar um homem[5]. No condado de Berks, em torno do ano 1800, pessoas mais experientes sugeriam uma receita mais inovadora, porém, também mais complexa: para fazer um anel que combatesse a cãibra, era aconselhável, diziam, reunir 5 peças de 6 pence, cada uma recebida da mão de um celibatário

---

[1] Sobre o poder mágico dos anéis, cf. as obras de G. F. Kunz e W. Jones, citadas na Bibliografia, V; *Archaeologia*, XXI (1827). pp. 119 e ss.; *Archaeological Journal*, III (1846), p. 357; IV (1847), p. 78; *Notes and Queries*, série 4-a, VI (1870), p. 394; série a 8-a, IX (1896), p. 357 e X (1896), p. 10; Pettigrew, *On superstitions connected witb the bistory and practice of medicine*, p. 61; O. Geissler, *Religion und Aberglaube in den mittelenglischen Vesromanzen*, pp. 67 e ss.

[2] *Proces de condamnation*, ed. P. Champion, I, 1920, p. 25 (interrogatório de 1º de Março): "Item dicit quod nunquam sanavit quamcumque personam de aliquo anulorum suorum".

[3] Gotschalc Hollen, *Preceptorium diuine legis*, Nuremberg 1497, p. 25 e (sobre a cura da epilepsia): "Hoc genus demoniorum non ejicitur nisi in jejunio et oratione"; Ad. Franz, *Die kirchlichen Benediktionen*, II, p. 507.

[4] *Germania*, 1879, p. 74; cf. Ad. Franz, *Die kirchlichen Benediktionen*, II, p. 507.

[5] Cravos e ornamentos metálicos do caixão: W. G. Black, *Folk-Medicine* (*Publications of the Folk-Lore Society*, XII), Londres 1883, p. 175; J.C. Atkinson, *Cleveland Glossary*, 1878 (citado por Murray, *A new English Diclionaty*, sob o verbete *cramp-ring*); A. Wuttke, *Der deutsche Volksaberglaube*, ed. a 2-a, 1869, p. 334. Cravos usados para se enforcar um homem: Grimm, *Deutsche Mythologie*, ed. a 4-a, II, p. 978.

diferente; os doadores deviam ignorar o propósito para o qual estes presentes seriam destinados; o dinheiro assim recolhido seria enviado por um celibatário até um ferreiro também celibatário...[1]. Exemplos semelhantes poderiam ser facilmente multiplicados. Os anéis consagrados pelos reis eram apenas um caso particular de um tipo mais geral de remédio.

Vamos estudar mais de perto o rito real. Em primeiro lugar, sua data. Foi fixada pelo mais rigoroso dos costumes. O rei depositava as moedas de ouro e prata no altar apenas uma vez por ano, na Sexta-feira Santa, após ter adorado a cruz: isto é, em uma data e após uma solenidade dedicadas à comemoração do sacrifício supremo feito pelo Redentor. Escolha feita por puro acaso? Não. A memória da Paixão retornava como uma espécie de *leitmotiv* em muitas receitas relativas à cura de dores ou da epilepsia e, mais particularmente, à fabricação de anéis medicinais. No início do século XV, São Bernardino de Siena, pregando na Itália contra superstições populares, culpava as pessoas "que contra o mal das cãimbras usavam anéis derretidos enquanto era feita a leitura da Paixão de Cristo"[2]. Na própria Inglaterra, e na mesma época, um tratado médico aconselhava o seguinte: "Para a cãibra: no dia da Sexta-feira Santa vá a cinco igrejas paroquiais e pegue, em cada uma, o primeiro centavo depositado como oferenda no momento da adoração da cruz; recolha todos e vá diante da cruz, e reze 5 Pais-Nossos em homenagem às 5 chagas e os tenha consigo por 5 dias, fazendo todos os dias a mesma oração; dessas moedas faça um anel, sem a liga de outros metais; escreva em seu interior *Jasper, Bastasar, Attrapa*, e no exterior *Ihc. Nazarenus*; vá ao ourives buscar o anel em uma sexta-feira e depois reze 5 Pais-Nossos como antes; e depois o use sempre"[3]. Levaria muito

---

[1] J. Brand, *Popular Antiquities*, ed. 1870, III, p. 254 e ss. (a primeira edição apareceu em 1777, as edições posteriores foram completadas graças aos manuscritos do autor, que morreu em 1806). Outra prática do mesmo tipo, Black, *loc. cit.*, p. 174-175 (condado de Northampton). Aqui está outra receita que o Sr. J. Herbert do Museu Britânico me comunicou; observe-se a coleta na porta da igreja, aspecto comparável aos *sacrament-rings* mencionados abaixo; cedo a palavra a meu amável correspondente: "From 1881 until his death in 1885 my father was Rector of Northlew in Devonshire, a village about 9 miles west of Okehampton. During that time (I think in 1884), my mother wrote me a description of what had happened on the previous Sunday: At the end of the morning service a girl stood at the church door, and collected 29 pennies, one from each 29 young man. She gave these to a 30th' young man in exchange for a half-crown, and took the half-crown to the local 'White Witch' (a farmer's wife who kept a small shop in the village), who was to return it to her eventually in the form of a silver ring, as a sovereign remedy for fits".
[2] S. Bernardi Senensis... Opera, fol., Veneza, 1745, I, p. 42 a, Quadragesimale de religione christiana: "Contra malum gramphii portant annulos fusos dum legitur Passio Christi, dies et horas contra Apostolum observantes".
[3] Brit. Mus., Arundel, ms. 276, fol. 23 v; citado pela primeira vez, com uma referência inexata, que acabou sendo continuamente repetida, por Stevenson, *On cramp-rings*, p. 49 (*The Gentleman's Magazine Library*, p. 41): "For the Crampe... Tak and ger gedir an Gude Friday, at fyfe parisch kirkes, fife of the first penyes that is offerd at the crose, of ilk a kirk the first penye; than tak tham al and ga befor the crosse and say v. pater noster

tempo se quiséssemos analisar em detalhes esta receita, um verdadeiro *pot-pourri* de noções mágicas de diversas origens: os nomes dos Três Reis Magos – que eram comumente invocados contra a epilepsia – aparecem ao lado do nome divino; ou melhor, os nomes de dois deles, porque Melchior, o terceiro, fora substituído por uma palavra misteriosa – Attrapa – que recorda o *Abraxas*, tão querido entre os seguidores das ciências herméticas. Mas ainda é a imagem de Paixão que encontramos em primeiro plano. O número cinco, frequentemente utilizado e que já encontramos em um texto alemão, evoca as cinco chagas do Salvador[1]; acima de tudo, o desejo de se colocar sob a proteção da cruz reflete as datas fixadas para o ato essencial e para um ato acessório: Sexta-feira santa, e uma outra sexta-feira. Da mesma forma na França. Um sacerdote de Beauceron, Jean-Baptiste Thiers, escrevendo em 1679, deixou-nos o registro de uma prática usada em seu tempo para curar epilépticos; vamos descrevê-la com mais detalhes em seguida; permita-me, antes, simplesmente lembrar o dia e o momento escolhidos para a realização dessas "cerimônias", como diz Thiers: Sexta-feira santa, o próprio momento da adoração da Cruz[2]. E não seria já em virtude de ideias semelhantes que o rei Carlos V usava todas as sextas-feiras, e apenas nesse dia, um anel especial gravado com duas pequenas cruzes negras e um camafeu, em que se apresentava a cena do Calvário?[3]. Não há dúvida de que a medicina mágica, por meio de uma conexão um tanto sacrílega entre os sofrimentos provocados pelas câimbras e as angústias do Crucificado, considerava os aniversários religiosos e as orações que relembravam a tortura de Cristo como particularmente capazes de transmitir aos anéis o poder de curar dores musculares[4]. A virtude benéfica dos anéis régios contra as câibras devia-se, antes de tudo, ao próprio dia fixado para a consagração do metal de que

---

in the worschip of fife wondes, and bare thaim on the v. dais, and say ilk a day als meki on the same wyse; and than gar mak a ryng ther of withowten alay of other metel, and writ within Jasper, Bastasar, Attrapa, and writ withouten Jhc Nazarenus; and sithen tak it fra the goldsmyth apon a Fridai, and say v. pater noster als thou did be fore ad vse it alway aftirward". Devo à gentileza do Sr. J. Herbert, do Museu Britânico, que reuniu para mim os manuscritos, a possibilidade de apresentar aqui um texto mais exato do que aquele que havia sido anteriormente publicado.

[1] Cf. para os reis magos Jones *Finger-Ring Lore*, p. 137 e especialmente p. 147 e ss.; para as cinco chagas *ibid.*, p. 137 (inscrição de um anel encontrado no Coventry Park).

[2] Ver a seguir.

[3] J. Labarte, *Inventaire du mobilier de Charles V roi de France*, (Doc. inéd.), in-4°, 1879, no. 524.

[4] Da mesma forma, as fórmulas tomadas da Paixão eram consideradas efetivas contra as dores da tortura: Edmond Le Blant, *De l'ancienne croyance à des moyens secrets de défier la torture*; *Mém. Acad. Inscriptions*, XXXIV, I, p. 292. Em Flandres, no início do século XVII, os filhos nascidos na Sexta-feira Santa tinham a reputação de serem curadores (Delrio, *Disquisitionum Magicaruni*, I, Capítulo III, IV, 57); Na França, no século XVII, os sétimos meninos, considerados capazes de curar escrófula, exerciam seu poder preferencialmente numa sexta-feira (v. abaixo); ocorre o mesmo na Irlanda, ainda nos dias de hoje (*Dublin University Magazine*, 1879, p. 218).

eram feitos, e à influência milagrosa que emanava da cruz, diante da qual os reis se prostravam antes de ir ao altar.

Mas o essencial do rito não estava ali. Uma operação que possuía uma espécie de natureza jurídica formava o cerne da ação: a oferta de moedas de ouro e prata e seu resgate com uma soma equivalente. No entanto, essa característica não era muito original. Era uma ideia comum entre pessoas supersticiosas à época, como ainda o é atualmente, considerar as moedas doadas a igrejas como particularmente adequadas para a fabricação de anéis curativos. Já observamos acima uma manifestação desta ideia em um tratado escrito na Inglaterra no século XIV. Nos dias de hoje se diz que, no mundo rural inglês, os camponeses procuram fazer moedas contra a epilepsia e contra o reumatismo a partir dos *pence* ou dos *shillings* depositados no momento da coleta, após a comunhão[1]. Nesses casos, é verdade, não existe o resgate das moedas. Mas aparece ao lado da oferta, assim como na cerimônia régia da Sexta-feira Santa.

Apresentarei, a seguir, um costume mágico francês, registrado no século XVIII. Cedo a palavra a Jean-Baptiste Thiers, que nos informa: "Aqueles que afirmam ser da linhagem de São Martino afirmam curar o mal caduco" – ou seja, a epilepsia – "observando as seguintes cerimônias. Na sexta-feira, um desses médicos toma um doente, leva-o à adoração da Cruz, beija-a diante dos Sacerdotes e de outros eclesiásticos e lança um *sou* na bacia; a seguir o doente beija a Cruz, leva o *sou* que havia sido colocado na bacia e coloca dois em seu lugar; a seguir, faz um furo nesse *sou* e o carrega pendurado em seu pescoço"[2]. Passemos agora aos países de língua alemã. Um manuscrito do século XV, antigamente preservado na biblioteca dos monges de Saint-Gall, contém a seguinte prescrição contra a epilepsia. O ato deve ser realizado na véspera de Natal. Sabe-se que naquela noite são celebradas três missas sucessivas. No início da primeira, o doente deve fazer uma oferta de três moedas de prata – o número três escolhido para honrar a Santíssima Trindade –; o sacerdote as leva e as coloca ao lado ou sob o corporal, de modo que as imagens das cruzes estabelecidas pelo cânone fiquem acima delas. Ao final da primeira missa, nosso homem recupera suas três moendas ao preço de seis denários. A segunda missa começa; as três peças são novamente oferecidas. Termina; são recuperadas novamente, desta vez por 12 denários. A mesma cerimônia ocorrerá na terceira missa, sendo o preço de resgate final, neste momento, de 24 denários. Resta apenas fabricar, com o metal assim consagrado por uma tripla

---

[1] 2) Estes anéis são conhecidos como anéis sacramentais. Veja sobre eles Black, *Folk-medicine*, p. 174 (costume de Cornwall, segundo o qual a moeda de prata das ofertas devia primeiro ser comprada por 3 pence obtidas mendigando-se na porta da igreja – mendicidade silenciosa, pois era proibido pedir-lhes expressamente – então, uma vez recebida, era ainda objeto de um rito santificador suplementar, com o doente na frente, levando a moeda e dando três voltas em torno da mesa de comunhão), e p. 175; *Notes and Querries*, 2ª série, I, p. 331; C. J. S. Thompson, *Royal Cramp and Other Medycinable rings*, p. 10.

[2] Traite des Superstitions, p. 439; cf. ed. 4ª ed, com o título *Traite des superstitions qui regardent les Sacremens*, 1777, I, p. 448.

doação, um anel que, desde que nunca deixe o dedo do ex-epiléptico, irá protegê-lo contra qualquer retorno de seu mal[1].

Receita francesa, receita de Saint-Gall, rito real inglês: se compararmos os três métodos, não encontramos somente semelhanças. Na França, a moeda, sem ser transformada em anel, era carregada íntegra. Em Saint-Gall, o dia escolhido para a operação era a véspera de Natal e não mais a Sexta-feira Santa. Em Saint-Gall, novamente, o resgate aparece elevado, por assim dizer, à terceira potência; na França, ocorre apenas uma vez, mas com o pagamento de um preço que representa o dobro do valor da primeira oferta; a corte inglesa ofertava apenas uma vez, mas com valor idêntico... Tais divergências merecem ser observadas, porque provam, diante das evidências, que as três práticas não foram copiadas uma da outra; mas são, afinal, diferenças apenas acessórias. Estamos lidando, sem dúvida, com três aplicações, diferentes segundo cada época e lugar, de uma mesma ideia fundamental. Em relação a essa ideia-mãe, não é difícil descobrir. Seu objetivo é alcançar, obviamente, a santificação dos metais dos quais serão feitos o talismã da cura. Para atingir tal objetivo, teria sido suficiente colocá-los sobre o altar; esse processo banal não pareceu suficiente; buscou-se melhorá-lo. Imaginou-se, então, doá-los ao altar. Por um período tempo, por mais curto que fosse, seriam propriedade da Igreja, – vendo ainda mais longe, quando a cerimônia ocorre na Sexta-feira Santa, seriam propriedade desta adorada Cruz, que se apresenta acima da bacia das ofertas. Mas a cessão só poderia ser fictícia, uma vez que seria necessário recuperar o material que se tornou apto para o benfazejo uso para o qual foi destinado. Para que a oferta tenha alguma seriedade e, consequentemente, qualquer eficácia, somente se retornará a doação após pagamento, como quando se compra algo de seu legítimo proprietário. Assim, tendo sido por alguns momentos, em todo seu rigor jurídico, propriedade da Igreja ou da Cruz, o ouro ou a prata participarão plenamente do maravilhoso poder do sagrado.

Agora percebemos claramente: na consagração dos anéis medicinais, os reis apenas desempenharam – pelo menos enquanto a cerimônia foi mantida como descrita – um papel bastante secundário. Os gestos que realizavam, a oferta e a redenção traziam a consagração: mas não pelo contato da mão real, e sim como resultado de uma breve passagem entre os bens do altar, durante uma solenidade considerada particularmente propícia para aliviar as dores, na qual os metais preciosos foram carregados de influências sobrenaturais. Em suma, a cerimônia que, no aniversário da Paixão, os castelos dos Plantagenetas foram tão frequentemente o teatro, não era, no fundo, senão uma receita mágica sem originalidade, semelhante a outras do que constantemente eram praticadas por personagens que nada tinham de principescos. No entanto, essa ação, de outra forma vulgar, adquiriu um caráter verdadeiramente real na Inglaterra. Como? Este é o problema da história dos *cramp-rings*. Agora devemos abordá-lo diretamente. Observaremos, assim, que o ritual do século XIV, analisado no

---

[1] Análise do manuscrito da Bibl. da cidade de Saint Gall 932, p. 553, em Ad. Franz, *Die Kirchlichen Benediktionen*, II, p. 502.

início deste capítulo, representa apenas uma das etapas de uma evolução bastante longa.

§ 4. *A conquista de uma receita mágica por meio de uma realeza milagrosa*

Qual foi o primeiro rei a depositar no altar o ouro e a prata dos quais os anéis medicinais tinham que ser forjados? Provavelmente nunca saberemos. Mas se deve supor que este príncipe, quem quer que fosse, naquele dia não fez nada além de imitar, sem considerar qualquer monopólio, um costume amplamente difundido a seu redor. Os mais humildes fiéis, especialmente na Inglaterra, sempre se consideraram capazes de produzir talismãs de indubitável virtude, a partir de moedas oferecidas às igrejas. Como teria ocorrido a eles, bem como aos feiticeiros franceses ou aos pesquisadores de remédios do país de Saint-Gall, a ideia de se entregá-las para que pudessem ser recuperadas em seguida? Nenhum texto, é verdade, mostra-nos que, em território inglês, a falsa oferta já ocorresse fora da capela real; mas estamos, para as épocas antigas, tão mal informados sobre os usos populares, que tal silêncio não é muito surpreendente.

No entanto, os reis não eram homens como os demais; eles passavam por seres sagrados; ou melhor, na Inglaterra pelo menos, bem como na França, eram taumaturgos. Como alguém teria se permitido, por tanto tempo, a não atribuir a intervenção dos reis a uma virtude ativa em um rito medicinal? Por serem considerados, já há muito tempo, curandeiros da escrófula, começou-se a imaginar que esta maravilhosa força que emanava deles também teria influência na transmissão do poder sobrenatural aos anéis. Certamente, durante muito tempo ainda, não se esqueceu que esta era a verdadeira fonte desse poder, conferido ao metal por certos gestos, cujo objetivo era fazê-lo passar à categoria do sagrado; mas se pensou que tais gestos seriam particularmente eficazes quando fossem foram executados pela mesma mão poderosa cujo contato restaurava a saúde ao escrofulosos. A opinião pública, pouco a pouco, reservou aos soberanos – inimigos natos da doença – o privilégio de realizar tais atos.

Originalmente, e com toda a probabilidade, os reis não procediam à consagração dos anéis com muita regularidade. Certo dia, porém, vieram a considerá-la, como ocorria com o toque da escrófula, como parte das funções normais de sua dignidade, e se forçaram a praticá-la, quase sem interrupções, toda Sexta-feira Santa. Este é o estado de coisas que pela primeira vez nos apresenta uma ordem que regulamenta a administração da Cara Real, e que Eduardo II promulgou em York no mês de junho de 1323[1]. Este texto é, em relação aos *cramp-rings*, o mais antigo documento de que dispomos. Graças a ele, o rito real, do qual só podemos conjecturar, aparece de repente em plena luz. A partir desse momento, até a morte de Maria Tudor, parece não ter havido um soberano que, nos dias prescritos, não carregasse ao pé da cruz florins, nobles ou as sterlings. Apenas dois reinados estão ausentes: Eduardo V e

---

[1] Discutido acima.

Ricardo III; o primeiro, tão curto que sequer se entendeu a uma única semana de Páscoa, é uma exceção apenas na aparência; quanto ao segundo – que, além disso, durou apenas o tempo suficiente para ver a solenidade retornar por apenas duas vezes –, nossa ignorância é explicada, com muita probabilidade, por mero azar; geralmente são as contas da Casa Real, registradas ao final de cada ano, que nos permitem conhecer as ofertas da "Sexta-feira Santa"; mas as de Ricardo III parecem ter desaparecido[1]. De Eduardo II a Maria Tudor, a cerimônia, como pretendo demonstrar a seguir, variou em suas modalidades; mas não sofreu qualquer interrupção notável.

Assim, uma prática que, como se supõe, foi originalmente apenas ocasional, acabou incorporada, no mais tardar a partir de 1323, no imutável cerimonial da casa real. Assim, deu-se um grande passo em direção à inclusão definitiva da antiga receita mágica pela realeza milagrosa. Deve-se acreditar que Eduardo II tenha estado envolvido nessa transformação? Acredito que sim. Não é possível, obviamente, firmar qualquer conclusão definitiva sobre o silêncio das fontes para antes da ordem de York. Tal silêncio é, contudo, impressionante. Analisei, para o reinado de Eduardo I, uma grande quantidade de contas da Casa Real; para o próprio Eduardo II, pude ver três, todas anteriores a 1323: não se menciona a consagração dos anéis, que mais tarde estariam tão fielmente relacionados, no capítulo das esmolas, em documentos semelhantes de Eduardo III até Maria Tudor[2]. Mas como estarmos certos, *a priori*, que, em tais textos tão absolutamente banais, um simples procedimento de registro não esconda de nossos olhos, por exemplo, afogado em todo um grupo de ofertas indicadas apenas por um número global, o artigo que procuramos em vão? O caso do toque das escrófulas, que não pode ser identificado nas contas em uma época em que, sem dúvida, não deixou de ser praticado, seria suficiente, além de outros motivos, para nos lembrar que as provas negativas, em si mesmas, têm sempre pouco valor. Por outro lado, assumem um valor inesperado quando a verossimilhança histórica as confirma. O que sabemos do soberano que ditou a ordem de 1323, sobre sua mentalidade, seus infortúnios, seus esforços para refrear sua autoridade vacilante, torna bastante plausível atribuir-lhe um papel na adoção, pela monarquia inglesa, de um novo rito de cura.

Eduardo II sempre foi, desde o início de seu reinado, claramente impopular. Ele não podia ignorar os perigos que o cercavam, ou ao menos as pessoas de seu círculo próximo devem tê-lo alertado. Como não teria ele a ideia – diretamente ou por sugestão, não importa –, com o objetivo de remediar essa desgraça de alguma forma, de reforçar para si mesmo a sacralidade, nascida de sua função real, que conformava seu melhor título em relação às multidões? Ela teve tal ideia, de fato. Estudaremos adiante o lendário ciclo das dinastias

---

[1] Ao menos o Record Office não possui nenhuma na série Household and Wardrobe nos Exchequer Accounts.

[2] As contas de Eduardo I, que pude examinar, poderão ser encontradas listadas a seguir, bem como as de Eduardo II.

ocidentais; veremos então que Eduardo II, em 1318, tentou dar um novo esplendor ao prestígio de sua linhagem, e especialmente ao seu próprio, sendo ungido, à imitação dos Capetos, com um óleo sagrado supostamente trazido do Céu; o teste falhou; mas que caminho político foi aberto para este príncipe, em sua busca por um brilho emprestado![1] Como poderia ele ter negligenciado curas tão maravilhosas? Sem dúvida, já tocava a escrófula, mas, como sabemos, precisamente por sua impopularidade, seu sucesso era medíocre e, acima de tudo, cada vez menor. Não é natural supor que tenha buscado sua revanche ao adicionar um novo florão à sua coroa taumatúrgica? É verdade que não inventara o rito dos anéis. Não precisava. Uma tradição, talvez já longa, apresentava-se a ele como um presente espontâneo do folclore nacional. Pode-se facilmente acreditar – esta é a hipótese que eu demostrei anteriormente – que, mesmo antes de sua ascensão ao trono, alguns dos seus predecessores tenham praticado, mais ou menos irregularmente, após a Adoração da Cruz, o duplo gesto de consagração. Mas foi aparentemente este monarca que, segundo todos os indícios, teve a honra de transformar esta cerimônia, até então mal estabelecida, em uma das instituições da monarquia. O milagre da escrófula provavelmente nunca teria alcançado a magnificência que conhecemos não fosse a ansiedade inspiradora de Roberto o Pio ou de Henrique Beauclerc e sua frágil legitimidade; mais tarde, esse mesmo milagre deveu muito aos objetivos perfeitamente conscientes de um Henrique IV na França, de um Carlos II na Inglaterra. É razoável acreditar que os infortúnios e as preocupações de Eduardo II não estavam completamente alheios à fortuna dos *cramp-rings*. Mas, é claro, a ação que tudo nos convida a associar a este soberano ou a seus conselheiros não seria possível, ou sequer mesmo poderia ser concebida, apenas a partir da crença no caráter sobrenatural dos reis, alimentada na Inglaterra pelo espetáculo quase diário do toque que, nascido desta crença, tornou-se seu melhor suporte, penetrando nas profundezas da consciência coletiva.

A antiga Europa, genuinamente crédula, mas onde pessoas engenhosas sabiam muito bem explorar essa credulidade comum, viu sem dúvida alguma e por mais de uma vez procedimentos mágicos que, por sua própria natureza, pareciam destinados a permanecer sempre acessível a todos, serem finalmente monopolizados por curandeiros hereditários. A própria história dos ritos que já comparamos com a consagração dos *cramp-rings* nos oferece um exemplo impressionante de uma conquista dessa natureza. Pode-se lembrar como em Saint Gall as sucessivas doações e a recuperação de moedas no altar podiam ser realizadas por quaisquer pessoas; nas na França, na época de Jean-Baptiste Thiers, não era assim: o resgate deveria ser realizado pelo próprio doente, mas a doação deveria partir de um homem pertencente à "linhagem de São Martinho". Com este nome se denominava uma vasta tribo de feiticeiros que afirmava possuir tal poder, por conta de um suposto parentesco com o grande taumaturgo de Tours. Havia, naquela época, mais de uma família de charlatães que se orgulhava de sua origem sagrada. Na Itália, os parentes de São Paulo eram tidos

---

[1] Este será discutido posteriormente.

por curandeiros de picadas venenosas: lembrando que, de acordo com o livro dos Atos dos Apóstolos, o apóstolo dos Gentios teria sido, em Malta, picado por uma víbora e não teria sentido qualquer dor. Na Espanha, os *Saludadors*, que possuíam um grande conjunto de segredos contra doenças, clamavam ser parentes de Santa Catarina de Alexandria. Em todos os lugares, mas especialmente na França, os parentes de São Roque eram considerados insensíveis aos efeitos da peste, e capazes de, por vezes, curá-la. Aqueles de Santo Hubert, em tudo ilustres, protegiam seus pacientes da raiva simplesmente os tocando[1]. Como os parentes de São Martinho conseguiram persuadir as pessoas de que a oferta da moeda de prata na sexta-feira santa só seria efetiva se fosse feita por suas mãos? Isso é algo que jamais saberemos. O é certo é que, tanto na França, como na Inglaterra, a mesma receita banal se tornou propriedade de uma linhagem; de curandeiros aqui, de reis lá.

Mas não se deve supor que, na Inglaterra, a evolução tenha sido concluída em 1323. Na própria capela do Palácio, na Sexta-feira Santa, os reis ainda não possuíam o monopólio do ritual de consagração; as rainhas, ao que parece, compartilhavam com eles o privilégio. Sabemos de fonte segura que, em 3 de março de 1369, em Windsor, Madame Philippa, esposa de Eduardo III, repetiu os gestos tradicionais após o marido, depositando no altar certa quantia de dinheiro – um ponto de ouro, o mais precioso dos metais estava provavelmente reservado ao rei – para a seguir resgatá-lo para fazer anéis medicinais[2]. Na verdade, é o único caso desse tipo que chegou ao nosso conhecimento. Mas estamos usualmente bem menos informados a respeito dos gastos privados das rainhas do que sobre os de seus maridos. Provavelmente, se as contas de suas casas tivessem sido mais bem preservadas, encontraríamos, ao menos para o século XIV, mais de uma menção semelhante àquela que, para o ano de 1369, foi-nos transmitida por acaso em um registro da Casa Real. Sem dúvida, Philippa não era de condição humilde; portava a coroa. Mas, note-se, ainda que fosse rainha, não reinava por vocação hereditária, como mais tarde o fariam Maria Tudor, Isabel ou Vitória; filha de um simples conde de Hainaut, ela devia sua dignidade apenas a sua união com um rei. Nenhuma rainha desse gênero jamais tocou a escrófula; para curar os escrofulosos, fazia-se necessária uma mão verdadeiramente régia, no sentido pleno da palavra. Mais ainda: como será visto a seguir, quando a cerimônia dos *cramp-rings* assumiu um novo caráter

---

[1] A respeito de todos os parentes de santos, ver J. B. Thiers, *Traité des superstitions*, ed. 4-a, I, pp. 438-448; sobre os parentes de Santo Hubert, em especial, H. Gaidoz, *La rage et St. Hubert*, pp. 112 e ss; será discutido novamente a seguir. Sobre os parentes de São Paulo, cf. texto de Felino Sandei e Pomponazzi, *De naturalium effectuum causis*, Basel [1567], p. 48; sobre os de Santa Catarina, ver a seguir; o texto relativo à picada de São Paulo, em Atos, XXVIII, 3-6.

[2] Registro da Casa Real, 13 de fevereiro - 27 de junho do ano 43 do rei r. [1369], *Record Office, Exchequer Accounts* 369, 11, fol. 122, r.: "In consimilibus oblacionibus domine regine factis adorando crucem in precio quinque solidorum argenti in capella sua ibidem eodem die V s. In denariis solutis pro eisdem oblacionibus reassumptis pro anulis medicinalibus faciendis V s."

em meados do século XV, e a participação do rei ganhou uma importância muito maior do que no passado, esqueceu-se completamente que as rainhas já haviam sido suficientes para realizá-la de forma efetiva. Mas sob Eduardo III, é ainda o que encontramos; a santificação pelo altar e a cruz continuavam passando pela ação essencial; por que uma mulher de distinto berço e alta estirpe não poderia realizar a cerimônia?

Além disso, neste momento, as curas obtidas por meio dos anéis não eram consideradas consequência do poder taumatúrgico dos reis. O arcebispo Bradwardine, que, especificamente sob o governo de Eduardo III, afirmou que o milagre das curas reais era um dos mais notáveis exemplos de milagres que havia conseguido encontrar, não incluía o milagre dos anéis, apenas os do toque das escrófulas[1]; não conhecemos, por outro lado, a menor alusão aos *cramp-rings*. Estes começaram a ser classificados entre as manifestações da virtude sobrenatural dos reis apenas cerca de um século depois. Mas o rito, então, já havia mudado sua face.

O primeiro escritor, a meu ver, que deu à consagração dos anéis um direito de cidadania entre as graças divinas transmitidas à monarquia inglesa, fora Sir John Fortescue, cujo nome e trabalho, sobre as escrófulas, já encontramos. Entre os tratados que escreveu contra os príncipes de York, entre o mês de abril de 1461 e o de julho de 1463, durante seu exílio escocês, aparece uma *Defesa dos direitos da Casa de Lancaster*. Ele se esforçou em demonstrar que a prole feminina não transmitia os privilégios do sangue real. Uma mulher, mesmo uma rainha (afirmou, em síntese) não recebia a unção sobre suas mãos; – tal era, de fato, a regra na Inglaterra para as esposas dos reis; mas vale a pena notar que, posteriormente, não foi observada para as princesas que subiram ao trono por direito hereditário, Maria Tudor, Isabel, Maria, filha de Jaime II, Ana e Vitória[2] – e é por isso, continuou nosso polemista, que as mãos de uma rainha não possuem o maravilhoso poder que os reis possuem; nenhuma rainha poderia curar, por simples toque, a escrófula. E continua Fortescue: "O mesmo ouro e prata devotamente tocados – de acordo com o costume anual – pelas sagradas mãos, pelas mãos ungidas dos Reis da Inglaterra na Sexta-feira Santa, e oferecidas por eles, curam os espasmos e a epilepsia; o poder dos anéis fabricados com este ouro e prata, e colocados nos dedos dos doentes, foi comprovado por seu frequente uso em muitas partes do mundo. Mas esta graça

---

[1] Discutido posteriormente.

[2] Para Maria Tudor, isso fica claro a partir do próprio texto de seu missal na consagração dos *cramp-rings*, (apresentado a seguir); para Maria, filha de Jaime II, e para Vitória, os documentos relativos às suas coroas: Leopold G. Wickham Legg, *English Coronation Records*, p. 328 e 370; para Isabel e Ana, não conheço nenhuma prova, mas não vejo por que não teriam seguido, primeiramente, o precedente de Maria Tudor; e em segundo lugar, o exemplo da outra Maria. Que a unção das mãos fosse proibida às simples mulheres dos reis, é o que aparece claramente nos vários rituais da coroação inglesa: Legg, *loc. cit.*, p. 101, 177, 235, 266-67, 310.

não é concedida às rainhas, pois elas não são ungidas em suas mãos"[1]. Podemos ver que a época de Philippa de Hainaut já estava muito distante. Isso porque, no pensamento de Fortescue, a consagração no altar, a doação fictícia e o resgate possuíam apenas um lugar muito secundário no rito. O metal, que se convertia em remédio, extraía sua força das mãos "sagradas" que o manipulavam; ou melhor, em última análise, do óleo sagrado que, derramado sobre aquelas augustas mãos, já há muito tempo se consideravam possuir o dom de curar as escrófulas. O milagre real absorveu tudo.

A partir desse momento, além disso, a evolução das ideias foi concretamente traduzida em uma mudança considerável nas próprias formas do cerimonial. Originalmente, como sabemos, os anéis eram produzidos apenas após o rito, com as moedas de ouro e prata depositadas no altar durante a cerimônia da Sexta-feira Santa, e a seguir derretidas. Finalmente acabou sendo considerado mais cômodo fabricá-los com antecedência e trazê-los prontos, no dia marcado. Eram eles, a partir de então, e não mais as pelas peças de tempos passados, colocados por um momento ao pé da Cruz e a seguir recomprados por uma quantia imutavelmente fixada aos 25 shillings. Um exame cuidadoso das contas reais nos permite estabelecer que essa mudança foi realizada entre 1413 e 1442, provavelmente durante os primeiros anos do reinado de Henrique VIII[2]. O uso assim transformado continuou em vigor sob os Tudor. Segundo Henrique VIII, como nos ensina um cerimonial da corte, o privilégio de apresentar ao rei, antes da oferta, a bacia que continha os anéis, pertencia ao senhor presente que tivesse maior distinção[3]. Um pouco mais tarde, uma curiosa miniatura do missal

---

[1] O texto, já publicado por J. Freind, The History of Physick, 5ª ed. II, 1758, p. [32], foi dado pelo Dr. Crawfurd, King's Evil, p. 45, de acordo com o ms. Brit. Mus. Cotton [Claud. A. VIII?]. Mas é um erro do Dr. Crawfurd acreditar que o Defensio juris domus Lancastriae não tenha sido jamais publicado. Foi impresso, ainda que não difundido, por Lord Clermont, em sua edição das obras de Fortescue (visto anteriormente). A passagem que nos interessa está à p. 508; Nesta edição, ele apresenta algumas variações em relação ao texto do Dr. Crawfurd, que me parece melhor e que reproduzo aqui: "Item aurum et argentum sacris unctis manibus Regum Angliae in die Parascevae, divinorum tempore (quaemadmodum Reges Angliae annuatim facere solent), tactum devote et oblatum, spasmoticos et caducos curant: quemadmodum per annulos ex dicto auro seu argento factos et digitis huiusmodi morbidorum impositos, multis in mundi partibus crebro usu expertum est. Quae gratia Reginis non confertur, cum ipsae in manibus non ungantur". O mesmo argumento é reproduzido, de forma semelhante, em um pequeno tratado inglês: Of the Title of the House of York, escrito por Fortescue na mesma época: Crawfurd, p. 46; Lord Clermont, p. 498. Pode notar-se que, igualmente na França, sob Carlos V, Jean Goleein considerou o fato de que uma mulher não podia curar a escrófula, como argumento a favor da sucessão pela linha masculina: será visto posteriormente.

[2] Ver Apêndice I.

[3] Deste cerimonial existem, segundo eu saiba, ao menos três manuscritos: 1º Bibl. Nat. Inglês 29, que parece datar do ano 13 do reinado de Henrique VIII (fol. 1v); texto sobre os cramp-rings na fol. 14 v; a passagem sobre os cramp-rings foi publicada de acordo com este ms. em The Gentleman's Magazine, 1834, I, p. 48 (The Gentleman's Magazine Library, III, 39); e provavelmente de acordo com Gentleman's Magazine por Crawfurd,

de Maria Tudor, imediatamente anterior ao texto do ofício litúrgico usado para a bênção dos *cramp-rings*, mostra-nos a rainha ajoelhada diante do altar; à direita e à esquerda, nas bordas do uma espécie de recinto retangular onde se encontrava, vemos duas taças rasas de ouro: o artista representou nelas, esquematicamente, mas de maneira reconhecível, os pequenos círculos de metal[1].

O primeiro mestre das cerimônias que, provavelmente no início do reinado de Henrique VI, implementou essa modificação aos costumes tradicionais, certamente buscava apenas fins práticos; queria eliminar uma complicação que considerava desnecessária. Mas, ao simplificar o velho rito, mudou-o profundamente. A ficção jurídica que constituía seu cerne só fazia sentido se o material usado para fabricação dos anéis tivesse sido objeto de uma oferta real, e que não se diferenciava, por nenhuma singularidade, das demais ofertas, não tendo, se assim se pode dizer, qualquer sinal de ter sido feita propositalmente, pois apenas assim se teria o direito de considerar aquele ouro e qualquer prata como tendo pertencido, por algum tempo, em toda sua propriedade, ao altar e à cruz. Mas, o que se oferece durante uma solenidade religiosa? moedas: daí o uso de florins, nobles e sterlings para os *cramp-rings* reais, denários –moedas mais modestas – ou, atualmente, shellings provenientes de coletas, sinceras ou fictícias, para que possam ser fabricados outros tantos anéis de cura. Depositar de uma só vez os anéis no altar, era reconhecer que a doação era apenas simulada; assim foi eliminado o significado do simulacro. É provável que, desde o início do século XV, a antiga prática das falsas doação e compra não tenha sido entendida. Fortescue e o cerimonial de Henrique VIII dizem simplesmente que o rei "oferece" os anéis – sem dúvida, significava dizer que ele os colocava, por um momento, no altar; feita a oferta, a cerimônia parece completa. O que importava se um pouco de prata em dinheiro fosse então depositado aproximadamente no mesmo lugar em que antes haviam estado os círculos de metal? Ninguém parecia lembrar que esse banal ato de

---

cramp-rings, p. 167; 2º um ms. do ano de 1500, proveniente da coleção de Anstıs, rei das Armas de Jarretière, e preservado na coleção dos duques de Northumberland; a passagem sobre os *cramp-rings* foi publicada a partir deste ms. por Th. Percy, *The regulations and Establishment of the household of Henry Algernon Percy, the fifth Earl of Northumberland*, Londres, 1827 (reimpressão), p. 436, e de acordo com Percy por Maskell, *Monumenta ritualia*, 2ª ed., III, p. 390, n. 1, bem como por *The Gentleman's Magazine*, 1774, p. 247 (The *Gentleman's Magazine Library*, III, 38); 3º ms. preservado sob o n° 7 em Londres, no *College of Arms*; data da primeira metade do século XVI: cf. Farquhar, *Royal Charities*, I, p. 67, n. 6 e p. 81, n. 1 (e a comunicação pessoal da senhorita Farquhar). Eu comparei o texto do Dr. Crawfurd com o ms. da Bibl. Nat. e o achei correto (observe no entanto que as palavras entre parênteses, linha 5, foram adicionadas pelo Dr. Crawfurd).

[1] Apêndice II, n. 19.

generosidade, aparentemente desprovido de qualquer conexão com o rito de consagração que acabara de ocorrer, já fora sua peça central[1].

Além disso, a própria apresentação dos anéis ao altar certo dia cessou de ser o centro do rito. Parece-nos claro, a partir do texto de Fortescue que, em sua época, o rei tocava os anéis para imbuí-los com a milagrosa virtude de sua mão. Este é certamente o gesto que nos apresenta claramente a cerimônia como realizada no tempo de Maria Tudor. Foi o acaso que nos permitiu conhecer, em mais detalhes, o ritual da consagração dos *cramp-rings*, apenas para este reinado, o último a viver esse antigo costume. Acaso infeliz, é claro, mas que não nos deve preocupar excessivamente, pois não podemos imaginar que esta princesa, fiel às antigas crenças, tenha suprimido dos costumes da corte qualquer característica devidamente religiosa, nem que tenha mantido inovações introduzidas talvez por seus dois predecessores protestantes. Podemos admitir, sem medo de errar, que as regras que observara existiam já sob os últimos reis católicos, antes da Reforma. Eis, então, de acordo com a liturgia contida em seu próprio missal[2] e de acordo com o relato de uma testemunha ocular, o veneziano Faitta[3], como se desenrolava, sob a piedosa Maria e provavelmente bem antes dela, a pompa real da Sexta-feira Santa.

A rainha, uma vez completada a adoração da cruz, é colocada em um recinto quadrado formado ao pé do altar por quatro bancos cobertos por tecidos ou tapetes; ela se ajoelha; ao lado dela estão as bacias repletas de anéis – é possível reconhecer esta imagem que aparece pintada, como vimos, em uma das folhas do missal. Primeiramente, ela faz uma oração – bastante longa – cuja única passagem notável é uma espécie de exaltação de realeza sagrada:

---

[1] O significado do ato de resgate estava, sob Maria Tudor, tão perdido que, se acreditarmos no relato (que será mencionado abaixo) do veneziano Faitta, a Rainha consagrava, na Sexta-feira Santa, ao mesmo tempo, os anéis especialmente feitos, à custa do tesouro real, para a cerimônia, mas também os anéis que lhe eram entregues por particulares, e que, sem dúvida, eram devolvidos ao final do rito. Talvez seja esse o fato explique, como destacou o Sr. C. J. Thompson, em *Royal Cramp and Other Medycinable Rings*, p. 9, o que é encontrado em alguns textos, a partir do final do século XV, da menção de *cramp-rings* contendo uma pedra preciosa. Se devemos entender que esses *cramp-rings* eram anéis benzidos pelo rei, podemos ver neles, obviamente, apenas anéis que foram cedidos para esse propósito por particulares; mas como nada nos textos especifica se são *cramp-rings* "régios", podemos também supor que estamos tratando de certos anéis mágicos que poderiam ser efetivos contra a cãibra.

[2] Sobre o missal de Maria Tudor, preservado hoje na Bibl. da Catedral (católica) de Westminster, cf. abaixo, Apêndice II, n° 6. A liturgia dos *cramp-rings* dada por este missal foi publicada em várias ocasiões, especialmente: Gilbert Burnett, *The history of the reformation* ed. Pocock, V, Londres 1865, p. 445; Wilkins, *Concilia Magnae Britanniae et Hiberniae*, IV, fol. 1737, p. 103; S. Pegge, *Curialia Miscellanea*, Londres 1818, p. 164; Crawfurd, *Cramp-rings*, p. 182. A introdução inglesa desta liturgia, que data sem dúvida do reinado de Jacques II, será discutida posteriormente.

[3] *Calendar of States Papers*, Veneza, VI, I, n. 473, p. 436. Faitta era secretário do Cardeal Pole; ele viu Maria benzer os anéis em 4 de abril de 1556.

Deus Todo-Poderoso, Eterno... que quis que aqueles que fomos criados por ti no auge da dignidade real se vissem adornados com graças insignes e as transformassem em instrumentos e canais para seus dons, de modo que, enquanto eles reinam e governam por ti, por sua vontade, sejam úteis para outros homens e transmitam suas benesses aos povos...

Seguia-se, pronunciada desta vez sobre os anéis, outra oração e duas fórmulas de bênção; aqui, a concepção da epilepsia aparece claramente como um mal demoníaco:

Deus... abençoai e santificai esses anéis – assim aparece a segunda benção, especialmente explícita a este respeito –; afim de que todos aqueles que os levem, sejam protegidos das armadilhas de Satanás... sejam preservados da contração dos nervos e dos perigos da epilepsia.

Seguia-se então um salmo, sem dúvida cantado pelos clérigos presentes, e uma nova oração, que refletia, dessa vez, a preocupação bastante curiosa de observar que a cerimônia não continha qualquer apelo a uma magia proibida: "que fuja qualquer superstição, que se afaste toda suspeita de fraude diabólica"!

Então, o ato essencial. A rainha toma os anéis em suas mãos e os esfrega, certamente um a um, dizendo estas palavras que, melhor que qualquer comentário, esclarecem o significado do gesto:

Senhor, santifique esses anéis, lance sobre eles o orvalho de sua benção e os consagre pelo esfregar de nossas mãos, que você se dignou a santificar, segundo a ordem do nosso ministério, pela unção do óleo sagrado, de modo que o que a natureza do metal não podia fornecer, seja conquistado pela grandeza da sua graça[1].

Finalmente, uma operação devidamente religiosa: os anéis eram aspergidos com água benta – pela própria rainha ou por um sacerdote de sua capela, não se sabe – enquanto a soberana, e sem dúvida também os assistentes, ainda pronunciam algumas fórmulas de oração.

---

[1] "Omnipotens sempiterne Deus, qui... quos ad regalis sublimitatis fastigium extulisti, insignioribus gratiis ornatos, donorumque tuorum organa atque canales esse voluisti, ut sicut per te regnant aliisque praesunt, ita te authore reliquis prosint, et tua in populum beneficia conferant" (Crawfurd, pp. 182-183) – "Deus... hos annulos propitius benedicere et sanctificare digneris: ut omnes qui eos gestabunt sint immunes ab omnibus Satanae insidiis, sint armati virtute coelestis defensiones nac eos infestet vel nervorum contractio, vel comitialis morbi pericula" (Ibid, p. 183) – "...facessat omnis superstitio, procul absit diabolicae fraudis suspicio" (Ibid, mesma página) – "Sanctifica Domine annulos istos, et rore tuae benedictionis benignus asperge, ac manuum nostrarum confricatione, quas, olei sacra infusione externa, sanctificare dignatus es pro ministerii nostri modo, consecra, ut quod natura metalli praestare non possit, gratiae tuae magnitudine efficiatur" (Ibid., p. 184).

Podemos ver: à parte ao uso da água benta – e a sua utilização na cerimônia não tem outro papel que uma preocupação piedosa banal, semelhante à que explica a presença do sinal da cruz no toque das escrófulas –, o prestígio da força sobrenatural que emanava dos reis esmaecia tudo o mais a seu redor. Nem o Missal, nem o relato do veneziano mencionam, nem digo o resgate dos anéis, mas sequer sua colocação sobre o altar. É provável, no entanto, que esta última parte do rito tradicional ainda fosse realizada sob Maria Tudor; não há dúvida de que ainda ocorria sob Henrique VIII. Não vemos porque Maria a teria suprimido. Sem dúvida ocorria após as orações, o que explica por que o missal não menciona esta parte. Mas ninguém mais atribuía importância ao gesto: daí o silêncio de Faitta. O ponto culminante do rito estava agora em outro lugar: nesta liturgia em que o monarca, como ocorria no serviço das escrófulas, pagava com a grandeza de sua pessoa, e especialmente neste esfregar dos anéis nas mãos "santificadas" pela unção, que era então, segundo as próprias palavras da oração oficial, o ato de consagração por excelência. A evolução iniciada no início do século XIV, e depois ativada pelos objetivos interesseiros de Eduardo II, estava completa: a antiga receita mágica definitivamente se transformara em um milagre verdadeiramente real. Sem dúvida é necessário datar o fim desta transformação nas proximidades do ano de 1500. Foi nos primeiros anos do século XVI que, como já foi dito, parece ter sido feita uma tentativa de relacionar os *cramp-rings* à grande memória de Eduardo o Confessor, já um patrono do toque da escrófula; então, de qualquer forma, foram incorporados ao ciclo da realeza milagrosa. É neste momento, também, como teremos a oportunidade de ver, que esta nova forma de dom taumatúrgico atribuído aos monarcas ingleses atingiu, ao que parece, sua maior popularidade. Na verdade, não há mais belo exemplo da força que se preservou, no alvorecer da "Renascença", da antiga concepção da realeza sagrada que esta usurpação, consumida então por ela, de um poder de cura que até então se atribuía à influência do altar e da cruz.

Capítulo III. A realeza maravilhosa e sagrada, das origens do toque das escrófulas até o Renascimento.

§ 1. A Realeza Sacerdotal

Os ritos de cura nasceram, como já vimos, de velhas concepções relativas ao caráter sobrenatural dos reis. Se essas crenças tivessem desaparecido logo após o nascimento dos ritos, é provável que não pudessem ter sido mantidos ou, pelo menos, não teriam possuído grande popularidade. Mas, longe de se extinguirem, resistiram firmemente e, em alguns aspectos, foram ampliados e ficaram mais complexos com novas superstições. Para explicar o persistente sucesso do toque ou a transformação da antiga receita mágica dos anéis em uma cerimônia verdadeiramente real, deve-se, primeiramente, contextualizar ambas as práticas nesta atmosfera de veneração religiosa, neste ambiente pleno de maravilhas no qual as pessoas, durante os últimos quatro ou cinco séculos da Idade Média, cercavam seus príncipes.

Na sociedade católica, a familiaridade com o sobrenatural estava, a princípio, reservada a uma classe de fiéis estritamente definida: sacerdotes, ministros regularmente consagrados ao serviço de Deus, ou pelo menos a clérigos ordenados. Em relação a esses obrigatórios intermediários entre este mundo e o além, os reis taumaturgos, simples laicos, não se arriscavam a parecerem usurpadores? De fato, eram assim considerados, como já sabemos, pelos gregorianos e seus continuadores; mas, para a maioria dos homens daquela época, não. Precisamente sob a luz da opinião comum, os reis não eram puramente laicos. A própria dignidade com que eram revestidos dava-lhes, como geralmente se acreditava, um caráter quase sacerdotal.

É importante reforçar: *quase* sacerdotal. A assimilação nunca foi completa; e jamais poderia ser. O sacerdócio comporta, aos olhos de um católico, privilégios de ordem supraterrestre perfeitamente definidos, que são conferidos apenas por meio da ordenação. Nenhum monarca na Idade Média, por mais poderoso ou orgulhoso que fosse, jamais se considerou capaz de celebrar o santo sacrifício da Missa e, consagrando o pão e o vinho, fazer com que Deus descesse até o altar; aos imperadores, Gregório VII recordou de forma incisiva que, não sabendo expulsar demônios, deveriam se considerar bastante inferiores aos exorcistas. Outras civilizações, a antiga Germânia, a Grécia dos tempos homéricos poderiam ter conhecido reis-sacerdotes no pleno sentido da palavra; na cristandade medieval, a existência dessa dignidade híbrida era inconcebível. Isto era visto claramente pelos gregorianos. Um dos mais penetrantes dentre os escritores deste campo, o misterioso autor que, por desconhecermos exatamente sua pátria, devemos utilizar seu nome em latim, Honorius *Augustodunensis*, denunciava as pretensões dos soberanos de seu tempo não só como sacrílegas, mas também como uma confusão de ideias. Um homem, afirmou ele, em um tratado composto pouco depois do ano de 1123, poderia ser apenas clérigo, laico ou monge (os monges, muitos dos quais não haviam sido ordenados, eram, no entanto, considerados parte do clero); mas, não tendo sido ordenado, o rei não é clérigo; "sua esposa e sua espada o impedem que ele se passe por monge"; é, portanto, laico[1]. Raciocínio que, sob a boa lógica, não admite refutação; mas a lógica geralmente não governa os sentimentos, especialmente quando carregam traços de antigas crenças e mergulham suas raízes mais distantes em religiões abolidas, formas de pensamento obsoletas que deixaram para trás de si, como resíduos, formas de sentir. Além disso, nem todos daqueles dias possuíam – longe disso – a implacável nitidez de espírito de um Honorius *Augustodunensis*. Na prática – veja, por exemplo, a prática da jurisprudência – e até mesmo na teoria, a distinção entre o clero e os simples fiéis era, na Idade Média, menos rigorosamente estabelecida do que seria após o Concílio de Trento; podemos imaginar situações "mistas"[2]. Os reis bem sabiam que não eram sacerdotes; porém, tampouco se consideravam completamente laicos; e, em seu entorno, muitos de seus fiéis compartilhavam esse sentimento[3]. Havia já algum tempo que essa velha ideia de fundo quase pagão florescia em países cristãos[4]. Já

---

[1] *Summa gloria de Apostolico et Augusto; Monumenta Germaniae, Libelli de lite*, t. III, c. 9, p. 69: *Quod rex sit laicus*: "Aut enim rex est laicus aut clericus. Sed si non est laicus, tune est clericus. Et si est clericus, tune aut est ostiarius aut lector aut exorcista aut acolithus aut subdiaconus aut diaconus aut presbyter. Si de his gradibus non est, tune clericus non est. Porro si nec laicus nec clericus est, tune monachus est. Sed monachus eum excusat uxor et gladius". Cf. também c. 28, p. 78. A personalidade de Honório, que foi um escritor profundamente profícuo, continua sendo bastante enigmática, apesar de todas as pesquisas; porém, não há dúvida de que era alemão (v. especialmente, Jos. Alt. Endres, *Honorius Augustodunensis, Beitrag zur Geschichte des geistigen Lebens im 12. Jahrhundert*, Kempten e Munique, 1902)

[2] A ser discutido posteriormente. A este respeito, encontramos observações interessantes, mas marcadas por algum exagero, no trabalho de P. Thurston, *The coronation ceremonial* citada na próxima nota. Sobre as dificuldades de definir legalmente o estado do clero, cf. R. Genestal, *Le privilegiuni lori en France du Décret de Gratien à la fin du XlVe siècle. (Bib. Ecole Hautes Etudes, Sc. religieuses*, vol. 35).

[3] Certos escritores anglicanos, primeiro e acima de tudo o Sr. Wickham Legg, insistiram com grande vigor, e às vezes com certo excesso, sobre o caráter quase sacerdotal da realeza medieval: isso para fins de apologética religiosa, claramente admitido: "It seemed" – escreveu M. Legg em 1902 no *Church Times* – "as it might be an useful thing if it were shown that, so far from the claims of the King to govern the Church beginning with Henry the Eighth his rights began much earlier... And with this, that the king was a minister of the Church, consecrated to this special office by the Church herself". Daí uma tentativa de refutação, também realizada em um propósito fácil de discernir, por um jesuíta inglês, padre Thurston, *The Coronation Ceremonial*, 2 ª ed., Londres 1911: argumento inteligente e às vezes penetrante quando ataca o exageros da escola oposta, mas muito absolutos na negação e, na minha opinião, ainda mais distante da verdade, da tese de W. Legg. Além disso, é curioso ao historiador perceber que essas velhas disputas ainda têm seu lado atual!

[4] Entre as origens desta concepção da realeza sacerdotal, tão familiar à Idade Média, devem ser incluídas as influências romanas? Os imperadores cristãos, desde Graciano, em 382, renunciaram ao antigo título pagão de *pontifex maximus*; mas, pelo menos até o século V, os nomes sacerdotes continuaram a ser atribuídos em certas fórmulas de veneração oficial (ver. B. Sagmiiller, *Lehrbuch des katbolischen Kirchenrechts*, ed. 3-a,

assinalamos, sob os primeiros merovíngios, os versos de Fortunato, nos quais apenas parcialmente se revela uma alegoria bíblica. Acima de tudo vimos como, na era carolíngia, foi recuperado o vigor da unção real, e como a opinião lealista interpretou de forma extremamente favorável à monarquia, para grande escândalo de um Hincmar de Reims e de seu partido, esse rito comum a reis e sacerdotes. Ora, desde Pepino, as cerimônias da coroação não deixaram de aumentar em tamanho e esplendor. Escutemos o célebre diálogo entre Wazon, Bispo de Liège, e o Imperador Henrique III, conforme relatado em cerca do ano 1050, pelo cônego Anselmo. Wazon, tendo negligenciado, em 1046, em enviar seus contingentes ao exército, foi trazido perante a corte imperial; lá, no dia de seu julgamento, teve de se manter de pé, pois ninguém queria oferecer um assento a este prelado em desgraça; ele reclamou ao príncipe: mesmo que não respeitassem sua idade, que ao menos mostrassem mais respeito a um sacerdote, ungido pela crisma sagrada. Disse, porém, o imperador: "Eu também, que recebi o direito de comandar a todos, fui ungido com o óleo sagrado". Ao que Wazon responde bruscamente – sempre de acordo com o testemunho do historiador –, proclamando a superioridade da unção sacerdotal sobre a unção real: "há entre uma e outra a mesma diferença que existe entre a vida e a morte"[1]. Teriam essas observações realmente sido expressas na forma que

---

I, Freiburg im Br. 1914, pp. 51-52): "ἀρχιερεί βασιλεί" [πολλά τά ετη]", exclamavam em 444, em suas aclamações oficiais, os Padres do Sínodo de Constantinopla; até, em 451, o Concílio da Calcedônia: "τώξερεί βγσγλει" (Mansi, *Concilia*, VI, col. 733 e VIII, col. 177); o Papa Leão Magno escreveu um pouco mais tarde ao imperador Leão I, "sacerdotalern namque and apostolicum tuas pietatis aninum" (CLVI, Migne, P. L. t. 54, col. 1131). Mas esses textos, que não foram coletados pelas grandes compilações canônicas latinas, não parecem ter sido citados, e provavelmente não eram conhecidos pelos escritores da Idade Média Ocidental; da mesma forma, a famosa passagem de Eusébio, em que vemos Constantino denominar a si mesmo "τώγέχτός ... ἐπισχοποε" (discutido posteriormente). Foi mais tarde – no século XVII – que essas velhas memórias, graças à erudição do renascimento, encontraram alguma atualização: a ser discutido posteriormente. Por outro lado, é possível concluir a partir de uma passagem de Guillaume Durand que certos juristas, para provar o caráter sacerdotal atribuído ao imperador, tomavam um texto emprestado de compilações legais romanas: *Rationale divinorum officiovuni*, II, 8 (ed. Lyon, pet., In-8°, 1584, p.56): "Quidam etiam dicunt ut not. ff. de rerum diuisio 1, sancta quod fez presbítero, iuxta illud, Cuius merito, que nosso sacerdócio chama, Imperator etiam pontifex dictus é, prout in tractatu of Episeopo disse". (veja ibid., I, 11, p.62: "Vnde e Romani Imperatores pontifices dicebantur"). A passagem a que se refere é Dig. I, 1, 1 (Ulpiano) e se aplicava, na realidade, não aos imperadores, mas aos jurisconsultos.
[1] *Anselmi Gesta Episcop. Leod.*, c. 66; *Monum. Germ.*, SS., VII, pp. 229-230: "Imperator vero, utpote qui eiusmodi homo esset, qui sibi super episcopos potestatem nimis carnaliter, ne dicam ambiciose, quereret usurpare: 'Ego vero, inquit, similiter sacro oleo, data mihi prae caeteris imperandi potestate, sum perunctus'. Quem contra antistes veritatis zelo institiaeque fervore vehementer accensus, talibus breviter instruendum esse censuit: Alia, inquiens, est et longe a sacerdotali differens vestra haec quam asseritis unctio, quia per eam vos ad mortificandum, nos auctore Deo ad vivificandum ornati sumus; unde quantum vita morte praestantior, tantum nostra vestra unctione sine dubio

Anselmo nos transmitiu? A pergunta é legítima. Mas, ao final, pouco importa. Esta dúvida não atinge sua verdade psicológica: o fato destes termos terem sido considerados, por um cronista daquela época, capazes de expressar com precisão os pontos de vista opostos de um imperador e de um prelado, é suficiente para torná-los altamente instrutivos. "Eu também fui ungido com o óleo sagrado...": na verdade, é na própria memória desta marca divina, recebida no dia da coroação, que um monarca, mesmo muito devoto, poderia sustentar o sentimento de seu legítimo direito quando procurou, como afirma Anselmo com as palavras de Henrique III, "arrogar-se, com um pensamento de dominação carnal, todo poder sobre os bispos".

Foi especialmente em torno do ano 1100 que a tese dos fiéis da realeza se tornou clara: a grande disputa gregoriana forçou as partes em luta a assumir uma posição, sem ambiguidades. Honorius *Augustodunensis* menciona em certo momento esses "faladores" que "se inflam de orgulho, alegando que os reis, porque são ungidos com o óleo dos sacerdotes, não devem ser incluídos entre os laicos"[1]. Conhecemos o vocabulário de alguns desses faladores. A sua clareza, de fato, não deixa nada a desejar. Veja-se, por exemplo, Gui d'Osnabrück, que escreveu, em 1084 ou 1085, um tratado *Da controvérsia entre Hildebrando e o Imperador Henrique* – é claro, Henrique IV – "O rei", ele diz, "deve ser colocado à parte da multidão dos laicos pois, ungido com óleo consagrado, participa do ministério sacerdotal"[2]. E um pouco mais tarde, na Inglaterra, afirmava o Anônimo de York: "O rei, Cristo do Senhor, não pode ser chamado de laico"[3].

Para dizer a verdade, a maioria dos polemistas a quem devemos tais explícitas afirmações, era súdita do Império; as audácias do Anônimo de York não parecem terem sido repetidas em seu país. Porque, como já tivemos ocasião de observar, os apologistas do poder temporal, ao menos naquele momento, eram recrutados quase todos entre o grupo imperial. Na França e na Inglaterra, os reis se uniram, como em outros lugares, para dominar a Igreja; algo que conseguiram de forma bastante eficaz; mas, até a crise eclesiástica dos dois

---

est excellentior". Sobre todos os fatos, v. E. Steindorff, *Jahrb. des deutschen Reichs unter Heinrich III.*, II, pp. 50-51.

[1] *Summa gloria*, c. 9: "Sed garruli fortasse tumido fastu contendunt regem non esse de numero laicorum, cum unctus sif oleo sacerdotum".

[2] *De controversia inter Hildebrandum et Heinricum imperatorem*; *Libelli de Lite*, I, p. 467: "Unde dicunt nulli laico umquam aliquid de ecclesiasticis disponendi facultatem esse concessam, quamvis rex a numero laicorum merito in huiusmodi separetur, cum oleo consecrationis inunctus sacerdotalis ministerii particeps esse cognoscitur". Para outras citações de polemistas do mesmo grupo, veja-se Heinrich Bdhmer, *Kirche und Staat in England und der Normandie*, p. 235; Kern, *Gottesgnadentum*, p. 86, n. 152; cf. a linguagem atribuída, por um cronista do grupo pontifício, ao círculo de Henrique V: "Quid referam quosdam comites eius... eum regem pariter et summum sacerdotem... praedicasse"; Laurentius, *Gesta episcop. Virdunensium; Monum. Germ.*, SS., XVIII, p. 502.

[3] *Monum. Germ.*, *Libelli de lite*, III, p. 677: "Quare non est appellandus laicus, quia Christus Domini est...".

últimos séculos da Idade Média, eles se abstiveram, em regra, de explicitamente fundamentar suas reivindicações no caráter quase sacerdotal da realeza: um longo silêncio que deve ser comparado àquele que, aproximadamente na mesma época, a literatura guardava em respeito ao toque da escrófula. No entanto, não era tão absoluta; de tempos em tempos, a ideia mestra que inspirou tantos atos era expressa de maneira pouco clara, ou mesmo, segundo toda probabilidade, pouco conhecida de forma consciente. Na França, em particular, foi o abade Suger, um historiógrafo quase oficial, que fez Luís VI cingir, no dia de sua coroação, sua "espada eclesiástica"[1]. É do reinado de Luís VII, acima de tudo, o famoso preâmbulo do diploma de 1143, feito em favor dos bispos de Paris: "Sabemos que, de acordo com as prescrições do Antigo Testamento e, em nossos dias, sob a lei da Igreja, que somente reis e sacerdotes são consagrados pela unção da santa crisma. É apropriado que aqueles que estão sozinhos entre si, únicos entre todos, unidos entre si pela crisma sacrossanta, sejam colocados à frente do povo de Deus, busquem para seus súditos os bens temporais e espirituais, e os proporcione uns aos outros"[2]. Uma declaração um tanto menos

---

[1] *Vie de Louis le Gros*, c. XIV, ed. A. Molinier (*Collection de textes pour servir à l'étude... de l'hist.*), p. 40: "bjectoque secularis miliție gladio, ecelesiastico ad vindictam malefactorum accingens". No mesmo sentido, Ibid., XVIII, p. 62: "partem Dei, cujus ad vivificandum portat rex imaginem, vicarius ejus liberam restituat suppliciter implorant". Não sei se devemos ver na primeira passagem uma alusão à famosa alegoria das duas espadas, tiradas de Lucas, XXII, 38, cujos defensores do poder pontifício e defensores do poder temporal, extraíram ao mesmo tempo argumentos opostos; na época de Suger, Geoffroi de Vendome, antes mesmo de São Bernardo, fez uso dela: cf. Paul Gennrich, *Die Staats- und Kirchenlehre Jokanns von Salisbury*, Gotha 1894, p. 154, n. 1 e E. Jordan, *Dante et S. Bernard; Bulletin du Comite catbolique francais pour le centenaire de Dante*, 1922, pp. 277 e 278.
[2] A. Luchaire, *Etudes sur les actes de Louis VII*, in-4°, 1885, n. 119 (adicione às edições mencionadas por A. Luchaire a de R. de Lasteyrie – *Hist. Générale de Paris* – num. 302, que agora é a melhor): "Scimus quod ex auctoritate Veteris Testamenti, etiam nostris temporibus, ex ecclesiastica institutione soli reges et sacerdotes sacri crismatis unctione consecrantur. Decet autem ut qui, soli pre ceteris omnibus sacrosancta crismatis linitione consociati, ad regendum Dei populum perficiuntur, sibi ipsis et subditis suis tam temporalia quam spiritualia subministrando provideant, et providendo invicem subministrent". Pode-se imaginar se seria apropriado traduzir *sacerdotes* por *bispos*, especialmente porque a crisma – no sentido estrito da palavra – é um privilégio episcopal e não sacerdotal (discutido adiante). Mas nos textos da época, *crisma* tinha, por vezes, o simples significado de óleo sagrado. É prudente preservar a tradução natural: *sacerdotes*, sem esquecer que, na opinião do clero de Luís VII, eram, sem dúvida, acima de todos os bispos os considerados como aliados naturais dos reis; o próprio diploma era a favor de um bispo. Podemos comparar o preâmbulo de Luís VII com aquele que poucos anos mais tarde Othon de Freising escreveu sobre a coroação de Frederico Barba Roxa; no mesmo dia que o imperador, na mesma igreja e pelos mesmos bispos, o bispo eleito de Münster foi consagrado: "ut revera summus rex et sacerdos presenti iocunditati hoc quasi prognostico interesse crederetur, qua in una aecclesia una dies duarum personarum, quae solae novi ac veteris instrumenti institutione sacramentaliter unguntur et christi Domini rite dicuntur, vidit unctionem". (*Gesta Frederici*, II, c. 3; *Scriptor. rer. germ. ad*

impressionante, sem dúvida em seu texto completo, que acaba de ser dado, quando, como fez o Sr. Luchaire, suprime-se a última parte[1]; pois nestas poucas palavras, "e os proporcione uns aos outros", aparece de maneira clara que o cuidado dos bens espirituais é reservado aos sacerdotes – que os proporcionam aos reis – bem como o cuidado dos bens temporais aos príncipes laicos. O princípio da separação dos dois poderes estava, portanto, seguro. No entanto, esse tipo de equivalência e, por assim dizer, essa aliança entre as duas unções, a real e a sacerdotal, permanece muito significativa: tão significativa que, na verdade, seria difícil encontrar, na França, nos documentos desta época, algo com um tom semelhante. Pois este texto – algo que os historiadores até agora não parecem ter percebido – tem origem em uma combinação muito particular de circunstâncias. Em 1143, uma grave querela surgia entre Roma e a corte francesa: o Papa Inocêncio II se permitiu, a despeito dos desejos do rei, consagrar Pierre de Châtre, eleito pelos cônegos, como Arcebispo de Bourges; o reino estava interdito. Há mais. Conhecemos o nome do chanceler que referendou o diploma e assumiu a responsabilidade por ele: foi o mesmo Cadurc que, para a sede de Bourges, havia sido o infeliz concorrente do candidato pontifício[2]. Esse clérigo, intrigante e ousado, não possuía quaisquer motivos para poupar a cúria; ao contrário, era de seu interesse destacar o privilégio da unção que, ao colocar reis quase ao mesmo nível dos sacerdotes, parecia criar para eles um título que os permitia intervir nas eleições eclesiásticas. Os desígnios ou rancores de um ambicioso desprezado explicam por que, naquele dia, o governo Capetíngio saíra de sua reserva costumeira.

Passemos à Inglaterra. Não sei se os atos oficiais poderiam fornecer, a um erudito mais bem informado do que eu, algo que possa ser comparado à exposição de motivos que o mau humor de Cadurc inspirou, por acaso, na Chancelaria de Luís VII. O que se sabe é que a corrente de ideias, a partir da qual surgiu o tema do preâmbulo de 1143, era familiar tanto aos ingleses quanto para seus vizinhos; é atestada desta forma em meados do século XIII por um teólogo ortodoxo que lutou contra ela. Em uma carta ao rei Henrique III, que já

---

usum scholarum, ed. 3-a, p.105). Finalmente, é uma ideia análoga a expressa em uma fórmula litúrgica comum aos selos reais franceses e alemães: "Accipe coronam regni, quae ... episcoporum ... manibus capiti tuo imponitur ... et per hanc te participem ministerii nostri non ignores, ita ut. sicut nos in interioribus pastores rectoresque animarum intelligimur, tu quoque in exterioribus verus Dei cultor... semper appareas...". (Waitz, *Die Formeln der Deutschen Konigs- und der Romiscben Kaisers kronung*, Gottingen 1872, pp. 42, 74, 82; e, com variantes, Dewick, *The coronation book of Charles V of France – Henry Bradshaw Soc*, XVI –, in-4°. Londres 1899, col. 36).

[1] *Histoire des Institutions monarchiques*, ed. 2-a, 1890, I, p. 42. Na mesma obra, I, p. 41, Luchaire cita um diploma de Enrique I para a Igreja de Paris (F. Soehnee, *Catalogue des actes de Henri I*) Biblioth. *Ecole Hautes Etudes*, p. 161, nr. 29) em que se fala do "ministério divino" da realeza; uma vez verificada, as palavras "divinum ministerium" no preâmbulo deste diploma se referem ao ministério divino da generosidade (em relação às igrejas).

[2] Sobre esses fatos ver Luchaire em *Histoire de France* de Lavisse, III, I, p. 5 e Vacandard, *Saint Bernard*, in-12, s.f., p. 183.

citei, o bispo de Lincoln, Robert Grossetête, expondo a seu senhor a verdadeira natureza da unção real, e colocando-a muito alto, achou ser seu dever afirmar que não possuía "qualquer efeito sobre a dignidade do rei ser superior ou mesmo igual à do sacerdote, e não confere nenhuma capacidade a nenhum dos ofícios próprios do sacerdócio"[1]. Roberto, aparentemente, não teria tido tantos problemas em prevenir uma confusão, a ser ver tão escandalosa, se não tivesse motivos para acreditar que estava difundida entre aqueles a quem desejava instruir. Mas, sem dúvida, ali, como também na França, a confusão permanecia mais como uma tendência de espírito do que enquanto uma tese defendida expressamente.

Mesmo na terra imperial, após a morte da dinastia saliana, o caráter sacerdotal dos príncipes temporais deixou de ser, aparentemente, defendida pelos partidários do *regnum* com tanta ênfase quanto o fora no passado. A concordata de Worms, que aboliu a investidura pela cruz e pelo anel, mas reservou ao soberano uma grande influência na eleição dos prelados alemães, deu aos gregorianos sobretudo satisfações teóricas; da mesma forma, suas polêmicas obtiveram, ao menos, o resultado de impor uma surdina às declarações de princípio de seus adversários. Aqui e lá, a antiga noção continuava sendo expressa. Para justificar o juramento de fidelidade prestado pelos bispos ao imperador – um juramento contrário à regra que proíbe os clérigos de se submeterem, assim, a um laico – seria possível, como escreveu em torno de 1158 o ilustre canonista Rufino, "responder que o costume autoriza mais de uma coisa que os cânones não permitem, ou seja, dizer que o imperador, consagrado pela sagrada unção, não é totalmente laico"[2]. Mas havia uma grande distância entre este argumento escolástico, apresentado de passagem à consideração do leitor, e como que perdido em uma vasta suma jurídica, e as ressonantes polêmicas das eras precedentes. Além disso, os publicistas, pagos pelos Hohenstaufen, tentaram explorar a ideia de Império ao invés de elaborar uma doutrina da realeza, que poderia ter sido utilizada para apoiar as pretensões dos "reis das províncias", como teria dito Barbarossa[3] – ou seja, os líderes de nações que não a Alemanha – bem como as dos herdeiros dos Césares. Foi apenas com o movimento galicano, como se verá a seguir, em um país diferente, que surgiram afirmações tão contundentes quanto as do círculo dos imperadores Henrique IV e Henrique V. Mas a história das ideias políticas – ou dos sentimentos políticos – não deve ser procurada exclusivamente nos

---

[1] *Epistolae*, ed. Luard (*Rolls Series*), nr. CXXIV, p. 351, cf. Leopolod G. Wickham Legg, *English Coronation Records*, p. 67: "Hec tamen unccionis prerogativa nullo modo regiam dignitatem prefert aut etiam equiparat sacerdotali aut potestatem tribuit alicuius sacerdotalis officii".

[2] Summma Decretorum, XXII, qu. 5, c. 22: "Si opponatur de iuramento fidelitatis, quod hodie episcopi faciunt imperatori, respondeatur non omnia, qua consuetudo habet, canones permittere. Vel dicatur imperatorem non omnino laicum esse, quem per sacrom unctionem constat consecratum esse"; ed. J. F. v. Schulte, *Giessen* 1892, p. 360; ed. H. Singer, Paderborn 1902, p. 403.

[3] Saxo Grammaticus, 1. XIV, ed. A. Holder, p. 539: "prouinciarum reges".

trabalhos dos teóricos; certas maneiras de pensar ou sentir são reveladas pelos fatos da vida cotidiana melhor do que pelos livros. Assim como, durante muito tempo, a noção do poder taumatúrgico dos reis, sem ter o direito de cidadania na literatura, inspirou os ritos de cura, o mesmo ocorreu com a concepção da realeza sacerdotal que, praticamente ignorada pelos escritores ingleses e franceses, e abandonada pelos imperiais, continuou a se manifestar com grande continuidade e nitidez em um grande número de práticas, modos de linguagem, comportamentos.

Antes de tudo, a sagração.

A unção era o ato real por excelência, tão perfeitamente ligado, na França, ao próprio título de rei, que os grandes feudatários, que por vezes procuravam imitar os outros eventos da coroação, não se atreveram a se apropriar dela: a um duque da Normandia, a um duque de Aquitânia, poderiam ser entregues, em uma cerimônia religiosa, em Rouen, ou em Limoges, a espada ou o anel, o gonfalão ou a coroa ducal, mas sempre lhes era vedado o uso do óleo santo[1]. Este prestigioso rito era protegido por uma tradição tão antiga e respeitável que sequer os protagonistas mais ardentes das ideias que, sumariamente, denominaríamos de gregorianas, teriam pensado em aboli-lo[2]. Pelo menos

---

[1] Para os duques da Normandia, Benoit de Peterborough, *Gesta Henrici regis*, ed. Stubbs, Rolls Series, II, p. 73 (Ricardo Coração de Leão tomou, em 20 de Julho de 1189, no altar da Notre-Dame de Rouen, na presença do arcebispo, de prelados e de barões, o "gladium ducatus Normanniae"); Mathieu Paris, *Chronica majora*, ed. Luard, R.S., II, p. 454 e *Historia Anglorum*, ed. Madden, R.S,, II, p. 79 (João Sem Terra, 25 de Abril de 1199: espada e coroa); muito mais tarde, os testemunhos relativos à entronização de Carlos da França, irmão de Luís XI, em H. Stein, *Charles de France, frère de Louis XI*, 1921, p. 146 (anel, espada, pendão); ritual conhecido somente por duas cópias do século XVII, nos Arquivos comunais de Rouen (cf. Cheruel, *Histoire de Rouen à l'epoque communale*, II, 1844, p. 8 e R. Delachenal, *Histoire de Charles V*, I, p. 137, n. 1), publicada por Duchesne, *Historiae Normannorum Scriptores*, fol. 1619, p. 1050 e Martene, *De antiquis Ecclesiae ritibus*, II, col. 853 (anel e espada). Para os duques da Aquitânia, possuímos um *ordo ad benedicendum* que, infelizmente, foi escrito apenas no início do século XIII pelo *chantre* Elio de Limoges, e não pode ser considerado um documento muito confiável, em relação aos antigos costumes; as insígnias são o anel (dito de Santa Valéria), a coroa "circulum aureum", a bandeira, a espada, as esporas (*Histor. de France*, XII, 451). Veja também, para além do reino da França propriamente dito, Dauphine, R. Delachenal, *Histoire de Charles V*, I, p. 40. *Le Pontifical* William Durand (Bibl. Nat. Ms. Latim 733, fol 57) contém uma rubrica: *De benedictione principis siue comitês palatini*; há apenas uma fórmula de bênção, visivelmente tomada do ritual da coroação imperial (ibid., fol., 50 v) e, além disso, absolutamente banal; nenhuma menção, é claro, à unção.

[2] A unção era então considerada pelos reis como uma prerrogativa tão importante que, nas dinastias nas quais não era prática tradicional, buscou-se adquirir tal privilégio. No século XIII e posteriormente, firmou-se a ideia de que, para isso, era necessária uma autorização do papa; os reis da Navarra a obtiveram em 1257, os da Escócia em 1329 após uma longa espera. Assim o papado encontrou, no interior do velho rito monárquico, ao menos em alguns países, um elemento de influência. Em 1204, o próprio Inocêncio III

tentaram evitar qualquer conexão íntima entre a unção de sacerdotes ou de bispos, e a dos reis. Teólogos e liturgistas se emprenharam arduamente nesta tarefa. Seu sucesso foi apenas medíocre.

De toda dogmática católica, a doutrina sacramental é uma das partes mais tardias; só realmente se estabelecera sob a influência da filosofia escolástica. Durante muito tempo, a palavra sacramento, quase sem distinções, referia-se a todo ato que fazia com que um homem ou uma coisa passasse para a categoria do sagrado[1]. Era natural então dar o nome de sacramento à unção real. Isso não foi abandonado. Estudiosos como Ives de Chartres, defensores da reforma eclesiástica como Peter Damien, prelados, ardentes defensores das prerrogativas do clero, como Thomas Becket, não temiam nomeá-la assim[2]. A unção real era, portanto, comumente referida pelo mesmo termo usado para a ordenação de um sacerdote. Mas, durante o século XIII, a teoria da Igreja nesta matéria tomou uma forma mais rígida. Apenas sete sacramentos foram reconhecidos. A ordenação estava entre eles; mas a unção real, ao contrário, foi excluída. Assim, entre o ato que criava um sacerdote e aquele que criava um rei, foi aberto um abismo. Mas a linguagem comum não abandonou imediatamente, longe disso, o costume antigo. Robert Grossetete, filósofo e teólogo, escrevendo entre 1235 e 1253[3], assim como a própria chancelaria pontifical, em bulas de 1257 e 1260[4], permaneceram fiéis. Acima de tudo, e como era natural, seu uso se manteve ainda, muito mais tarde, em obras laicas em língua vulgar. "Senhor", lê-se no romance *Carlos o Calvo*, composto no século XIV:

> Seigneur pour ceste cause dont je vous voy parlant
>
> Fu adont acordé en France le vaillant
>
> C'on ne tenroit a roy jamais homme vivant

---

ungiu Pedro II de Aragão, que havia ido a Roma se fazer vassalo da Santa Sé; foi a primeira unção aragonesa. Cf. será visto a seguir.

[1] Nos termos de teologia pós-escolástica, confundiam-se sob um mesmo nome os sacramentais e a *sacramentalia*. Isso pode ser visto em uma exposição muito clara em G. L. Hahn, *Die Lebre von den Sakramenten in ihrer geschichtlichen Entwicklung innerhalb der abendlandiscben Kirche bis zum Concil von Trent*, Breslau 1864, especialmente p. 104.

[2] Ives de Chartres, ep. CXIV (*Histor. de France*, XV, p. 145); Pierre Damien, *Sermo* LXIX, Migne, P. L., t. 144, col. 897 e ss; e *Liber gratissimus*, c. X (*Monum. Germ., Libelli de lite*, I, p. 31); Thomas Becket, carta a Henrique II, *Materials for the history of Th. B., Rolls Series*, V, nr. CLIV, p. 280. Cf. Pierre de Blois, texto citado anteriormente, e que será utilizado a seguir; Hugue de Rouen, citado em Hahn, *loc. cit.*, p. 104; Otto de Freising, *Gesta Friderici*, II, c. III (*Scriptor. rer. Germ.*, ed. 3ª, p. 104: "dum finito unctionis sacramento diadema sibi imponeretur"). Boa exposição do tema aparece em Kern, *Gottesgnadentum*, p. 78; cf. p. 87, n. 154.

[3] Texto citado anteriormente: "uncuoms sacramentum".

[4] Baronius-Raynaldus, ed. Theiner, XXII (1257, n. 57 e 1260, n. 18); cf. Potthast, *Regesta*, II, n. 17054 e 17947. Em relação à atitude de João XXII, em 1318, ver abaixo.

S'en la cité de Rains n'avoit le *sacrement*[1].

[Senhor, por esta razão que eu vos vejo falando

Foi feito então um acordo na França

De que jamais será rei um homem vivente

Sem que na cidade de Reims haja o *sacramento*].

Apenas um mera discussão sobre palavras? Não acredito. Embora tenha permanecido, por muito tempo, imperfeitamente definido, o termo do sacramento sempre carregou consigo a ideia de uma ação de ordem sobrenatural: "sinais visíveis de coisas divinas", dizia Santo Agostinho[2]. Nenhum escritor, caso tivesse alguma cultura teológica, poderia interpretá-la diferentemente. Aplicá-la à unção real significava explicitamente que a consagração pelo óleo sagrado operava no ser espiritual dos reis uma profunda transformação. Era, de fato, o que comumente se acreditava. Samuel, lemos no Livro dos Reis, depois de ter derramado sobre a cabeça de Saul o frasco de óleo, disse-lhe: "Você será transformado em outro homem", *mutaberis im virum alienum*[3]; a unção de Saul foi a prefiguração da unção dos reis cristãos; como não tomar emprestado da Bíblia esta expressão para utilizá-la para caracterizar os efeitos da sagração? No século XI, o sacerdote alemão Wipon colocou-a na boca do arcebispo de Mogúncia que, no dia da coroação, discursou ao rei Conrado II; mais tarde, Pierre de Blois a relembra ao rei da Sicília, e o papa Alexandre IV ao rei da Boêmia[4]; não há dúvida que não se tratava do significado literal. Além disso, se desejamos saber o que comumente se entendia pelo termo sacramento quando usado para descrever a unção real, basta-nos recorrer a Robert Grossetête; de acordo com este prelado, muito ortodoxo e bastante sábio, o rei ungido recebia "o dom septiforme do Espírito Santo" – memória evidente da teoria e do próprio ritual do sacramento da confirmação[5]. Em suma, pela unção-sacramento, os reis pareciam nascer para uma nova vida mística. Tal era a concepção profunda que, em conjunto com uma aproximação puramente verbal com a ordenação do sacerdote, uma teologia mais rigorosa pretendia proscrever, ao recusar, ao rito monárquico, um título consagrado por seu longo uso.

A velha ideia, no entanto, sobrevivia. Apresentou uma forma particularmente ousada no círculo do rei Carlos V da França. Abramos este

---

[1] Histoire litteraire, XXVI, p. 122.

[2] *De catechizandis rudibus*, c. XXVI, (Migne, P. L., t. 40, col. 344): "signacula quidem rerum divinarum esse visibilia, sed res ipsas invisibiles in eis honorari".

[3] I, Reg. 10, 6.

[4] Wipo, *Gesta Obuonradi*, c. III, ed. H. Bresslau. *Ser. rer. Germ. in usum scholarum*, 3ª ed. p. 23; Pierre de Blois, ep. 10, Migne, P. L., t. 207, col. 29; em ambos os casos, a palavra bíblica é utilizada para conselhos ou reprimendas. Alexandre IV, bula de 6 out. 1260: Raynaldus-Baronius, ed. Theiner, XXII, 1260, n. 18, Potthast, Rgesta, n. 17947.

[5] Texto citado abaixo (ed. Luard, p. 350): "regalis inunecio signum est prerogative suscepcionis septiformis doni sacratissimi pneumatis".

Tratado da sagração, que foi escrito, como sabemos, para o próprio príncipe, e quase que sob sua inspiração, pelo Carmelita Jean Golein. O autor segue passo a passo a marcha da cerimônia, indicando para cada episódio seu significado simbólico; e assim se chega ao momento em que o rei deixava as roupas que usara inicialmente, para vestir a roupa propriamente real; eis aqui, com esse simples gesto, o comentário "misterial":

> Quando o rei se despe, isto significa que ele abandona o estado mundano de antes para tomar o da religião real; e, se ele o recebe com a devida devoção, considero que está tão limpo de seus pecados quanto aquele que entra novamente em uma comprovada religião: é o que diz São Bernardo no livro de *precepto et dispensacione*, quase ao fim: que também, como no batismo, os pecados são perdoados, o são também ao entrar na religião[1].

Texto infinitamente sugestivo: ao mesmo tempo, a dignidade real era comparada a uma "religião", isto é, ao estado monástico, e à coroação eram atribuídos os mesmos poderes de regeneração que a entrada na religião, ou seja, ao próprio batismo: por tal ato, o rei, desde que se encontrasse em uma adequada disposição de espírito, era "limpo" de seus pecados. Curiosamente, esta última teoria, cuja ousadia não pode ser negada, já havia sido defendida muito antes de Jean Golein, porém fora da França e em um texto que o carmelita francês não podia conhecer. Próximo ao ano 1200, um alto dignitário da Igreja Oriental, Theodore Balsamon, produziu um comentário sobre as decisões dos principais concílios. No que diz respeito ao duodécimo cânone do Concílio de Ancira, ele relata como, em 969, o Patriarca Polieuto primeiro excomungou o imperador Jean Tsimitzes, que havia chegado ao trono por meio de um assassinato, mas a seguir recuou sensivelmente em sua severidade; por que essa mudança de atitude? Eis a explicação dada por nosso glosador:

> O patriarca, de acordo com o Santo Sínodo, segundo decisão sinodal que foi promulgada e cujo texto é preservado nos arquivos, declarou que, uma vez que a unção do santo batismo apaga todos os pecados, sejam eles grandes e numerosos, e que tenham sido cometidos anteriormente a ela, da mesma forma, por uma ação semelhante, a unção real havia apagado o assassinato de que Tsimitzes havia sido culpado antes de recebê-la[2].

Não sei se Polieuto e o sínodo emitiram realmente essa opinião; mas certamente Balsamon a tinha como sua. Assim, em ambas as Igrejas, os sacerdotes leais apresentavam, sem influência recíproca, um surpreendente pensamento semelhante. No início do século XVII, a passagem do autor grego

---

[1] Ver abaixo, apêndice IV. Jean Golein, na seguinte frase, ao dar um giro moralista a sua opinião, limita um pouco o seu alcance: a dignidade real deve gozar dos mesmos privilégios que o estado de religioso, pois supõe mais "ansiedade e dores".
[2] V. abaixo, Apêndice III.

surgiu ante os olhos de um médico da Sorbonne, Jean Filesac, a quem devemos um tratado, aliás bastante confuso, *Sobre a idolatria política e o legítimo culto que se deve ao Príncipe*, publicado em 1615. Filesac, alimentado pelas lições de uma teologia mais rigorosa – a que o Concílio de Trento havia fixado – considerou tal teoria algo escandalosa: como, dizia em síntese, a unção real poderia lavar um pecado mortal, já que não era um sacramento?[1] Sem dúvida, ele ficaria muito surpreso se lhe tivessem revelado que, na França, uma ideia semelhante havia sido defendida por um religioso, escrevendo para um dos mais piedosos dentre os nossos reis.

Os príncipes temporais aspiravam governar a Igreja; ou seja, eram tentados a se equiparar aos líderes da Igreja. Em muitos detalhes do cerimonial da coroação se afirmava, com muita constância e, aparentemente, cada vez mais evidente à medida que a Idade Média avançava, a vontade de estabelecer um tipo de paralelismo entre o ritual monárquico e o que se observava, não na ordenação de simples sacerdotes, mas na consagração de bispos[2]. Este projeto, mais do que qualquer outro, parecia ser perigoso para os homens que se constituíam em zelosos guardiões da autonomia do espiritual; com todo seu poder, esforçaram-se em sua oposição.

Os reis eram ungidos em diferentes partes do corpo; entre outras – segundo o antigo costume, atestado pelos primeiros rituais – na cabeça. Não fora na cabeça de Saul que Samuel havia derramado o conteúdo do frasco que a Bíblia menciona? A mesma prática era observada na consagração dos bispos; mas os sacerdotes, em sua ordenação, tinham o direito de serem ungidos apenas nas mãos. Em determinado momento, os liturgistas perceberam que tais usos estabeleciam entre a realeza e o episcopado uma insuportável paridade; decidiram que, a partir de então, os reis devem ser ungidos apenas em seus braços ou, estritamente falando, em seus ombros ou mãos. Uma célebre bula de Inocêncio III, dirigida em 1204 ao arcebispo búlgaro de Tirnovo, e registrada nos *Decretais*, apresenta a síntese mais autorizada da doutrina ortodoxa da unção; as modalidades dos dois ritos, o episcopal e o real, aparecem perfeitamente diferenciadas. Da forma semelhante nas *Razões dos Ofícios Divinos* de Guillaume Durand, em que aparece condensada toda a ciência litúrgica do século XIII[3]. Estes cuidados permaneceram inúteis. Apesar da

---

[1] De idolatria politica et legitimo principis cultu conimentarius, p. 73. A obra será discutida posteriormente.

[2] Cf. J. Wickham Legg, The sacring of the English Kings; Archaeological Journal, LI (1894), p. 33 e Woolley, Coronation rites, p. 193.

[3] *Corpus Iuris Canonici*, ed. Friedberg, II, col. 132-133 (Decretai., I, tit. XV): "Refert autem inter pontificis et principis unctionem, quia caput pontifices chrismate consecratur, brachim vero principis oleo delinitur, ut ostendatur quanta sit differentia inter auctoritatem pontificis et principis potestatem"; cf. Kern, *Gottesgnadentum*, p. 115. A mesma teoria reproduzida na bula de Alexandre IV para a coroação dos reis da Boêmia, em 1260 (Baronius-Raynaldus, ed. Theiner, XXII, 1260, nr. 18; Potthast, nr. 17947); Guillaume Durând, Raționale, I, c. VIII, ed. din Lyon 1584, p. 40: desde o advento da Nova Lei, a unção real "a capite ad brachium est translata, ut princeps a

autoridade de papas e doutores, os reis da França e da Inglaterra continuaram, de fato, a receber, como os sucessores dos apóstolos, o óleo sagrado em suas cabeças[1].

Os bispos, diferentemente dos sacerdotes, eram ungidos, não com o óleo bento comum chamado de óleo dos catecúmenos; mas com um óleo especial, misturado com bálsamo: o crisma. Desejava-se obrigar os reis a usar o óleo simples. Isso foi o que Inocêncio III e a cúria, depois dele, tentaram; tal era a teoria de Guillaume Durand. Apesar de tudo, os reis da França e da Inglaterra conservaram o privilégio do crisma[2].

Na verdade, era tão claro que o caráter quase-sacerdotal da cerimônia de coroação dos reis buscava impressionar, que a doutrina litúrgica acabou por se resignar a tentar atenuá-la e torná-la inofensiva, em vez de negá-la absolutamente. Nada é mais característico a este respeito do que a história da coroação imperial. Nos bons tempos da dinastia saxã e ainda sob os sálios, os textos oficiais que regulavam esta cerimônia revelavam de forma evidente a mudança de estado que resultava para o príncipe. Descrevendo-se a entrega, pelo papa, ao futuro imperador, da túnica, da dalmática, do pluvial, da mitra, dos sapatos e sandálias – quase roupas sacerdotais –, comentava-se este ato com estas simples palavras: "Aqui o papa o faz clérigo"; *Ibique facit eum clericum*. No século XII, esta menção desaparece. A cerimônia de entrega das vestimentas persiste; permanecerá enquanto houver imperadores coroados por papas. Mas a interpretação dada será diferente: o rei dos romanos é agora supostamente um

---

tempore Christi mon ungatur in capite sed in bracliio siue in humero vel in armo"; para a unção do bispo na cabeça, cf. 40 v. No *ordo* para a coroação dos reis, em conformidade com as prescrições canônicas, que G. Durand dá em seu Pontifícial (Bibl. Nat., ms., Latim 733), lê-se, folha 54 v.: "Post hec metropolitanus inungit in modum crucis cum oleo exorcisato de[x]trum illius brachium et inter scapulas".

[1] Woolley, *Coronation rites*, pp. 68, 71, 104; H. Schreuer, *Ueber altfranzösische Krönungsordnungen*, pp. 39 e 48; Legg, *Coronation records*, p. XXXV. A unção na cabeça logo desapareceu do ritual da coroação imperial (Kern, p. 115, n, 207), mas permaneceu na cerimônia cerimonial da coroação do rei dos romanos como soberano alemão (Schreuer, *Die rachlichen Grundgedanhen*, p. 82, n. 3 e Woolley, p. 122). O cardeal Henri de Susa, conhecido em literatura canônica por seu título cardinalício de *Hostiensis*, em sua *Summa aurea*, escrita entre 1250 e 1261, lib. Eu c. XV (ed., Lyon, fol., 1588, fol., 41 v) observa que, apesar das prescrições de Inocêncio III e dos textos oficiais do pontifical romano, "sed et consuetudo antiqua circa hoc obseruatur, nam supradictorum Regum Franciae et Angliae capita inunguntur".

[2] Bulas de Inocêncio III e Alexandre IV, e texto de Guillaume Durand, citados acima; cf. J. Fluck, *Katholische Liturgie*, I, Giessen 1853, pp. 311 e 322; Vacant e Mangenot, *Dictionnaire de théologie catholique*, sob o verbete *Chrème*. Já no século XII, o pequeno poema conhecido sob o nome de *De anulo et baculo nersus* (*Mon. Germ. Histor.*, *Libelli de lite*, III, p. 726, v. 9) dizia: "Presulis est autem sacra crismatis unctio...". A respeito do costume francês, atestado por diversos textos, ver, por exemplo, Dewick, *The Coronation Book of Charles V of France* (*H. Bradshaw Soc*, XVI), col. 8 e 25 e ss. (no crisma se misturava uma gota de óleo da Santa Ampola); para o costume inglês ver Legg, *Coronation records*, p. XXXV.

dos cônegos de São Pedro. Não há mais entrada nas ordens, no sentido geral da palavra; em seu lugar, a simples colação de uma dignidade particular, de natureza eclesiástica certamente, mas conferida aqui visivelmente de forma honorária e, além disso, de acordo com a prática canônica da época, de um tipo que poderia ser concedida a personagens que estavam próximos aos níveis mais baixos do clero: nem todos os cônegos, nos diferentes capítulos da catedral da catolicidade, eram sacerdotes ou mesmo ordenados; longe disso. Assim, o ato realizado antes da coroação propriamente dita, na pequena igreja de *Sancta Maria in Turri*, sem perder todo o seu significado original, havia se despojado de qualquer significado ameaçador para o partido pontifício[1].

Mas há mais. Como, afinal, dificilmente se poderia contestar que o Imperador era mais que um leigo e, além disso, não estando apto a realizar o sacrifício da Missa, ele evidentemente não assumia o sacerdócio, pensou-se em precisar sua posição na hierarquia. As *ordines* da coroação, a partir do século XIII, testemunham um esforço muito claro para assimilar a situação eclesiástica do chefe temporal da cristandade à de um diácono ou, mais frequentemente, de um subdiácono: o prior dos cardeais diáconos lia sobre ele a litania usual na ordenação dos subdiáconos; o papa lhe dava o beijo da paz "como a um dos diáconos do cardeal"; ao final da cerimônia, o novo César auxiliava a missa do soberano pontífice; ele apresenta "o cálice e a água, como os subdiáconos"[2]. De todas essas práticas, alguns sábios emitiram uma doutrina: de acordo com eles, o imperador era realmente da "ordem do subdiaconato"; e como, nesta época, para emitir qualquer opinião se fazia necessário se apoiar um texto, mais ou menos torturado, tiveram a ideia de invocar, em apoio a suas conclusões, um cânone do decreto de Graciano, em que vemos Valentiniano dizendo a santo Ambrósio: "Eu sempre serei, como convém à minha ordem, sua ajuda e seu defensor"; o subdiácono não era essencialmente uma "ajuda" a sacerdotes e bispos? Guillaume Durand, que nos informa sobre essa teoria, não a segue; mas não hesita em reconhecer que o Imperador, em sua coroação, exercia as funções desta "ordem"[3]. Assim, não podia mais ser dito, como nos tempos de Gregório

---

[1] Sobre estes fatos, é suficiente recorrer a A. Diemand, *Das Ceremoniell der Kaiserkronungen*; *Histor. Abh. hgg.* de th. Heigel und H. Grauert, 4, München 1894, p. 65, n. 3 e 74 e sobretudo a E. Eichmann, *Die Ordines der Kaiserkronung*; *Zeitschr. der Sav. Stiftung fur Rechtsgesch.*, Kan. Abt., 1912, *passim*. Apesar do que afirma Diemand, não há qualquer prova de que o costume de receber o imperador no capítulo de São Pedro de Roma fosse imitação de outro que queria que fosse membro do capítulo de Aix-la-Chapelle; este canonicato parecia ser uma imitação do canonicato romano: cf. Beissel, *Der Aachener Königsstuhl*; *Zeitschr. des Aachener Geschichtsvereins*, IX (1887), p. 23 (útil mais pelos fatos citados do que por sua interpretação). É importante observar aqui que não tive condições de consultar o texto de Eva Sperling, *Studien zur Geschichte der Kaiserkrönung und Weihe*, Stuttgart, 1918.

[2] Eichmann, *loc. cit.*, p. 39 e 42 (ordo da coroação imperial, 3º período). Em suas memórias, Eichmann, que claramente revelou o significado do canonicato atribuído ao Imperador, não parece ter dado importância suficiente ao diaconato imperial.

[3] *Rationale*, II, 8, ed. de 1584, p. 56 v: "Canon † Adriani Papae exiij distinct. Valentianianus in fine videtur innuere, quod Imperator debet ordinem subdiaconatus

147

VII, que todo príncipe deste mundo, por grande que fosse, estava abaixo do simples exorcista; mas ao menos o imperador, superior aos clérigos das ordens menores, era expressamente colocado abaixo dos padres, sem falar dos bispos. Isso era o essencial. Curiosamente, em Bizâncio o historiador encontra uma característica semelhante. Lá o Basileu era o herdeiro direto da antiga monarquia sagrada do Baixo Império Romano, muito permeada, mesmo depois de Constantino, de tradições pagãs; no século V ainda era comumente denominado ἱερεύς, isto é, padre, ou ἀρχιερεύς, isto é, bispo; nos séculos XIV e XV, os escritores oficiais, preocupados em explicar certos privilégios religiosos que lhes eram reconhecidos no culto, notadamente o direito de, no dia da coroação, comunicar-se da mesma maneira aos clérigos, não o atribuíam mais do que a posição de diácono ou mesmo de ςεποτάτος, oficial eclesiástico de um grau inferior[1]. Assim, nas duas metades do mundo europeu, circunstâncias similares, com toda probabilidade, sem influência recíproca, levaram os doutores a inventar ficções semelhantes.

Além disso, os imperadores ocidentais, do século XIV, pareceram ter tomado muito seriamente essa concepção singular. Já que foram feitos diáconos ou subdiáconos, desejaram desempenhar as funções diaconais, pelo menos em uma das principais festas do ano. Carlos IV, com coroa sobre a cabeça e a espada na mão, lia na igreja, no dia de Natal, a sétima lição das matinas, particularmente adequada a uma boca imperial, porque começa com estas palavras, tomadas do Evangelho da missa da meia-noite (Lucas II, 1): "Nestes tempos, um edital de César Augusto foi publicado...". No dia 25 de dezembro de 1414, Sigismundo, filho de Carlos IV, desempenhou o mesmo papel diante dos Padres do Concílio de Constança. Com isso, esses soberanos engenhosamente transformaram em benefício de sua glória, a teoria elaborada em épocas anteriores com um objetivo muito diferente; pois a imponente aparição que, adornada com ornamentos imperiais, era assim feita no coro, entre a pompa das grandes liturgias, destacava aos olhos das multidões, melhor do que qualquer outro gesto, sua participação no caráter eclesiástico. O prestígio que obtiveram deste privilégio era tão impressionante, que no exterior era facilmente visto com inveja. Quando, em 1378, Carlos IV veio para a França visitar seu sobrinho Carlos V, teve de regressar rapidamente de sua viagem,

---

habere, ubi dicitur, Adiutor et defensor tuus, ut meum ordinem decet, semper existam, sed non est ita, gerit tamen illud officium, quoniam in die ordinationis sue, receptus est primum in canonicum, a canonicis sancti Petri, ministrat domino papae in missa in officio subdiaconatus, parando calicem et huiusmodi faciendo". A citação se refere ao *Decret. Grat.*, Dist. LXIII, c. III; mas é equivocado que este cânon seja, estritamente, um trecho da *Historia tripartita*; no c. II se faz menção ao papa Adriano II.

[1] Jean Cantacuzène, *Histor.* lib. I, cap. XII (Migne, *P. G.*, t. 153, col. 281, cf. para a comunhão 288) e Codinus, *De officiis Constantinopolitanis*, c. XVII (*P. G.*, t. 157, col. 109; cf. para a comunhão col. III) fazem do imperador um δεποτάτοω, (cf. Brightman, *Journal of Theological Studies*, II, 1901, p. 390, n. 1); Simão de Tessalônica, *De sacro templo*, c. CXLIII (*P. G.*, t. 155, col. 352) faz dele um diácono, a propósito da comunhão.

para celebrar o Natal em terras do Império, pois o governo francês informou-lhe que não seria permitido, no reino, a dizer as matinas; não se teria tolerado que o Imperador realizasse publicamente, nos Estados do Rei da França, um ofício religioso para o qual o rei da França era incapaz[1].

Os reis da França, de fato, jamais foram diáconos ou subdiáconos. É verdade que nas *ordines* da coroação de Reims, a partir do século XIII, encontramos estas palavras, a respeito da cota que os reis usavam após a unção: ela deveria "ser feita de forma semelhante à túnica que diáconos utilizam na missa", mas o paralelismo se encerrava aqui. Nos mesmos documentos, é a sobrecota sacerdotal que é comparada à cláusula real[2]. E o cerimonial de Carlos V apresentaria no vestuário um novo elemento que sugere outras analogias: o rei, segundo ele, poderia, se desejasse, colocar luvas macias após a unção, como faziam os bispos após sua consagração. Sem uma assimilação precisa, portanto, tudo contribuía, cada vez mais, para evocar a ideia de ornamentos sacerdotais ou pontifícios, nas roupas usadas pelo soberano, no dia em que recebia a unção e a coroa. Além disso, não se continuavam a dizer naquele dia as velhas orações que traduziam, em cada linha, o desejo de estabelecer uma espécie de equivalência entre as duas unções, real e sacerdotal?[3]

---

[1] Para Carlos IV, R. Delachenal, *Histoire de Charles* V, I, 1909, p. 278, n. 1 (miniatura citada aparece reproduzida no t. IV ma *Chronique de Jean II et Charles V*, ed. Delachenal, *Soc. de l'hist. de France*, pi. XXXII). Para Sigismundo, *Chronique Du Religieux de Saint-Denys*, ed. L. Bellaguet (Doc. inédito), V, p. 470. No cerimonial pontfício de Pierre Amelii (1370-75), lê-se, a propósito da missa papal de Natal: "Si imperator vel rex sit in curia hac nocte, sacrista et clerici praesentant sibi librum legendarum, in quo debet legere quintam lectionem, et eum honeste instruunt de ceremoniis observandis in petendo benedictionem, in bsvando ensem cum vagina, et extrahendo, ipsum vibrando..." (Mabillon, *Museum italicum*, II, in-4°, 1689, p. 325). Por outro lado, não há senão fantasia na seguinte afirmação, reproduzida por Martene, *De antiquis Ecclesiae ritibus*, I, II, c. IX, ed. de Bassano, folio, 1788, II, p. 213: "ex codice Bigotiano", sem outra indicação de data de origem: "o imperador deve dizer o evangelho, e o rei de Cecile a epístola. Mas se o rei da França se encontra ali, deve ser dita diante dele".

[2] H. Schreuer, *Ueber altfranzosische Kronungsordnungeu*, Weimar 1909 (separata da revista *Zeitschrift der Savigny-Stiftung*, G.A., 1909), pp. 38 e 46; E.S. Dewick, *The coronation book of Charles V of France*, col. 8; Jean Golein, Apêndice IV. Creio ter que recordar, uma vez mais, que a falta de toda classificação realmente crítica das *ordines* da consagração francesa (trabalhos de H. Schreuer aboraram apenas as fontes impressas) não permite senão que se digam apenas coisas vagas sobre o ritual dessa cerimônia.

[3] Sobre as luvas, v. Dewick, *loc. cit.*, col. 32: "Postea si uoluerit rex cirotecas subtiles induere sicut faciunt episcopi dum consecrantur"; cf. nota, col. 82. Orações: "Christe perunge hune regem in regimen unde unxisti sacerdotes..."; "Deus electorum... Iterumque sacerdotem aaron"; "Accipe coronam..." (com a fórmula: "per hanc te participem ministerii nostri non ignores..."), ibid. col. 29 e 36. As luvas parecem ter sido introduzidas inicialmente no cerimonial para responder a uma necessidade de ordem puramente ritual: serviam para proteger a crisma de toda profanação após a unção das mãos. Cf. Dewick, *loc. cit.* E também Jean Golein, a ser visto posteriormente. Porém seu uso permitiu uma imediata relação com o traje episcopal. Observe-se que Jean Golein,

Na Inglaterra, o ritual, tanto na designação oficial das peças de vestuário como nos textos litúrgicos, não levantava tão claramente quanto na França a memória das várias ordenações eclesiásticas. Mas podemos perguntar, qual seria a impressão que se produzia sobre o público o esplendor da pompa monárquica? Basta-nos ler este relato da coroação de Henrique VI, no qual o autor – um contemporâneo – fala sem piscar sobre o "hábito episcopal" usado pelo rei[1].

A sagração não era o único ato que evidenciava o caráter quase sacerdotal dos reis. Quando, no final do século XIII, já se habituara a reservar estritamente a comunhão sob as duas espécies aos padres, acentuando assim uma nítida distinção entre o clero e os leigos, a nova regra não se aplicava a todos os soberanos. O imperador, em sua coroação, continuava a comungar com o vinho e com o pão. Na França, em 1344, Filipe de Valois se fez reconhecer, pelo papa Clemente VI, com uma prerrogativa semelhante, nem sequer limitada, para o caso do imperador, por qualquer circunstância particular, mas sem qualquer tipo de restrição; foi concedido ao mesmo tempo e nas mesmas condições à rainha, ao duque da Normandia, herdeiro presumível do reino – o futuro João II – e à duquesa, sua esposa. As autorizações foram dadas a título pessoal; no entanto, se o privilégio foi subsequentemente renovado expressamente, ou melhor, por uma espécie de tolerância tácita, o costume gradualmente tomou força de lei, e os reis da França jamais cessaram, desde então, durante vários séculos, de usar este glorioso privilégio. Foram necessários os problemas religiosos que agitaram o cristianismo a partir do século XV, e as discussões às quais a disciplina eucarística era então objeto, para que se pudesse forçar os príncipes a renunciar, pelo menos parcial ou temporariamente, à dupla comunhão. Frederico III, imperador coroado em 19 de março de 1452, comungou nesse dia apenas com a hóstia. Observar o antigo costume teria sido um risco, por parecer concordar com as doutrinas hussitas. A tradição foi, porém, apenas interrompida; foi renovada posteriormente, o mais tardar no século XVII; seria, então, até mesmo estendida a outras solenidades além da coroação; mesmo na atualidade, o imperador da Áustria, o último herdeiro das monarquias sagradas da antiguidade, comunga sob ambas as espécies toda Quinta-feira santa. Na França, desde Henrique IV, os reis tinham acesso ao cálice apenas no dia da sagração. Não era conveniente que o Navarro, que se tornara católico, continuasse a observar o mesmo rito de comunhão da época de sua heresia; seus súditos mal informados poderiam encontrar algum motivo para questionar sua conversão. Pelo menos, até o fim do Antigo Regime, o cerimonial da coroação, nesse ponto, permaneceu inalterado[2].

---

que por regra geral evitar insistir em demasia no caráter sacerdotal da realeza, ignora ou aborda muito superficialmente esta relação.

[1] Brit. Mus. Cotton Nero, C. IX, fol. 173, citat de Legg, *Coronation Records*, p. XI, n. 4.

[2] Indicações gerais sobre a história e a doutrina da comunhão em Vacant e Mangenot, *Dictionnaire de theologie catholique*, verbete *Communion*. Sobre a comunhão sob as duas espécies para os imperadores, v. A. Diemand, *Das Ceremoniell der Kaiserkronungen*, p. 93, n. 2. Pio IV, por uma espécie de condescendência feita às

Sem dúvida, não se deve esquecer que o uso das duas espécies nunca foi reservado aos sacerdotes, exceto por uma regra disciplinar, que por vezes poderia ser flexibilizada; os papas, diz-se, por vezes permitiram, mesmo em nossos dias, que de ambas participassem certos leigos eminentes, a quem certamente não pretendiam reconhecer nenhum caráter sacerdotal. Sem dúvida. Mas quando se trata do privilégio eucarístico dos reis, como duvidar que tenha se originado nesta concepção da monarquia sagrada e, por assim dizer, supra-secular, cujo vigor é atestado por tantos outros fatos? Apareceu no momento exato, ou quase, em que a comunhão dos fiéis foi separada para sempre do cálice: como se os governantes temporais, ou pelo menos alguns deles – pois nunca os reis da Inglaterra obtiveram, nem talvez tenham procurado, o mesmo favor que seus vizinhos da França – se recusaram a ser confundidos nesta

---

simpatias luteranas de Maximiliano II, concedeu-lhe o direito de usar o cálice (cf. J. Schlecht, *Histor. Jahrbuch*, XIV (1893), p. 1); mas não se sabe se partiu daqui o retorno do antigo costume, que pode ser encontrado sob Leopoldo II. Em relação à França, as bulas de Clemente VI, de 1344, em favor de Filipe VI, a rainha sua esposa, ao duque e à duquesa da Normandia, v. Baronius Raynaldus, *Annales*, ed. Theiner, XXV, analisadas, salvo a parte relativa ao duque, publicada em sua integralmente; pode-se, porém, imaginar que tivessem conteúdo semelhante. Sem dúvida como consequência de um lapso, Mabillon, em *Museum Italicum*, II, in-4°, 1689, p. lxij, afirma que o mesmo privilégio havia sido concedido ao duque de Borgonha. A bula em favor do duque da Normandia – e, segundo o que se aparenta, também aos demais – inclui a autorização: "ut quae sacra sunty praeterquam corpus Dominicum, quod per alios quam per sacerdotes tractari non convenit, tangere quoties opportunum fuerit... valeas". Comunhão sob as duas espécies de consagração de Carlos V, v. Dewick, *The coronation book of Charles V of France*, col. 43 e (para a rainha) 49; cf. col. 87. Sobre a mudança que ocorreu sob Henrique IV, Du Peyrat, *Histoire ecclesiastique de la Cour*, pp. 727-729; Peyrat apenas atribui "a inadvertência daqueles que, uma vez convertidos, começaram inicialmente a governar sua Capela"; eu prefiro supor o motivo indicado anteriormente; cf. para o costume no século seguinte, Oroux, Histoire *ecclesiastique de la cour*, I, p. 253, n. (1). De acordo com um teólogo católico da segunda metade do século XVI, Gasparus Cassalius, *De caena et calice Domini*, Veneza 1563, c. II, citado em Henriquez, *Summa Theologiae Moralis*, in-8°, Mainz 1613, lib. VIII, c. XIIV, § 7, n.n.o., o rei da França não havia feito uso deste privilégio além de sua consagração e *articulo mortis*. Se a informação for precisa, prova sem dúvida que, sob Henrique IV, o medo de se associado ao Protestantismo levou a uma redução no exercício desta prerrogativa religiosa. É curioso que o cerimonial da comunhão real contida no ms. 2734 da Bibl. Mazarine, que data do século XVII e presumivelmente do reinado de Luís XIII, prevê comunhão sob ambas as espécies; provavelmente se limitava a reproduzir um cerimonial mais antigo; este texto foi publicado por Franklin, *La vie privée, Les médecins*, p. 300; está ausente em ms. análogo preservado na Bibl. Nat. sob o código francês 4321; cf. a seguir. A dissertação de Gabriel Kehler, *Christianissimi regis Galliae Communionemsub utraque...*, in-4°; Wittenberg [1686] é um panfleto protestante sem interesse. Eu não consegui consultar F. Mayer, *Christianissmi regis Galliae communio sub utraque*, Wittenberg, da mesma data. Na Inglaterra não há indícios de que os reis comungavam sob as duas espécies antes da Reforma: Legg, *Coronation records*, p. lxi. Há documentos ilustrados que mostram a comunhão do rei da França sob ambas as espécies; veja a seguir, Apêndices 2 e 3; e Dewick, *The coronation book*, p. 28.

multidão banal. Nas bulas de Clemente VI, acompanha-se a autorização, bastante significativa, de tocar os objetos sagrados, exceto, é verdade, o Corpo do Senhor, cujo manejo era permitido apenas sacerdotes; mas esta reserva não é muito surpreendente; sabe-se que a assimilação da realeza com o sacerdócio nunca foi perfeita, porque não poderia ser; o que não impediu ter havido, de qualquer forma, uma aproximação. Da mesma forma ocorreu em Bizâncio, onde o rito da comunhão, embora muito diferente dos costumes latinos, também estabelecia uma distinção entre leigos e clérigos, sendo estes últimos os únicos que poderiam consumir pão e vinho separadamente, enquanto o basileu, no dia do sacramento, comungava com os sacerdotes, "ὥσπερ χαί ἱερεῖς"[1]; ele também não era considerado um "laico puro". Além disso, mesmo que o primeiro motivo para a honra singular concedida aos reis do Ocidente não tivesse sido como acabei de descrever, o sentimento público logo chegaria a lhe dar esta interpretação. Em seu tratado sobre a coroação, Jean Golein, após ter notado que o rei e a rainha receberam do arcebispo o vinho com a hóstia, observou que tal rito só poderia ser um sinal de uma ou outra das duas "dignidades": a "real" e a "sacerdotal"; a fórmula era prudente; mas poderemos acreditar que o vulgo se absteve de concluir que a primeira das duas dignidades participava da segunda? Encontraremos mais adiante esta conclusão expressamente declarada no século XVII por graves autores; não há dúvida que, já havia muito tempo, era esta a opinião pública corrente[2].

Um grande poeta, o autor da *Canção de Rolando*, reconstruiu em seus versos, sob o nome de prestígio de Carlos Magno, a imagem do soberano cristão ideal, tal como era concebida em sua época. Mas repare nos gestos que atribuiu ao grande Imperador: são os de um rei-sacerdote. Quando Ganelão parte para a perigosa embaixada para a qual o ódio de Roland o chamou, Carlos, fazendo-lhe o sinal da cruz, dá-lhe a absolvição. Mais tarde, quando os francos se preparavam para lutar contra o emir Baligant, o sexto corpo de batalha, o dos poitevinos e dos barões de Auvérnia, apareceu diante do supremo chefe do exército; ele levanta sua mão direita e abençoa as tropas:

Sis beneïst Caries de as main destre[3].

É verdade que o antigo poema, pela reação contra teorias agora condenadas definitivamente, por vezes se deixa rejuvenescer talvez um pouco demais, carrega, nas concepções eclesiásticas de seu autor, a marca de um estado de mente bastante arcaico. Mais de um sacerdote, conquistado por doutrinas mais rigorosas sobre a distinção entre o profano e o sagrado, já havia encontrado no texto razão para escândalos. O arcebispo Turpin, que não se contentou em combater tão ardentemente quando um leigo, constrói sua conduta em teoria e se opõe tão galhardamente sua estima pelos guerreiros a seu

---

[1] Ferdinand Kattenbusch, *Lehrbuch der uergleichenden Confessionskunde*, I, 1892, pp. 388 e 498; ver também a seguir.
[2] Texto de Jean Golein; será discutida posteriormente a comunhão sob as duas espécies como eram vistas no século XVII.
[3] V. 340 e v. 3066. Citado segundo a edição de J. Bedier.

desprezo pelos monges, teria sido devidamente deposto, assim como seu sucessor Manassé de Reims, pelos enviados dos grandes papas reformadores[1]. É nítido que o movimento gregoriano não passara seriamente por ali. Sua ação, pelo contrário, foi sentida mais tarde em um dos emendadores d*A Canção*. Quando, em finais do século XIII, um versificador retomou a antiga versão assonantada para construir rimas, acreditou ser melhor transportá-la para os costumes da época em seu sentido religioso. Assim suprimiu a absolvição dada a Ganelão. Somente persistiu a bênção às tropas[2]. Essa mudança não mantinha qualquer relação com a moral contemporânea. No mesmo período, um príncipe de carne e osso podia ver, assim como o imperador da lenda, seus soldados se curvarem sob sua mão protetora: em Bouvines, antes que a luta começasse, Filipe o Augusto, segundo o testemunho de Guilherme o Bretão, seu capelão, que aquele dia estava próximo, abençoou seus cavaleiros[3]. Filipe, sem dúvida,

---

[1] Sobre Turpin, v. especialmente v. 1876 e seguintes. Esta passagem já estava escrita quando eu consegui ter acesso ao livro de M. P. Boissonnade, *Du nouveau sur la Chanson de Roland*, 1923. A comparação com Manassé de Reims também veio à mente do Sr. Boissonnade (p. 327). Eu gostaria de adicionar que pretendo fazer aqui apenas uma comparação simples, e que não pretendo mostrar em Turpin uma espécie de pseudônimo poético de Manassé; o *Rolando* não é uma nova chave! Mas como M. Boissonnade pode escrever que o autor da Chanson "professa as ideias de um membro da reforma gregoriana ou teocrática"? (p.444, veja o caráter de Carlos Magno interpretado como o "governante ideal da grande teocracia sonhada por Gregório VII", 312). Os versos 3094 e 373, citados em apoio desta tese, simplesmente provam que "Turold" sabia que Carlos Magno havia tido boas relações com os papas; quanto ao v. 2998, também invocado, mostra que nosso poeta considerou São Pedro como um grande santo: quem jamais duvidou disso? Se desejarmos seguir – o que não é nosso propósito aqui – a ideia do rei-sacerdote na literatura, não haveria dúvida de se recorrer ao ciclo do Graal, tão repleto de elementos arcaicos e pré-cristãos.

[2] Versão rimada do ms. de la Châteauroux e Veneza VII, W. Foerster, *Altfranzosische Bibliothek*, VI, str. XXXI (v. 340); para o v. 3066 str. CCLXXXVIII. Pode parecer que esta absolvição dada por um imperador deveria ter apenas relativamente chocado as mentes mais ortodoxas daquele tempo; pois, até a Contrarreforma, um costume generalizado, contra o qual os teólogos lutaram apenas tardiamente e com grandes hesitações, permitia aos laicos, em caso de emergência, administrar a confissão; Joinville nos relatou como, em certa hora de perigo, Sir Guido d'Ibelin confessou: "et je li dis: 'Je vous asol de tel pooir que Diex m'a donnei'" (c. LXX; ed. Soc. de l'Hist. de France, pp. 125-126): cf. Georg Gromer, *Die Laienbeicht im Mittelalter* (*Verölfentlich. aus dem Kirchenhistor. Seminar Munchen*, III, 7), München 1909 e C.J. Merk, *Anschauungen uber die Lehre... der Kirche im altfranzösischen Heldenepos* (*Zeitschr. für Romanische Philologie*, Beiheft XII), p. 120. Mas essas confissões recebidas e essas absolvições dadas – com reservas: "de tel pooir que Diex m'a donnei" – em momento de necessidade urgente, enquanto nenhum sacerdote estava próximo, não poderiam ser comparadas ao gesto de Carlos Magno, realizado ao centro de um exército que a tradição representava como dotada de um clero abundante.

[3] *Chronique*, § 184, ed. Delaborde (*Soc. de l'hist. de France*), I, p. 273: "His dictis, petierunt milites a rege benedictionem, qui, manu elevata, oravit eis a Domino benedictionem...".

ouvira o recitar de *Rolando*; ao seu redor, além disso, as tradições carolíngias eram bastante favorecidas; seus clérigos o igualavam a Carlos Magno; até fingiram – por qual caminho genealógico, não se sabe – que ele era seu descendente [1]. Talvez no campo de batalha, onde iria desempenhar papel decisivo, tenha se lembrado do gesto que os jograis atribuíam a seu pretenso ancestral e o copiara conscientemente. Não haveria nada de surpreendente em tal imitação. As epopeias medievais foram como um Plutarco a partir das quais, nesta era mais "literária" que por vezes se imagina, homens de ação muitas vezes extraíam belos exemplos. Em particular, fizeram muito para manter e fortalecer em suas consciências um certo ideal de Estado e de realeza. Mas, inspirado ou não por um modelo poético, é mesmo o sentimento do poder sagrado e quase-sacerdotal conferido à mão real que, nesta bênção de guerra, expressou-se com eloqüência. Será necessário lembrar que esta mesma palavra, *bendizer,* era comumente utilizada na Inglaterra para descrever o ato do rei que tocava os doentes para curar as doenças?

Como vemos, os reis na Idade Média nunca deixaram de participar, aos olhos de seus súditos, mais ou menos vagamente da glória do sacerdócio. Ao final, era uma verdade reconhecida por quase todos, mas não uma verdade conveniente para ser expressa. Veja ainda quão timidamente, sob o reinado de Filipe o Belo, o cardeal Jean Le Moine, que não pode, no entanto, ser considerado como um defensor das ideias teocráticas, afirma, no que se refere ao direito da regalia espiritual exercida pelos reis da França e da Inglaterra: "Os reis que são ungidos não parecem ter o papel de laicos puros, mas parecem, em geral, ultrapassá-lo"[2]. No entanto, em meados do século XIV, novamente se passou a falar deste tema mais livremente. Na Inglaterra, Wyclif, em uma de suas obras da juventude, o tratado sobre o *Ofício do Rei*, escrito em 1379, ainda separando com muita nitidez os dois poderes, temporal e espiritual, qualifica a realeza na ordem da Igreja, *ordo in ecclesia*[3]. Na França, a corte de Carlos V reúne diligentemente todos os ritos e tradições adequados para destacar o valor sagrado da realeza. Jean Golein, ao que tudo indica um intérprete fiel do pensamento de seu mestre, tende a permanecer ortodoxo; ele afirma

---

[1] Cf. H. Francois-Delaborde, *Recueil des actes de Philippe-Auguste,* I, pp. XXX-XXXI. Em um estudo conjunto sobre a realeza francesa seria, naturalmente, necessário insistir na influência, presumivelmente muito profunda, da tradição carolíngia e a literatura relativa a Carlos Magno tivera sobre nossos reis e sua corte; só posso indicá-la aqui. Posso apenas indicar esse ponto aqui, rapidamente, podendo retomá-lo posteriormente.

[2] *Apparatus in librum Sextum*, lib. III, tit IV: *De praebendis*, c. II, Licet; Bibl. Nat. latim 16901, fol. 6, 6 v: "Item reges, qui inuncti sunt, partem (?) laici meri obtinere non videtur, sed excedere eandem". Sobre o Cardeal Le Moine, cf. R. Scholz, *Die Publizistik zur Zeit Philipps des Schonen*, pp. 194 e ss.

[3] *Tractatus de officio regis*, ed A.W. Polard e Ch. Sayle, Londres 1887 (*Wyclif's Latin Works*, ed. by the Wyclif Society X), pp. 10-11: "Ex istis patet quod regia potestas, que est ordo in ecclesia..."; o *Tractatus*, posterior em alguns meses ao início da Grande Cisma, foi escrito em um momento em que este acontecimento estava ainda longe de ter produzido consequências doutrinárias.

expressamente que a unção não faz do rei um sacerdote, tampouco um santo, "não fazendo milagres"; mas não disfarça que essa "unção real" o deixa "muito próximo" da "ordem sacerdotal"; ele não hesita em nos falar sobre a "religião real"[1].

Chega o Grande Cisma e o amplo problema por ele lançado não só na disciplina da Igreja, mas também, como consequência – pelo menos em parte, porque a crise teve muitas causas – na própria vida religiosa. Então, as línguas se soltaram completamente. Na Inglaterra, o canonista Lyndwood, em seu *Provincial* composto em 1430, relata como opinião difundida – sem se associar a ela – a de que "o rei ungido não seria uma pessoa puramente secular, mas uma pessoa mista"[2]. E foi para um soberano inglês, Henrique V, que o famoso humanista de Champagne, Nicolas de Clamanges, escreveu estas palavras, em que a velha noção quase pré-histórica do rei-sacerdote é mostrada nua, sem disfarces, como entre os teóricos dos quais fala Lyndwood, sem a máscara ambígua de alguma condição "mista". "O Senhor afirmou que a realeza deve ser sacerdotal, pois pela sagrada unção da crisma, na religião cristã, os reis devem ser considerados santos para a ressurreição dos sacerdotes"[3].

Para dizer a verdade, era em vão que Nicholas de Clamanges se dirigia a um rei da Inglaterra; foi especialmente com o clérigo francês que falava; refletiam-se as ideias dos círculos franceses. Na França, de fato, tais concepções eram então absolutamente comuns e eram expressas sem restrições. Queremos exemplos? Dentre tantos, teremos dificuldade em escolher. Em 1380, o bispo de Arras, Pierre Masuyer, pleiteia no Parlamento contra o seu metropolita, o arcebispo de Reims e o capítulo desta cidade; um assunto grave: o bispo, recém-promovido, recusou-se a prestar seu juramento de ofício a seu superior e oferecer-lhe, como presente de advento, a capa prescrita – pelo menos se diz em Reims – por um costume imemorial. O julgamento, portanto, afetava a disciplina eclesiástica; é por isso que o arcebispo deseja encaminhá-lo a seu próprio tribunal e se recusa a reconhecer o direito do Parlamento de falar; pois, segundo seu entendimento, tratava-se de tema estritamente espiritual; o bispo, por outro lado, pede ao tribunal, que representa o rei, que se proclame competente; este foi um de seus argumentos: "O rei nosso Senhor não é apenas temporal, mas divindade, pois ele é *inunctus* e outorga benefícios em regalia"[4]. Observe a última parte desta frase. A faculdade de prover benefícios eclesiásticos durante a vaga dos bispados submetidos à regalia aparece, nos escritos daquela época, por vezes como prova e por vezes como consequência lógica do caráter sacerdotal atribuído à realeza. Nós já encontramos esse argumento na alegação de 1493, quando, em conexão com uma causa em que a

---

[1] A ser discutido posteriormente.

[2] Lib. III, tit. 2; ed. din 1525, Londres, in-4°, p. 92 v°: "nonobstant quod rex unctus non sit mere persona laica, sed mixtam secundum quosdam".

[3] *Opera omnia*, in 4°, Leyden 1604, cp. CXXXVII: "Ideo autem Regnum sacerdotale esse debere Dominus adstruit, quia propter sacram chrismatis unctionem Reges in christiana religione ad similitudinem Sacerdotum sancti esse debent...".

[4] P. Pithou, Preuves des libertez de l'eglise gallicane, II, in-4°, 1639, p. 995.

questão da regalia foi abordada incidentalmente, um advogado, acreditando ser necessário demonstrar que o rei "não era puramente laico", chegou a invocar o argumento do milagre[1]. Já em 1477, o Mestre Framberge, também diante do Parlamento e em um debate do mesmo gênero, elaborou uma parte inteira de seu discurso sobre o tema da realeza sagrada; é verdade que não são feitas alusões a poderes maravilhosos; mas as lendas relativas à origem celestial da unção, que devemos estudar mais tarde, aparecem em destaque; e ao final do desenvolvimento, como seu ponto máximo, a conclusão: "como foi dito, o rei não é puramente secular"[2]. Agora, deixemos os tribunais de justiça. Jean Jouvenel des Ursins, sucessivamente bispo de Beauvais, bispo de Laon, arcebispo de Reims foi, sob Carlos VII e Luís XI, uma das grandes figuras do clero francês; em suas ladainhas, em suas memórias, a mesma ideia se repete incessantemente: o rei não é "apenas uma pessoa laica"; ele é, graças à sagração, "pessoa eclesiástica", "prelado eclesiástico", afirma certo dia Jean Jouvenel a seu "senhor soberano" Carlos VII[3]. Deveremos temer que esses litigantes, ansiosos para reunir armas de todos os lados para defender sua causa, ou que esta política da Igreja, assombrada pela perspectiva de manter os limites estreitos da ação do papado, não seriam, quando se trata de sondar a opinião religiosa de seu tempo, testemunhas apenas medíocres? Vamos ouvir, então, um dos maiores doutores de quem o culto católico francês tanto se orgulha, um dos príncipes do misticismo cristão, Jean Gerson; ao dia da Epifania do ano 1390, ele prega diante de Carlos VI e dos príncipes; o que seria mais significativo que os termos que utiliza para se dirigir ao jovem soberano: "Rei muito cristão, rei por milagre consagrado, rei espiritual e sacerdotal..."?[4]

---

[1] Visto anteriormente.

[2] Pedido de Framberge ao Sr. Pierre de Croisay, reclamante, contra o cardeal de Estouteville, acusado: 14 de julho de 1477; Arch. Nat. X IA 4818, fol. 258 v° e ss. Fol. 262: "Sed ponis ex institucione canonica subsequente, que non excludit regem sacratissimum unctione sacra miraculose et celitus missa, qui tanquam persona sacrata capax est rerum spiritualium large accipiendo... Et jaçoit ce que par les droiz canons on veuille dire que *interdicta est administracio spiritualium laicys, c'est a entendre de mere laicis, et non de personis sacratis et sublimibus qui ecclesie temporalitates obtulerunt in habundancia*". Mais adianta no mesmo fol. "regi, qui est sacrata persona". E fol. 262 v.: "ut dictum est, rex non est mere laicus". Tive a atenção despertada para esse texto por R. Delachenal, *Histoire des avocats au Parlement de Paris*, 1885, p. 204.

[3] Memória dirigida a Carlos VII, em Noel Valois, *Histoire de la Pragmatique Sanction*, 1906, p. 216: "E como chefe e primeira pessoa eclesiástica..."; discurso sobre a disputa entre os reis da França e Inglaterra, citado por Godefroy, Ceremonial, p. 77: "O Rei da França consagrado é uma pessoa eclesiástica"; registros sobre o rei Carlos VII, Ibid. e J. Jouvenel des Ursins, *Histoire de Charles VI*, ed. Godefroy, folio 1653, *Annotations*, p. 628: "Em relação a vós, meu Senhor Supremo, não sois apenas um laico, mas um Prelado Eclesiástico, o primeiro em seu Reino após o Papa, o braço direito da Igreja".

[4] Bibl. Nat., ms. franc. 1029, fol. 90a; tradução latina em *Opera*, ed. de 1606, fol., *Pars IV*, col. 644; cf. E. Bourret, *Essai historique et critique sur les sermons français de Gerson*, 1858, pp. 56 e ss. e p. 87, n. 1.

Alguns dos textos que acabei de citar são bem conhecidos. As palavras de Jean Jouvenel des Ursins, em particular, foram reproduzidas por quase todos os historiadores que procuraram destacar a santidade da monarquia francesa. Mas talvez possamos ter dado pouca atenção às datas. Dois séculos antes, não nos seria possível encontrar tais observações; até mesmo polemistas a serviço de Filipe o Belo não falaram nesse tom. Para além dos longos anos de silêncio, o clero francês dos séculos XIV e XV, em seus ousados elogios ao reinado sacerdotal, uniu-se aos publicistas imperiais dos tempos da disputa gregoriana: tratava-se de simples coincidência, sem relação direta – onde um Nicolas de Clamanges teria lido os panfletos esquecidos de um Gui d'Osnabruck e de um Anônimo de York? – ou ainda, uma continuidade da mesma ideia que, tendo jamais deixado de ser incorporada a uma série de ritos e costumes, nunca teria sido esquecida e, assim, permanecido de prontidão para retomar sua voz no momento em que as circunstâncias assim o permitissem. E tais circunstâncias, que finalmente favoreceram seu despertar, quais seriam? Já as indiquei: a crise da Igreja e especialmente do papado provocou um retorno dos espíritos, inclusive os mais piedosos e ortodoxos, em direção a conceitos condenados havia muito tempo. Não vemos, na mesma época, essa mudança de atitude se manifestar na França, de maneira bastante característica, por meio da transformação de um antigo abuso, até então cautelosamente deixado às sombras, em um privilégio proclamado abertamente? Os reis, apesar da reforma dos séculos XI e XII, sempre preservaram em suas mãos certas dignidades monásticas, heranças de seus mais distantes antepassados, mesmo antes do advento da dinastia: o abade de São Martinho de Tours, por exemplo, ou aquele de Saint-Aignan d'Orléans; mas, após o aparente triunfo dos reformadores, eles evitavam se vangloriar de semelhante desrespeito às mais veneradas regras; daquele momento em diante, começam a derivar a glória desta situação e usá-la, eles mesmos ou seus fiéis, como argumento para provar seu caráter eclesiástico e, consequentemente, seu direito de dominar, mais ou menos intensamente, o clero de seus Estados [1]. Quem, naqueles tempos difíceis, defendesse a supremacia pontifícia, via nos reis apenas laicos; todo aquele que, por outro lado, reivindicasse ao mesmo tempo aos conselhos a parte principal no governo da Igreja e para os diferentes Estados uma espécie de autonomia eclesiástica, inclinava-se a aproximar, em maior ou menor grau, a dignidade real à do sacerdócio. Se Lyndwood relutou em reconhecer os reis como "misturados" – isto é, semi-sacerdotais – era por temer qualquer coisa que pudesse prejudicar o poder dos papas [2]. Além da França e da Inglaterra, a teoria que Lyndwood

---

[1] Cf. Grassaile, Regalium Franciae iura omnia, lib. II, p. 17; P. Pithou, Preuves, p. 13; R. Hubert, Antiquilez historiques de l'eglise royale de Saint Aignan d'Orleans, in-4°, Orleans 1661, pp. 83 e ss.; E. R. Vaucelle, La collégiale de Saint-Martin de Tours. des origines a l'avènement des Valois (Bullet. et Mem. Soc. Archeol. Tours, Mem. XIVI), pp. 80-81. Segundo Vaucelle, Carlos VII apresentou seu título de abade de Saint Martin ante ao concílio da Basileia (p. 81, n. 2, sem referência).

[2] Sobre as ideias de Lyndwood, cf. F.W. Maitland, *Roman Canon Law in the Church of England*, Londres 1898, pp. 1 e ss.

rejeitou incluía, entre seus principais opositores, um jurista italiano, Nicolo Tedeschi, o *Panormitano*; para este doutor, um dos maiores canonistas do século XV, os reis são "laicos puros" a quem "a coroação e a unção não conferem ordem eclesiástica"; Não será surpreendente descobrir que, pelo menos à época em que escreveu o comentário do qual essa passagem é extraída, o Panormitano classificava-se resolutamente contra os inimigos da teoria conciliar[1]. Na verdade, esta questão quase poderia ser utilizada como uma pedra de toque entre os dois grandes partidos que então dividiam a catolicidade.

Estamos no momento em que verdadeiramente nasce, na França, o chamado movimento galicano: um movimento infinitamente diversificado, tanto em suas origens, em que as mais nobres aspirações para a supressão de graves abusos religiosos se misturavam inextricavelmente aos mais comezinhos interesses financeiros, quanto em sua própria natureza: o galicismo, de fato, apresenta-se às vezes como um impulso à independência ao menos relativa da Igreja da França, e às vezes como uma tentativa de subjugar esta Igreja ao poder real, finalmente livre dos impedimentos impostos pelo papado: dualismo equívoco que surpreendeu e por vezes chocou os autores modernos; não nos surpreenderemos menos se considerarmos que, entre as ideias ou sentimentos que surgiram ou reapareceram plenamente às consciências, encontrava-se essa velha concepção da realeza sacerdotal, em que se reconciliavam, sem qualquer esforço, princípios que hoje nos parecem tão claramente contraditórios?[2].

§ 2. O problema da unção

De onde os reis emanavam, aos olhos de seus súditos, aquele caráter sagrado que os colocava quase no posto de sacerdotes? Deixemos de lado aqui tudo o que sabemos sobre as distantes origens da religião monárquica: a consciência medieval era profundamente ignorante das coisas antigas das quais emergiu. Mas se faz necessário encontrar um motivo, tomado do presente, para

---

[1] Panormitanus, *Super tertio decretalium*, fol., Lyon 1546, comentário sob o título XXX, *De decimis*, c. XXI, fol. 154 v°: "Quarto, nota quod laici etiam reges non possunt aliquid donare de iure ecclesiastico nec possunt possidere jus spirituale. Ex quo infertur quod reges sunt puri laici: ita quod per coronationem et unctionem nullum ordinem ecclesiasticum recipiunt". Para a doutrina do Panormitano nesta época, veja sua glosa no livro I dos *Decretais*, VI, 4 (ed., 1546, fol 119 v) onde, em relação aos que, de maneira errada, consideravam ilegítimo o juramento que o papa exigia aos metropolitanos, porque os conselhos não o prescreviam, ele declara: "romana ecclesia prestat autoritatem conciliis et per ejus autoritatem robur accipiunt, et in conciliis semper excipit eius autoritas". Mais tarde, na cidade de Basileia, em boa parte, aparentemente, por razões políticas, ele mudou sua atitude. Veja sobre ele a informação presente na *Realencyclopädie für protestantische Theologie*, sob o verbete *Panormitanus*, que se encontra a bibliografia. O Panormitano é frequentemente citado e combatido pelos partidários franceses do caráter quase-sacerdotal dos reis, como por exemplo Arnoul Ruzé, em passagem a ser analisada.
[2] Essas concepções arcaicas, por outro lado, parecem estar praticamente ausentes do *Defensor Pacis* de Jean de Jandun e Marsile de Padoue, cujo espírito é muito mais racionalista.

justificar um sentimento que tinha, além disso, tanta força, justamente porque suas origens remontavam a um passado muito antigo. Nos textos citados anteriormente, em um Gui d'Osnabruck, um Nicolas de Clamanges, nos discursos dos advogados galicanos, uma palavra teima em reaparecer: a da unção. Este rito usualmente fornecia a razão desejada. No entanto, evitemos imaginar que sempre se tenha atribuído àquela palavra o mesmo significado em todos os lugares e sempre, em todas as épocas e contextos. As mudanças de opinião em relação ao termo nos são importantes, especialmente porque são de interesse para a história dos milagres da cura.

Estava, como já vimos, na própria natureza da unção real servir de arma, por sua vez, a diferentes partidos: aos monarquistas porque, através dela, os reis recebiam uma marca divina; aos defensores do espiritual porque, por ela também, os reis pareciam aceitar sua autoridade da mão dos sacerdotes. Essa dualidade nunca deixou de ser percebida. Dependendo de pertencer a esse ou aquele campo, os escritores enfatizavam um ou outro dos dois aspectos divergentes desta instituição de face dupla. Considere os pensadores inspirados pela ideia teocrática, Incmaro no século IX, Ratério de Verona no X, Hugue de Saint-Victor e Jean de Salisbury no XII, Inocêncio II em inícios do XIII, Egidio Colonna na época de Filipe o Belo e Bonifácio VIII; de geração em geração, é transmitido fielmente, como se fosse um comum tema escolar, o que pode ser chamado de argumento da coroação: "aquele que recebe a unção é inferior a quem a deu" ou, em termos emprestados de São Paulo, na *Epístola aos hebreus*: "aquele que abençoa é maior do que aquele que é abençoado"[1]. Quanto aos soberanos e sua corte, com raras exceções – como a de Henrique I da Alemanha, que recusou "a benção dos pontífices" – eles parecem, durante muito tempo, ter se preocupado principalmente em exaltar as virtudes do santo óleo, sem estar muito alarmados com as interpretações clericais às quais o rito monárquico por excelência poderia se prestar: tal é, durante a grande controvérsia gregoriana, a atitude quase unânime dos polemistas imperiais; em um dos mais destacados de seus tratados, Anônimo de York nada faz além de parafrasear o ritual da consagração.

No entanto, chegou-se a um momento em que os defensores do temporal se tornaram conscientes, mais claramente do que até então, do perigo que poderia existir, para a realeza, se esta parecesse muito dependente de uma sanção concedida pela Igreja. Essas ansiedades se refletem de forma pitoresca

---

[1] Incmaro, acima; Rathier de Verona, *Praeloquium*, IV, 2 (Migne, P. L., t. 136, col. 249); Hugue de Saint-Victor, *De Sacramentis*, II, pars II, cap. 4 (P. L., t. 176, col. 418); John of Salisbury, *Policraticus*, IV, 3, ed. C.CJ. Weber, Oxford 1909, I, pp. 240-241; Inocêncio III, resposta aos enviados de Filipe de Suábia, em 1202, P. L., t. 216, col. 1012: "Minor est autem qui ungitur quam qui ungit et dignior est ungens quam unctus"; Egidio Colonna, *De ecclesiastica sive de summi pontificis potestate*, c. IV, ed. Oxilio-Boffito, *Un trattato inedito di Egidio Colonna*, Florença 1908, p. 14. Evidentemente, cito apenas alguns a título de exemplo: cf. E. Iordan, *Nouv. Ren. historique du Droit*, 1921, p. 370. Texto da Epístola aos Hebreus, VII, 7, citada por Hugue de S. Victor, John of Salisbury, E. Colonna

em uma curiosa lenda histórica, nascida em meados do século XIII, em círculos italianos favoráveis ao Hohenstaufen: imaginou-se que a coroação de Frederico Barba Ruiva como imperador teria sido uma cerimônia puramente secular; dizia-se que naquele dia a entrada na Basílica de São Pedro havia sido estritamente proibida a qualquer membro do clero[1]. Ainda mais grave, os teólogos desse campo tentaram reduzir a sagração a nada mais, dentro do direito público, ao simples reconhecimento de um fato consumado. O rei, de acordo com esta tese, deriva seu título exclusivamente da hereditariedade, ou – na Alemanha – da eleição; torna-se rei no momento da morte de seu antecessor, ou no momento em que os eleitores qualificados o designaram; as piedosas solenidades que ocorrerão em seguida não terão outro objetivo além de adorná-lo, após o evento, com uma consagração religiosa, venerável, brilhante, mas não indispensável. Foi no Império, a pátria clássica da luta dos dois poderes, que esta doutrina parece ter surgido pela primeira vez. Sob Frederico Barba Ruiva, Gerhoh von Reichersperg – um moderado, no entanto – escreveu: "É evidente que a benção dos sacerdotes não cria reis e príncipes, mas... uma vez que foram criados pela eleição... os sacerdotes os abençoam"[2]. É evidente que considerava a sagração como algo necessário, por assim dizer, à perfeição da dignidade real, mas já era um rei antes dela. Mais tarde, escritores franceses aproveitaram o mesmo tema. Jean de Paris, sob o reinado de Filipe o Belo, fez deste tema objeto de vigorosos argumentos. O autor do Songe d'u Verger, Jean Gerson, por sua vez, o repete[3]. Por sua vez, as chancelarias são inspiradas por ideias

---

[1] A lenda se encontra registrada no manifesto de Manfredo aos Romanos, 24 de maio de 1265; Monum. Germ., *Constitutiones*, II, p. 564, r. 39 e ss. Texto a ser corrigido segundo as indicações de Hampe, *Neues Archiv*, 1911, p. 237. A respeito do provável autor deste manifesto, Pedro de Prezza, v. Eugen Muller, *Peter von Prezza (Heidelberger Abh. zur mittleren und neuren Gesch.*, H, 37); cf. também E. Jordan, *Rev. histor. du droit*, 1922, p. 349.

[2] *De investigatione Antichristi*, I, 40; ed. F. Scheibelberger, Linz 1875, p. 85: "... apparet reges ac duces per sacerdotum benedictionem non creari, sed ex divina ordinatione per huraanam electionem et acclamationem creatis, ut praedictum est, sacerdotes Domini benedicunt, ut officium, ad quod divina ordinatione assumpti sunt, sacerdotali benedictioni prosequente congruentius exequantur". Cf. *De quarta vigilia noctis*: *Oesterreichische Vierteljahrsschrift für katholishe Theologie*, 1871, I, p. 593: "Sicut enim primus Adam primo de limo terrae legitur formatus et postea, Deo insufflante illi spiraculum vitae, animatus atque animantibus cunctis ad dominandum praelatus: sic imperator vel rex primo est a populo vel exercitu creandus tanquam de limo terrae, ac postea principibus vel omnibus vel melioribus in eius principatu coadunatis per benedictionem sacerdotalem quasi per spiraculum vitae animandus, vivificandus et sanctificandus est". Cf. W. Ribbeck, *Gerhoh von Reichersberg und seine Ideen über das Verhältniss zwischen Staat und Kirche*, Forsch. z. deutschen Geschichte, XXIV (1884), pp. 3 e ss. A atitude da média justa adotada por Gerhoh e suas variantes levaram-no a ser considerado por um recente historiador, talvez com excessiva severidade, como "sehr unklarer Kopf": Schmidlin, *Archiv fur katholisches Kirchenrecht*, XXIV (1904), p. 45.

[3] Johannes Parisiensis, *De potestate regum et papali*, c. XIX, în Goldast, *Monarchia*, II, p. 133 (cf. R. Scholz, *Die Publizistik*, p. 329); *Somnium Viridarii*, I, cap. CLXVI a

análogas. Não é por acaso que, na França, definitivamente, desde 1270, e na Inglaterra desde 1272, os notários reais deixam de calcular os anos de reinado a partir da coroação e escolhem doravante como ponto de partida o advento, fixado usualmente no dia seguinte à morte ou da inumação do soberano anterior. O brado "O Rey está morto, viva o Rei" foi ouvido pela primeira vez no funeral de Francisco I; mas já em 10 de novembro de 1423, sobre o túmulo em que Carlos VI acabara de ser enterrado, os arautos proclamaram rei a Henrique VI da Inglaterra; não há dúvida de que este cerimonial foi, desde então, fixado pela tradição. Ainda antes disso, aparentemente, foi a concepção que se expressou por meio dele e que mais tarde encontraria no famoso brado uma fórmula tão marcante: o desaparecimento do rei, nos países governados pela lei da hereditariedade, fazia rei, instantaneamente, o herdeiro legítimo. No final do século XIII, esta tese foi pregada oficialmente em praticamente todos os lugares[1]. Os apologistas da realeza não desistiram da ideia de invocar a unção e suas virtudes quando fundamentavam seu raciocínio sobre a santidade dos príncipes; mas, tendo esse rito perdido qualquer papel efetivo na transmissão do poder supremo, e se recusando, por assim dizer, a reconhecer o poder de criar legitimidade, sem dúvida pensaram ter tirado de seus adversários todas as oportunidades de usá-lo, reservando para si mesmos a possibilidade de explorá-lo para seus fins.

CLXXI e CLXXIV a CLXXIX (Goldast, *Monarchia*, I, pp. 126-128 e 129-136), com passagens tomadas diretamente de Occam, *Octo Quaestiones*, V a VII (Goldast, II, pp. 369-378); Gerson, *Depotestale ccclesiastica et laica*, Quaest. II, cap. IX-X, ed. de 1606, Parte I, col. 841 e ss. (onde se encontra sua definição de consagração: "illud est solum solemnitatis, et non potestatis"). A mesma teoria, na época moderna, será discutida posteriormente.

[1] Cf. para a atitude da monarquia francesa, Schreuer, *Die rechtlichen Grundgedanken*, pp. 91 e ss. Especialmente 99 e ss. Para o cálculo dos anos de reinado: na França, Schreuer, loc. cit., p. 95 (questão cuja importância parece ter escapado a Giry; merceria ser analisada com mais cuidado); na Inglaterra, J. E. W. Wallis, *English regnal years and titles* (*Helps for students of history*), in-12, Londres 1921, p. 20; deve acrescentar-se que a associação com o trono do suposto herdeiro, praticado, em particular, com grande sucesso, pela monarquia capetíngia, tornou bastante inofensivo o costume que consistia em calcular os anos de reinado após a sagração, uma vez que era comum ocorrer a coroação do filho durante a vida do pai. Sobre o brado "O Rei está morto, viva o Rei", R. Delachenal, *Histoire de Charles V*, III, 1916, p. 21; cerimônia na morte de Carlos VI, *Chronique d'Enguerran de Monstrelet*, ed. Douet-d'Arcq (*Soc. de l'hist. de France*), IV, p. 123; cf. Petit-Dutaillis, *Rev. Historique*, CXXV (1917), p. 115, n. 1. Obviamente, no que diz respeito à dignidade imperial, a questão era diferente. Até o final da Idade Média – exatamente até Maximiliano I (1508) – não existia imperador senão quando coroado pelo papa; mas a teoria alemã, por muito tempo, era que o "rei dos romanos", eleitos regularmente, tinha o direito, mesmo sem o título imperial, ao governo do Império. Cf. nota seguinte; v. em particular F. Kern, *Die Reichsgewalt des deutschen Konigs nach dem Interregnum*; Histor. Zeitschr., CVI (1911); K.G. Hugelmann, *Die Wirkungen der Kaiserweihe nach dem Sachsenspiegel em sus Kanonistische Streifziigen durch den Sachsenspiegel*; Zeitschr. der Sav. Stiftung, Kanon. Abt., IX (1919) e a nota de U. Stutz que acompanha o artigo.

Para dizer a verdade, a consciência popular não discutia essas sutilizas. Quando, em 1310, Henrique de Luxembourgo reclamou para Clemente V que os "simples" acreditavam muito facilmente, e apesar da verdade legal, que "não se deve obedecer" um rei dos romanos "antes de ser coroado" imperador, sem dúvida ele procurou, acima de tudo, reunir todos os argumentos que convencessem o próprio papa a coroá-lo o mais cedo possível; este argumento atesta um conhecimento bastante preciso a respeito da psicologia dos "simples"[1]. Em todos os países, a opinião comum não admitia prontamente que um rei fosse realmente um rei, ou que um rei eleito dos romanos fosse realmente chefe do Império antes do ato religioso que uma carta privada, escrita por nobres franceses na época de Joana d'Arc, denominava de forma eloquente de "o belo mistério" da sagração[2]. Na França – onde a unção, como veremos mais tarde, era pensada como tendo origem milagrosa – essa ideia, mais que em nenhum outro lugar, estava firmemente enraizada. Já citei acima os versos significativos do romance de *Charles Le Chauve*. Aqui está uma anedota, também instigante, que circulava em Paris no ano de 1314, e transmitida a nós pelo cronista Jean de Saint-Victor: Enguerran de Marigny, preso pouco após a morte de Filipe o Belo pelo jovem rei Luís X, teria evocado seu demônio familiar; o espírito maligno apareceu e lhe disse: "Anunciei-vos há muito tempo que o dia em que a Igreja estivesse sem um papa, o reino da França sem um rei e sem uma rainha, e o Império sem imperador, o termo da sua vida teria chegado. Agora, vês que estas condições estão cumpridas hoje. Pois aquele a quem você considera o rei da França ainda não foi ungido ou coroado, e antes disso não se deve dar-lhe o nome do rei"[3]. Não há dúvida de que, entre a burguesia parisiense, da qual Jean de Saint-Victor é geralmente um intérprete fiel, a opinião desse gênio maligno era, sobre este último ponto, comumente compartilhada. No século seguinte, Aeneas Piccolomini escreveu: "Os franceses negam que seja um verdadeiro rei quem não tenha sido ungido com este óleo", ou seja, o óleo celestial preservado em Reims[4]. Alguns exemplos muito claros revelam que, de fato, sobre esta questão, o público não pensava como os

---

[1] *Propositiones Henrici regis*; *Monurn. Germ.*, *Constitutiones*, V, p. 411, c. 4 : "Quia quanquam homines intelligentes sciant, quod ex quo dictus rex legitime electus et per dictum papam approbatus habere debeat administrationem in imperio, acsi esset coronatus, tamen quidam querentes nocere et zizaniam seminare, suggerunt simplicibus, quod non est ei obediendum, donec filera coronatus". Cf. E. Jordan, *Rev. Histor. du Droit*, 1922, p. 376.

[2] Carta de três nobres angevinos (17 de julho de 1429), Quicherat, *Proces de Jeanne d'Arc*, V, p. 128; cf. p. 129.

[3] *Hist. de France*, XXI, p. 661: "Tibi dixeram diu ante quod quando Ecclesia papa careret, et regnum Franciae rege et regina, et Imperium imperatore, quod tune esset tibi vitae terminus constitutus. Et haec vides adimpleta. Iile enim quem tu regem Franciae reputas non est unctus adhuc nec coronatus et ante hoc non debet rex nominari". Cf. G. Pere, *Le sacre et le couronnement des rois de France*, p. 100.

[4] Quicherat, *Proces de Jeanne d'Arc*, IV, p. 513: "negantque [Galii] verum esse regem qui hoc oleo non sit delibutus".

teóricos oficiais. Sob Carlos V, o autor das *Grandes Crônicas*, obra diretamente inspirada pela corte, atribui ao príncipe o nome do rei imediatamente após o enterro de João o Bom, seu antecessor; mas Froissart, que reflete o costume vulgar, não o concede senão até após a cerimônia de Reims. Menos de um século mais tarde, Carlos VII assumiu o título real nove dias após a morte de seu pai; mas Joana d'Arc, tendo em vista ele não ter sido coroado, prefere chamá-lo Delfim[1].

Nos países onde o milagre da escrófula floresceu, surgiu um problema de particular gravidade em relação à unção e seus efeitos. Os reis, desde o seu advento, estavam aptos a curar os doentes? Ou suas mãos se tornavam realmente efetivas apenas quando o óleo abençoado os tornava "Cristos do Senhor"? Em outras palavras: de onde exatamente surgia esse caráter sobrenatural que os constituía como taumaturgos? Era já perfeito neles desde que a ordem de sucessão os chamava ao trono? Ou não atingia sua plenitude senão após o cumprimento dos ritos religiosos?

Nossos documentos são insuficientes para nos permitir determinar como a questão foi resolvida, na prática, na Idade Média. Na Inglaterra, no século XVII, os reis sem dúvida realizavam o toque desde seu advento, antes de qualquer sagração[2]; mas como se pode saber se esse costume era maior antes da Reforma, ou se, pelo contrário, não por ser explicado por ela? O protestantismo, em todos os assuntos, tendeu a diminuir a importância das ações sacramentais. Na França, a regra seguida, desde final do século XV, foi muito diferente: nenhuma cura ocorria antes das solenidades da coroação. Mas a unção não era a razão deste atraso. Entre estas solenidades havia uma peregrinação que o rei realizava diante do santuário de um abade piedoso dos tempos merovíngios, São Marculfo, que se tornou pouco a pouco o santo padroeiro do milagre real; não era em Reims, imediatamente após ter recebido a marca do óleo abençoado, senão um pouco mais tarde, em Corbeny, em que ele adorava as relíquias de Marculfo, que o novo soberano experimentava pela primeira vez o papel de taumaturgo; antes de ousar exercer seu talento maravilhoso, ele não precisava da coroação, mas da intercessão de um santo[3]. O que os reis da França faziam quando Marculfo não era ainda o santo da escrófula? Isto é algo provavelmente jamais saberemos.

---

[1] Sobre as *Grandes Crônicas* e Froissart, cf. R. Delachenal, *Histoire de Charles* V, III, p. 22 e 25. Título real tomado por Carlos VII, de Beaucourt, *Histoire de Charles VII*, II, 1882, p. 55 e n. 2. Na Inglaterra, no final do século XII, a chamada crônica beneditina de Peterborough (edição Stubbs, *Rolls Series*, II, pp. 71-82), atribui, com um cuidado pedante, a Ricardo Coração de Leão, após a morte de seu pai, somente o título de conde [de Poitiers], após sua coroação ducal em Rouen, o título de duque [da Normandia], e após sua coroação real apenas o título de rei.

[2] Farquhar, Royal *Charities*: IV, p. 172 (para Carlos II e Jaime II; Jaime II seguiu o uso de seus predecessores protestantes).

[3] Veja o Capítulo IV abaixo. Sobre o caso de Henrique IV – que não prova nada em relação seu uso anterior – ver a abaixo.

Uma coisa é certa. No final da Idade Média, surge um publicista, defensor intransigente da monarquia, que se recusa a admitir que a unção fosse, de qualquer forma, a fonte do poder milagroso dos reis. Trata-se do autor da *Songe du vergier*. Sabemos que, em geral, este trabalho, composto pela corte de Carlos V, é muito original. Seu autor, na maioria das vezes, segue de perto *As Oito Perguntas sobre o Poder e a Dignidade do Papa*, de Guilherme de Occam. Occam havia comentado sobre o toque da escrófula; sujeito à influência das antigas ideias imperiais e, consequentemente, disposto a ter as virtudes da unção em alta estima, viu nela a origem das surpreendentes curas efetuadas pelos príncipes; segundo pensava, apenas os mais radicais partidários da Igreja poderiam pensar de forma diferente. O autor do *Songe du vergier* inspira-se nesta discussão; mas inverte seus termos. De dois personagens que coloca no palco, no diálogo que serve de trama para sua obra, é o clérigo, que despreza o temporal, quem toma para a si a tarefa de reivindicar para o óleo sagrado a glória de ser a causa do dom taumatúrgico; o cavaleiro rejeita esta proposição, considerado-a uma ofensa à dignidade da monarquia francesa; a "graça" concedida por Deus aos reis da França escapa, em sua fonte primeira, aos olhos dos homens; mas não tem relação com a unção: senão muitos outros reis, também ungidos, deveriam igualmente possuí-la[1]. Os mais lealistas, portanto, não mais aceitavam que o sagrado possuísse, na questão do milagre, mais do que na questão política, um poder criativo; a seus olhos, a pessoa real fora dotada de um caráter sobre-humano que a Igreja apenas sancionava. Afinal, esta era a verdade histórica: a noção de realeza sagrada havia vivido nas consciências antes de seu reconhecimento pela Igreja. Mas também aqui a opinião comum provavelmente jamais foi perturbada por essas doutrinas excessivamente refinadas. Continuou, como na época de Pierre de Blois, a estabelecer, mais ou menos vagamente, um elo de causa e efeito entre o "sacramento" do crisma e os atos curativos realizados por aqueles que o recebiam. Não é verdade que o ritual da consagração dos *cramp-rings*, em sua forma última, proclamava que o óleo derramado nas mãos do rei da Inglaterra os tornava capazes de efetivamente abençoar os anéis medicinais? Ainda sob o reinado de Isabel, Tooker acreditava que o soberano recebia, em sua coroação, a "graça para curar"[2]. Era, aparentemente, um eco de uma antiga tradição. Especialmente na França, como poderia não se atribuir ao bálsamo celestial de Reims o poder de gerar prodígios? E, de fato, foi comumente atribuído a ele: é o que testemunha Tolomeo de Lucca, que provavelmente tomos suas ideias sobre este tema da corte de Angevin; é o que testemunha também aquele diploma de Carlos V, do qual já citei a passagem essencial.

Os monarquistas moderados elaboraram uma doutrina claramente expressa, no período de cerca de um século, na França por Jean Golein, e na Inglaterra por Sir John Fortescue; a unção é necessária para que o rei cure, mas

---

[1] Passagens citadas anteriormente.
[2] *Charisma*, cap. X, citado em Crawfurd, *King's Evil*, p. 70: v. também a *Epistola dedicatoria*, p 9.

não é suficiente; ainda deve operar em uma pessoa apta, ou seja, um rei legítimo pelo sangue. Eduardo de York, segundo Fortescue, afirma erroneamente que gozava do maravilhoso privilégio. Falsidade? Mas, dizem os partidários da casa de York, não fora ele ungido como seu rival Henrique VI? Tudo bem, diz o publicista lancasteriano; mas essa unção não possui força, pois ele não teria título para recebê-la: acaso uma mulher que tivesse recebido a ordenação seria sacerdote? E Jean Golein nos ensina que na França "se aucun s'en melloit", ou seja, ousava tocar os doentes – "qui ne fust mie droit roy et [qui fust] indeument enoint, il cherroit du mal saint Remy [a peste] si comme autrefoiz est apparu"[1], então, São Remígio, em um momento de justiça e cólera, golpeando com seu "mal" o usurpador, vingava ao mesmo tempo a honra da Santa Ampola que devia ser especialmente estimada, e o direito dinástico odiosamente violado. Não sei quem seria o indigno soberano a quem a lenda condenou a tamanho infortúnio. Pouco importa. O interessante é que existia uma lenda, cuja forma denuncia a intervenção de um pensamento mais popular do que erudito: os juristas não têm por hábito inventar semelhantes anedotas. O sentimento público não era sensível às antíteses que fascinavam os teóricos. Todos sabiam que para alguém ser um rei, e para se tornar um taumaturgo, duas condições eram necessárias, que Jean Golein chamou de "consagração" e "linhagem sagrada"[2]. Herdeiros tanto das tradições do cristianismo quando das antigas ideias pagãs, os povos da Idade Média uniram em uma mesma veneração os ritos religiosos do advento e as prerrogativas da linhagem.

§ 3. Lendas; o ciclo monárquico francês; o óleo milagroso da coroação inglesa.

Em torno à realeza francesa se desenvolveu um ciclo inteiro de lendas que a colocava, em suas origens, em relação direta com os poderes divinos. Vamos discuti-las, uma a uma.

Em primeiro lugar, a mais antiga e ilustre delas: a lenda da Santa Ampola. Todo mundo a conhece: pensava-se que, no dia do batismo de Clóvis, o sacerdote encarregado de trazer os óleos sagrados acabou impedido pela multidão de chegar a tempo; então, uma pomba[3], descendo do céu, levou os

---

[1] "Aquele que não fosse rei pelo bom direito e devidamente ungido, seria tomado pelo mal de São Remígio, como já ocorrera" (N. do T.).

[2] Fortescue, *De titulo Edwardi comitis Marchie*, cap. X, cf. acima; e também sobre a importância que a unção é reconhecida por nosso autor, a propósito dos *cramp-rings*, p. 178; Jean Golein, a ser discutido posteriormente.

[3] Tal é, ao menos, a versão primitiva. Posteriormente, em finais do século X, a pomba será preferencialmente substituída por um anjo: Adso, *Vita S. Bercharii*, Migne, P. L., t. 137, col. 675; Chronique de Morigny, 1. II, c. XV, ed. L. Mirot (*Collection de textes pour l'etude... de l'hist*), p. 60; Guillaume le Breton, *Philippide*, v. 200; Etienne de Conty, Bibl. Nat. ms. latin 11730, fol. 31 v°, col. 1 (cf. acima); cf. dom Marlot, *Histoire de la viile, cité el université de Reims II*, p. 48, n. 1. Os conciliadores afirmavam: um

óleos a Saint Rémy, em uma "lâmpada", isto é, um pequeno frasco, o bálsamo a partir do qual o príncipe franco deveria ser ungido: uma unção sobrenatural em que se podia ver, apesar da história, unido a um gesto de batismo, a primeira das coroações reais. O "licor" celestial – preservado, em sua garrafa original, em Reims, na abadia de Saint-Rémy – foi destinado a servir, daquele momento em diante, a todas as sagrações reais. Quando e como esse relato surge?

Iincmaro de Reims é o mais antigo autor que nos dá a conhecê-lo. Ele a registra, por completo, em sua *Vida de São Remígio*, composta em 877 ou 878; mas este texto, muitas vezes lido e parafraseado, que contribuiu mais do que qualquer outro para difundir a lenda, não é, no entanto, o único nem o primeiro em que o inquieto prelado lhe deu atenção. A 8 de setembro de 869, na ata redigida por ele da coroação de Carlos o Calvo como rei da Lorena, em Metz, ele a menciona expressamente: ele teria, segundo afirma, utilizado o próprio óleo milagroso para consagrar seu mestre[1]. Teria ele inventado, em todos os seus detalhes, esta edificante narrativa? Já fora algumas vezes acusado disso[2]. Na verdade, este arcebispo que o Papa Nicolau I brutalmente denunciou como falsário, e cujas falsificações são realmente notórias, goza de pouco respeito entre os estudiosos[3]. No entanto, não acredito que Incmaro, por mais audaz que

---

anjo em forma de pomba: Philippe Mouskes, *Chronique*, ed. Reiffenberg (*Coll. des chron. belges*), v. 432-34.

[1] *Vita Remigii*, ed. Krusch (*Mon. German Historical Dictionary, Scriptor, rer. merov.*, III) c. 15, p. 297. As atas da cerimônia de 869 foram inseridas por Incmaro nos Anais oficiais do Reino da França Ocidental, conhecidos como *Annales Bertiniani*: ed. Waitz (*Scriptores rer germanic...*), p. 104 e *Capitularia* (*Mon. German. histor.*), II, p. 340; cf. sobre os fatos em si. R. Parisot, Le royaume de Lorraine sous Ies Carolingiens, 1899 ftezã de Litere Nancy), pp. 345 e ss. Há uma alusão, mas imprecisa, aos milagres que teriam marcado o batismo de Clóvis no falso privilégio do Papa Hormisda inserido por Incmaro já em 870 em sua *Capitula* contra Incmaro de Laon: P. L., t. 126, col. 338; cf. Jaffá-Wattenbach, *Regesta*, nr. 866. Sobre Incmaro, será suficiente se referir às duas obras de Carl von Noorden, *Hinkmar, Erzbischof von Reims*, Bonn 1863 e Heinrich Schrors, com o mesmo título, Freiburg em Br., 1884; cf. também B. Krusch, *Reimser-Remigius Fälschungen; Neues Archiv* XX (1895), em especial pp. 529-530 e E. Lesne, *La hierarchie épiscopale... depuis la reforme de Saint Boniface jusqu'à la mori de Hincmar* (*Mem. et travaux publies par des professeurs des fac. calholiques de Lille,* 1), Lille e Paris 1905. Este não é o lugar para uma bibliografia completa de Santa Ampola: basta observar que sempre se pode consultar, além de Chiflet, *De ampulla remensi*, 1651, o comentário de Suysken, AA. SS., out., I, pp. 83-89.

[2] "Der Erste", escreveia em Jul. de 1858 Weiszacker, "ist in solchen Fällen der Verdächtigste"; *Hinkmar und Pseudo-Isidor; Zeitschr. für die histor.* Theologie, 1858, III. p. 417.

[3] Sobre as acusações de Nicolau I, v. Lesne. *Hierarchie épiscopale*, p. 242, n. 3. Parece que as acusações fora justificadas mais de uma vez. Mas há muitos outros erros e enganos à custa de Incmaro, como a falsa bula do papa Hormisda; cf. também os fatos levantados por Hampe, *Zum Streite Hinkmars mit Ebo von Reims*; *Neues Archiv*, XXIII (1897) e Lesne, *Hiérarcbie*, p. 247, n, 3. As análises de M. Krusch, *Neues Archiv*, XX, p. 564 *Neues Archiv*, XX, p. 564, são de uma severidade apaixonada; mas é interessante ver o grande adversário do Sr. Krusch, o historiador católico Godefroy Kurth, protestar

fosse, teria certo dia colocado diante dos olhos de seu clero e de seus fiéis certo frasco de óleo e decretado que, doravante, deveria ser considerado divino; ao menos, teria sido necessário, neste caso, construir toda uma encenação, supor uma revelação ou um achado; e os textos não nos dizem nada de semelhante. Já há muito tempo, um dos mais perspicazes estudiosos do século XVII, Jean Jacques Chiflet, reconheceu o tema original da origem iconográfica da Santa Ampola [1]. Vejamos como se pode, na minha opinião, complementar as indicações algo resumidas de Chiflet, e imaginar a gênese da lenda.

Seria bastante surpreendente que em Reims não se tivessem preservados quaisquer vestígios, autênticos ou não, do famoso ato que fez do povo pagão dos francos uma nação cristã. O que poderia estar mais em consonância com os hábitos da época do que mostrar aos peregrinos, por exemplo, a ampola na qual Remígio retirou o óleo que deveria ser usado para batizar Clóvis, e talvez algumas gotas do próprio óleo? Agora, sabemos a partir de uma grande quantidade de documentos que objetos sagrados ou relíquias eram frequentemente mantidos em recipientes feitos à semelhança de uma pomba, geralmente mantidos dependurados sobre o altar. Por outro lado, nas representações do batismo de Cristo ou mesmo, embora mais raramente, sobre as dos batismos de simples crentes, muitas vezes vemos uma pomba, símbolo do Espírito Santo, aparecem acima dos batizados [2]. A inteligência popular

---

energicamente que "o que o Sr. Krusch diz, ele nunca confirma a veracidade de Incmaro" (*Frankish Studies*, 1919, II, 237); isso porque, de fato, tal "veracidade" não é defensável.

[1] *De ampulla remensi*, p. 70; cf. p. 68.

[2] Artigos *Colombo* e *Colombe eucharisstique* em Cabrol, *Dictionnaire d'archéologie chrétienne*. Há, naturalmente, nada a ser concluído a partir do fato de que no século XVIII – sem dúvida, já por um longo tempo – a Santa Ampola se encontrava preservada em Reims em um relicário em forma de uma pomba, porque este relicário poderia ter sido concebido posteriormente nesta forma para que se relacionasse à lenda: cf. Lacatte-Joltrois, *Recherches historiques sur la Sainte Ampoule*, Reims 1825, p. 18, e a litografia à frente daquele volume. Quanto à forma do relicário, no momento de surgimento da lenda, só podemos conjecturar. Em Reims, na época de Incmaro, dizia-se existir pelo menos um outro objeto que pertencia a São Remígio; era um cálice, no qual se lia uma inscrição métrica: *Vita Remigii*, c. II, p. 262. Em um interessante artigo intitulado *La baptâme du Christ et la Sainte Ampoule* (*Bullet. Acad. royale archéologie de Belgique*, 1922), Marcel Laurent salientou que, a partir do século IX surge, em algumas das representações do batismo de Cristo, uma nova característica: a pomba segura em seu bico uma ampola. O Sr. Laurent acredita que esse detalhe adicional, adicionado à iconografia tradicional, deriva da lenda de Reims da Santa Ampola: por uma espécie de influência retroativa, o batismo de Cristo teria sido concebido à imagem da de Clóvis. Pode-se pensar também em um efeito oposto: a ampola, como a pomba, teria sido sugerida à imaginação dos fiéis ou dos clérigos de Reims diante da visão de uma obra de arte retratando o batismo do Salvador. Infelizmente, nossa primeira evidência sobre a lenda e o documento iconográfico mais antigo que coloca uma ampola no bico da pomba que voa sobre o Jordão – neste caso, um objeto de marfim do século IX – são quase contemporâneos; a menos que haja uma nova descoberta, a questão de saber de que maneira a influência ocorreu deve, portanto, permanecer sem solução.

sempre se satisfaz em encontrar nas imagens simbólicas a lembrança de eventos concretos: um relicário de forma atual, contendo algumas lembranças de Clóvis e Remígio e perto de lá um mosaico ou sarcófago que apresenta uma cena batismal, talvez fossem o suficiente para que se imaginasse a presença do pássaro maravilhoso. Destas imagens, Incmaro provavelmente só conseguiu coletar a história no folclore de Reims. O que se deve a ele, sem qualquer sombra de dúvidas, é a ideia, colocada em prática pela primeira vez em 869, de usar o bálsamo de Clóvis na unção de reis. Com esta ideia quase genial, fez com que um conto banal servisse aos interesses da metrópole da que ele era o pastor, da dinastia à qual jurou fidelidade, e da Igreja universal, finalmente, que sonhava em assegurar o domínio sobre a cabeças temporais. Sendo detentores do óleo divino, os arcebispos de Reims tornaram-se os consagradores natos de seus sobreanos. Sendo, entre todos os príncipes, apenas os da linhagem franca que recebiam a unção com o óleo do céu, os reis da França ocidental deveriam agora brilhar, acima de todos os monarcas cristãos, com um resplandecer milagroso. Enfim, os ritos da coroação, sinal e prova, acreditava Incmaro, da submissão do reinado ao sacerdócio, introduzidos em período relativamente recente na Gália, poderiam, até então, parecer-lhes falar deste caráter eminentemente tespeitável que apenas um longo passado dá aos gestos piedosos: Incmaro criou, para eles, uma tradição.

Após ele, a lenda se difundiu rapidamente na literatura e permaneceu impressa nas consciências. Seus destinos, no entanto, estiveram estreitamente ligados ao destino das reivindicações feitas pelos arcebispos de Reims. Estes não conquistaram facilmente o direito exclusivo de fazer a sagração dos reis. Felizmente para eles, no momento da ascensão definitiva da dinastia capetíngia, em 987, seu grande rival, o arcebispo de Sens, encontrava-se entre os opostiores. Este golpe de sorte decidiu seu triunfo. Seu privilégio, solenemente reconhecido pelo papa Urbano II em 1089, não seria mais quebrado, até o fim da monarquia, senão apenas duas vezes: em 1110 por Luís VI, e em 1594 por Henrique IV, e em ambos os casos devido a circunstâncias bastante excepcionais[1]. Com eles a Santa Ampola venceu.

Claro, em torno de um tema primitivo, a imaginação de uma época apaixonada por milagres criou novas fantasias. Desde o século XIII, dizia-se da ampola trazida pela pomba que, embora em cada coroação se tivesse que tirar de algumas gotas do líquido, seu nível não mudava jamais[2]. Mais tarde, ao

---

[1] Lista de lugares de consagração e dos prelados consagradores em R. Holtzmann, *Franzosische Verfassungsgeschichte*, Munique e Berlin 1910, pp. 114-119 (751-1179), 180 (1223-1429) e 312 (1461-1775). Bula de Urbano II, Jaffe-Wattenbach, *Regesta*, nr. 5415 (25 dez. 1089). Sagração de Luís XVI: A. Luchaire, *Louis VI le Gros*, nr. 57; de Henrique IV nas páginas ss. Note-se que a bula de Urbano II também confere aos arcebispos de Reims o direito exclusivo de impor a coroa ao rei, quando estão presentes em alguma dessas solenidades nas quais, de acordo com os costumes da época, este aparecia com a coroa sobre a cabeça.

[2] Lenda atestada pela primeira vez, parece, por Philippe Mouskes, *Chronique (Collect. des chron. belges)*, v. 24221 e ss., e por uma nota escrita por uma mão do século XIII em

contrário, garantia-se que, após a realizada a coroação, este surpreendente pequeno vaso era de repente esvaziado; e era preenchido novamente, sem que ninguém o tocasse, imediatamente antes da coroação seguinte[1]; ou pensava-se que o nível flutuava incessantemente, subindo ou desecendo, dependendo se a saúde do príncipe reinante fosse boa ou ruim[2]. O material da Ampola era de natureza desconhecida, sem análogo na Terra; seu conteúdo possuía um delicioso perfume...[3]. Todas essas características maravilhosas, de fato, eram apenas fantasias populares. A lenda autêntica não se encontrava ali; consistia inteiramente na origem celestial do bálsamo. Um poeta do século XIII, Richier, autor de uma *Vie de Saint Remi*, descreveu em termos pitorescos o incomparável privilégio dos reis da França. "Em todas as demais regiões", afirmou, "os reis devem comprar no comércio suas unções"; apenas na França, onde o óleo real sagrado havia sido diretamente enviado do céu, era diferente:

... onques coçons ne regratiers

N'i gaaingna denier a vendre

L'oncion[4].

Ficou reservado ao século XIV adicionar uma ou duas pedras ao edifício lendário. Em meados do século, aparecem as tradições relativas à "invenção" das flores de lis[5]. Já havia anos que os lírios heráldicos adornavam o brasão dos

---

uma das folhas da ms. de *Bibl Nat.* Latim 13578 e publicado por Haureau, *Notices et extraits de quelques manuscrits*, II, 1891, p. 272; encontra-se mais tarde em Froissart, II, § 173 e Etienne de Conty, lat. 11730, fol. 31 v°, col. 1. Pode-se questionar se não há uma alusão a esta crença em Nicolas de Bray, *Gesta Ludovici* VIII, *Hist. de France*, XVII, p. 313, em que o v. 58 está sem dúvida alterado.

[1] Robert Blondei, *Oratio historialis* (escrito em 1449), cap. XIIII, 110 em *Oeuvres*, ed. A. Heron (*Soc. de Hist. de la Normandie*), I, p. 275; cf. tradução francesa, ibid., p. 461; B. Chassanaeus (Chasseneux), *Catalogus gloriae mundi*, in-4°, Frankfurt 1586 (primeira ed. de 1579), parte V, considerando 30, p. 142.

[2] Roue de Ceriziers, *Les heureux commencemens de la France chrestienne*, 1633, pp. 188-189; o padre de Ceriziers rejeita essa crença e a anterior.

[3] Jean Golein, v. Apêndice IV. Em todos os países se testemunhava, em realação ao óleo da coroação, honra e respeito, misturado com terror, cujas manifestações recordam um pouco as práticas classificadas pelos etnógrafos sob o nome de *tabu*: cf. Legg, *Coronation Records*, p. XXXIX; mas na França, especialmente a natureza milagrosa do crisma obrigou os doutories a refinar estas prescrições: Jean de Golein vai tão longe a ponto de afirmar que o rei, como um "Nazareno" da Bíblia (ver Juízes, XIII, 5), nunca deveria passar a navalha sobre a cabeça após o toque da unção, e deveria, por toda a vida, pelo mesmo motivo, usar uma "touca". V. p. ss.

[4] *La Vie de Saint Remi*, poema do século XIII, por Richier, ed. W. N. Bolderston, in-12 Londres 1912 (a edição é claramente insuficiente), v. 8145 e ss. Sobre Carlos V, Jeam Golein, que talvez tenha lido Richier, dos quais duas cópias apareceram na biblioteca real (cf. Paul Meyer, *Notices et Extraits des Manuscrits*, XXV, p. 117), usa expressões análogas: v. Apêndice IV.

[5] Existe sobre a história das flores-de-lis toda uma literatura do Antigo Regime; em nossa opinião, é importante ter em mente as três seguintes publicações ou memórias: J. J.

reis capetíngios; sob o reinado de Filipe Augusto, estavam em seu selo[1]. Mas, por um longo período, parece não se ter tido a ideia de lhes conferir uma origem sobrenatural. Giraud de Cambrie, sob Filipe Augusto, em seu livro *De l'instruction des princes*, exaltava a glória dessas "pequenas flores simples", *simplicibus tantum gladoli flosculis*, diante das quais fugiram o leopardo e o leão, orgulhosos emblemas dos Plantagenetas e dos Welfs; se tivesse conhecido nelas um passado maravilhoso, certamente não os teria deixado de mencionar[2]. O mesmo silêncio, cerca de um século depois, em dois poemas na língua francesa, ambos dedicados a cantar os emblemas reais: o *Chapel des trois fleurs de Lis*, de Philippe de Vitry, composto pouco antes de 1335, e o *Dict de la fleur de lys*, que parece ser datado de 1338 ou próximo a esta data[3]. Porém, logo depois, a nova lenda vem à luz.

Ela parece ter encontrado sua primeira expressão literária em um pequeno poema latino, em versos quase rimados, que foi escrito em uma data difícil de especificar, mas que provavelmente deve ser definida em torno do ano 1350, por um religioso da abadia de Joyenval, para a diocese de Chartres. Joyenval era um mosteiro da Ordem de Prémontré, fundada em 1221 por um dos maiores personagens da corte da França, o camareiro Barthelémi de Roye. Elevava-se ao pé das alturas que coroavam a floresta de Marly, nas encostas de um pequeno vale, perto de uma fonte; não longe de lá, em direção ao norte, estava a confluência do Sena e da Oise, próxima à vila de Conflans Sainte-Honorine e, em uma colina, uma torre chamada Montjoie, espécie de nome comum que era aplicado, ao que parece, a todos os edifícios ou pilhas de pedra que, situados a certa altura, poderiam servir de ponto de referência aos viajantes. É neste pequeno cantão da Île de France que nosso autor localiza sua ingênua narrativa.

Chifletius, *Lilium francicum*, Anvers, in-4°, 1658; Sainte-Marthe, *Traité historique des armes de France*, in-12, 1683 (a passagem relativa às flores-de-lis reproduzida por Leber, *Collect. des meilleures dissertations*, XIII, pp. 198 e ss.); de Foncemagne, *De l'origine des armoiries en general, et en particulier celles de ne rois*; *Mem. Acad. Inscriptions*, XX, e Leber, XIII, pp. 169 e ss. Sobre as obras modernas, as notas P. Meyer em sua edição do *Debat des herauts d'armes de France d'Angleterre* (*Soc. anc. Textes*), 1877, no §34 do debate francês, no §30 da resposta inglesa, e especialmente Max Prinet, *Les variations du nombre des fleur de lis dans les armes de France: Bullet. monumental*, LXXV (1911), p. 482 e ss. O folheto de J. van Malderghem, *Les fleurs de lis de l'ancienne monarchie française*, 1894 (extr. dos *Annales de la soc. d'Archeologie de Bruxelles*, VIII) não estuda a lenda que nos interessa aqui. A memória de Renaud, *Origine des fleurs de lis dans les armoiries royales de France*; *Annales de la Soc. histor. et archeolog.* de Château-Thierry 1890, p.145, é um daqueles textos que devem ser mencionados apenas para aconselhar os estudiosos a evitar o trabalho de lê-los.
[1] L. Delisle, Catalogue des actes de Philippe-Auguste. Introdução, p. LXXXIX.
[2] *De principis instructione*, Dist. III, cap. XXX, ed. dos *Rolls Series*, VIII, pp. 320-321. Sobre o leão dos Welfs e Otão IV – o derrotado de Bouvines – em particular, Erich Gritzner, *Symbole und Wappen des alten deutschen Reiches* (*Leipziger Studien aus dem Gebiete der Geschichte*, VIII, 3), p. 49.
[3] *Le chapel*: ed. Piaget, *Romania*, XXVII (1898); o *Dict.* ainda é inédito; consultei-o no ms. da Bibl. Nat. latim 4120, fol. 148; cf. *Prinet*, loc. cit., p. 482.

Em épocas pagãs, afirmou, viviam na França dois grandes reis: um, chamado Conflat, residia no castelo de Conflans; outro, Clóvis, em Montjoie. Embora fossem ambos adoradores de Júpiter e Mercúrio, estavam constantemente travando guerras; mas Clóvis era o menos poderoso. Ele se casou com uma cristã, Clotilde, que há muito procurava em vão convertê-lo. Um dia, Conflat enviou-lhe um desafio; mesmo certo de que seria derrotado, Clóvis, porém, não recusaria a luta. Quando chegou o momento, ele pediu suas armas; para seu espanto, quando seu escudeiro as trouxe, descobriu que, em vez de seu brasão habitual – meias-luas – exibiam sobre o fundo azul três flores-de-lis; ele as enviou e pediu outras; quando lhes foram apresentadas novamente, continham os mesmos emblemas; isso ocorreu quatro vezes seguidas, até que, cansado, decidiu colocar uma armadura decorada com as flores misteriosas. O que tinha acontecido? No vale de Joyenval, próximo à fonte, vivia naquela época um eremita piedoso que a rainha Clotilde frequentemente visitava; ela tinha ido encontrá-lo pouco antes do dia fixado para a batalha, e foi orar com ele. Então apareceu um anjo ao homem santo; ele segurava um escudo azul adornado com flores-de-lis de ouro. "Estas armas", teria dito o mensageiro celestial "levadas por Clóvis, lhe dará a vitória". De volta em sua casa, a rainha, aproveitando a ausência de seu marido, tirou as malditas meias-luas dos equipamentos e substituiu-as por lírios, como no modelo do maravilhoso escudo. Já sabemos como esse truque conjugal tomou Clóvis de surpresa. Não é necessário acrescentar que, contra todas as probabilidades, ele foi vitorioso em Montjoie – daí o grito de guerra Montjoie Saint Denis[1] – e, finalmente, informado por sua esposa, ele se fez cristão e se tornou um monarca poderoso...[2] Como podemos ver, essa narrativa é de uma puerilidade desconcertante; sua pobreza coincide

---

[1] Sabe-se bem que o famoso conflito de guerra é muito anterior ao século XIV; foi testemunhado pela primeira vez, sob a forma Montjoie (*Meum Gaudium*) por Orderic Vital, no ano de 1119; XII, 12; ed. Le Prevost (*Soc. de l'hist. de France*), IV, p. 341. Sua origem permanece misteriosa.

[2] Bibl. Nat. ms. latin 14663, fol. 35-36 v. O manuscrito é uma coleção de vários textos históricos, de mãos diferentes, compilados em meados do século XIV, provavelmente em Saint Victor (fols. 13 e 14); extratos do prefácio colocados por Raoul de Presles na *Cidade de Deus* têm relação com nosso poema (fol. 38 e v). Que o poema tenha sido escrito em Joyenval é sugerido por muitas passagens do próprio texto, e especialmente do início do quarteto final: "Zelator tocuis boni fundavit Bartholomeus – locum quo sumus coloni..." Em Montjoie, perto de Conflans, V. Lebeuf, *Histoire de la ville et de tout le diocese de Paris*, ed. F. Bournon, II, 1883, p. 87. Sobre os Montijes em geral, Ad. Baudoin, *Montjoie Saint-Denis*; *Mem. Acad. Sciences Toulouse*, seria a 7-a, V, pp. 157. Poderíamos ser tentados a explicar a localização da lenda dos lírios em Joyenval por uma razão iconográfica: a interpretação que se deus aos escudos dos braços da abadia que, talvez por concessão real, usava a flor-de-lis. Mas seria necessário construir uma certa plausibilidade a essa hipótese, provando que esses braços eram importantes antes do momento em que nossos primeiros depoimentos tratam da lenda. Isto é o que, no estado atual do nosso conhecimento, parece impossível. As flores-de-lis são encontradas em um conselho abacial de 1364; mas estão ausentes no selo da comunidade em 1245 (Douët d'Arcq, *Collection de Sceaux*, III, nr. 8776 e 8250).

apenas com a estranheza do estilo. De onde teria surgido? Suas características essenciais já estavam definidas antes que Joyenval se apoderasse dela? E o papel dos monges de Prémontré na gênese da lenda teve como único objetivo localizar os episódios essenciais em torno de sua casa? Ou, pelo contrário, realmente nasceu na pequena comunidade, não muito longe de Montjoie, talvez primeiramente sob a forma de contos narrados aos peregrinos? Não sabemos. Ainda assim, o relato se difundiu rapidamente em todo o mundo.

São os cortesãos de Carlos V, constantemente à procura de tudo o que pudesse consolidar o prestígio sobrenatural da realeza, a quem se deve, principalmente, a honra de propagar essa narrativa. O relato dado por Raoul de Presles em seu prefácio à *Cidade de Deus* é, obviamente, inspirada na tradição de Joyenval[1]. O eremita do vale parecia que iria se converter um dos patronos da monarquia. No entanto, por algum tempo, teve como formidável rival a pessoa de São Dionísio. Ao invés de um obscuro anacoreta, este grande santo pareceu, a certos espíritos, como mais digno de ter recebido a revelação do escudo real. Com toda a probabilidade, essa nova forma da historieta surgiu no mosteiro de São Dionísio. O que prova que devemos ver nela apenas uma forma secundária, uma transposição do tema original, é que também coloca um dos episódios fundamentais da lenda – neste caso a aparição do anjo – "no castelo de Montjoie, a seis léguas de Paris", isto é, na torre próxima a Joyenval; uma narrativa que, se tivesse surgido por completo em Saint-Denis, teria tido como quadro topográfico a abadia ou seu entorno imediato. Entre os familiarizados à "livraria" de Carlos V ou dos apologistas da geração seguinte, Jean Golein, Etienne de Conty e autor de um poema latino muito breve que louva os lírios, e que usualmente se atribui a Gerson, inclinam-se por São Dionísio. Jean Corbechon, tradutor e adaptador do famoso livro de Barthélemé o Inglês sobre as *Propriétés des Choses* e o autor de *Songe du Verger*, permanecem neutros. O eremita, ao final, acabou prevalecendo. Ele sempre teve seus partidários. Possuímos ainda, do *Traité sur Le Sacré*, de Jean Golein, o próprio exemplar oferecido a Carlos V; ele traz notas marginais, produzidas por um leitor contemporâneo, em que se pode, caso se deseje – desde que não se tome uma hipótese sedutora por certeza –, reconhecer o próprio rei ditando-as a seu secretário; diante da passagem em que Golein atribuiu a São Dionísio o milagre das flores-de-lis, o anotador, quem quer que fosse, expressou sua preferência pela tradição de Joyenval. A partir do século XV, é ela que prevaleceu definitivamente[2].

---

[1] Ed. de 1531, fol. a III; o oponente do rei de Clóvis é chamado Caudat (seria uma alusão à lenda popular atribuía aos ingleses: *caudati Anglici*?); cf. Guillebert de Metz, ed. Leroux de Lincy, p. 149.

[2] Jean Golein; v. Apêndice IV. Et. de Conty, latim 11730, fol. 31 v, col 2 (uma narrativa particularmente bem desenvolvida em que se menciona a aparição do anjo a São Dionísio: "in castro quod gallice vocatur Montjoie, quod castrum distat a civitate Parisiensi per sex leuces vel circiter"); Gerson (?) *Carmen optatumm ut Lilia crescant*, Opera, ed. de 1606, Pars II, col. 768; Jean Corbechon, tradução de Barthélemi o Inglês, *Le proprietaire des choses*, ed. Lyon, folio, até 1485 (*Bibl. de la Sorbonne*) livro XVII,

Com um porém. A versão primitiva, que confundia, de acordo com um antigo hábito medieval, o Islã com o paganismo, dava a Clóvis, por brasão, antes da conversão, luas crescentes. No *Songe Du Verger* é introduzida uma variante que acabou por triunfar: no escudo francês, há três sapos que precederam aos três lírios. Por que sapos? Poderíamos, como o presidente Fauchet propôs no século XVII, imaginar aqui também uma confusão iconográfica: sobre as antigas armas, as flores-de-lis grosseiramente desenhadas foram tomadas pela imagem um pouco simplificada "deste animal sujo". Esta hipótese, que nosso autor explica com auxílio de um pequeno diagrama é, sem dúvida, mais engenhosa do que convincente. O que é certo é que a história dos sapos, inicialmente difundida por escritores que trabalhavam para a glória da monarquia francesa, acabou, em última análise, oferecendo aos inimigos da dinastia um tema para piadas fáceis. "Os flamengos e os dos Países Baixos", afirmou Fauchet, "por desprezo e por conta disso nos chamam Sapos Francos"[1].

Mas, ao final, tais insultos não importaram. A lenda das flores-de-lis, constituída em torno do ano 1400 em sua forma definitiva, tornou-se uma das belas joias do ciclo monárquico. Em 1429, no dia de Natal, em Windsor, em frente ao pequeno rei Henrique VI, que usava ambas as coroas da França e da Inglaterra, o poeta Lydgate a encenou, em conjunto com a história da Santa Ampola: associação hoje clássica[2]. Os artistas tomaram o motivo de escritores políticos; uma miniatura de um Livro das Horas criado para o Duque de Bedford[3], e em tapeçarias flamencas do século XV[4] figuravam os episódios

---

cap. CX; a passagem específica é, naturalmente, uma adição ao texto de Barthelemi; cf. Ch. V. Langlois, *La connaisance de la nature et du monde au moyen âge*, in-12, 1911, p. 122, n. 3 (veja a nota de M. Langlois sobre Barthelemy, para uma bibliografia inglesa para J. Corbechon). Songe du Verger, I, c. LXXXVI, cf. a XXXVI (Brunet, *Traitez*, pp. 82 e 31); texto latino, I, c. CLXXIII (Goldast, I, p. 129). As anotações do ms. de Jean Golein, com toda a probabilidade, não são da mão de Carlos V, mas poderiam ter sido ditadas por ele para algum escriba. V. a seguir.

[1] Claude Fauchet, *Origines des chevaliers, armoiries et heraux*, livro I, cap. II: *Oeuvres*, in-4°, 1610, p. 513 r e A hipótese iconográfica foi retomada por Sainte-Marthe, Leber, loc. cit., p. 200.

[2] Rudolf Brotanek, *Die englischen Maskenspiele*; *Wiener Beiträge zur englischen Philologie*, XV (1902), p. 317 e ss; cf. p. 12 (eremita de Joyenval, sapos).

[3] Brit. Mus. Add. mss. 18850; cf. George F. Warner, *Illuminated manuscripts in the British Museum*, Seria a 3-a, 1903.

[4] Uma tapeçaria que descreve a história das flores-de-lis é mencionada por Jean de Haynin em sua descrição das celebrações do casamento de Carlos o Calvo com Margarida de York: *Les Memoires de Messire Jean, seigneur de Haymin*, ed. R. Chalon (*Soc. bibliophiles belges*), I, Mons 1842, p. 108. Chiflet, *Lilium francicum*, p. 32, reproduziu em sua gravação um fragmento de outra tapeçaria (que era de sua época no Palais de Bruxelles) em que vemos Clóvis – supostamente lutando contra os Alamães – que segue o padrão com três sapos; o desenho a pena a partir do qual a placa foi gravada, é preservada na Antuérpia, no Museu Plantin, n° 56; se deve a J. van Werden. Veja também abaixo adições e correções.

principais. Obras didáticas, poemas, imagens, tudo o que transmitisse ao povo a origem milagrosa do brasão de seus reis[1].

Após o escudo, a bandeira. O mais ilustre dos pendões reais foi a auriflama, o "estandarte" do "cendal vermelho" que os capetíngios buscavam em Saint-Denis a cada vez que iniciavam uma campanha[2]. Seu passado não tinha nada de misterioso: bandeira da abadia de Saint-Denis, tornou-se naturalmente a bandeira real pois, sob Filipe I, os reis, tendo adquirido o condado de Vexin, tornaram-se vassalos, defensores e porta-bandeiras do santo[3]. Mas como poderiam ficar satisfeitos que um objeto tão comovente tivesse uma história tão modesta, especialmente quando a segunda das insígnias reais, a flor-de-lis, que, que no século XIV aparecia a seu lado na sagração, lembrava a todos o milagre dos lírios? Tão cedo quanto possível procurou-se referir à origem da auriflama aos grandes príncipes do passado: a Dagoberto, fundador de Saint-Denis[4] e sobretudo a Carlos Magno. Já o autor da *Canção de Rolando* a confunde com o *vexillum* romano que o papa Leo III oferecera a Carlos, como relatam as crônicas e como o mostra em Roma, no palácio de

---

[1] Excepcionalmente, a Carlos Magno foi atribuída a origem das flores-de-lis, trazidas a ele por um anjo do céu. A lenda é assim narrada pelo escritor inglês Nicholas Upton, que participou do cerco de Orléans em 1428: *De studio militari*, lib. III, in-4 °, Londres 5654, p. 309; cf. também *Magistri Johannis de Bado Aureo tractatus de armis*, editado ao mesmo tempo por Upton e na mesma edição de E. Bissaeus, que considera também escrito por Upton, sob um pseudônimo. Esta forma da tradição não parece ter tido muito sucesso. Upton parece citar Froissart, em cujo trabalho não encontro nada semelhante.

[2] Ainda não há existe nada a mais na auriflama do que a dissertação de Cange, *De la banniere de Saint Denys et de l'oriflamme*; *Glossarium*, ed. Henschel, VII, pp. 71 e ss. A literatura moderna é, em geral, mais abundante do que realmente útil: no entanto, veja Gustave Desjardins, *Recherches sur les drapeaux francais*, 1874, pp. 1-13 e 126-129. Claro, estou preocupado apenas com a história lendária da auriflama.

[3] Diploma de Luís VI para São Dionísio (1124): J. Tardif, *Monuments historiques*, nr. 391 (Luchaire, Louis VI, nr. 348); Suger, *Vie de Louis le Gros*, ed. A. Molinier (Collect. de textes pour servir a l'etude... de l'histoire), c. XXVI, p. 102. Sobre o uso de estandartes pertencentes às Igrejas, v. um texto curioso *Miracles de Saint Benoit*, V, 2, ed. E. de Certain (*Soc. de l'hist. de France*) p. 193 (a propósito de milícias de paz berrichonas).

[4] Esta é a opinião apreentada por Guillaume Guiart, *Branche des royaux lignages*, em Buchon, *Collection des chroniques*, VII, v. p. 1151 e ss. (ano 1190). Note-se que, de acordo com Guiart, os reis da França devem elevar o estandarte apenas quando é se tratava de lutar contra "turcos ou pagãos", ou "falsos cristãos condenados"; para outras guerras, eles podem usar uma bandeira, feita à semelhança da auriflama, mas que não é era a auriflama autêntica (1180 e ss). Na verdade, em St-Denis, na época de Raoul de Presles (prefácio da *Cidade de Deus*, ed., 1531, II), havia dois desses pendões, um dos quais era chamado de pendão Carlos Magno... E está é a que é chamada de 'auriflama'". Veja também J. Golein, abaixo, pág. 485, segundo o qual os reis faziam para cada campanha uma nova falsa auriflama. É de Guiart que tomei a expressão "cendal vermelho".

Latrão, um célebre mosaico, certamente bem conhecido pelos peregrinos [1]. Porém, até então, nada havia de sobrenatural. Os escritores pagos por Carlos V se encarregaram de fazer seu papel nesta questão. Em Raoul de Presles, em Jean Golein, a narrativa é a mesma: o imperador de Constantinopla vê, em sonho, um cavaleiro de pé ao lado da cama, segurando na mão uma lança da qual saem chamas; então um anjo o informa que este cavaleiro, e ninguém mais, libertará seus estados dos sarracenos; por fim, o imperador grego reconhece em Carlos Magno seu salvador; a lança em chamas será a auriflama [2]. Esta forma de tradição não conseguiu se impor. O óleo da sagração, o brasão real, tinham sido enviados dos céus a Clóvis; por uma associação natural de ideias, também foi a Clovis que se levou a atribuir a revelação da auriflama. Esta era, em fins do século XV, a crença, aparentemente, mais amplamente reproduzida [3].

A Santa Ampola, as flores-de-lis trazidas do céu, a auriflama, também celestial nas suas origens; e podemos acrescentar o dom da cura: teremos o conjunto maravilhoso que os apologistas da realeza ofereciam, sem cessar, à admiração da Europa. Assim, por exemplo, os embaixadores de Carlos VII quando se dirigem, no dia 30 de novembro de 1459, ao Papa Pio II [4]. Já na época

---

[1] V. 3093 e ss. Cf. comentário de J. Bédier, *Légendes épiques*, II, 1908, p. 229 e ss. Sobre o mosaico, Ph. Lauer, *Le Palais du Latran*, gr. in-40, 1911 (tese de letras, Paris), p. 105 e ss. Sobre a auriflama considerada, então, como o *signum regis Karolis*, o *vexillum Karoli Magni*, cf. Gervais de Cantebury, *Chronica* (*Rolls Series*), I, p. 309, a. 5584; Richer DE Sonones, *Gesta Senoniensis eccl.*, III, c. 15, *Monum. Germ.*, SS., XXV p. 295.

[2] Raoul de Presles, prefácio à tradução *De civitate Dei*, ed. de 1531, fol. a III v; cf. Guillebert de Metz, ed. Leroux de Lincy, pp. 149-150. Lancelot, *Memoire sur la vie et les ouvrages de Raoul de Presles*; *Memoires Acad. Inscriptions,* XIII (1740), p. 627, cita um discurso de Raoul sobre a auriflama, que não conheço; ele também atribuiu a origem da auriflama a Carlos Magno, a quem, ao que parece, São Dionísio a teria enviado (*loc. cit.*, p 629); Jean Golein, Apêndice IV. A formação da lenda da auriflama coincide com a introdução no cerimonial da coroação de uma benção deste estandarte; Este texto litúrgico aparece pela primeira vez, a princípio, em um Pontifical de Sens, Martene, *De antiquis Ecclesiae ritibus*, in 4°, Ruão 1702, III, p. 221, e posteriormente em *Coronation book of Charles V of France*, ed. Dewick, p. 50; Brit. Mus. Add. ms. 32097, contemporâneo também de Carlos V (citado em Ul. Chevalier, *Bibi. liturgique*, VII, p. XXXII, n. 2); Jean Golein, abaixo; cf. miniatura reproduzida de Montfaucon, *Monuments de la monarchie francaise*, III, pi. III, e das *Coronation Book*, p. 38 e também ms. francês 437 da Bibl. Nat., que inclui a obra de Jean Golein (ver abaixo).

[3] Veja, por exemplo, o Tratado de *Droiz de La Couronne*, composto em 1459 ou 1460, que será citado abaixo; o debate dos arautos das armas da França e da Inglaterra, escrito entre 1453 e 1461: ed. L. Pannier e P. Meyer (*Soc. des. ane. textes*), 1877, § 34, p. 12. Parece que a mesma teoria se reflete nas palavras bastante imprecisas dos embaixadores de Carlos VII com Pio II; v. abaixo; também posteriormente R. Gaguin, *Rerum gallicarum Annales*, lib. I, cap. 3, ed. de 1527, Frankfurt, p. 8. É por uma confusão semelhante, mas no sentido oposto, que a invenção das flores-de-lis foi às vezes atribuída a Carlos Magno; v. acima.

[4] D'Archery, *Spicilegium*, fol. 1723, III, p. 821, col. 2; cf. para a flor-de-lis, o discurso dos enviados de Luís XI ao papa, em 1478, em De Maulde, *La diplomatie au temps de*

175

em que apenas a lenda da Santa Ampola constituía todo o ciclo monárquico, a dinastia francesa extraía dela um grande esplendor. No início do século XII, em um documento semi-oficial – um *ordo* da coroação – um rei da França se vangloriava de "ser o único entre todos os reis da terra a brilhar com este glorioso privilégio de receber a unção com um óleo enviado do céu"[1]. Poucos anos depois, um cronista inglês, Mathieu Paris, não hesitou em reconhecer no soberano francês uma espécie de supremacia, com base nesta fonte divina de seu poder[2]. Essas afirmações, ouvidas mesmo da boca de seus súditos, não podiam deixar de excitar os ciúmes dos Plantagenetas, rivais em tudo dos Capetíngios. Eles, por sua vez, buscaram um bálsamo milagroso. A história dessa tentativa, até agora quase ignorada pelos historiadores, merece ser explicada com alguma precisão.

O primeiro episódio se situa sob Eduardo II. Em 1318, um Dominicano, Irmão Nicolas de Stratton, encarregado por este príncipe de uma missão secreta, foi a Avignon encontrar o Papa João XXII. Ele fez ao soberano pontífice um relato bastante longo, do qual apresento sua síntese da qual aqui está a síntese[3].

Vamos retornar à época em que Henrique II Plantageneta reinava sobre a Inglaterra. Thomas Becket, exilado, está na França. Ele tem uma visão. Nossa Senhora aparece diante dele. Ela prediz sua morte próxima e o instrui nos planos de Deus: o quinto rei que reinará sobre a Inglaterra após Henrique II será um "homem íntegro, campeão da Igreja" – uma simples operação aritmética prova que aqui, como se poderia esperar, refere-se a Eduardo II –; este príncipe,

---

Machiavel, p. 60, n. 2. "As armas com as flores-de-lis, a auriflama e a Santa Ampola", todos os três enviados por Deus a Clovis, também são mencionados pelo pequeno tratado do Droiz de La couronne de France (composto em 1459 ou 1460) o que não é, além disso, uma tradução, mas muitas vezes apresenta diferenças significativas com o original, *Oratio historialis* de Robert Blondel; o texto latino é menos claro: "celestia regni insígnia et ampulam" (*Oeuvres de Robert Blondel*, ed. A. Heron, pp. 402 e 232).

[1] *Ordo* da sagração de Luís VIII, H. Schreuer, Ueber altfranzösische Kronungsordnungen, p. 39: "Regem qui Solus inter universos Reges terrae hoc glorioso praefulget Privilegio, ut oleo coelitus misso singulariter inungatur".

[2] *Chron. majora*, ed. Luard (*Rolls Series*), V, p. 480, a. 1254 : "Dominus rex Francorum, qui terrestrium rex regum est, tum propter ejus caelestem inunctioncm, tum propter sui potestatem et militiae erainentiam"; ibid., p. 606 (1257): "Archiepiscopus Remensis qui regem Francorum caelesti consecrat crismate, quapropter rex Francorum regum censetur dignissimus". Já vimos acima que Tolomeo de Lucca também se orgulha da unção real francesa.

[3] O que se segue, de acordo com a bula de João XXII, Avignon, 4 de junho de 1318, cujo texto mais completo foi dado por L. G. Wickham Legg, *English Coronation Records*, No X. Mas é o Sr. Legg erra ao acreditar que é inédito; já esteve – em grande parte – em Baronius-Raynaldus, *Annales*, Joann XXII, ano 4, n. 2o. O dominicano, enviado do rei da Inglaterra, é simplesmente designado na bula como "fratris N., ordinis predicatorum nostri penitentarii"; ele deve, naturalmente, ser identificado com Nicholas de Stratton, ex-provincial da Inglaterra, e desde 22 de fevereiro de 1313, penitenciário da diocese de Winchester: cl. C. F. R. Palmer, *Fasti ordinis tratrunt praedi catorunt*; *Archaeological Journal*, XXXV (1878), p. 147.

sem dúvida por conta de seus méritos, deve ser ungido com um óleo particularmente sagrado, cuja virtude adequada lhe dará o poder de "reconquistar a Terra Santa sob a gente pagã", – uma profecia ou, se preferir, uma promessa em forma profética, da qual a corte inglesa, sem dúvida, esperava um efeito particularmente feliz sobre um Papa que se sentia preocupado com projetos de cruzadas. Os reis sucessores do valoroso monarca são também posteriormente ungidos com o mesmo líquido precioso. Dito isso, a Virgem cede ao santo arcebispo uma "ampola" que contém, é claro, o óleo predestinado.

Como este frasco passou das mãos de Thomas Becket para as de um monge de Saint-Cyprien de Poitiers, ficou escondida na mesma cidade sob uma pedra na igreja de São Jorge, escapou da ganância do "grande príncipe dos pagãos" e finalmente chegou ao Duque Jean II de Brabant, marido de uma irmã de Eduardo II, é algo que seria cansativo demais para contar em detalhes. A se acreditar no embaixador de inglês, Jean II, indo a Londres para a coroação de seu cunhado em 1307, levou consigo o óleo milagroso e recomendou fortemente que o novo rei fosse ungido com ele; sob o conselho de sua comitiva, Eduardo II recusou, não querendo modificar de forma alguma os costumes que eram seguidos antes dele. Por isso, muitas desgraças se abateram sobre seu reinado. Não teriam ocorrido por conta do desprezo ao óleo entregue pela Virgem a São Tomás? Será que eles não cessariam se recorressem ao óleo? Ideia ainda mais natural, pois recentemente suas virtudes maravilhosas haviam sido demonstradas; por ela, a condessa do Luxemburgo – futura imperatriz – foi curada de uma ferida grave. Em suma, devia-se recomeçar a cerimônia de unção usando, neste caso, o líquido prescrito pela profecia. Mas atribuir tal importância a um óleo especial, às custas de outro que fora consagrado segundo as prescrições comuns da, e usado em 1307, não se significaria macular com a superstição? Especialmente, existiria o direito de recomendar um rito tão grave? Não seria pecado? Não há dúvida de que havia precedentes; ao menos um: Carlos Magno, segundo assegurava o irmão Nicolas, havia sido ungido uma segunda vez pelo arcebispo Turpin com um óleo que provinha de São Leão Magno; esse fato, geralmente ignorado, pois o ato havia sido secreto, fora gravado em duas folhas de latão mantidas em Aachen. Apesar da autoridade desta tradição, para a qual, além disso, não temos outra garantia para além do irmão Nicolas ou seu mestre, a consciência de Eduardo II, ao que parece, não estava tranquila; e, além disso, estava ansioso para obter, para seus projetos, a aprovação declarada do líder espiritual da cristandade. Daí a missão do dominicano, encarregado de pedir o consentimento do Papa para a renovação da unção e, após o retorno à Inglaterra deste primeiro delegado, o envio de uma segunda embaixada, liderada pelo Bispo de Hereford, que levou informações complementares exigidas pelo pontífice e que exigiu uma resposta breve.

Esta resposta foi finalmente dada. Ainda temos seu texto. Sob a ambiguidade cautelosa da forma, constata-se um ceticismo fácil de detectar. Eduardo II, por sua própria conta, realmente acreditava na fábula torpe que Nicolas de Stratton havia apresentado ao papa? Quem poderá saber? Mas tanta ingenuidade não era, certamente, culpa de todos os seus conselheiros. Em qualquer caso, João XXII não foi enganado. De resto, embora não tenha aceitado expressamente como digno de confiança um conto tão suspeito, não pensou que deveria rejeitá-lo abertamente; limitou-se a evitar cuidadosamente em se pronunciar sobre sua autenticidade; além disso, aproveitou a oportunidade oferecida pela questão do rei da Inglaterra para afirmar a teoria oficial da Igreja sobre a unção, de que "não deixa qualquer marca na alma" – ou seja, não era um sacramento – e poderia ser repetida sem sacrilégio. Quanto a dar aconselhamento preciso, aprovar ou desaprovar o projeto formado por Eduardo II, ele se recusa categoricamente; não querendo comprometer o papado, de nenhuma forma, com esta questão, não aceitou, e a despeito dos pedidos do soberano, em designar ele mesmo o prelado encarregado de proceder ao reinício do rito. Ele dá apenas uma opinião, ou melhor, uma única ordem: por medo de escândalo, disse, a unção, se o rei decidisse renová-la, somente poderia ser dada em segredo. Por fim, concluiu com algumas recomendações morais com aquele tom de professor que instrui um aluno, a quem o imperioso pontífice prontamente adotava diante dos príncipes temporais e, mais particularmente, com o triste soberano da Inglaterra. Eduardo II teria concordado em ser ungido às escondidas? Não sabemos. Em qualquer caso, deve ter ficado singularmente decepcionado com a resposta de João XXII; certamente queria ter excitado a imaginação de seu povo com uma cerimônia pública, sancionada pela presença de um delegado[1]. A alusão, feita pelo Irmão Nicolau, às "desgraças que abateram o reinado" – saber das dificuldades encontradas desde o início do reinado por um príncipe desqualificado e rapidamente impopular – nos fornece a chave para o projeto perseguido pelo desafortunado rei: afirmar, por meio de um milagre, seu prestígio vacilante. Não teria sido, com toda probabilidade, pelo mesmo motivo que, ao mesmo tempo, talvez um pouco mais tarde, ele se dedicara a consagrar os *cramp-rings* em uma cerimônia verdadeiramente real? A recusa de João XXII não permitiu que ele realizasse as esperanças que depositara em uma nova sagração[2].

---

[1] M. Kern, *Gottesgnadentum*, p. 118, n. 214 escreve sobre a bula de João XXII: "Es wurde also nicht an eine Einwirkung auf die öffentliche Meinung, sondern an eine ganz reale Zauberwirkung des Oels durch physischen Influx gedacht". Que Eduardo II pensasse na possibilidade de uma ação mágica desse tipo, concordamos; mas parece claro pela recusa do Papa que o rei também queria uma cerimônia aberta, capaz de atuar sobre "a opinião pública". No tom usual do papa em relação aos soberanos, cf. N. Valois, *Histoire littéraire*, XXXIV, p. 481.

[2] Pode-se pensar se Eduardo II não procurou outro aspecto ainda para imitar as tradições capetíngias. Tanto quanto posso ver, é sob seu reinado que aparece pela primeira vez a menção a um tributo anual pago pelos reis ingleses ao santuário de S. Thomas de Canterbury (registro da chancelaria, 8 de junho – 31 de janeiro, ano 9: EA 376, 7, 5 de dezembro, Ordenança de York, junho de 1323, em Tout, *The place ofthe reign of Edw. II*, p. 317; cf. para os seguintes reinados: *Liber Niger Domus Regis Ediv. IV*, p. 23; e Farquhar, *Royal Charities*, I, p. 85); não seria essa uma simples cópia do tributo que os reis da França pagavam a St. Denis, presumivelmente como vassalos da abadia e, consequentemente, desde Filipe I ou Luís VI? Sobre o costume francês, v. H. F. Delaborde, *Pourquoi Saint Louis faisait acte de seruage a Saint Denis*; *Bullet. soc.*

O que teria ocorrido com a maravilhosa ampola? Por quase um século, não ouvimos mais sobre ela. Devemos acreditar, como foi dito posteriormente, que simplesmente perdera-se entre os cofres da Torre? O que se sabe é que se deveu a um usurpador, Henrique IV de Lancaster, alcançar sucesso naquilo que Eduardo II falhara: em 13 de outubro de 1399, em sua coroação, Henrique foi ungido com o óleo de Thomas Becket, lançando sobre sua ilegitimidade o véu de uma sagração na qual o milagre teve sua participação. Nesta ocasião, uma versão ligeiramente retocada da primeira lenda: o duque de Lancaster, o próprio pai de Henrique IV, que fazia campanha em Poitou, descobrira, no tempo de Eduardo III, o frasco, encerrado em um receptáculo sob a forma de águia; ele o entregou a seu irmão, o Príncipe Negro, para sua sagração; mas o príncipe morreu antes de ser rei; a relíquia então se perdera; Ricardo II a reencontrou apenas bem depois de sua coroação e, não conseguido obter do clero uma nova unção, contentou-se em usar a águia dourada como um talismã, levando-a sempre consigo até o dia em que seu rival, Henrique de Lancaster, o obrigou a retirá-la. Esta narrativa apresenta um emaranhado de mentiras certas e verdades prováveis que a crítica histórica deve reconhecer ser incapaz de esclarecer. O essencial estava além da profecia; havia uma discreta alusão patriótica – o primeiro rei, ungido com o bálsamo sagrado, havia recuperado a Normandia e a Aquitânia, perdidas pelos seus antepassados – que, como seria de se esperar, foi aplicada a Henrique IV[1]. Desde então, a coroação inglesa passou a ter sua própria lenda, pois os reis, sucessores de Henrique IV, fossem Lancaster, York ou Tudor, continuaram a reivindicar o uso do óleo oferecido em épocas passadas por Nossa Senhora a São Tomás. A tradição continuou, ao que parece, apesar mesmo da Reforma, até o dia em que Jaime I, criado sob o calvinismo

---

antiqu. 1897, pp. 254-257 e também o falso diploma de Carlos Magno, *Monum. Germ.*, *Dipl. Karol.*, nr. 286, ao qual Delaborde parece não ter dado atenção, e que é, nesse curioso rito, o nosso testemunho mais antigo; este diploma faz de um estudo no *Histor. Jahrbuch*, por parte de Max Buchner, do qual eu só consegui ver a primeira parte (XLII, 1922, pp. 12 e segs.).

[1] Sobre a coroação de Henrique IV cf. J.H. Ramsay, *Lancaster and York*, Oxford 1892, I, pp. 4-5 e notas. O relato oficial, difundido pelo governo real, foi dado em grandes detalhes pelos *Annales Hernici Quarti Regis Angliae*, ed. H.T. Riley, em *Chronica monasterii S. Albani: Johannis de Trokelowe... Chronica er Annales (Rolls Series)*, p. 297 e ss. A "cédula" escrita por S. Thomas, que deveria ter sido descoberta com a ampola, reproduzida nos *Annales*, também o foi, na França, pelo Religioso de Saint Denys, ed. L. Bellaguet (Documento não publicado), II, p. 726; Legg, *Coronation Records*, no. XV, publicou, de acordo com dois ms. do Bodléienne, Ashmol. 59 e 1393, ambos do século XV. Cf. também *Eulogium Historiarum*, ed. F. S. Haydon (*Rolls Series*), p. 380; Thomas de Walsingiham, *Historia Anglicana*, ed. H. T. Riley (*Rolls Series*), II, p. 239. Detalhe de pouca importância: na nova narrativa, a igreja de Poitiers, onde a ampla estava preservada havia muito tempo, é dedicada a S. Gregório e não a S. George. (Ed 1644, Poitiers, in 40, p. 146). Jean Bouchet, em seus Annales d'Aquitaine (Ed. De 1644, Poitieir, in. 4º, p. 146), narra a história do óleo de São Tomás; até conhece o nome do monge de São Ciprino de Poitiers a quem o santo entregou a ampola: Babilonius!

escocês, recusou-se a aceitar uma prática em que tudo lembrava o abominável culto da Virgem e dos Santos[1].

A ampola de São Tomás, além disso, não foi o único objeto maravilhoso que surgiu na coroação dos reis ingleses. Ainda hoje, um pedaço de arenito vermelho pode ser visto em Westminster, sob o trono da coroação: é a "Pedra do Destino"; sobre ela, dizia-se, o patriarca Jacó descansou sua cabeça durante aquela noite misteriosa, na qual, entre Berseba e Harã, contemplou em sonhos a escada dos anjos. Mas essa relíquia, na verdade, é apenas um troféu. Eduardo I, que a levou para Westminster, a havia retirado dos escoceses; fora na coroação dos reis da Escócia que havia sido originalmente empregada; no povoado de Scone servia de assento aos novos governantes. Muito antes de ser dotada de um estatuto bíblico até o ano 1300, o mais tardar, ela era, simplesmente, e com toda certeza, uma pedra sagrada cujo uso na solenidade do advento provavelmente se origina em crenças de caráter puramente pagão, difundidos por todo o país celta. Na Irlanda, Tara, uma pedra semelhante, era colocada sob os pés do novo príncipe e, se ele fosse de puro sangue real, bramia sob seus passos[2].

Em suma, a herança lendária da monarquia inglesa permaneceu extremamente pobre. A pedra de Scone tornou-se inglesa apenas pela conquista e tardiamente; o óleo de São Tomás era apenas uma imitação medíocre da Santa Ampola, nascida, mais de quatro séculos após Incmaro, das ansiedades de príncipes impopulares ou ilegítimos. Nenhuma dessas duas lendas jamais teve, mesmo na Inglaterra, ou muito menos na Europa, a fama e o brilho do ciclo francês. Por que, diante de tanta riqueza, tal escassez? Puro acaso que encontrou na França, no momento certo, homens capazes de criar ou adaptar belas narrativas e circunstâncias susceptíveis de favorecer sua difusão, quando tal coincidência jamais ocorreu na Inglaterra? Ou, ao contrário, resultado de profundas diferenças na psicologia coletiva das duas nações? O historiador pode fazer tais perguntas, mas não resolvê-las.

---

[1] Woolley, *Coronation rites*, p. 173. Cf. Fortescue, *De titulo Edwardi comitis Marchie*, ed. Clermont, cap. X, p. 70

[2] O texto mais antigo sobre a origem bíblica da pedra de Scone parece ser Rishanger, *Chronica*, ed. H.T. Riley (*Rolls Series*), p. 135, a. 1292; v. também p. 263 (1296). De acordo com o monge de Malmesbury (?), que escreveu uma *Vida de Eduardo II* (*Chronicles of the reigns of Eduard I and Eduard II*, ed. Stubbs, *Rolls Series*, II, p. 277 , teria sido levada para Escócia por Scotia, filha de Faraó. Veja o estudo de William F. Skene, *The coronation stone*, Edimburgo,1869. Sobre a pedra de Tara – ou Lia Fe'il – John Rhys, *Lecture on the origin and growth of religion as illustrated by Celtic Heathendom*, Londres e Edimburgo, 1888, pp. 205-207 e Loth, *Comptes rendus Acad. Inscriptions*, 1917, p. 28. Deixo de lado aqui neste estudo de história lendaária tudo o que não diz respeito às realezas francesa e inglesa; sobre os rubis da coroa imperial alemã e das tradições do maravilhosas relacionadas a eles, cf. K. Burdach, *Walther von der Vogelweide*, Leipzig 1900, pp. 253 e ss. e 315 e ss. E a memória, que parece certamente muito aventureira, de F. Kampers, *Der Waise*; *Histor. Jahrbuch*, XXXIX (1919), pp. 432-486.

Na França, de qualquer forma, essas tradições criaram em torno das dinastias uma atmosfera particularmente intensa de veneração. Adicione-se a isso a reputação de singular piedade que se associou, desde Luís VII, e especialmente desde que São Luís e seus sucessores imediatos, ao nome capetíngio[1]. Não teremos dificuldade em perceber como, a partir do século XIII especialmente, esta linhagem, mais do que qualquer outra, passou a ser considerada hereditariamente santa: "De lugar *santo* vieram, por isso farão muito bem", escrevia, já em 1230, em um elogio do Rei Luís VIII, o poeta Robert Sainceriaux, falando dos quatro filhos do monarca morto[2]. Da mesma forma, John Golein, no reinado de Carlos V, fala da "linhagem santa e sagrada" da qual era seu mestre[3]. Mas nada é mais instrutivo a este respeito do que comparar as três dedicatórias diferentes colocadas, na época de Filipe o Belo, por Egidio Colonna – um oponente, contudo, das ideias que inspiraram a política religiosa da corte da França – no início de três de suas obras. Para o filho do Conde de Flandres: "ao senhor Filipe, nascido de uma linhagem ilustre". Para o rei Roberto de Nápoles, um capetíngio, porém, de um ramo menor: "Para o magnífico príncipe, meu senhor particular, o rei Roberto". Para o príncipe Filipe, herdeiro do reino da França, o futuro Filipe o Belo, precisamente: "para meu senhor, o senhor Filipe, nascido de uma linhagem real e *muito santa*"[4]. Esse sentimento, apoiado por essas lendas – acima de tudo, a da Santa Ampola – dava à lealdade dinástica, na França, um valor quase religioso. A memória da unção milagrosa recebida por Clóvis, escreve Richier em sua *Vida de São Remígio*, adverte aos franceses a amar e adorar a "coroa" tanto quanto as mais preciosas relíquias; quem morrer por ela, a menos que seja herético ou já tenha cometido um pecado tão atroz que sua condenação já estava pronunciada, seria salvo por essa mesma morte[5]. Essas últimas palavras merecem ser meditadas. Eles evocam irresistivelmente a memória de outros textos mais antigos, quase semelhantes em aparência, e ainda profundamente diferentes. Em 1031, os Padres do Conselho de Limoges, no século seguinte ao

---

[1] V. Giraud de Cambrie, *De Principis institutione*, Dist. I, cap. XX e Dist. III, cap. XXX, ed. *Rolls Series*, VIII, p. 141 e 319; e, mais tarde, as provocações significativas de um clérigo alemão que, em relação à época de Filipe III, escreveu a *Notitia Saeculi*, ed. Wilhelm, *Mitteil. Des Institutus für österreichische Geschichtstorschung*, XIX (1898), p. 667.

[2] *Histor. de France*, XXIII, p. 127, v. 100.

[3] V. Apêndice IV.

[4] *Histoire Littéraire*, XXX, p. 453 : "Ex illustri prosapia oriundo domino Philippo"; p. 490; "Magnifico principi, suo domino speciali, domino Roberto"; Wenck, *Philipp der Schöne*, p. 5, n. 2: "Ex regia ac sanctissima prosapia oriundo, suo domino speciali, domino Philippo".

[5] Ed. Bolderston, V. 46 e ss.; texto já publicado, *Notices et extraits*, XXXV 1, p. 118 "Et ce doit donner remenbrance – As Francois d'anmer la coronne – Dont sor teil oncïon coronne – Sains Remis son fil et son roi – Autresi doit estre aourée – Com nus haus corsains par raison; – Et qui por si juste occoison –Morroit com por li garder, – Au droit Dieu dire et esgarder – Croi je qu'il devroit estre sans, – S'il n'estoit en creance fans, – Ou de teil pechié entechiés – Qu'il fust ja a danner jugiés".

jogral a quem devemos a novela *Garin le Lorrain*, também prometiam o glorioso destino dos mártires aos heróis caídos em defender uma causa inteiramente profana; mas é aos vassalos mortos por seu senhor, que abririam tão generosamente as portas do Paraíso[1]. O poeta da *Vida de Santo Remígio*, em finais do século XIII, pensa nos soldados que sucumbem pela "coroa". Essa é a diferença entre as épocas. O desenvolvimento da fé monárquica que tendia gradualmente a suplantar a lealdade dos vassalos, marchava unida ao progresso material da realeza; a transformação política e a transformação moral seguiram o mesmo ritmo, sem que fosse possível, nessa interação perpétua, distinguir o efeito ou a causa. Assim, esta foi a "religião de Reims", da qual Renan afirmou que Joana d'Arc "literalmente" teria "vivido"[2]. A partir dessa virada quase mística, quem se atreveria a afirmar que o patriotismo francês dela nada manteve?

Esses relatos prestigiosos, que criaram para a monarquia capetíngia um passado tão brilhante, interessam, por outro lado, também ao psicólogo. Todos apresentam, como uma característica comum, uma espécie de antinomia. Surgidos, em grande medida, às preocupações comuns, acabaram por obter grande sucesso popular; emocionavam as multidões, fazendo com que os homens agissem: união do artificial com o espontâneo, diante do qual o historiador dos ritos de cura, menos do que qualquer outro, deve ficar atônito.

---

[1] Atas do Concílio de Limoges: Migne, P. L., t. 142, col. 1400: atribuído a um bispo dirigindo-se a um cavaleiro que, às ordens de duque Sanche de Gascogne, e tendo sido ameaçado de morte se não obedecesse, matara seu senhor: "Debueras pro seniore tuo mortem antequam illi manus aliquo modo inferres, et martir Dei pro tali fide fideres": cf. J. Flach, *The Origins of l'ancienne France*, III, p. 58, n. 3. *Li romans de Garinle Loherain*, éd. P. Paris (*Romans des douze pairs de France*, III), II, p. 88; "Crois font sor aus, qu'il erent droit martir, – Por lor seignor orent esté ocis". Não seria necessário afirmar a importância de distinguir, sobre este ponto, entre as diferentes canções de gesta, algumas dominadas pelo respeito da lealdade pessoal, que exploravam, como motivos literários, os casos de consciência da moral vassalista; e outras – cujo modelo mais típico é Roland – que são penetradas com sentimentos bastante diferentes, especialmente o espírito de cruzada, e também uma certa lealdade monárquica e nacional que, ainda que obedecesse em parte inspirações livrescas – como se pode ver na própria expressão da "doce França", uma reminiscência virgiliana – no entanto, aparentemente, era profundamente sincero; também deve ser observado que Rolando era, por sua vez, vassalo e súdito de Carlos Magno: cf. v. 1010 e ss. Tudo isso, bastante delicado, só pode ser indicado aqui de passagem e pode ser retomado com mais detalhes em outro lugar.

[2] *La monarchie constitutionnelle en France*; *Réforme intellectuelle et morale*, p. 255-252. Renan parece exagerar a situação de exceção da monarquia francesa; a floração lendária estava, na França, muito mais desenvolvida do que em outros lugares e, consequentemente, também a ideia da religião monárquica; mas a ideia da realeza sagrada era, na Idade Média, universal.

§ 4. Superstições; o sinal real; reis e leões.

Na concepção maravilhosa que o vulgo tinha da realeza participavam, ao lado das anedotas piedosas que acabei de recordar, certos elementos que não eram especificamente cristãos. Agora é hora de destacá-los.

À luz da opinião comum, os reis, personagens sagrados, eram taumaturgos. Os reis da França e da Inglaterra comumente operavam prodígios ainda em vida. Mas seu poder persistia após sua morte. O caso de Filipe Augusto é particularmente típico; não se pode dizer que, durante a sua vida, ele dera qualquer grande exemplo de virtudes privadas, nem de qualquer perfeita submissão aos chefes da Igreja; mas havia sido um grande rei, cujas ações afetaram fortemente a imaginação: seu cadáver fez milagres[1]. O procedimento de canonização foi regularizado por Roma no século XI. É por isso que, a partir daquele momento, seriam vistos, muito mais raramente do que nunca, os soberanos temporais nos altares. Mas seus súditos continuaram a considerá-los dotados de poderes como os dos santos.

Tanto eram tomados por sobrenaturais que muitas vezes eram representados como marcados em seus próprios corpos por um sinal misterioso, revelando sua dignidade. A crença no sinal real foi uma das superstições mais vívidas da Idade Média. Isso nos fará penetrar profundamente a alma popular[2].

É em textos de ordem literária que se deve procurar a expressão mais frequente. Aparece em novelas de aventura na língua francesa em meados do século XIII e permanece como um dos mais repetidos lugares comuns até o final da Idade Média. É assim que, naturalmente, ela encontrou seu lugar. Muitas dessas novelas foram construídas sobre o antigo tema da criança perdida – por acaso ou como resultado de algumas maquinações odiosas – que, então, é encontrada: Ricardo o belo, neto do rei da Frísia[3], os gêmeos Florent e Octavian, filhos do imperador de Roma[4], Othonet, filho de Florent[1], Macarius

---

[1] Guillaume Le Breton, *Philippide* I, XII, V. 613 et suiv. (v. 629, o cadáver é tratado literalmente como "sancto corpore"); Ives De Saint-Denis em Duchesne, *Scriptores*, V, p. 260; Al. Cartellieri, *Philipp II August*, IV 2, Leipzig 1922, p. 653 (extrato dos Anais latinos de St. Denis, Bibl. Mazarine, ms 2017). Uma capela foi erguida entre Mantes e Saint-Denis para comemorar milagres. Deixo de lado algumas manifestações milagrosas que, durante a vida do rei, teriam atestado, em suas guerras, a proteção divina: Rigaud, §29 e 61 – pois pode muito bem, aqui, serem simples ornamentos literários inventados pelo cronista, – bem como uma visão sem interesse em relação à morte do rei (ver Guillaume Le Breton, ed. Delaborde, *Soc. de l'Hist de France*, II, 377, II).

[2] Para a bibliografia desta crença, refiro-me à bibliografia já citada anteriormente; pude adicionar alguns textos novos a esses – muito mais numerosos – que já haviam sido reunidos antes de mim, e relacionei a outros textos que até agora haviam sido estudados independentemente uns dos outros.

[3] *Richars li Biaus*, éd. W. Foerster, in-12, Viena 1874, v. 663 e ss. (nesta nota e nas seguintes as referências aplicam-se às passagens relacionadas com a "cruz real" será discutida abaixo); o poema é da segunda metade do século XIII; análise conveniente por R. Koehler, Rev. critique, III, 2 (1868), p. 412.

[4] No poema Florent et Octavien. : Hist. littéraire, XXXI, p. 304.

ou Luís, filho de Carlos Magno[2], Beauve de Hantone, cujo avô era o rei da Escócia[3], Hugue, filho do duque de Saint-Gilles e o futuro rei da Hungria[4], Jean Tristan, filho de São Luís, sequestrado no berço pelos sarracenos[5], Dieudonné, filho do rei Filipe da Hungria[6], Leão, filho do duque Herpin de Bourges...[7]. É provável que essa lista pudesse ser facilmente estendida, se as infinitas obras de ficção, tanto em prosa como em verso, que a literatura medieval nos deixou em seu declínio, não se tivessem se destinado, em sua maior parte, a permanecer eternamente inéditas. Agora, para que o pobre perdido fosse reconhecido pelos seus – um toque dramático que constitui a conclusão necessária desse tipo de aventura – é óbvio que deveria possuir algum meio de comprovar sua identidade. Nas histórias que acabei de listar, esse meio era fornecido por uma mancha na pele, um nevo sob a forma de uma cruz, que a criança quase sempre levava em seu ombro direito, e mais raramente no peito. Geralmente era de cor vermelha, "mais vermelha do que a rosa no verão"[8] e, excepcionalmente, branca. Esta cruz servia aqui essencialmente como sinal de reconhecimento. Mas não nos enganemos. Não se deve ver nela uma marca individual banal, como em qualquer pessoa, sem que importasse a linhagem ou seu destino. Tinha, aqui, um significado especial conhecido por todos. Era a *"crois roial"*, prova de sangue real, garantia segura de um futuro ao qual o trono estava prometido. Aqueles que a descobriam, mesmo antes de poder incluir o predestinado herói a uma genealogia precisa, não hesitavam em exclamar, como o fez a condessa que recolheu Ricardo o Belo que, logo após ter nascido, fora abandonado em uma floresta:

Meu Deus, disse ela, ele será um rei![9]

Da mesma forma, os romancistas só atribuíam este sinal a personagens que sabiam que acabariam por reinar. Nada é mais instrutivo a este respeito do que o *Beuve de Hantone*. Este poema tem origem anglo-normanda, além de três

---

[1] *Ibid.* p. 332.

[2] *Macaire*, ed. Guessard, v. 1434; Jean d'Outremeuse, *Le myreur des histors*, ed. A. Borgnet (*Acad. royale de Belgique, Collection des doc. inedits*), II, p. 51.

[3] Referências reunidas por A. Stimming, *Die festländische Fassung von Bueve de Hantone, Fassung I* (*Gesellsch. für roman. Literatur*, 25), p. 408. n. sobre o v. 7081 e *Fassung II*, t. II (Ibid. 41), p. 213, n. aos v. 1312-1315.

[4] *Parise la Dnchesse*, ed. Guessard e Larchey (*Les anciens poètes de la France*), in-l6, 1860, v. 825 e 1171.

[5] *Le livre de Baudoyn, comte de Flandre*, Bruxelas 1836, pp. 152, 172, 173.

[6] No poema conhecido como *Charles le Chauve. Hist littéraire*, XXVI, pp. 101-102.

[7] Na canção de Lion de Bourges (inédita); cf. H. Wilhelmi, *Studien über die Cbanson de Lion de Bourges*. Marburg 1894, p. 48; R. Krickmeyer, *Weitere Studien zur Cbanson de Lion de Bourges*, Teil I, Greifswald 1905, pp. 8, 9, 25, 29. Para a "literatura" – que consiste principalmente em dissertações do "seminário" de Greifswald – referente a este interminável romance de cavalaria, v. a bibliografia de Karl Zipp, *Die Clarisse-Episode des Lion de Bourge*, Greifswald 1912.

[8] *Bueve de Hantone*, versão continental, ed. Stimming, 2ª versão, v. 5598.

[9] *Richars li Biaus*, v. 670.

outros compostos no continente. Ao todo, Beuve aparece como abandonado, e neto, sem qualquer dúvida, do Rei da Escócia. Mas é apenas nas versões continentais que ele conquista, ao final da narrativa, o reino da Escócia, segundo uns, de Jerusalém segundo os outros dois. Nessas três versões, e não na Anglo-Normanda, encontra-se o fatídico sinal[1]. Os autores antigos tinham o cuidado de não atribuí-lo ao primeiro chegado; sabiam que significava que, quem a possuísse,

Seria sinal de que seria coroado[2].

Esta superstição não pertence à literatura francesa. Encontra-se em obras estrangeiras. Em algumas delas, para dizer a verdade, a imitação de nossas novelas salta aos olhos: tal é o caso, na Espanha, da *Historia de la reyna Sebilla*[3], na Itália, de relatos relativas a *Beuve de Hantone* e, especialmente, da grande compilação dos *Reali di Francia*, adaptação da lenda carolíngia que foi escrita em torno de 1400, por Andrea di Barberino. Espírito sutil, Andrea se pôs a brincar sobre o *Niello* e a *Croce di sangue*[4]. Mas o mesmo tema também aparece além de nossas fronteiras em composições mais originais: Na Inglaterra, por exemplo, no início do século XIV, o *Lay of Haveloc the Danois*. *Haveloc* também foi herói em histórias em francês, ou melhor, Anglo-Normandas, mas a "marca real, cruz muito brilhante e muito bonita", é atribuída apenas pelo poema em inglês, caso em que se concorda em reconhecer uma tradição independente [5]. Na Alemanha, devemos citar uma versão de *Wolfdietrich* a partir de meados do século XIII[6], e especialmente o *Kudrun*, que

---

[1] Também pode ser observado que em *Parise La Duchesse*, Hugo, portadora da "cruz real", embora seja o mero filho de um duque, se tornará, ao final do poema, o rei da Hungria. Não vejo nenhuma exceção a esta regra exceto na *Chanson de Lion de Bourges*; Lion, ao final do poema, não se torna rei; desaparece misteriosamente na terra das fadas; é verdade que seus filhos foram coroados; o poeta pensou sem dúvida que este pai de reis, impedido apenas por esta aventura mágica de ocupar um trono teve, apesar de tudo, um destino verdadeiramente real.

[2] *Bueve de Hantone*, versão continental; ed. Stimming, 2a versão. v 1314. ("il ert" = ele será)

[3] G. Paris, Histoire poétique de Charlemagne, 1905, p. 393.

[4] *I Reali di Francia*, di *Andrea da Barberino*, ed. Vandelli (*Collezione di opere inedite o rare*), II, 2, livro II, pp. 4-5. Sobre a palavra *niello*, cf. A. Thomas, *Le signe royal*, p. 281, n. 3. Outras referências a novelas de aventura italianas – de imitação francesa –Pio Rajna, *Le origini dell'epopea*, pp. 294-295.

[5] Walter W. Skeat, *The lay of Havelock the Dane,* in-12, Oxford 1902, v. 602; 1269; 2139. Sobre o poema, além da introdução de Skeat, Harald E. Heymann, *Studies in the Havelock tale*, diss. Uppsala, 1903. No *lai* inglês, a cruz é adicionada como um sinal de reconhecimento a uma peculiaridade física singular que todas as tradições, a francesa e a inglesa, concordam em reconhecer em Haveloc: quando dorme, uma chama que esparge um odor delicioso emana de sua boca.

[6] Wolfdietrich, B. I, Str. 140: A. Amelung e O. Jaenicke, *Deutsches Heldenbuch*, III, I, Berlim 1871, p. 188. Para a data desta versão, H. Paul, *Grundriss* II, I, ed. 2-a, p. 251. É divertido notar que M. Hermann Schneider, discutindo com esta passagem em seu

remonta ao ano de 1210, e parece ser o mais antigo texto em que o filho de um rei aparece adornado, aos nossos olhos, com a famosa cruz[1]. Pelo fato de que esses poemas não tenham sido traduzidos nem diretamente inspirados por modelos franceses, não se pode concluir que a influência de nossa literatura, tão amplamente disseminada nesta época em toda a Europa, não tenha sido capaz de se fazer presente na escolha dos temas. Mas não importa onde tenha sido surgido, pela primeira vez, o sinal real, essa crença, como veremos, criou, tanto na França quanto fora dela, raízes profundas.

Se tal tema fosse conhecido apenas pela ficção, talvez tivéssemos a tentação de considerá-lo um mero clichê literário e, assim, um truque narrativo. Mas textos de vários períodos revelam-nos que o sentimento público o atribuía a personagens que não eram lendários. Certamente, tais depoimentos não são muito numerosos; mas em que aspectos do folclore medieval possuímos algo além de alguns pontos reluzentes pelos quais as representações coletivas são iluminadas aqui e acolá e que, sem dúvida, viviam sob a sombra de uma vida realmente ativa?

Na França, desde o século XIII, o trovador Adam de la Halle, cantando o elogio de Carlos de Anjou, príncipe capetíngio e rei da Sicília, afirmou que este, ao "nascer, trazia a cruz real"[2]. Adam de la Halle é literato e pode parecer um intérprete muito suspeito de concepções populares. Mas eis, cerca de dois séculos depois, uma carta de perdão desenterrada pelo Sr. Antoine Thomas e que dificilmente ousaríamos rejeitar. Relaciona os seguintes fatos[3]. Estamos em 18 ou 19 de junho de 1457, em Bialon, uma vila perdida em um dos cantos mais selvagens do Maciço Central. Na pousada, seis camponeses estão sentados; entre eles um velho de 80 anos, Jean Batiffol. Conversam sobre política e impostos. A paróquia estava fortemente sobretaxada; descobre-se que o coletor pedia demais e abusava das penhoras. Se o rei soubesse disso, disse quase nesses termos um dos bebedores, o "coletor seria condenado"; então, o velho Batiffol responde – e cito, textualmente, sua surpreendentes palavras –: "O rei é rei, mas ele não deveria ser rei, pois não é esse seu lugar, pois quanto nasceu não trazia um sinal de realeza nem tinha a flor-de-lis como o verdadeiro rei". Veja: o rei (Carlos VII) é apenas um bastardo – sabemos que a conduta de Isabel da Baviera deu origem a todo tipo de insinuações; os inimigos do rei de Bourges não deixaram de usá-las –; e a prova de que ele não era filho de um rei se deve a que, em seu nascimento, não portava o sinal real. Este sinal já não era

---

volumoso trabalho intitulado *Die Gedichte und die Sage von Wolfdietrich*, Munique, 1913, p. 278, ignora que as cruzes "reais" desse tipo poderiam ter sido atribuídas a figuras históricas na própria Alemanha; por outro lado, Grauert em artigo *Zur deutschen Kaisersage; Histor. Jahrbuch*, 1892, atribuiu ao sinal como sujeito a profecias políticas, e ignora os usos literários franceses e alemães.

[1] Estrs. 143-147: ed. E. Martin e R. Schroder, *Sammlung germanis. Hilfsmittel*, 2, pp. 17-18.

[2] *Oeuvres*, ed. Coussemaker, in-4°, 1872, p. 286.

[3] *Le "signe Royal" et le secret de Jeanne d'Arc*; *Rev. histor.*, CIII. Tomo várias expressões da entusiasmada análise de A. Thomas.

mais, aqui, a cruz vermelha de antes. Ele mudou sua forma. Tratava-se da flor-de-lis, que já há muito tempo decorava o brasão dos capetíngios, e que provavelmente terminou substituindo, na imaginação popular, quando se tratava do sangue da França, a cruz, que parecia muito trivial. O que poderia ser mais natural que atribuir ao filho de uma linhagem escolhida, como marca distintiva, o próprio brasão de sua dinastia? Assim, as observações de um velho homem, provavelmente analfabeto, um dia após beberem em uma rústica taverna, e preservadas ao acaso, lançaram uma luz repentina sobre as maravilhosas narrativas que os camponeses do século XIV repetiam entre si ao falarem de seu Reis[1].

Narrativas do mesmo tipo se difundiram na Alemanha. Lá, os vários pretendentes ou as várias famílias que disputavam o Império repetidamente apelavam à cruz profética. Acreditou-se encontrá-la, no ano de 1260, entre os ombros de Frederico de Misnie que, neto por parte de mãe do Imperador Frederico II, foi, em certo momento, eleito pelos últimos fiéis aos Hohenstaufen na Alemanha e na Itália, como herdeiro de suas esperanças[2]; era a mesma época em que Adam de la Halle cantava Carlos de Anjou; em diferentes países, dois príncipes rivais, ao rei guelfo da Sicília e a seu concorrente gibelino, atribuíram-se, por semelhante zelo, a mesma marca profética. Este mesmo sinal, os chefes da casa da casa dos Habsburgo, linhagem de imperadores, traziam em suas costas, desde seu nascimento, "na forma de pelos brancos em sinal de cruz"; isto era, ao menos, o que afirmava, no final do século XV, o monge suábio Felix Cabri, um de seus partidários[3]. Enfim, ainda mais tarde, na era das guerras religiosas, alguns luteranos acreditaram ter descoberto a marca nas costas do

---

[1] Este é outro texto, também relacionado a Carlos VII, em que haja talvez uma alusão ao sinal real; mas é de interpretação extremamente duvidosa. Na sua *Oratio historialis*, composta em 1449, Robert Blondel escreveu, em relação à coroação de Reims, "insignia regalia miraculose supposisti" (capítulo XLIII, 110, Oeuvres, Ed. A. Héron, I, p.), que deve ser entendido, sem dúvida, como a entrega das insígnias reais, coroa, anel, etc. O texto foi traduzido para o francês em 1459 ou 1460, sob o título *Des Droiz de Couronne de France*; a passagem em questão é dada da seguinte forma (ibid., p. 761): "illecque receustes vous par miracle divin Ies enseignes roialles dont vous estes merchie". *Merchier* significa marcar, e a palavra *enseigne* é a utilizada por Jean Battifol, como vimos, para designar a flor-de-lis impressa nos corpos dos verdadeiros reis. É difícil escapar da impressão de que o autor da tradução tenha conhecimento de uma tradição segundo a qual Carlos VII teria apresentado o maravilhoso sinal, talvez apenas após sua coroação.

[2] Segundo depoimento do cronista contemporâneo Pierre de Zwittau, *Chronicon Aulac Regiae*, II, c. XII: *Die Königsaaler Geschichtsquelten*, ed. J. Loserth, *Fontes rerum austriacarum*, Abt. 1, t. VIII, p. 424. Sobre Frederico, veja F. X. Wegeie, *Friedrich der Friedige*, Nordlingen 1878; cf. H. Grauert, *Zur deutschen Kaisersage*, pp. 112 e ss, e Eugen Müller, *Peter von Prezza*, especialmente pp. 81 e ss.

[3] *Historia Suevorum*, I, c. XV, em Goldast, *Rerum Suevicarum Scriptores*, p. 60 : "et fama publica est, quamvis scriptum non inuenerim, quod praefati Comites de Habspurg ab vtero matris suae crucem auream in dorso habeant, hoc est, pilos candidos ut aurum in modo crucis protractos"'. Sobre Felix Fabri, cf. acima.

eleitor de Saxônia, João Frederido que, antes de suas ambições terem entrado em colapso no campo de batalha de Mühlberg, sonhou brevemente em arrancar de Carlos V a coroa imperial[1].

Não existia na Inglaterra do início do século XVII senão, se pudermos confiar no testemunho contemporâneo do historiador alemão Philippe Kammerer (*Camerarius*), rumores semelhantes. Jaime I, destinado, como se sabe, por seu nascimento ao trono da Escócia, mas não ao da Inglaterra, havia apresentado em seu corpo, desde ainda muito jovem, manchas que predestinavam seu elevado destino: um leão, uma coroa e também, segundo alguns, uma espada[2].

Em suma, a crença no sinal real está amplamente comprovada. Ela assumiu, segundo cada época e lugar, aspectos diferentes. Na França, no final do século XV, pensava-se, ao que parece, que todo rei verdadeiramente legítimo deveria possuir, impresso em sua pele, a marca de sua origem; e essa marca, originalmente concebida sob a forma de uma cruz vermelha, finalmente tomou a aparência de uma flor-de-lis. Na Alemanha e talvez na Inglaterra deu-se preferência ao sinal milagroso, atribuído aos príncipes que, removidos do trono no nascimento por alguma circunstância infeliz, apareciam, no entanto, destinados a ocupá-lo um dia: verdadeiros heróis dos contos, segundo as preferências das multidões em relação a tais relatos. A tradição Alemã permaneceu fiel à cruz; na maior parte das vezes não a via vermelha como na França, mas dourada. É assim que a leva em seu *Kudrun* Hagen da Irlanda e que os fieis seguidores de Frederico de Misnie, João Frederico da Saxônia, e dos condes de Habsburgo acreditavam encontrar no corpo de seus mestres[3]. Esta mesma variedade, que observamos em diferentes tradições, prova seu vigor.

A superstição que acaba de ser descrita não apresenta nada de excepcional aos folcloristas. A antiguidade grega também conhecia "os sinais da linhagem", τοῦ γένους τά γνωρίδματα, como a marca em forma de lança considerada

---

[1] Tradição recolhida pelo ministro protestante Abraham Buchholzer, *Index chronologicus*, Gorlitz 1599, p. 504 (citado *Camerarius, Operae borarum subcisivarum*, ed. de 1650, p. 146 e Grauert, *Zur deutschen Kaisersage*, p. 135, n. 2); Joannes Rosinus, *Exemplapietatis illustris*, in-4°, Jena, 1602, p. V 3 (segundo Buchholzer); Georg Fabricius, *Saxoniae illustratae libri novem: libri duoposteriores*, in-4°, Leipzig [1606], 1. VIII, p. 33. Em um pequeno tratado místico-político, agora preservado na Biblioteca Colmar e composto, provavelmente, nos primeiros anos do século XVI por um instrutor alsaciano ou suábio, anuncia-se a chegada de um *König von Schwarz* – também chamado de Imperador Frederico – o futuro salvador da Alemanha, que usa uma cruz dourada no peito; mas, apesar do que afirma Richard Schroder em *Die deutsche Kaisersage*, Heidelberg 1891, pp. 14-15, esta cruz parece ser aqui não um sinal físico, mas um simples emblema adotado pelo "rei da Floresta Negra" como chefe de uma irmandade de São Miguel: H. Haupt, *Ein Oberrheinischer Revolutionar aus dem Zeitaltcr Kaiser Maximilians I*; *Westdeutsche Zeitschr., Ergänzungsh.*, VIII, 1893, p. 209.

[2] Camerarius, *Operae horarum subcisivarum*, ed. din 1650, p. 145; Philipp Kammerer morreu em 1624.

[3] Excepcionalmente, a cruz de Wolfdietrich era vermelha, como na tradição francesa: "ein rotez Kriuzelin".

própria para certas famílias nobres de Tebas, supostamente nascidas de guerreiros – Σπαρτοί – que teriam nascido de dentes de dragão semeados por Cadmus. Por vezes essas famílias, assim diferenciadas, eram, como na Idade Média ocidental, dinastias reais: os selêucidas, dizia-se, traziam de nascimento uma âncora gravada na coxa; ela testemunhava sua origem divina; pois se acreditava que Seleuco o Grande, o primeiro a ter esta marca, a teria recebido de pai Apolo. O mesmo emblema aparece em certas moedas selêucidas; é encontrada em dois vasos votivos, chamados σελευχίδες, oferecidos ao santuário apolíneo de Delos por um dos ministros de Seleuco IV; foi, assim como a flor-de-lis dos Valois, além de uma "insígnia" corporal, uma espécie de brasão[1]. Marco Polo nos conta que na Geórgia, "antigamente todos os reis nasciam com um sinal de águia em seu ombro direito"[2]. No século XVII, se quisermos acreditar na história de um missionário que visitou esses países, o sinal mudara de aparência; atribuía-se a aparência de uma cruz[3]. Na própria Europa moderna, como veremos a seguir, alguns feiticeiros, curandeiros hereditários de diversos males, afirmavam provar sua ascendência ilustre mostrando as manchas da pele que traziam em seus braços[4]. A ideia do sinal racial ou real existe, portanto, em quase todos os tempos e países; nasceu espontaneamente, em diferentes civilizações, noções semelhantes relativas ao caráter maravilhoso de certas linhagens, e mais particularmente naquelas que forneciam os chefes aos povos. Nós estamos, evidentemente, na presença de um tema quase universal; isso não implica que estamos isentos de pesquisar quando, na Idade Média, tal crença primeiro se manifestou, nem por que o sinal tomou, neste ambiente, a forma de uma cruz. Seja a cruz vermelha ou branca, nossas lendas não correspondem exatamente da mesma forma como, por exemplo, a lança tebana ou as âncoras dos selêucidas; além de uma marca de origem, é sinal de predestinação; ela anuncia um destino real que, no entanto,

---

[1] Lança dos Σπαρτοί: referências agrupadas em Preller, *Griechische Mythologie*, ed. 4-a, revisada por C. Robert, II, I, p. 109, n. 7 e p. 947, n. 5; Tomo de Julien, *Oratio*, II, 81c, a expresão τοῦ γένους τά γνωρίδματα. Âncora dos Selêucidas: Justino, XV, 4; Apiano, Sírica, 56; Ausonius, *Oratio urbium nobilium*, v. 24 e ss. (*Monum. German. histor.*, AA, V, 2, p. 99); sobre as moedas, E. Babelon, *Catalogue des monnaies grecques de la Bibliotheque Nationale, Rois de Syrie*, Introd., pp. VII e VIII; sobre os vasos de Delos, *Bulletin de correspondance hellenique* (XXXV), 1911, p. 434, n. 1. Julien, *loc. cit.*, e Grigore de Nazianz, ep. XXXVIII (Migne, P. G., t. 37, col. 80) também citam, como sinal familiar, o ombro dos Pelópidas. Para esta passagem, devo muito a meu colega e amigo Pierre Roussel, cf. e A. Thomas, *Le signe royal*, 283 (segundo uma comunicação de Max Prinet).

[2] Ed. Pauthier, I, 1865, cap. XXII, p. 40.

[3] O padre Cristoforo di Castelli – a propósito do rei Alexandre da Iberia – cotadp por H. Yule em sua edição de *Marco Polo*, Londres, 1875, I, pp. 54-55; é na passagem de P. di Castelli a quem devo a aproximação com o versículo de Isaías, do qual eu me aproveitarei mais tarde; de acordo com este missionário, os assuntos do Reino da Ibéria teriam atribuído a seu soberano uma peculiar peculiaridade: a de ter todas as suas costelas feitas de uma só peça.

[4] Ver abaixo.

encontra sua justificativa em privilégios de sangue; deriva de um motivo corrente, mas se constitui enquanto uma variante. E isso também merece ser explicado.

Devemos a Pio Rajna o primeiro estudo abrangente que tivemos sobre a cruz dos reis da França. A leitura de alguns poemas franceses e alemães, e especialmente *Os Reis da França*, o teriam sugerido[1]. Impressionado pelo caráter aparentemente muito arcaico deste motivo, pensou em reconhecer nele a sobrevivência de noções germânicas extremamente antigas, e dele construiu o argumento para sua tese favorita sobre a epopeia francesa que considerava, como se sabe, filha das "cantilenas" merovíngias. Ferdinand Lot o respondeu, na *Romania*[2]. Esta resposta decisiva, bem como as teorias da evolução sobre a nossa história literária antiga, dispensam-me, aqui, de insistir longamente sobre uma hipótese engenhosa, mas completamente desprovida de fundamento. Alguns dos heróis que traziam a marca, algumas vezes se pensou, representariam príncipes merovíngios mais ou menos desfigurados pela tradição poética. Mas essa filiação foi questionada. Não nos interessa aqui se isso é verdadeiro ou falso. Para nós, esses personagens são apenas heróis de romances. Uma superstição da qual foram objeto não nos foi dada por textos do período franco, mas apenas por obras de ficção de datas relativamente recentes, já que nenhuma é anterior ao século XII. Os velhos textos épicos não são verdadeiros vestígios. Sem dúvida, tal superstição deve ter sobrevivido por algum tempo nas consciências antes de encontrar uma expressão literária; mas parece pouco provável que os autores de histórias de aventuras tenham levado tanto tempo para perceber que a imaginação popular oferecia um tema tão belo e fácil de usar. Nada nos autoriza a situar em data muito mais anterior aos primeiros testemunhos que atestam a origem da crença no sinal real. Ela teria nascido, segundo toda aparência, diremos, para nos mantermos prudentes, proximamente ao século XII. Teria sido primeiro na França ou na Alemanha, ou de forma independente em ambos os países? Isso é algo que jamais saberemos. O que é certo é que deveremos ver nela, ao lado dos ritos de cura, um sintoma particularmente marcante da força de resistência e desta capacidade de desenvolvimento, apesar das influências contrárias, de que deu provas a concepção de uma realeza maravilhosa e sagrada.

Mas por que os homens da época conceberam a marca impressa no corpo de reis sob a forma de uma cruz e a colocaram geralmente nos ombros, e mais precisamente no ombro direito? É impossível não lançar tal questão. Não é menos impossível respondê-la com certeza; nada é mais obscuro do que o início de uma representação coletiva deste tipo. Mas conjecturas são permitidas. Isto é o que me parece o menos improvável. Há uma passagem de Isaías que, entre todas as profecias do Antigo Testamento, era particularmente familiar na Idade Média: é o famoso versículo 5 do capítulo IX, no qual os cristãos viram a

---

[1] Assim no original. Significa: "O tema teria sido sugerido a ele pela leitura de alguns poemas franceses e alemães, e especialmente *Os Reis da França*". N. do T.

[2] Revista. N. do T.

promessa da vinda de Cristo. Algo que não se poderia ignorar; a partir de então, foi cantada, como ainda é hoje, na Missa de Natal. Então se ouviam estas palavras sobre o filho predestinado: "o império está sobre seus ombros", *factus est principatus super humerus ejus* [1]. Frase misteriosa, que os exegetas modernos têm dificuldade em explicar com precisão. Os teólogos viram nela uma alusão à cruz que o Redentor carregava às costas. Este versículo, que se destaca pela própria obscuridade, e os comentários que sobre ele eram feitos aos fieis, nos quais a palavra "cruz" deveria aparecer repetidamente, não acabariam construindo a associação de ideias que conduziu as mentes para a marca de um futuro rei, um sinal no ombro e tendo como forma uma cruz? Desta maneira, a forma especial do signo e seu papel como arauto do destino serão explicados. Suposição por suposição prefiro, em qualquer caso, a hipótese de Pio Rajna; pois, nos séculos XII e XIII, as tradições merovíngias, nas quais, além disso, nada aparece de semelhante à cruz dos futuros reis, estavam bem esquecidas; mas todos participavam da Missa de Natal[2].

A crença no sinal real havia sido utilizada como um motivo novelesco e, além disso, não se pode duvidar que obras de ficção tenham contribuído fortemente para a sua divulgação. Não há, no entanto, razão para pensarmos que tenha propriamente uma origem literária e é preciso, provavelmente, considerá-la nascida de forma espontânea da imaginação comum. Não é o mesmo que ocorre com outra superstição que agora estudaremos, embora muito mais brevemente, porque, artificial a princípio, não penetrou na consciência coletiva: refiro-me ao alegado respeito demonstrado pelos leões diante do sangue real. Esta tradição, análoga em sua natureza às fábulas divulgadas nos antigos bestiários, mas que, no entanto, não se encontra nas obras deste tipo, é expressa, até o período em que surge a cruz real, em um número bastante grande de romances franceses, anglo-normandos ou ingleses e muitas vezes nos mesmos poemas nos quais a cruz aparece. Foi apresentada de maneira perfeita, dentre outros, pelo autor de uma das versões de *Beuve de Hantone*, a quem cito:

> Mas é costume, assim testemunham os textos
>
> Que o filho de um rei não deve um leão comer,

---

[1] Tal é, ao menos, o texto da *Vulgata*. O do *introito* da Missa de Natal apresenta uma variante, sem importância: "cujus imperium super humerus ejus". Sobre o texto hebreu e o significado adequado a ser atribuído a ele, B. Duhm, Das Buch Jesaia (Göttinger Handkommentar zum Alten Testament), 3 ed., 1914, p. 66; interpretação para o simbolismo da cruz: S. Jerônimo, *Commentarium in Isaiam*, Migne, P.L., t. 24, col. 130; Walafrid Strabo, *Glossa ordinaria*, ibid. t. 113, col. 1248; Hugues de St-Cher, *In libros prophetarum*; *Opera*, IV, in-4°, Veneza 1703, fol. 25 v. etc. Diemand, Ceremoniell der Kaiserkronungen, p. 76, vincula o signo real com a unção feita sobre os ombros do rei "in modum crucis'"; porém a unção, pelo que se sabe, parece ter sido usualmente feita entre os ombros; já a cruz real aparecia usualmente em um dos ombros.

[2] Sobre os últimos avatares do signo real na França, v. abaixo.

mas protegê-lo e respeitá-lo[1].

Não é, certamente, muito antiga: o autor da *Canção de Rolando* não o conhecia, já que imaginou em sonho que Carlos Magno era atacado por um leão[2]. Por outro lado, sobreviveu por tempo suficiente; ainda podemos ver seu eco na Inglaterra, na literatura elisabetana, em Sir Philip Sydney e no próprio Shakespeare que, pela boca de Falstaff, faz uma alusão muito clara a ela. Os leões em nossos climas não são normalmente, e por uma boa razão, perigosos para os reis, nem para seus súditos. Um tema supersticioso que os tenha feito surgir é, muito provavelmente, originalmente o resultado de um devaneio de eruditos ou escritores. No entanto, sabemos que a diplomacia se utilizou dele. Padre François, falando ao doge de Veneza, não lhe disse que Eduardo III aceitaria reconhecer Filipe de Valois como rei da França, se este príncipe, depois de se expor a leões famintos, saísse incólume de suas garras? Pois, como ele disse: "Jamais os leões feririam um verdadeiro rei"[3]. Para entender as palavras dos políticos da Idade Média, às vezes é bom ler as novelas que os alimentava. Nada seria mais falso do que perpetuamente opor o literário ao real; o sucesso do maravilhoso na ficção da Idade Média é explicado pelo espírito supersticioso do público a quem era dirigida. Sem dúvida, os contadores de histórias profissionais não teriam inventado e propagado o tema dos leões, se seus ouvintes ou leitores não tivessem habituados a considerar a realeza, de toda maneira, como composta por seres miraculosos.

§ 5. Conclusões

Assim, a concepção de realeza sagrada e maravilhosa, como indiquei no início deste capítulo, atravessou toda a Idade Média sem perder o seu vigor; ao

---

[1] "Mais coustume est, ce tesmoigne li brief / K'enfant de Roy NE doit Lyons mengier / Ainçois Le doit garder et essauchier". Um grande número de textos, franceses, ingleses e italianos, relativos à superstição dos leões, foi coletado por E. Kolbing em um artigo do *Englische Studien*, XVI (1892), ao qual apenas reprovo seu título, que parece destinado a esconder o conteúdo em vez de levá-lo à luz: *Zu Shakespeare King Henry IV*, Part I, *Act* I, 4. Não creio necessário reproduzir aqui as referências feitas por Kolbing. Pode-se notar que no poema francês *Haveloc o Dinamarquês* (duas versões anglo-normandas reproduzidas em Gaimar, *Estorie des Engles*, ed., Duffus-Hardy e C. T Martin, *Rolls Series*, 1888, v. 429 e ss. versão inserida no trabalho de Gaimar), Argentille, esposa de Haveloc, sonha com leões ajoelhados diante de seu marido (promessa, como sabemos, de um destino real); da mesma forma, em *Florent e Octavian*, um leão adota e toma por mestre Otaviano, filho do rei (*Histoire littéraire*, XXXVI, 306). Não encontrei nada sobre essa superstição nos Bestiários ou em vários livros de ciência natural que eu consultei: Albert The Great, *De animalibus*, Barthelemi l'Anglais, *De rerum proprietatibus*, Vincent De Beauvais, *Speculum naturale*. Não sei se há algum vestígio na literatura alemã: O. Batereau, *Die Tiere in der mittelhochdeutschen Liteatur*, diss. Leipzig 1909, não a menciona.
[2] V. 2549. Pode-se comparar a lenda – atestada no século IX – do combate de Pepino contra o leão: G. Paris, *Histoire poétique de Charlemagne*, p. 223.
[3] Ver acima; Kölbing ignorou este texto.

contrário, todo esse tesouro de lendas, de ritos de cura, de crenças meio eruditas e meio populares que constituíam uma grande parte do poder moral das monarquias, jamais deixou de aumentar. Estes enriquecimentos, na verdade, em nada contradizem o que a história política propriamente dita nos ensina; eles correspondem aos progressos materiais das dinastias ocidentais. Não pensamos nos surpreender ao encontrar a superstição do sinal real surgir na época de Filipe Augusto, Henrique II Plantageneta, Henrique VI da Alemanha; da mesma forma, o florescimento sob o reinado de Carlos V de novas lendas monárquicas não entram em contradição com as noções comumente aceitas; sabemos, por muitos outros sintomas, que nesses dois momentos a ideia real era muito poderosa. O que parece à primeira vista estar em oposição ao curso geral dos acontecimentos é, por exemplo, sob os primeiros Capetos, o caráter sagrado comumente reconhecido pela pessoa real; pois a força concreta da realeza era então muito frágil naquele período, e os próprios reis, na prática, muitas vezes eram pouco respeitados por seus súditos. Deveríamos, então, recusar-nos a perceber nas frases dos autores desta época, em relação à "santidade" monárquica, senão fórmulas vãs, sem relação com qualquer com sentimento sincero? Seria entender mal o espírito da época. Não esqueçamos os hábitos brutais característicos das sociedades turbulentas; os violentos nem sempre sabem como salvar, na prática, ao que veneram profundamente; os homens de armas da Idade Média saquearam mais de uma igreja; devemos afirmar que a Idade Média foi irreligiosa? Há mais. O que deve surpreender o historiador dos séculos X e XI não é, afinal, a fragilidade da realeza francesa; mas sim que esta realeza, em Estados fragmentados, que já não cumpria qualquer função adequada, manteve-se e conservou um prestígio suficiente para conseguir mais tarde, a partir de Luís VI, com ajuda das circunstâncias, desenvolver rapidamente suas energias latentes e se impor, em menos de um século, dentro e fora [1], como uma grande potência; essa longa resistência e esse repentino florescer encontrariam sua explicação, pelo menos em parte, nas representações intelectuais e sentimentais que nos esforçamos em analisar?

Essas representações tinham inimigos: os gregorianos e seus seguidores. Apesar da hostilidade desses formidáveis adversários, elas triunfaram. Os homens da Idade Média nunca se resignaram em ver seus soberanos como simples laicos e homens comuns. O movimento religioso e doutrinal do século XI triunfou apenas onde encontrou apoio em ideias coletivas muito fortes e muito antigas, como na luta pelo celibato dos sacerdotes. O povo, que sempre se inclinou em atribuir à castidade uma espécie de virtude mágica e que, por exemplo, imaginava que um homem que houvesse tido comércio carnal na noite anterior com uma mulher não poderia ser testemunha válida de um ordálio, estava bastante disposto a admitir que, para que os santos mistérios fossem realmente eficazes, o sacerdote precisava se abster de toda a corrupção carnal[2].

---

[1] Assim no original; dentro e fora *da França*. N. do T.
[2] A regra sobre o ordálio: F. Liebermann, *Die Gesetze der Angelsachsen* in-4, Halle 1898 I, p 386. A minha atenção foi despertada para a passagem do interessante artigo de

Mas em sua luta contra a realeza sagrada, firmemente enraizada nas almas, os reformadores fracassaram. A longa popularidade dos rituais de cura deve ser considerada tanto efeito quanto prova de seu fracasso.

Heinrich Bohmer, *Die Entstehung des Zölibates Geschichtliche Studieri Alberl Hauck... dargebracht*, Leipzig 1916. Bohmer está bem consciente da importância de certas representações populares de uma mentalidade verdadeiramente "primitiva" em luta pelo celibato na era gregoriana. Mas como muitos autores protestantes, ele não parece apreciar a verdadeira força do valor que possuía já nas origens cristãs tais pontos de vista mágicos sobre a castidade. Sem dúvida, eram muito mais antigas que a Idade Média; foi quando triunfou definitivamente, neste período, mais do que nunca, a pressão da religião institucionalizada. Deve-se lembrar que é bem conhecido o papel dos leigos no combate aos sacerdotes casados. Deve-se recordar aqui – além da *Pataria* milanesa – o significativo título da pequena obra de Sigebert de Gembloux: *Epistola cuiusdam adversus laicorum in presbyteros conjugatos calumniam*. Foi sobretudo nos círculos laicos que se concebeu a ideia de que os sacramentos ministrados por sacerdotes casados eram ineficazes (cf. por exemplo *Vita Norberti*, c. 11, S.S., XII, p. 681). Algumas imprudentes declarações do papado puderam parecer que favorecia este conceito; mas se sabe que a teologia católica em seu conjunto sempre rejeitou com firmeza que a validade do sacramento dependesse da indignidade do ministro.

Capítulo IV. Algumas confusões de crenças: S. Marcoul, os reis da França e os sétimos filhos

§ 1. S. Marcoul, sua lenda e seu culto

Ao final da Idade Média, na França, o culto de um santo, São Marcoul, veio se mesclar inextricavelmente à crença no milagre real. Vamos tentar desvendar essa confusa história. E, em primeiro lugar, quem era o personagem cujo nome passou a estar assim associado, para sempre, ao rito das escrófulas[1]?

Durante o reinado dos primeiros imperadores carolíngios, um mosteiro foi erguido em um lugar conhecido como Nant, na diocese de Coutances, onde se encontrava o túmulo de um piedoso abade, chamado Marcoul (*Marculphus*)[2]. Como é comum, as pessoas gradualmente se acostumaram a designar a aldeia cujas casas foram agrupadas perto dos edifícios conventuais pelo próprio nome do santo padroeiro dos monges; esta deveria esta localizada, com toda probabilidade, na comuna atual de Saint-Marcoul, localizada não muito longe do mar, na costa leste do Cotentin[3]; o vocábulo primitivo desapareceu do mapa. No início do século IX, em toda parte da Gália franca, os religiosos, tendo retomado o gosto pelas letras, começaram a escrever ou reescrever em seu

---

[1] Por todo esse capítulo, usei amplamente os arquivos do Priorado de Corbeny, que faz parte da coleção de St-Remi, preservada em Reims, na seção dos Arquivos do Departamento da Marne, que está depositado nesta cidade. Todas as indicações de pacote que se encontrarão como referências, nas notas, sem mais precisão, devem ser entendidas: Arch. de Reims, fundos de St-Remi. A classificação desta coleção, estabelecida no século XVIII, é bastante singular; os arquivistas da abadia primeiro deixaram de lado as peças que consideravam mais importantes; eles as agruparam em certo número de pacotes, com uma numeração contínua; quanto aos documentos que consideraram pouco interessantes – que para nós são muitas vezes os mais valiosos – formaram anexos, cada um dos quais é colocado após um dos feixes anteriores, e atribuíram a mesma referência, mas com a ressalva "informações"; assim – para apresentar apenas um exemplo – que se verá abaixo, muitas vezes citado, ao lado do pacote 223, o pacote 223 (informação). Preciso adicionar o quanto minha tarefa em Reims foi facilitada pela bondade do arquivista, Sr. G. Robert?

[2] *Marcoul* é a forma propriamente francesa adequada do nome; vou usá-la aqui, pois o culto de S. Marcoul teve, como veremos, seu principal centro em Laonnois, a partir do século X; a forma normanda é *Marcouf*; *Marcou* também foi frequentemente pronunciado e por vezes escrito. Veja abaixo. A forma *Marcouf*, que por vezes é encontrada no século XVII (por exemplo, pacote 223, n° 10, relatório da tomada de relíquias, 17 de abril de 1643) é, obviamente, resquício da origem no nome em latim, de origem "erudita".

[3] Canal da Mancha, cantão de Montebourg. O ato mais antigo e precisamente datado em que o nome aparece, parece ser uma carta de Roberto I, arcebispo de Rouen, que deve ser localizado entre 1033 e 1037. Publicado por Ferd. Lot, *Eyudes critiques sur l'abbaye de Saint-Wandrille* (*Bibl. Hautes Etudes*, 104), 1913, p. 60; cf. ibid. p. 63. Todavia, atualmente se venera, em Saint-Marcouf, uma fonte milagrosa: A. de Caumont, *La fontaine St. Marcouf; Annuaire des cinq départeynents de la Normandie, publié par l'Assoc. Normande*, XXVII (1861), p. 442.

melhor latim as biografias de seus santos; os de Nant não foram exceção a essa prática comum; um deles compôs uma vida de São Marcoul[1]. Infelizmente, esta pequena obra, na qual o demônio é representado sob a forma de uma bela náufraga e que citava, ainda que de maneira imprecisa, versos de Virgílio, não oferece nada além de fábulas hagiográficas das mais banais. A única informação que é quase precisa e talvez confiável é que ela contém o local de nascimento de Marcoul – Bayeux – e o período em que ele viveu: o do Rei Quildeberto I e do bispo São Lô, isto é, em torno do ano 540[2]. Uma segunda vida, escrita pouco depois da primeira, trouxe apenas algumas observações adicionais sem valor. Em suma, devemos resignar-nos que ignoramos tudo, ou quase tudo, do homem santo de Nant. A julgar pelas *Vidas*, não deveriam, desde o século IX, possuir muito mais informações que nós.

Vieram as invasões normandas. Como tantos outros mosteiros das províncias ocidentais, Nant, durante uma invasão, foi queimado[3]. Os monges haviam fugido, carregando suas relíquias. Nas estradas da Gália, que estavam então cobertas por tropas errantes de religiosos carregando tais fardos, quais foram as aventuras de São Marcoul? Ninguém teve o cuidado de registrá-las. Só sabemos como terminaram. O rei Carlos o Simples possuía, ao norte da Aisne, nas encostas que descem do planalto de Craonne até um rio próximo, ao longo da estrada romana, um domínio chamado Corbeny. Ele forneceu asilo aos fugitivos. Um corpo santo era um bem precioso. Carlos queria mantê-lo ali. Tendo obtido a autonomia dos prelados interessados, o bispo de Coutances e o arcebispo de Rouen, ele fundou, em 22 de fevereiro de 906, em Corbeny, um mosteiro onde os gloriosos ossos descansariam. Eles jamais retornariam a Cotentin[4].

---

[1] Para esta vida – Vida A – e a outra, ligeiramente posterior, chamada vida B, da qual falaremos, de uma vez por todas, referencio, definitivamente, ao bom estudo crítico de Baedorf, *Untersuchungen über Heiligenleben der westlichen Normandie*, em que se encontram as indicações bibliográficas necessárias; cf. *Bibliographia hagiographica latina*, n° 5266-5267.

[2] Há também nomes de uma série de localidades onde o santo deve ter passado. Mas, como em tantos outros textos semelhantes, não aparecem ali, para ligá-los à lenda, os locais sobre os quais os monges tinham direitos ou pretensões?

[3] Este episódio é conhecido apenas por Wace, que o registrou em seu *Roman de Rou*, c. 394 (ed., H. Andresen, Heilbronn 1877, letra I), provavelmente a partir de registros que estão perdidos hoje; ele atribui o saque e a queima da abadia a Hasting e Björn; cf. G. Koerting, *Uhe die Quellen des Roman de Rou*, Leipzig 1867, p. 21. Os versos "A Saint Marculf en la riviere –Riche abeie ert e pleniere" são de difícil compreensão porque não há rio em St-Marcouf; Sem dúvida, Wace fez alguma confusão topográfica, mais ou menos motivada pelas necessidades de rima. W. Vogel, *Die Normannen und das frankische Reich* (N*eidelb. Abh. zur mittleren und neueren Gesch.*, 14), p. 387, não oferece outras provas da destruição de Nant além do diploma de Charles o Simples, estabelecendo em Corbeny os monges fugitivos; ele parece ignorar a passagem de *Roman de Rou.*

[4] Diploma de Carlos o Simples de 22 de fevereiro de 906: *Histor. De France*, IX, p. 501. O mosteiro também foi colocado sob a invocação de São Pedro; o costume da época

Os monges de Nant, que haviam perdido sua pátria, logo perderam também sua independência. O novo estabelecimento era propriedade real. O rei, tendo se casado com uma jovem chamada Frédérone, deu-o a ela como um dote, com toda a propriedade circundante; alguns anos mais tarde, Frédérone, por sua vez, sentindo-se perto da morte, legou a vila e o mosteiro à Saint-Rémi de Reims. Para dizer a verdade, os soberanos não permitiram, senão com dificuldades, que esta terra, que incluíam entre a sua antiga propriedade familiar, e um lugar sagrado que um deles criara, fosse absorvida desta maneira no imenso patrimônio da Abadia de Reims; talvez tivessem mantido Corbeny, especialmente por conta do interesse militar desta posição de defesa fácil, capaz de fornecer um excelente observatório sobre o vale vizinho; havia fortificações – um *castellum* – onde se pode supor que incluía os edifícios claustrais, e cuja menção se encontra repetidas vezes na história das guerras da época. Carlos o Simples reservou para si, em toda sua vida, por meio do pagamento de uma taxa anual, a pequena casa religiosa onde havia recolhido os restos do "Confessor de Cristo". Depois dele, seu filho Luís d'Outremer obteve a cessão novamente, sob condições semelhantes, até mesmo adicionando a aldeia e seu território. Mas em 954, em seu leito de morte, ele restituiu todas as posses a Saint-Rémi, que não mais deixaria escapar essas importantes posses. Corbeny já não possuía um mosteiro independente, mas apenas um convento, uma *cellula* em que vivia um pequeno grupo de monges sob a autoridade superior do abade de Saint-Rémi. Esta situação persistiu até a Revolução[1].

Em Corbeny, bem como em Nant, St. Marcoul possuía fiéis, que se dirigiam a ele para obter milagres e especialmente curas. Mas, taumaturgo como todos os santos, permaneceu por longo tempo sem uma especialidade definida. Nada em particular parecia dar-lhe, mais do que a qualquer outro, a veneração especial dos escrofulosos. Em suas *Vidas* durante o período carolíngio, não há menção à escrófula entre suas curas. Porém, no século XII, possuímos, sobre as virtudes atribuídas a ele, informações bastante curiosas. Em 1101, a aldeia de Corbeny sofreu com catástrofes terríveis, enviadas do céu,

---

exigia que os estabelecimentos religiosos, em princípio, tivessem apóstolos ou santos extremamente ilustres como patronos; mais tarde, S. Marcoul substituiu S. Pedro: p. ex. *St. Pierre des Fosses* tornou-se *St. Maur des Fosses*, etc.

[1] Sobre o que precede, v. os diplomas de Carlos o Simples de 19 de abril de 907 e de 14 fevereiro de 917, *Histor. de France*, IX, pp. 504 e 530; Flodoard, *Annales*, ed. Lauer (*Soc. pour l'etude et l'ens. de l'histoire*), ano 938, p. 69 e *Historia ecclesie Remensis*, IV, c. XXVI, reproduzido por Lauer, obra citada, p. 188; diplomas de Lotário no *Recueil des ades de Lothaire et de Louis V*, ed. Halphen e Lot (*Chartes et Diplomes*), nr. III e IV; A. Eckel, *Charles le Simple* (*Bib. Ecole Hautes Etudes*, f. 124), p. 42; Ph. Lauer, *Louis IV d'Outremer* (*Bib. Ecole Hautes Etudes*. f. 127), p. 30 e 232. A importância militar de Corbeny era notável ainda no século XVI; nela foram construídas fortificações em 1574: pacote 199, nr. 2. Além disso, é conhecida a importância das posições de Corbey-Craonne durante a guerra de 1914-1918. Da igreja do priorado, demolida em 1819, restavam antes da guerra ruínas realmente importantes; cf. Ledouble, *Notice sur Corbeny*, p. 164; hoje já desapareceram totalmente, como me fez saber, de maneira particularmente perspicaz, o cura de Corbeny.

segundo diziam, em castigo pela "malícia dos camponeses": uma epizootia, vários saques por pessoas em guerra e, finalmente, um incêndio provocado pelas tropas de Thomas de Montaigu, "um tirano de uma iniquidade abominável, que se casou com sua prima". Os monges, que obtinham a maior parte de suas receitas de seus arrendatários, acabaram, como resultado desses eventos, forçados a padecer de um verdadeiro desastre financeiro. Seu Prior recém-nomeado preocupou-se em complementar com esmolas os recursos ordinários de sua casa; imaginou organizar uma procissão de relíquias; os monges, levando aos ombros o relicário com os restos mortais de seu patrono, atravessaram as estradas de Reims, Laonnois e Picardia; em todos os lugares, milagres eram realizados. Possuímos uma pequena narrativa dessa expedição[1]. De todas as doenças que o corpo venerável aliviou, a escrófula não aparece. Pouco mais de um século depois, na catedral de Coutances, uma grande janela de vitrais, que ainda pode ser admirada hoje, foi dedicada à memória do abade de Nant, cujo culto ainda estava vivo na diocese onde anteriormente exercera seu apostolado; uma única cura aparece representada: a de um caçador, cujas *Vidas* carolíngias relatam que havia sido punido, por seu desrespeito para com o santo, por um cruel acidente de cavalo; e então, pelo próprio santo, voltou à saúde[2]. Ainda não há escrófula.

Marcoul foi destinado, no entanto, a se tornar o médico designado desse tipo de afecções. Infelizmente, o testemunho mais antigo em que ele nos aparece neste papel é impossível de ser precisamente datado; trata-se de um sermão, certamente muitos anos posterior à procissão realizada pelas relíquias em 1101, e anterior ao ano 1300 ou aproximadamente, já que o primeiro manuscrito que conhecemos data do final do século XIII. Nele, lê-se esta frase: "Este santo recebeu do céu tal graça, pela cura dessa doença que se chama mal real, que se vê afluir até ele – ou seja, até sua tumba em Corbeny –uma multidão de doentes que chegam, tanto de países distantes e bárbaros, como regiões próximas"[3]. Por que razão se chegou, no século XII ou XIII, a considerar São Marcoul como especialista em escrófulas? Em sua lenda anterior, nenhum episódio, como vimos, preparava os espíritos para essa concepção. Sem dúvida, estavam inclinados por uma dessas circunstâncias, de

---

[1] Mabillon, *AA. SS. ord. S. Bened.*, IV, 2, p. 525 e *AA. SS.*, maii, VII, p. 533.
[2] E. A. Pigeon, *Histoire de la cathedrale de Coutances*, Coutances, 1876, pp. 218-220; para o episódio do caçador, *AA. SS.* maii, I, p.76 (Vida A) e p. 80 (Vida B).
[3] Publicado sob o título bastante impreciso de *Miracula cerca annum MLXXV Corbiniaci patrata*, de Mabillon, *AA. SS. ord. S. Bened.*, IV, 2, p. 525 e, a seguir, *AA. SS.* VII, p. 531; Mabillon usou um manuscrito pertencente à igreja de São Vicente em Laon, que não consegui encontrar; ele também relata um manuscrito de St-Victor em Paris, que data incorretamente por volta de 1400; obviamente, é o Latim 15034 da Bibl. Nat. (cf. *Catal. cod. hagiog.* III, pág. 299), que é do século XIII; o sermão também é encontrado em ms. 339B de Bib. da Cidade de Tours, que remonta ao século XIV. A frase (fol. 1414 do latim 15034): "Nam illius infirmitatis sanande, quam regium morbum vocant, tanta ei gracia celeşti dono accesit, ut non minus ex remotis ac barbaris quam ex vicinis nationibus ad eum egrotantium caterve perpetuo confluant".

aparência insignificante, que muitas vezes decidem os passos da consciência popular. Henri Estienne, em sua *Apologia de Heródoto*, escreveu: "Para alguns santos, os ofícios foram designados por seus nomes, como (por exemplo) em relação aos médicos santos; acreditava-se que tal santo era mais eficaz contra certa doença porque tinha um nome que se parecia com ela"[1]. Há muito tempo que se faz esta observação a respeito de São Marcoul. Os tumores escrofulosos se alojam preferencialmente em torno do pescoço. Ora, em Marcoul – cujo "l" final deveria, desde o princípio, soar apenas muito debilmente[2] – havia um *cou* [pescoço] e, o que geralmente se esquece, também *mar*, advérbio muito comum na língua medieval no sentido de *mal, maligno*. De onde surge uma espécie de trocadilho, ou melhor, um jogo fonético que, talvez explorado por alguns monges inteligentes, poderia ter feito com que o santo de Corbeny possuísse uma habilidade especial para curar um *mal du cou*. Os títulos de São Claro, por exemplo, para a função de oculista natural, são mais óbvios, mas não de nenhum tipo diferente.

Ao mesmo tempo em que se tornou, de maneira bastante imprevista, dotado de um poder especial, Marcoul se tornou um santo popular. Até então, antes e depois de seu êxodo, ele mal conhecera na Neustria ou na província de Reims, mais do que uma reputação regional. No século IX, além de Nant, outra igreja, provavelmente Rouen, guardava uma parte de seus restos; surge aqui claramente um episódio que o autor da segunda *Vida* carolíngia, talvez sob a influência de eventos recentes, acrescentou à trama tradicional que lhe fornecia a primeira vida, mais antiga. Santo Ouen, sendo bispo de Rouen, diz o hagiógrafo, queria se apoderar a cabeça de São Marcoul, que, por ocasião de um traslado, deixara seu túmulo; mas uma carta, caída de forma súbita do céu, fez com que renunciasse ao seu desejo e se contentasse em tirar do corpo outro fragmento; esta pequena narrativa não tinha outro objetivo senão descartar as pretensões de uma casa rival e, sem negar-lhe uma participação na posse das relíquias, recusar-lhe qualquer possibilidade de reivindicar a mais preciosa delas[3]. As versões neustrianas do grande martirológio "hieronímico" fazem uma

---

[1] Cap. XXXVIII, ed. Ristelhuber, II, 1879, p. 311.

[2] Os certificados de cura do século XVII, que serão discutidos mais adiante, dão-nos bons exemplos de ortografia popular; eles muitas vezes escrevem *Marcou*. É a ortografia usada, desde o século XV, pelas contas da igreja de Saint-Brice de Tournai; é também encontrada nos documentos de doação real dados por Henrique III (setembro de 1576) e Luís XIII (8 de novembro de 1610), pacote 199, no. 3 e 6; para o século XIX, v. a frase no dialeto de Beauce transcrito na *Gazette des Hôpitaux*, 1854, p. 498. Sobre o papel dos jogos de palavras no culto dos santos, pode-se consultar H. Delehaye, *Les Legendes hagiographiques*, Bruxelas 1905, p. 54. Esta teoria, considerada como a origem do poder de cura de São Marcoul, foi defendida várias vezes: por exemplo, Anatole France, *Vie de Jeanne d'Arc*, I, p. 532; Laisnel de la Salle, *Croyances et legendes du centre de la France*, II, 1875, p. 5 (cf.I, p. 179, n. 2) é o único autor, aparentemente, que faz alusão à palavra *mar*.

[3] *AA. SS.* maii, I, p. 80, c. 21. O episódio também é relatado em uma das vidas de Santo Ouen, a Vida II (*Bibliotheca hagiographica latina*, 753), escrita em Rouen em meados do século IX. De onde um problema de filiação e uma pequena polêmica erudita: W.

menção a São Marcoul, mas apenas essas[1]. Três vilas na França trazem seu nome: todas localizadas na Normandia, ao sul do Sena[2]. Chegou o momento da partida para Corbeny. O santo fugitivo conquistou neste exílio a possibilidade de ser invocado por pessoas piedosas em duas regiões diferentes. Em sua terra natal, primeiramente. Em Coutances, especialmente, sua memória nunca se perdeu; ali, na catedral reconstruída entre 1208 e 1238, uma capela lhe foi dedicada, adornada com o belo vitral mencionado acima; os breviários da diocese também preservaram sua memória[3]. Acima de tudo, ele tinha fiéis em Corbeny, e em Reims, onde estava o mosteiro de Saint-Rémi, matriz do priorado nas margens da Aisne; os livros litúrgicos e os lendários de Reims dedicam a ele um espaço bastante amplo[4]. Mas durante muito tempo sua adoração produzia uma irradiação bastante débil. Fora da Normandia, Corbeny

---

Levison, *Monum. Germ. SS. rer. merov.* V, pp. 550-552 e, em seguida, Baedorf, *Untersuchungen über Heiligenleben*, p. 35, acredito que o autor da Segunda Vida de São Marcoul – Vida B – foi inspirado, a este respeito, em Ouen. M. Vacandard, *Analecta Bollandiana*, XX (1901), p. 166 e *Vie de Saint Ouen*, 1902, p. 221, n. 1, consideram, pelo contrário, que o plágio deve ser atribuído à vida de Santo Ouen; a vida de São Marcoul apresentaria a história original. Não hesito em me aproximar à segunda teoria. A narrativa, claramente pretendendo afirmar a posse do chefe de seus patronos pelos monges Nant, não podia prosperar senão na abadia cujos interesses servia; corresponde a um modelo comum nas lendas hagiográficas; Cf. Uma característica análoga na vida de Eduardo Confessor de Osbert de Clare, *Analecta Bollandiana*, XII (1923), p. 61, n. 1.

[1] Ou seja, a resenha de Saint-Wandrille e uma revisão – representada por um ms. em Paris e outro no Vaticano – que parece se originar nas dioceses de Bayeux, Avranches e Coutances, *AA. SS.* Novembro II, 1, p. [53].

[2] Além de São Marcoul, Mancha, Montebourg – o antigo Nant – era também St. Marcouf, Manche, Pierreville e St-Marcouf, Calvados, cant. Isigny. Diante de St-Marcouf, cant. Montebourg, localizadas as ilhas St-Marcouf, que devemos, sem dúvida, identificar com as pequenas ilhas chamadas *duo limones* que são mencionadas nas Vidas carolíngias do santo; ver A. Benoist, Mém. soc. archéol. Valognes, III (1882-1884), p. 94.

[3] E.A. Pigeon, *Histoire de la cathedrale de Coutances*, pp. 184, 218, 221. Para os breviários, *Catal. codic. hagiogr. lat.* Na Bibl. Nat. Par., III, p. 640; o mais antigo não é anterior ao século XIV; deve-se notar que entre os mais de 350 ms. litúrgicos investigados pelos bolandistas na Biblioteca Nacional, apenas esses três breviários em Coutances dão o nome de Saint Marc

[4] Por exemplo, os seguintes ms. da Bibl. de Reims, provenientes dos estabelecimentos religiosos de Reims (para mais detalhes sobre eles, veja Catálogos; os mais antigos, do século XII): 264, fol. 35 ; 312, fol. 160; 313, fol. 83 v; 314, fol. 325; 346, fol. 51 v, 347, fol. 3; 349, fol. 26; 1410, fol. 179; *Martyrologe de l'eglise cathedrale de Reims* (segunda metade do século XIII), em Ul. Chevalier, *Bibliothequc liturgique*, VII, p. 39; *Codex Heriniensis* do Martirológio de Usuard, Migne, P. L., t. 124, col. 11 (finais do século XI). O único texto litúrgico da Idade Média em St. Marc, que Chevalier inventariou em seu *Repertorium hymnologicum* é uma prosa do século XIV, proveniente de um livro de oração de Saint Remi em Reims (21164). Em Laon, os bens dos santos, incluídos nos ordinários da catedral, no início do século XIII (Chevalier, *Bibliothequc liturgique*, VI), não mencionaram Marcoul.

200

e Reims, antes do século XII, parecia ser quase completamente desconhecido; e mesmo ali, além de Corbeny, sua fama provavelmente era apenas de segunda categoria. Seja em Reims, seja em Laon – capital da diocese da qual Corbeny fazia parte – sua estátua não aparece nas catedrais, onde, no entanto, os conjuntos escultóricos foram reservados a vários santos regionais[1]. As canções de gesta, em que tantos nomes de santos aparecem, muitas vezes por conta da assonância ou da rima, silenciam sobre ele[2]. Vincent de Beauvais, em seu *Moiroir Historial*, dedica-lhe apenas algumas palavras[3]; as outras grandes compilações hagiográficas escritas na França ou fora da França, no século XIII ou na primeira metade do século seguinte, também o ignoram[4]. São Luís, que não o encontrou inscrito no calendário de seu saltério, provavelmente nunca o invocou[5].

Mas, no final da Idade Média, sua fortuna cresceu. O sintoma mais característico de sua nova popularidade foi uma tentativa bastante impudente da Igreja de Nossa Senhora de Mantes de reivindicar, à custa de Corbeny, a propriedade de suas relíquias. Em uma data que não conhecemos, mas anteriormente sem qualquer dúvida ao ano de 1383, descobriu-se, não muito longe de Mantes, na estrada para Rouen, uma sepultura com três esqueletos; provavelmente por conta do cuidado com que o enterro havia sido realizado, as pessoas pensavam estar lidando com corpos sagrados, e os ossos foram transportados para a colegiada vizinha. Nós não se sabia, inicialmente, quais

---

[1] Sem dúvida, mesmo em Corbeny haveria, provavelmente, representações do santo; mas estamos mal informados sobre eles. Uma pequena estatueta de prata, que serve de receptáculo de relíquias, é relatada em alguns inventários de 1618 e 1642 (Ledouble, *Notice*, p. 121 e pacote 190, n. 10); não sabemos de quando se poderia datá-la; como no caso da estátua que estava situada em 1642 acima do altar principal. O baixo-relevo, conhecido como "Pedra de São Marcul", preservado até a última guerra na igreja paroquial da aldeia, não parece ter sido executado antes (de acordo com os desenhos de Ledouble, p. 166 e Barthelemy, *Notice*, p. 261) do século XVI. Às vezes, era considerado como representando St. Marcoul uma estátua do século XVI, que eu pude ver em Reims, nos arquivos: nada parece justificar esta atribuição. Quanto à iconografia de Saint-Riquier em Ponthieu e Tournai, v. p. ss.

[2] Cf. E. Langlois, Table des nomspropres de toute nature compris dans Ies chansons de geste imprimees, 1904 e C. J. Merk, Anschauungen über die Lehre... der Kirche im altfranzösichen Heldenepos, p. 316.

[3] L. XXII, c. II: "Marculfus abbas Baiocacensis sanctitate claruit in Gallia".

[4] Busquei San Marcoul em vão em Bernard Gui (*Notices et extraits des Ms.*, XXVII, 2, p. 274 e ss.); em um livro anônimo de lendas latinas de meados do século XIII, cujos conteúdos foram apresentados por Paul Meyer (*Histoire littér*, XXXIII, p. 449), nos livros de lendas em francês, estudados pelo mesmo estudioso (Ibid., pp. 328 e ss.), no *Catalogus sanctorum* de Pierre de Natalibus (ed. de 1521) e Pierre de Calo, [*Analecta Bollandiana*, XXIX (1910), em Légende Dorée].

[5] Bibl. Nat., latin 10525: cf. Leopold Delisle, *Notice de douze livres royaux du XIIIe el du XIVe siècle*, in-4°, 1902, p. 105. Da mesma forma, S. Marcoul não figura nos ms. latim 1023 atribuídos a Filipe o Belo, nem em "Tres beau breviaire" de Carlos V (latim 1052), cf. Delisle. loc. cit., pp. 57e 89; nem nas horas de Carlos VIII (latim 1370).

nomes lhes seriam dados. O inventário dos móveis de Notre-Dame, escrito em 1383 pelo cônego Jean Pillon, mostra-os ainda sem identificação precisa; estavam todos colocados em uma grande caixa de madeira, algo que não parece ser sinal de um respeito muito especial. Pouco menos de um século depois, em 19 de dezembro de 1451, vemos o bispo de Chartres, Pierre Beschebien, presidindo seu solene traslado em três relicários mais dignos dos servos de Deus: e isso porque, como testemunha a ata da cerimônia, neste intervalo acreditou-se que haviam encontrado suas personalidades; acreditavam ou desejavam acreditar reconhecer neles os restos do próprio São Marcoul e de dois lendários companheiros que lhes atribuíam as *Vidas* antigas, Cariulphe e Domard; acreditava-se que os monges de Nant, fugindo por conta dos normandos e se unindo a eles, pudessem salvar sua preciosa carga enterrando-a rapidamente em um prado próximo à estrada; muito mais tarde, uma revelação indicou a pastores, ou a suas ovelhas, a localização dos três corpos[1].

Essas invenções rapidamente suscitaram indignação em Corbeny; seguiu-se uma longa polêmica, especialmente ardente no século XVII[2]. Os monges do antigo convento, onde Carlos o Simples havia recolhido os ossos do santo neustriano, tinham direitos firmemente fundamentados na história; eles poderiam citar documentos autênticos, em toda primeira linha de seu diploma de fundação; algo que não deixaram de fazer; mas também invocaram sinais, a seu gosto, mais deslumbrantes. Em 21 de maio de 1648, dia da Ascensão, quando o relicário de São Marcoul era levado em procissão, "apareceram subitamente do Céu", de acordo com um registro elaborado 33 anos depois, "três coroas cujos círculos, contíguos entre si, apareciam coloridos de amarelo, verde e azul. Estas coroas... apareciam sempre suspensas sobre o relicário". Durante a grande Missa, elas ainda eram notadas muito claramente. Quando o ofício terminou, começaram a desaparecer uma após a outra. Os religiosos e os fiéis, contados em "mais de seis mil", ficaram satisfeitos em ver nesses meteoros um "testemunho público e indiscutível" feito pelo próprio Deus para reduzir a nada as pretensões do povo de Mantes[3]. Nada funcionou: apesar dos

---

[1] V. S. Faroul, *De la Dignite des Roys de France...* (o autor foi decano e juiz eclesiástico em Mantes) e M. A. Benoit, *Un diplome de Pierre Beschebien...* A data da invenção dos supostos corpos sagrados é indicada por Benoît (p.45), talvez por conta de um manuscrito do sacerdote Chevremont (final do século XVII): 19 de outubro de 1343, mas não parece atestada por qualquer documento sério; Faroul ignora esse detalhe. O inventário de 1383 é citado por Benoît; A transferência de 1451 é citada por Faroul e Benoît. O primeiro mencionou as relíquias (p.45): "Primeiro, um repositório de madeira grande, na forma de um caixa, com os ossos de três corpos sagrados que há muito tempo foram ditos encontrados na estrada para Rouen e trazidos para nesta igreja de Mantes". É estranho que Andre du Saussay, *Martyrologium gallicanum*, fol., Paris 1637, I. pp. 252-254, conheça apenas – ou finja conhecer – as relíquias de São Marcoul em Mantes e ignora as de Corbeny.

[2] A *Apologia* escrita por Oudard Bourgeois, publicada em 1638, é uma resposta ao livro de S. Faroul.

[3] Ata de 6 de junho de 1681, pacote 223 (informações), n. 8, f. 47.

textos mais corretos e dos próprios milagres, as relíquias de São Marcoul continuaram a ser adoradas em Mantes; sem jamais atrair as multidões de pacientes comparáveis àquelas que se aglomeravam às margens do Aisne, elas não deixavam de curar, dizia-se, a escrófula[1].

Em outros lugares, a fama do santo se difundiu mais pacificamente. Até fins do Antigo Regime, e ainda hoje, foi adorado em um grande número de igrejas, que frequentemente exibiam suas relíquias e faziam delas destino de peregrinação aos doentes da região. Nesta conquista piedosa, muitos episódios escapam de qualquer localização precisa; os fatos desta ordem raramente foram registrados por escrito, e isso é uma lástima, porque constituíram durante muito tempo um dos aspectos essenciais da vida religiosa das massas. Não consegui determinar, mesmo de maneira abrangente, quando, pela primeira vez, Marcoul foi invocado em Carentoir, na diocese de Vannes[2]; em Moutiers-en-Retz na diocese de Nantes[3]; em Saint-Pierre de Saumur e em Russé próximo a esta vila[4]; em Charray em Dunois[5]; na grande Abadia de Saint-Valery-sur-Somme[6]; em Montdidier, onde foi escolhido como patrono pelos trapistas[7]; em Saint-Pierre d'Abbeville[8]; em Rue e em Cottenchy, na diocese de Amiens[9]; em Sainte-Elisabeth de Valenciennes; na abadia de Cysoing[10]; em St. Thomas em Argonne[11]; em Balham, nos Ardennes[12]; em Dinant[13]; entre os Frades Pregadores de Namur[14]; em várias vilas ou burgos do país da Valônia, Somzée, Racour[15], Silly, Monceau-Imbrechies, Mont-Dison[16]; em Erps, Zeillick[17] e Wesembeek[18] em Brabant; em Wondelgem em Flandres[1], e em Colônia, enfim[2],

---

[1] Faroul, loc. cit. p. 223.

[2] Sebillot, Petite legende dorée de la Haute-Bretagne, 1897, p. 201.

[3] L. Maître, Les saints guerisseurs et les pelerinages de L'Armorique; Rev. d'hist de l'Eglise de France, 1922, p. 309, n. 1.

[4] Louis Texier, *Extraict et abrege de la vie de Saint Marcoul abbe*, 1648 (culto atestado, em consequência, na primeira metade do século XVII).

[5] Blat, Histoire du pelerinage de Saint Marcoul, p. 13.

[6] J. Corblet, *Hagiographie du diocese d'Amiens*, IV, 1874, p. 430.

[7] Corblet, loc. cit., p. 433.

[8] Corblet, *Mem. Soc. Antiquaires Picardie*, seria a 2-a, X (1865), p. 301.

[9] Corblet, *Hagiographie du diocese*, IV, p. 433.

[10] Dancoisne, *Mem. Acad. Arras*, série a 2-a, XI (1879), p. 120, n. 3.

[11] Louis Lallement, *Folk-lore et pieux souvenirs d'Argonn*, 1921, p. 40: o mais antigo testemunho citado é de 1733.

[12] *Revue de Champagne*, XVI (1883), p. 221.

[13] Rodolphe de Warsage, *Le calendrier populaire wallon*, in-12, Anvers 1920, nr. 817-819; e Jean Chalon, *Fetiches, idoles et amulettes*, I, Namur [1920], p. 148.

[14] Broc de Seganges, *Les saints patrons des corporations*, II, s/d, p. 505, (segundo uma plaqueta de 1748).

[15] R. de Warsage, *loc. cit.*, nr. 1269.

[16] J. Chalon, *loc. cit.*

[17] E. Van Heurck, Les *drapelets de pelerinage en Belgique*, pp. 124 e 490; em Zellick, atestado por um "drapelet" de 1698.

[18] J. Chalon, *loc. cit.*

e sem dúvida em muitos outros lugares que, por falta de repertórios hagiológicos apropriados, escaparam da minha pesquisa. Mas todas as vezes que me foi possível reunir uma indicação cronológica, certa ou aproximada, observei que ela se relaciona a um período relativamente recente[3]. Em Saint Riquier em Ponthieu, nosso santo era conhecido já no século XIV; um martirológio escrito acerca desse período o menciona; ele foi, o mais tardar em torno do ano 1500, objeto de uma veneração bastante ativa, como evidenciado pela iconografia[4]. Em Tournai, a igreja de Saint-Brice possuía, já na segunda metade do século XV, um altar e uma estátua suas[5]. Em Angers[6], em Gissey em Borgonha[7], seu culto é atestado no século XVI; ao mesmo tempo, sua efigie começa a aparecer, na região de Arras, em medalhas piedosas, em companhia de vários santos locais[8]. Em 1533 e 1566, os missais da diocese de Troyes e da abadia de Cluny tomam, dos livros litúrgicos de Saint-Rémi de Reims, um texto em sua homenagem[9]. No século XVI, também, um fragmento de seu crânio, roubado de Corbeny, foi transportado para a igreja de Bueil, em Touraine,

---

[1] Van Heurck, *loc. cit.*, p. 473; atestado de 1685.

[2] Atestado em 1672; V. p. ss. Nenhuma relíquia de São Marcoul é assinalada por Gelenius, *De admiranda sacra et civili magnitudine Coloniae*, in-4°, Colônia, 1645. Ao fazer as correções, percebi que devo adicionar a esta lista a igreja de S. Jacques em Compiegne, onde hoje há uma capela dedicada a São Marcoul.

[3] Cf. o que foi dito nas notas anteriores sobre Saumur e Russé, St-Thomas em Argonne, Zellick e Wondelgem.

[4] Este martirológio é *Centulensis* do *Martyrologe d'Usuard*: Migne, P. L., t. 124, col. 11. Para a iconografia, além do afresco citado abaixo, deve ser mencionada uma estátua do santo do início do século XVI: G. Durând em *La Picardie historique et monumentale*, IV, p. 284 e fig. 37; e uma estatueta de prata, servindo como relicário, destruídas em 1789 e cuja idade não pude precisar: Corblet, *Hagiographie*, IV, p. 433.

[5] Registro de Saint-Brice, 1468-1469: "Jacquemart Blathon, o pedreiro, como pagamento para colocar o candelabro de ferro diante do ícone de São Marcou, e fazer três buracos na parede" (*Annales Soc. histor. Tournai*, XIII, 1908, p. 185); em 1481-1482, o registro fala de um "altar de São Marcoul". (Segundo uma amável comunicação do Sr. Hocquet, arquivista de Tournai.)

[6] Gautier, *Saint Marcoul*, p. 56. A Catedral de Angers e a igreja de St-Michel du Tartre parecem ter adorado conjuntamente São Marcoul.

[7] Duplus, *Histoire et pelerinage de Saint Marcoul*, p. 83. Sobre Gissey [sobre Ouche] existia uma notícia nas *Mâmoires de la comunission des antiquites de la Cote d'Or*, 1832-1833, p. 157, que não inclui qualquer informação sobre nosso tema.

[8] L. Dancoisne, *les medailles religieuses du Pas de Calais*; *Mém. Acad. Arras*, série 2-a, XI, 1879, pp. 121-124. Dancoisne acredita que a igreja Sainte-Croix em Arras foi originalmente construída, quando se sua fundação no século XI, como tendo por santo padroeiro São Marcoul; esta afirmação é feita sem qualquer vestígio da evidência e não parece justificável por nenhum texto.

[9] UI. Chevalier, *Repertorium hymnologicum*, nr. 21164; cf, acim. A colegiada de St-Etienne de Troyes possuía no século XVII relíquias de Marcoul, como o testemunha Des Guerrois, *La Saincteté chretienne, contenant la vie, mort e miracles de plusieurs Saincts... dont les reliques sont au Dioccse et Ville de Troyes*, in-4, Troyes 1637, p. 296 v.

quando passou a atrair fiéis[1]. Outros fragmentos de suas relíquias, obtidas por meios mais lícitos, dão origem, em 1579, à grande peregrinação franco-condadense d'Archelange[2]. A partir do século XII, ele por vezes é associado à Virgem nas medalhas de Nossa Senhora de Liesse[3]. Em 1632, Coutances recupera, graças à generosidade do capítulo de Angers, alguns fragmentos de seu corpo anteriormente roubadas da diocese pelas invasões normandas[4]; em 1672, Colônia envia outros fragmentos a Anvers[5]; e outros chegam até 1666, com os carmelitas de Place Haubert, em Paris, graças a um legado de Ana da Áustria[6]. Especialmente, no final do século XVI e durante o século seguinte, confrarias de todas as regiões foram fundadas sob sua invocação: em Saint-Firmin d'Amiens em 1581[7]; em Notre-Dame de Soissons em 1643[8], em Grez-Doiceau, no ducado de Brabant, em 1663[9], na igreja Notre-Dame du Sablon, em Bruxelas, em 1667[10], em Tournai, onde o culto era bastante antigo, por volta de

---

[1] O roubo ocorreu em uma época não especificada, provavelmente até finais do século XVI. A ata que o informa não foi redigida senão em 17 de julho de 1637; é encontrada no pacote 229, no. 9; foi incorretamente reproduzida por Oudard Bourgeois, *Apologie*, p. 120 (O. Bourgeois escreve "Bue" em vez de "Bueil" como o texto autêntico). Toda cabeça foi primeiramente transferida para Bueil; Corbeny a recuperou; mas aqueles de Bueil parecem ter conseguido manter um fragmento do crânio: v. Gautier, *Saint Marcoul*, p. 30.

[2] Notice sur la vie de S. Marcoul et sur son pèlerinage à Archelange, p. 22. Sobre a popularidade da peregrinação ainda hoje na Borgonha, Rev. des traditions populaires, II (1887), p. 235.

[3] Ledouble, *Notice*, p. 220 (reprodução antes da pág. 208). A única Medalha de São Marcoul, que o Gabinete da Medalhas da *Bibl. Nat.* Possui corresponde também a este tipo, como pude me assegurar por meio da cópia que obtive graças à amabilidade do conservador, Sr. Jean Babelon.

[4] R. Toustain de Billy, Histoire ecclesiastique du diocese de Coutances (Soc. de l'hist de Normandie), III, Rouen 1886, p. 239.

[5] Gautier, p. 29.

[6] V. abaixo.

[7] Daire, *Histoire de la ville d'Amiens*, II, in-4°, 1757, p. 192. A confraria, fundada como resultado de uma aliança feita durante uma peste, tinha como patronos São Roque, Santo Adriano, São Sebastião e São Marcoul. É claro que a fundação de uma confraria não prova de modo algum que este culto ao Santo tenha nascido na data exata em que a confraria foi fundada; v. acima o que foi dito sobre Tournai e acrescenta-se que em Wondelgem, onde o culto é certificado desde 1685, a confraria religiosa foi estabelecida apenas em 1787; um fato desse tipo prova incontestavelmente um progresso do culto.

[8] Cf. Gautier, *Saint Marcoul*, p. 30.

[9] Schepers, *Le pelerinage de Saint Marcoul à Grez-Doiceau*; Van Heurck, *Les drapelets de pelerinage*, pp. 157 e ss. Uma disposição que indica o regime a seguir pelos pacientes que pediram a intervenção de St. Marcoul foi impressa em Lovaina em 1656; se tivesse sido escrita especificamente para os peregrinos de Grez-Doiceau – as indicações do Sr. Van Heurck não são muito precisas sobre este ponto (p. 158) – a peregrinação teria ocorrido, portanto, o mais tardar em 1656.

[10] AA. SS. *maii*, I, p. 70c.

1670[1]. A dos franciscanos de Falaise é conhecida apenas por uma gravura do século XVII[2].

Acima de todos esses pequenos centros locais, brilhava o centro principal: Saint Marcoul de Corbeny. Como ocorrera com Nant, a vila de Corbeny quase perdeu seu nome. A partir do século XV, os documentos geralmente a chamam de Corbeny-Saint-Marcoul, ou mesmo apenas Saint-Marcoul[3]. Era conhecida apenas por sua igreja. Ali também havia sido criada uma confraria, meio religiosa e meio econômica; pois o santo havia sido escolhido – também em virtude de alguma assonância desconhecida? – como patrono dos costureiros da região. No início do século XVI, esses costureiros nos apareceram agrupados, em toda a França, em certo número de associações atentamente vigiadas pelo poder real, cujo representante neste caso era o Grande Camareiro; cada um era chefiado por um "rei dos costureiros", ainda que fosse oficialmente denominado, pois tal título para um súdito tinha algo de chocante, de "mestre visitador". Uma delas, que abrangia grande parte dos territórios de Champagne e Picard, teve seu centro no priorado de Corbeny: denominava-se "Torre e Confraria do Senhor São Marcoul"; seu "rei" era "primeiro confrade"; ele possuía um selo no qual o grande protetor da monarquia, São Luís, era representado lado a lado ao protetor particular da Torre: São Marcoul[4]. Os

---

[1] Ela é certificada pela primeira vez em seus registros em 1673-1674 (comunicação do Sr. Hocquet). Em 27 de maio de 1653, o túmulo de Quilderico foi descoberto em uma terra pertencente ao decano de São Brice; alguns objetos descobertos foram enviados para Luís XIV; de acordo com uma tradição local que não se fundamenta em nenhum texto, como recompensa por este presente, o Rei da França teria enviado ao reitor uma relíquia de São Marcoul; Cf. o folheto piedoso, intitulado *Abrégé de La vie de S. Marcou... honore en l'eglise paroissiale de S. Brice à Tournai*, p. 3. Da mesma forma em Reims, onde o culto sagrado era um quase de tempos imemoriais, ele parece ter um novo desenvolvimento no século XVII; até 1650, era fundado um asilo sob sua proteção; um pouco mais tarde, no mesmo asilo, uma confraria é estabelecida em sua homenagem: *L'hopital Saint-Marcoul de Reims*; *Travaux Acad. Reims*, CXI (1901-1902), pp. 178 e 192, n. 2.

[2] Bibl. Nat., Cabinet des Estampes, Collection des Saints; reprod. Landouzy, *Le Toucher des Ecrouelles*, p. 19.

[3] V. *Dictionnaire topographique de l'Aisne*. Cf. o texto de 1671, publicado por R. Durand, *Bulletin de la Soc. d'Hist. moderne*, p. 458 e as cartas de doação de Luís XIII, de 8 de novembro de 1610, pacote 199, nr. 6.

[4] Sobre as corporações e os "reis" dos costureiros, v. Pierre Vidai e Leon Duru, *Histoire de la Corporation des marchands merciers... de la ville de Paris* [1911]; cf. E. Levasseur, *Histoire des classes ouvrieres... avànt 1789*, ed. 2-a, 1900, I, pp. 612 e ss.; A. Bourgeois, *Les metiers de Blois* (*Soc. sciences et lettres du Loir-et-Cher*, Mem. XIII, 1892), pp. 172 e 177; H. Hauser, *Ouvriers du tempspasse*, ed. a 4-a, 1913, pp. 168 e 256. Numerosas corporações tinham seus "reis" na França e fora dela; aqui não é o lugar adequado para a bibliografia desta bizarra terminologia. Sobre a corporação dos costureiros de Corbeny, somos informados de uma série de documentos: a ata de Jean Robertet, representando o Grande Camareiro, 21 de novembro de 1527: pacote 221, n. 1; o acordo entre o "rei" e o prior, 19 de abril de 1531, ibid No. 2 (por Barthelemy, *Notice*, p.222, n.1), a decisão do Conselho Privado de 26 de agosto de 1542: Oudard Bourgeois,

"costureiros" eram principalmente vendedores ambulantes, indo de uma cidade a outra; pode-se imaginar melhores divulgadores ao culto de um santo?

Mas o que fazia a glória do taumaturgo de Corbeny, acima de tudo, era, claro, a peregrinação da que seu túmulo era objeto. A partir do século XV, e mesmo mais tarde, os monges vendiam aos doentes pequenas medalhas ou "plaquetas" de prata, dourada ou não, ou, aos mais pobres, simples "imagens lisas", em prata dourada, ou prata branca, chumbo ou estanho, com a efígie do abade piedoso, provavelmente tornando sua pessoa e imagem familiares em toda a França, mesmo para muitos daqueles que jamais tivessem visto sua sepultura[1]; eles vendiam também pequenas garrafas de louça contendo água santificada por nela ter sido "imersa" uma de suas relíquias; ela era destinada a lavar as partes afetadas pela doença, e por vezes os mais devotos a bebiam[2]. Posteriormente, passaram a distribuir libretos[3]. Conhecemos os regulamentos da peregrinação, como estavam em vigor no início do século XVII, por meio de um memorial que foi apresentado, talvez em 1627, por um delegado da arquidiocese, chamado Gifford, que as anotou ele mesmo; suas reflexões são um testemunho precioso da impressão que um clérigo esclarecido dessa época poderia fazer de práticas populares de devoção, nas quais a religião nem sempre se diferenciava muito da magia. Assim que chegavam, os doentes eram inscritos

---

Apology, p. mais algumas peças do final do século XVI: Pacote 221, n° 3 e 4, Oudard Bourgeois, pp. 127 e ss., de Barthelemy, p. 222. O serviço religioso existia ainda estava no tempo de O. Bourgeois (1638). O selo é reproduzido por O. Bourgeois, p. 146, cuja cópia foi descrita por G. Soultrait, *Société de sphragistique de Paris*, II (1852-1853), p. 182, cf. *ibid.* p. 257.

[1] Ver o pacote 195 (informações) e os relatos 1495-1496, fol. 12 v° e 28 v ; de 1541-1542, p. 30 e 41; de 1542-1543, p. 31. Parece que nenhuma dessas medalhas foi preservada. Sena, que nos forneceu tantos selos, não nos forneceu uma imagem de Saint Marcul (cf. A. Forgeais, *Collection plombs histories trouves dans la Seine*, II, 1863 E IV, 1865).

[2] V. os registros citados na nota anterior. A primeira, mais explícita, simplesmente fala de "pequenas garrafas de louça que [os peregrinos] carregam a água", mas o libreto intitulado "*Avertissement ânes qui viennent honorer...*" afirma: "Os doentes... lavam a doença da qual sofrem com águas abençoadas, imergindo a relíquia do Santo e usando-a até mesmo para beber". As orientações de peregrinação de Grez-Doiceau, inspiradas por Corbeny, afirmam ainda hoje: "Continuará a poder obter desta igreja a água abençoada em homenagem a São Marcoul, para beber ou lavar com ela tumores ou pragas": Schépers, *Le Pelerinage de Saint Marcoul à Grez-Doiceau*, p. 179. Sobre costumes semelhantes em outras peregrinações, v. H. Gaidoz, *La rage et St. Hubert* (*Bibliotheca Mythica*, I), 1887, pp. 204 e ss.

[3] Um desses libretos – do século dezessete, mas sem data – intitulado: *Avertissement à ceux qui viennent honorer le gloiieux Saint Marcoul, dans l'eglise du Prieuré de Corbeny au diocese de Laon*, se encontrada conservada na Bib. Nat. sob a rubrica LK[7] 2444; outra, bastante diferente, intitulada: *La vie de Saint Marcoul abbe et confesseur* e datada em Reims em 1619, está localizada nos Arquivos de Reims, St. Remi, pacote 223. Um hospital de peregrinos com base em Corbeny foi fundado em 1673: pacote 224, n° 10.

na confraria e lhe pagavam uma pequena soma; eram então entregues um "bilhete impresso" que os instruía de suas obrigações. Eles estavam sujeitos a várias proibições, alimentícias e de outros tipos; em particular, eram proibidos de tocar, durante sua permanência, a qualquer objeto metálico; regra tão importante que "antigamente", diz Gifford, eram obrigados a usar luvas para "impedir o referido toque", prevenindo sua negligência. Claro, seu primeiro dever era seguir os serviços na igreja do priorado; como regra, deveriam fazer uma novena, mas aqueles que não podiam permanecer por nove dias completos em Corbeny tinham a possibilidade de manter em seu lugar algum habitante local[1], que deveria observar as mesmas proibições da pessoa que substituía. Este costume era um daqueles que, aos olhos do razoável Gifford, não estavam "isentos de superstição", pois pensava que tais disposições eram legítimas apenas se fossem destinadas a impedir que os pacientes se abstivessem de coisas que seriam prejudiciais para eles "naturalmente" – ou seja, de todas as concepções de natureza sobrenatural – e, neste caso, não havia motivos para que fossem aplicadas a indivíduos saudáveis[2]. Quando os peregrinos deixavam Corbeny, eles permaneciam, a princípio, como membros da confraria; os mais conscienciosos continuavam a pagar, mesmo de longe, suas cotas[3]. Os monges, por sua vez, não perdiam contato de seus visitantes: pediam para que eles se, havendo cumprido "a viagem ao grande São Marcoul", ficassem, após algum tempo, curados de seus males, enviassem, tanto quanto possível pelo seu pároco ou pela autoridade judiciária mais próxima, um certificado autêntico e os

---

[1] Naturalmente, de acordo com um costume geral, os doentes cuja enfermidade, idade ou outra razão impedia que chegassem a Corbeny, poderiam pedir para ser substituídos na peregrinação por um parente, amigo ou mesmo uma pessoa paga. Os certificados de cura, que serão discutidos abaixo, incluem alguns exemplos dessa prática. Outros, curados depois de terem sido protegidos pelo santo, faziam apenas uma peregrinação de ação de graças a Corbeny; mas estes eram bastante raros.

[2] Regulamento intitulado: Les ceremonies que l'on a acoustume d'observer par ancienne tradition en la neufiesme qui se doibt observer au pelerinage de Saint Marcoul à Corbeny, com anotações em latim de Gifford, pacote 223 (informações). Sem data. Um arquivista do século 18 escreveu na folha: 1627. Não consegui identificá-la com Gifford. Junto ao artigo 4ª, em que se ordena aos peregrinos que frequentem os ofícios e não deixem a região de Corbeny, pode-se ler a anotação: "Si respiciatur in eo perseverantia in bono opere, licet; alias non videtur carere superstitione"; ao lado do artigo 5º (proibição de tocar objetos metálicos): "Omnia ista sunt naturaliter agentia; ideo si sint noxia merito prohibentur"; juntamente com o artigo 7º (referindo-se aos substitutos submetidos às mesmas práticas religiosas que os próprios peregrinos): "Hoc non videtur carere superstitione, quia non est ratio cur naturaliter noxia prohibeantur illi qui est sanus". O regulamento registrado em 1633 no início do registro da Confraria Grez-Doiceau (v. abaixo) não contém a proibição de toque a objetos metálicos. A título de comparação, podem-se ler as prescrições sobre o comportamento a observar durante a novena, hoje utilizadas na peregrinação em São Huberto das Ardenas: H. Gaidoz, La rage et Saint Hubert (Bibliotheca Mythica), 1887, p. 69.

[3] V. a carta de um desses escrofulosos, Louis Douzinel de Arras, 22 de fevereiro de 1657, pacote 223 (informações), n. 7.

enviasse. Estes preciosos documentos, que provavam a glória do santo, acumularam-se nos arquivos do convento; muitos chegaram até nós; o mais antigo é de 17 de agosto de 1621[1], o mais recente de 17 de setembro de 1738[2]. Eles fornecem informações sobre a popularidade do santuário com uma admirável precisão. Vemos por esses documentos que acorriam a São Marcoul não apenas de todos os cantos da Picardia, de Champagne e Barrois, mas também de Hainaut e Pays de Liège[3], da Alsácia[4], Lorena ducal[5], Île de France[6], da Normandia[7], Maine e Anjou[8], da Bretanha[9], de Nivernais, Auxerrois e da Bourgonha[10], Berry[11], Avergne[12], da região de Lyon[13], do Delfinado[14]; ele era solicitado para prover alívio a várias doenças mas, sobretudo, e na maioria das vezes, para a escrófula.

Retornando a sua terra natal, os peregrinos de Corbeny difundiam a devoção ao santo cujo túmulo adoravam, muitas vezes de longe. À frente do registro da irmandade de Grez-Doiceau, em Brabant, inaugurada em 1663, está a regulamentação da irmandade de Corbeny que pode ser lida ainda hoje[15]. Ali, nas encostas do planalto de Craonne, estava a irmandade-matriz; muitas associações locais, em Grez-Doiceau ou em outros lugares, provavelmente eram apenas suas subsidiárias. A expansão do culto de São Marcoul, que descrevemos acima, deve ter sido, em boa parte, o trabalho de antigos doentes

---

[1] Pacote 223 (informações), n. 6. Oudard Bourgeois, *Apologie*, pp. 47 e ss. Analisa quatro certificados, o mais antigo deles se vincula a uma cura que tivera lugar em 1610.

[2] Pachetul 223 (informações), n. 7: Bus.

[3] Numerosos certificados – por demais numerosos para serem citados, estão no pacote 223 (informações).

[4] Certificado de cura de Saales, Bruche e Bourg de 31 de dezembro, 1705; pacote 223 (informações), n°. 8.

[5] Remiremont, St-Clement, próximo a Luneville, Val de St-Die: 1655, pacote 223 (informações), n°. 8.

[6] Pithiviers: certificado de 22 de maio de 1719: pacote 223 (informações), n°. 7; Gisors, *ibid.*, 12 de julho de 1665; Rozoy-en-Brie, Grisy, Maintenon, Dreux (1655), *ibidem*, nr. 8; Paris, 9 de maio de 1739, pacote 223, n°. 11.

[7] Jurques, diocese de Bayeux: 30 de junho de 1665; pacote 223 (informações), n°. 7; uma cidade localizada entre Andelys e Louviers, 1665 (*ibidem*).

[8] Laval: 4 de julho de 1665; pacote 223 (informações), n°. 7; Corne, diocese de Angers: 1655, *ibid.*, n. 8.

[9] Certificado expedido por dois médicos em Auray: pacote 223 (informações), n°. 7, 25 de março de 1699.

[10] Localidades das dioceses de Nevers e Langres, Joigny, perto de Auxerre, 1655: pacote 223 (informações), n°. 8; Sancerre, 11 de junho de 1669, *ibidem*, n. 11.

[11] Vorly, diocese de Bourges: certificado de 30 de março de 1659: pacote 223 (informações), n°. 7; Nassigny, a mesma diocese, 1656: *ibidem*, no. 8.

[12] Jaro (?), próximo a Cuse, diocese de Clermont, 1655; pacote 223 (informações), n°. 8.

[13] Charlieu "en Lionnois", Dammartin (Diocese de Lyon): 1655, pacote 223 (informações), n° 8.

[14] "Bourg-le-Namur, seis léguas de Grenoble, na direção do Piemonte": pacote 223 (informações), n° 7.

[15] Schepers, Le pelerinage de Saint-Marcoul à Grez-Doiceau, p. 179.

que pensavam ter contraído uma dívida de gratidão ao taumaturgo cujas relíquias, acreditavam, teriam aliviado seus problemas.

De onde teria vindo, em suma, ao velho abade de Nant – ou, como se dizia no século XVI, por uma curiosa confusão de nomes, de "Nanteuil" –, esse sucesso tardio e prodigioso? Antes de tudo, evidentemente, da especialidade que se acostumou a lhe atribuir. Enquanto tivesse permanecido um taumaturgo comum, nada nele parecia seduzir os fiéis. Mas no momento em que se tornou possível invocá-lo para uma afecção específica e, além disso, muito comum, encontrou uma clientela pronta. A evolução geral da vida religiosa ajudou sua sorte. Foi durante os últimos dois séculos da Idade Média, ao que parece, que esta moda começou a crescer em torno dele; no século XV, sua estrela cresceu de tal forma que uma igreja ambiciosa acreditou ser conveniente reclamar seus restos. Nesta época, o espetáculo das epidemias e dos infortúnios de todos os tipos assolava a Europa, e talvez também os obscuros movimentos da sensibilidade coletiva – especialmente em sua expressão artística – deram à devoção um novo toque, mais inquieto, mais suplicante, pode-se dizer, que acabou por inclinar as almas a se preocuparem ansiosamente com as misérias deste mundo, e a solicitar o alívio de intercessores, cada um atuando, quase sempre, em um domínio especializado. As multidões iam ao santo das escrófulas, da mesma forma como acudiam, cada vez mais numerosas, aos pés de São Cristóvão, São Roque, São Sebastião ou dos Quatorze Auxiliares; seu crescente renome não foi mais do que um caso especial do favor unânime da qual os santos médicos, na mesma época, eram objeto[1]. Do mesmo modo, o resplendor da sua glória nos séculos seguintes coincidiu com o vigoroso e feliz esforço que muitos católicos ativos, em reação contra a Reforma, e que visavam despertar nas massas a adoração dos santos, fundando fraternidades, buscando relíquias e se aliando preferencialmente aos servos de Deus que, por seu poder específico sobre as doenças, pareciam capazes de exercer uma mais viva atração sobre a humanidade sofredora. Há, assim, nas razões que explicam a popularidade do jovem São Marcoul, muitos elementos de caráter universal. Mas também se devem, sem dúvida, em grande parte, à estreita associação que foi estabelecida nos espíritos, gradualmente, entre seu nome e a dinastia real. Não é por acaso que o selo dos costureiros tenha as imagens unidas de São Luís e São Marcoul: ambos, a seu modo, eram santos da casa da França. Vejamos como esse inesperado papel acabou associado ao patrono de Corbeny.

§ 2. São Marcoul e o poder taumatúrgico dos reis da França

Quem teria sido o rei da França que primeiro visitou, após sua sagração, o túmulo de São Marcoul para realizar suas devoções? No século XVII, quando

---

[1] Em Amiens, em 1581, encontramos São Marcoul associado a três grandes santos protetores dos empesteados: São Roque, Santo Adriano, São Sebastião; citado anteriormente.

esta pergunta era feita aos monges, eles respondiam: São Luís[1]. Sem dúvida, essa ideia, tão lisonjeira para eles, lhes fora sugerida pela efígie do santo rei gravado no selo da irmandade. Aparentemente, estavam enganados; São Luís foi sagrado, ainda criança, em 26 de novembro de 1226, com muita pressa e em condições de insegurança, extremamente desfavoráveis a uma inovação que resultaria em retardar o retorno do jovem príncipe para próximo de seus fieis parisienses. Além disso, sob Filipe o Belo, a tradição da peregrinação do augusto certamente ainda não estava estabelecida; conhecemos o itinerário que o cortejo real seguiu em 1286 após a sagração deste soberano; ele se dirigiu diretamente para o sudoeste, sem se voltar ao vale do Aisne. Talvez Luís X, em 1315, ao sair de Reims, tenha ido a Corbeny; mas, se for esse o caso, devemos admitir que Filipe de Valois não se considerou vinculado por este precedente; em 1328 ele tomou o mesmo caminho, ou quase o mesmo, que o de Filipe o Belo. Por outro lado, desde João o Bom que, no dia seguinte à sua coroação parou em Corbeny, nenhum rei, até Luís XIV, parece ter abandonado esse piedoso costume, exceto, obviamente, Henrique IV, sobre quem a Liga, ocupando Reims, obrigou-o a receber a unção em Chartres. Desenvolveu-se, então, todo um cerimonial, claramente descrito por um documento de inícios do século XVII: uma procissão ia ao encontro do ilustre visitante; o prior tomava a cabeça do santo e a colocava nas "mãos sagradas" do rei; este último a apanhava, e ele próprio a fazia retornar, por meio de seu capelão, para a igreja, onde orava diante do relicário[2]. Já no século XV, um pavilhão especial, chamado "pavilhão real", havia sido designado, dentre os edifícios conventuais, para o alojamento do monarca[3].

Luís XIV modificou o antigo costume; quando foi coroado em 1654, a cidade de Corbeny havia sido arruinada pelas guerras; talvez mesmo o campo não fosse muito seguro. Mazarin não queria que o jovem soberano se aventurasse em Reims. Da abadia de St. Remi, o relicário de São Marcoul foi levado à cidade. A peregrinação foi assim realizada sem perturbar o peregrino real. O procedimento pareceu agradável; Luís XV e Luís XVI o imitaram sob

---

[1] O. Bourgeois, *Apologie*, p. 60; Marlot, Théâtre d'honneur, p. 718. É também a tese de *Gallia Christiana*, IX, col. 248. Alguns inclusive diziam: Carlos o Simples (o pequeno libreto sobre São Marcoul), escrito após a coroação de Louis XV: Pacote 223 (Informações). O ícone de São Luís no selo da confederação dos costureiros deu origem à ideia de que este príncipe era seu fundador: O. Bourgeois, p. 63; *Gallia, loc. cit.*; AA. SS. *Maii*, I, p. 70. G. Ledouble, *Notice*, chega a escrever (p. 116) que São Luís, "escreveu seu nome, Louis de Poissy, encabeçando o registro da associação". Por muita confusão alguns imaginaram que os primeiros associados desta piedosa associação eram os reis da França, e não os reis dos costureiros (ver o certificado de A. Baillet de 24 de setembro de 1632).

[2] Relatório do procurador sobre o roubo da cabeça de São Marcoul (18 de julho de 1637): Oudard Bourgeois, *Apologie*, pp. 123-124 (ver acima).

[3] Pacote 190 bis, n°. 2; conta de fins do século 15 que detalha o uso de somas recebidas pelo prior "para reparar o campanário e o pavilhão do rei". Para o testemunho das peregrinações reais, veja abaixo.

diferentes pretextos[1]. Os reis não mais se impunham a uma inconveniente viagem a Corbeny; mas, de uma forma ou de outra, obrigavam-se a adorar São Marcoul. As orações diante das relíquias deste santo haviam se tornado, no tempo dos primeiros Valois, e permaneceram assim até o fim da monarquia, um rito quase indispensável, que seguia necessariamente a solenidade da coroação. Desde a época de Carlos VII, ninguém imaginava que teria sido de outra forma. "É verdade", escreve a *Chronique de La Pucelle*, "que desde sempre os reis da França, após sua sagração, tiveram o costume de ir a um priorado... chamado Corbigny"[2].

Que inspiração teria tido o primeiro rei – Luís X, se assim quisermos – quando, em seu regresso de Reims, abandonou sua rota habitual e fez um desvio em direção a Corbeny? Desde este momento, São Marcoul, cuja grande popularidade havia começado, era considerado um curador de escrófulas. Seria por esta razão que o príncipe francês, também especialista nesta mesma doença, ia a seu encontro? Esperaria ele, implorando a um santo a quem Deus parecia ter confiado em particular o cuidado dos escrofulosos, ter sucesso, por meio de sua proteção, em curas ainda mais belas que as de outros tempos? Pode-se supor que tais tenham sido, de fato, seus sentimentos. Mas, é claro, ninguém teve o cuidado de nos informar com precisão. Por outro lado, o que vemos claramente é a ideia de que essas peregrinações, uma vez inseridas nos costumes, difundiram-se rapidamente na mente das pessoas. Até então, era comum se considerar que o poder taumatúrgico dos reis da França fosse consequência de seu caráter sagrado, expresso e sancionado pela unção; daquele momento em diante passou a ser costume pensar que tal poder se devia à intercessão de São Marcoul, que teria obtido de Deus para eles essa notável graça. Tal já era a crença geral na época de Carlos VIII e Luís XI: Jean Chartier, o autor da *Crônica de Joana D'Arc* e do *Diário do Cerco*, Lefèvre de Saint-Remi, Marcial d'Auvergne, e o próprio Aeneas Piccolomini assim o testemunham[3]. Sob Francisco I era quase universalmente atribuído a este santo de "grande mérito", como diz Fleuranges, o dom da milagrosa virtude apresentada pelos reis[4]. Este foi o murmurinho que o viajante Hubert Thomas de Liège recolheu na corte deste príncipe[5]; mas redigindo posteriormente suas memórias, confunde-se na hagiografia francesa e atribuiu a São Fiacro o que lhe havia sido dito sobre

---

[1] Apêndice V.

[2] Ed. Vallet de Viriville, in-12, 1859, cap. 59, p. 323.

[3] Para a *Chronique de la Pucelle*, v. nota precedente; Jean Chartier, *Chronique de Charles VII*, ed. Vallet de Viriville, in-16, 1858, I, cap. 48, p. 97; Para os outros textos, Quicherat, *Proces de Jeanne d'Arc* (Soc. de l'hist. de France), IV, pp. 187, 433, 514; V, p. 67.

[4] Ed. Goubaud e P.A. Lemoisne (Soc. de l'hist. de France), I, p. 170. Cf. Grassaille, *Regalium Franciae iura*, p. 65, que não se pronuncia: "Alij dicunt, quod hanc potestatem capiunt in visitatione corporis beati Marcolphi, quam post coronationem facere consueverunt Reges".

[5] Hubertus Thoma Leodius, *Annalium de vita illustrissimi principis Friderici II...* ed. de 1624, in-4°, Frankfurt, p. 97; sobre as imprecisões de H. Thomas, cf. abaixo.

Marcoul: a prova de que o prestígio do santo de Corbeny, em seu novo papel, ainda não atravessara fronteiras; na França, por outro lado, estava firmemente estabelecida.

Ainda, se os reis tivessem se limitado, diante das relíquias de São Marcoul, a ouvir um serviço religioso e dizer algumas orações! Mas a esses ritos piedosos, moeda corrente das peregrinações, um costume ainda mais apropriado veio confirmar a reputação do santo como o autor do milagre real: uma vez que suas devoções estavam completadas, o novo soberano, no mesmo priorado, tocava alguns doentes. Esta prática é comprovada pela primeira vez sob Carlos VIII, em 1484. Provavelmente não era então prática muito antiga; pois o hábito ainda não havia feito com que os escrofulosos acorressem em multidões a Corbeny, no momento da viagem de coroação: Carlos VIII viu apenas seis deles se aproximarem; já sob Luís XII, quatorze anos depois, foram oitenta; na época de Henrique II, havia entre eles estrangeiros; nos séculos XVII e XVIII, contavam-se às centenas ou mesmo milhares aqueles que formavam uma multidão em Corbeny em tais ocasiões ou, desde Luís XIV, no parque de St-Rémi de Reims. Há mais. Pelo menos desde Luís XII, e talvez antes, este toque, assim realizado perto do relicário, era o primeiro em cada reinado; antes desse dia, nenhum paciente tinha acesso ao augusto taumaturgo. O que poderia ser mais tentador do que explicar esta proibição imaginando que os reis, antes de poder curar, tivessem de esperar até que tivessem recebido o poder de cura do santo? Tal era, de fato, a opinião comum, compartilhada talvez pelos próprios reis[1].

Os cônegos de Reims viam essa nova teoria com maus olhos; a eles, parecia prejudicial ao prestígio da unção, a fonte real, segundo preferiam, do milagre da escrófula e, por extensão, à honra de sua catedral, onde os sucessores de Clóvis chegavam para serem consagrados pelo óleo sagrado. Eles aproveitaram as festas que marcavam a coroação de Carlos VIII, em maio de 1484, para proclamar, aos brados, a antiga doutrina. Seu decano, pregando no dia 29 de maio, nos portões da cidade, ao pequeno rei, lembrou que ele recebia na unção "o presente celestial e divino de curar e aliviar os pobres enfermos da doença dolorosa de cada um". Mas as palavras não bastaram; para atrair a imaginação da multidão e a do próprio príncipe, imagens eram melhores. E ao longo da estrada que deveria percorrer o soberano e seu séquito, uma vez ultrapassadas as muralhas, foram erguidos, de acordo com a moda do tempo, "tablados" que apresentavam toda uma série de quadros vivos que recordavam as mais famosas memórias ou os mais belos privilégios da monarquia. Em um deles aparecia "um jovem vestido com um manto azul estampado com flores-

---

[1] Toque por Carlos VIII: Godefroy, *Ceremonial*, I, p. 208; por Luís XII: registro Arch. Nat., KK 77, fol. 124 v; de Henrique I: v. abaixo.; de Luís XIII: Godefroy, p. 457 (860 doentes) e J. Heroard, *Journal*, 1868, II, p. 32 ("novecentos e tantos"); de Luíd XV e Luís XVI, v. abaixo. O fato de que Louis XII não chegou a tocar qualquer doente antes da cerimônia de Corbeny se conclui do exame do seu cadastro de registros citados acima; toda literatura do milagre real do século XVII concorda em realizar esta espera inicial.

de-lis de cor dourada, levando uma coroa de ouro na cabeça"; em suma, um ator representava um rei da França a um jovem rei; a seu redor, seus servos "o lavavam" e havia doentes que ele "curava os tocando ao sinal da Cruz": em suma, uma representação do toque tal qual Carlos VIII iria em breve praticar. Abaixo, uma inscrição trazia versos que, sem dúvida, foram escritos por um desses senhores do capítulo, provavelmente o poeta Guillaume Coquillart:

> Por virtude da santa unção
>
> Que em Reims recebe o nobre rei da França
>
> Deus, por suas mãos, confere a cura
>
> Da escrófula – como aqui se demonstra.

Esta "demonstração" e os versos que a comentavam foram obviamente destinados a destacar "a virtude da santa Unção". Mas, "ao passarem pela referida história", a cavalaria da procissão, um pouco apressada, contentou-se em lançar um olhar distraído para ela, sem ler os versos; percebendo apenas que era uma cena de cura da escrófula, imaginavam "que era um milagre de São Marcoul"; foi o que disseram à criança real, que sem dúvida acreditou. A reputação de São Marcoul havia penetrado nas consciências de tal forma, que mesmo as insinuações de seus adversários a beneficiava[1].

Se os cônegos de Reims acreditassem que sua honra era dependente da glória da unção real, com mais razões as várias comunidades religiosas que conseguiam prestígio e lucravam com o culto a São Marcoul tiveram que favorecer com todo seu poder a teoria que defendia a intercessão do santo sobre a virtude taumatúrgica dos reis. E os primeiros a defendê-lo, é claro, eram seus principais seguidores, os monges de Corbeny. Mas havia outros. A grande abadia de Saint-Riquier em Ponthieu havia dedicado ao santo, como sabemos, pelo menos desde o século XIV, uma veneração particular. Pouco depois de 1521, o tesoureiro da comunidade, Filipe Wallois, decidiu enfeitar os afrescos na sala do tesouro, que lhe era confiada devido a seu ofício; no amplo ciclo pictórico que ele mesmo, muito possivelmente, traçou o programa e que ainda hoje pode ser visto desenvolver-se sobre as paredes da bela sala, coberta por uma abóboda delicadamente nervurada, ele não se esqueceu de São Marcoul. Ele representou, mediante uma ousada concepção, a realização da maravilhosa doação: o abade de Nant, com a cruz em sua mão, está de pé; a seus pés ajoelha-se um rei da França em roupas majestosas, com coroa, um manto com flores-de-lis, o colar de São Miguel no pescoço; o santo, com a sagrada mão, toca o príncipe no queixo; este era o gesto no qual as miniaturas ou gravuras geralmente representavam os reis a tocar a escrófula, pois a doença teria seu lugar preferencial nas glândulas do pescoço; o artista não acreditou poder

---

[1] O que precede, segue o relato contemporâneo de Godeffoy, *Ceremonial*, I, pp. 184 e ss. Cf. *Memoires du sieur Fouquart, procureur syndic de la viile de Reims*; *Revue des soc. savantes*, 2ª série, VI (1861, sem. 2), pp. 100 e 102; sobre o papel de G. Coquillart, uma nota de Rathery, *Ibid.*, p. 98, n. 2

encontrar ato mais eloquente para indicar aos olhos de todos a transmissão do poder de cura. Sob o quadro está uma inscrição em versos latinos, que especificam seu significado; pode ser traduzido da seguinte forma.

> Oh Marcoul, teus escrofulosos recebem de ti, ó médico, uma perfeita saúde; graças ao dom que lhe concedeste, o Rei da França, médico também, tem sobre as escrófulas igual poder; que eu possa [graças à] ti que brilha por tantos milagres, ascender, são e salvo, aos pátios estrelados[1].

Em todas as épocas as orações, sem dúvida, acompanhavam a cerimônia de toque; mas não sabemos nada delas até alcançarmos o reinado de Henrique II. Sob este príncipe, e para ele, foi composto um magnífico livro de horas, jóia da arte francesa. Na folha 108 deste manuscrito, em frente a uma miniatura que representa o rei, em uma galeria de arquitetura clássica, passando de doente a doente, encontram-se "*as orações que os Reis da França conheciam quando queriam tocar os doentes das escrófulas*". E o que lemos ali? Nada além de certo número de orações, antífonas e responsos em homenagem a São Marcoul. Essas composições são, além disso, absolutamente banais; o que possuem de mais particular foi simplesmente tomado das *vidas* do santo, escritas no período carolíngio; não contêm nenhuma referência a seu papel como iniciador do milagre real[2]. No entanto, se o rei da França, cada vez que realizava o milagre habitual, acreditava ser seu dever fazer devoções a este mesmo servo de Deus que havia venerado em Corbeny antes de tentar realizar as curas pela primeira vez, ele evidentemente pensava que devia dar-lhe algum reconhecimento pelo maravilhoso dom que se preparava para exibir diante de todos. A liturgia das escrófulas era uma espécie de sanção dada pelos reis ou pelo clero de sua capela à glória de São Marcoul.

Assim, quase oficialmente estabelecida em meados do século XVI, a crença permaneceu nos séculos seguintes. Quando, por volta de 1690, o abade de Saint-Riquier, Charles d'Aligre, preocupado em aumentar o esplendor de sua igreja, arruinada pelas guerras e pelo mau uso, concebeu a ideia de pedir aos melhores artistas de sua época toda uma série de quadros para o altar, dedicou um deles à glória de São Marcoul. Ele o confiou ao pintor especialista em cenas religiosas, o honesto e produtivo Jean Jouvenet. Sob Luís XIV, uma obra que representava o milagre real não poderia deixar de colocar o rei em primeiro plano; na tela que Jouvenet executou em sua maneira habitual, que é sólida e sem brilho, vê-se primeiro o monarca – com características do próprio Luís XIV – tocando o escrofuloso; mas à sua direita, um pouco afastado como era

---

[1] "O Marculphe tuis medicaris cum scrofulosis – Quos redigis peregre partibus incolumes – Morbigeras scrofulas Franchorum rex patienti – Posse pari fruitur (te tribuente) medicus – Miraculis igitur qui tantis sepe coruscas – Astriferum merear sanus adire palum". Cf. Apêndice II.

[2] Bibl. Nat. latim 1429, fol. 108-112. Sobre este célebre manuscrito, bastará remete às informações de Leopold Delisle, *Annuaire-Bulletin de la Soc. de l'hist. de France*, 1900, p. 120.

apropriado, e inclusive um pouco escondido pelo augusto médico, pode-se observar este abade que se inclina, como em oração, tendo um halo sobre sua cabeça: é Marcoul, presente ao rito que a sua intercessão tornava possível. Ao mesmo tempo, perto de Saint-Riquier, em Saint-Wulfran d'Abbeville, um pintor, que permanece anônimo, talvez inspirado pelo modelo fornecido por Jean Jouvenet, também representou Luís XIV no ato de cura: ao lado do grande rei, São Marcoul. Em Tournai, na igreja de St. Brice, outro quadro de altar, pintado provavelmente quando a cidade era francesa – de 1667 a 1713 –, por um talentoso artista que se acredita ser Michel Bouillon, que manteve uma escola na região entre 1639 e 1777: o abade de Nant, levando a mitra como um bispo, e um rei da França, com uma fisionomia bastante impessoal, coberto pelo manto de flor-de-lis forrado com arminho, estão lado a lado; na mão esquerda, o príncipe segura um cetro, e o homem da igreja, uma cruz; e ambas as mãos direitas, com um gesto bastante parecido, elevam-se como se abençoassem os doentes que, em atitudes dramáticas, lançam-se sobre seus pés. Um tema semelhante é encontrado em obras de menor importância. Em 1638, Dom Oudard Bourgeois, prior de Corbeny, ao publicar sua *Apologia a São Marcoul*, escolhe para o frontispício uma gravura na qual vemos um rei – desta vez, como seria de se esperar, com a barbicha que caracterizava Luís XIII – estendendo a mão a uma pessoa doente; em uma terceira, o santo do priorado. Agora, provavelmente datando do século XVII, há duas produções de arte piedosa para o uso das multidões: uma estampa gravada por H. Hébert, e uma medalha cunhada pela igreja Sainte-Croix d'Arras; ambas colocam um rei e São Marcoul frente a frente; entre eles, apenas uma única diferença significativa: na estampa, assim como no afresco da sala do tesouro de St. Riquier, e talvez imitando aquela representação, o santo aparece tocando o queixo do rei; na medalha, o santo lhe impõe as mãos; em ambos os gestos, a mesma ideia expressa: a de uma transmissão sobrenatural. Atravessemos finalmente as fronteiras do reino. Em 27 de abril de 1683, uma confraria em homenagem ao nosso santo foi estabelecida em Grez-Doiceau, no Brabant; de acordo com o costume dos Países Baixos, foram distribuídas aos peregrinos imagens sob a forma de bandeirolas, chamadas "*drapelets*"; conservou-se uma *drapelet* de Grez-Doiceau, que parece datada do século XVIII; aos pés de São Marcoul, e beijando um objeto redondo, sem dúvida um relicário que lhe foi entregue, um rei da França é visto, vestido como sempre com seu longo manto bordado com flores-de-lis; a seu lado, em uma almofada, o cetro e a coroa. Assim, mesmo em terras estrangeiras, o santo não era concebido sem o rei como seu atributo. Em todos os lugares, a iconografia difundiu a ideia de que este antigo monge, de quem tão pouco se conhecia – ermitão, fundador da abadia e antagonista do diabo nos tempos merovíngios – desempenhou importante papel nas origens e na continuação do poder de cura[1].

---

[1] Sobre essas obras de arte, ver Apêndice II; cf. imagem II. O mesmo tema é encontrado em Grez-Doiceau em uma estatueta e pintura cujos dados não me são conhecidos. Há, é claro, as representações de São marcou de acordo com o tipo abacial banal, em que o rei

Qual papel exatamente? Jamais se esclareceu este ponto com precisão, pois a primeira concepção, que via na milagrosa virtude dos reis uma expressão de seu poder sagrado, nunca desapareceu. Durante muito tempo, além disso, houve poucas oportunidades para se discutir o problema. Mas quando os teóricos do absolutismo, no final do século XVI e início do século seguinte, tentaram exaltar o prestígio da realeza em resposta aos "monacômacos", eles concederam, como veremos, espaço suficiente ao milagre da escrófula; seu objetivo era, acima de tudo, trazer à luz o caráter divino do poder real; não podiam, portanto, aceitar, pelas maravilhosas virtudes do toque, qualquer origem que não fosse o próprio caráter divino, que, segundo eles, era sancionado ou mesmo fortalecido pelos ritos da sagração; pois, como se verá brevemente, eles não compartilhavam, em relação a essas solenidades religiosas, a intransigência anteriormente manifestada pelo autor da *Songe du Vergier*. Tenderam a ignorar a influência comumente atribuída a São Marcoul, ou mesmo a negá-la formalmente: tal é a atitude do jurista Forcatel – que simplesmente se calou sobre o tema –, do médico Du Laurens, do capelão Guillaume Du Peyrat, que polemizaram contra os partidários do Santo[1]. Não havia São Tomás de Aquino – hoje sabemos que o confundira com seu continuador, Tolomeo de Lucca – expressamente atribuído à unção as curas efetuadas pelos Capetos? Mesmo os defensores do patrono de Corbeny, como o prior Oudard Bourgeois, não ousaram mais, a partir desse momento, a reivindicar para ele qualquer participação mesmo secundária nas origens do toque: "Não quero inferir", escreveu, exatamente nestas palavras, "que alguns pensaram que nossos reis possuem a virtude de curar as escrófulas por

---

não aparece: por exemplo, os ícones do Falaise e dos Carmelitas em Place-Maubert, citados acima, e referenciados abaixo; uma gravura do século XVII, mantida na Coleção dos Santos no Gabinete das Estambas (reproduzida por Landouzy, *Le toucher des Ecrouelles*, fora do texto); duas gravuras da mesma época, originadas de livros de peregrinação, reproduzidas ibid., pp. 21 e 31; uma gravação em (Bourgoing de Villefore), *Les vies de SS. Pères des déserts d'Occident*, I, in-12, 1708, à frente da página 170, também na Coleção dos Santos no Gabinete das Estampas e na Biblioetav Ste-Genevieve, col. Guénebault, cartão 24, no. 5108 (aqui São Marcoul, na companhia de dois outros ascetas, é representado como anacoreta não como abade): uma imagem icônica do século XVII, representando o santo tentado pelo diabo disfarçado de mulher: coleção Guénebault, arquivo 24, no. 5102 (comunicação de Ch. Mortet). Não é menos verdade que o atributo próprio do santo, assim que saímos da iconografia hagiográfica mais banal, é o rei da França. São Marcoul não é mencionado por A. M. Pachinger em seus dois trabalhos: *Ueber Krankheitspatrone auf Heiligenbildern* e *Ueber Krankheitspatrone auf Medaillem; Archiv. fur Gesch. der Medizin*, II (1908-1909) e III (1909-1910).

[1] Forcatel, *De Gallorum imperio*, pp. 128 e ss.; Du Laurens, *De mirabili*, pp. 14-15; Du Peyrat, *Histoire ecclésiastique de la Cour*, p. 807. Cf. também Mauclerc, *De monarchia divina*, 1622, col. 1567. O autor que atribuiu o poder de cura a São Marcoul de maneira mais clara foi Robert Ceneau, *Gallica historia*, folio, 1557, p. 110. Sobre a atitude dos escritores do século XVI e XVII para a unçãpo, considerada como a fonte do milagre real, v. abaixo.

intercessão de São Marcoul... A sagração de nossos reis é a primeira fonte deste favor". O papel de Marcoul teria se limitado a "garantir" essa graça – isto é, a obter de Deus a confirmação e a manutenção – em reconhecimento aos benefícios recebidos por ele pelo "Rei da França" Quildeberto (nessa época se acreditava que os merovíngios realizavam a cura, desde Clóvis)[1]: esforço bastante rebuscado para conciliar duas teorias claramente contraditórias.

Contradições desse tipo dificilmente perturbavam a opinião comum. A maioria dos enfermos, peregrinos de Corbeny ou seguidores do toque real, continuava a imaginar vagamente que o abade de Nant possuía alguma relação com o poder maravilhoso dos reis, sem tentar especificar como sua ação poderia ter sido exercida. Essa crença é expressa com ingenuidade em muitos dos certificados de cura preservados nos arquivos de Corbeny. Por eles constatamos que, no século XVII, certos homens escrofulosos, após terem sido tocados pelo rei, imaginavam que não conseguiriam obter alívio completo até que realizassem uma novena ao túmulo de São Marcoul; ou então peregrinavam enquanto uma ação de graças, pois, mesmo quando, tendo sido tocados pela mão real e sem a intervenção de outras práticas piedosas, tinham se libertado de seus males, pensavam que a intercessão do santo havia, até certo ponto, contribuído para o milagre[2]. Os monges do priorado encorajavam essas ideias. O regulamento da peregrinação de Corbeny, redigido em 1633, que se encontra preservado no registro da confraria de Grez-Doiceau em Brabant, afirma nestes termos: "No caso dele" – o enfermo – "ser tocado pelo próprio mui cristão rei... (o único entre os príncipes da terra que possuía este poder de Deus de curar os escrofulosos pelos méritos deste bendito santo) após ser tocado, deve ir ou enviar alguém à confraria para ser registrado na referida confraria e lá fazer a novena, e então enviar para Corbeny o referido certificado de sua cura assinado pelo pároco ou pela justiça de seu lugar"[3]. Por outro lado, como ocorria no passado, o capítulo de Reims olhava com desconfiança a competição que o santo de Corbeny realizava junto à unção real. Em 17 de setembro de 1657, uma mulher de Reims, Nicolle Regnault, até então doente com escrófula e tendo recuperado sua saúde, possuía dois certificados de cura registrados em uma mesma folha de papel. O primeiro foi assinado pelo pároco de Saint-Jacques de Reims, Aubry, também cônego da igreja metropolitana; lê-se ali que Nicolle,

---

[1] *Apologie*, p. 65; cf. p. 9. A mesma teoria conciliadora se encontra em Marlot, *Théâtre d'honneur*, pp. 717 e ss.; cf. abaixo.

[2] Pacote 223 (informações), n°. 7; um certificado emitido em 25 de março de 1669 por dois médicos da Auray por uma vítima curada "logo após seu retorno, depois de ter sido tocado por Sua Majestade Muito Cristã e de peregrinação a St. Marc". 223, n. 11: certificado expedido em 29 de abril de 1658, pelo sacerdote em Neufchâtel, perto de Menneville (sem dúvida, Neufchâtel-s-Aisne, Aisne e Menneville, o mesmo cantão), o doente havia sido tocado por Luís XIV no dia seguinte à sagração "Pouco após a intervenção de São Marc, a quem orou, e recebeu alívio"; então a doença retornou; foi a Corbeny, orou por nove dias e acabou completamente curada.

[3] Schepers, *Le pelerinage de Saint-Marcoul à Grez-Doiceau*, p. 181. Respeito a ortografia dada pelo editor: ele parece ter modernizado o texto original.

"tendo sido tocada pelo rei no momento da sua sagração, viu-se curada"; não há nada sobre São Marcoul. O segundo foi de autoria do tesoureiro de Corbeny; este religioso certificou que a doente "fora perfeitamente curada pela intercessão do bem-aventurado São Marcoul", a quem ela fez sua novena, em ação de graças; não há qualquer menção ao rei[1]. Já as autoridades eclesiásticas superiores, para quem o prestígio da sagração gradualmente se tornou um dos mais fortes vínculos que uniam a realeza à Igreja, e o culto aos santos populares lhes eram igualmente estimados, não se preocupavam em resolver o debate. Seu ecletismo é perfeitamente expresso no tratado *Sobre a beatificação dos servos de Deus e a canonização dos santos*, do Cardeal Prosper Lambertini, posteriormente Papa Bento XIV – homem de espírito sagaz a quem Voltaire dedicou *Mahomet*. Abramos o livro IV desta obra célebre que, até hoje, é considerada uma autoridade sobre a Congregação dos Ritos; ali lemos estas palavras: "os reis da França obtiveram o privilégio de curar a escrófula... em virtude de uma graça para eles graciosamente dada, exatamente durante a conversão de Clóvis"... (esta é a teoria da unção), "enquanto São Marcoul a pediu a Deus para todos os reis da França"[2]. Afinal, como bem dizia dom Marlot, "não é impossível existir uma mesma coisa com dois títulos diferentes"[3].

Na verdade, na teoria do milagre real, São Marcoul era um intruso, cujo sucesso nunca foi perfeito. Mas como explicar essa intrusão? Absolutamente nada em sua lenda a justifica; pois, se lemos nas vidas antigas que ele recebera de Quildeberto alguns presentes, não encontramos nada, não importa o que tenha afirmado Oudard Bourgeois, de que ele fora "magnífico com Sua Majestade"[4], e que se possa relacionar ao fato dele ter tido algum dom maravilhoso, ou sequer ter "continuado" qualquer dom deste tipo. A ideia de sua intercessão nasceu, no final da Idade Média, do espetáculo das primeiras peregrinações reais, que foram interpretadas, como tantas outras, enquanto ações de graça em reconhecimento a algum benefício; tal interpretação posteriormente se impôs aos próprios reis; as comunidades ou confrarias interessadas no culto ao santo buscaram difundi-la. Tais são, pelo menos, as circunstâncias eventuais que permitem explicar essa curiosa crença, sem análogo na Inglaterra[5], que se desenvolveu na França no final da Idade Média;

---

[1] Pacote 223 (informações) n. 7.

[2] Bento XIV, *Opera omnia*, fol., Veneza 1788: *De servorum Dei beatificatione et beatorum canonizatione*, 1. IV, parte I, cap. III, c. 21, p. 17 : "Ad alind quoddam genus referendum est illud, quo modo a Nobis subnectitur, ad privilegium videlicet Regum Galliae strumas sanandi: illud quippe non hereditario jure, cuit innata virtute obtinetur, sed Gratia ipsa gratis data, aut cum Clodoveus Clotildis uxoris precibus permotus Christo nomen dedit, aut cum Sanctus Marculphus ipsam pro Regibus omnibus Galliarum a Deo impetravit".

[3] *Théâtre d'honneur*, p. 718; a frase se encontra em Regnault, *Dissertation*, p. 15.

[4] *Apologie*, p. 9.

[5] É verdade que, de acordo com uma teoria cujo autor responsável parece ser Carte, em sua *General History of England*, 1747, I, IV, § 42 (cf. Law Hussey, *On the cure of*

mas ela não pode ser totalmente compreendida sem ser considerada –acima de tudo – como a expressão de uma tendência geral da consciência popular em relação à confusão ou, eu me atrevo aqui a tomar emprestado um termo da filologia clássica, à "contaminação" das crenças. Na França havia reis que, desde o século XI, aproximadamente, haviam curado a escrófula; também havia no mesmo país um santo que, um ou dois séculos depois, passou a ser reconhecido como dotado de poder semelhante; a doença era, por sua vez, conhecida por "mal real" e "mal de São Marcoul"[1]: como admitir que esses dois fatos maravilhosos não estavam relacionados? As imaginações buscaram uma ligação, e acabaram por encontrá-la. Que assim se tenha obedecido a uma necessidade constante da psicologia coletiva, é o que nos mostrará a história de outra contaminação do mesmo tipo, na qual os reis taumaturgos e o santo de Corbeny estiveram simultaneamente envolvidos.

§ 3. Os sétimos filhos, os reis da França e São Marcoul

Desde tempos imemoriais, alguns números foram considerados dotados de caráter sagrado ou mágico: especialmente o número 7^2. Não é de surpreender,

---

scrofulous diseases, p. 208, n. 9; Crawfurd, *King's Evil*, p. 17), os reis da Inglaterra tocavam os doentes em uma câmara do palácio em Westminster, chamada Câmara de São Marcoul. Na verdade, os *Rotuli Parliamentorum* mencionam repetidamente a existência, neste palácio, de uma *Chambre Marcolf* ou *Marcholf* (cf. *Index*, p. 986), pela primeira vez em 1334 (II, p. 147a), e pela última vez em 1483 (VI, p 238a). Mas nada indica que os reis teriam tocado ninguém nesta sala. Este cômodo geralmente servia como lugar de reunião para a comissão *triours des petitions*, composta por não mais de dez membros, e deveria ser de tamanho muito pequeno; como se poderia agrupar a grande clientela da cura real? Além disso, devemos notar que é citado 73 vezes em Rotuli, e sempre aparece sob o nome de *Marcolf* (ou *Marcholf*) e nunca como *Saint Marcolf*, o que, se tivesse realmente o nome de um santo, teria sido absolutamente contrário aos costumes da época. Sem dúvida o *Marcolf*, em homenagem ao qual a sala foi batizada, era um personagem totalmente profano, muito diferente do abade de Nant. Penso – mas é uma simples hipótese – no gentil Marcoul, cujas conversas com o bom rei Salomão animavam a audiência medieval (ver, entre outros, G. Paris, *La litterature francaise au moyen âge*, § 103); não existiria pinturas, nas paredes desta sala, mostrando essas divertidas conversas? Parece, além disso, que São Marcoul jamais fora grandemente popular na Inglaterra, o que nos surpreenderia ainda menos se pensarmos que a difusão de seu culto no continente se deu, como é amplamente conhecido, após a Reforma. O santo não aparece no *Sanctilogium Angliae,* de Jean Tynemouth, morto em 1348 (C. Horstmann, *Nova legenda Angliae*, I, Oxford, 1901, p. IX); tampouco se sabe de qualquer igreja inglesa que lhe tenha sido dedicada; cf. Frances Arnold-Forster, *Studies in church dedications*, III, 1899.

[1] Esta expressão aparece repetidas vezes nos certificados de cura mantidos nos Arquivos de Reims.

[2] Sobre este tema cabe remeter a W.H. Roscher, Die Sieben- und Neunzahl im Kultus und Mythus der Griecen; Abh. der phil.-histor. Klasse der Kgl. sachsischen Gesellsch. der Wissensch., XXIV, I (1904). Cf. também Petri Bungi, Bergomatis, Numerorum mysteria, in-4f, Paris 1618, pp. 282 e ss.; e F. V. Adrian, Die Siebenzahl im Geislesleben der Volker; Mitteil. der antbropol. Gesellschaft in Wien, XXXI (1901).

então, que em tantos países diferentes, um poder sobrenatural particular tenha sido atribuído ao sétimo filho ou, mais precisamente, ao último representante de uma série contínua de sete filhos do sexo masculino, sem filhas intermediárias; por vezes também, mas muito mais raramente, à sétima filha, também aparecendo após uma série ininterrupta do mesmo sexo. Este poder por vezes assume um caráter desagradável e é especialmente deletério para quem o possui: em algumas partes de Portugal, segundo parece, os sétimos filhos poderiam se transformar em asnos todos os sábados – voluntariamente ou não, eu não sei – e, sob essa aparência, perseguidos por cães até o amanhecer[1]. Mas, quase sempre, é concebido como essencialmente benéfico: em alguns locais, o sétimo filho é tido por adivinho[2]; e em quase em todos os lugares vê-se nele – assim como eventualmente na sétima filha – um curandeiro nato, ou um "curandeiro secreto" como dizem em Berry[3] ou, em Poitou, um "tocador"[4]. Esta forma de crença tem sido, e provavelmente ainda é, muito difundida na Europa Ocidental e Central: foi relatada na Alemanha[5], em Biscaia[6], na Catalunha[7], em quase toda a França[8], nos Países Baixos[1], na Inglaterra[2], na Escócia[3], na Irlanda[4], e mesmo, segundo se diz, fora da Europa, no Líbano[5].

---

[1] W. Henderson, *Notes on the Folk-Lore of the Northern Counties of England*, ed. a 2-a (*Publications of the Folk-Lore Society*, II), Londres 1879, p. 306 (o fato está citado segundo comunicação do professor Marecco). Segundo F. V. Adrian, *Die Siebenzahl*, p. 252, o sétimo filho ou filha é por vezes considerado um demônio; assim como todos os demônios saem do sétimo ovo de uma galinha preta ou dos ovos de uma galinha de sete anos de idade.

[2] *Revue des traditions populaires*, IX (1894), p. 112, nr. 17 (em Menton). A concepção popular que explica esse tipo de caráter favorável ou desagradável atribuído ao poder do sétimo filho é bem expressa pelas palavras de uma camponesa inglesa, citada por Charlotte Sophia Burne, *Shropshire Folk-Lore*, Londres 1885, p. 187: "The seventh son'll always be different tille the others".

[3] Laisnel de la Salle, Croyances et légendes du centre de la France, 1875, II, p. 5.

[4] Tiffaud, *L'exercice illegal de la medecine dans le Bas-Poitou* (tese de medicina de Paris), 1899, p. 31.

[5] F. Liebrecht, *Zur Volkskunde*, Heilbronn 1879, p. 346 (com referências).

[6] Theophilo Braga, *O Povo Portuguez*, II, in-12, Lisaboa 1885, p. 104.

[7] Joseph Sirven, Les Saludadors (1830) Soc. agricole, scientifique et littéraire des Pyrénées-Orientales, XIV (1864), pp. 116-118 (Catalunha e Roussillon).

[8] Mais adiante, citado no texto ou nas notas, serão encontrados vários depoimentos antigos ou modernos sobre essa superstição na França. Limito-me a indicar aqui aqueles que eu não terei a oportunidade de citar mais tarde: Leonardus Vairus (L. Vairo), *Defascino libri tres*, Paris, f. redus in-4°, 1583, lib. I, c. XI, p. 48 (o autor, que é italiano, afirma que esta superstição seja generalizada "na Gália e na Borgonha"; cito, como se pode ver, uma das edições francesas, a única que eu pude consultar; foi traduzido para o francês sob o título: *Trois livres des charmes*, 1583, e pude assim contribuir para a propagação da fé em nosso país), Thomas Platter, em suas memórias escritas em 1604-1605, traduzidas por L. Sieber, *Mémoires Soc histoire Paris*, XXIII (1898), p. 224; Petri Bungi *...numerorum mysteria*, 1618, p. 302 (o sétimo filho e a sétima filha); de L'Ancre, *L'incredulite et mescreance du sortilege...* 1622, p. 157; Laisnel de la Salle, *Croyances et legendes du centre de la France*, II, p. 5; Jaubert, *Glossaire du centre de la France*,

Seria muito antiga? Os primeiros testemunhos que possuíamos sobre sua existência remontam, a meu ver, ao início do século XVI; não encontrei nada anterior a Cornelius Agripa e sua *Filosofia Oculta*, publicada pela primeira vez em 1533[6]. Podemos supor que, antes de emergir à luz dos livros, essa superstição, que a Antiguidade parece ter ignorado, há muito existia na Idade Média sem deixar vestígios escritos? Sim, podemos; e também é possível que um dia sejam descobertas referências a ela em textos medievais que me

---

1864 (sob o verbete *Marcou*); M.A. Benoît, *Proces-verbaux soc. archeol. Eure-et-Loire*, V (1876), p. 55 (Beauce), Tiffaud, *L'exercice illégal de la medicina dans le Bas-Poitou*, pp. 19, 31, 34 n. 2; Bosquet, *La Normandie romanesque et merveilleuse*, Rouen 1845, p. 306 (sétima filha); Paul Sebillot, *Coutumes populaires da Haute-Bretagne* (*Les littératures populaires de toutes les nations*, XXII), p. 13; Paul Martelliere, *Glossaire du Vendômois, Orleans et Vêndome 1893* (sob o verbete *Marcou*).

[1] M. Delrío, *Disquisitionum magicarum*, I, cap. III, Qu. IV, ed. de 1606, t. I, p. 57 (Flandres); Eug. Monseur, *Le Folklore wallon*. in-12, Bruxelles [18921, p. 30, § 617 (Wallonia).

[2] Aplico aqui, para a Inglaterra, a mesma regra que para a França. Algumas das passagens indicadas servem também à Escócia. *Diary of Walter Yonge Esqu.*, ed. G. Roberts (Camden Society, 41), Londres, 1848 (diário de 1607), p. 13; Crooke, *Body of man* (surgido em 1615; conheço este testemunho apenas por intermédio de E. Murray, *A new English Dictionary*, sob o verbete *King's Evil*); John Bird, *Ostenta Carolina*, 1661, p. 77; χειρεξοχη, 1665, p. 2; Thiselton-Dyer, *Old English social life as told by the parish registers*, in-12, Londres 1898, p. 77; W.G. Black, *Folk-medicine*, Londres 1883, pp. 122 e 137 ; W. Henderson, *Notes on the Folk-Lore of the Northern Counties*, ed. a 2-a, pp. 304 e 306; Henry Barnes, *Transactions of the Cumberland and Westmoreland Antiquarian and Archaeological Society*, XIII (1895), p. 362; John Brand, *Popular Antiquaries of Great Britain*, in-4°, Londres, 1870, p. 233; Charlotte Sophia Burne, *Shropshire Folk-Lore*, Londres 1885, pp. 186-188 (sétimo filho e sétima filha); *Notes and Queries*, seria a 5-a, XII (1879), p. 466 (sétima filha); *The Folk-Lore*, 1895, p. 205; 1896, p. 295 (sétima filha); pelo último exemplo pode-se ver que em Somerset os toques deveriam ocorrer em duas séries de sete manhãs, separadas por sete dias sem toques; no mesmo condado, o poder ainda maior era da sétima filha de uma sétima filha; a cifra sagrada é dominante.

[3] Robert Kirk, *Secret Commonwealth*, in-4°, 1815, p. 39 (a obra foi redigida em 1691); J. G. Dalyell. *The darker superstitions of Scotland*, 1834, p. 70; *Notes and Queries*, seria a 6-a, VI (1882), p. 306; *The Folk-Lore*, 1903, p. 371, n. 1 e 372-373; 1900, p. 448.

[4] *Dublin University Magazine*, IV (1879), p. 218; *The Folk-Lore*, 1908, p. 316. No condado de Donegal, como em Somerset, havia várias crenças em torno do número 7; o toque do sétimo filho deveria ocorrer em sete manhãs consecutivas: *Folk-Lore*, 1897, p.15; no mesmo condado, a parteira que recebe o sétimo filho, ao nascer colocava em suas mãos um objeto escolhido por ela; e poderia esfregar seus pacientes para curá-los com objetos feitos do mesmo material: *Ibid*. 1912, p. 473.

[5] F. Sessions, *Syrian Folklore, Notes gathered on Mount Lebanon*; The Folk-Lore, IX (1898), p. 19.

[6] *De occulta philosophia*, II, c. III, gr. in-8°, [1533], p. CVIII. Cornelius Agrippa menciona também a sétima filha.

escaparam[1]. Porém, prefiro acreditar que se tornou uma crença realmente muito popular nos tempos modernos; pois parece ter sido devida, em boa parte, a esses pequenos volumes impressos que, vendidos por comerciantes itinerantes especialmente a partir do século XVI, colocaram ao alcance dos simples as ciências herméticas antigas e, em particular, as especulações sobre números, anteriormente desconhecidas pela alma popular[2]. Em 1637, um certo William Gilbert, de Prestleigh em Somerset, tendo tido sete filhos sucessivamente, dedicou o último, chamado Richard, para "tocar" os doentes. Nesta época, por razões que veremos mais adiante, o governo de Carlos I perseguiu severamente curandeiros desse tipo. O bispo de Wells, à qual a diocese de Prestleigh pertencia, foi encarregado de investigar o caso de Gilbert; ele descobriu – e sabemos disso a partir de seu relatório – como o pequeno Richard havia começado a fazer curas. Um fazendeiro da região tinha uma sobrinha que sofria de escrófula; ele lembrou ter lido em um livro anônimo, intitulado "Milhares de coisas notáveis de vários tipos", que esta doença provavelmente seria curada pelos sétimos filhos; decidiu então enviar a menina à família Gilbert; ela foi a primeira paciente do médico criança[3]. Conhecemos, atualmente, a obra na qual o homem descobriu essa preciosa indicação; composta por um certo Thomas Lupton e publicada pela primeira vez em 1579, atingiu um número bastante grande de edições[4]. Podemos crer que mais de um pai, com sete meninos, tomou diretamente do livro ou, como fez William Gilbert, por meio dos bons ofícios de um intermediário, a ideia de utilizar o maravilhoso talento dado ao nascido desta bela série. Além disso, o próprio Lupton não pode ser considerado, neste caso, como o intérprete imediato de uma tradição popular; ele também a extraiu de uma fonte literária, que teve a honestidade de citar e, curiosamente, de uma fonte estrangeira: trata-se dos *Nove Séculos de fatos memoráveis* do médico e astrólogo francês Antoine Mizauld, que reproduziu a

---

[1] Raoul de Presles, em sua tradução, muitas vezes citada de *A Cidade de Deus*, na exposição no capítulo 31 do livro XI, ao discutir as virtudes do número 7 não menciona os poderes milagrosos do sétimo filho; não podemos tirar conclusões desse silêncio; pode ser que Raoul não tenha desejado recordar uma superstição popular.

[2] É claro que o uso de números sagrados e especialmente do número 7 era familiar ao pensamento erudito, e especialmente para a teologia, na Idade Média; os sete sacramentos são o exemplo mais famoso e não o único (v. Hauck-Herzog, *Realityclopaedia der prot. Theology*, art *Siebenzahl*); Não pretendo, aqui, discutir essas questões, apenas as superstições populares.

[3] Os documentos do processo, analisados em *Calendar of State Papers*, *Domestic*, *Charles I*, 30 de setembro e 18 de novembro de 1637, foram publicados em parte por Green, *On the Cure by Touch*, pp. 81 e ss. Deve-se acrescentar que, desde o nascimento da criança, a avó paterna anunciou que o menino fazia curas. Mas ele não começou a praticar até que o fazendeiro Henry Poyntynge, lendo o livro de Lupton, enviasse sua sobrinha.

[4] Th. Lupton, *A thousand notable things of sundry sortes*, f. pq. in-4°, Londres [1579], II, § 2, p. 25; cf. *Dictionary of National Biography*, sob o nome do autor.

informação que determinaria a vocação do jovem curandeiro de Prestleigh[1]. Também os *Nove Séculos,* desde seu surgimento em 1567, foram reimpressos muitas vezes, especialmente na Alemanha. Quantos teriam sido os *tocadores* de vários países que tomaram deste pequeno livro, em primeira ou segunda mão, a inspiração que decidiu sua carreira? Outros textos semelhantes podem ter desempenhado a mesma função em outros lugares. A imprensa nem sempre serviu ao mundo para o progresso do pensamento racional.

Que males, então, aliviariam os "septenários" – para lhes dar o nome pelo qual eram frequentemente mencionados na Velha França? Originalmente, a princípio, todos, sem distinções. Na Alemanha, especialmente, seu poder parece ter sido sempre de aplicação geral. Em outras regiões, sem perder completamente a influência a todas as doenças, eles se especializaram. Dependendo do país, receberam diferentes habilidades: em Biscaia, na Catalunha, curavam mordidas por cães raivosos; na França, Grã-Bretanha e Irlanda, escrófula[2]. Nossos textos mais antigos, de Cornelius Agrippa, Antoine Mizauld e Thomas Lupton, já os mostram neste papel de médico de escrofulosos, algo que encontramos, ainda em nossos dias, em certos vilarejos em ambos os lados do Canal. Qual a origem desta virtude particular? É bastante surpreendente que lhes tenha sido atribuída precisamente nos dois países em que os reis também a exerciam[3]. Não é que, primitivamente, a crença nas curas realizadas pelos sétimos filhos tivesse qualquer relação com a fé no milagre real; nascera de diferentes concepções e, caso se possa dizer, de um tipo diferente de magia. Mas, sem dúvida, na França e nos Estados da coroa da Inglaterra, existia o costume de ver na escrófula um mal que exigia, essencialmente, tratamentos extraordinários, uma "doença maravilhosa", como dissera Jean Golein; um "mal sobrenatural", segundo um panfleto inglês do século XVII[4].

Os sétimos filhos tiveram na França e nos países britânicos, nos séculos XVI e XVIII, inúmeros adeptos. Na Inglaterra, vários deles estabeleceram junto ao soberano uma séria competição; alguns doentes preferiram recorrer a eles ao invés do rei[5]; Carlos I ou seus conselheiros, defensores zelosos desta questão, bem como de outras de prerrogativa monárquica, perseguiram-nos severamente.

---

[1] Antonii Mizaldi, *Memorabilium, utilium ac iucundorum Centuriae novem*, f. pq. in-8°, 1567, cent. III, c. 66, p. 39 v.

[2] J. B. Thiers acredita que podiam também curar a "febre que retorna a três ou quatro dias". Na Escócia, curavam várias doenças além de escrófulas: *Folk-Lore*, 1903, pág. 372. No Roussillon, onde se mesclam as influências espanhola e francesa, eles curavam simultaneamente a multidão, curavam a raiva, como na Catalunha, e as escrófulas, como na França: *Soc. Agric. des Pyrenees-Orientales*, XIV (1864), p. 118. De acordo com Thiers (4ª ed., p. 443), a sétima filha curava "as inflamações da pele nos calcanhares".

[3] Não possuímos qualquer testemunho sobre a Escócia na época de sua independência.

[4] Cf. a seguir.

[5] Um exemplo curioso nos é oferecido por uma correspondência analisada em *Calendar of State Papers*, *Domestic*, Charles I, 10 de Junho, 20 de Outubro, 22 de Outubro de 1632.

Na França, onde geralmente eram deixados em paz, também chegaram a alcançar um grande sucesso[1]. Todos os círculos da sociedade conheciam suas proezas, ainda que pessoas de bom senso, como Madame de Sévigné ou a Princesa Palatina[2], falassem deles com um quê de ironia. Conhecemos vários deles: um estudante de Montpellier que praticou sua arte em torno de 1555[3]; um eremita de Hyères, na Provence, sobre o qual um de seus admiradores, que permaneceu anônimo, escreveu em 1643 um *Curioso tratado sobre a cura da escrófula pelo toque dos septenários*, que merece ser incluído entre os monumentos mais singulares da estupidez humana[4]; em 1632, o filho de um alfaiate de Clermont em Beauvaisis; na mesma época, um professor do convento carmelita de Place Haubert, Paris[5]. Este último praticou sua atividade em perfeito acordo com seus superiores. Por isso, pode-se concluir que a Igreja não condenava oficialmente essa superstição; teremos a oportunidade de ver, posteriormente, como os religiosos de Corbeny sabiam como se aproveitar disso. Mas, é claro, os eclesiásticos mais rigorosos ou mais esclarecidos a condenavam. Conhecemos, de Bossuet, uma carta muito seca dirigida à abadessa de Faremoutiers, que estava interessada em um jovem que parecia dotado deste dom. "Permita-me, madame", escreveu o prelado, "que eu tenha a honra de dizer-lhe que eu me interessei pelo tema destes sétimos filhos para lhes impedir que enganem o mundo ao exercer sua pretensa prerrogativa, que não tem fundamento"[6]. Da mesma forma concluía, em 1679, Jean Baptiste Thiers em seu *Tratado das superstições* e, em 1704, Jacques de Sainte-Beuve em suas *Resoluções de vários casos de consciência*[7]. Como seria de se esperar, a opinião destes doutores não impediu a sobrevida da crença. Já indiquei que foi mantida em alguns lugares até a atualidade. Em meados do século XIX, um camponês da pequena vila de Vovette, em Beauce, que era o sétimo de uma

---

[1] Sobre a atitude dos dois monarcas em relação aos septenários, cf. abaixo.

[2] Carta de Mme de Sévigné ao conde Gontaut, 18 de maio de 1680 (fala, no caso, da sétima filha); *Briefe der Prinzessin Elisabeth Charlotte von Orleans...* ed. W. Menzel (*Biblioth. des literarischen Vereins in Stuttgart*, VI), 1843, p. 407; cf. abaixo.

[3] O médico de Felix Platter, que estudou em Montpellier entre 1552 e 1557, conheceu essa pessoa, nascida em Poitou: ver F. F. Platter, *Praxeos... tomus tertius: de Vitiis*, I, c. III, Basileia 1656, in-4 °; é curioso que esta passagem não parece ser encontrada em edições anteriores do trabalho; Platter não mencionou o fato em suas memórias, como se pode ver em G. Lanson, *Hommes et livres*, in-12, Paris, 1895.

[4] Por L.C.D.G., f. pq. in-4°, Aix 1643; o autor é de opinião de que os sétimos filhos desfrutam deste dom apenas na França, e apenas se têm ascendência francesa (até o quarto grau) e se são "fiéis, bons católicos e não cometem assassinatos".

[5] Cf. abaixo.

[6] *Correspondance*, ed. Ch. Urbain e E. Levesque, VII, p. 47, nr. 1197 (27 de março de 1695). Foi o abade Duine quem, muito amavelmente, chamou minha atenção para esta carta.

[7] Thiers, ed. a 4-a, p. 442; Sainte-Beuve, III, c. CLXX, pp. 589 e ss. Comparar com atitude semelhante tomada por Thiers e Jacques de Sainte-Beuve em relação às superstições que floresciam em torno à peregrinação a São Huberto: Gaidoz, *La rage et Saint Hubert*, pp. 82 e ss.

série de filhos homens, exerceu por muitos anos uma muito lucrativa atividade com seu caráter de septenário[1].

Havia, então, na França, sob o Antigo Regime, três tipos diferentes de curandeiros, todos igualmente prodigiosos e, como então se acreditava, dotados de semelhante poder: um santo – São Marcoul –, os reis e os sétimos filhos. O poder atribuído a eles tinha uma origem psicológica distinta para cada categoria: para São Marcoul era a crença geral nas virtudes milagrosas e na intercessão dos santos; para os reis (em princípio, e com todas as reservas feitas na lenda tardia de Corbeny), a concepção de realeza sagrada; para os sétimos filhos, finalmente, especulações verdadeiramente pagãs sobre os números. Mas essas características divergentes acabaram sendo aproximadas e amalgamadas pela consciência popular; em relação aos septenários, como em relação aos reis, o que agiu foi a tendência à contaminação.

Era uma opinião generalizada que os indivíduos com poderes mágicos especiais, e especialmente os curandeiros, traziam ao mundo, ao nascer, uma marca distintiva em seus corpos, uma indicação de seus dons e, por vezes, sua origem ilustre: tal foi o caso – segundo o testemunho de vários autores dos séculos XVI e XVII – da roda "inteira ou quebrada" que, na Espanha, seriam encontrados nos "parentes de Santa Catarina" (a roda se tornou o emblema da santa após de ter sido o instrumento de seu martírio), ou ainda, de acordo com os mesmos escritores, a "figura" em forma de serpente, que "impressa na carne" dos "parentes de São Paulo", era tido, na Itália, como sinal herdado do apóstolo dos gentios que identificava o dom de curar picadas venenosas[2]. Os sete filhos não foram exceção. Em Biscaia, na Catalunha, acreditava-se que possuíam uma cruz na língua ou no palato[3]. Na França, o sinal com o qual a credulidade pública os reconhecia tomou outro aspecto, mais particular: era uma "flor-de-lis" que, segundo aquelas boas pessoas, aparecia marcada a partir do primeiro dia em algum lugar de sua pele: alguns eram mais específicos: na coxa. Esta superstição aparece já no século XVII[4]. Existiria ainda, nesta época, muitas pessoas que imaginavam que os reis também nasciam com marcas deste tipo? Padre Dominique de Jesus, em sua *Monarquia sagrada e histórica da França*, na qual se esforçou, com uma absurda engenhosidade, em estabelecer laços

---

[1] Dr. Menault, Du marcoul; De la guerison des humeurs froides; Gazette des hôpitaux, 1854, p. 497; resumido em Moniteur Universel de 23 de outubro.

[2] Leonardus Vairus, *Defascino libri tres*, C. II, cap. XI, ed. de 1583, p. 141; Theophile Raynaud, S.J., *De Stigmatismo sacro etprophano*, Sectio II, c. IV, em *Opera*, fol., Lyon 1665, XIII, pp. 159-160; J. B. Thiers, *Traité des superstitions*, ed. a 4-a, pp. 438-439 (as expressões entre aspas são tomadas desta última obra).

[3] T. Braga, O Povo Portuguez, II, p. 104 ("uma cruz sobre a língua"); J. Sirven, *Soc. agricole Pyrenees Orientales*, XIV (1864), p. 116: "Le vulgaire... assure qu'ils ont une marque distinctive au palais de la bouche comune une croix ou une fleur de lys"; como sempre, em Roussillon, misturam-se influências: a cruz espanhola, a flor-de-lis francesa; cf. abaixo.

[4] O testemunho mais antigo parece ser o de Raulin, *Panegyre... des fleurs de lys*, 1625, p. 178.

familiares que unissem a dinastia ao maior número possível de santos, chegando a São Leonardo de Noblat, apresentou a seguinte prova de parentesco deste piedoso abade com a casa da França: "Vemos em sua cabeça uma flor-de-lis, gravada pela natureza em seu crânio, como eu mesmo a vi e toquei no ano de mil seiscentos e vinte e quatro"[1]. Havia, ao que parece, um eco distorcido da velha crença. Não conheço outro testemunho escrito da mesma época. Sem dúvida, ela morrera, pouco a pouco. Na maravilhosa marca atribuída aos sétimos filhos, devemos ver uma de suas últimas manifestações: sem dúvida, de fato, esse lírio não era, de acordo com o sentimento comum, o lírio régio. O jesuíta René de Ceriziers em 1633, o Reverendo Régnault já em 1722, ainda o consideram demonstração do poder dos "sétimos" que "chegam a nós do crédito que nossos Reis têm no Céu"[2]: interpretação já semi-racional; permaneceremos mais próximos à verdade popular afirmando simplesmente que a multidão, infinitamente despreocupada com a lógica, estabeleceu entre esses curandeiros, médicos natos das escrófulas, e os reis da França, uma relação misteriosa, cuja expressão sensível era, nos corpos dos primeiros, um sinal físico congênito, reproduzindo o emblema característico do brasão capeto e semelhante àquele que, como por muito tempo se acreditou, e talvez ainda por vezes se acreditasse, que os reis possuíam. Não há dúvida de que esta não era a única maneira pela qual esta relação foi concebida. É possível que, no século XVII, os septenários, antes de começar a praticar a sua arte, por vezes se fizessem tocar pelo rei, com o objetivo de entrar em contato com algo de seu fluido[3]. Assim é inclusive na atualidade, em certas regiões rurais, em que sua virtude é considerada particularmente eficaz quando seus pais tomaram a precaução de lhes dar o nome de Luís; uma tradição que, obviamente, traz um vestígio do tempo em que

---

[1] Fol. 1670, I, p. 181. E. Molinier, *Les Politiques chrestiennes*, 1621, cartea III, cap. III, p. 310, escreve sobre as famílias escolhidas por Deus para exercer a autoridade, reais ou nobres: "Afirmo que aqueles que descendem de tais casas ainda carregam desde o útero de sua mãe, não como aqueles de nossos antigos romanos, a marca de uma espada ardente gravada em sua coxa, mas a autoridade de um valor hereditário gravado acima de seu nome" (cf. Lacour-Gayet, *Education politique*, p. 353). Obviamente, que possuímos apenas uma reminiscência literária. J. Barberier em seu tratado sobre *Les Miraculeux Effects de la sacree main des Roys de France*, publicado em 1618, menciona à p. 38 a lança, marca hereditária do "Spartes Thébains" e a âncora dos selêucidas (cf. acima); ele parece afirmar que tenha havido um sinal real na França.
[2] De Ceriziers, Les heureux commencemens, p. 194; [Regnault] Dissertation historique, p. 8.
[3] Pelo menos, é o que se pode deduzir de uma frase escrita por Bossuet na carta citada acima: "O rei não toca mais esse tipo de gente" – os sétimos filhos – "quando ela toca os outros, isto é, no caso das escrófulas". "Não toca mais": os reis tinham, portanto, o costume de tocar estes sétimos filhos mesmo fora destes "caso das escrófulas"; é lamentável que nenhum outro texto, pelo menos que tenha chegado a meu conhecimento, nos permita dar a essas palavras, um pouco enigmáticas, uma interpretação completamente segura.

os reis da França transmitiam, de pai para filho, este nome[1]. Vemos com este último exemplo que as superstições desta natureza, nascidas de um estado de espírito monárquico, sobreviveram, em certos casos, à própria monarquia. Da mesma forma ocorreu com a flor-de-lis: em meados do século XIX, o curandeiro de Vovette, que conseguiu extrair do acaso tão grandes lucros, revelava a marca heráldica presente desde seu nascimento, segundo dizia, na ponta de um de seus dedos. Quando se fazia necessário, a engenhosidade sabia como superar a natureza. Nos séculos XVI e XVIII, fortemente se suspeitava que os "parentes de Santa Catarina" produziam artificialmente as marcas semelhantes à roda ou à serpente da qual se vangloriavam tanto[2]. Dr. Menault, que escreveu em 1854 um curioso artigo com um tom bastante cético sobre o homem de Vovette, assegura que os charlatões de sua espécie, quando tinham a infortúnio de nascer sem qualquer marca, criavam uma para si por meio de cortes que deixavam cicatrizes com a forma apropriada[3]. Tal foi o último suspiro do "sinal" dos reis da França.

Muito mais estreita era a reaproximação com São Marcoul. Desde o início do século XVII ou até antes, os sétimos filhos colocavam-se sob a invocação do médico celeste das escrófulas. A maioria deles, toda vez que fossem tocar os enfermos, primeiramente rezava ao santo. Mais ainda: no início de suas carreiras, mesmo antes de começarem a exercê-la, quase todos iam a Corbeny onde cumpriam uma novena. Ao observar esses usos, imitavam eles também os reis da França ou, melhor dizendo, obedeciam ao mesmo sentimento que empurrara aqueles príncipes para a peregrinação às margens do Aisne, e que também se expressava, como vimos, na liturgia do milagre real; achavam necessário, para que pudessem realizar as curas, antes de tudo, assegurar-se da intercessão do grande protetor dos escrofulosos: *seus* escrofulosos, afirmavam especificamente as palavras de São Marcoul na inscrição de Saint-Riquier, já citada. Eles praticavam sua arte preferencialmente nos dias de festa do santo; por vezes ousavam a afirmar que curavam em nome de São Marcoul. Em resumo, teriam construído com o santo, mantida toda reverência, uma espécie de aliança piedosa[4].

---

[1] E. Monseur, *Le folkore Wallon*, p. 30, § 617: "Para ter o poder de curar... levar o nome de Luís, e ser o sétimo filho da família, são ambas grandes predisposições". Acredito que as duas "predisposições" usualmente deveriam ser reunidas em uma única pessoa.

[2] Vairus, *loc. cit.*; Raynaud, *loc. cit.* e *Naturalis Theologia*, Dist. IV, nr. 317, em *Opera*, V, p. 199; Thiers, *loc. cit.*

[3] Cf. abaixo. O curandeiro de Vovette distribuía entre seus pacientes uma imagem (provavelmente de São Marcoul) que trazia as seguintes palavras: "O Rei te toca, Deus te cura!" (*Ibid.*, p. 344); era a fórmula utilizada pelos reis que tocaram os doentes. Trata-se aqui de outra reminiscência, um pouco distorcida, do mesmo tipo de crenças: no *Revue des traditions populaires*, IX (1894), pág. 555, nº. 4, lemos no chamado Bocage Normand: "quando há sete filhas em uma família, a sétima leva em qualquer parte do corpo uma flor-de-lis, e cura as inflamações intestinais de crianças".

[4] Du Iaurens, *De mirabili*, p. 20; Favyn, *Histoire de Navarre*, p. 1059; de l'Ancre, *L'incredulite et mescreance du sortilege*, p. 161; Raulin, *Panegyre*, p. 178.

Nada mais natural, nesta época e neste ambiente, que uma associação deste tipo. O estudo das tradições populares nos apresenta, fora da França, outro exemplo bastante semelhante. Na Catalunha, os sétimos filhos, que ali eram conhecidos por *setes* ou *saludadors*, não cuidavam dos escrofulosos; sua especialidade, já sabemos, era a raiva; como curandeiros de mordeduras suspeitas, e também como possuidores de segredos capazes de preservar homens e animais, de antemão, dos ataques do mal, ainda exerciam sua arte, com sucesso notável, no século passado, na Catalunha espanhola e por vezes mesmo em Roussillon. Agora, em toda a Península Ibérica, implora-se, preferencialmente, uma intercessão celestial contra a raiva: é a de uma santa, pouco conhecida dos historiadores, mas que conta com muitos fiéis, Santa Quitéria[1]. Semelhantes relações que, na França, estabeleceram-se entre os septenários e Saint Marcoul por conta de sua vocação para aliviar o mesmo mal, surgiram, na Catalunha, entre os *saludadors* e Santa Quitéria. Os *saludadors* ofereciam a seus pacientes uma cruz conhecida como Santa Quitéria para que beijassem; antes de soprar a ferida e sugá-la, como era o tratamento habitual, invocavam a santa em uma breve oração. Começavam a exercer a cura apenas após irem a uma igreja onde ela era objeto de uma especial veneração – como a abadia de Bezalu – onde faziam suas devoções e, apresentando um certificado que garantia as peculiaridades de seu nascimento, recebiam dos monges um rosário de contas grossas, terminado por esta cruz que agora poderiam oferecer aos beijos de seus enfermos[2].

Esta última característica merece reflexão: percebe-se ao vivo a ação de certas vontades individuais perseguindo uma política perfeitamente definida. A ideia de tal colaboração entre uma santa e os curandeiros deveria se formar quase que espontaneamente no espírito do povo ou dos próprios *saludadors*; mas os religiosos, encarregados do culto à santa, a favoreciam. Como na França, em que os monges de Corbeny encorajavam os sétimos filhos a se apegarem ao seu patrono. Isto servia aos interesses de sua casa. Estes curandeiros, muito populares, poderiam ainda se tornar formidáveis concorrentes à peregrinação. O vínculo estabelecido entre eles e São Marcoul fazia deles o oposto: agentes de propaganda – especialmente quando, como os monges os incentivavam, forçavam seus pacientes a se inscreverem na irmandade de Corbeny. Criou-se entre os septenários e a antiga comunidade fundada por Carlos o Simples um verdadeiro acordo do qual dois documentos, ambos do ano de 1632, apresentam a nossos olhos curiosas manifestações. Naquele tempo, o prior era o mesmo dom Oudard Bourgeois, a quem já vimos defender pela pena a glória de sua casa, desafiada pela gente de Mantes: homem ativo e inquieto, a quem a igreja local devia um novo altar-mor, ao gosto da

---

[1] *AA. SS. maii*, V, pp. 171 e ss. Cf. du Broc de Seganges, *Les saints patrons des corporations*, I, p. 391.
[2] J. Sirven, *Soc. agricole des Pyrenees Orientales*, XIV (1864), pp. 116-118. O nome *saludadors* era comum nessas regiões para todos os curandeiros: J. B. Thiers aplica-o aos "parentes de Santa Catarina", que não eram os sétimos filhos (passagem citada).

época[1], e que, em todo caso, trabalhava para a prosperidade do estabelecimento que lhe foi confiado. Quando um sétimo filho se identificava em Corbeny, com um registro da paróquia comprovando que era bem-nascido, sétimo menino sem a interposição de uma menina, sem nenhum erro, uma vez que suas devoções terminavam, ele recebia de Dom Oudard um certificado que o nomeava formalmente como curador de escrofulosos. Uma cópia desta peça se encontra nos arquivos do priorado. Dois atos dessa natureza foram preservados; o primeiro refere-se a Elie Louvet, filho de um alfaiate de Clermont[2], o outro a Antoine Baillet, professo dos Carmelitas de Place Maubert. Seu texto ingênuo não é escasso de sabor. Aqui estão as passagens essenciais do segundo:

> Nós, dom Oudard Bourgeois, superior do Priorado de São Marcul de Corbeny em Vermendois, na diocese de Laon... Depois de ter visto, lido e analisado o processo e as certidões de nascimento do irmão reverendo padre Antoine Baillet, religioso da Ordem de Nossa Senhora do Carmo e professo do grande mosteiro de Padres Carmelitas de Place Maubert em Paris, que afirmam ter nascido sétimo menino sem interposição de qualquer menina... e tendo em conta que ficou comprovado que o irmão Antoine Baillet é o sétimo filho homem e que o sétimo pode tocar e pode colocar sua mão sobre os pobres escrofulosos, como sempre acreditaram as pessoas comuns e também como nós acreditamos, e como comprovamos diariamente[3]... depois de ter visitado por duas vezes a Igreja Real de São Marcul, em Corbeny, onde as relíquias e os ossos sagrados de grande Santo o qual é implorado principalmente para as escrófulas, e como em sua última viagem fez novenas assim como os doentes, e tendo respeitado tudo quanto foi possível sobre o que é ordenado durante a mencionada novena, e depois de também ter pedido para ser registrado no número de confrades da Real irmandade e, antes de tocar, além de atos e certificações, nos fez comprovar sua obediência bem firmada e selada por seu superior e datada de 15 de setembro de 1632, e o certificado e aprovação dos doutores, bacharel e antigos padres de seu mosteiro, entre os quais sempre viveu como um bom monge em boa fama e reputação... por esta razão nós permitimos, tanto quanto

---

[1] Documentos sobre a construção – com desenhos – estão no pacote 223. Cf. Barthelemy, *Note historique sur le prieuré*, pág. 235 (com gravura). Sobre O. Bourgeois, v. a nota do necrológio de Saint-Remi, Bibliot. da cidade de Reims, MS. 348, fol. 14.
[2] Pacote 223 (informações), n. 7 (1632). É essencialmente o mesmo que o de Antoine Baillet. Algumas diferenças serão indicadas a seguir.
[3] O certificado de Elie Louvet afirma que o sétimo filho cure "por meio das orações e méritos do glorioso São Marcoul, protetor da coroa da França".

podemos, que toque caritativamente [1] os enfermos das escrófulas em certos dias do ano, ou seja, o dia e a festa de São Marcul, que é o primeiro dia de maio e no sétimo dia de julho, que é de sua relação, e no segundo de outubro, que é de seu translado, e na Sexta-feira Santa e nas Sextas-feiras das Quatro Estações do ano[2]. (Que deus vele para que tudo seja para sua maior glória!); e uma vez que tenha tocado os enfermos, ele os enviará a Corbeny para que sejam registrados como membros da Real irmandade de São Marcul, fundada neste lugar por nossos reis da França, que foram os primeiros confrades[3], para fazer, ou para mandar fazer uma novena para a glória de Deus e deste glorioso santo.

Como testemunho, sinalizei o presente e coloquei o selo real da confraria. Em vinte e quatro de setembro de mil seiscentos e trinta e dois.

Mundo assim deste certificado, o irmão Antoine retornou ao seu convento. Seus talentos, muito provavelmente, foram apreciados lá; os escrofulosos tomaram o costume de serem tocados em Maubert e, para melhor atraí-los, os carmelitas conseguiram, após a morte de Ana da Áustria em 1666, uma relíquia autêntica de São Marcoul, que receberam como legado desta princesa, como compensação por aquela que havia sido retirada do santuário de Corbeny[4]. Possuímos ainda hoje a folha de propaganda impressa que os Carmelitas difundiram junto o público, provavelmente em torno desta data[5]. Ela nos apresenta uma confusão singular; prescrições médicas, algumas das quais parecem ligadas a concepções de caráter mágico[6], antífonas e orações a São Marcoul e a São Clodoaldo, outro padroeiro do convento, são lidas lado a lado

---

[1] "De forma caritativa e sem salário", afirma mais precisamente o certificado de E. Louvet. O septenáro de Vovette não aceitava recompensas em dinheiro, mas recebia numerosos presentes em espécie, e neste último ponto sem dúvida seguia a tradição.

[2] O certificado de E. Louvet apenas indica como datas autorizadas para o toque "as Sextas feiras da Quatro Estações do ano e a Sexta-feira Santa".

[3] Sobre esta qualidade atribuída aos reis da França – indubitavelmente confundida com os reis dos costureiros – cf. acima.

[4] Extraída uma vértebra do santo para Ana de Áustria em 17 de abril de 1643: pacote 223, no. 10 (2 itens). Doação aos carmelitas de Place Maubert: notícia que encabeça o volume que contém os certificados de cura; pacote 223 (informações).

[5] Bibl. Nat. Estampes Re 13, fol. 161; cf. Cahier, Caracteristique des Saints dans l'art populaire, in-4°, 1867, I, p. 264, n. 3 e Jean Gaston, Les images des confreries parisiennes avant la Révolution (Soc. d'iconographie parisienne, II, 1909), nr. 34.

[6] Por exemplo, a proibição "de comer qualquer tipo de cabeças de animais... e também as de todos os tipos de peixe". Sendo as escrófulas consideradas uma enfermidade da cabeça, não deveríamos ver na origem desta prescrição uma ideia relacionada às práticas da magia simpática? A mesma proibição ainda é imposta hoje no livreto que é vendido aos peregrinos que vêm adorar São Marcoul no hospício de Dinant: J. Chalon, *Fetiches, idoles et amulettes*, I, p. 148.

e, após uma alusão respeitosa ao milagre real, os escrofulosos são claramente aconselhados a serem tocados por um "sétimo filho do sexo masculino, que nasceu tal sem interrupção do sexo feminino". Antoine Baillet não aparece nomeado, mas é difícil não acreditar que tal conselho não fosse diretamente dirigido a ele. No cabeçalho, uma pequena gravura representando o santo.

A tradição firmemente estabelecida pelos protegidos de Corbeny manteve-se até o século XIX. O septenário de Vovette realizava suas curas diante de uma pequena estátua de São Marcoul, após ter feito uma pequena oração em conjunto com seu paciente. Essa cerimônia, assim como o tratamento – um simples toque com o sinal da cruz, como o velho gesto real que, devemos acreditar, o imitava, pois não poderia ser apenas coincidência – foi repetido todos os dias durante nove dias consecutivos. Ao final deste período, o paciente partia com estranhas orientações de caráter alimentar, bem como lhe era prescrita uma particular assiduidade às festas de São Marcoul; levava consigo também um libreto contendo o ofício do santo e uma imagem piedosa, sob a qual foi impressa uma oração em que Marcoul era invocado. Além disso, neste momento, o íntimo relacionamento que unia os sétimos filhos ao antigo taumaturgo de Nant e Corbeny tornara-se suficientemente sensível aos olhos de todos para pudessem ser imperiosamente traduzidos em linguagem. Por vezes, esses curandeiros da escrófula recebiam, em seu batismo, graças aos pais ou a padrinhos previdentes, nomes apropriados à sua vocação e capacidade que, pensava-se, seriam capazes de atrair sobre eles benéficas influências: Louis, por exemplo, como vimos, ou, mais frequentemente ainda, Marcoul[1]. Este último deixou de ser um prenome para se tornar, pouco a pouco, uma espécie de substantivo comum. No século XIX, e provavelmente muito antes, em quase todas as províncias francesas, o homem que tivera a chance de vir ao mundo imediatamente após seis outros meninos era comumente conhecido como um marcou[2].

---

[1] M. A. Benoît, *Proces verbaux soc. archeol. Eitre-et-Loir*, V (1876), p.55, é o único a mencionar o costume de dar aos sétimos filhos os primeiros nomes de Marcoul; mas o uso de *marcou* como um substantivo comum para nomeá-los é evidenciado por muitos testemunhos; parece natural supor que o substantivo comum tenha se originado do nome do batismo.

[2] V, entre outras obras, as de Laisnel de la Salle Jaubert, Tiffaud e Martelliere, citadas acima, e a do Doutor Menault. Não se faz necessário ter em conta a etimologia da palavra *marcou* aplicadas aos curandeiros dadas por Liebrecht, *Zur Volkskunde*, p 347. Em certos dialetos ou patuás românicos – especialmente na Valônia – a palavra *marcou* possui outro significado, muito diferente: refere-se ao gato, ou melhor, o gato macho; e esse significado parece realmente muito antigo; cf. Leduchat em sua edição em H. Estienne, *Apologie pour Hérodote*, Haia, 1735, III, p.250, n.1; o mesmo no *Dictionnaire etymologique de Menage*, ed. de 1750, para o verbete *marcou* (cita um pequeno poema de Jean Marot); L. Sainéan, *La creation metaphorique en francais... Le chat*; *Beihefte zur Zeitscbr. fur romanische Philologie*, I, 1905, passim (v. sumário); J. Chalon, *Fetiches, idoles et amulettes*, II, p. 157. Devemos assumir alguma relação entre São Marcoul, os sétimo filhos e os gatos machos? É o que pensava Leduchat "*marcou*, aliás, é o nome de um gato, animal cuja pele – dizem – produz a escrófula. Assim, um *marcou*

O estudo do culto de São Marcoul e a crença nos septenários nos trouxeram até nossos dias. Agora é necessário voltar e refazer, a partir do Renascimento e da Reforma, os destinos do milagre real, dos quais São Marcoul então passou a ser considerado, embora sem muita precisão, um de seus autores.

cura o mal criado por outro *marcou*" (citado acima em nota sobre H. Estienne). Devemos, portanto, imaginar que esta palavra que se tornou um substantivo comum para curandeiros das escrófulas, fora aplicada em segundo lugar, por um novo transporte de ideias, a um animal considerado capaz de causar a mesma doença. Me parece, de fato, essa explicação ser muito engenhosa e deve ser rejeitada. Eu não encontrei em qualquer lugar evidências de que ao gato se atribuía tal característica, e me pergunto se Leduchat não a atribuiu, sem provas, de forma a fundamentar sua própria interpretação. O nome *marcou* para gato provavelmente veio, como sugeriu Sainean, de uma espécie de onomatopeia que tem sua origem em uma vaga imitação do ronronar. Enquanto a ideia – que parece inclinar-se Sainean (p 79) – de que os sétimos filhos teriam seu nome por conta de gatos, não parece exigir discussões necessárias, após tudo o que foi dito.

Capítulo V. O milagre real na época das lutas religiosas e do absolutismo

§ 1. As realezas taumatúrgicas antes da crise

Por volta do ano 1500 e até bem avançado o século XVI, o milagre real, em ambos os lados do Canal, aparece-nos em plena expansão[1].

Primeiramente, na França. Para este período, possuímos dados numéricos excepcionalmente precisos de livros de contabilidade de Esmolas, que, por acaso, escaparam da destruição. O mais antigo remonta aos últimos dias de Carlos VIII, o mais recente pertence ao reinado de Carlos IX, em plena luta religiosa: 1569[2]. As informações que nos fornecem para os anos financeiros que cobrem estão perfeitamente completas; na época a que chegamos, a generosidade real não mais fazia, como antigamente sob Filipe o Belo, uma escolha entre aqueles que haviam recebido o milagre. Todos os enfermos tocados, sem qualquer tipo de distinção, recebiam uma participação em sua generosidade[3]. Eis as estatísticas anuais que puderam ser estabelecidas: Luís

---

[1] Com a era moderna encontramos, para o estudo dos ritos de cura, uma nova categoria de fontes: histórias de viagem e, além delas, guias para viajantes. Como regra geral, tais documentos são pouco confiáveis. Muitos deles, sem dúvida escritos muito posteriormente e a partir de notas incompletas ou memórias deformadas, contêm os mais surpreendentes os erros. Alguns exemplos serão suficientes. Abraham Gölnitz, *Ulysses belgico-gallicus*, in-12, Amsterdã 1655, pp. 140 e segs. nos dá uma descrição da cerimônia francesa, que parece ter sido construída, em parte, a partir de informações de origem livresca e, em parte, totalmente inventadas; ele afirma que toda vez são trazidos perante o rei dois cetros, acima do primeiro jazendo a flor-de-lis, e acima do segundo o báculo da justiça. O cardeal Chigi, em seu relato de sua missão (1664), conclama o rei a jejuar três dias antes de cada toque; ele o retrata beijando os doentes (traduzido por E. Rodoconachi, *Rev. d'histoire diplomatique*, 1894, p. 271). Ainda, adicione a esta curiosa incapacidade de observar com precisão, o que parece ser a falta de certos espíritos. O tenente Hubert Thomas visitou a França, onde viu Francisco I tocando em Coñac e na Inglaterra, onde Henrique VIII entregou-lhe alguns *cramp rings* (v. acima); em geral é confiável, o que não o impede de declarar expressamente que os reis da Inglaterra não tocavam as escrófulas: Hubertus Thoma Leodius, *Annalium de vita illustrissimi principis... Frédéric II*; 4 °, Frankfurt 1624, p 98. Certos relatos de viagem, entretanto, obras de mentes particularmente precisas e equilibradas são uma exceção; é o caso do embaixador suíço Jerome Lippomano, responsável pela missão à corte francesa em 1577: *Relations des ambassadeurs venitiens*, ed. Tommaseo (*Doc. inédits*), II; sempre que fui capaz de contrastar seu relato com outros documentos perfeitamente seguros, deparei-me com uma rigorosa precisão.
[2] Para mais detalhes, ver Apêndice I.
[3] Cada paciente recebia, em princípio, dois *sous* tourneses (excepcionalmente: 1°, 31 de outubro de 1502, 2 caroles, que equivaliam apenas a 20 denários tourneses, segundo Dieudonne, *Monnaies Royales françaises* 1916, p 305; o total de moedas da conta apresentada pelo registro de caridade é, além disso, claramente falso: Bibl. Nat. franc. 26 108, fol 392; 2°, a partir de 14 de Agosto de 1507 2 *sous* e 6 denários: KK 88, fol 209 v.. Porémsob Carlos VIII, talvez seja possível que não recebessem por algum mais do que

XII, de 1 de outubro de 1507 a 30 de setembro de 1508, tocou apenas 528 pessoas[1]; mas Francisco I, em 1528, pelo menos 1326; em 1529, mais de 988; em 1530, pelo menos 1731[2]; é algo curioso o registro para Carlos IX: em 1569, ano de guerra civil, embora iluminado por vitórias monárquicas – ano de Jamac e Moncontour – este rei havia distribuído pelo distribuidor oficial de esmolas, o ilustre Jacques Amyot, as costumeiras somas a 2092 escrofulosos, sobre cujas feridas sua jovem mão havia tocado[3]. Estes dados são dignos de serem comparados contra aqueles que nos foram revelados, para outro tempo e país, pelos registros de Eduardo I e Eduardo III; como antigamente os Plantagenetas na Inglaterra, os Valois da França, no século XVI, viram milhares de enfermos chegando até eles.

De onde vinham estes doentes, em grandes quantidades? Nesse ponto, os documentos do século XVI são menos explícitos que as tabuletas de Filipe o Belo; os beneficiários do toque registrados são geralmente anônimos ou, se por vezes seu nome é conhecido, seu local de origem permanece quase sempre oculto. No entanto, existe uma categoria especial de estrangeiros, a quem o costume era dar uma esmola especial: a expressão "para que possam retornar a seu próprio país" é apontada várias vezes, pelo menos na época de Henrique II – cujas contas fragmentárias não nos permitem estabelecer estatísticas anuais, e acabaram sendo deixadas de lado – e Carlos IX: são os espanhóis[4]. Outros

---

um *sous* tournês); porém, é o que nos faz supor uma entrada no registro de esmolas, KK 77, fol. 17 (24 de outubro de 1497); mas esta entrada ("A $\frac{iiij}{xij}$ doentes de escrófulas... cada um xij d.t., para ajudá-los a viver...") é escrita com tal falta de precisão que não se sabe se eram esmolas dadas no momento do toque ou enviadas aos escrofulosos que aguardavam ao rei taumaturgo tocá-los. Em 28 de março de 1498, o último dia em que Carlos VIII praticou o rito das escrófulas, os doentes receberam 2 *sous* cada, como nos reinados seguintes (KK 77, fol. 93).

[1] Segundo K.K. 88. Em 28 de março de 1498, Carlos VIII tocou 60 pessoas: KK 77, fol. 93. Regressando de sua sagração em Corbeny, Luís XII toca 80: Ibid., fol. 124 v°; em outubro de 1502, 92 (e não 88, como afirma equivocadamente Maulde, *Les origines*, p. 28): Bibl. Nat. franc. 26108, fol. 391-392.

[2] Segundo KK 101, complementado por Bibl. Nat. franc. 6732; o registro possui numerosas lacunas – especialmente para o ano de 1529 – de forma que não se pode, senão, registrar as quantidades mínimas; a seguir. Os toques para Francisco I são mencionados em *Journal d'un bourgeois de Paris*, ed. V.-L. Bourrilly (*Collect. de textes pour servir a l'etude... de l'histoire*) p. 242 (Tours, 15 de agosto de 1526) e em *Chronique*, publicada por Bourrilly em apêndica à obra precedente, p. 421; cf. a seguinte.

[3] Segundo KK 137. Barthelemi de Faye d'Espeisse (B. Faius) faz alusão, em seu pequeno tratado de polêmica antiprotestante intitulado *Energumenicus*, 1571, p. 154, ao papel desempenhado por Amyot como responsável pelas esmolas, na cerimônia do toque. E o tratado é dedicado particularmente a Amyot.

[4] Henrique II: KK III, fol. 14, 35 v°, 36, 37 v°, 38 v°, 39; v. Carlos IX: KK 137, fol. 56 v°, 59 v°, 63 v°, 75, 88, 89, 94 (de onde se extraiu a citação relacionada à esmola especial aos espanhóis), 97 v°, 100 v°, 108. Cf. relato de viagem de Jérôme Lippomano, p. 54; o autor fala do toque "pare quasi cosa incredibile et miraculosa, ma pero tanto

textos atestam sua importância. O antagonismo político entre França e Espanha, que fora quase constante ao longo de todo o século, não alcançou, portanto, a fé que o povo da península, devastado pela escrófula, havia dedicado às virtudes sobrenaturais de um príncipe que era inimigo de seus senhores. Além disso, apesar da rivalidade dos governos, as relações entre os dois países continuaram frequentes; havia espanhóis na França; havia especialmente muitos franceses na Espanha; essas migrações acabariam por difundir, para além dos Pirineus, a fama do milagre francês. No momento em que a paz foi momentaneamente restaurada, os escrofulosos, nobres e pessoas do povo, ultrapassavam as montanhas e apressavam-se a ir ao médico real; parecem ter formado verdadeiras caravanas, cada uma liderada por um "capitão"[1]. Na chegada, recebiam grandes donativos que, no caso das pessoas de melhor situação social, alcançavam 225 ou 275 libras; esta generosidade testemunha o valor que a corte da França estava disposta a pagar para manter, fora do reino, o prestígio taumatúrgico da dinastia[2]. Ao lado dos espanhóis, outros estrangeiros, cuja nacionalidade não é especificada, são mencionados entre a multidão que alcançou Henrique II em Corbeny, no retorno da sagração[3].

Mesmo para além das fronteiras da França, nossos reis por vezes curavam. Especialmente na Itália onde, naquela época, suas ambições os levavam com tanta frequência. Para dizer a verdade, quando Carlos VIII realizava em Nápoles o rito maravilhoso, ou Luís XII repetia esse gesto em Pavia ou Gênova, estavam atuando em cidades que consideravam parte integrante de seus estados; mas não tinham receio de, ocasionalmente, praticar sua arte igualmente em um solo notoriamente estrangeiro, como os domínios do papa, por exemplo. Francisco I, em dezembro de 1515, estando em Bolonha como hóspede de Leão X, anunciou publicamente que tocaria os enfermos, o que efetivamente o fez na capela do

---

stimata per vera et secura in questo regno et in Spagna, dove piu che in ogni altro luogo del mondo questo male e peculiare". V. Faius, *Energumenicus*, p. 155.

[1] Andre Du Chesne, *Les antiquitez et recherches de la grandeur et maiesté des Roys de France*, 1609, p. 167, menciona "o grande número de enfermos que vêm de todos os lugares da Espanha, para se fazerem tocar por nosso piedoso e religioso Rei; e que o Capitão que os conduziu no ano de 1602 relatou o atestado dos Prelados da Espanha, de um grande número de curados tocados por Sua Majestade".

[2] Sobre o grande número de franceses estabelecidos na Espanha: cf. Bodin, *Republique*, livro V, §1, ed. de 1579, fol., Lyon, p.471, todo desenvolvimento é assim concluído: "de fato, quase toda Espanha está povoada apenas de franceses"; em relação ao movimento inverso, pode-se ver J. Mathorez, *Notes sur la penetration des Espagnols en France du XII-e au XVII-e siecle; Bulletin hispanique*, XXIV (1922), p. 41 (estudantes quase não estão incluídos). Sobre o pagamento de 275 l.t. a uma dama espanhola que veio para se fazer tocar: *Catal. des actes de Francois I-er*, III, nr. 7644 (21 dez. 1534); uma senhora espanhola que fez a filha ser tocada, *ibid.* VIII, nr. 31036 (Jan. 1539). A popularidade do milagre francês na Espanha encontrou eco em um teólogo, Luís de Granada; cf. a seguir.

[3] KK 111, fol. 39 v: "Aus malades d'escrouelles Espaignolz et autres estrangers la somme de quarante sept livres dix solz tournois a eulx ordeneé para ledit sr. grant ausmosnier pour leur aider a vivre et aller a St Marcoul attendre pour estre touchez". O toque em Corbeny ocorreu em 31 de julho de 1547. Ref. abaixo.

palácio pontifício: e, dentre tantos, um bispo polonês. E é na própria Roma, na Capela de Santa Petronila, que Carlos VIII, em 20 de janeiro de 1495, na presença de cerca de 500 pessoas, deixou os italianos, caso acreditemos na palavras de seu panegirista Andrés de la Vine, "em extraordinária admiração"[1]. Na verdade, e como veremos mais adiante, tais manifestações milagrosas não deixavam de provocar algum ceticismo entre os espíritos mais livres; mas o povo, sem qualquer dúvida, e mesmo médicos, eram menos difíceis de serem convencidos[2]. Há mais. Enquanto Francisco I, prisioneiro em Pavie, chegou em fins de junho de 1525 em solo da Espanha, em primeiro lugar em Barcelona, e a seguir em Valência, viu-se apresentarem diante dele, escrevia alguns dias depois o presidente de Selves ao Parlamento de Paris, "tantos e em grande número doentes de escrófulas... com grande esperança de cura, que na França não se vê tal multidão"[3]. Derrotado, o augusto curandeiro possuía tanto sucesso diante dos espanhóis, que aconteceu das pessoas se aproximarem dele como ocorrera em meio a toda pompa das festas de sagração. O poeta Lascaris cantou esse episódio em dois versos latinos famosos em sua época:

> Eis aqui o rei que em um gesto de sua mão cura as escrófulas. – e mesmo cativo não perdera os favores do Alto. – Por este indício, oh mais santo dos reis, – acredito reconhecer que teus perseguidores são odiados por Deus[4].

Como era comum em um Estado mais desenvolvido e em uma corte mais esplêndida, o ritual das escrófulas conquistou, pouco a pouco na França, novas regularidades e solenidades. Luís XI, deve-se lembrar, tocava todas as semanas; desde que Carlos VIII, censurado nesta questão, ao que parece, por Commines, a cerimônia ocorria apenas em datas bastante espaçadas[5]. Sem dúvida, por vezes

---

[1] Carlos VIII em Roma, 20 de janeiro de 1495: Andre de la Vigne, *Histoire du Voyage de Naples*, em Godefroy, *Histoire de Charles* VIII, fol., 1684, p. 125; em Nápoles, em 19 de abril, *Ibid.*, p. 145. Luís XII em Pavia, 19 de agosto de 1502, e, Genova, 1 de setembro seguinte, Godefroy, *Ceremonial françois*, I, pp. 702 e 700; Francisco I em Bologna, em 15 de dezembro de 1515: *Journal de Jean Barillon*, ed. P. Vaissiere (*Soc. de l'hist. de France*), I, p. 174; Le Glay, *Negociations diplomatiques entre em France et l'Autriche* (*Doc. inédits*), II, p. 88; Caelio Calcagnini, Opera, fol., Basileia 1544, *Epistolicarum quaestionum*, lib. I, p. 7. Sobre um afresco do século XVII que representa a cerimônia em Bolonha, cf. abaixo.

[2] Sobre os céticos, e sobre os médicos, serão discutidos adiante.

[3] A. Champollion-Figeac, *Captivité du roi François I* (*Doc. inédits*), 1847, p. 253, nr. CXVI (18 de julho de 1525). Cf. M. Gachard, *Études et notices historiques*, I, 1890, p. 38.

[4] Jani Lascaris Rhyndaceni, *Epigrammata*, in-4°, Paris 1544, p. 19 v°: "Ergo manu admota sanat rex choeradas, estque - Captivus, superis gratus, ut ante fuit. -Iudicio tali, regum sanctissime, qui te - Arcent, inuisos suspicor esse deis". Citados com frequência ainda no século XVII, por exemplo por Du Laurens, *De mirabili*, pp. 21-22, du Peyrat, *Histoire ecclésiastique*, p. 817.

[5] *Commines*, VI, c. VI, ed. Maindrot (*Collection de textes pour servir â l'étude et l'ens. de l'histoire*), II, 1903, p. 41: "Quant lês roys de France veulent toucher lês mallades des

até o rei, durante uma viagem, como a que Francisco I fez quando cruzou Champagne em janeiro de 1530, consentia em admitir perto de si, em quase todas as paradas, alguns enfermos[1]; ou, estando "nos campos", deixava-se comover com os lamentos de algum homem pobre e isolado[2]. Mas usualmente os escrofulosos, à medida que chegavam, eram agrupados para serem atendidos pelo serviço da Esmola e, recebendo "para ajudá-los a viver", até a chegada do dia favorável, aguardavam próximo ao rei a chegada do momento escolhido para o milagre; a não ser que, a fim de liberar a corte, constantemente em movimento, desta pesada procissão, e com toda a probabilidade não muito agradável de se ver e com ela conviver, fosse preferível dar-lhes, ao contrário, algum dinheiro para convidá-los a "se retirar", e não reaparecessem senão no dia escolhido[3]. Aqueles dias, nos quais o rei finalmente se prontificava a atuar como taumaturgo, eram, é claro, em princípio, as principais datas do ano religioso, em um número que, além de tudo, era variável[4]: Candelária, Ramos, Páscoa ou um dos dias da Semana Santa, Pentecostes, Ascensão, o Corpus Christi, a Assunção, a Natividade da Virgem, o Natal; excepcionalmente em algum festival estranho ao calendário litúrgico: em 8 de julho de 1530, Francisco I, celebrando em Roquefort, próximo a Mont-de-Marsan, seus "esponsais" com Eleonora da Áustria, mostrou-se à nova rainha da França em todo o esplendor do milagre hereditário[5]. Graças a esse sistema de agrupamento, eram verdadeiras multidões, muitas vezes centenas de pessoas, que o rei, após a triagem costumeira realizada pelo médico da corte[6], encontrava reunida no

---

escrouelles, ilz se confessent, et nostre Roy n'y faillit jamais une foiz la repmaine. Si lês aultres ne le font, ils font três mal, car tousjours y a largement malades". De Maulde, *Les origines*, p. 28, vê nesta frase uma alusão a Luís XII. Mas o livro VI de *Mémoires* de Commines foi escrito sob Carlos VIII. Por outro lado, o livro das esmolas de Carlos VIII, KK 77, apenas indica com certeza, um toque em 1 de outubro de 1497 até a morte do rei (8 de abril de 1498), o dia 28 de março 1498 - fol. 93, di que não corresponde a qualquer festa; pode-se adicionar uma obscura menção, que se refere a 24 de outubro de 1497 - fol. 17 - (cf. a seguir); ou seja, um exercício muito reduzido de seu poder de cura.
[1] KK 101, fol. 273 v° e ss.
[2] KK 101, fol. 68, abril de 1529: "Au dessus dit aulmosnier pour bailler a ung mallades d'escrouelles que Le Roy avoit guary sur les champs la somme de cinq solz tournoys". Devemos acrescentar que as pessoas escolhidas, frequentemente desfrutavam do favor de serem tocadas separadamente. Mas esses toques especiais deveriam ocorrer no mesmo dia da cerimônia geral, veja um exemplo desses (para Henrique IV) abaixo.
[3] Em 26 de maio de 1530, em Angoulême, durante a viagem da corte a sudoeste, o chefe das esmolas distribuiu a 87 enfermos de escrófulas, 2 *sous* torneses para cada um, "para retirarem-se e que só retornasse na festa de Pentecostes". KK 101, fol., 360 v. O mesmo significado: Ibidem, fol. 389.
[4] Ou a véspera destas festas; por vezes na véspera e no próprio dia.
[5] KK 101, fol. 380 v°.
[6] KK 101, fol. 29 v°, agosto de 1528: "Au dessus dit aulmosnier pour baillier a maistre Claude Bourgeoys cirurgien du roy, que avoit visité les mallades d'escrouelles la somme de quarante ung solz boutrnouys". Cf., a história de viagem de Geronimo Lippomano (citada acima) "Prima che il re tocchi, alcuni medici e cerusichi vanno guardando

momento determinado. A cerimônia tem um caráter particularmente imponente. Antes de realizá-la, o rei, sempre, comungava: sob as duas espécies, como de direito, de acordo com o privilégio dinástico que parecia, da mesma forma que o dom da cura, afirmar o caráter sagrado da monarquia francesa. Um pequeno quadro do início do século XVI nos faz compreender a conexão que a opinião lealista estabelecia entre essas duas gloriosas prerrogativas: à esquerda, em uma capela aberta, o rei, a quem um bispo acabava de apresentar a patena, segura o cálice; à direita, em um pátio e até nos degraus da capela, os pacientes aguardam[1]. As características essenciais do rito não mudaram desde a Idade Média: o contato da mão nua tocando as feridas ou tumores, depois o sinal da cruz. Desde o século XVI, a fórmula que o príncipe pronunciava sobre cada doente estava fixada: "O rei te toca, e Deus te cura" será mantida, com algumas variações, até os últimos momentos da monarquia[2]. Além de tudo, uma liturgia muito curta precedia a solenidade; vimos que, desde Henrique II, pelo menos, ela estava inteiramente relacionada a São Marcoul, que se tornou o patrono do milagre real[3]. O mesmo missal que nos transmitiu apresenta-nos uma bela miniatura, que coloca diante dos nossos olhos o espetáculo vivo de um dia de toque: Henrique II, seguido pelo capelão e alguns senhores, anda em torno da multidão ajoelhada, passando de enfermo a enfermo. Sabemos que era desta

---

minutamente le qualita del male; e se trovano alcuna persona che sia infetta d'altro male che delle scrofole, la sacciano"; e Faius, *Energumenicus*, p. 155.

[1] V. Apêndice III.

[2] Documentado pela primeira vez na história de viagem no tempo de Geronimo Lippomano, p. 545. Há, no século XVIII, uma certa divergência entre os testemunhos relativos a esta fórmula. Alguns textos dão a seguinte redação, em que o subjuntivo parece introduzir uma sombra de dúvida. "Le Roy te touche, Dieu te guéripe" (ou outras mudanças similares, envolvendo o uso do subjuntivo). Mas essas redações são encontradas apenas em alguns escritores de medíocre autoridade: um hagiógrafo obscuro Louis Texier, *Extraict el abrege de la vie de Saint Marcoul*, 1648, p. 6; no absurdo autor de Traité *curieux de laguerison des ecrouelles... par l'attoucbement des septennaires*, Aix 1643, p. 34; em Menin, *Traité historique et chronologique du sacre*, 1724, p. 328; e em diversos autores de nível semelhante, como os que cita Peyrat, *Histoire ecclesiastique de la Cour*, p. 819; e sobretudo em relatos de viagem cujo ínfimo valor é desconhecido: Goelnitz, *Ulysses belgo-gallicus*, p. 143; Nemeiz, *Sejour de Paris*, Frankrurt 1717, p. 191; relato do conde Gyldenstope, 1699, *Archiv fur Kulturgeschichte*, 1916, p. 411. Por outro lado, os autores mais confiáveis apresentam a fórmula no tempo indicativo: du Laurens, *De mirabili*, p. 9; Favyn, *Histoire de Navarre*, p. 1057; De l'Ancre, p. 170; Barbier, p. 26; du Peyrat, p. 819 Ainda assim, o cerimonial do século XVII ed. Franklin, *La vie privvée. Les medicins*, p. 304; cf. abaixo. Du Peyrat polemiza especialmente contra os autores que desejaram atribuir ao rei outra fórmula. Não podem existir dúvidas em relação ao texto oficial; porém, parece ter havido alguma flutuação em relação à tradição comum. Para Luís XV e seus sucessores, v. abaixo. O "et" que liga as duas frases, parece ter sido inserido desde os inícios.

[3] Não encontrei nada sobre a liturgia das escrófulas no Livro de Oração de Charles VIII (Bibl. Nat. lat. 1370), nem nas de Luís XII (lat. 1412); nem no belo Livro de Horas de Luís XIV (Lat. 9476), do século seguinte.

maneira que as coisas ocorriam[1]. Mas esta pequena pintura não deve ser tomada muito literalmente: o traje real – coroa, um grande casaco de flor-de-lis forrado com arminho – é, neste caso, bastante convencional: o soberano não vestia, para cada toque, as roupas da sagração. A cena parece se desenvolver em uma igreja; tal era o que frequentemente ocorria; nem sempre, no entanto. À arquitetura fantástica, bem ao estilo da Renascença, que o artista compôs, faz-se necessário substituir, em nossa imaginação, conjuntos ao mesmo tempo menos irreais e mais variados: por exemplo, os pilares góticos de Notre-Dame de Paris, ao longo dos quais, no dia 8 de setembro de 1528, sob o olhar de bons burgueses – um deles registrou suas memórias em seu diário – aproximaram-se 205 escrofulosos[2]; ou então, considerando que o ato nem sempre acontecia em um edifício religioso ou sequer em um espaço coberto, este claustro do palácio episcopal de Amiens onde, no dia da Assunção do ano 1527, o cardeal Wolsey contemplou Francisco I tocando o mesmo número de doentes[3]; ou ainda, em épocas mais conturbadas, uma paisagem de guerra: como o acampamento de Landes, perto de St-Jean d'Angély que, no Dia de Todos os Santos de 1369, viu Carlos IX trocar por um momento o papel do chefe do exército por aquele de curandeiro[4].

Na Inglaterra, o mesmo quadro, ao menos em linhas gerais. Com relação ao toque das escrófulas, não se pode defini-lo com linhas tão nítidas: faltam estatísticas; as raras menções relativas a doentes "curados" pelo rei que se encontram espalhadas nos livros contábeis de Henrique VII ou Henrique VIII, provavelmente estão relacionadas apenas a casos excepcionais; os arquivos da Esmola Real que, segundo todas as aparências, continham os registros das quantias distribuídas a todos os milagres, desapareceram para sempre[5]. Não se deve duvidar que a popularidade dos reis da Inglaterra como médicos do mal real no século XVI fosse grande; muitos escritores exaltavam tal poder; mas não nos é possível medir esta popularidade por cifras.

Ao menos conhecemos exatamente como ocorria o ritual do milagre como foi praticado sob Maria Tudor, provavelmente já sob Henrique VIII[6], e talvez

---

[1] Relato de viagem de Geronimo Lippomano, p. 545: "essendo gl'infermi accomodati per fila... il re li va toccando d'uno in uno...".

[2] KK 101, fol. 34: "A deus cens cinq mallades d'escrouelles touchez par ledit seingeur em l'Eglise Nostre Dame de Paris le viii[e] jour dudit moys la somme de vingt livres diz solz tournois". A *Chronique* publicada por V. L. Bourrilly após sua edição no *Journal d'un burgeois de Paris*, pág. 421, menciona a cerimônia ("mais de duzentos doentes"). Outros exemplos de toque nas igrejas: KK 88, fol. 142 em Grenoble, 147 (Morant?); K 101. fol. 273 v°, 274 e v. (Joinville, Langres, Torchastel) cf. relato de viagem de Geronimo Lippomano, página 545: "essendo gl'infermi accomodati per fille un cortile roile, o in qualche gran chiesa".

[3] George Cavendish, *The life of Cardinal Wolsey*, ed. S.W. Singer, Chiswick 1825, I, p. 104.

[4] KK 137, fol. 94; neste dia, excepcionalmente, apenas 14 doentes foram tocados.

[5] Cf. a seguir.

[6] A liturgia de Maria Tudor está contida no missal desta soberana, em um livro mantido hoje na biblioteca da catedral católica em Westminster; o missal constantemente

mesmo com Henrique VII[1]. A cerimônia inglesa diferia em muitos aspectos dos costumes seguidos na corte da França; vale a pena precisar essas diferenças.

Inicialmente, uma liturgia sensivelmente mais desenvolvida acompanhava do início ao fim toda a cerimônia; consistia essencialmente de um *Confiteor* pronunciado pelo rei, uma absolvição pronunciada pelo capelão em resposta, e a leitura de duas passagens dos Evangelhos: o versículo de São Marcos relativo aos milagres realizados pelos apóstolos – a alusão é clara – e as primeiras palavras do Evangelho de São João, que eram de uso comum em todas as fórmulas de bênção ou exorcismos[2]. Claro, não há referência a São Marcoul ou a qualquer santo em particular.

Ao contrário dos costumes franceses, o soberano permanece imóvel e, sem dúvida, sentado; um eclesiástico traz cada doente, um por vez. Assim, o príncipe pode preservar sua dignidade; mas no salão em que atua, há um perpétuo ir e vir, que, se julgarmos pelo menos por certas gravuras do século XVII, quando as mesmas regras eram seguidas, apresentava o aspecto bastante confuso e pitoresco de um desfile da Corte dos Milagres[3]. Sem dúvida, a prática

---

menciona um rei, nunca uma rainha; portanto, não foi composto especificamente para Maria. Pode-se supor que estivesse em vigor sob Henrique VIII, pelo menos no início do reinado – antes do cisma ou antes de suas consequências – e talvez mesmo antes de Henrique VIII. Foi impresso várias vezes: em particular, Sparrow Simson, *On the forms of prayer*, pág. 295; Crawfurd, *King's Evil*, pg 60.

[1] Em 1686, o impressor Henry Hills publicou "por ordem sua Majestade" (By his Majesties Command) num pequeno volume em 4° de 12 páginas com The Ceremonies us'd in the Time of King Henry VII for the Healing of Them that be Diseas'd with the Kings Evil (texto reeditado em The literary museum, Londres 1792, p. 65; W. Maskell, Monumenta ritualia Ecclesiae Anglicanae, ed. 2-a, III, p. 386; Crawfurd, King's Evil, p. 52: texto em latim, é claro; outro volume, publicado ao mesmo tempo, fornecia uma tradução em inglês (reimpressaem Crawfurd, ibid., p 132). Deste modo, possuímos o serviço das escrófulas como em vigor na época Henry VII. Mas a autenticidade deste documento pode ser considerada como absolutamente segura? Não me atrevo a afirmá-lo. Reproduz com precisão a liturgia durante Maria Tudor e Henrique VIII (ver nota anterior). A princípio não apresenta nada de suspeito. Mas a forma pela que foi impressa deixa algumas dúvidas. Se Jaime II ordenou que fosse publicado foi, como se verá, em seu esforço para restaurar as antigas formas católicas. Nesse caso, o que seria mais natural do que buscar um vínculo com o último soberano antes da Reforma, que, além disso, foi seu ancestral direto e Stuart? Podemos nos perguntar se o impressor real simplesmente utilizou um manuscrito que fornecia – de certo modo talvez anônimo – o serviço de Henrique VIII ou de Maria, atribuindo-o a Henrique VII. Enquanto não for encontrado nenhum manuscrito que autentique o texto publicado por H. Hills, não se deve, obviamente, concluir ser falsa a atribuição tradicionalmente proposta para este texto, mas pelo menos se deve evitar aceitá-lo como rigorosamente segura.

[2] Cf. Decretales, 1. III, t. XII, 2 (Segundo o Sínodo de Seligenstadt, de 1023): "Quidam etiam laicorum et maxime matronae habent in consuetudine ut per singulos dies audiam evangelium: -In principio erat verbum....- et ideo sancitum est in eodem concilio ut ulterius hoc non fiat, nisi suo tempore".

[3] Apêndice II.

era antiga: uma miniatura do século XII já nos mostra Eduardo o Confessor tocando uma mulher que fora guiada em sua direção[1].

O ir e vir era ainda mais intenso à medida que cada doente deveria encontrar o rei duas vezes. Primeiramente, passavam todos sucessivamente diante de Sua Majestade, que pousava suas mãos sobre as partes afetadas; então, quando este primeiro movimento se encerrava, eles retornavam, um por um; o rei então fazia sobre as feridas o tradicional sinal da cruz; mas não, como seu semelhante francês, apenas com a mão; entre os dedos que desenhavam o símbolo sagrado, ele segurava uma moeda, uma peça de ouro; assim que o fazia, colocava a mesma peça, que fora furada e provida de uma fita, no pescoço de cada doente. É neste momento da cerimônia em que o contraste com a França é mais claramente acentuado. Na corte dos Valois, os escrofulosos também recebiam algum dinheiro, a princípio dois *sous* tourneses por cabeça; mas esta esmola, muito mais modesta que a esmola inglesa, lhes era entregue sem qualquer cerimônia por um eclesiástico que seguia discretamente o rei. Na Inglaterra, ao contrário, o presente real estava situado no centro do rito. Devemos ver aqui o efeito de um curioso transporte de crenças, que neste momento devemos reconstituir.

Deve-se lembrar que, durante a Guerra das Duas Rosas, os soberanos ingleses haviam desenvolvido o hábito de atrair os doentes oferecendo-lhes como incentivo um presente bastante valioso, que rapidamente tomou a forma, que se tornou tradicional, de uma moeda de ouro, sempre do mesmo valor: um *angel*. Embora essas peças continuassem em circulação com valor monetário, pelo menos até Jaime I, gradualmente passaram a ser consideradas menos como um meio de intercâmbio econômico e mais enquanto medalhas régias, destinadas particularmente ao toque: assim, buscou-se adaptar sua lenda em função da natureza particular desta cerimônia. Sob o reinado de Maria Tudor, a velha fórmula banal que por tanto tempo havia sido impressa em seu exergo – "Oh Cristo Redentor, salva-nos por tua Cruz" – foi substituída por outra, mais adequada ao milagre real – "Isto foi feito pelo Senhor e tem sido algo maravilhoso para nossos olhos"[2]. Será visto posteriormente que, quando Jaime I modificou o rito, ele modificou também a aparência e a lenda do *angel*. No século XVI, o público havia deixado de ver nessa moeda de ouro, tão intimamente associada ao rito da cura, o que havia sido em sua origem: um presente de caridade, e passou a ser vista com um talismã, acompanhada de seu próprio remédio.

Se pudermos acreditar no que o veneziano Faitta, que chegou à Inglaterra acompanhando o séquito do Cardeal Pole, viu em 4 de abril de 1556, Maria Tudor, ao tocar os doentes, teria feito a cada paciente prometer "nunca mais se

---

[1] Apêndice II. A observação é de Helen Farquhar, I, p. 5.

[2] A velha fórmula: "Per Crucem tuam salva nos Christe Redemptor": Farquhar, I, p. 70 (para uma variante sob Hebrique VII, *ibid.*, p. 71). A nova (extraída do Salmo CXVII, 23): "A Domino factum est istud, et est mirabile in oculis nostris"; *ibid*, p. 96. Convém notar que a obra de Helen Farquhar deu forma definitiva à história numismática do rito inglês.

separar da moeda [pendurada em seus pescoços], exceto em caso de extrema necessidade"[1]. Se isso foi ou não dito pela soberana, o próprio fato de ser atribuída a ela prova que, desde aquele momento, não se considerava mais o *angel* como uma moeda comum. Durante o reinado de Isabel, a crença nas virtudes medicinais deste novo amuleto é claramente atestada pelo capelão da rainha, Tooker, a quem devemos o primeiro livro escrito na Inglaterra sobre o poder curativo dos reis. Ele a rejeita como uma superstição vulgar[2]. Essa atitude acabará sendo imposta a todos os apologistas do milagre real. Mas no século XVII, elas a sustentam com dificuldade; autores mais sérios, como os médicos Browne e Wiseman, protestam apenas formalmente contra uma ideia popular que a consciência comum então impunha a todos aqueles que eram amantes do sobrenatural[3]. Uma história era frequentemente contada na Inglaterra, em que os heróis mudavam, mas cujo enredo era sempre o mesmo: uma pessoa fora tocada pelo rei que, é claro, lhe entregara o *angel* como se esperava; desde que mantivesse esse saudável presente, ela permanecia curada; certo dia ela o perdeu ou dele se desfez; fora imediatamente acometida pela velha doença[4]. Todas as classes da sociedade compartilhavam essa opinião: o médico holandês Diemerbroeck, que morreu em 1674, conta-nos que certa vez cuidou de um oficial inglês a serviço dos Estados Gerais; esse cavalheiro, milagrosamente velho, usava no pescoço, amarrado por uma fita, a peça que lhe fora dada em sua adolescência por seu príncipe; ele se recusava a separar-se dela, convencido de que sua cura se devia apenas a ela[5]. As pessoas caridosas ofereciam nas paróquias, aos pobres escrofulosos, novos pedaços de panos para que usassem em seus *angel*[6]. O governo por vezes associava-se às crenças populares: uma Proclamação de 13 de maio de 1625 menciona as pessoas que "antes curadas, ao terem descartado as moedas de ouro [do toque] de modo diferente do

---

[1] *Calendar of State Papers*, Venice, VI, I, nr. 473, pp. 436-437; cf. acima.

[2] Tooker, *Charisma*, p. 105.

[3] As explicações de Browne a este respeito ecoam grande confusão: *Adenochoiradelogia*, pp. 106-108, 139, 142, 148; cf. Wiseman, *Severall Chirurgical Treatises*, I, p. 396. Sobre a superstição da moeda de ouro no século XVII, v. tb. *Relation en forme de Journal du voyage et séjour que le sérénissime et très puissant prince Charles II roy de la Grande Bretagne a fait en Hollande*, in-4°, Haia, 1660, p. 77.

[4] Cf. Browne, pp. 106, 148; Douglas, *Criterion*, p. 199.

[5] Isbrandi de Diemerbroeck, *Opera omnia anatomica et medica*, Utrecht 1683, *Observationes et curationes medicae centum*, obs. 85, p. 108. Esse oficial pensava de forma sutil em relação à crença comum: na verdade, ele achava que, se ele se separasse de sua moeda de ouro, nada, nem mesmo um segundo toque real, poderia ter impedido o retorno da doença; geralmente, considerava-se que um segundo toque e a entrega de outra moeda de ouro, cuidadosamente guardada desta vez, seriam suficientes para trazer de volta a cura; cf. Browne, *Adenochoiradelogia*, pág. 106. Uma moeda de ouro usada em 1723 por um idoso – pertencente obviamente à *gentry* – que a recebeu de Carlos II: Farquhar, IV, p.160 (segundo uma carta de Th. Hearne, *Reliquiae Hearnianae*, 1857, II, p. 680).

[6] Contas de *Churchwardens* de Minchinhampton, *Archaeologia*, XXXV (1853), pp. 448-452.

previsto, experimentaram uma recaída" [1]. Como esses maus indivíduos descartaram seu presente real, não é difícil de imaginar: eles o venderam. E, de fato, sabe-se que existia um verdadeiro comércio em torno desses talismãs[2]. Os doentes que, por qualquer razão, fossem impedidos de comparecer à corte, ou talvez assustados com as despesas da viagem, compravam estas medalhas, pensando assim obter, provavelmente a um custo reduzido, uma participação nas maravilhosas bênçãos distribuídas pela sagrada mão do soberano; daí a indignação daqueles que zelavam pela realeza, para quem o alívio só podia ser obtido pelo contato direto com aquela augusta mão. Os sétimos filhos que, tanto na Inglaterra como na França, eram fiéis imitadores dos monarcas, também costumavam pendurar nos pescoços de seus pacientes moedas que eram de prata; seus custos não permitiam que igualassem à munificência de seus concorrentes reais; eles preservaram esse uso, pelo menos em certas regiões, até o século XIX[3]. Veremos mais adiante que, também neste século, foi sob a forma de amuleto monetário que a crença no dom taumatúrgico dos reis sobreviveu por mais tempo na Grã-Bretanha.

Assim, em pleno século XVI, a fé no milagre real ainda era forte o suficiente para dar origem a uma nova superstição. Como surgiu, nos ingleses, a ideia de considerar os *angel* veículos do poder de cura? O uso, na cerimônia do toque, desta moeda de ouro, que sempre foi a mesma, presumivelmente imposta originalmente pelas ambições de dinastias rivais, e mais tarde fixado pela tradição, provavelmente levou os espíritos, gradualmente, a considerar que um objeto tão fundamental no rito não poderia desempenhar um mero papel de esmola. Os próprios reis, desde Henrique VIII, pelo menos, quando desenvolveram o costume de manter a moeda em sua mão durante o sinal da cruz, acabaram, voluntariamente ou não, encorajando tal conclusão. Deve-se supor, porém, que a opinião comum inclinou-se a aceitá-la tão rapidamente

---

[1] Citado por Nicolas, *Privy Purse of Henry VIII*, p. 352: "Amongst the Conway Papers (MSS.) there is an order for a proclamation, dated 13lh May 1625... that for the future all shall bring certificates from the minister etc. of the parish, for that many being healed, have disposed of their pieces of gold otherwise than was intended, and therebly fall into relapse". Tratava-se de exigir certificados que assegurassem que as pessoas que se apresentavam diante do rei não haviam sido tocadas uma primeira vez: cf. abaixo "As lutas religiosas e o absolutismo".

[2] Browne, *Adenochoiradelogia*, p. 93: "were this true and very commonly put in practice, without al] question His Majesties touching Medals would not be so frequently seen and found in Gold-Smiths shops". Cf. *ibid.*, p. 139, a história do comerciante russo atacado por escrófulas, a quem uma dama inglesa lhe entregou um *angel* de Carlos I e ficou curado. Relacionado ao *touch-piece*, Farquhar, IV, p. 159.

[3] Ao menos na ilha de Lewis: William Henderson, *Notes on the Folk-Lore of the Northern Countries ofEngland and the Borders*, ed. 2-a (*Publications of the Folk-Lore Society*, II), Londres 1879, p. 306; Folk-Lore, XIV (1903), p. 371, n. 1. Sob Carlos I, Boisgaudre, um aventureiro francês que, tendo nascido o último de uma série de sete meninos, tocava a escrófula na prisão para devedores onde se encontrava preso, dava a seus pacientes um simples pedaço de papel que estava escrito: "In nomine Jesu Christi, ipse sanetur": *Calendar of State Papers, Domestic, Charles I*, 7 de junho de 1632.

porque outro rito, definitivamente ligado ao cerimonial monárquico já ao final da Idade Média, dava o exemplo de talismãs consagrados pelos reis; refiro-me aqui aos anéis medicinais, que se acreditavam, então, como recebendo das mãos reais a virtude que estava incorporada em sua substância. Na imaginação comum, o antigo milagre do toque acabava, de alguma forma, adaptando-se ao jovem milagre da Sexta-Feira Santa. Não se chegou a acreditar que o toque era particularmente eficaz quando também ocorria na Sexta-Feira Santa?[1] É que a mais recente das duas manifestações do privilégio sobrenatural dos reis estava, no ano de 1500, em plena popularidade e, por assim dizer, em pleno amadurecimento.

O sucesso do toque da escrófula é medido pelo número de doentes que participava das cerimônias; o sucesso dos anéis, pela disposição do público em possuir esses círculos de ouro ou prata abençoados após a adoração da cruz. Essa ansiedade, tanto quanto pode ser julgada pelas cartas ou narrativas da época, parece ter sido extremamente presente sob os Tudor. Nada parece ser mais característico a este respeito que o exemplo de Lady Lisle. Honor Grenville se casara, em 1528, com o Visconde Lisle, filho natural do rei Eduardo IV; em 1533 ela seguiu seu marido para Calais, onde ele era governador; de lá, manteve com a Inglaterra um comércio epistolar muito ativo. Pelo acaso de um confisco, após um julgamento político, conservamos as cartas que ela recebeu. Quando as lemos, ficamos surpresos com o espaço que as *cramp-rings* ocupam. Lady Lisle, que talvez fosse reumática, colecionava-as com uma espécie de fervor; sua estima por sua virtude a fez considerá-las as mais eficientes contra as dores do parto; seus filhos, seus amigos, seus agentes de negócios, esforçavam-se para encontrá-las; era obviamente a maneira mais certa de agradá-la. Sem dúvida, uma paixão tão forte não era comum; essa grande dama seria, podemos acreditar, de certa forma excêntrica; ao final de sua vida, sua mente acabou bastante transtornada[2]. Mas, em menor grau, sua fé parece ter sido compartilhada pelas pessoas. Os *cramp-rings* são frequentemente citados nas heranças do período estando entre os mais preciosos bens legados a pessoas íntimas[3].

---

[1] Superstição testemunhada por Browne, p. 106-7 (que, aliás, a combate).

[2] Sobre Lord e Lady Lisle, v. o artigo Plantagenet (*Arthur*) no *Dictionary of Nat. Biography*. Cartas analisadas em *Letters and papers, Foreign and Domestic*, Henry VIII, XIII, 1, nr. 903, 930, 954, 1022, 1105; XIV, 1, nr. 32, 791, 838, 859, 923, 1082, 1145; XIV, 2, nr. 302. Cf. Hermentrude, *Cramp-rings*; Crawfurd, *Cramp-rings*, pp. 175 e 176. O uso de anéis para dor do parto parece ser o resultado da seguinte passagem de uma carta do conde Hertford a Lady Lisle, publicada por Hermentrude, *loc. cit.* e Crawfurd, pág. 175: "Hussy told me you were very desirous to have some cramp-rings against the time that you should be brought a bedd..."; o sentido comum dessas últimas palavras é bem conhecido. Devo adicionar que o *Dict. of. Nat, Biogr.* não menciona filhos nascidos de Lady Lisle em Calais.

[3] *Wills and Inventories from the registers of the Commissary of Bury St-Edmunds*, ed. S. Tymms (Camden Society), Londres 1850, p. 41 (1463); p. 127 C1535); Maskell, *Monumenta ritualia*, ed. e 2-a, III, p 384 (1516). É importante acrescentar que esses

A reputação do rito da Sexta-feira Santa não se deteve nas fronteiras da Inglaterra. A Escócia apreciava os anéis medicinais; o enviado inglês dava-os aos notáveis de quem desejava favores[1]; em 1543 um grande senhor escocês, Lorde Oliphaunt, feito prisioneiro pelos ingleses e depois solto sob promessa de servir aos interesses de Henrique VIII, voltou para sua terra natal carregado de *cramp-rings*[2]. No próprio continente, a glória dos anéis milagrosos era generalizada. Os reis da Inglaterra tornaram-se pessoalmente seus propagandistas: Henrique VIII oferecia de sua própria mão, a certos distintos estrangeiros presentes, os anéis de metal que consagrara[3]. Seus próprios enviados os distribuíam nos países em que eram acreditados: na França[4], na corte de Carlos V[5], em Veneza[6] e, antes do cisma, na própria Roma[7].

---

anéis são simplesmente caracterizados como *cramp-rings*; portanto, não podemos estar absolutamente certos de que não seriam anéis mágicos quaisquer, eficazes contra as cãibras; mas me parece que o termo era aplicado preferencialmente aos anéis reais.

[1] Thomas Magnus em Wolsey, 20 de março de 1526: *State Papers, Henry VIII*, IV, nr. CI.VII, p. 449; fragmento em J. Stevenson, *On cramp-rings*, p. 41 de *The Gentleman's Magazine Library*. Cf. um envio feito por Cromwell à rainha Margarida da Escócia, filha de Henrique VII (14 de maio de 1537): ibid. IV, 2, nr. CCCXVII e R.B. Merriman, *Life and letters of Thomas Cromwell*, II, nr. 185.

[2] *Letters and Papers, Foreign and Domestic*, Henry VII, XVIII, 1, nr. 17 (7 de janeiro de 1543); Oliphaunt foi definitivamente liberado em 1 de julho (*ibid.*, nr. 805); mas desde janeiro o governo Inglês negociava com ele e outros senhores prisioneiros para obter seu apoio após seu retorno a Escócia (*ibid*, n. 37); aparentemente não para seu uso pessoal, recebeu no dia 7 de janeiro 12 *cramp-rings* de ouro e 24 de prata.

[3] Hubertus Thoma Leodius, *Annalium de vita illustrissimi principis Frederici II* - ed. de 1624, in-4°, Frankfurt, p. 182: "Discedenti autem mihi dono dedit... sexaginta anulos aureos contra spasmum". Segundo C. J. S. Thompson, *Royal cramp and other medycinable rings*, p. 7, existem sinais desta liberalidade em um registro de Henrique VIII, de 1533.

[4] *Letters and papers, Foreign and Domestic, Henry VIII*, XV, nr. 480; R. B. Merriman, *Life and letters of Thomas Cromwell*, II, nr. 185; a carta de Th. Cromwell, publicada em Merriman (30 abril de 1536) é dirigida ao Bispo Gardiner, na época Embaixador na França; o mesmo Gardiner escreveu a Nicolas Ridley, em 1547, sobre os *cramp-rings*: "And yet, fur such effects as they have wrought, when I was in France, I have been myself much honoured; and of all sorts entreated to have them, with offer of as much for them, as they were double worth" (como citado infra).

[5] *Letters and papers, Foreign and Domestic, Henry VIII*, II, 2, nr. 4228 e 4246; XX, 1, nr. 542. A mesma coisa sob Maria, por ocasião da permanência do imperador em Bruxelas, antes de sua abdicação: *Calendar of State Papers, Foreign, Mary*: 25 de abril, 26 de abril e 11 de maio de 1555. Por outro lado, parece que por erro, Crawfurd acreditava ler em W. Stirling, *The Cloister Life of Emperor Charles the Fifth*, Londres 1853, que o imperador possuía em seu tesouro *cramp-rings* ingleses; encontrei apenas à p. 290, a menção aos anéis mágicos contra as hemorróidas.

[6] Letters and Papers, Foreign and Domestic, Henry VIII, XVIII, 1, nr. 576.

[7] Registro de contas da corte em *Trevelyan Papers* (*Camden Society*), I, p. 150: "to Alexander Grey, messenger, sente the vj-th day of Aprill [1529] to Rome with letters of great importance, at which time the Kings cramp rings were sent". Carta de Ana Bolena

Para dizer a verdade, os visitantes que o rei taumaturgo recebia, não importando quais fossem seus sentimentos secretos, dificilmente poderiam deixar de apresentar gratidão diante destes maravilhosos presentes. Por outro lado, ao insistir junto ao governo inglês pelos talismãs abençoados pelo rei, os diplomatas deste governo enviado a várias cortes da Europa pensavam, talvez, tanto em lisonjear seu senhor em seu orgulho taumatúrgico quanto em servir a seus interesses com tais hábeis generosidades. Os *cramp-rings*, levados de um modo ou de outro para esses países, haviam se tornado ali, como, aliás, na própria Inglaterra, um objeto de comércio; e foi provavelmente para conseguir dinheiro com eles que, em junho de 1515, o genovês Antoine Spinola, agente secreto a serviço da corte de Londres, detido em Paris por seus credores, solicitava uma dúzia deles a Wolsey, porque, segundo afirmou, foram-lhes pedidos, insistentemente, por "ricos cavalheiros" [1]. Mas ainda que fossem vendidos em todos os lugares, nem sempre eram vendidos a altos preços. Benvenuto Cellini, em suas *Memórias*, querendo dar a ideia de anéis de pouco valor, cita "aquelas pequenos anéis contra cãimbras que vêm da Inglaterra e valem um *carlino*" – uma moeda de pequeno valor – "ou algo assim" [2]. Porém, um carlino era, de qualquer forma, alguma coisa. E nós temos, por meio de diferentes testemunhos, que não se podem, como aqueles dos diplomatas, serem suspeitos de insinceridade formal, a prova de que, fora da Inglaterra, os *anelli del granchio*, sem talvez serem considerados tão preciosos como Henrique VIII queria fazer acreditar, eram mais procurados do que a frase de Benvenuto poderia nos fazer acreditar; e isso mesmo em círculos que poderíamos considerar menos propensos a esse tipo de superstição. Na Alemanha, Catarina de Schwarzburg, que foi amiga de Lutero, pedia os anéis a seus correspondentes [3]. O humanista inglês Linacre, médico de seu estado, amigo do grande Guillaume Budé, certamente pensou em agradá-lo enviando alguns

a Gardiner, de 4 de abril de 1529: Gilbert Burnet, *The history of the reformation*, ed. Pocock, V, 1865, p. 444.

[1] *Letters and papers, Foreign and domestic Henry VII*, II, 1, nr. 584 (15 de junho de 1515). Venda dos *cramp-rings* na própria Inglaterra: Hubertus Thomas Leodius, *loc. cit.*, p. 98: "[Rex Angliae] anulos aureos et argenteos quibusdam ceremoniis consecrat, quos dono dat, et *vendunt aurifabri*".

[2] *La vita di Benvenuto Cellini...*, ed. A. J. Rusconi e A. Valeri, Roma 1901, 1. II, c. I, p. 321: "Al ditto resposi, che l'anello che Sua Eccellenzia [ducele de Ferrara] m'aveva donato, era di valore d'un dieci scudi in cerca, e che l'opera che io aveva fatta a Sua Eccellenzia valeva piu di ducento. Ma per mostrare a Sua Eccellenzia che io stimavo l'atto de la sua gentilezza, che solo mi mandassi uno anello del granchio, di quelli che vengon d'Inghilterra che vagliono un carlino in cerca: quello io lo terrei per memoria di Sua Eccellenzia in sin che io vivessi...".

[3] Fragmento da carta citada na tradução de Mrs. Henry Cust, *Gentlemen Errant*, Londres, 1909, p. 357, n. A Sra. Cust absteve-se de dar qualquer referência, e não consegui encontrar a carta; ainda assim, acredito que posso usá-la, porque pude verificar em outros casos que as informações da Sra. Cust são confiáveis. Além disso, a popularidade do Rito dos Anéis é atestada pela Alemanha, no final do século XV, por G. Hollen, *Preceptorium divinae legis*, Nuremberg 1497, fol. 25 in °, col. I.

deles, acompanhado de uma bela carta grega; talvez na resposta de Budé, escrita na mesma língua erudita, perceba-se certa ironia, mas tão leve e tão velada que deixa o leitor indeciso[1]. Na França, ainda sob Henrique IV, se acreditarmos no médico Du Laurens, muitos particulares conservavam em seus tesouros algumas cópias desses anéis de cura que, nesta época, os reis da Inglaterra, havia cerca de cinquenta anos, haviam parado de fabricar[2]. Na Europa do Renascimento, a fé no milagre real em todos os seus aspectos ainda estava viva e, como na Idade Média, dificilmente aceitava rivalidades nacionais.

No entanto, na segunda metade do século XVI, esta fé acabará sofrendo o grande choque que abalou tantas instituições políticas e religiosas do mundo ocidental.

§ 2. Renascimento e Reforma

Em 1535, Michael Servet publicou em Lyon, com notícias adicionais, uma tradução da *Geografia* de Ptolomeu. E entre as adições, podiam ser lidas as seguintes palavras: "Em relação aos reis da França, são ditas duas coisas memoráveis: em primeiro lugar, que há na igreja de Reims um vaso perpetuamente cheio de crisma, enviado do céu para a coroação, com o qual todos os reis são ungidos; e, em segundo lugar, que o rei, por seu próprio contato, cura a escrófula. Eu vi com meus próprios olhos como o rei tocou vários doentes com essa afecção. Se eles foram efetivamente curados, eu não vi". O ceticismo, ainda que expresso discretamente, quase não é disfarçado... Mas em 1541, sempre em Lyon, aparece uma segunda edição do mesmo livro; a última frase desaparece, e é substituída pela seguinte: "Ouvi dizer que vários doentes tiveram sua saúde restabelecida[3]". Era uma palinódia. Este pequeno

---

[1] *Epistolae Guillelmi Budei*, in-4°, Paris 1520, p. 18 (Linacre a Budé, 10 de junho de 1517); fol. 16 v° (Bude a Linacre, 10 de julho). Budé escreve com relação aos anéis: "ὧν δὴ τοὺς πλείους ἤδη ταῖς τῶνθίλων καὶ συδδενῶν διενιμάμην δυναιξί παραδούς τε μεδαλοπρεῶς καὶ ἐπομοσάμενος ἦ μὴν ἀλεξιάκους εἶναι καὶ νὴ Δία καί συκοσάντου γε δήγματος"; "presenteei a maioria às esposas de meus parentes e amigos; as enviei solenemente e lhes jurei que estavam protegidas dos males, de mordidas e mesmo da calúnia". Havia-lhe sido enviado um anel de ouro e 18 de prata.

[2] *De mirabile*, p. 29: "Reges Angliae... curavere comitialem morbum, datis annulis quos epileptici pro amuleto gestarent, quales hodie dicuntur extare nonnulli in thesauris plerisque Galliae".

[3] Primeira edição: *Claudii Ptolomaci Alexandrini geographicae enarrationis libri octo*, fol. Lyon, Trechsel, atlas, folha 6-a, v°: "De Rege Galliae duo memoranda feruntur. Primum quod sit in Remensi ecclesia vas crismati perenni redundans, ad regis coronationem coelitus missum, quo Reges omnes liniuntur. Alterum, quod Rex ipse solo contactu strumas sive scrofulas curet. Vidi ipse Regem plurimos hoc langore correptos tangentem, an sanati fuissent non vidi". Segunda edição, fol. Lyon, Delaporte, 1541, atlas, 6ª folha, última frase v, (após "tangentem") aparece com a forma "pluresque senatos [sic] passim audivi". Devo a indicação desta curiosa divergência ao *Extrait d'une lettre de M. Des Maizeaux à M. De La Motte* que aparece na *Bibliothèque raisonnée des ouvrages des savans de L'Europe*, III, 2, 1729, p. 179. Sobre as duas edições de Ptolomeu – a segunda revisada com cuidado – cf. Julien Baudrier, *Michel Servei ses*

episódio bibliográfico é muito instrutivo. Nele vemos, em primeiro lugar, entre qual tipo de família de espíritos eram recrutados os escritores ousados o suficiente para questionar o milagre real; foram encontrados apenas entre os impenitentes heterodoxos, habituados a rejeitar qualquer crença recebida até então como um artigo de fé: homens muito capazes, também, como o próprio Servet, ou mais tarde Vanini, como teremos oportunidade de encontrar em nosso caminho, terminando nas fogueiras erguidas por uma ou outra das ortodoxias do período. Mas Servet se retratou; e se deve supor que esse arrependimento não foi espontâneo; foi, certamente, imposto. Durante muitos anos não foi possível para um livro impresso na França e, devemos acrescentar, também na Inglaterra, atacar abertamente uma superstição na qual a monarquia estivesse diretamente interessada; ou, ao menos, era imprudência temerária, que não se deveria incorrer.

As mesmas reservas, naturalmente, não eram impostas aos escritores estrangeiros. Foi assim que – no século XVI e nos primeiros anos do XVII – surgiu na Itália um grupo de pensadores que poderia ser chamado de naturalista, se entendermos por isso quem, tendo recebido de seus predecessores a imagem de um universo repleto de maravilhas, esforçaram-se para eliminar as influências sobrenaturais. Sem dúvida, sua concepção de natureza é muito diferente da nossa; eles nos parecerão hoje como repletos de representações contrárias à experiência ou à razão; ninguém recorreu mais voluntariamente, do que tais espíritos livres, à astrologia ou à magia; mas essa magia ou esta astrologia, que a seus olhos eram parte integrante da ordem das coisas, servia-lhes precisamente para explicar uma infinidade de fenômenos misteriosos que a ciência do seu tempo não era capaz de explicar, mas que eles se recusaram interpretar, de acordo com as doutrinas professadas e em vigor até então, como manifestações arbitrárias de vontades sobre-humanas.

Agora, quem nesta época, estando preocupado com milagres, poderia deixar de lado aquele milagre patente, familiar, quase cotidiano: o das curas régias? Entre os principais representantes desta escola italiana, muitos e notórios, como Pomponazzi, Cardan, Júlio César Vanini, aos quais poderíamos adicionar o humanista Calcagnini, expressaram, mesmo que de passagem, sua opinião sobre esta questão da atualidade; nenhum deles duvidou de que realmente houvesse curas; mas tentaram explicá-las por causas naturais, ou seja, de maneira que correspondesse à ideia que tinham de natureza. Termos mais tarde ocasião de examinar as soluções que propuseram, quando tivermos de retornar, por sua vez, ao final deste estudo, ao problema que tiveram o mérito de enunciar. O que é importante reter aqui é sua recusa em aceitar a teoria

---

relations avec les libraires et imprimeurs lyonnais; Melangcs Emile Picot, I, 1913, pp. 42 e 50. Nos exemplares da Bibl. Nat. da segunda edição, não se encontra o atlas; consultei, por isso, a do Museu Britânico.

tradicional: para eles, o caráter sagrado dos reis não seria mais razão suficiente para explicar seu poder de cura[1].

Mas as ideias desse punhado de "libertinos", de toda forma estrangeiros em relação aos dois países diretamente interessados na dádiva real, não poderiam exercer influência sobre a opinião comum. Mais decisiva tornou-se a atitude dos reformadores religiosos. Eles não negaram o sobrenatural, longe disso, nem sequer pensaram, a menos que fossem perseguidos, em atacar a realeza. Sem falarmos de Lutero, o que poderíamos dizer com justiça do próprio Calvino, que afirmou em sua *Instituição Cristã* que "a teoria da monarquia de direito divino se encontra... tão solidamente fundada 'sobre as palavras da Sagrada Escritura', como está na obra de Bossuet"?[2] Notadamente conservadores, em sua maioria, pelo menos em princípio, em questões políticas, ao mesmo tempo inimigos resolutos desta interpretação puramente racional do universo, por que tomaram essa posição contrária à crença nos poderes taumatúrgicos dos reis? Veremos que, de fato, durante muito tempo, eles a aceitaram muito bem.

O exemplo da França nesta questão é instrutivo. Não se percebe ninguém, durante muitos anos, que a partir do campo reformado, tenha apresentado qualquer protesto contra o toque de escrófula; mas, como vimos, esse silêncio foi inspirado pela mais elementar prudência. Ele se estendeu a tudo que tivesse relação com o milagre dinástico: não foi verdadeiramente por esquecimento que, ainda em 1566, em sua *Apologia a Heródoto*, Henri Estienne omitiu São Marcoul da lista de santos que deviam a um trocadilho seu papel de curandeiros. Mas vamos direcionar nossa atenção para os próprios países protestantes.

Sabemos que na Alemanha, Lutero, influenciado em muitos aspectos por antigas representações populares, admitiu candidamente que um remédio dado pela mão de um príncipe apresentava, por conta deste fato, uma eficácia particular. Catarina de Schwarzburg, heroína da nova fé, procurava *cramp-rings* ingleses[3]. Na Inglaterra, os dois ritos de cura continuaram a ser praticados após o cisma; e não apenas por Henrique VIII, que não podia ser qualificado como soberano protestante, mas mesmo por Eduardo VI, tão preocupado em apagar de tudo os traços das "superstições" papistas. Sob o reinado deste príncipe, o ofício da Sexta-feira Santa foi extirpado das formas romanas; após 1549, ao

---

[1] Para as informações bibliográficas relacionadas com a escola naturalista italiana – vulgarmente conhecida como escola "paduana" – serão apresentadas posteriormente indicações precisas sobre suas atitudes em relação ao milagre real. Teria sido em parte por conta de sua influência que o embaixador veneziano Contarini, enviado à corte de Henrique II, expressou certo ceticismo sobre a eficácia do toque? V. seu relato traduzido por Armand Baschet, *La diplomatie vénitienne. Les princes de l'Europe au XVIe siècle*, 1862, p. 436.

[2] Lucien Romier, *Le royaume de Catherine de Médicis*, II, in-12,1922, p. 222.

[3] Para Lutero, v. acima; Catarina de Schwarzburgo foi discutida há pouco.

menos, tornou-se proibido "rastejar" em direção à cruz[1]; porém, o pequeno rei teólogo jamais deixou de consagrar os anéis medicinais, no dia do aniversário da Paixão; no próprio ano de sua morte, quase morrendo, cumpriu o gesto ancestral, "segundo a antiga ordem e o antigo costume", como afirmam, talvez em um tom de desculpas, seus livros de contas[2].

A Reforma, contudo, acabaria por desferir golpes bem fortes às curas reais. O poder taumatúrgico advinha de seu caráter sagrado; que era criado ou confirmado por uma cerimônia, a sagração, que vivia entre as pompas da antiga religião. O protestantismo observava com horror os milagres que a opinião comum atribuía aos santos: os milagres atribuídos aos reis não seriam bastante semelhantes? Além disso, Santo Eduardo, na Inglaterra, e São Marcoul, na França, eram os patronos associados ao toque das escrófulas: patronato, aos olhos de muitos, muito comprometedor. Os inovadores estavam longe de excluir de seu universo as influências sobrenaturais; mas a muitos deles repugnava admitir, tal intervenção frequente na vida cotidiana por meio dessas forças, como haviam assumido as gerações precedentes; escute as razões que, segundo o registro de um espião pontifical, teria dado Jaime I da Inglaterra, em 1603, para justificar sua repugnância em realizar o rito do toque: "ele diz ... que não vê como poderia curar os enfermos sem milagres; mas os milagres haviam cessado e não se faziam mais"[3]. Na atmosfera maravilhosa que cercava as monarquias ocidentais, quase tudo era invocado para agredir os adeptos de uma fé mais pura; pode-se imaginar qual efeito, sobre tais homens tomados por uma espécie de sobriedade religiosa, poderia produzir uma lenda como a da Santa Ampola. Assim os reformados, à medida que construíam uma noção mais clara

---

[1] O "creeping to the cross" foi proibido em 1549 pela grande ordenação que prescrevia as práticas do culto assim como as crenças da antiga fé: G. Burnet, *The History of the Reformed*, ed. N. Pocock, iv, Oxford, 1865, p. 244, art. 9, e David Wilkins, *Concil Magnae Britanniae*, em 4 °, 1737, iv, p. 32. Figurava ainda em 1536 entre as cerimônias recomendadas pela *Convocation*. Burnet, *loc. cit.*, p. 284.

[2] Sobre as contas de Eduardo VI, que nos mostram ele consagrando anéis sagrados, v. a seguir. Não há testemunho seguro de que ela tenha realizado o toque; mas seria concebível que mantivesse um dos dois ritos – e, além disso, o mais estreitamente associado às cerimônias do antigo culto, o mesmo que Isabel iria abolir – e rejeitar o outro. Sobre sua atitude em relação aos *cramp-rings*, ver páginas seguintes. Nós não sabemos qual liturgia foi seguida sob seu reinado no caso dos toques; pode-se supor que modificou seu uso precedente em um sentido protestante. Nós também ignoramos se não teria havido mudanças com Henrique VIII, depois do cisma; isto, de fato, parece improvável; mas não pode ser dado como absolutamente impossível: o serviço de Henrique VIII não nos é conhecido senão por reprodução do missal de Maria Tudor (visto acima); evidentemente, Maria copiou como era usado antes do rompimento com Roma; se houvesse ajustes subsequentes, teriam sido considerados. Hamon l'Estrange, que escreveu em 1659 (Alliance of divine offices, p. 240.), afirmou que Eduardo VI mantinha o sinal da cruz, como havia feito então Isabel; mas qual seria o valor desse testemunho tardio? Cf. para dados numismáticos – que também nos inclinam a pensar que Eduardo tocou escrófulas – Farquhar, 1, p. 92.

[3] Este texto será citado novamente a seguir.

a respeito das próprias ideias, e sobretudo a ala avançada do calvinismo, acabariam enfim por reconhecer no milagre régio uma das peças deste sistema de práticas e crenças estranhas, segundo eles, ao verdadeiro e primitivo cristianismo, e a rejeitaram como inovação sacrílega de eras idólatras, para ver nelas, em suma, assim como diziam especialmente os não-conformistas ingleses, uma "superstição", que precisava ser extirpada.

Mas não foi apenas, assim como não principalmente, por conta de sua ação propriamente religiosa, que a Reforma colocou em perigo o antigo respeito pelo poder medicinal dos reis. Suas consequências políticas foram, deste ponto de vista, bastante graves. Em meio aos conflitos pela fé desencadeados tanto na Inglaterra quanto na França, os privilégios da realeza sofreram um formidável ataque: dentre eles, o privilégio taumatúrgico. Essa crise do dom de cura alcançou um nível diferente nos dois grandes reinos, sendo que sua história, nos séculos XVI e XVII, acabará por seguir caminhos diferentes. Na Inglaterra esses ataques foram mais fortes e decisivos. Comecemos, então, por este país.

O último dos atos em que o poder sobrenatural dos monarcas ingleses se manifestou foi também o primeiro a sucumbir diante da nova mentalidade. A consagração dos anéis não sobreviveu para além do século XVI.

Esta cerimônia já estava ameaçada sob o reinado de Eduardo VI. Um dia, quarta feira de cinzas, possivelmente no ano de 1547, uma pregador de vanguarda, Nicholas Ridley, falando perante o príncipe e sua corte, discursou contra uma série de práticas que ele tomava por idólatras, particularmente a adoração de imagens e o uso de água benta em exorcismos; teria ele se atrevido a atacar abertamente os anéis "medicinais"? Ao que parece, em todo caso, deixou em seus ouvintes uma impressão de que os condenava, ao menos implicitamente. Os partidários de uma reforma mais moderada, legítimos herdeiros do pensamento de Henrique VIII, esforçavam-se para manter junto de si o jovem rei; tinham todo interesse em levar a luta a terras onde a glória da monarquia pudesse parecer engajada. Um deles, e o mais notório, bispo Gardiner, escreveu a Ridley uma carta de protesto[1]; ele se colocou como o campeão de tudo o que ardente sermonário atacara, expressa ou indiretamente, especialmente a bênção dos *cramp-rings*, "dom de Deus", prerrogativa "hereditária dos reis deste reino". Por conta dessa controvérsia, pode-se ver com muita clareza o que nesse antigo costume mágico, mais ainda do que no toque da escrofulosa, mais chocava os inimigos do culto romano; eles não conseguiam deixar de ver nele uma justa aparência de exorcismo; a água benta com a qual os anéis eram aspergidos era, aos seus olhos, uma indubitável marca de superstição[2]. Eduardo VI, como consequência, persegue Gardiner; e torna Ridley bispo de Londres; no entanto, em relação ao tema do milagre real, foi,

---

[1] Carta publicada em *The Works of Nicholas Ridley* (*The Parker Society*), Cambridge, 1841, p. 495.
[2] Foi em 1548, pouco após o sermão de Ridley, que a água benta – e após numerosas vacilações – foi proscrita; ver W. P. M. Kennedy, *Studies in Tudor History*, in-12, Londres, 1916, p. 99

como vimos, a posição do primeiro – "ne negligat donum curationis" – que se manteve até o fim: a honra monárquica prevaleceu, neste caso, sobre as doutrinas evangélicas.

Bem verdade que sob Maria Tudor a cerimônia da Sexta-Feira Santa continuou sendo celebrada regularmente: e com certa pompa, como já vimos. Mas após o advento de Isabel (1558), com um corte novamente protestante, ela é interrompida: desapareceu sem ruído, provavelmente desde o início do reinado[1]. Por algum tempo, o público continuou a guardar as *cramp-rings* abençoadas pelos antigos soberanos[2]; mas, pouco a pouco, deixou-se de valorizar estes aros de metal, que exteriormente em nada se diferenciavam dos anéis mais banais. Nenhum *cramp-ring* régio verdadeiro chegou até nós[3]; ou, caso tenha sido conservado, não pudemos reconhecê-lo: o segredo de suas virtudes, indiferente às gerações incrédulas, não nos foi transmitido. Isabel verdadeiramente matou o antigo rito.

Por que, muito menos fervorosa reformadora que seu irmão Eduardo, acreditou ela que deveria romper com uma tradição que ele, a despeito de Ridley e de seus partidários, sempre mantivera? Talvez a reação católica, mais agressiva sob o reinado de Maria, a tenha tornado mais suscetível aos espíritos. Pode-se supor assim que a rainha, determinada a salvaguardar, contra todas as opiniões, o toque das escrófulas, tenha buscado dar alguma satisfação aos adversários das antigas crenças, sacrificando entre os dois ritos aquele que não colocava o soberano na presença da multidão sofredora, e importava menos ao prestígio monárquico.

---

[1] Nas obras de Tooker e Clowes sobre o toque (ver a seguir) não se faz qualquer menção aos *cramp-rings*.

[2] O historiador inglês – católico – Richard Smith, que morreu em 1654, manteve alguns que haviam sido abençoados por Mary Tudor (texto citado abaixo); da mesma forma, durante o reinado de Henrique IV, na França, algumas pessoas ainda os guardavam como preciosidades seus cofres (Du Laurens, testemunho, citado). Na literatura inglesa do século XVII e mesmo do XVIII, encontra-se, eventualmente, menção aos *cramp-rings* (ver C. J. S. Thompson, *Royal e Other Medycinable Rings*, pp. 9-10); mas seriam *cramp-rings* ou anéis considerados eficazes contra cãibras por outras práticas mágicas? Impossível determinar. Por outro lado, é verdade que, no tempo de Jaime II, a lembrança do rito da Sexta-feira Santa não havia se perdido; e, entre os mais próximos do rei, existia o projeto de ressuscitá-lo; discutido a seguir.

[3] Este fato observado com frequência; por exemplo, Waterton, *On a remarkable incident*, pp. 112-113; Thompson, *Royal and other medycinable rings*, p. 10; naturalmente, alude-se à ausência de qualquer sinal distintivo nos anéis consagrados pelos reis; por outro lado, as moedas destinadas ao toque – sem mencionar as medalhas que, sob Carlos II, eram especialmente cunhadas para este fim – são sempre reconhecíveis por seu furo para que a fita pudesse ser passada. Mas como a crença no poder dos *cramp-rings* foi mantida até tempos bem próximos de nós, seria provável que pelo menos alguns anéis desse tipo tivessem chegado com algum sinal de autenticidade.

Na verdade, Isabel jamais deixou de "curar" as escrófulas[1]. Ela conservou fielmente o rito cerimonial tradicional, meramente eliminando da liturgia uma oração que falava da Virgem e dos santos e, aparentemente, traduzindo para o inglês o ritual em latim de épocas anteriores[2]. Não possuímos para seu reinado documentos de que nos forneçam o número exato de doentes que dele participaram; mas tudo parece indicar que ela exerceu seu poder maravilhoso com grande sucesso[3]. Contudo, não sem encontrar forte resistência. O ceticismo discreto de certos espíritos livres, como o de Reginaldo Scot que, diretamente inspirado pelos filósofos italianos, foi na Inglaterra um dos primeiros adversários da crença na bruxaria, não foi muito perigoso[4]. Mas dois grupos de homens influentes se recusaram a reconhecer o dom miraculoso de seu soberano: os católicos, porque ela era herética e excomungada; e protestantes radicais, os puritanos, como se passou a chamá-los, para quem uma posição final já havia sido tomada, pelas razões doutrinárias indicadas, perante uma prática que era qualificada, indubitavelmente, como supersticiosa. Deveria ser defendida dos incrédulos o antigo privilégio da dinastia inglesa. Os pregadores oficiais dedicaram-se a fazê-lo do alto de seus púlpitos[5], enquanto os escritores,

---

[1] Mais tarde se imaginou que Isabel não se resignara sem hesitações a tocar os doentes; Dr. Crawfurd, *King's Evil*, pp. 75-76, mostrou claramente que esta tradição repousa, sem dúvida, em uma má interpretação de uma passagem do *Charisma* de Tooker.

[2] A liturgia da época de Elizabeth chegou ao nosso conhecimento por meio do testemunho de Tooker, *Charisma* (reproduzido em Sparrow Simson, *On the forms or prayer*, p. 298, traduzido por Crawfurd, King's Evil, p.72). Tooker a apresenta em latim; mas como crer que estava sendo usada exatamente desta forma? O inglês era então a língua oficial da Igreja; por que o serviço do toque teria sido uma exceção? Desde Jaime I sabemos com certeza que a liturgia era realmente celebrada em inglês (veja abaixo). Como já havia aventado Crawfurd, *loc. cit.,* p. 71, e Miss Farquhar, *Royal Charities*, I, p, 97, é provável que Tooker, ao publicar este texto em sua versão latina, desejasse simplesmente manter em seu livro uma espécie de harmonia linguística; afinal, tudo está escrito em latim; uma longa citação em inglês seria algo estranho.

[3] Deve-se reconhecer, contudo, que os números de doentes tocados por Isabel e que chegaram até nós são bastante modestos: 38 na Sexta-feira Santa que antecedeu o aparecimento do livro de Tooker; ou seja, 1597 ou 1598 (Tooker, *loc. cit.,* Citado por Crawfurd, King's Evil, p.74); 9 em Kenilworth, em 1 de julho de 1575 (relato contemporâneo de Lancham, citado por Farquhar, 1, p.70. N.1 e *Shakespeare's England*, I, Oxford, 1917, p. 102). Mas não se pode extrair qualquer conclusão destas escassas informações.

[4] *The Discoverie of Witchcraft*, ed. Brinsley Nicholson, Londres, 1886, L. 13, cap. ix, p. 247. A propósito do poder de cura reivindicado pelos reis da França: "But if the French king use it no woorse than our Princesse doth, God will not be offended thereat: for his maiestie onelie useth godlie and divine praier, with some almes, and reíereth the cure to God and to the physician". Deve-se notar que Scot cita Pomponazzi, talvez o mais importante dos pensadores naturalistas italianos mencionados anteriormente. A primeira edição é de 1584.

[5] John Howson, A sermon Preached al St. Maries in Oxford the 17 Day of November, 1602, in defense of the feitivities of the church of England and namely that of her Maiesties Coronation, 2a ed., en 4°, Oxford, 1603. Enumerando as graças concedidas por

em seus livros. Deste reinado data o primeiro livro dedicado ao toque, o "Tratado do carisma da cura", publicado em 1597 pelo "mais humilde capelão de sua Majestade mais Sagrada", William Tooker. Dedicado à própria rainha, tratava-se, naturalmente, se um ditirambo de louvor ao milagre real: produção bastante miserável, que jamais deve ter convencido ninguém[1]. Cinco anos mais tarde, um dos cirurgiões da rainha, William Clowes, ciumento do exemplo dado pelo capelão, escreveu por sua vez – desta vez em Inglês, enquanto o homem da Igreja permanecera fiel ao latim – um tratado "frutífero e aprovado" sobre a cura da escrófula por reis e rainhas Inglaterra[2]. O surgimento desses defensores era um sinal dos tempos. A antiga fé no poder taumatúrgico dos reis estava longe de estar morta na Inglaterra; mas não era mais partilhada unanimemente; é por isso que precisava de apologistas.

O advento de Jaime I em 1603 deu ao rito um golpe mortal. É curioso que este príncipe, que em seus escritos políticos se mostra como um dos teóricos mais intransigentes do absolutismo e do direito divino dos reis[3], tenha hesitado em praticar um rito no qual se expressa tão perfeitamente o caráter sobre-humano do poder monárquico. Este aparente paradoxo, no entanto, é facilmente explicável. Jaime havia sido educado na Escócia, em um ambiente rigorosamente calvinista. Em 1603, ele era ainda fortemente influenciado pelos ensinamentos de seus primeiros mestres; e embora tenha tomado desde o início de seu reinado a defesa do episcopado, foi porque considerava a hierarquia eclesiástica o suporte mais seguro do poder real; mas seus sentimentos religiosos ainda eram aqueles que o haviam ensinado: daí sua repugnância em realizar um pretenso milagre, no qual aprendera a não ver nada além de superstição ou impostura. Exige expressamente, em primeiro lugar, que dele fosse dispensado[4]. Resignou-se às posições de seus conselheiros ingleses, mas

---

Deus aos reis, Howson escreve: "Thirdly, they have gifts of healing incurables diseases, which is miraculous and above nature, so that when Vespasian was seen to perform such a cure the people conduded he should be Emperour, as Tacitus notes". Sobre esta alusão à história romana, cf. supra.

[1] Para o título exato, veja supra. Controvérsia contra os católicos, especialmente a história edificante de um católico que, curado pelo toque real, reconheceu que a excomunhão era "nullius plane... momenti"; contra os puritanos, a epístola dedicatória é assinada "Sacratissimae Maiestatis vestrae – humillimus empellanus – Guilielmus Tooker".

[2] Talvez da época se Isabel date também a gravura inglesa mais antiga representando o toque.

[3] Cf. a seguir.

[4] Carta de um informante anônimo ao bispo de Camerino, núncio na França (Janeiro de 1604). Arch. Vatican, Francia Nunza, t. XLIX, fol. 22: cópia em Record Office, Roman Transcripts, Gener. Series, t. 88, fol. 8 e ss.; extraído de Crawfurd, King's Evil, p. 82: "E pero anco vero, che il Re dai principio della sua entrata nel Regno d'Inghilterra desidero e dimando queste tre cose... 2e di non toceare le scrofule, non volendosi vanamente arrogare tal virtu et divinita di potere col solo tatto guarire le malatie... intorno alle quali dimande fu'risposto dalli consiglieri, che non potea sua Maesta senza suo gran pericolo e del Regno fuggir quelle cose". Ver também carta do enviado veneziano Scaramelli,

não sem repulsa. Um espião da corte de Roma nos deixou um registro bastante interessante do primeiro toque do rei, que ocorreu em outubro de 1603. A cerimônia foi precedida por um sermão de um ministro calvinista. Então o próprio rei que, como se sabe, não ignorava nem a teologia nem a prática da arte oratória, tomou a palavra. Ele expôs o cruel dilema em que se encontrava: ou cometeria uma ação que talvez fosse supersticiosa, ou acabaria por violar um antigo costume, criado com o objetivo de fornecer benefícios aos súditos do reino; ele havia decidido então tentar a experiência, mas só considerava o rito que iria cumprir como uma espécie de prece dirigida aos céus pela cura dos doentes, prece para a qual os participantes foram convidados a se juntar a ele. Dito isso, ele começou a tocar escrofulosos; "e", acrescenta maldosamente nosso informante, "durante todo esse discurso era possível ver que o rei voltava seus olhos constantemente para os ministros escoceses que estavam com ele, como se estivesse esperando deles um sinal de aprovação para o que dizia, tendo antes discutido este tema entre eles"[1].

Não se sabe se desde este momento o recalcitrante taumaturgo depurou a tradicional cerimônia. Em todo caso, ele o faria logo a seguir. Isabel, como seus antecessores católicos e como o próprio Henrique VIII, fazia o sinal da cruz sobre as partes doentes, para grande escândalo de alguns se seus súditos

---

Calendar of State Papers, Venetian, X, nr 69 (4 de junho 1603); uma passagem do historiador Arthur Wilson, The History of Great Britain, being the Life and Reign of James I, 1653, p. 289 (citação de Farquhar, IV, p. 141); um relato de viagem de 1613, à Corte da Inglaterra, o duque Jean Ernest de Saxa Weimar, publicado por Kundhardt, Am Hofe König Jacobs I von England; Nord und Sud, p. 109 (1904), p. 132. Sobre os sentimentos religiosos de Jaime, ver as argutas observações de G. M. Trevelyan, England under the Stuarts (A history of England, ed. de Ch. Oman, VII), p. 79; e se deve lembrar que ele parece ter sido o primeiro soberano que se recusou a ter em sua sagração o óleo milagroso de São Tomás; cf. acima. É possível, embora nenhum texto mencione essa interpretação, que a antipatia de Jaime em relação ao rito do toque, nascida de suas convicções calvinistas, tenha sido também aumentada pela repulsa que não poderia deixar de inspirar a essa pessoa sensível uma tarefa tão repugnante.

[1] Trecho de uma carta [anônima] de Londres, 8 de outubro de 1603; Arch. Vatican, Inglaterra; copia em Record Office, Roman Transcripts, General Series, t. 87; fragmento em Crawfurd, King's Evil, p. 82: "Il Re s'abbia questi giorni intricato in quello ch'haveva di fare intorno di certa usanza anticha delii Re d'Inghilterra di sanare gl'infermi del morbo regio, et cosi essendogli presentati detti infermi nella sua antecamera, fece prima fare una predicha per un ministro calvinista sopra quel fatto, et poi lui stesso disse che se trovava perplesso in quello ch'haveva di fare rispetto, che dell'una parte non vedeva come potessero guarire l'infermi senza miracolo, e già li miracoli erano cessati et non se facevano piu: et cosi haveva paura di commettere qualche superstitione; del'altra parte essendo quella usanza antiche et in benefìcio delii suoi sudditi, se risoivera di provarlo, ma solamente per via d'oratione la quale pregava a tutti volessero fare insiemi con lui; et con questo toceava alli infermi. Vederemo presto l'effeto che seguitarâ. Si notava che quand'il Re faceva ii suo discorso spesse volte girava l'occhi alli minişrti Scozzesi che stavano appresso, com' aspettando la loro approbatione a quel che diceva, havendolo prima conferito con loro".

protestantes[1]. Jaime se recusou a imitá-la a neste ponto. Este se contentava, após os doentes terem sido tocados uma primeira vez, e quando retornavam diante do rei, em pendurar, ou fazer-lhes pendurar, a peça de outro sobre seus pescoços, sem repetir o gesto simbólico que tanto lembrava a antiga fé. Ao mesmo tempo, desapareceu a cruz que durante tanto tempo decorou os *angel*, e seu texto foi abreviado de modo a suprimir a palavra *milagre* (*mirabile*)[2]. Graças a estas modificações, e graças também, pode-se crer, ao hábito e ao tempo, ficando mais distantes os ensinamentos da juventude, Jaime finalmente passou a aceitar cumprir seu papel de curandeiro, provavelmente sem se fazer acompanhar, toda vez, das mesmas precauções oratórias de sua primeira tentativa. Porém, parece jamais ter tomado a função muito a sério. Quando, em 1618, um embaixador turco, por conta de um ecletismo religioso verdadeiramente pitoresco, pediu-lhe para tocar seu filho que sofria de escrófula, o rei se recusa às gargalhadas[3].

Foi nos primeiros anos desse reinado que Shakespeare encenou seu Macbeth. A peça foi feita para agradar ao novo soberano; os Stuarts não seriam descendentes de Banquo? Na visão profética do quarto ato, quando aparece aos

---

[1] Cf. Tooker, *Charisma*, p. 109.

[2] A liturgia da época de Jaime I é conhecida por conta de um *broadside* (folha impressa apenas no reverso), conservado na Biblioteca da Sociedade de Antiquários de Londres e publicada por Crawfurd, p. 85. É idêntico à de Carlos I, bem conhecido graças à sua presença no *Book of Common Prayer* de 1633, e reproduzida várias vezes: Beckett, *A free and imparlial inquiry*; Sparrow Simson, *On the Forms of Prayer*, p. 299; Crawfurd, p. 85. É bastante semelhante à de Isabel, mas nas indicações relativas aos gestos do soberano, aquelas que se referem ao sinal da cruz desapareceram. Vários testemunhos coletados por Crawfurd. p. 88 confirmam, com relação a essa modificação que foi introduzida no antigo rito, as conclusões que o exame da liturgia seria suficiente para constatar; há um testemunho discordante, que vamos citar na nota seguinte; contudo, diante da unanimidade dos demais, isso só pode ser considerado um erro. São encontrados católicos que afirmavam que Jaime fazia escondido o sinal da cruz (veja abaixo), mas isto parece ser uma invenção destinada a explicar, de maneira ortodoxa, as curas realizadas por este rei herege. Sobre a remoção da cruz dos *angel* (no verso, sobre o mastro de um navio), e a supressão na fórmula "A Domino factum est istud ed est mirabile in oculis nostris" das palavras "et est mirabile em oculis nostris", ver Farquhar, I, pp. 106-107; o autor, erroneamente em minha opinião, não parece atribuir importância a esta última modificação.

[3] Carta "from Mr. Povy to Sir Dudley Carleton" citada (com una referencia inexata) por Crawfurd, King's Evil, p. 84. Segundo Sir John Finett, que foi mestre de cerimônias sob Carlos I, Jaime teria feito o sinal da cruz sobre o menino turco; mas certamente Sir John foi enganado por suas memórias: Finett Philoxenis: *some choicee observations of sir John Kinen knight, and master of the ceremonies to the two last Kings touching the Reception... of Forren Ambassatiors*, peq en 8°, Londres, 1656, p. 58. De L'ancre, *La mesereance du sortilege*, 1622, p. 165, afirma que Jaime I tocou o embaixador da França; não consegui encontrar o fundamento desta afirmação. Ele tocou em Lincoln, em 30 de março e em 1° de abril de 1617, a respectivamente 50 e 53 enfermos (John Nichols, *Progress of James I*, III, pp. 263-264, citado por Farquhar, 1, p. 109). O príncipe Otto da Saxônia o viu realizar, em 1611, o rito de cura; Feyerabend em *Die Grenzbosen*, 1904.1, p. 705.

olhos de Macbeth, aterrorizando a linhagem da qual surgiria sua vítima, o último dos oito reis que desfilam ao som dos oboés é o próprio Jaime, portando o triplo cetro de seus três Reinos. E é impressionante o fato de, nesta mesma tragédia, o poeta ter considerado apropriado, como vimos, inserir aqui um elogio ao poder taumatúrgico:

"A most miraculous work in this good king"[1].

Alusão? Conselho discreto? Ou simplesmente a ignorância das hesitações que o último descendente de Banquo havia inicialmente mostrado, quando teve de cumprir tal "tarefa milagrosa"? Como saber? Em todo caso, Shakespeare, neste, como em tantos outros momentos, foi o fiel intérprete da consciência popular. A massa da nação ainda não podia conceber que um rei fosse verdadeiramente rei, sem a graça da "bênção que cura". A opinião dos fiéis da monarquia ainda era forte o suficiente para triunfar sobre os escrúpulos do próprio monarca.

Carlos tocou como seu pai, mas fora educado no anglicanismo, sem as mesmas inquietudes de consciência que aquele. Sob os primeiros Stuarts, então, as posições se fixam definitivamente. A crença no milagre real fazia parte deste corpo de doutrinas semirreligiosas, semipolíticas, dos partidários da "prerrogativa" real e da Igreja estabelecida, ou seja, da grande maioria do país; e foi rejeitada apenas por pequenos grupos animados por uma ardente religiosidade, que viram nela a triste herança de antigas superstições, e uma das manifestações desse absolutismo real que estavam habituados a detestar.

Na França, como vimos, os calvinistas guardaram, por um longo tempo, sobre o poder de cura atribuído aos reis, um respeitoso ou prudente silêncio. É verdade que este silêncio possuía sua própria eloquência: o que seria mais significativo, por exemplo, que a atitude de Ambroise Paré de evitar, contrariamente ao costume da literatura médica de seu tempo, no capítulo "Da escrófula" de seu tratado de Cirurgia, qualquer referência ao tratamento milagroso do mal real?[2] Além disso, parece que, uma vez iniciados os conflitos, o partido reformado foi além de um mero protesto mudo. O padre Luís Richeome, da Companhia de Jesus, em seu "Três discursos pela religião católica", publicado em 1597, trata do "dom de curar as escrófulas que foi dado aos mais Cristãos Reis da França", e se coloca contra "a descrença ou imprudência de alguns cirurgiões Franceses de más mãos e pior consciência, e

---

[1] Versos citados anteriormente.

[2] *Oeuvres* ed. Malgaigne, I, 1840, p. 352. Este silêncio deveria ser ainda mais surpreendente pelo fato de que a literatura médica da época, herdeira da literatura medieval, ocupava-se do milagre real: cf. na França, Jean Tagault, *De chirurgica institutione libri quinque*, in-4°, 1543, 1. I, c. XIII, p. 93; Antoine Saporta (morto em 1573) em seu tratado *De tumoribus praeter naturam* (citado em Gurlt, *Gesch. der Chirurgie*, II, p. 677); na Inglaterra, Andrew Boorde em seu *Breviary of Health*, publicado em 1547 (Cf. Crawfurd, p. 59) Thomas Gale, em *Institulion of a chirurgian*, de 1563 (citado em Gurlt, *Gesch. der Chirurgie*, III, p. 349), John Banister em seu tratado *Of tumors above nature* (ibid. III, p. 369). Entre os italianos, discutido acima; cf. temas discutidos sobre Clowes, Du Laurens e Paré (v. nota seguinte).

de certos comentaristas de Plínio, intoxicados com as armadilhas de Lutero, que tentaram desacreditar e difamar com calúnias este milagre"[1]. Eu não consegui descobrir o significado destas alusões, que visavam, obviamente, pessoas específicas; mas ao menos é evidente que tratam de autores protestantes. Mas, ao que parece, a controvérsia com os protestantes não foi tão grande deste lado da Mancha; sem dúvida, estes escritores não tinham muito interesse em atacar um dos mais populares privilégios da realeza porque, apesar de tudo, a maioria jamais se preocupou em favorecê-la ou torná-la menos tolerante. Veio de outra direção o ataque mais incisivo sobre o poder taumatúrgico; não para os reis em geral, mas para um rei particular.

Quando Henrique III definitivamente se indispôs com a Liga, os membros da coalizão acreditaram que sua impiedade o tornava indigno de exercer o poder sobrenatural conferido a sua linhagem; contava-se que um de seus familiares, atacado por escrófulas, havia sido tocado várias vezes pela mão real, mas sem sucesso. O cônego Meurier, que escreveu, após a morte de Henrique III e contra Henrique IV, um *Tratado da unção*, viu nesta incapacidade médica uma advertência divina dada ao povo da França; se ele aceitasse um rei que não tivesse sido sagrado adequadamente (Henrique IV neste momento ainda era protestante e Reims estava nas mãos de seus inimigos), jamais os escrofulosos obteriam o benefício da cura milagrosa[2].

---

[1] *Premier Discours. Des miracles*, cap. XXXVI, § 4; ed. 1602, SRouen, in-12, p. 183. Sobre o autor, cf. H. Bremond, *Histoire litteraire du sentiment religieux en France*, I, 1916, pp. 18 e ss., e Henri Busson, *Les sources et le developpement du Rationalisme dans la litterature francaise de la Renaissance* (tese de Letras, Paris), 1922, p. 452. Ignoro se o médico de quem fala Bicheóme pode ser identificado com o "Petrus de Crescentiis, Medicus Gallus", que segundo Le Brun [*Histoire critique des pratiques superstitieuses*, 11, p. 120, em nota), que se refere a Crusius (?), *De preeminentia*, teria negado as curas reais. Também se poderia pensar em Jacques Daleschamps (1513-1588), a quem se deve uma famosa edição de Plínio (pude consultar a edição de Lyon, fol. 1587, onde não encontrei nada sobre o tema). É um fato que Daleschamps. no cap. xxxv de sua *Chirurgie française* – Lyon, 1573 –, quando lida com "a escrófula", ignora, como Paré, o milagre real; mas não sei que fosse protestante.

[2] *De sacris unctionibus*, p. 261. (O livro, datado de 1593, deve ter sido escrito em 1591, pois carrega a aprovação de Juan Dadré, penitenciário de Rouen, e de John Boucher, prochanceler de Paris, de 17 de outubro do mesmo ano). J. J. Boissardus (morto em 1602), *De divinatione et magiicis praestigiis*, in-4°, Oppenheim s.d., p. 86, acredita que a "admirável virtude" da cura teve fim sob o reinado do filho de Henrique II. Porém, encontra-se um eco da tradição do fracasso de Henrique III em David Blondel, *Genealogiae franciscae plenior assertio* in-4 °, Amtsterdã, 1654, 1, fol LXX, que justifica o rei pelo exemplo de São Paulo, que foi incapaz, diz ele, de curar Timóteo. De fato, Henrique III como seus antecessores tocou as escrófulas e é crível que tenha sido com o mesmo êxito: cumpriu particularmente o ato de cura em Chartres em 1581, 1582 e 1586 (J. B. Souchet, *Histoire de la ville et du diocese de Chartres (Public. Soc. Hislor. Eure-et-Loir)*, VI, Chartres 1873, pp. 110, 111, 128); em Poitiers, em 15 de agosto de 1577 (Cerf, *Du toucher des ecrouelles*, p. 265).

O Bearnês se fez católico; recebeu a sagração, não em Reims, é verdade, nem com o bálsamo da Santa Ampola, mas pelo menos em Chartres, com um óleo que, dizia-se, um anjo dera a São Martinho em outros tempos; realizou o toque e, apesar do que pensavam os adeptos de Meurier, as multidões vieram até ele. A primeira cerimônia não ocorreu logo após a sagração, mas em Paris, no domingo de Páscoa de 10 de abril de 1594, dezoito dias após a entrada das tropas reais. Paris não havia testemunhado um ato deste tipo desde a fuga de Henrique III em 1588. Os doentes se apresentaram em grande número; eram de 600 a 700 de acordo com Favyn, 960 segundo Thou[1]. Posteriormente, Henrique IV continuou, nas quatro grande festas, Páscoa, Pentecostes, Dia de Todos os Santos e Natal, e ainda mais seguidamente, a dispensar a graça da cura aos escrofulosos, que continuaram a afluir às centenas, talvez milhares[2]. O rei considerava esta obrigação cansativa[3] – como todos os reis da França, ele permanecia de pé – mas entendia não poder dispensá-la. Desejoso de reconstruir a monarquia, como poderia negligenciar esta parte de sua função régia? Para afirmar solidamente sua autoridade, abalada por tantos anos de guerra civil, medidas administrativas não seriam suficientes; ele deveria reforçar nos corações o prestígio da dinastia e a fé na legitimidade do príncipe reinante; não estariam, aliás, os milagres hereditários entre os melhores instrumentos desse prestígio e prova mais espetacular dessa legitimidade? É por isso que Henrique IV não se contentou em praticar o maravilhoso rito; dele ou de seus conselheiros partiu toda uma ação de propaganda em favor do dom taumatúrgico.

Primeiro, através de livro: o próprio médico do rei, André du Laurens, publicou em 1609 e dedicou ao seu mestre um tratado sobre "O maravilhoso poder de curar as escrófulas, concedido aos Reis Muito Cristãos", longa defesa cujo tema aparece suficientemente indicado por estes títulos de capítulos: "O poder milagroso de curar escrófulas, concedido aos reis da França é sobrenatural e não vem do Demônio... É uma graça dada livremente por Deus"[4].

---

[1] L'Estoile, *Memoires, Journaux*, ed. Brunet, IV, p. 204 (6 de abril de 1594); J. A. Thuanus, *Historia sui temporis*, Lib. CIX, t. V, folio, 1620, p. 433 "IOLX egenis strumosis in area, ac circiter XX honestioris condicionis seorsim ab aliis in conclavi"; Favyn, *Histoire de Navarre*, p. 1555.

[2] Du Laurens, *De mirabili*, p. 5; Du Laurens declara ter visto 1.500 doentes presentes uma vez (p 6), e que eram especialmente numerosos no Pentecostes. No dia da Páscoa do ano de 1608, o rei, segundo seu próprio testemunho, tocou 1250 doentes: carta à Marquesa de Verneuil, 8 de abril, *Recueil des lettres missives de Henri IV*, ed. Berger de Xivrey (*Doc. inéd.*), VII, p. 510. O médico da Basileia, Thomas Platter, viu Henrique IV realizar o rito do toque em 23 de dezembro de 1599 no Louvre: *Souvenirs*, trad. L. Sieber, *Mem. Soc. Hist. Paris*, XXIII (1898), p. 222. Cf. também l'Estoille, 6 de janeiro de 1609.

[3] V. carta da Marquesa de Verneuil, citada em nota anterior.

[4] Cap. IX: "Mirabilem strumas sanandi vim Regibus Galiiae concessam supra naturam esse, eamque non a Daemone Vbi Daemones morbos inferre variis modis eosdemque sanare demonstratur"; Cap, X: "Vim mirabilem strumas sanandi Galiiae Regibus concessam, gratiam esse a Deo gratis datam concluditur". Título completo da obra: "De

A obra parece ter tido grande sucesso; foi reeditada e traduzida várias vezes[1]. "Não se sabe", escreveu em 1628 Gui Patin, em uma espécie de prefácio em versos latinos que aparece no início das novas edições do livro: "o que nele brilha mais, se a glória do rei ou a ciência do escritor". Mas, para além do público que lia grandes livros, era importante atingir o mais vasto público que olhava imagens. O gravador P. Firens – um flamenco estabelecido na rua St. Jacques sob a placa Impressão de Gravuras – colocou ao mesmo tempo uma imagem em que representava, ao natural, a cerimônia do toque[2]. O rei caminha diante das fileiras de doentes ajoelhados; os responsáveis pelas esmolas o seguem; o primeiro médico segura a cabeça de cada esperançoso do milagre no momento em que a mão do príncipe vai pousar sobre suas feridas; a cena ocorre ao ar livre, rodeada por uma arquitetura um tanto pesada, entre uma grande presença de aparato militar. Ao rodapé da gravura pode ser lida uma longa legenda em honra aos reis em geral, "vivos retratos do Divino", e em particular ao rei Mais Cristão e a seus milagres; termina assim: "Perdoai-me, portanto, leitores, pela ousadia em defender e apoiar um grande rei, salvaguarda do ardente desejo de mostrar as maravilhas do Grande Deus"[3] . "Apoiar um grande rei": acredito ser conveniente tomar essas palavras ao pé da letra. Também sabemos que, além disso, Firens muitas vezes colocou seu buril a serviço da propaganda monarquista[4]. O primeiro médico e o primeiro gravador serviam, cada um à sua maneira, à mesma política ditada de cima.

Assim, tanto na França quanto na Inglaterra, após as lutas do século XVI, a velha crença no dom sobrenatural dos reis tinha, pelo menos na aparência, triunfado mais uma vez. Ela formou um dos artigos desta fé monárquica que se desenvolveu, na França, com o absolutismo de Luís XIV, e que na Inglaterra, por outro lado, sucumbiu aos poucos, mas não sem sobressaltos, em um novo drama político e religioso. Sobre esta fé em geral, é conveniente dizer agora

---

mirabili strumas sanandi vi soiis Galliae Regibus Christianissimis divinitus concessa, 1609".

[1] Para dizer a verdade, nunca separadas, mas na reedição das *Obras completas* – em latim –, de 1628, e nas quatro ou cinco edições dessas mesmas obras, que vão de 1613 a 1646 e talvez 1661; v. o artigo de E. Turner. A poesia de Guido Patin está citada ali: "Miranda sed dum Regis haec Laurentius – Sermone docto prodit, et ortam polis – Aperire cunctis nititur potentiam, – Dubium relinquit, sitne Rex illustrior – Isto libello, sit vel ipse doctior"

[2] Apêndice III.

[3] Notar ainda, na mesma legenda, a frase seguinte, em que o objetivo de propaganda aparece muito nitidamente – com uma alusão característica ao restabelecimento da paz interior. "C'est pourquoy i'ay pensé que ce seroit fort à propos de raon devoir, de tailler em cuivre ladite figure pour (en admirant la vertu diuine operer en nostre Roy) estre d'auantage incitez a l'honorer, et luy rendre obeyssance pour l'vnion de la pai et concorde pu'il entretient en ce Royanme de France, er pour les comrnodítez qui nous en prnvennent".

[4] Existe um retrato de Henrique IV e outro de Luís XIII, gravado em 1610: cf. E. Bénézit, *Dictionnaire des peintres, sculpteurs et dessinateurs de tous les temps et de tous lês pays*, II.

algumas palavras, porque sem ela a vitalidade do poder taumatúrgico poderia parecer inexplicável.

§ 3. Absolutismo e realeza sagrada: a última lenda de ciclo monárquico francês[1]

A maneira de agir e de sentir da maioria dos franceses, sob Luís XIV, a nível político, tem para nós algo de surpreendente e até chocante; o mesmo pode ser dito sobre parte da opinião inglesa, sob os Stuarts. Temos dificuldade em não interpretá-la com desgosto, como se fosse o efeito de certa baixeza servil. Essa dificuldade que temos de penetrar, num ponto de tal importância, na mentalidade de uma época da qual a tradição literária nos torna tão familiar, talvez seja a razão pelas quais estudamos, comumente, as concepções em matéria de governo a partir de seus grandes teóricos. O absolutismo é um tipo de religião; mas conhecer uma religião a partir de seus teólogos não significaria ignorar suas fontes mais vivas? Este método é ainda mais perigoso porque muitas vezes esses grandes doutrinadores nos apresentam o pensamento ou a sensibilidade de sua época sob uma espécie de disfarce: sua educação clássica incutiu neles, em conjunto com um gosto por demonstrações lógicas, uma imensurável aversão a todo misticismo político; ignoram ou escondem tudo o que, nas ideias de seu entorno, não fosse suscetível de uma explicação racional. E isso é verdade para Bossuet, impregnado de aristotelismo, direta ou indiretamente influenciado por São Thomas, como para Hobbes. Há um contraste marcante entre a *Política extraída das palavras da Santa Escritura*, ao fundo tão razoável, e as práticas de quase adoração monárquica a que seu autor, como todos em torno dele, ligavam-se: é que havia um abismo entre o abstrato soberano que nos apresenta este tratado de alta ciência e o príncipe miraculoso,

---

[1] Não possuímos, infelizmente, sobre as doutrinas absolutistas, consideradas não enquanto uma teoria da sua própria filosofia social proposta por este ou aquele escritor, mas enquanto a expressão de um movimento de ideias e sentimentos comuns a toda uma época, qualquer trabalho realmente satisfatório. Portanto, as indicações sumárias que se seguem não têm absolutamente nenhuma pretensão de preencher essa lacuna. Em Figgis, *The divine right of the kings* e em Hitier, *La doctrine de l'absolutisme*, encontram-se apenas considerações bastante rápidas e de caráter teórico. Cf. da mesma maneira, no mesmo espírito estritamente jurídico, Andre Lemaire, *Les lois fondamentales de la monarchie française d'apres les theoriciens de Vancien regime* (tese de Direito, Paris), 1907. A obra de Lacour-Gayet, *L'education politique de Louis XIV* fornece um grande número de considerações úteis, que seriam difíceis de serem encontradas em outro lugar – porém, os problemas são tratados superficialmente. É também útil a consulta a Henri See, *Les idées politiques en France au XVIIe siècle*, 1923. Entre a literatura de propaganda monarquista, a bibliografia conta com uma biblioteca útil ainda nos dias de hoje: *Bibliotheca historica* de Struve, reeditada por J. G. Meusel, X, I, Leipzig 1800, p. 179: *Scriptores de titulis, praerogativis, majestate et auctoritate Regum* [França].

sagrado em Reims com o óleo santo, em quem Bossuet acreditava profundamente, como padre e súdito fiel[1].

Não nos enganemos. Para compreendermos inclusive os mais ilustres doutores da monarquia, é importante conhecer as representações coletivas legadas pelas épocas precedentes e que ainda sobreviviam em sua época uma vida singularmente forte; porque, para retomar a comparação de que me servi há pouco, como as de todos os teólogos, sua obra consistia sobretudo do revestimento de uma forma intelectual dos mais poderosos sentimentos, que se difundia a seu redor, e dos quais, mais ou menos inconscientemente, estavam também impregnados. Hobbes submete a fé dos sujeitos às decisões do príncipe; escreve ele em termos dignos dos polemistas imperiais do século XI: "embora os reis não assumam o sacerdócio como ministério, não são eles meros leigos que não possuem jurisdição sacerdotal"[2]. Para bem compreender a origem profunda destas ideias não basta explicá-las a partir do pessimismo social e do indiferentismo político que Hobbes professava; nem é suficiente rememorar que este grande filósofo era cidadão de um país cujo soberano se intitulava "supremo governante do reino, em questões espirituais e eclesiásticas assim como nas temporais"; em verdade, é toda a antiga concepção da realeza sagrada que está por detrás delas. Quando Balzac afirma que "as pessoas dos Príncipes, sejam quais forem, devem ser para nós invioláveis e sagradas", ou quando fala dos "caracteres do dedo de Deus" impresso nos reis[3], o que se exprimiria aqui, ao final, não seria, sob um aspecto purificado, o mesmo sentimento que após tantas gerações os pobres escrofulosos continuavam a manter em relação ao rei da França?

Para além de sempre consultar estas grandes figuras do pensamento, o historiador talvez ganhasse mais consultando autores de segunda categoria, ou folheando esses compêndios de direito público monárquicos ou aqueles elogios à monarquia – tratados sobre a majestade real, dissertações sobre a origem e autoridade dos reis, panegíricos às flores-de-lis – que a França dos séculos XVI e XVII produziu em profusão. E nem porque devemos esperar destas leituras um grande prazer intelectual. Estas obras possuem, em geral, um nível ideológico muito baixo. Juan Ferrault, Claudio d'Albon, Pierre Poisson

---

[1] É possível que as épocas mais facilmente desconhecidas sejam precisamente aquelas são vistas através de uma viva tradição literária. Uma obra de arte só sobrevive se cada geração colocar algo de si mesma nela: assim, seu significado original se deforma progressivamente, até atingir por vezes seu sentido oposto; e ao final deixa de nos ensinar sobre o ambiente em que nasceu. Alimentados pela literatura antiga, os homens do século XVII entendiam apenas imperfeitamente a Antiguidade. Hoje vivemos, mais ou menos como eles, a mesma situação em relação aos gregos e romanos.

[2] *De Corpore Politico*, II, VIII, 11 (ed. Molesworth, IV, p. 199): "And though kings take not upen them the ministerial priesthood, yet they are not so merely laic, as not to have sacerdotal jurisdiction".

[3] *Aristippe, Discours septiesme*, ed. a 2-a, in-12. 1658, p. 221. A respeito das concepções políticas de Balzac, pode-se ver J. Declareuil, *Les idees politiques de Guez de Balzac*; *Revue de droit public*, 1907, p. 633.

Bodinière, H. Du Boys, Luís Rolland, P. Hipólito Baulin ou Balthazar de Riez, todos esses nomes aos quais se poderia facilmente adicionar outros, não possuem quaisquer títulos para figurar com honra em uma história da filosofia social; mesmo Charles Grassaillc, André Duchesne e Jérôme Bignon, ainda que dignos de estima, não merecem menos o esquecimento em que caíram[1]. Mas os escritos dessa natureza, por sua mediocridade e por vezes pela sua própria crueza, têm a vantagem de estar mais próximas das concepções comuns. E se por vezes são suspeitos de terem sido compostas por panfletários contratados, mais desejosos em ganhar dinheiro do que em seguir o fio de um pensamento desinteressado, isto é ainda melhor para nós, que tanto buscamos capturar, no que teria de mais vivo, o sentimento público: porque os argumentos que estes profissionais de propaganda desenvolviam preferencialmente eram, evidentemente, aqueles que acreditavam poder melhor influenciar a massa de leitores.

As ideias frequentemente utilizadas pelos publicistas da monarquia nos séculos XVI e XVII parecem banais a qualquer um que examine a literatura de períodos precedentes. Não despertariam nossa atenção nem por reconhecermos nela a longa herança medieval; inclusive na história das doutrinas políticas, como em tantas outras histórias, não é conveniente se levar muito a sério o recorte tradicional que, seguindo os humanistas, muitas vezes se fez no passado da Europa em torno de 1500. O caráter sagrado dos reis, tantas vezes afirmado pelos escritores da Idade Média, permaneceu nos tempos modernos uma verdade evidente que continuamente reaparece [2]. Da mesma forma, embora de maneira menos unânime, seu caráter quase sacerdotal.

Sobre este ponto, sempre houve hesitações, mesmo entre os mais fervorosos defensores da monarquia. Hesitações que, aparentemente, continuaram crescendo. Grassaille, ainda que impregnado pela grandeza da monarquia francesa, tão acolhedor a todas as lendas que construíssem uma espécie de aura maravilhosa, acreditava ser necessário especificar, inúmeras vezes, que o rei, a despeito de todos os privilégios eclesiásticos, não era senão

---

[1] As obras de Ferrault, Raulin, Grassaille, d'Albon, são citadas na bibliografia. Pierre Poisson, senhor da Bodiniere, *Traite de la Majeste Royale en France*, 1597; H. du Boys, *De l'origine et autorite des roys*, in-12, 1604; Louis Roland, *De la dignite du Roy ou est montré et prouvé que sa Majesté est seule et unique en terre vrayment Sacrée de Dieu et du Ciel*, pq in-4°, 1623: R. P. Balthasar de Riez, pregador capuchinho: *L'incomparable pieté des tres chretiens rois de France et les admirables prerogatives qu 'elle a méritées à Leurs Majestes, lant pour leur royaume en general quepour leurspersonnes sacrees em particulier*, 2 vols. in-4°, 1672-1674; Andre Du Chesne, *Les antiquitez et recherches de la grandeur et maiesté des Roys de France*, 1609; Jerôme Bignon, De l'excellence des rois et du royaume de France, 1610; o mesmo, sob o pseudônimo de Theophile Dujay, *La Grandeur de nos roys et leur souveraine puissance*, 1615.

[2] Os textos que poderiam ser citados são inumeráveis. Bastará recordar que Bossuet, em *Política extraída das palavras da Santa Escritura*, dá ao artigo 11 o título do Livro Terceiro: *A autoridade real é sagrada*, e na proposição deste artigo: *A pessoa dos reis é sagrada...*

um laico[1]. Mais tarde, ao menos na França católica, após o Concílio de Trento, a Contra-Reforma, reforçando a disciplina da Igreja, veio estabelecer entre o sacerdócio regular e a condição dos laicos uma distinção mais nítida do que antes: é quando, por parte de muitos espíritos, surge uma mais nítida rejeição do que até então existira em se admitir a situação mal definida de um rei quase sacerdote sem que o fosse de fato. Apesar de tudo, a antiga noção incorporada em tantos costumes e em tantos ritos possuía inúmeros adeptos, mesmo entre os clérigos. "A majestade dos reis de França", escreveu em 1597 o bispo de Evreux, Roberto Ceneau "não pode ser considerada completamente laica. Disso há várias evidências: primeiro, a santa unção, que tem sua origem no próprio céu; além disso, o privilégio celestial de curar a escrófula, devido à intercessão de São Marcoul;... finalmente, o direito de regalias, sobretudo as regalias espirituais, comportando, como vemos comumente, o poder de conferir, por direitos especiais, os benefícios eclesiásticos"[2]. Para Andrés Duchesne, em 1609, "nossos grandes reis... jamais nunca foram considerados apenas laicos, mas ornados tanto com o Sacerdócio quanto com a Realeza"[3]. Em 1611, um padre, Claude Villette, publicou sob o título *Razões do ofício e cerimônias que se fazem na Igreja Católica*, um tratado sobre a liturgia, cujo sucesso é comprovado pelas inúmeras reedições que se seguiram; ele comenta longamente sobre os ritos de sagração; dentre eles, principalmente, a unção das mãos, as oferendas feitas pelo rei e, acima de tudo, a comunhão sob as duas espécies. E conclui que o rei é "pessoa mista e eclesiástica"[4]. Mais claramente

---

[1] V. em seu *Regalium Franciae iura omitia*, 1538, o segundo Capítulo do livro 11. Arnoul Ruzé, em seu célebre tratado sobre o direito de regalia (*Tractatus juris regaliorum, Praefátio, Pars III*, em *Opera*, pq. em 4°, 1534, p 16-17), conforma-se bastante timidamente em atribuir sempre uma situação "mista", graças à qual será "considerado clérigo"; "ratione illius mixturae censentur ut clerici". Por outro lado, em 16 de novembro de 1500, "Lemaistre [falando] ao procurador geral do Rei", declara ante o Parlamento de Paris, de acordo com antigos princípios: "Nam licet nonnulli reges coronentur tantum, alii coronentur et ungantur, ipse tamen rex Franciae his consecracionem addit, adeo quod videatur non solum laicus, sed spiritualis" e invocava, imediatamente a seguir, em apoio a esta tesa, a regalia espiritual: Arch. Nat. X ia 4842, fol. 47 v (Cf. Delachenal, *Histoire des avocats*, p. 204,11. 4).
[2] *Gallica historia in duos dissecta tomos*, folio 1557, p. 110: "Regia enim Francorum maiestas non prorsus laica dici debet. Primum quidem ex recepta coelitus unctione sacra: deinde ex coelesti privilegio curandi a scrophulis, a beato intercessore Marculpho impetrato: quo regni Francici succesores in hune usque diem fruuntur. Tertio iure regaliae magna ex parte spirituali in conferendis (ut passim cernere est) ecclesiastici peculiari iure beneficiis". Sobre o autor, pode-se consultar Bernard, *De vita et operibus Roberti Cenalis* (tese de Letras, Paris), 1901.
[3] *Les antiquitez et recherches*, p. 164; cf. See, loc. cit., p. 38, n. 3.
[4] in-4°, Paris, 1611, especialmente pp. 220-222. Villette conhecia o tratado sobre a sagração de Jean Golein (cf. infra); modificando a fórmula mais prudente usada por Golein em relação à comunhão sob as duas espécies, ele escreveu: (le roi) "comunie sous les deux especes, comme fait le Prestre, Et, di le viel Autheur, *Afin que le Roy de France seche se dignile estre Presbiterane et Royale*".

ainda, em 1645, o capelão Guillaume Du Peyrat, apresenta, a respeito do privilégio eclesiástico que reconhece aos monarcas franceses, a seguinte justificativa: "A razão que se pode dar, em minha opinião, é a de que, embora os reis da França não sejam Sacerdotes como os Reis Pagãos... eles participam do sacerdócio e não são simples laicos"[1]. E é a sagração que, segundo o Padre Baltasar de Riez, escrevendo em 1672 um longo e tedioso elogio da dinastia, torna as pessoas reais "sagradas e, de toda forma, sacerdotais"[2].

O estado de espírito era o mesmo entre os defensores ingleses da monarquia. São evidências as palavras que o autor do *Eikon Basiliké* coloca na boca de Carlos I prisioneiro, referindo-se ao fato de lhe terem negado um capelão: "Talvez aqueles que me negaram sintam que tenho em mim poder suficiente para cumprir o meu deveres diante de Deus como sacerdote... na verdade, eu acho que os dois ofícios, o régio e sacerdotal, podem estar presentes em uma mesma pessoa, como antigamente estavam unidos sob um mesmo nome"[3].

A ciência das antiguidades cristãs veio, por sua vez, oferecer, em apoio a essa antiga confusão entre os dois "ofícios", argumentos desconhecidos aos polemistas de épocas precedentes. O Baixo Império, após a conversão de Constantino e mesmo após Graciano, em 382, renunciou ao tradicional título de grande pontífice, embora não tenha abandonado totalmente a ideia de um tipo de dignidade pontifical, ligada ao Imperador. Exumaram-se, no século XVII, alguns textos antigos, ignorados na Idade Média, em que se exprime essa concepção. "Vida longa ao sacerdote, ao *basileus*!" exclamara em 451 os Padres de Calcedônia, saudando Marciano. Foi esta aclamação, estabelecida sem dúvida para o cerimonial da corte bizantina, que Daguesseau, em sua *Requisição para o Registro da Bula contra as Máximas dos Santos*,

---

[1] *Histoire ecclésiastique de la Cour*, p. 728. Cf. C f o relato da sagração de Luís XIII, Godefroy, *Cérémonial*, p. 452: "Il communia au précieux Corps et Sang de Nostre Seignm sous les deux espices du pain et du vin, aprés quoi on lui donna l'ablution comme aux Prtstres pour montrer que sa dignité est Royale et Presbyterale".

[2] *L'imomparable piété des trés chrétiens rois de Franee*, 1, p. 12: "... icy nous pouvons et devons dire par occasion, que le sacre de nos rois n'est pas nécessaire pour leur asseurer leur droit sur la Couronne de France, lequel ils tirent de la naissance ct dc la succession. Mais que c'est une sainte ceremonic, qui attire sur eux des graces particulares du Ciel, qui rend leurs personnes sacrées, et en quelque façon Sacerdotales. Aussi sont-ils vestus en cette action d'un habillement semblable à une tunique de nos Diacres el d'un manteau royal approchant de la ressemblance d'une Chappc, ou anciene Chasuble d'un Prestre".

[3] "It may be, I am esteemed by my deniers sufficient of myself to discharge my duty to God as a priest: though not to men as a prince. Inded I think both offices, regal and sacerdotal, might well become the same person, as anciently they were under one name, and the united rights of primogeniture'". Citado pro Figgis, *Divine Right*, p. 256, n. 1. O autor do *Eikon Basiliké* falava seriamente. É curioso que a mesma ideia, porém dita em tom de brincadeira, seja encontrada novamente na boca de Napoleão I, preso em Santa Hiena: "Vous vous confesse? – disse ele ao barão Gourgaud –, Ah bien! moi, je suis oint, vous pouvez vous confesser à moi" (general Gourgaud, Sainte-Hélène, s. f., u, p. 143).

pronunciada em 1699 perante o Parlamento de Paris, transpôs ao elogio de Luís XIV, "rei e sacerdote, ao mesmo tempo, estes são os termos do Concílio de Calcedônia"[1]. Sobretudo, a vida de Constantino, por Eusébio, impressa várias vezes, fornece a célebre passagem em que o imperador se intitula "τῶν ἐχτὸς ὑπό θεοῦ χαθεσταμένος ἐπίσξοπος", que usualmente se traduzia, equivocadamente ou não, pouco nos importa aqui: bispo exterior, ou ainda: bispo de fora[2]. A partir do século XVII, tornou-se lugar comum aplicar estas palavras ao rei da França[3]. Assim, a erudição renascente assegurou uma nova sobrevivência, sob uma máscara cristã, destes vestígios do paganismo.

Nenhuma época tão claramente e, pode-se dizer, tão cruamente, que o século XVII, enfatizou tanto a natureza quase-divina da instituição, e mesmo, das pessoas régias: "Por isso, meu filho", disse, na Inglaterra, o rei James I ao príncipe herdeiro, "antes de tudo, aprenda a conhecer e amar a Deus, para com o qual você tem um duplo dever: primeiro porque ele te fez homem, e também porque ele fez de você um pequeno deus, chamado para se sentar em um trono e reinar sobre os homens"[4].

Para o francês Jean Savaron, presidente e lugar-tenente na senescalia de Auvergne, os monarcas são deuses corporais[5]; para Andrés Duchesne, "Deuses na terra"[6]. Em 13 de novembro de 1625, o bispo de Chartres, falando em nome Assembleia do Clero, expressou-se nos seguintes termos: "é preciso saber, portanto, que, além do universal consentimento dos povos e nações, os Profetas anunciam, os Apóstolos confirmam e os Mártires afirmam que os reis são ordenados de Deus; e não apenas isso, mas que eles mesmos são Deuses, Coisa que não se pode dizer ter sido inventada pela servil bajulação dos pagãos; mas a própria verdade que se mostra claramente na Sagrada Escritura que ninguém pode negar sem blasfêmia ou duvidar sem sacrilégio..."[7]. Da mesma forma,

---

[1] *Œuvres*, ed. Pardessus, 1819, p. 261. Sobre o texto do concilio e demais textos análogos, cf. supra.

[2] Eusébio, t. v, 24. E. Ch. Babut, *Revue critique*, nova serie, LXVIII (1909), p. 261, acredita que Constantino quer dizer "bispo dos pagãos".

[3] Por exemplo: B. de la Roche-Flavin, *Treize livres des Parlemens de France*, livro XIII, cap. XIIV, §XIV, folio, Bordeaux 1617, p. 758: "Évéque commun de France: qui es est l'Eloge que le fragmtnt des Conciles donne à l'Empereur Coristantin"; D'Aguesseau, *loc. cit.*, p. 261 ("évéque extérior"). No século XVIII, decreto do Conselho de 24 de maio de 1766 (Isambert, *Recueil general*, XXII, p. 452): "évéque Du dehours".

[4] *Basilikon Doran*, livro 1, ed. Mac Ilwain (*Harvard Political Ctassics* I), 1918, p. 12: "Therefore (my Sonne) first of all things, learne to know and love that God, whom-to ye have a double obligation; first, for that he made you a man; and next, for that he made you a little God to sit on his Throne, and rule over other men".

[5] Terceiro tratado *De la souvernincté du Roy*, 1620, p. 3: "Le tout puissant... vous ayant estably son Vicaire au temporel de vostre Royaume, constitué comme un Dieu corporel pour estre respecté, servy, obéy de tous vos subjeets..."

[6] Les Antiquitez et recherches, p. 124; Cf. p. 171.

[7] Declaração da Assembleia do Clero, censurando dois libelos intitulados *Misteria Politica* e *Admonition* de G. G. R. Theologien au Tres Chreten Roy de France et de

podem-se citar muitos outros exemplos, e até o título deste folheto monarquista na época da Fronda: *A imagem do soberano ou o retrato ilustre das divindades mortais*[1]. "Vós sois deuses, ainda que podeis morrer, e vossa autoridade jamais morre", escreveu Bossuet, falando no Louvre, no Domingo de Ramos de 1662, sobre os *Deveres dos reis* [2]; ninguém, naquele momento, deve ter se surpreendido ao ouvir essa expressão da boca de um pregador: ela hoje pode parecer singularmente ousada e quase blasfema; naquele momento, era perfeitamente banal.

    Não é difícil descobrir quais fontes utilizavam escritores e oradores. Em primeiro lugar, a Bíblia. Usualmente se considerava que aludiam aos reis estes dois versículos do Salmo 82: "Eu disse: Vós sois deuses, filhos do soberano / No entanto, irão morrer como homens". Calvino, em seu *Comentário sobre os Salmos*[3] ou mesmo Bossuet no Sermão que acabamos de citar, ambos se utilizaram deste texto. Mas isso não é tudo. Os letrados da época, alimentados pelas Sagradas Escrituras, também se utilizavam da literatura antiga. O bispo de Chartres buscou estigmatizar "a bajulação servil e a vil complacência dos Pagãos", mas reconheceu que estavam certos quando igualaram os reis aos deuses. Antes dele, Claude d'Albon já se fundara no exemplo dos "antigos Filósofos" para declarar "o príncipe mais do que homem... mesmo Deus", ou pelo menos "semideus"[4]. Aqui, novamente, as lembranças eruditas impunham a estes cristãos fervorosos uma linguagem totalmente carregada de paganismo. É o caso aqui de repetir o que o grande humanista do século XII, João de

---

Navarre Louis XIII por criticar a blasfema aliança da França com os forças protestantes: Mercure François, XI (1616), p. 1072. O Bispo de Chartres imediatamente esclarece seu pensamento e atenua sua forma em que, pois poderia ter sido por demais chocante, afirmando: "Pourtant il s'ensuit que ceux qui sont appelez Dieux, le soient, non par essence, mais par participation, non par nature, mais par grace, non pour tousiours, mais pour un certain temps, comme estant les vrays Lieulenans du Dieu Tout-puissant, et qui par l'imitation de sa divine Majestc, représentent icy has son image".

[1] C. Moreau, *Bibliographie des mazarinades* (Soc de l'hist. de France), II, nr. 1684. V. outras citações caraterísticas em Lacour-Gayet, *L'education politique de Louis XIV*, pp. 357-358. Devo a esta obra a indicação dos últimos três textos que acabo de citar. Cf. também du Boys, *De l'origine et autorite des roys*, 1604, p. 80 (comparar com a p. 37).

[2] *Sermon sur les Devoirs des Rois* (2 aprilie 1662). *Oevries oratoires*, ed. Lebarq, revista por Ch. Urbain e E. Levesque, IV, p. 362.

[3] *Opera (Corpus Reformatorum)*, XXXII, Salmo CXI, col. 160; veja uma passagem mais desfavorável aos deuses-reis: Em *Habacuc*, 11, col. 506. Os versos 6 e 7 do Salmo 82, citados acima, ainda confundem os estudiosos modernos. Por vezes compreende-se uma ironia quando o texto se refere aos reis dos povos não-judeus, qualificando-os como deuses; cf. F. Baethgen, *Die Psalmeni (Handkommentar zum Alten Testament Am Gottingen)*, 1897, p. 252.

[4] *De la maiesté royalle*, p. 6: "le Prince par sa vertu, generosíté, magnanimité, douceur et liberalité envers son peuple, surpasse tous les autres hommnes de tant, qu'á bon droit et iusté raison plusieurs des anciens Phílosophes l'ont estimé plus qu'homme, voyre estre Dieu. Et ceux qui de moins se sont fallís les ont (à raison de leurs perfections) dict et prononcé demi dieux".

Salisbury, ele mesmo um dos mais vigorosos defensores da supremacia do espiritual, disse aos Romanos: "Essas pessoas inventaram as palavras da qual nós nos servimos para mentir a nossos senhores"[1]. Já na Idade Média, essas influências por vezes se fizeram sentir. Ao final do século XII, Godefroy de Viterbo, falando do imperador Henrique VI, escreveu: "Você é Deus, da raça dos deuses"; Godefroy era um pedante, rival digno de seu compatriota e contemporâneo Pierre d'Eboli, que comumente tratava o mesmo governante de "Júpiter Tonante"; sua esposa era "Juno"[2]. Quase um século mais tarde, Egido Colonna chamava os reis de "semi-deuses"[3]; Egidio também frequentara os autores antigos; é justamente esta leitura que o levou a empregar um termo que contradiz seu sistema político, mediocremente favorável ao poder temporal. Em suma, na Idade Média, tais desvios eram escassos; deve-se reconhecer que esse abuso do nome divino quase não se generalizou senão no século XVII. Naturalmente, não se deve exagerar a seriedade dos excessos verbais dessa classe. O que há neles são reminiscências puramente literárias, suficientes para nos fazer compreender que não devem ser levados muito a sério. Mas não devemos diminuir muito sua importância: as palavras jamais estão totalmente separadas das coisas. É bastante surpreendente encontrar, sendo constantemente empregadas, nesta época de fé, expressões que eras precedentes teriam, quase

---

[1] Poticraticus, III, X, ed. C. C. J. Webb, I, p. 203: "Voces, quibus mentimur dominis, dum singularitatem honore multitudinis decoramur, natio haec invenit"; trata-se, como se pode ver, do plural da majestade; mas um pouco antes, Jean de Salisbury, tratando das apoteoses imperiais, acrescentou (pp. 202-203): "Tractum est hinc nomen quo principes uirtutum titulis et uerae fidei luce praesignes se diuos audeant nedum gaudeant appellari, ueteri quidam consuetudine etiam in vitio et aduersus fidem catholicam obtinente".

[2] Godefroy de Viterbe, *Speculum regum*; *Monum. Germ.*, SS., XXII, p. 39. v. 196: "Nam Troianorum tu regna tenebis avorum – Filius illorum deus es de prole deorum"; cf. a exposição à p. 138, v. 178 e ss. Cf. um pouco depois, em 1269, expressões semelhantes na *Adhortatio* redigida por um partidário italiano dos Hohenstaufen, chamado Pedro de Prezza mencionado anteriormente: texto citado em Grauert, *Histor. Jahrbuch, XIII* (1892), p. 121. *Des magisters Petrus de Ebulo liber ad honorem Augusti*, ed. Ed. Winckelmann, Leipzig 1874; citações semelhantes à p. 82, n. 9 (existe outra edição de G. B. Siragusa, *Fonti per la storia d'Italia*, 1906). Teria sido o nome divino aplicado ao imperador também aplicado a seu grande adversário, o papa? in *Revue des sciences religieuses*, II (1922), p. 447, o abate Jean Riviere perguntava: "Seria o papa um 'Deus' para Inocêncio III?", mas responde à pergunta negativamente. Mas o que ele parece ignorar é que o erro doutrinário erroneamente atribuído a Inocêncio III está entre as superstições que o "Anônimo de Passau" reprovava em seus contemporâneos: *Abhandl. der histor. Klasse derbayer. Akademie*, XIII, 1, (1875), p. 245: "Peregrinacioni derogant... qui dicunt quod Papa sit deus terrenus, maior homine, par angelis et quod non possit peccare, et quod sedes romana aut invenit sanctum aut reddit; quod sedes romana non possit errare...".

[3] *De regimine principum*, Venetia 1498, 1. I, parte I, cap. IX: "quare cum regem deceat esse totum diuinum et semideum"; cf. cap. VI: "dictum est enim quod decet principem esse super hominem et totaliter diuinum".

unanimemente, rejeitado como idólatras. E o que pensaria Gregório VII do discurso do bispo de Chartres? [1]

A certa altura, no final do século XVI e no começo do seguinte, as lutas religiosas pareciam reviver as antigas polêmicas sobre o *regnum* e o *sacerdotium*. A controvérsia entre Bellarmino e Jaime I da Inglaterra oferece-nos como que um eco tardio dos tempos gregorianos[2]; e o mesmo ocorre com a longa discussão entre os teólogos sobre o tema do tiranicídio. Mas, especialmente na França, a opinião eclesiástica como um todo se tornou cada vez mais favorável à realeza sagrada. A Igreja se inclinava a ver no pretenso caráter de santidade dos reis menos uma predominância sobre os privilégios do clero, e mais uma homenagem à religião. E, em particular, nenhum católico teria pensado em lançar o milagre real ao ostracismo por razões teológicas. Em 1572, um padre espanhol, zeloso guardião da doutrina ortodoxa, o bem-aventurado Luís de Granada, em sua *Introdução ao símbolo de fé*, inúmeras vezes editado e traduzido, citou muito naturalmente, como já havia feito Bradwardine, entre os milagres de sua época, "a virtude que os reis da França possuem para curar uma doença contagiosa e incurável, aquela da escrófula" e lhe dedicou uma discussão bastante extensa[3]. Também em 1547, o Papa Paulo III, em uma época em que suas diferenças com Carlos V o dispuseram a tratar favoravelmente os Valois, expressamente reconhecera a autenticidade da "virtude"; na bula de fundação da Universidade de Reims, de 5 de Janeiro daquele ano, ele elogiou "a cidade de Reims, onde os reis Muito Cristãos recebem, das mãos do arcebispo, como uma bênção enviada do céu, a santa unção e o dom de curar os enfermos"[4].

---

[1] Em 1615, um teólogo de Paris, Juan Filesac, publicou um tratado *De idolatria politica et legitima principis cultu commentarius*, cujo título parecia prometer uma discussão interessante. Infelizmente, esta pequeno obra desenvolve um pensamento extremamente indeciso. O autor parece desfavorável à ideia de que a unção confere ao rei um carro sacerdotal (p.72), mas não o combate abertamente; os súditos devem ao rei o mesmo "culto" de um filho a seu pai. A reputação de versatilidade de Filesac estava firmemente estabelecida entre seus contemporâneos: ele era chamado "O Senhor daqui e dali" (P. Féret, *La Faculté de Théologie de Paris*, *Epoque moderne*, IV, 1906, pág. 375). O emprego do nome divino aplicado aos príncipes temporais foi criticado na Idade Média, por exemplo, por Carlos Magno e por Jean de Salisbury (v. supra).

[2] Cf. os trabalhos de Serviere, S. J., De Jacobo I Angliae rege, cum Card. Roberto Bellarmino, super potestate cum regia turn pontificia disputante, 1900; Une controverse au debut du XVII-e siecle-. Jacques I-er d'Angleterre et le cardinal Bellarmin; Etudes, t. 94, 95, 96 (1903).

[3] Frei Luís de Granada, *Segunda Parte de la introduction del symbolo de la fe;* Zaragoza, 1583 (não pude ver a edição do *princeps*, Antuérpia, 1572), p. 171, § VIII: "la virtud que los reyes de Francia tienen para sanar un mal contagioso y incurable, que es de los lamparones".

[4] Marlot, *Théâtre d'honneur*, p. 760, 5 de janeiro de 1547: "Civitas Remensis, in qua Christianissimi Francorum Reges sibi coelitus missum Sanctae Unctionis, et curandorum languidorum munus, a pro tempore existente Archiepiscopo Remensi suscipiunt, et Diademate coronantur".

Entretanto, esse dom maravilhoso não foi tratado, em todas as épocas, da mesma maneira pelos escritores. No século XVI, pode-se dizer que todos os apologistas da realeza, de Vicente Cigauld sob Luís XII, ou de Grassaille sob Francisco I, até Forcatel sob Henrique III, concederam-lhe um lugar de honra em suas obras[1]. Pelo contrário, no século XVII, passou a servir como pedra de toque para distinguir as duas categorias nas quais entre as quais, muito claramente, a literatura política do absolutismo se dividia: a que pode ser chamada de literatura filosófica e a literatura vulgar. Os escritores da segunda categoria – como um Arroy, um Hipolito Raulin ou um Maimburg – utilizam-no frequentemente, tomando-o como argumento bastante adequado para impressionar seus leitores. Aqueles do primeiro evitavam citá-lo. Nem Balzac, por exemplo, em seu *Príncipe* ou em seu *Aristippe*, nem Bossuet em qualquer de suas obras fundamentais, fazem a menor alusão às curas reais. Ceticismo? Não, certamente. Devemos ver neste silêncio uma espécie de manifestação, dentre muitas outras, da repugnância que experimentavam esses pensadores ante a tudo o que não fosse uma construção estritamente racional. E isto constitui para o futuro do toque um sintoma ameaçador. Não há dúvida de que em quase todos os ambientes se acreditava neste milagre – Bousset, em uma carta familiar, menciona o milagre como coisa muito evidente –[2], mas havia uma espécie de pudor em se falar sobre ele, como se fosse uma crença por demais popular; mais tarde, haverá vergonha por se acreditar nele.

É a unção, como vimos, e especialmente o óleo milagroso de Santa Ampola que Paulo III, conforme uma antiga tradição, considerava fonte do poder de cura. Portanto, esse poder, ainda que inicialmente um pouco suspeito, estava associado a um rito perfeitamente cristão. Esta ideia não encontrava oposição, senão nos partidários mais obstinados de São Marcoul; mas mesmo entre eles, já sabemos, muitos baixaram suas bandeiras. Entre os mais fervorosos defensores da realeza, ninguém jamais pensou em questionar, neste tema, o papel que era atribuído à unção. Sem dúvida, obviamente, para os teóricos deste grupo, permaneceu a ideia de que a sagração não era, como afirmou Haillan, nada mais do que uma "cerimônia plena de reverência", que não "dizia respeito" à "essência da soberania", e caso não ocorresse, o rei não deixava de "ser um rei"; os eventos que marcaram o início do reinado de Henrique IV ofereceram uma oportunidade para os escritores políticos proclamarem mais uma vez essa doutrina, convertida em dogma oficial[3]. Não se

---

[1] É curioso que Bernard de Girard de Haillan não mencione o ato ou em seu tratado *De l'estat et suriez des affaires de France* (primeira ed. de 1570, eu consultei a de 1611) – em que ele enumera, no início do livro IV, as "prerrogativas, direitos, dignidades e privilégios" dos reis – , nem em sua *Histoire générale des rois de France*, de 1576. É verdade que ele prefere uma monarquia temperada e razoável, sobre a qual ele teoriza sem qualquer fundamento de misticismo.

[2] Discutido acima.

[3] B. de Girard du Haillan, *De l'estat et succez des affaires de France*, 1611 (primeira edição de 1570), p. 624: "le Roy ne laissepas d'estre Roy, sans le couronnement et Sacre, quisont ceremoniespleines de reverence, concernansseulement l'approbation publique,

admitia que a dignidade real dependesse de uma solenidade eclesiástica. Mas em relação ao poder taumatúrgico existia, aparentemente, menos controvérsias. Assim, Henrique IV era rei muito antes de passar pela sagração; mas ele não tocou antes de sua sagração. Jamais foi a Corbeny, cujo acesso, à época de sua coroação, estava interdito; era, portanto, a sagração com o óleo santo, e não a intercessão de São Marcoul, que ele aguardava para que pudesse curar[1]. Sobre o tema da origem do milagre real, como em muitos outros pontos, produziu-se, no século XVII, uma espécie de reconciliação entre os defensores dos direitos da Igreja e os mais fiéis ardentes da realeza.

As antigas lendas sobre a Santa Ampola, as flores-de-lis ou a ouriflama continuavam circulando na França. Próximo ao final do século XVI, uma nova narrativa veio se unir ao ciclo tradicional: foi a lenda, que nos interessa particularmente aqui, da primeira cura de escrófula por Clóvis.

A sagração, segundo a opinião geralmente aceita, conferia aos reis o direito de curar. Sobre Clóvis, dizia-se ter sido o primeiro príncipe francês a receber a unção, diretamente do próprio céu; era, portanto, natural pensar que este monarca, preferido pelo Céu, havia sido o primeiro a saber aliviar a escrófula. Na verdade, uma única coisa surpreende: que este mito tenha aparecido tão tarde[2]. Fez-se necessário, para que pudesse surgir, a eloquência de um publicista meridional: Etienne Forcatel, de Beziers, que alcançou na história da ciência jurídica uma celebridade bastante negativa, por ter sido preferido pelos grandes professores de Toulouse ao grande Cujas, quando este, cujos novos métodos escandalizaram o tradicionalismo do corpo universitário, disputou uma cadeira de professor na Faculdade de Direito daquela cidade. "Um tolo incapaz de ensinar" *homine insulso et ad docendum minus idoneo*,

---

non Vessence de la souverainete". A mesma teoria aparece em Belloy: G. Weill, *Les theories sur le pouvoir royal en France pendant les guerres de religion*, 1892 (Tese de Letras, Paris), pp. 186 e 212. Para a posição do problema no início do reinado de Henrique VI, ver especialmente as decisões da Assembleia do Clero de Chartres, em 1591, em Pierre Pithou, *Traitez des droitz et libertez de l'eglise gallicane*, p. 224, e a curiosa pequena obra publicada em janeiro de 1593, por Claude Fauchet, *Pour le Couronnement du roy Henri III roy de France et de Navarre. Et que pour n'estre sacre, il ne laisse d'estre Roy et legitime Seigneur* (da edição das *Oeuvres, in*-4°, 1610). Para Inglaterra, cf. Figgis, *Divine right*, p. 10, n. 1. Sobra a importância que o papado atribuía à sagração no século XVIII, v. fato curioso, relativo aos Habsburgo, Battiffol, *Leçons sur la messe*, in-12, 1920, p. 243.

[1] Dom Oudard Bourgeois afirma que ele fez sua novena para São Marcoul no castelo de St. Cloud; mas seu testemunho é suspeito: veja Apêndice V. A opinião comum e quase oficial sobre a origem do poder de cura se expressa claramente em um cerimonial do século XVII, ed. Franklin, *La vie privée*, Les médecins, p. 300: "La charité de nos Roys est grande en cette cérémonie en laquelle le Ciel les a obligez, en leur en baillant les privileges par dessus les aultres Roys, *le jour de leur sacre*" (o destaque é do autor).

[2] Os embaixadores de Carlos VII diante de Pio II, no referido discurso, expressam-se como se pensassem que Clóvis já havia curado escrófulas; mas parecem ter sido levados por sua eloquência, pois não aludem a um fato lendário preciso.

disse sobre ele o biógrafo de Cujas, Papire Masson[1]. Em todo caso, um pensador sem originalidade e um escritor desprovido no mais alto grau de ordem e clareza, como evidenciado pelo *Tratado do império e da filosofia dos franceses*, surgido em 1579. Este livro, tão medíocre, recebeu, no entanto, várias edições[2]. Mais ainda: parece ser dele a honra de ter lançado ao mundo esta anedota sobre Clóvis taumaturgo, que posteriormente alcançou tanta celebridade. Da mesma forma como ocorreu com os escritores do século XVII que a citam, não consegui encontrá-la em nenhum texto anterior; pode-se, então, admitir que ela surgiu completa do cérebro inventivo da Forcatel. Ei-la, brevemente resumida[3]. Clovis tinha um cavalariço a quem muito apreciava; este homem, chamado Lanicet – pode-se ver que o nosso autor não estava senão familiarizado de forma medíocre com a onomástica merovíngia –, contraiu escrófula; em vão tentou vários remédios, especialmente, e por duas vezes, aquele prescrito por Celso, que consistia em comer uma serpente. Então, Clóvis teve um sonho: ele se viu curando Lanicet pelo simples toque; e naquele mesmo momento seu quarto pareceu se iluminar com uma luz brilhante. Assim que acordou, e depois de render graças a Deus, ele tocou de fato seu escudeiro e, claro, o mal desapareceu[4]. Assim nasceu o dom maravilhoso que Clóvis passou a seus filhos e a todos os seus sucessores. Prova-se aqui que esta fábula medíocre respondia a uma espécie de necessidade lógica das imaginações. Em 1597 o cônego Meurier a reproduz[5]. Rapidamente se tornou, para os apologistas régios, um lugar comum ou, melhor, um artigo de fé[6]; certamente, os bons

---

[1] V. Berriat de Saint-Prix, *Vie de Cujas*, em apêndice à sua *Histoire du droit romain*, Paris 1821, pp. 482 e ss., onde se encontra citada a palavra de Papire Masson, já registrada – a respeito da cura da escrófula por Clóvis – em du Peyrat, *Histoire ecclesiastique de la Cour*, p. 802. Sobre o autor, algumas palavras em G. Weill, *Les theories sur le pouvoir royal en France pendant les guerres de religion*, p. 194. Kurt Glaser, *Beitrage zur Geschichte der politiscben Literatur Frankreichs in der zweiten Hälfte des 16. Jahrhunderts; Zeitschrift fur franzosische Sprache und Literatur*, XIV (1919), p. 31 dedica a ele apenas uma menção depreciativa.

[2] Duas reedições em 1580 e 1595, sem contas as reimpressões nas obras completas: v. catálogo da Bibl. Nat.

[3] De Gallorum imperio, p. 128.

[4] Segundo Mezeray, *Histoire de France depuis Faramond jusqu'au regne de Louis le Juste*, folio, 1685, 1- VI, p. 9, a casa de Montmorency pretensamente remontava a Lanicet. Andre Duchesne, em sua *Histoire genealogique de la maison de Montmorency*, folio, 1624 e Desormeaux, *Histoire de la maison de Montmorenci*, ed. a 2-a, 5 v., 1768, ignoraram ou desdenharam esta tradição, reproduzida ainda por Menin, *Traité historique et chronologique du sacre*, 1724, p. 325.

[5] De sacris unctionibus, p. 260.

[6] Por exemplo: [Daniel de Priezac], *Vindiciae galliicae adversus Alcxandrum Patricium Armacanum, theologum*, 1638, p. 61; Balthasar de Riez, *L'incomparable pieté*, I, pp. 32-33 şi II, p. 151; Oudart Bourgeois, *Apologie*, p. 9- Cf. também De L'Ancre, *L'incredulite et mescreance du sortilege*, 1622, p. 159. Entre os historiadores, P. Mathieu, *Histoire de Louys XI*, 1610, p. 472 e, com algumas hesitações, Charron, *Histoire universelle*, fol., Paris, 1621, cap. XCV, pp. 678-679; Charron escreve, a propósito de Lanicet: "um de

historiadores, um du Peyrat, um Scipion Dupleix, a rejeitaram[1]; mas quem lhes deu atenção? E apesar das censuras de Du Peyrat, o médico Du Laurens a discute em seu famoso tratado sobre a cura das escrófulas[2]. Ela ultrapassou fronteiras; e é reencontrada em 1628 em um historiador espanhol[3]. Ela se incorpora finalmente na herança lendária e sentimental da França. O autor do pequeno trabalho intitulado *Codicilos de Luís XIII, rei da França e Navarra, a seu amado filho primogênito...*, que apareceu durante a menoridade de Luís XIV, desenvolve um curioso programa de festas patrióticas, propondo, em um "segundo domingo depois da Páscoa", "agradecer a Deus pelo presente que deu a São Clóvis (sic) e a todos os reis da França, da Santa Ampola e da cura da escrófula"[4]. Um pouco mais tarde, Desmarets de Saint-Sorlin, compondo sua grande epopeia nacional e religiosa, *Clóvis ou França cristã*, não se esquece de tal belo episódio; e, ainda que consiga tornar a narrativa um tanto mais dramática, basicamente, é a mesma historieta criada pela primeira por Etienne Forcatel[5]. O jurista de Toulouse, que não possuía aparentemente qualquer escrúpulo de erudição ou simples honestidade intelectual, teve a audácia de fornecer ao público a lenda necessária para completar o ciclo da realeza milagrosa. Poderíamos nos surpreender com o sucesso desta espécie de fraude, se o mesmo ciclo não oferecesse numerosos exemplos da facilidade com que uma invenção individual se difundia quando conduzida por uma corrente coletiva[6].

---

meus amigos me assegurou ter lido sobre ele, em um manuscrito bastante antigo". Dom Marlot, *Le théâtre d'honneur*, p. 715, também alude a este manuscrito, cuja existência me parece mais do que problemática.

[1] Du Peyrat, *Histoire ecclesiastique de la Cour*, pp. 802 e ss.; sobre as tentativas de persuadir Du Laurens da falsidade da lenda, p. 805; cf. acima; S. Dupleix, *Histoire generale de France*, II, pp. 321-322. A atitude de Mézeray (passagem citada à p. 249, n. 5) apresenta uma dúvida polida.

[2] *De mirabili*, pp. 10 e ss. Cf. também Mauclerc, *De monarchia divina*, 1622, col. 1566.

[3] Batista y Roca, *Touching for the King's Evil*, segundo Esteban Garibay, Compendio historial de las Chronicas y universal bistoria de todos los Reynos de España, III, Barcelona 1628, 1. XXV, c. XIX, p. 202.

[4] p. 46, 4. Sobre a obra, que apresenta uma indubitável data falsa de 1643, v. Lacour-Gayet, Education *politique*, pp. 88 e ss. Sobre o título de santo atribuído a Clóvis, cf. Jean Savaron, *De la sainctete du roy Louys dit Clovis avec les preuves et auctoritez, et un abrege de sa vie remplie de miracles*. Ed. 3-a, in-4°, Lyon 1622 – onde, aliás, não se faz qualquer referência ao toque.

[5] No livro XXV: a criança que Clóvis curou já não é mais Lanicet, mas o filho de Burgonde Genobalde. Na edição de 1673, em que a disposição dos livros é modificada, o episódio faz parte do livro XIX.

[6] Também se atribuiu a outros príncipes, e não apenas a Clóvis, a honra de ter sido o primeiro curador da escrófula; Charron, *Hiastoire universelle*. fol, 1621, p. 679; testemunho de uma tradição que se atribui a Carlos Martel. O historiador espanhol Anton Beuter, *Segunda Parte de la Coronica generale de España*... in 4°, Valência, 1551, cap. L fol. CXLIII, considera que o privilégio da cura foi dado a São Luís, prisioneiro durante a cruzada do Egito, pelo mesmo anjo que, de acordo com uma lenda bem mais antiga, o

Mas o que prova ser melhor do que todos os escritos dos publicistas, e que todas as lendas deste maravilhoso poder da realeza é, na França do século XVII, a popularidade do milagre real, e na Inglaterra, na mesma época, seu papel nas lutas civis.

§ 4. O toque das escrófulas no tempo do absolutismo francês e das primeiras lutas civis inglesas

Na monarquia francesa do século XVII, o toque das escrófulas definitivamente ocupava um lugar de primeira ordem entre as pompas solenes que cercavam de esplendor o soberano[1]. Luís XIII e Luís XIV realizavam-nos regularmente nas grandes festividades: Páscoa, Pentecostes, Natal ou Ano Novo; às vezes no dia da Candelária, na Trindade, na Assunção, no Dia de Todos os Santos[2]. Quando a cerimônia acontecia em Paris, o Preboste-mor anunciava, alguns dias antes, sua realização ao som de trombetas e por cartazes; foram preservadas algumas dessas gravuras da época de Luís XIV[3]; uma delas

---

fez recuperar seu breviário. Tal parece ser a teoria de Luís de Granada, em passagem já citada.

[1] Descrição muito precisa do toque em Du Peyrat, *Histoire Ecelesiastique de la Cour*. p. 819, em plena concordância com o afirmara Du Laurens, *De mirabili*, p. 6, no final do reinado de Henrique IV. A Bibl. Nat. possui – sob a rubrica ms. franco 4321 – um *Recueil general des ceremonies qui ont este observees en France et comme elles se doibvent observer*, que data do século XVII (provavelmente durante o reinado de Luís XIII); e nela se encontra – pp. 1 e 2 – a "Cerimônia para tocar os doentes de escrófulas". O mesmo texto foi publicado de acordo com o manuscrito 2734 de Mazarino por Franklin, *La vie privée. Les médecins*, pp. 303 ss. Johann Christian Lünig em seu *Theatrum cminoninle historico-politicum*, II, p. 1015, fornece uma descrição do toque francês, que não traz nada de novo. Sobre Luís XIII, numerosos relatórios e números aparecem no diário de seu médico Héroard: *Journal de Jean Héroard sur l 'enfance et la jeunesse de Louis XIII*, ed. Soulie e Barthelemy, II, 1868. Infelizmente, esta publicação é apenas fragmentária. Eu completei em vários pontos com o manuscrito preservado na Bibl. Nat. (veja as notas seguintes). Sobre Luís XIV, informações úteis, mas muitas vezes numericamente imprecisas, em várias memórias, especialmente no *Journal* de Dangeau, especialmente nas *Mémoires* do Marquês de Sourches, diretor da Casa da Moeda do rei e da França (1681-1712), cujas funções o levaram a prestar especial atenção ao toque: ed. Cosnac e Bertrand, 13 vols. , 1882 e ss. Os jornais da época também incluem indicações interessantes: por exemplo, sabemos pelo escritor Robinet que no Sábado Santo de 1666, Louis XIV tocou 800 doentes: *Les continuateurs de Loret*, ed. J. de Rothschild, 1881, I, p. 838. Para informações iconográficas, v. apêndice II.

[2] Saint-Simon, *Mémoires*, ed. Boislisle, XXVIII, pp. 368-369: Luís XIV "communioit toujours en collier de l'Ordre, rabal et manteau cinq fois l'année, le samedi Saint i la Paroisse, lês autres jours i la chapelle, qui étoíent la veille de la Pentecóte, It jour de l'Assomption, et la grand messe apres, la veille de la Toussaint et la veille de Noël... et à chaqué fois il touchoit lês malades". De fato, esta regularidade não parece ter sido absoluta.

[3] Encontra-se na Bib. Nat. , na série *Registres d'affiches et publications des jures crieurs de la Ville de Paris*. Embora esta série – F 48 a 61 – inclua 14 volumes no folio, datando de 1651 a 1745, apenas os dois primeiros incluem cartazes relativos ao toque: em F 48,

aparece logo a seguir, do mesmo tipo que os passantes daquele tempo liam, fixadas aos muros de sua cidade. A cena se passa em lugares diferentes, de acordo com as necessidades do momento. Em Paris, ocorriam geralmente na grande galeria do Louvre ou, mais raramente, em uma sala baixa do mesmo palácio; e em outras regiões da França, nos corredores ou pátios de castelos, parques, claustros ou igrejas. Como compareciam muitas pessoas, a cerimônia era cansativa, especialmente por conta do calor, e particularmente para um menino rei, como foi o caso de Luís XIII no início de seu reinado[1]; mas o soberano, a menos que estivesse gravemente doente, jamais evitava esse dever de seu ofício; ele se sacrificava para cuidar da saúde de seus súditos. Apenas em épocas de epidemia, não se admitiam doentes, por receio de propagar o contágio, que poderia atingir o rei[2]. Mas os doentes vinham da mesma forma: "Eles me perseguem muito. Eles dizem que os reis não morrem de peste... pensam que eu sou um Rei de Baralho", afirmou o pequeno Luís XIII, a quem esta "perseguição" muito irritava[3]. Isto ocorria porque o dom taumatúrgico não tinha perdido nada de sua antiga popularidade; possuímos alguns números para Luís XIII e – usualmente, com menos precisão – Luís XIV; eles se parecem com os números antigos: várias centenas e, por vezes, mais de mil por sessão; em 1611, ao longo de todo o ano, ao menos 2210; em 1620 foram 3125; no dia de Páscoa de 1613 foram 1070 de uma única vez[4]; em 22 de maio de 1701, o dia da Trindade, foram 2400[5]. Quando, por uma razão ou outra, a periodicidade regular se via interrompida, o influxo, na ocasião seguinte, era algo aterrorizante; na Páscoa de 1698, sofrendo de um ataque de gota, Luís XIV não pôde realizar o toque; na festa seguinte, de Pentecostes, ele se viu na presença de três mil escrofulosos[6]. Em 1715, no sábado 8 de junho, véspera de Pentecostes, "por conta de um forte calor", o Rei, já próximo à morte, fez pela última vez o ato de cura; ele tocou então 1700 pessoas[7].

---

fol. 419, que anuncia a cerimônia de Páscoa em 1655; em 1:49, fols. 15, 33, 68, 101, 123, 147 e 192, que anunciam as cerimônias do Dia de Todos os Santos de 1655; as de 1º de janeiro, a Páscoa e o Dia de Todos os Santos de 1656; 1º de janeiro e Páscoa de 1657; em 1 de janeiro de 1658. Todos são escritos de acordo com o mesmo modelo. Cf. Lecoq, *Empiriques, samnombules et rebouteurs*, p. 15. O costume de fazer o anúncio da cerimônia "em toda a cidade de Paris, ou em qualquer lugar onde Sua Majestade se encontre", é destacado por Du Peyrat, p. 819.

[1] *Héroard Journal*, n, p. 31: "Il blémissoit un peu de travail et ne le voulut jamais faire paraitre"; p. 76: "Il se trouve foible".

[2] Um decreto de Henrique IV de 20 de outubro de 1603, no qual se afirma que em razão de "doença contagiosa" que reina em algumas cidades e províncias, não haverá contato no Dia de Iodos Santos em seguida; publicado por J. J. Champollion-Figeac, *Lepalais de Fantainebleau*, folio 1866, p. 299.

[3] *Héroard*, II, p. 237.

[4] *Héroard Journal* II, pp. 59, 64, 76 (e Bibl. Nat. ms. franco, 4024); *Héroard*, ms. fr. , 4026 fol. 294, 314 v, 341 v, 371 v; *Héroard Journal* II, p. 120.

[5] *Gazette da France*, 1701, p. 251.

[6] Dangeau, *Journal*, ed. Soulié v, p. 343.

[7] *Ibid.* , XV, p. 432.

DE PAR LE ROY,

ET MONSIEVR LE MARQVIS DE SOVCHES,

Preuoſt de l'Hoſtel de ſa Maieſté, & Grande Preuoſté de France.

ON faiƈt à ſçauoir à tous qu'il appartiendra, que Dimanche prochain iour de Paſques, Sa Maieſté touchera les Malades des Eſcroüelles, dans les Galleries du Louure, à dix heures du matin, à ce que nul n'en pretende cauſe d'ignorance, & que ceux qui ſont attaquez dudit mal ayent à s'y trouuer, ſi bon leur ſemble. Faiƈt à Paris, le Roy y eſtant, le vingt-ſixieſme Mars mil ſix cens cinquante-ſept. Signé, DE SOVCHES.

Leu & publié à ſon de Trompe & cry public par tous les Carrefours de cette Ville & Fauxbourgs de Paris, par moy Charles Canto Crieur Iuré de ſa Maieſté, accompagné de Jean du Bos, Jacques le Frain, & Eſtienne Chappé Jurez Trompettes dudit Seigneur, & affiché, le vingt-ſixieſme Mars, mil ſix cens cinquante-ſept. Signé, CANTO.

Como no passado, era uma multidão aglomerada e cosmopolita que se espremia, nos dias prescritos, sobrecarregando os espaços dos palácios reais; e da mesma forma que no passado, o prestígio do milagre francês não se interrompia nas fronteiras do reino. Na verdade, usando as palavras do Maimbourg, "o império" deste maravilhoso rei não era limitado por nenhuma fronteira natural "nem pelas cadeias dos Pireneus ou dos Alpes, nem pelo Reno, nem pelo Oceano"; porque "a própria natureza era sua súdita"[1]. Uma testemunha ocular, Josué Barbier, que em junho de 1618 se encontrava em Saint-Germain em Laye, perto da corte, deixou-nos uma descrição pitoresca de toda essa multidão diversa de "espanhóis, portugueses, italianos, alemães, suíços, flamengos, assim como os próprios franceses", como ele viu no dia de Pentecostes, organizados "ao longo de todo o caminho principal e sob os lugares sombreados do parque", aguardando a chegada do rei adolescente[2]. Os homens da Igreja vinham como os outros; conhecemos ao menos três jesuítas portugueses que, naquele tempo, fizeram a viagem à França para serem tocados[3]. E as artes eram colocadas a serviço desse prestígio universal. Quando

---

[1] *De Galliae regum excellentia*, 1641, p. 27: "Imperium non Pyrenaeorum jugis aut Aipium, non Rheni metis et Oceani circumscriptum, sed ultra naturae fines ac terminos, in aegritudinem ipsam et morbos, a quibus nulla Reges possunt imperia vindicare, propagatum acceperunt... Ita Galliae Reguin arbitrio subiectam esse naturam".
[2] Des miraculeux effects, p. 25.
[3] Héroard, ms. franc. 4026, fol. 341 v° (15 august 1620): "touché deux jésuites portugais malades"; A. Franco, *Synopsis annalium Societatis Jesu*, texto citado novamente a seguir

os burgueses de Bolonha visitaram o Palácio Municipal, não tinham olhos para mais nada senão para perceber o incrível poder que o rei da França tinha "sobre a natureza". Entre 1658 e 1662, o cardeal Jérôme Farnese, que governava aquela cidade na qualidade de legado, mandou decorar uma galeria do velho *Palazzo* com afrescos executados ao gosto pomposo e teatral da escola bolonhesa: oito grandes composições, cada uma das quais reconstruindo um episódio da história, lendário ou real, da antiga cidade; membro de uma casa com linhagem principesca e laços políticos muito estreitos que o ligavam à França, o cardeal Farnèse recordou, muito oportunamente, que Francisco I, em 1515, fora apresentado à população de Bolonha no papel de taumaturgo; sobre o muro direito o rei pode ser visto ainda hoje, tal como pintado por Carlo Cignani e Emilio Taruffi, colocando sua mão no pescoço de uma mulher ajoelhada, enquanto ao seu redor pajens, homens de armas, doentes em pé ou agachados formam grupos habilmente equilibrados, segundo as leis da arte clássica[1].

Entre os estrangeiros que vinham solicitar ao rei da França sua cura, os mais numerosos eram sempre espanhóis. Como recompensa por esta devoção, a eles eram reservados o primeiro lugar quando os doentes eram dispostos em ordem durante a cerimônia[2]. Porém, por serem eles, enquanto nação, vistos geralmente com certo desdém pela opinião pública francesa, eram ridicularizados por conta de sua singular devoção. Sabe-se bem, diziam sobre Luís XIII os políticos e os protestantes, o porquê de, nos tempos da Liga,

---

(as datas tornam pouco crível que o jesuíta mencionado por Franco, morto em 1657, sem dúvida alguns anos após ter sido tocado, tenha sido um dos personagens mencionados em 1620 por Héroard).

[1] V. Apêndice II. Sobre os Farnèse e seu apoio à França contra o papado a partir de 1658, v. v. Ch. Gerin, *Louis XIV et le Saint Siege*, 2 v. 1894; em 1667, Farnèse foi colocado na lista de candidatos agradáveis ao rei da França.

[2] Existem numerosos testemunhos. Héroard, II, pp. 215, 233; Du Laurens, p. 8; de l'Ancre, p. 166; du Peyrat, p. 819; Rene Moreau, *De manu regia*, 1623, p. 19; cerimonial publicado por Franklin, p. 305. Sob Luís XIII, os estrangeiros recebiam uma esmola maior que os franceses: um quarto de escudo ao invés de dois *sous*. Peyrat, p. 819; cf. Héroard, II, p. 33. Sob Luís XIV, segundo Oroux, *Histoire ecclésiastique de la Cour*, I, p. 184, o valor das esmolas em geral teria aumentado, pelo menos em moeda corrente circulante; mas havia sempre uma diferença entre estrangeiros e os "naturais, franceses": 30 *sous* para os primeiros e 15 para os segundos. Segundo Bonaventure de Sorria, *Abrege de la vie de tres auguste et tres vertueuse princesse Marie-Thérèse d'Austriche reyne de France et de Navarre*, in-12, 1683, p. 88, esta rainha criou um hospital em Poissy "para abrigar todos os doentes que vinham de países distantes" para serem tocados. Mas os documentos citados por Octave Noel, *Histoire de la ville de Poissy*, Paris 1869, p. 254 e pp. 306 e ss. , parecem indicar que o hospital de Poissy foi fundado para soldados do acampamento de Achères e "outros soldados de passagem". Como em tempos passados, fazia-se com que os doentes – ao menos sob Luís XIII – que chegassem fora do dia do toque aguardassem, com a doação de uma esmola: Du Peyrat, p. 819. Espanhóis tocados por Luís XIV quando seu estado de saúde o impediu de tocar os outros pacientes: Sourches, *Memoires*, IX, p. 259; XI, p. 153; espanhóis e italianos tocados nas mesmas condições; ibid. , viii, p. 175.

Bellarmino, Commolet e outros luminares da Companhia de Jesus, esforçaram-se para dar o reino da França à casa da Espanha: era em função da caridade, a fim de facilitar o acesso de pessoas escrofulosas a seu principal médico[1]. Ou também, contava-se esta divertida historieta que, em um dia de distribuição de prêmios, o padre Maimbourg fez o deleite dos estudantes universitários de Rouen: um grande cavalheiro espanhol tinha escrófulas; ele sabia que somente o toque do rei da França restauraria sua saúde, mas por orgulho não queria confessar seu mal e acima de tudo sua fé nas virtudes do príncipe inimigo; apresentou-se então em Fontainebleau, onde residia na época Henrique IV, como alguém que faz uma simples visita à cidade; procurava esconder, sob a couraça e a longa gola, como eram moda em seu país, o seu pescoço, que havia sido completamente desfigurado pela doença. O rei o abraça, dando-lhe boas vindas; ele foi curado[2]. Mas os políticos não participavam da zombaria; serviam-se dos sentimentos bem conhecidos dos doentes espanhóis como meio de propaganda. À época de Richelieu, viu-se um publicista do partido francês na Catalunha invocar o argumento do milagre para buscar converter seus compatriotas à causa dos Bourbon[3].

Esta influência europeia preocupava as dinastias rivais. Qual melhor homenagem que sua inquietação, comprovada pelos ataques de escritores a serviço da Casa da Áustria? Todos esses panfletários, numerosos sobretudo na primeira metade do século, mostravam-se extremamente preocupados com o privilégio miraculoso dos reis da França; sobretudo reivindicavam para seus mestres – Habsburgo de Viena ou de Madri – um privilégio semelhante, como vimos, mas sem nenhum outro fundamento, que a memória de antigas tentativas que caíram em descrédito após um breve período, ou mais simplesmente as inspirações de sua própria imaginação; de toda forma, esforçavam-se para diminuir de todas as formas possíveis o valor desse dom muito popular. Vamos ver um exemplo bastante curioso deste estado de espírito. Em 1635, apareceu sob o título de *Mars Gallicus*, um opúsculo hispânico, que alcançou alguma fama; seu autor era *Alexander Patricius Armacanus*; ele não negava o milagre francês: negar um milagre! a audácia teria sido excessiva; mas ele buscou provar que o dom do milagre era recebido de Deus de forma puramente gratuita e que não provava nem a santidade nem qualquer superioridade daquele que a vontade divina havia favorecido. A jumenta de Balaão também profetizou, porém diríamos que deveria ter as prerrogativas do poder supremo sobre os

---

[1] A história aparece em um panfleto de Andre Rivet: Andreae Riveti Pictavi... Jesuita Vapulans, sive Castigatio Notarum Sylvestri Petrasanctae Romani, loyolae Sectarii, in epistolam Petri Molinaei ad Balzacum... , Leiden 1635, c. XIX, p. 388. Sobre a polêmica a que este livrinho deve seu nascimento cf. C. Sommervogel, Bibliotheque de la Compagnie de Jesus, artigo Pietra-Santa, VI, col. 740, nr. 14. O divertido é que Morhof, Princeps medicus (Diss. academicae), p. 157, parece ter tomado a piada a sério.

[2] *De excellentia*, pp. 31 e ss.

[3] Francisco Marti y Viladamor, *Cataluna en Francia*, 1641. À frente do livro, duas dedicatórias: a Luís XIII, a Richelieu; o capítulo sobre as escrófulas é seguido por outro sobre as lendas da flor-de-lis e da ouriflama.

demais jumentos?[1] Teoria fundamentalmente ortodoxa, mas que usualmente não encontramos desenvolvida com tanto rigor; isto porque sob o pseudônimo de *Armacanus* escondia-se um teólogo sério: o bispo de Ypres, Jansenius; a paixão política se fundamentava, neste caso, em certas teorias sobre a graça e o arbítrio divinos, que acabariam provocando algum impacto no mundo. Mas aqueles que escreviam livros podiam dizer o que quisessem: os espanhóis não deixariam de acorrer ao rei da França.

Quanto a visitantes distintos, mesmo os luteranos, que vinham conhecer Paris, não deixavam de testemunhar o toque; essa era uma das curiosidades da capital, um espetáculo que devia ser visto, entre uma missa com música e uma sessão solene da Académie des Inscriptions[2].

Assim, a história do milagre real na França do século XVII é bastante pacífica. Sem dúvida havia incrédulos. Parece que a maioria dos protestantes era decididamente assim. Um escritor deste grupo, o ex-pastor Josué Barbier, convertido ao catolicismo no início do reinado de Luís XIII e muito ansioso, ao que parece, para usar em seus próprios interesses essa mudança de religião, não viu nada melhor do que dedicar ao milagre real uma obra de um tom ditirâmbico: *Os efeitos miraculosos da mão sagrada dos Muito Cristãos Reis da França: para a cura dos Enfermos e a conversão dos Hereges*. Lá ele acusa explicitamente seus ex-correligionários de não acreditarem nos "efeitos milagrosos", pois atribuíam as supostas curas a "ilusões do diabo", ou simplesmente negavam sua existência[3]. Naturalmente, não significa que, antes da Revogação[4], e mesmo após ela, a opinião reformada como um todo fosse hostil à monarquia. Existe uma literatura absolutista de origem protestante. O *Discurso sobre a soberania dos reis*, publicado em 1650 pelo pastor Moyse Amyraut e dirigido contra os revolucionários ingleses, o *Tratado de poder absoluto dos soberanos*, publicado em 1685 pelo pastor Elie Merlat, são obras

---

[1] *Mars Gallicus*, ed. de 1636, pp. 65 e ss. Via-se no milagre de escrófula a prova de que os reis da França possuíam um poder mais "sublime" do que o dos outros reis: seria "fidei Chnstianae fides... evellere", estar mais louco do que os hussitas, para quem a legitimidade da autoridade dependia da virtude de seus depositários, mas pelo menos não exigiam deles graças extraordinárias. Deus fez os burros falarem: "An forte et asinis inter asinos tribues pracrogativas alicujus potestatis?" O *Mars Gallicus* que pôde consultar G. Hubault *De politicis em Richelium lingua latina libellis* (tese das letras, Paris), St. Cloud | 1856], pp. 72 ss. foi uma resposta ao livro de Arroy mencionado acima. Ele foi citado com louvor e o ponto de vista hispânico foi adotado pelo ilustre médico Van Helmont, nascido em Bruxelas: *De virtute magna verborum ac rerurn; Opera omnia*, in-4°, Frankfurt, 1707, p. 762, col. 2

[2] Veja o pequeno opúsculo escrito por Joachim Christoph Nemeiz, *Sejour de Paris* (apenas o título em francês; o texto em alemão), Frankfurt, 1717, p. 191; Nemeiz chegara a Paris em 1714 com os dois filhos do general sueco Conde Sienbock, que eram seus alunos.

[3] Pp. 69-73 (a obra é de 1618). Sobre o autor, cf. *France protestante*, ed. a 2-a, I, col. 797 e Jacques Pannier, *L'Eglise reformee de Paris sous Louis XIII* (Tese teologia prot. Strasbourg), 1922, p. 501.

[4] Do Édito de Nantes [N. do T.]

verdadeiramente sinceras, de súditos profundamente leais. Mas a monarquia da qual esses fiéis servos do rei nos dão uma imagem é uma monarquia sem lenda, sem milagres, que não possui quase nenhum outro apoio emocional senão pela Bíblia, interpretada a favor do sentido do direito divino dos príncipes. Mas é legítimo perguntar se a lealdade das massas poderia ser mantida no longo prazo, em todo seu fervor cego, sem essa base maravilhosa e mística que o calvinismo lhe tomou. Moyse Amyraut tomou como tema inicial de seu *Discurso* o texto bíblico: "Não toque nos meus ungidos"; mas esta frase, tão rica em significados às pessoas que acreditavam que, no dia da sagração, viam ser ungido seu mestre com o bálsamo celestial que uma vez tinha sido levado por uma pomba, não soaria vazia quando formulada por homens que, longe de reconhecerem o óleo de Reims como algo sobrenatural, negavam do próprio rito da unção toda sua eficácia, apenas atribuindo a ele, como ensinou a si o próprio Amyraut, um valor apenas pura e secamente simbólico?[1] Neste sentido, Josué Barbier não estava errado, talvez, em estabelecer um tipo de incompatibilidade entre a religião reformada e o sentimento monárquico, ao menos como era comumente entendido na França do século XVII, por monarquistas exaltados.

Na própria corte, nem todos levavam o milagre muito a sério. A própria cunhada de Luís XIV, a duquesa de Orleans, educada no protestantismo, ousou expressar a sua opinião íntima em uma carta escrita, ao que parece, após a morte do Grande Rei: "Acredita-se também aqui que o sétimo filho pode curar a escrófula pelo toque. De minha parte, acho que seu toque tem tanta força quanto aquele do rei da França"; a ser entendido, evidentemente: tão pouca força[2]. Veremos mais tarde a opinião de Saint-Simon, expressa é verdade, no contexto de um diferente reinado e talvez sob a influência inconsciente de um novo movimento de ideias[3]. É plausível supor que, entre aqueles que cercavam o rei, sobretudo entre os libertinos, e outras pessoas de pouca fé, existisse aqueles que se calavam. Mas ninguém duvida que a massa fosse totalmente crente. O ardor dos doentes prova suficientemente seu fervor. A história do milagre inglês, ao mesmo tempo, foi mais agitada.

Sob Carlos I, nada deste ponto de vista parece, em um primeiro momento, lembrar os detalhes do que ocorria na França. O toque era feito em datas mais próximas umas das outras do que ocorria na corte dos Bourbon. Interrompia-se em épocas de epidemia ou por conta do calor intenso. Os dias eram indicados antecipadamente por *proclamações* em todo o país[4]. A solenidade se

---

[1] Cf. Amyraut, pp. 77-78.

[2] *Briefe der Prinzessin Elisabeth Charlotte von Orleans an dte Raugrafin Louise*, ed. W. Menzel (*Bibliothek des literarischen Vereins in Stuttgart*, VI), 1843, p. 407; 25 de junho de 1719: "Man meint hier auch dass der 7 bente sohn die Ecruellen durcn anriihren Konte. Ich glaube aber dan Es Eben so viei Krafft hatt aos der König In frankreich ahnrühren".

[3] Cf. a seguir.

[4] Certo número de proclamações do reinado de Carlos I (e um de Carlos II), que fixavam as datas do toque, proibia o acesso à corte aos doentes quando houvesse epidemia, ou regulamentavam as condições da cerimônia; as proclamações foram publicadas por

desenvolvia de acordo com as formas litúrgicas adaptadas por Isabel e Jaime I aos usos da Igreja da Inglaterra. A devoção era grande. Não temos para este reino números precisos; mas tudo coincide para mostrar que a fé e o zelo dos doentes não diminuíram em nada. Era inclusive necessário defender-se de excesso de pessoas, que poderia impor ao rei uma fadiga excessiva, e sem dúvida impor ao tesouro real um fardo inútil; certas pessoas, depois de tocadas pela primeira vez, buscavam repetir a experiência, fosse porque tendo sido insuficientemente aliviadas na primeira tentativa esperavam obter um resultado melhor em um novo toque, fosse por estarem tentadas pela magnitude da esmola e pelo fato de que o *angel* era, além de tudo, um talismã muito fácil de ser negociado; para evitar este abuso, tornou-se proibido aparecer mais de uma vez diante do rei. E buscando assegurar a execução desta medida, todos os escrofulosos que desejassem participar da cerimônia deveriam conseguir antecipadamente um certificado dado pelo pastor e pelas diversas autoridades de sua paróquia, afirmando que não terem sido tocados antes[1]. Sob este reino, o rito maravilhoso foi totalmente incorporado à vida religiosa regular do país; após 1633, por uma inovação significativa, o serviço para "cura" passa a figurar no livro de orações – *The Boke of Common Prayer* – que a Igreja nacional colocava nas mãos de todos[2]. Em suma, estamos diante da imagem de um

---

Crawfurd, *King's Evil* pp. 163 ss. Cf. *Calendar of State Papers, Domestic, Charles I*, nas datas: 13 de maio e 18 de junho de 1625; 17 de junho de 1628; 6 de abril e 12 de agosto de 1630 (esta, página 554 do volume referente aos anos 1629-1631); 25 de março, 13 de outubro e 8 de novembro de 1631; 20 de junho de 1632; 11 de abril de 1633; 20 de abril, 23 de setembro e 14 de dezembro de 1634; 28 de julho de 1635; 3 de setembro de 1637.

[1] Exigidos pela primeira vez, aparentemente, em uma proclamação de 13 de maio de 1625, já citada (exigência repetida em 18 de junho de 1626: Crawfurd, *King's Evil*, p. 164) os certificados permaneceram em vigor nos reinados seguintes. Sob Carlos II foi definido que um registro seria mantido em cada paróquia: *Notes and Queries*, serie 3-a, I (1862), p. 497. A partir deste período, por consequência, os certificados foram muito bem preservados. E especialmente durante o reinado de Carlos II, muitos foram mencionados ou publicados; v. por exemplo, *The parish registers of England* (*The Antiquary's Books*), Londres [1910], p. 180; Pettigrew, *On superstitions connected with the history... of medicine*, p. 138; Thiselton-Dyer, *Social Life as told by Parish Registers*, 1898, p. 79; Barnes em *Transactions of the Cumberland... Antiquarian Society*, XIII, p. 352; Andrews, *The Doctor*, p. 15; *Notes and Queries*, série a 8-a, VIII (1895), p. 174; seria a 10-a, VI (1906), p. 345; Farquhar, III, pp. 97 e ss. sua abundância é mais uma prova da popularidade de toque. É claro que tanto na Inglaterra como na França. os doentes eram submetidos a exames médicos sob Carlos I, o médico que distribuía entre folhas metálicas que serviam como bilhetes de entrada: Farquhar, I, pp 113 ss; o mesmo sem dúvida para Carlos II, Farquhar, II, p. 124 e ss.

[2] *The booke of common prayer*, 1633, British Museum, 3406, fol. 5. O serviço reaparece no *Booke of Common Prayer*, da Restauração: ed. de 1662 (Brit. Mus. C 83, e, 13); cf. [Simpson], *A collection of articles... of the Church of England*, Londres, 1661, p. 223; e foi mantida nas edições posteriores do livro, mesmo após os reis ingleses terem deixado de praticar o milagre; será visto a seguir. Descrição do rito inglês, sem grande interesse: J. C. Lünig, *Theatrum ceremoniale historico-politicum*, II, pp. 1043-1047.

milagre bem estabelecido, que se converteu em uma das instituições de um estado monárquico bem ordenado[1].

E também de um Estado claramente absolutista. Na França, a monarquia de Luís XIII e Luís XIV se mostrou tolerante com os "sétimos filhos", ainda que fizessem uma competição bastante intensa com o rei. Sob Luís XIII, é verdade, o arcebispo de Bordeaux, Henri de Sourdis, proibira que certas pessoas – os "sétimos", provavelmente –, em sua jurisdição arquiepiscopal, que pretendiam curar a escrófula, de continuar a exercer sua arte. Ele fundamentou sua interdição no princípio de que "o privilégio de tocar tais doentes é reservado à pessoa sagrada de nosso rei muito cristão"[2]. Mas tal manifestação aparecia como completamente isolada. Na Inglaterra, por outro lado, Carlos I ou seus ministros declararam uma dura guerra contra os concorrentes da prerrogativa real; tocar os escrofulosos sem ser rei era um crime de lesa-majestade, que poderia inclusive merecer a jurisdição da famosa Câmara Estrelada[3] : tal delicada susceptibilidade fosse talvez indicativo de um poder absoluto menos firmemente estabelecido que o dos Bourbon.

De resto, é fácil compreender por que os Stuart preferiram reservar para si o monopólio do milagre. Os doentes que foram curados e que acreditavam ter obtido a cura das mãos do rei tornavam-se súditos fiéis à monarquia. Uma oportunidade rara nos preservou um documento que retrata vividamente o estado de espírito que um bendito toque poderia gerar. Um cavalheiro, lorde Poulett, tinha uma filha, criança miserável toda atacada por escrófulas; ele a

---

[1] Como na França, juntamente com as grandes cerimônias, havia toques específicos para pessoas cuja categoria os impedia que se confundissem com a multidão; parece que desta maneira foi curada a filha de lorde Poulett; dela falaremos posteriormente.

[2] Ordenança citada por G. Brunet, *Notice sur les sculptures des monuments religieux du departement de la Gironde*; *Rev. archeolog.* , série I, XII, 1 (1855), p. 170; "em 1679, tocou-se ali [na capela de St. Louis, na igreja de St. Michel, em Bordeaux] ainda os doentes atacados por escrófula; uma ordem do arcebispo Henri de Sourdis, de 13 de agosto daquele ano, proibiu a prática porque "tal privilégio de tocar doentes é reservado à sagrada pessoa de nosso rei muito Cristão, e ainda que fosse encontrada outra pessoa com este dom, ela não poderá realizar o toque a não ser com nossa permissão expressa por escrito". Pode-se ver nesta última frase que a proibição talvez não fosse absoluta. Quanto à data de 1679 é, sem dúvida, o resultado de um erro, porque Henri de Sourdis foi arcebispo de Bordeaux de 1629 a 18 de junho de 1645, data de sua morte. Brutails, arquivista da Gironda, teve a gentileza de me deixar saber que não parece haver vestígios deste texto nos arquivos do seu departamento. Não nos devemos surpreender em descobrirmos que os tocadores de escrófulas realizavam sua arte em uma capela; veremos mais tarde que um charlatão do mesmo tipo, o cavaleiro Saint-Hubert, obteve permissão da autoridade diocesana para tocar contra a raiva em uma capela de Paris.

[3] Em 1632, caso de Jacques Philipp Gaudre ou Boisgaudre: *Calendar of State Papers, Domestic, Charles I*, 13 de jan. e 7 de junho de 1632. Em 1637, processo de Richard Leverett (na Câmara Estrelada): Charles Goodall, *The royal College of Physicians of London*, in-4°, Londres 1684, pp. 447 e ss. : *Calendar of State Papers*, *Domestic*, Charles I, 19 de setembro de 1637; cf. Crawfurd, *King's Evil*, p. 95. Também em 1637, caso de Gilbert, de Prestleigh em Somerset, visto anteriormente.

enviou à corte; ela foi tocada em 1631 e em seguida melhorou. Um secretário de Estado, Lorde Dorchester, oferecera-se para, muito cortesmente, apresentá-la ao rei; após o toque, o pai escreveu para agradecer. Possuímos essa carta, carregada de um tom bastante comovente: "O retorno de uma criança doente curada desta forma faz reviver um pai doente... foi uma grande alegria para mim que Sua Majestade tenha se dignado a tocar minha pobre criança com suas mãos abençoadas; por ele e pela bênção de Deus, ele me devolveu uma filha que eu tinha tão pouca esperança de guardar, que já havia dado instruções para transportar seu cadáver... mas ela voltou sã e salva; sua saúde melhora dia após dia; sempre que a vejo surge a ocasião de relembrar a graciosa bondade de Sua Majestade para com ela e para mim, e eu lhe rendo graças com toda humildade e toda gratidão"[1]. Os sentimentos expressos naquele dia por aquele nobre senhor, sem dúvida mais de um pai ou mãe humildes, cujas vozes não chegaram até nós, devem tê-los provavelmente compartilhado. O que importa para nós que tais alegrias tenham nascido, sem dúvida, de uma ilusão? Não nos seria possível realmente apreciar a força da lealdade à monarquia se ignorássemos, por princípio, a história das efusões desses corações agradecidos. Lorde Poulett, apesar de ascendência puritana, mais tarde tomou partido contra o Parlamento e em favor do rei; sem dúvida, a memória do antigo milagre não era a única razão, e nem mesmo sequer a principal, que determinara sua atitude; mas como crer que no dia em que tomou essa decisão não pensou na sua pequena doente, curada contra toda esperança?

De fato, veio a guerra civil. A crença no dom taumatúrgico era então um dos dogmas dessa fé na monarquia, rejeitada pelos partidários do Longo Parlamento, mas que ainda vivia nos espíritos das multidões. Em 1642, Carlos I teve de deixar Londres, onde a burguesia e os artesãos uniam-se com os parlamentares; ele então estabeleceu seu quartel general em Oxford. No ano seguinte, mandou-se imprimir e distribuir em Londres um "humilde pedido à excelente Majestade o Rei, apresentado por várias centenas de seus pobres súditos atingidos por esta dolorosa enfermidade chamada de mal real". Nós somos atingidos, diziam em síntese os escrofulosos, por um mal "sobrenatural", que não podem ser curados senão por esses "meios de cura sobrenatural, inerentes à mão de vossa sagrada Majestade". Nós não podemos visitar vossa Majestade em Oxford, onde ele está "cercado por tantas legiões de soldados"; suplicamos a vossa Majestade que retorne a Whitehall. Os supostos

---

[1] Carta (de 30 de abril 1631), publicada por Green, *On the Cure by Touch*, p. 80. Cf. *Calendar of State Papers*, *Domestic*, *Charles I*, em sua data. "Ye returne of my sicke childe with so much amendment hath much revived a sick Father... I am much joyed that his Majesty was pleased to touch my poor child with his blessed hands, whereby, God's blessing accompanying that means, he hath given me a child which I had so little hope to keep, that I gave direction for her bones, doubting she would never be able to return, but she is come safely horae and mends every day in her health; and ye sight of her gives me as often occasion to remember his Majestees gratious goodness towards her and me, and in all humilitye and thankfulness to aknowledge it". Sobre John Poulett, primeiro barão Poulett (1586-1649) v. *Dict. of National Biography*.

peticionários afirmavam que não queriam se misturar com a política, "pois já temos o suficiente de nossas próprias misérias". Não se pode tomar este protesto seriamente. Este pequeno texto não é, evidentemente, nada mais que um panfleto monarquista. Seus autores retiraram suas máscaras quando, ao final, declararam esperar que o retorno do rei trouxesse não apenas a cura dos doentes, mas também do "Estado, que definhava desde que Vossa Alteza deixara seu palácio de Whitehall e que, assim como nós, não estará livre de seus males até que vossa graciosa pessoa retorne"[1]. Por outro lado, não era o caso de que Carlos I se recusava a retornar a Londres; os londrinos se recusaram admiti-lo, pelo menos enquanto um soberano absoluto; era sobre eles que se devia agir. Um engenhoso publicista concebeu a ideia de modificar a opinião da grande cidade, fazendo falar os pobres escrofulosos. Ele tinha, sem dúvida, boas razões para querer tocar essa corda. Os espetáculos aos quais todos tiveram de assistir durante o cativeiro do rei nos permitem supor que, de fato, as pessoas atacadas pela escrófula lamentavam a partida de seu médico habitual. Em fevereiro de 1647, Carlos, a quem os escoceses tinham acabado de libertar, era levado ao sul pelos comissários do Parlamento; durante toda a viagem, os enfermos iam até ele, levando consigo a moeda – de ouro, se possível, ou então, de prata – que o príncipe não mais lhes podia dar de sua própria bolsa por não mais ser rico o suficiente, mas que porém, caso desejassem que o rito fosse efetivamente eficaz, acreditavam ser necessário que ele as pendurasse no pescoço de seus doentes. Os comissários se esforçavam para afastá-los, com o pretexto bastante hipócrita de um possível contágio: "muitas dessas pessoas estavam realmente doentes [não de escrófula, mas de] outras doenças perigosas, assim eram indignas de serem admitidas na presença de Sua Majestade"[2]. Quando rei,

---

[1] Para o título, v. Bibliografia. Sobre a doença tratada, p. 4, de "that miraculous and supernatural evil", se diz na p. 6: "all maladies may have a remedy by physick but ours, which proceeding from unknowne mysterious causes claime onely that supernaturall means of cure which is inherent in your sacred Majesty". Na mesma página, os peticionários afirmavam não desejar se misturar nas desgraças e inequidades de seu tempo "having enough to reflect and consider our owne miseries". Na página 8, lamentam-se por não poderem se aproximar do rei "so long as your Majestie resides at Oxford, invironed with so many legions of souldiers, who will be apt to hinder our accesse to your Court and Princely Person, which others that have formerly laboured with our Malady have so freely enjoyed at London". Na mesma página: "your palace at Whitehall, where we all wish your Majestie, as well as for the cure of our infirmitie, as for the recovery of the State, which hath languished of a tedious sicknesse since your Highnesse departure from thence, and can no more be cured of its infirmitie then wee, till your gracious returne thither".

[2] *Journal of the House of Lords*, IX, p. 6: carta dos encarregados de cuidar do rei, datada de 9 de fevereiro de 1647. Assinalam ali que durante a viagem do rei, tanto em Ripon, quanto em Leeds, "many diseased Persons came, bringing with them Ribbons and Gold, and were only touched, without any other Ceremony". Sobre o fervor dos doentes para estarem diante do rei nesta viagem, v. também o seguinte testemunho dado por Farquhar, I, p. 119. Mesmo antes de ser feito prisioneiro, durante a guerra civil, Carlos teve de substituir as esmolas do toque das de ouro, que estava escasso, pelas de prata:

sempre prisioneiro, foi instalado em Holraby, as mesmas se repetiram. A Câmara dos Comuns então decidiu encerrar aquilo e nomeou uma comissão para elaborar "uma Declaração destinada a ser divulgada entre o povo, sobre o tema da Superstição do Toque"[1]. O texto desta proclamação parece perdido; é uma grande pena; seria bom conhecer a exposição de seus motivos, que indubitavelmente lançaria uma curiosa luz sobre os sentimentos de certa parte dos súditos em relação à realeza sagrada. Temos porém boas razões para duvidar de que ele tenha produzido alguma reação à massa. Não sem certa razão, os pretensos peticionários de 1643 afirmaram ser o toque a única prerrogativa que jamais poderia ser privada da pessoa real[2]. Quando Carlos foi executado, fora às suas relíquias, especialmente lenços embebidos em seu sangue, que se atribuiu o poder de curar que em vida possuíra sua mão sagrada[3]. Um rei mártir, mesmo em um país protestante, sempre teve a tendência de se transformar em uma espécie de santo.

Os monarquistas posteriormente afirmaram que Cromwell tentava exercer o dom milagroso, usurpando assim, em benefício próprio, os privilégios sobrenaturais da realeza[4]; mas isso era certamente uma calúnia gratuita. Durante a República e o Protetorado, ninguém mais realizou o toque na Grã-Bretanha. A antiga fé, porém, não estava morta. Carlos II, no exílio, cumpriu o milagre hereditário, distribuindo aos doentes, dada a penúria do seu tesouro, peças de prata em vez de peças de ouro; iam até ele; um engenhoso comerciante se

---

Χειρεςοχη, p. 8. P. Wiseman, *A treatise of the King's Evil*, p. 247. Das passagens de Browne mencionadas na nota seguinte, deduz-se que as pessoas que iam ao encontro de Carlos durante seu cativeiro para fazerem-se tocar às vezes levavam uma peça de ouro, às vezes de prata; e quando o rei fornecia a peça, ela era de prata.

[1] *Journal of the House of Commons*, V, 22 de abril de 1647. A câmara recebeu "a letter from the Commissionners from Holdenby of 20 Aprilis 1647, concerning the Resort of great Numbers of People thither, to be Touched for the Healing". Um comitê foi designado para preparar "a Declaration to be set forth to the People, concerning the Superstition of being Touched for the Healing of the *King's Evil*". Os comissários deveriam "take care that the Resort of People thither, to be touched for the Evil, may be prevented" e fariam publicar a declaração no país. Cf. B. Whitelock, *Memorials of the English affairs*, fol. , Londres 1732, p. 244. Não pude encontrar esta proclamação; não está presente na abundante coleção de Lorde Crawfurd, inventariada por Robert Steele, *A bibliography of royal proclamations*, 1485-1714. (*Bibliotheca Lindesiana* V-VI). Para o caso de um menino tocado em Holmby: Browne, *Adenochoiradelogia*, p. 148; outros casos de pessoas tocadas pelo rei prisioneiro serão vistos mais tarde.
[2] p. 4.
[3] Browne, *Adenochoiradelogia*, pp. 109 e 150 e ss. Fundamentada em uma anedota registrada à p. 150. que as relíquias desse tipo foram conservadas e consideradas eficazes mesmo pelos oficiais do exército parlamentar, o que não é totalmente impossível. Cf. os panfletos monárquicos de 1649 e 1659 citados em *The Gentleman's Magazine*, 81 (1811), p. 125 (reproduzidos em *The Gentleman's Magazine Library*, ed. G. L. Gomme, III, 1884, p. 171); Wiseman, *Severall Chirurgical Treatises*, I, p. 195; Crawford, *King's Evil*, p. 101; Farquhar, *Royal Charities*, II, p. 107; W. S. Black, *Folk-Medicine*, p. 100.
[4] *Browne*, p. 181.

dedicou a organizar viagens marítimas dos escrofulosos ingleses ou escoceses para cidades dos Países Baixos, onde o príncipe mantinha sua pobre corte[1]. Há mais: atribuía-se às relíquias – se as podemos chamar assim – do pretendente vivo, o mesmo poder que as do rei morto: um lenço embebido em sua hemorragia nasal, durante sua fuga para a Escócia depois de Worcester, era considerada apta a curar escrófulas[2]. É bom manter esses fatos em mente ao tentar explicar a Restauração de 1660; não se deve entender que o rei foi expressamente chamado para curar os escrofulosos; mas a persistência da fé no dom taumatúrgico é um dos sintomas de um estado de espírito que o historiador desses eventos não pode negligenciar.

Assim, os arquitetos da Restauração, desejando reviver nos corações a religião monárquica, não se esqueceram do prestígio do milagre. Em 30 de maio de 1660, Carlos II, que o Parlamento acabara de reconhecer, mas que ainda se encontrava em terra estrangeira, em Breda, procede a uma cerimônia de cura particularmente solene[3]; assim que retorna para a Inglaterra, realiza a cerimônia do toque em várias ocasiões no salão de Banquetes do Palácio de Whitehall; os doentes vinham em multidões[4]. E defensores da realeza estimulavam com suas palavras e suas plumas o entusiasmo popular.

Sancroft, pregando em Westminster em 2 de dezembro de 1660, exortava os fiéis a esperar alívio para as feridas do povo e da Igreja, "das mãos sagradas que Deus permitiu compartilhar um miraculoso dom de cura"[5]; alegoria significativa que em 1661 fundamenta um panfleto verborrágico e algo tolo, *Ostenta Carolina*, de John Bird[6]. Em 1665 apareceu uma pequena obra anônima dedicada, sem mais metáforas, ao próprio toque: Χειρεςοχη, ou *Da excelência e*

---

[1] Browne, Adenochoiradelogia, pp. 156 e ss.; Relation en forme de journal du voyage et sejour que le serenissme el tres puissant prince Charles II roy de la Grande-Bretagne afait en Hollande, in-4°, Haia, 1660, p. 77.

[2] Farquhar, II, pp. 103-104, segundo o testemunho de dois monarquistas contemporâneos Blount e Pepys; cf. Crawfurd, *King's Evil*, p. 102 (sem referências).

[3] *Relation* (citada acima), pp. 75 e 77.

[4] Pepys, *Diary* e *Mercurius Politicus*, ambos de 23 de junho de 1660, citação de Farquhar, *Royal Charities*, II, p. 109; *Diary and Correspondence of John Evalyn*, ed. W. Bray, in-8°, Londres 1859, I, p. 357 (6 de julho de 1660). O ritual de Carlos II é o mesmo que de seu pai. Encontra-se em *Books of Common Prayer*; cf. acima; reproduzidos em Crawford, p. 114. Descrição bastante detalhada em Evelyn, *Diary*, loc. cit.

[5] W.S.[ancroft], *A sermon preached in St. Peter's Westminster on the first Sunday in Advent...*, Londres 1660, p. 33: "therefore let us hope well of the healing of the Wounds of the Daugbter of our People, since they are under the Cure of those very Hands, upon which God hath entailed a Miraculous Gift of Healing, as it were on purpose to raise up our Hopes in some Confidence, that we shall ow one day to those sacred Hands, next under God, the healing of the Church's, and the People's Evils, as well, as of the King's."

[6] Bird parece pensar que os sucessos de Carlos II serão tais que fará desaparecer para sempre, a escrófula e o raquitismo (*reckets*).

eficácia da mão régia[1]. Enfim, em 1684, foi a vez de um dos médicos do rei, John Browne, cujo *Adenochoidarelogia*, com mais de 60 anos de distância, forma, na Inglaterra, o exato equivalente ao tratado de Du Laurens; trata-se de uma longa demonstração, com grande coleção de argumentos e anedotas em favor do poder de cura do príncipe[2].

Não é tarefa do historiador sondar os segredos dos corações. Jamais saberemos o que Carlos II pensava de si mesmo a respeito do singular talento que seus súditos livremente lhe atribuíam. Não nos apressemos, contudo, em considerar ceticismo ou fraude; isto seria ignorar o justo valor do poder do orgulho dinástico; além disso, uma certa leviandade moral não exclui necessariamente a credulidade. Em qualquer caso, quaisquer que fossem os sentimentos íntimos do rei, o cumprimento do milagre de cura fosse talvez a tarefa real que ele realizava de maneira mais consciente. Ele tocava muito mais frequentemente que seu vizinho na França; a princípio, toda sexta-feira, exceto em tempos de grande calor. O cerimonial permaneceu o mesmo que o de seu pai e de seu avô. Apenas após 1665, a peça de moeda dada aos doentes foi substituída por uma medalha cunhada especialmente para a ocasião e não possuía qualquer valor monetário[3]. Ainda nos dias de hoje, nas coleções numismáticas inglesas, podem ser encontradas algumas destas belas medalhas de ouro que trazem, como os antigos *Angel*, a figura de São Miguel derrotando o dragão, com a legenda *Soli Deo gloria*, e no reverso um navio de três mastros com velas enfunadas; os que receberam o milagre as guardavam com cuidado, como amuletos; se muitas delas chegaram até nós, muitas mais foram então distribuídas.

Podemos medir em números a popularidade de Carlos II como médico. Eis alguns: desde maio de 1660 – início do rito – até setembro de 1664, ou seja, um pouco mais de quatro anos, cerca de 23.000 pessoas foram tocadas. De 7 de abril de 1669 a 14 de maio de 1671 – pouco mais de dois anos, foram 6.666, talvez mais; de 12 fevereiro de 1684 até 19 fevereiro de 1685 – cerca de um ano, e já ao final de seu reinado (Carlos II morreu em 6 de fevereiro seguinte) – 6.610. Certamente Browne exagerou, quando afirmou em 1684 que "cerca de metade da nação foi tocada e curada por Sua Majestade Sagrada após sua feliz Restauração"[4]. Mas é possível, sem medo de se cometer um erro, estimar em uma centena de milhares o número de escrofulosos que Carlos viu desfilar diante de si durante os quinze anos do seu governo[5]: uma multidão heterogênea

---

[1] Dedicado ao duque de York (o futuro Jaime II). Χειρεςοχη se deve traduzir como "excelência da mão".
[2] Como o tratado de Du Laurens, o *Adenochoiradelogia* consiste em um estudo puramente médico sobre a escrófula. Apenas a terceira parte, intitulada *Charisma Basilikon*, refere-se exclusivamente ao toque.
[3] Farquhar, II, pp. 134 e ss.
[4] P. 105: "I do believe near half the Nation hath been Toucht and Healed by His Sacred Majesty since this Happy Restauration".
[5] O número de doentes tocados por Carlos II nos é fornecido por duas fontes: 1º por Browne, que no apêndice de seu *Adenochoiradelogia*, pp, J97-199 apresenta: a) segundo

na qual, se acreditarmos em Browne, não faltavam estrangeiros: alemães, holandeses e até franceses; e na qual figuravam (sabemos por documentos seguros) alguns colonos da América; da Virgínia, de New Hampshire, cruzando o oceano buscando a cura em Whitehall[1]. Mas não se pode duvidar de que os ingleses ou escoceses fossem a maioria. Em suma, jamais qualquer rei taumaturgo conheceu tamanho sucesso. A extensa interrupção do milagre em tempos do Longo Parlamento e de Cromwell não fez senão reviver a fé comum; os doentes, tanto tempo privados do milagre sobrenatural, avançaram em direção ao seu augusto taumaturgo com uma espécie de fúria; mas essa afluência não foi um fogo de palha; ela se manteve, como acabamos de ver, durante todo o reinado. A ideia da realeza maravilhosa, tratada de maneira desdenhosa como superstição pela Câmara dos Comuns em 1647, estava bem longe de estar morta.

Ele tinha, porém, seus adversários, que não desistiram. A polêmica de Browne em sua *Adenochoiradelogia* contra os não-conformistas, e mesmo as historietas edificantes, caso se deseje, de não conformistas convertidos em direção à realeza como resultado das curas milagrosas, provavam de maneira eloquente que nem todos compartilhavam o credo popular. Em 1684, um

---

um registro de Thomas Haynes, "sargento" da capela real, um registro mês a mês, de maio a setembro 1660 de 1664; b) um registro mantido por Thomas Donkly, "keeper of his Majesties closet" (registro conservado na capela real), dá os números também mês a mês, a partir de maio 1667 a abril de 1682; 2°, pelos certificados, relativos às medalhas entregues, das quais falaremos no Apêndice I. Essa segunda fonte é evidentemente a mais segura; para um bom número de meses, pode-se comparar os números apresentados com aqueles de Browne; há algumas divergências entre eles, para um ou para outro, mas a maioria pode ser explicada, aparentemente, por erros de cópia cometidos por Browne ou por seu informante, e mesmo por erros de impressão; mas não há nada neles que modifique significativamente os totais ou que afete a ordem ou a magnitude das estatísticas. As indicações que forneço no texto foram extraídas: 1°, para o período de maio de 1660 a setembro de 1664, por Browne (número exato, 23.801); 2°, para o período de 7 de abril de 1669 a 14 de maio de 1671, dos certificados mantidos no Record Office; a restrição de "ao menos 6.666" se impõe porque nossos certificados apresentam algumas lacunas (de 15 de junho a 4 de julho de 1670, de 26 de fevereiro a 19 de março, 1671), mas é impossível saber se são consequência do acaso ou se correspondem a lapsos em que o toque não ocorreu. 3°, para o período de 12 de fevereiro de 1684 a 19 de fevereiro de 1685, também de acordo com os certificados (uma única lacuna de janeiro de 1° a 14 de janeiro de 1684). O total dos números fornecidos por Browne para ambos os períodos que considera (ou seja, para todo o reinado, menos dois períodos de cerca de dois anos e meio cada: 1° de outubro de 1664 a maio de 1667 e 1° de maio de 1682 a 6 de fevereiro de 1685) é de 90.761 (ver Farquhar, 11, p.132): daí minha aproximação para todo o reinado: cerca de 100.000. No entanto, não devemos esquecer que um elemento de apreciação nos escapa: de acordo com todas as probabilidades, alguns doentes, apesar das repetidas ordens, apresentaram-se várias vezes ao tocador; qual seria a proporção destes reincidentes? Jamais poderemos saber. Em relação à devoção nos dias de toque, cf. J. Evelyn, *Diary*, II, p. 205 (28 de março de 1684), citado por Crawfurd, *King's Evil*, p. 107, n. 2.
[1] Crawfurd, pp. 111-112.

ministro presbiteriano foi perseguido por falar mal do toque[1]. Contudo, nem mesmo deste lado se pensava em negligenciar a arma do maravilhoso. Em 1680, Monmouth, filho natural de Carlos II, considerado pelos Whigs como o herdeiro designado em vez de seu tio, o duque de York que, por conta de sua fé católica, pensavam, não alcançaria o trono, fez aos condados do oeste uma viagem triunfal; e, aparentemente – ainda que não fosse, mesmo aos olhos de seus partidários, nada mais do que o futuro rei –, por pelo menos uma vez tocou as escrófulas[2]. Quando em 1685, sempre em nome do protestantismo, disputa militarmente a coroa junto a seu tio, que será Jaime II, ele cumpriu todos os atos reais: dentre outros, o rito de cura. E esta foi uma das faltas que estavam presentes no ato de acusação póstuma feita pelos magistrados de Jaime II[3]. Não havia então verdadeiro rei sem milagre.

Contudo, o antigo rito, que assim emitia seus últimos clarões, estava na Inglaterra próximo da morte e, na França, ao menos em decadência.

---

[1] Cobbett's, *Complete Collection of State Trials*, x, pp. 147 e ss. O acusado de nome Rosewell, condenado pelo júri a partir de testemunhos pouco confiáveis, acabou recebendo o perdão real. O governo de Carlos II foi muito menos zeloso da prerrogativa milagrosa do rei que aquele de Carlos I. Deve-se notar que Greatrakes (discutido mais adiante) jamais foi incomodado. Cf. Crawfurd, *King's Evil*, p. 120.

[2] p. 120. Green, *On the cure by Touch*, pp. 86 e ss., cf. *Gentleman's Magazine*, t. 81 (1811), p. 125 (reproduzido da *The Gentleman's Magazine Library*, ed. G. I. Gomme, III, Londres 1884, p. 171).

[3] T.B. *Howell State Trials*, XI, col. 1059.

Capítulo VI. Declínio e morte do toque

§ I. Como se perdeu a fé no milagre real

O desaparecimento definitivo do toque teve por causa imediata, em primeiro lugar na Inglaterra, e a seguir na França, as revoluções políticas; mas essas contingências só foram eficazes porque a fé no caráter sobrenatural da realeza havia sido profundamente quebrada, quase que sem se demonstrar, nos espíritos de pelo menos parte de ambos os povos. Não pretendemos descrever aqui verdadeiramente este sombrio processo dos espíritos, mas apenas indicar apenas algumas das razões que contribuíram para arruinar a antiga crença.

As curas realizadas pelos reis eram apenas um caso, dentre muitos outros, dessas curas maravilhosas que, por muito tempo, quase não encontraram céticos. Alguns fatos servem para esclarecer essa mentalidade. Na França, pelo menos desde Henrique II e ao menos até Henrique IV, existia a longa reputação da família Bailleul, verdadeira dinastia de endireitas que, de pais para filhos, possuíam esta "virtude secreta de colocar de volta em seu lugar os ossos deslocados por uma queda violenta, ou quebrados por um golpe, de remediar as contusões dos nervos e dos membros do corpo, devolvendo-os ao lugar de onde saíram e de lhes restaurar seu primitivo vigor". Após ter exercido de maneira mais ou menos obscura esse talento hereditário em sua província natal, na região de Caux, os Bailleul seguiram à corte de Henrique II; e lá, sempre ocupando altos cargos, Jean, abade de Joyenval e controlador das esmolas do rei, Nicolas, primeiro de seu nome, escudeiro ordinário da Escuderia real e senhor dos Camareiros, assim como Nicolas II que deve ter sido, sob Luís XIII, *président à mortier*[1] e superintendente das finanças, continuaram a curar entorses ou fraturas. Sem dúvida, o sucesso dessa família deveu-se a uma técnica hábil transmitida de geração em geração e que nada tinha de sobrenatural; mas, sem dúvida, não eram assim que eram julgados pelos demais. Não é sem razão que o poeta Scévola de Sainthe-Marthe, escreveu seu panegírico em latim incluindo aqueles "ilustres da Gália", registrando as "graças" concedidas por Deus a esta família de "favor extraordinário e absolutamente celestial", que permitia aos reis muito cristãos, "apenas pelo toque de suas mãos" "curar o mal sensíveis e incurável de escrófulas"[2]. Para a

---

[1] Os *présidents à mortier* eram os mais altos magistrados da justiça francesa no período do Antigo Regime [N. do T.].

[2] Scaevola Sammarthanus, Gallorum doctrina illustrium qui nostra patrumque memória floruerunt elogia, ed. I, 1598. Vi a edição de 1633: Scaeuolae et Abelii Sammarthanorum... opera latina et gallica, I, pp. 155 a 157 (a informação foi modificada após a morte de Henrique IV). Cito a tradução de Colletet: Scevole de Sainte-Marthe, Éloge des hommes illustres, in-4°, Paris, 1644, pp. 555 e ss. Sobre a obra, v. Aug. Hamon, De Scaevolae Sammarthani vita et latine scriptis operibus (tese de Letras, Paris), 1901. Genealogias dos Bailleul em Francois Blanchard, Les presidents à mortier du Parlement de Paris, fol., 1647, p. 399 e Parintele Anselme, Histoire genealogique de la maison royale de France, II, fol., 1712, p. 1534. Nenhum deles alude ao dom milagroso, tampouco o padre Pierre Le Moine em sua Epistre panegyrique à Mgr. le President de

maioria dos contemporâneos, os dois poderes de cura possuíam a mesma origem sobre-humana, e a fé que dedicavam a um como a outro era manifestação de uma mesma atitude intelectual.

Estes médicos hereditários estavam por toda parte e curavam todos os tipos de males. Já encontramos, em várias ocasiões, os "parentes" de São Paulo na Itália, os "parentes" de Santa Catarina na Espanha, os de São Roque, São Martinho e São Hubert na França. Estes últimos sobretudo alcançaram, no século XVII, um destino extremamente brilhante. Conhecemos vários dentre deles, cavalheiros ou pretensamente tais – esta descendência ilustre não seria por si só um título de nobreza? –, ou religiosos que faziam a honra de seus conventos. O mais célebre foi George Hubert, sobre quem cartas régias, datadas de 31 de dezembro de 1649, reconheciam expressamente como "descendente da linhagem e geração do glorioso Santo Huberto de Ardenas" e como capaz, em razão desta filiação, de "curar todas as pessoas mordidas por lobos ou cães raivosos e outras feras atacadas pela raiva, tocando-as na Cabeça sem outra aplicação de remédio ou preparado". O "cavaleiro de Santo Huberto" – como ele se fazia chamar – exerceu sua arte por muitos anos com brilhantismo e lucro; é citado em um prospecto que ele mesmo publicou em 1701, "onde ele indica seu endereço para aqueles que desejem se fazer tocar"; ele contava entre seus clientes (bastante numerosos, uma vez que um único toque possuía igualmente um efeito preventivo) para dois reis da França – Luís XIII e Luís XIV –, Gastão d'Orleans, o Prince de Conti, um príncipe de Condé que é sem dúvida o vencedor de Rocroy; para todos esses grandes senhores, apaixonados pela caça, as mordidas de cachorro não eram um perigo imaginário. Com permissão especial do arcebispo Jean François de Gondi, renovada pelos sucessores deste prelado, ele tocava, encontrando-se em Paris, em uma capela da paróquia de Santo Eustáquio. Mais de trinta bispos ou arcebispos lhe deram permissão para praticar em suas dioceses. Em 8 de julho de 1665, os Estados da província da Bretanha votaram a concessão de uma gratificação de 400 libras. Lá, ainda, a opinião comum continuava estabelecendo uma comparação entre os talentos maravilhosos deste taumaturgo nato e as virtudes miraculosas oficialmente atribuídas aos reis. E quando os odiosos céticos ousavam questionar as curas efetuadas pelo cavaleiro ou por seus confrades, os crentes, como testemunha o abade Le Brun, ele mesmo incrédulo, respondiam usando o exemplo do príncipe; argumentavam: uma vez que todos aceitam a eficácia do toque real, por que acham tão extraordinário que "pessoas de certa linhagem possam curar certos males?"[1]

Bailleul, que se apresenta após Le Ministre sans reproche, in-4°, 1645. Não me parece impossível que Nicolas II – mencionado expressamente por Sainte-Marthe como dotado do mesmo dom que seu pai – tenha posteriormente deixado de exercê-lo.

[1] Sobre os parentes dos santos em geral, v. acima. Sobre os de Santo Huberto, e especialmente sobre Goerge Hubert, basta remeter a Heni Galdoz, La rage et St. Hubert, pp. 112-119, onde se encontrará uma bibliografia. A respeito das afirmações relativas ao prospecto de 1701 e a passagem sobre o toque real, Le Brun, Histoire critique des

Os Bourbons não eram, mesmo em seu próprio reino, os únicos que curavam a escrófula por direito de nascimento. Sem mencionar novamente o caso dos sétimos filhos, aos quais nos referimos acima com suficiente extensão, a França do século XVII conheceu pelo menos uma família na qual se transmita pelo sangue um dom muito semelhante àquele que fazia o orgulho da dinastia. Os mais velhos da casa de Aumont – uma casa nobre de Borgonha, com posses também em Berry – eram considerados capazes de restituir a saúde aos escrofulosos, distribuindo-lhes pão abençoado. Tradição "inventada", segundo André Favyn em sua *História de Navarra*; ela repugnava os apologistas habituais da monarquia: não seria adequado reservar apenas aos reis o privilégio de curar o "mal real"? Muitos autores sérios a mencionam, assim ela deve ter gozado de alguma popularidade, ao menos regional[1].

Na Inglaterra, sob o reinado de Carlos II, um cavalheiro irlandês, Valentin Greatrakes, descobriu certo dia, por revelação divina, o talento de curar a escrófula. Vieram a ele doentes de todos os lugares. A municipalidade de Worcester – na mesma época em que os Estados bretões votaram para conceder uma gratificação ao cavaleiro de Santo Hubert – oferecia ao tocador de escrófulas irlandês (*The Stroker*) um esplêndido banquete. Nada estava faltando no sucesso de Greatrakes, nem sequer provocar uma guerra escrita: de fato, seus partidários e inimigos trocaram panfletos eruditos. Seus fiéis não eram apenas personagens insignificantes: Robert Boyle, membro da Royal Society, e um dos fundadores da química moderna, proclamou sua fé nele e, ao mesmo tempo, no milagre real[2].

Além disso, o estado de espírito dos crentes no toque se refletia claramente nas próprias obras que tratavam da virtude taumatúrgica dos reis. Browne, por exemplo, apesar de médico e contemporâneo de Newton, aparecia ainda todo

---

pratiques superstitieuses, II, pp. 105 e 112. Tiffaud, *L'exercice illegal de la medecine dans le Bas-Poitou,* 1899, P- 18, assinala também os descendentes de São Marcoul.

[1] Du Laurens, De mirabili, p. 21; Favyn, p. 1058; du Peyrat, Histoire ecclesiastique de la Cour, p. 794; Traité curieux de la guerison des ecrouelles par l'attoucbement des septennaires, pp. 13 e 21; Thiers, Traité des superstitions, p. 443. Esses autores se retificam mutuamente (ver, por exemplo, Du Peyrat, loc. cit.): prova de que não apenas copiaram-se um ao outro. Atribuía-se certa relação ao poder maravilhoso desta casa com as relíquias dos Reis Magos, que teriam sido depositadas momentaneamente em Aumont, para serem transportados de Milão para Colônia durante o reinado de Frederico Barbarossa; e também com uma fonte sagrada, venerada no mesmo lugar. É possível supor algumas contaminações da crença, análogas ao que tornaram São Marculfo patrono do milagre real. K. Maurer, Die bestimmten Familien zugeschriebene besondere Heilkraft; Zeitschrift des Vereins fur Volkskunde, 1896, p. 443, estudou algumas famílias que possuiriam hereditariamente um poder de cura, porém referindo-se à Sicília e às lendas escandinavas. Thiers, loc. cit., p. 449, assinala a "casa de Coutance em Vendômois" em que as pessoas passavam para curar "as crianças a doença conhecida como carreau [nome comum de certas doenças gastrointestinais infantis; N. do T.], tocando-as".

[2] Indicações necessárias e bibliografia correspondente são encontradas em *Dictionary of National Biography*; v. também Crawfurd, *King's Evil*, p. 143 e Farquhar, III, p. 102.

penetrado de noções de uma magia primitiva. Encontramos nele a extraordinária história do estalajadeiro de Winton que, tendo escrófulas, comprou de um farmacêutico um recipiente de terra cozida cheio de uma água medicinal; inicialmente usa este remédio sem sucesso; mas depois de receber de longe a bênção de Carlos I, de quem os soldados do Parlamento o impediram de se aproximar, ele retornou à sua água e então se cura; à medida que suas feridas cicatrizam e os tumores são reabsorvidos, excrescências misteriosas aparecem nas laterais do frasco, rachando o revestimento de verniz; certo dia, alguém teve a infeliz ideia de limpá-las, e então o mal retornou; mas quando a limpeza foi interrompida, a cura foi definitiva; em outras palavras, ainda que Browne não dissesse expressamente, a escrófula havia passado do homem para o vaso de barro...[1] Em verdade, a ideia do milagre régio estava relacionada a toda uma concepção do universo.

Ora, não há qualquer dúvida de que essa concepção foi perdendo terreno pouco a pouco após a Renascença e, especialmente, no século XVIII. Como? Este não é o lugar para tal pesquisa. Basta relembrar – algo evidente – que o declínio do milagre real está intimamente ligado a esse esforço dos espíritos, pelo menos na elite, para eliminar da ordem do mundo o sobrenatural e o arbitrário, ao mesmo tempo em que buscava conceber as instituições políticas sob um aspecto unicamente racional.

Pois aqui se apresenta um segundo aspecto da mesma evolução intelectual, que foi tão fatal quanto a primeira à velha crença cujo destino nos interessa aqui. Os "filósofos", acostumando-se à opinião de que os soberanos não seriam mais que representantes hereditários do Estado, não mais estavam acostumados a procurar e a encontrar neles algo maravilhoso. Podem-se exigir milagres a um chefe de direito divino, cujo próprio poder está enraizado em uma espécie de mistério sublime; não se pode exigir o mesmo de um funcionário, não importa o quão alta seja sua situação e o quão indispensável possa parecer seu papel na coisa pública.

Causas mais particulares trabalharam para precipitar a ruína da fé que os povos dos dois reinos por muito tempo professaram nas virtudes do toque real. Elas se encontram no contragolpe das lutas civis e religiosas. Na Inglaterra, como vimos, os protestantes mais radicais foram hostis a ela desde cedo, tanto por razões doutrinárias quanto por ódio à monarquia absoluta que os perseguia. Sobretudo, tanto em um como em outro país, as reivindicações milagrosas sustentadas ao mesmo tempo por uma dinastia católica e uma dinastia protestante, não deixaram de semear a confusão entre os fiéis de ambas as religiões. Até a Reforma, os súditos do rei da França podiam aceitar com tranquilidade as ambições do rei da Inglaterra e reciprocamente; mas quando a ruptura religiosa foi consumada, essa equanimidade deixou de fazer sentido. Para dizer a verdade, os escritores anglicanos não tiveram maior dificuldade em admitir as curas realizadas pelos monarcas franceses; eles se contentaram em

---

[1] *Adenochoiradelogia*, pp. 133 e ss. (com uma carta, que testemunha a veracidade da anedota, dirigida a Browne pelo *warden* da Winchester-College).

reivindicar para seu país – com desprezo pela história – o privilégio de ter sido o primeiro a possuir reis curandeiros[1]. Os católicos se mostraram, por outro lado, mais intransigentes. Enquanto os príncipes ingleses mantiveram o sinal da cruz, seus súditos "papistas" recusaram-se, nem que fosse pelo orgulho nacional, a contestar a maravilhosa prerrogativa em que tantas gerações de ingleses haviam acreditado, ainda que tivessem como último recurso atribuir ao símbolo sagrado uma eficácia capaz de realizar por sua própria força, mesmo quando feita por mãos heréticas, a obra de cura[2]. Jaime I lhes toma esta última escapatória. Na França, e de maneira geral no continente, os escritores católicos chegaram à solução extrema, não sendo contidos por qualquer escrúpulo patriótico: negaram o milagre inglês[3]. Tal foi em 1593 a posição do jesuíta espanhol Delrio, cuja obra *Pesquisas sobre coisas mágicas*, editada várias vezes, conquistou duradoura autoridade[4]: e também, alguns anos mais tarde, as obras dos franceses Du Laurens e Du Peyrat[5]; para esses autores, o toque dos reis da Inglaterra não possuía qualquer poder; seu pretenso privilégio não passava de impostura ou ilusão. Abria-se a possibilidade de reconhecer um grande erro coletivo: ousadia perigosa; pois, em suma, a realidade do dom maravilhoso que se atribuía aos Bourbon não estava baseada em provas diferentes das invocadas pelos publicistas em favor dos Tudor e Stuart, do outro lado do canal; se os ingleses estavam errados sobre a virtude da mão real, não poderia a mesma coisa ter acontecido com os franceses? Delrio, em particular, lança sobre essa controvérsia uma temível força crítica; não sendo francês, talvez se sentisse mais livre; não que ele questionasse a realidade dos prodígios realizados pela dinastia católica que reinava na França; seu zelo religioso predominava sobre o orgulho nacional, e por isso ele os reconhecia como autênticos; mas, sem dúvida, a preocupação de não afirmar algo que pudesse colocar em risco de abalar o prestígio de nossos reis médicos não o incomodava tanto quanto ocorreria caso fosse um súdito. Contudo explica, sem apelo ao milagre, o prestígio taumatúrgico de Isabel, oscilando entre três soluções: usava cataplasmas secretos, eram uma fraude grosseira, – influência diabólica –, enfim mera "ficção", a rainha não curava pessoas que estavam realmente

---

[1] Tooker, *Charisma*, p. 83; Browne, *Adenochoiradelogia*, p. 63; cf. acima.

[2] A respeito das curas realizadas por Isabel, a teoria de Smitheus [Richard Smith], *Florum historiae ecclesiasticae gentis Anglorum libri septem*, 1654, folio, Paris, 1. III, cap. 19, sectio IV, p. 230, faz intervir a influência de Santo Eduardo Confessor; a rainha curava "non virtute propria... sed virtute signi Crucis et ad testandam pietatem S. Edwardi, cui succedebat in Throno Angliae". Smith, que foi vigário apostólico na Inglaterra entre 1625 e 1629, parece não admitir as curas realizadas pelos sucessores de Isabel.

[3] De L'Ancre, *L'incredulite et mescreance du sortilege*, 1622, p. 165, é exceção; ele admite as curas de Jaime I, porém afirmava que o rei, às escondidas, "colocava as mãos em sinal de cruz".

[4] *Disquisitionum*, ed. e 1606, pp. 60 e ss.

[5] Du Laurens, *De mirabili*, p. 19; du Peyrat, *Histoire ecclesiastique de la Cour* pp. 796-801.

doentes; porque, observa Delrio, é comum que ela não cure todos os que se apresentam[1]. Sobretudo esta última observação e a hipótese da qual se serviu estavam repletas de ameaças. Entre os muitos leitores da *Pesquisa sobre as coisas mágicas* não teria, certamente, havido muitos que tiveram a ideia de aplicar os mesmos argumentos para aos reis de França? Em 1755, o cavaleiro de Jaucourt publicava na *Enciclopédia*, o artigo *Ecrouelles*; certamente, não acreditava, nem mesmo para seu país, no poder taumatúrgico dos reis; em sua época, os "filósofos" tinham definitivamente abalado os alicerces da antiga fé; mas ele não ousou atacar frontalmente o privilégio reivindicado pela dinastia francesa; contentou-se, sobre o tema, em fazer uma breve menção, reservando toda sua crítica e ironia sobre as pretensões dos soberanos ingleses: simples desvio, evidentemente, para evitar, sem ter problemas com as autoridades, uma situação delicada; seus leitores, sem dúvida, compreenderam que seus ataques eram dirigidos igualmente a ambas as monarquias. Mas esta astúcia de enciclopedista representa o que deve ter sido em muitos espíritos um caminho intelectual sincero: começou-se a duvidar do milagre estrangeiro que a ortodoxia religiosa impedia admitir; dúvida que gradualmente alcançou o milagre nacional.

§ 2. O fim do rito inglês

Foi primeiramente na Inglaterra que os acontecimentos políticos puseram fim ao antigo costume do toque.

Jaime II, sabe-se, não era homem de deixar cair em desuso as mais maravilhosas prerrogativas monárquicas. Ao contrário, ele enriqueceu a herança transmitida por seus antecessores. Não há dúvida de que, em seu círculo mais próximo, certas pessoas tenham acalentado o projeto de reviver o antigo rito dos anéis medicinais: simples capricho, que não foi levado adiante[2]. Jaime, em vez

---

[1] *Loc. cit.* p. 64: "sed ea cogimur dicere, vel fictitia, si non vere aegri: vel fieri physica aliqua vi emplastrorum, aut aliorum adhibitorum: vel ex pacto tacito vel expresso cum daemone". Sobre as pessoas que se apresentaram ao toque, e não foram curadas, v. p. 61; cf. a seguir. O ano da primeira edição do *Disquisitionum* (1593) é o mesmo da conversão de Henrique IV; não era simples, então, considerar a frança como governada por reis católicos; em sua exposição sobre as escrófulas, não teria Delrio feito alguma alusão a essa dificuldade? Não si, pois não pude ver a versão anterior a 1606, em que se encontra (p. 65) a prudente fórmula: "De Franciae regibus; quorum adhuc nullus aperte haeresim professus fuit", reproduzida nas edições seguintes.
[2] A Biblioteca do "Surgeon General" do exército dos Estados Unidos em Washington possui – entre uma coleção de obras relacionadas com o toque de escrófula – um pequeno folheto in-8°, de oito páginas, intitulado *The Ceremonies of blessing Cramp-Rings on Good Friday, used by the Catholick Kings of England*. Possuo uma cópia deste documento por meio da bondade extrema de tenente-coronel F. H. Garrison, que mencionou em seu artigo intitulado *A relic of the King's Evil*; o mesmo texto é reproduzido 1° em *The literary magazine*, 1792; 2° em W. Maskell, *Monumenta ritualia*, ed. a 2-a, III, p. 391; utilizei um manuscrito datado de 1694, incorporado a *Ceremonies for the Healing of them that be Diseased wth the King's Evil, used on the Time of King Henry VII*, impresso em 1686 sob ordens reais (cf. Sparrow Simson, *On the forms of*

disso, tocou frequentemente; como seu irmão, viu acorrer a ele um grande número de doentes: 4.422 de março de 1685 – o primeiro mês, o que parece, quando começou a atividade – até dezembro do mesmo ano[1]; em 28 e 30 de agosto de 1687, apenas um ano antes de sua queda, no centro da Catedral de Chester, tocou respectivamente a 350 e a 450 pessoas[2]. No início de seu reinado, ele aceitou para esta cerimônia a assistência dos sacerdotes anglicanos; mas a partir de 1686 passou a recorrer cada vez menos a eles e preferia os membros do clero católico. Parece que, ao mesmo tempo, substituiu o ritual de Jaime I, pela antiga liturgia atribuída a Henrique VII; novamente usou orações em latim, a invocação à Virgem e aos santos, o sinal da cruz[3]. Este recuo só serviu para contribuir para desacreditar, diante de parte do público protestante, o milagre régio, pois o fazia parecer se confundir com a pompa de um culto abominado[4].

Guillaume de Orange, levado ao trono pela revolução de 1688, havia sido, como Jaime I, educado no calvinismo; e como este, via no ritual de cura apenas

---

prayer, p. 289); 3º sem dúvida segundo Maskell por Crawfurd, *Cramp-rings*, p. 184. Trata-se de uma tradução fiel da antiga liturgia, como aparece no missal de Maria Tudor. O panfleto conservado em Washington tem a data de 1694; portanto, deve ter sido impresso após a queda de Jaime II (1688). Mas uma em *Notes and Queries*, 6a série, VIII (1883), p. 317, menciona a existência deste mesmo livreto e indica que deve ser considerada apenas uma reimpressão; a primeira edição parece ser de 1686. É o próprio ano em que a gráfica real publicou, por ordem recebida, a antiga liturgia de escrófula; e que Jaime II tentou cada vez mais se fundamentar no ministério do clero anglicano para a cerimônia do toque. Quanto ao resto, parece que nos círculos jacobitas circulou o boato de que o último Stuart abençoara os anéis; veja com referência a Jaime III a carta – que por outro lado nega o fato – do Secretário do príncipe, citada por Farquhar, v. p. 169.
[1] Segundo certificado relativo à distribuição das medalhas, conservados em Record Office; v. Apêndice I.
[2] The Diary of Dr. Thomas Cartwright. bishop of Chester (Camden Society, XXII, 1843), pp. 74 e 75.
[3] Encontram-se todos os depoimentos sobre a atitude de Jaime I diligente e sensatamente discutidos por Farquhar, em *Royal Charities*, III, p. 103 e ss. Para dizer a verdade, não conheço exatamente o serviço usado por Jaime II. Sabemos apenas que em 1616 a impressora do rei publicou, por ordem real, a antiga liturgia católica atribuída a Henrique VII, em dois volumes diferentes, sendo que um possuía o texto em latim (discutido acima), e outro em tradução inglesa: Crawfurd, King's Evil, p. 132. Além disso, uma carta confidencial do bispo de Carlisle de 3 de junho 1686 (ed. Magrath, *The Flemings in Oxford*, II, *Oxford Historical Society's Publications*, LXII, 1913, p. 159: citada em Farquhar, III, p. 104) apresenta as seguintes palavras: "Last week, his Majesty dismissed his Protestant Chaplains at Windsor from attending at ye Ceremony of Healing which was performed by his Romish Priests: ye service in Latin as in Henry 7th time" – que parece estabelecer definitivamente a questão. Sobre o escândalo criado pelas fórmulas "papistas" do serviço, cf. os testemunhos da cerimônia do toque ocorrido em 1687 em Bath, recolhidos por Green, *On the cure by Touch*, pp. 90-91.
[4] Em 1726, Sir Richard Blackmore, *Discourses on the Gout... Preface*, p. lxviij, considerava claramente a "superstição" do toque como uma impostura dos padres papistas.

uma prática supersticiosa; mais firme que seu antecessor, ele se recusa a realizar o toque e sempre manteve esta recusa [1]. Seria a diferença entre dois temperamentos individuais, entre uma pessoa de vontade frágil, e outra de espírito resoluto? Sem dúvida; mas também a diferença entre dois estados de consciência coletiva: a renúncia ao rito que a opinião pública não aceitara de Jaime I parece ter sido, um pouco menos de um século mais tarde, aceita sem muito escândalo. Em certos meios esclarecidos, havia satisfação em afirmar que um doente, sobre o qual o rei, ainda que proclamasse seu ceticismo, aceitara pousar sua mão, acabou completamente curado [2]. Os Tories, porém, não se deram por satisfeitos. Em 1702, a rainha Ana assumiu o poder; no ano seguinte eles obtiveram dela a renovação da tradição milagrosa. Ela tocou como seus antepassados, embora com um rito simplificado, o que parecem ter sido muitos escrofulosos [3]. "Contestar a realidade deste milagre hereditário", escrevia, ainda durante este reinado, Jeremias Collier, autor de uma famosa *História Eclesiástica da Grã-Bretanha* "é incorrer nos piores excessos de ceticismo, negar o testemunho de nossos sentidos e trazer a incredulidade ao ponto do

---

[1] *Gazette de France*, ed. de 23 de abril de 1689, p. 188. "De Londres le 28 avril 1689. Le 7 de ce mois le Princc d'Orange dina chez Mylord Newport. Il devoit ce jour la suivant l'usage ordinaire, faire la céréinoine de toucher les malades, el laver les pieds a plusieurs pauvres comme ont toujours fait les Roys legitimes. Mais il declara qu'il croyoit que ces cerémonics n'estoient pás exemtes de suprrstition; et il donna seulement ordre que les aumónes fussent distribuyes aux pauvres selon la coútume." Cf. também Sir Richard Blackmore, *Discourses on the Gout... Preface*, p. lx; Rapin Thoyras, *Histoire d'Angleterre*, livro V, cap. relativo a Eduardo Confessor, ed. de Haia 1724, in-4°, t. I, p. 446; Macaulay, *The history of England*, cap. XIV, ed. Tauchnitz, I, pp. 145-146; Farquhar, *Royal Charities*, III. pp. 118 e ss.

[2] Macaulay, *loc. cit.*

[3] Oldmixon, *The history of England during the reigns of King William and Queen Mary, Queen Anne, King George I*, folio, Londres, 1735 (inspiração Whig), p. 301. O toque reaparece de março ou abril de 1703, o mais tardar: Farquhar, *Royal Charities*, IV, p. 143. Tem-se frequentemente lembrado que Dr. Johnson, criança, foi tocado pela rainha Ana: *Life of Johnson*, ed. Ingpen, Londres 1907, in-4°, I, p. 12, cf. Farquhar, IV, p. 145, n. 1. Um novo ritual entrou em vigor neste reinado: a liturgia era mais curta e o cerimonial consideravelmente simplificado; os doentes apareciam apenas uma vez diante da soberana; cada um recebia uma moeda de ouro imediatamente após ser tocado: Crawfurd, *King's Evil*, p. 146 (publicado o texto do serviço); Farquhar, *Royal Charities*, IV, p. 152. O *Wellcome Historical Medical Museum*, em Londres, possui um ímã, proveniente da família de John Rooper, *Deputy Cofferer* da Rainha Ana, que dizem ter servido a esta soberana para o toque; para evitar o contato direto com os doentes, ela teria esse ímã em mãos ao realizar o gesto de cura, de modo que o interpusesse entre os dedos e as partes doentes. Cf. Farquhar, IV, pp. 149 ss. (com fotografias); também devo informações úteis à gentileza de M. C. J. S. Thompson, curador do museu. É difícil se pronunciar sobre o valor que possa ter essa tradição. Sobre um anel adornado com rubis que Henrique VIII usava nos dias do toque para se preservar do contágio, ao que parece, Farquhar, p. 148.

ridículo"[1]. Um bom *tory* deveria fazer profissão de fé à eficácia da mão régia: Swift não deixou de fazê-lo[2]. Um jogo de cartas patriótico, gravado em sua época, mostrava como vinheta para o nove de copas "Sua Majestade a Rainha tocando a escrófula"[3]. "Sua Majestade" fez o gesto de cura pela última vez, ao que parece, em 27 de abril, 1714, pouco mais de três meses antes de sua morte[4]: data memorável, que marca o fim de um rito antigo. Após aquele dia, jamais rei ou rainha da Inglaterra novamente, em solo inglês, pendurava a peça monetária no pescoço dos enfermos.

De fato, os príncipes da Casa de Hanover, chamados a reinar na Grã-Bretanha em 1714, jamais tentaram reiniciar o milagre de escrófula. Por muitos anos ainda, até o reinado de Jorge II, o *prayer-book* continuou a apresentar o serviço litúrgico para a "cura" dos doentes pelo rei[5]; mas desde 1714 não era mais do que uma sobrevivência vã; as antigas orações não tinham serventia. De onde veio essa carência da nova dinastia? Teria sido horror dos Whigs, que a apoiaram e a aconselharam em relação a tudo o que recordava a antiga monarquia de direito divino? Ou seria o desejo de não chocar certa forma de sentimento protestante? Sem dúvida; mas parece que essas considerações, ainda que tenham indubitavelmente exercido sua parte de influência na decisão adotada pelos príncipes hanoverianos, não explicam tudo por completo. Alguns anos antes, Monmouth, também formado sob o mais rigoroso protestantismo, havia tocado os doentes; e não se sabe que seus amigos tenham ficado escandalizados. Chamado ao trono pelo mesmo partido, por que Jorge I não tentou, por sua vez, curar também? Talvez o tivesse feito, se não existisse entre Monmouth e ele, do ponto de vista do estrito direito monárquico, uma diferença marcante. Monmouth, filho de Carlos II e Lucy Walter, dizia-se nascido de um matrimônio legítimo; ele se apresentava como rei por direito de sangue. Pretensão semelhante não poderia ser dada sem cair no ridículo para o Eleitor de Hanover, bisneto de Jaime I, a quem as necessidades da Sucessão Protestante tornaram rei de Inglaterra. Contava-se nos ambientes jacobitas que certo cavalheiro, tendo ido suplicar para que Jorge tocasse seu filho, recebeu um mal-humorado conselho do rei para que fosse encontrar o pretendente Stuart, que vivia no exílio do outro lado do mar; acrescentava-se que o conselho fora seguido e que o cavalheiro, cujo filho acabou curado, tornou-se fiel defensor da

---

[1] *An ecclesiastical history of Great Britain*, ed. Barnham, I, Londres 1840, p. 532 (primeira edição de 1708): "King Edward the Confessor was the first that cured this distemper, and from him it has descended as an hereditary miracle upon all his successors. To dispute the matter of fact is to go to the excesses of scepticism, to deny our senses, and be incredulous even to ridiculousness".

[2] *Journal to Stella*, carta XXII (28 de abril de 1711), ed. F. Ryland, p. 172.

[3] V. Apêndice II.

[4] Green, On the cure by touch, p. 95.

[5] Em edições de língua inglesa, até 1732; em língua latina, 1759; v. Farquhar, *Royal Charities*, IV, pp. 153 e ss. cujas pesquisas deixam sem efeito trabalhos anteriores.

antiga dinastia[1]. É possível que esta historieta tenha ter sido inventada inteiramente por mera diversão; mas não deixa de possuir uma espécie de verossimilhança psicológica que assegurava seu sucesso; ela expressava sem dúvida exatamente o estado de espírito desses alemães, transplantados para o solo inglês. Eles não eram os legítimos herdeiros da dinastia sagrada; não se consideravam aptos a sucedê-la no milagre hereditário.

Em exílio, nem Jaime II, nem posteriormente seu filho, cessaram de praticar o gesto de cura. Eles tocaram na França, em Avignon e na Itália[2]. Vinham até eles da Inglaterra e, ao mesmo tempo, com toda probabilidade, de regiões próximas ao local de suas residências. O partido jacobita mantinha fielmente a antiga crença. Em 1721 um polemista deste grupo divulgou uma suposta carta de um "cavalheiro de Roma relatando certas curas impressionantes recentemente ocorridas nas vizinhanças daquela cidade". Sob uma forma mais velada, é novamente o mesmo tema que vimos um pouco menos de um século antes desenvolvido na pseudo-petição dos escrofulosos pedindo o retorno a Londres de Carlos I: "Despertai, bretões... considereis que vós sereis tidos por indignos do conhecimento que tendes desse maravilhoso Poder e dos benefícios que podeis dele usufruir, se o desprezais ou negligenciais"[3]. É evidente que esta pequena obra obteve algum sucesso, porque o campo adversário julgou necessário respondê-la. O médico William Beckett assumiu a tarefa. Sua *Pesquisa livre e imparcial sobre a antiguidade e a eficácia do toque das escrófulas* é uma obra de espírito nacionalista e razoável, de abordagem moderada e, em suma, uma das mais sensatas já dedicadas à antiga "superstição" monárquica. Esta dignidade de tom não foi seguida por todos; a polêmica antijacobita não temia as ironias e as alusões um pouco pesadas e – a era vitoriana ainda não havia passado por lá – as alusões rabelaisianas: testemunho disso é o violento pequeno artigo anônimo surgido em 1737 em um jornal Whig, o *Common Sense*[4]. A controvérsia ressurgiu com novo vigor em 1747. Naquele ano, o historiador Carte, em uma *História geral*

---

[1] Robert Chambers, *History of the rebellion in Scotland in 1745-1746*, ed. de 1828, in-16, I, p. 183. Conta-se também que Jorge I, tendo sido pedido por uma mulher, não aceitou tocá-la, mas permitiu que ela o tocasse; não se sabe se foi curada; Crawfurd, p. 150.

[2] Jaime II em Paris e em Saint-Germain: Voltaire, *Siècle de Louis XIV*, cap. XV, ed. Garnier, XIV, p. 300; *Questions sur l'Encyclopedie*, art. *Ecrouelles*, ibid. XVIII, p. 469 (em *Dictionnaire philosophique*). Jaime III em Paris, Farquhar, *Royal Charities*, IV, p. 161 (?); la Avignon, cf. a seguir; em Bains de Lucques, Farquhar, p. 170; em Roma, v. acima. Em documentos numismáticos, Farquhar, pp. 161 e ss. Jaime II, acreditava-se, realizou milagres póstumos como um santo; mas a lista não apresenta qualquer cura de escrófulas (v. G. du Bosq de Beaumont e M. Bernos, *La Cour des Stuarts à Saint-Germain en Laye*, 2ª ed. in-12, 1912, pp. 239 e ss); cf. também Farquhar, *Royal Charities*, III, p. 115, n. 1.

[3] "For shame, *Britons*, awake, and let not an universal Lethargy seize you; but consider that you ought to be accounted unworthy the knowledge and Benefits you may receive by this extraordinary Power, if it be despised or neglected".

[4] Reproduzido em *Gentleman's Magazine*, t. 7 (1737), p. 495.

da Inglaterra, apresenta em nota de rodapé uma anedota sobre um residente de Wells em Somerset que, em 1726, sofrendo de escrófula, foi curado em Avignon pelos "mais velhos descendentes diretos de uma linhagem de reis que, de fato, por muito tempo, possuiu o poder de curar este mal graças ao seu toque real"[1]. A nota não passou despercebida; a cidade de Londres retirou do pobre Carte a assinatura com a qual honrara sua obra; e os jornais Whig publicaram, por vários meses, cartas de protesto[2].

A bem da verdade, os adversários dos Stuart possuíam, neste momento, algumas razões para se mostrarem suscetíveis. Não fazia ainda dois anos que Carlos Eduardo tinha entrado triunfalmente em Edimburgo, no velho castelo real de Holyrood. Ele não se denominava rei, mas apenas representante e herdeiro do verdadeiro rei que, aos olhos de jacobitas, era seu pai, "Jaime III". É curioso que ele tenha praticado, ao menos uma vez, precisamente em Holyrood, o rito de cura[3]. Já vimos que Monmouth, em 1680, quando não era mais que um pretendente à herança e não à coroa, atrevera-se a cumprir o rito real[4]. Estas incorreções que em épocas anteriores, mais presas aos dogmas da religião monárquica, não se teriam tolerado, provam, à sua maneira, a decadência da antiga fé.

Carlos Eduardo voltou para a Itália e se converteu, após a morte de seu pai, em rei legítimo, continuando a cumprir o rito milagroso[5]. Dele possuímos, como de Jaime II e Jaime III, medalhas cunhadas em terra estrangeira para pendurar sobre os pescoços dos doentes tocados; estas *touch-pieces* dos Stuart exilados são usualmente de prata, e muito raramente de ouro; a infelicidade dos tempos não permitia já o emprego do tradicional metal precioso. Após a morte do Carlos Eduardo, seu irmão Henrique, cardeal de York, passando ao nível de pretendente, praticou por sua vez o rito de cura; seu gravador habitual, Gioacchimo Hamerani, cunhou para ele a medalha típica; nela se vê, como pedia o costume, São Miguel Arcanjo derrubando ao dragão e, no reverso, a legenda em latim: "Henrique IX, rei da Grã-Bretanha, da França e da Irlanda, cardeal, bispo do Tusculum"[6]. "Henrique IX" morreu em 1807. Com ele se

---

[1] *A general history of England*, 1. IV, § III, p. 291, n. 4: "the eldest lineal descendant of a race of kings, who had indeed, for a long succession of ages, cured that distemper by the royal touch". Sobre o lugar onde o toque ocorrera, Farquhar, IV, p. 167.

[2] *Gentleman's Magazine*, t. 18 (1748), pp. 13 e ss. (*The Gentleman's Magazine Library*, III, pp. 165 e ss.); cf. Farquhar, *Royal Charities*, IV, p. 167, n. 1.

[3] Robert Chambers, *History of the rebellion in Scotland in 1745-46*, ed. de 1828, I, p. 184. Jaime III havia tocado na Escócia, em 1716: Farquhar, *Royal Charities*, IV, p. 166.

[4] Parece que também sua irmã Maria (que jamais foi reconhecida por Carlos II), realizou o toque: Crawford, p. 138.

[5] Toque praticado por Carlos Eduardo em Floreça, Pisa e Albano em 1770 e 1786; Farquhar. *Royal Charities*, t. V, p. 174. A numismática do toque sob os Stuar exilados foi estudada por Helen Farquhar com seu habitual deatlhamento; IV, pp. 161 ss.

[6] Farquhar, t. V, p. 177 (reprodução). Parece que, possivelmente nos tempos das guerras da Revolução, "Henrique IX" recorreu a peças de cobre ou de estanho prateadas; Farquhar, *loc. cit.*, p. 180.

extinguiu a linhagem dos Stuart; ao mesmo tempo, o toque das escrófulas deixava de ser praticado: o milagre morreu juntamente com a linhagem régia.

Hume escreveu, em 1755, em sua *História da Inglaterra*, que "a prática [do toque] foi abandonada pela primeira vez pela presente dinastia" – [a casa de Hannover] – "a qual observou que este uso já não impressionava o povo e era tida como ridícula aos olhos dos homens de bom senso"[1]. Sobre o segundo ponto é possível concordar com Hume; mas quanto ao primeiro, tomado por este otimismo característico comum de todos os racionalistas de seu tempo, enganou-se por certo, como tantos de seus contemporâneos, por acreditar no triunfo das "luzes". A alma popular não deixara, e não deixaria por longo tempo, a antiga crença, à qual a rejeição dos Hannoverianos não a despojou de todo seu sustento. É verdade que apenas muito poucos doentes tiveram condições de obter o contato direto com uma mão régia; na época de Hume, os Stuart se apresentavam, em seu exílio, como taumaturgos; mas o número de ingleses que iam vê-los em suas longínquas residências para lhes pedir a saúde não parece jamais ter sido muito considerável. Os fiéis em milagres deviam assim se conformar com sucedâneos. As medalhas, cunhadas em outra época para serem distribuídas nos dias do toque, fundidas em material durável, conservaram para o vulgo valor de amuletos. Em 1736, os fabriqueiros – *churchwardens* – da paróquia de Minchinhampton, no condado do Gloucester, não haviam deixado de oferecer aos escrofulosos, já tocados por um rei, a renovação da fita que segurava a peça de ouro[2]. Da mesma forma, e por um longo tempo ainda, atribuiu-se uma virtude semelhante a certas moedas, que em sua origem tinham sido cunhadas para servir de numerário, mas às quais a efígie do Carlos I, o rei mártir, conferia alguma forma de dignidade especial; coroas ou meias coroas deste príncipe, consideradas como os melhores remédios contra as escrófulas, foram transmitidas de geração em geração nas Ilhas Shetland até 1838 e possivelmente ainda mais tarde[3]. Um poder de mesma natureza era associado a certas relíquias pessoais: tal como o lenço manchado com o sangue do cardeal dos York que, ainda em 1901, na Irlanda, considerava-se capaz de

---

[1] Cap. III, ed. de 1792, p. 179: "the practice was first dropped by the present royal family, who observed, that it could no longer give amazement to the populace, and was attented with ridicule in the eyes of all men of understanding". Voltaire escreveu nas *Questions sur l'Encyclopedie*, artigo Ecrouelles, ed. Garnier, t. XVIII, p. 470: "Quand le roi d'Angleterre, Jacques II, fut reconduit de Rochester à Whitehall [lors de sa première teutative de fuite, le 12 déc. 1688], on proposa de lui laisser faire quelques actes de royauté amime de toucher les écrouelles; il ne se présenta personne". A anedota é pouco plausível, e deve ser considerada como simplesmente caluniosa.

[2] *Archaeologia*, XXXV, p. 452, n.a. Cf. para o uso da moeda no reinado de Jorge I, Farquhar, IV, p. 159.

[3] Pettigrew, *On superstitions*, pp. 153-154. As moedas de São Luís, perfuradas para que pudessem ser usadas no pescoço, ou carregadas no braço, foram por vezes empregadas na França como Talismãs, contra doenças: cf. Le Blanc, *Traité historique des monnoyes*, in-4°. Amsterdam 1692, p. 176.

curar "o mal do rei"[1]. Mas, por que falar de relíquias? Sob o reinado da rainha Vitória, no condado do Ross, na Escócia, os camponeses viam, nas mais banais moedas de ouro, panaceias universais, e isso porque levavam impresso "o retrato da rainha"[2]. Obviamente, sabia-se perfeitamente que tais talismãs, por apreciados que fossem, eram apenas atalhos para estabelecer uma relação com a própria pessoa régia: quanto mais direta fosse, mais valiosa. Veja o que relatava em 1903, em uma nota sobre as *sobrevivências de tempos passados no condado de Ross*, Sheila Macdonald: "Havia um velho pastor que sofria de escrófulas; ele se queixava de não poder se aproximar de sua Graciosa Majestade [a rainha Vitória]. Ele estava convencido de que, se o conseguisse, seu mal estaria curado. 'Ma, não!' dizia ele tristemente, 'em vez disto, tenho de me conformar em ir a Lochaber um desses dias e me fazer curar por um curandeiro'" – que era um sétimo filho[3]. Na verdade, se as circunstâncias não tivessem imposto aos ingleses uma dinastia que não podia fundamentar sua legitimidade no sangue sagrado, mas apenas na escolha da nação, podemos nos perguntar até quando a consciência popular teria exigido dos reis a prática do antigo milagre. Ao advento em 1714 de um príncipe estrangeiro, que não podia justificar sua legitimidade nem no direito divino nem em sua popularidade pessoal, a Grã-Bretanha deveu a consolidação de seu regime parlamentar; e a esse fato deve também, sem dúvida, a supressão do velho rito, no qual se exprimia perfeitamente a realeza sagrada de tempos passados, eliminando antes da França a presença do sobrenatural na política

§ 3. O fim do rito francês

Na França do século XVIII, o rito de cura seguiu sendo solenemente praticado pelos reis. Conhecemos uma única cifra relativa a Luís XV, aproximada pelo menos, de quantos doentes ele tocou: em 29 de outubro de 1722, no dia seguinte ao de sua sagração, mais de dois mil escrofulosos se apresentaram diante dele no parque de Saint-Rémi de Reims[4]. Vê-se assim que a antiga afluência popular não tinha diminuído.

Porém, este reinado, ainda que notório pela decadência do prestígio monárquico, lançou um duro golpe na antiga cerimônia. Em pelo menos três ocasiões não pôde ser realizada por falta do rei. Um antigo costume exigia que o soberano curasse só após ter comungado; ora, em 1739, Luís XV, cuja relação amorosa com madame de Mailly acabava de iniciar, viu-se impedido por seu confessor de se apresentar à Santa Mesa, bem como não esteve presente à

---

[1] Farquhar, IV, p. 180 (e comunicação pessoal de Sra. Farquhar).
[2] Sheila Macdonald, *Old-world survivals in Ross-Shire*; The Folk-Lore, XIV (1903), p. 372.
[3] *Loc. cit.* p. 372: "An old shepherd of ours who suffered from scrofula, or King's evil, often bewailed his inability to get within touching distance of Her late Gracious Majesty. He was convinced that by so doing his infirmity would at once be cured. 'Ach! No' he would say mournfully 'I must just be content to try and get to Lochaber instead some day, and get the leighiche Chealer) there to cure me'".
[4] Relato impresso, publicado na *Gazette de France*, Arch. Nat., K 1714, nr. 20.

Páscoa; da mesma forma, no dia de Páscoa de 1740 e, em 1744, no Natal, absteu-se de comungar; nessas três ocasiões, não realizou o toque. O escândalo foi grande em Paris, pelo menos em 1739[1]. Estas interrupções no milagre, provocadas pela má conduta do soberano, arriscavam desacostumar as multidões a recorrer a ele. Quanto aos círculos eruditos, o ceticismo se escondia cada vez menos. As *Cartas persas* de 1721 tratavam do "rei mago" com alguma leviandade[2]. Saint-Simon, redigindo suas *Memórias*, entre 1739 e 1751, ironiza a pobre princesa de Soubise; amante de Luís XIV, teria morrido de escrófulas. A anedota é de uma alegre ferocidade; mas é provavelmente inexata: madame de Soubise jamais foi amante do rei; e não parece que tenha sofrido de escrófulas. Saint-Simon provavelmente extraiu a matéria de um relato calunioso sobre intrigas da corte, ouvido em sua juventude; mas o giro que deu à história parece provar que ele também sentia, bem ou mal, a influência do espírito novo. Não teria ele falado do "milagre que se *pretende* atribuir ao toque de nossos reis"?[3] Voltaire, não apenas em sua *Correspondência*, mas também, e mais abertamente, nas *Questões a respeito da Enciclopédia*, não se priva de ironizar as virtudes milagrosas da dinastia; e se diverte em revelar alguns fracassos retumbantes: a crer nele, Luís XI teria se mostrado incapaz de curar a são Francisco da Paula, e Luís XIV a uma de suas amantes – madame de Soubise, sem dúvida –, ainda que ela tivesse sido "muito bem tocada". Em seu *Ensaio sobre os costumes*, apresenta como modelo aos reis da França o exemplo de Guillaume de Orange, que renunciou a esta "prerrogativa", e ousou escrever: "Chegará o tempo em que a razão, que começa a fazer progressos na França, abolirá este costume"[4]. Este descrédito em que o rito secular havia caído tem

---

[1] Páscoa de 1739: Luynes, *Memoires*, ed. L. Dussieux e Soulie, II, 1860, p. 391; Barbier, *Journal*, ed. Soc. de l'Hist. de France, II, p. 224 ("cela a causé un grand scandale à Versailles et fait beaucoup de bruit à París"; Barbier considera que "nous sommes assez bien avec le pape pour que le fils ainé de l'Eglise eût une dispense pour faire ses Pâques, en quelque état qu'il fût, sans sacrilége et en sûreté de conscience"); marquês d'Drgenson, *Journal et Memoires*, ed. E. J. B. Rathery (*Soc. de l'Hist. de France*), II, p. 126. Páscoa de 1740, Luynes, III, p. 176. Natal de 1744, Luynes, VI, p. 193. A indicação de Nolhac, *Louis XV et Marie Laczinska*, in-12, 1902, p. 196 (para 1738) é sem dúvida errônea: cf. Luynes, II, p. 99. Páscoa de 1678, Luís XIV teve negada a comunhão pelo padre de Champ, que substituía como confessor o padre de la Chaise, enfermo (marquês de Sourches, *Memoires*, I, p. 209, n. 2); é provável que ele não tenha realizado o toque nesta festa.

[2] Visto acima.

[3] Ed. Boislisle, XVII, pp. 74-75. Saint-Simon acredita também – sem dúvida erroneamente – que vários dos filhos de madame de Soubise morreram de escrófulas. Ele escreve, após a frase citada sobre o presumido milagre, cujo significado exato não pude determinar: "a verité est que quand ils [los reis] touchent les malades, c'est au sortir de la communion".

[4] *Questions sur l'Encyclopedie*, artigo *Ecrouelles* (ed. Garnier, em *Dictionnaire philosophique*, XVIII, p. 469) onde se encontra, à p. 470, a anedota sobre São Francisco de Paula: "Le saint ne guérit point le roi, le roi ne guérit point le Saint". *Essai sur les Moeurs*, introdução, XXIII (t. XI, pp. 96-97), onde se lê, a propósito da negativa de

para nós um grave inconveniente. Torna particularmente difícil escrever sua história. Pois os jornais de fins do século XVIII, mesmo os mais pródigos em novidades da corte, parecem também ter considerado que estava abaixo deles relatar uma cerimônia tão vulgar.

Luís XVI, contudo, no dia seguinte a sua sagração, fiel ao velho costume, ainda encontrou diante de si 2.400 escrofulosos[1]. Teria continuado, como seus antecessores, realizando o toque nas grandes festas? Isto é bastante possível; mas não pude encontrar prova documental. Em todo caso, é certo que o milagre não se desenvolvia já sob a mesma atmosfera de fé pacífica de outros tempos. Agora, sob Luís XV, e desde sua sagração, o rei, e certamente sem qualquer malícia, e crendo com toda sinceridade que seguia o antigo costume, modificou ligeiramente a fórmula tradicional que acompanhava cada vez que era realizado o gesto do toque: na segunda parte da frase, as palavras "Deus te cura" foram substituídas por "Deus te cure"[2]. É verdade que, no século XVII, alguns escritores, descrevendo a cerimônia, já faziam esta mudança; são testemunhos sem valor, viajantes que redigem muito depois suas lembranças, ou de pequenos cronistas sem autoridade nem vinculações oficiais; todos os autores sérios, e o próprio cerimonial escrito naquele século, empregam o indicativo; Du Peyrat rejeita expressamente o subjuntivo como inadequado. Reservaram-se aos últimos reis taumaturgos a mudança inconsciente para um modelo dúbio. Nuance quase imperceptível, mas que ainda assim se deve considerar sintomática.

Mais instrutivo ainda é o episódio dos certificados de cura, que mostra um contraste bastante vivo entre o começo e o final do século XVIII. Pouco após a coroação do Luís XV, o marquês do Argenson, então intendente de Hainaut, descobriu na região sob sua responsabilidade um doente que havia sido tocado

---

Guillaume III: "Si l'Angleterre éprouve jamais quelque grande révolution qui la replongue dans l'ignorance, alors elle aura des miracles tous les jours"; e cap. XIII, ibid., p. 365, de onde provém a frase citada no texto. Está ausente na primeira versão que aparece em *Mercure* de maio de 1746, pp. 29 e ss.; não pude consultar a verdadeira edição príncipe, de 1756; edição de 1761, I, p. 322 inclui a frase. Carta a Frederico II, de 7 de julho 1775 (anedota sobre a amante de Luís XIV). Cf. notas manuscritas denominadas *Sottisier*, t. XXXII, p. 492.

[1] Relação impressa publicada em *Gazette de France*: Arch. Nat. K 1714, nr. 21 (38); Voltaire a Frederico II, 7 de julho 1775. Quadro que representa Luís XVI orando diante do relicário de São Marcoul: Apêndice II.

[2] Para Luís XV, relato citado anteriormente. Cf. Cf. Regnault, *Dissertation*, p. 5. Para Luís XVI, relato acima; *Le Sacre et couronnement de Louis XVI roi de France et de Navarre*, in-4°, 1775, p. 79; [Alletz], *Ceremonial du sacre des rois de France*, 1775, p. 175. Deve-se constatar que que segundo a relação da sagração de Luís XV e os diversos textos relativos à sagração de Luís XVI, a ordem das duas partes da frase terminou intertida: "Deus te cure, o rei te toca". Clausel de Coussergues, *Du sacre des rois de France*, 1825, oferece um relato da sagração de Luís XIV, que apresenta a fórmula com o subjuntivo (p. 657, cf. p. 150), mas não cita sua fonte; sobre os textos oficiais do século XVI, v. acima. Carlos X emprega o subjuntivo tradicional; mas a informação está errada em Landouzy, *Le toucher des écrouelles*, pp. 11 e 30, atribuindo a ele a iniciativa.

pelo rei durante a viagem a Reims, e que em três meses se viu curado de seu mal; fez então redigir, com grande provisão de declarações e testemunhos autênticos, um dossiê sobre o caso, bastante honroso para o orgulho monárquico, e o remeteu a Paris; pensava que assim se faria presente na corte; foi desapontado; o secretário de estado La Vrilliére "respondeu secamente que tudo estava muito bem, e que ninguém punha em dúvida o dom que possuíam nossos reis de realizar estes prodígios"[1]. Querer provar um dogma não equivaleria aos verdadeiros crentes deixar aflorar certa suspeita? Cinquenta e dois anos mais tarde, as coisas haviam mudado. Um certo Rémy Riviére, da paróquia de Matougues, havia sido tocado por Luís XVI em Reims; ele se curou. O intendente de Châlons, Rouillé d'Orfeuil, tomou conhecimento do fato; ele então se apressa, e em 17 de novembro de 1775 envia a Versalhes um certificado "assinado pelo cirurgião do lugar, assim como pelo padre e os principais habitantes"; o secretário de estado encarregado da correspondência com Champagne, chamado Bertin, respondeu-lhe em 7 de dezembro nos seguintes termos:

> Eu recebi, Senhor, a carta que me escreveste, referente à cura do nomeado Rémy Riviére, e já a apresentei ao rei; se posteriormente tiverdes conhecimento de curas semelhantes, agradeço-vos se me as informar[2].

Possuímos ainda quatro outros certificados que foram expedidos na mesma jurisdição e na de Soissons, em novembro e dezembro de 1775, referentes a quatro meninos que Luís XVI tocara após sua sagração e que teriam, dizia-se, ficado curados; não sabemos de fonte segura se foram comunicados ao ministro e ao rei; mas pode-se supor que a carta de Bertin teria levado os intendentes, caso dela tivessem conhecimento, a não mantê-la guardada[3]. Já não se podia mais desdenhar das provas experimentais do milagre.

Chegou certamente um momento, em 1789 ao que tudo indica, em que Luís XVI deveu renunciar ao exercício de seu poder maravilhoso, como a tudo a que tivesse relacionado ao direito divino. Quando teria ocorrido, sob este rei, o último toque? Infelizmente, não pude descobrir. Posso apenas deixar assinalado aos pesquisadores este pequeno e curioso problema; caso seja resolvido, ficaria determinado com toda exatidão a data em que a velha realeza

---

[1] Journal et Memoires du marquis d'Argenson, I, p. 47.

[2] A carta do Rouillé d'Orfeuil e a resposta de Bertin, Arch. de Mame, C. 229; a primeira publicada, Ledouble, *Notice sur Corbeny*, p. 211, Devo uma cópia da segunda à amabilidade da Arquivista do departamento.

[3] Certificados publicados por Cerf, *Du toucher dés érouelles*, pp. 253 ss.; e (com duas correções) por Ledouble, *Notice sur Corbeny*, p. 212. Datas extremas: 26 de novembro-3 de dezembro de 1775. Nenhum dos dois editores indica sua fonte com precisão; pareceria que se utilizaram dos arquivos do Hospice Saint-Marcoul; porém, o inventário do fundo de S. Marcoul nos Archies hospitalières de Reims, de que existe uma cópia nos Arch. Nat., I 1555, não indica nada semelhante. As localidades habitadas pelos doentes curados eram Bucilly, na circunscrição de Soissons (dois casos), Condé-les-Herpy e Château-Porcien, no de Châlons.

sagrada cessa de parecer suportável à opinião pública[1]. Entre as relíquias do "Rei Mártir", parece que nenhuma possuiu, como ocorrera com as de Carlos I da Inglaterra, o poder de curar o mal do rei. O milagre real tinha morrido, junto com a fé monárquica.

Certa vez, porém, buscou-se ressuscitá-lo. Carlos X, em 1825, recebeu a sagração. Em um último brilho de esplendor, a realeza Santa e quase sacerdotal apresentou suas pompas algo caducas. "Eis padre e rei", exclamou Victor Hugo, representando, em sua Ode da *Sagração*, a consagração do novo ungido do Senhor [2]. Estaria igualmente representando a tradição do toque? Os que rodeavam ao soberano se achavam divididos. O barão de Damas, então ministro das relações exteriores e ele mesmo detentor de uma fé ardente nas virtudes da mão real, deixou-nos em suas *Memórias* um eco de tais diferenças. "Vários homens de letras", disse ele, "encarregados de estudar a questão, afirmaram seriamente que este toque das escrófulas era uma velha superstição popular que não se deveria fazer reviver. Fomos cristãos, e adotamos esta ideia, de modo que se decidiu, apesar do clero, que o rei não a reviveria. Mas o povo não entendia assim..."[3] Estes " homens de letras" se atribuíam sem dúvida o direito de escolher, segundo suas próprias concepções, a herança do passado; amavam a idade média, mas que fosse acomodada ao gosto da época, ou seja, suavizada; desejavam reviver aqueles costumes nos quais encontravam mais poesia, mas rejeitavam tudo o que pudesse traduzir mais fortemente a barbárie "gótica". Um historiador católico, que pensava que não se poderia ser tradicionalista pela metade, ironizava estes pudores: "A cavalaria era deliciosa, a Santa Ampola era já uma audácia, e quanto às escrófulas, não se queria ouvir falar delas"[4]. E, além disso, como escreveu bem posteriormente o *Amigo da religião*, temia-se "fornecer um pretexto às zombarias da incredulidade"[5]. Contudo, um pequeno grupo ativo, que tinha à frente a um sacerdote *ultra*, o abate Desgenettes, padre

---

[1] Pareceria natural, à primeira vista, procurar a solução do enigma nos periódicos da época. Mas nenhum dos que pude ver (a *Gazette do France* para todo o reinado e numerosas buscas no *Mercure* e no *Journal de Paris*) jamais mencionam a solenidade do toque, mesmo para o período do reinado em que, com toda probabilidade, deve ter ocorrido; já assinalei acima esta espécie de pudor que pareceu se criar em relação à menção ao rito que tanto chocava os espíritos "esclarecidos". Pensou-se também em consultar o *Journal* de Luís XVI; foi publicado para o período 1766-1778 pelo conde Beauchamp, em 1902 (jamais circulou comercialmente; tive em minhas mãos o exemplar da Arch. Nat.); não encontrei qualquer menção relativa ao toque.

[2] *Odes et Ballades*, Quarta Ode, VII. A nota (p. 322 da ed. de *Oeuvres complètes*, Hetzel et Quantin) assim afirma: "Tu es sacerdos in aeternum secundum ordinem Melchisédech. L'église appelle le roy l'évêque du dehors; á la ‚esse du sacre il communie sous les deux espéces".

[3] *Memoires*, II, 1933, p. 65. Encontra-se no Apêndice ao tomo II, pp. 305-306, uma nota sobre o toque, redigida por Damas em 1853, logo após uma visita que lhe fez o então monsenhor Gousset, arcebispo de Reims. Será utilizada posteriormente.

[4] Leon Aubineau, p. 14 da *Notice* citada anteriormente. Sabe-se que L. Aubineau fez uma crítica às teorias de Augustin Thierry que não eram carentes de valor.

[5] 9 de novembro de 1825, p. 402.

das Missões Estrangeiras, e o próprio arcebispo de Reims, monsenhor Latil, estava resolvido, tanto neste ponto como em outros, em reviver o passado. Estes homens empreendedores parecem terem tentado forçar a mão do monarca indeciso; desdenhado os desejos dos habitantes de Corbeny, que haviam pedido a Carlos X renovar sobre aquele solo sua antiga peregrinação, reuniram na própria Reims, no Hospice Saint-Marcoul, um hospital fundado no século XVII, tantos quanto puderam encontrar de escrofulosos[1]. É, além disso, possível que, como indica o barão de Damas, se não todo "o povo", ao menos uma fração da opinião popular lhes prestava algum apoio; todas as lembranças dos antigos prodígios e do entusiasmo que os acompanhara, sem dúvida não haviam se extinguido entre os humildes. Até o último momento, Carlos resistiu em se deixar persuadir; certo dia ordenou que fossem mandados embora os pobres que haviam se reunido aguardando o rito de cura; mas voltou atrás. E no dia 31 de maio de 1825 foi ao hospital. A ordem de dispersão havia feito diminuir a fila dos doentes: apenas entre 120 a 130 restavam. O rei, "primeiro médico de seu reino", como dizia um publicista da época, toca-os sem muito aparato, pronunciando a fórmula tornada tradicional: "O rei te toca; Deus te *cure*", acompanhada de amáveis palavras[2]. Mais tarde, como havia ocorrido com Luís XVI, os religiosos de São Marcoul expediram alguns certificados de cura, sobre

---

[1] Sobre o papel do abade Desgenettes, v. Leon Aubineau, *Notice* sobre M. Desgenettes, in-18, 1860, pp. 13-15 (texto reproduzido em *Notice Biographique*, coloca o adade G. Desfossés como chefe em *Oeuvres inedites* de M. Charles, *Eleonore Dufriche Desgenettes*, in-8 [1860], pp. LXVI-LXVII). Cf. de também Cahier, *Caracteristiques des Saints*, 1867, I, p. 264. Petição dos habitantes de Corbeny publicada por *S. A. L'hermite de Corbeny ou le sacre et le couronnement de Sa Majesté Charles X roi de France et de Navarre*, Laon 1825, p. 167, e Ledouble, *Notice sur Corbeny*, p. 245.

[2] Os relatos contemporâneos mais completos da cerimônia no Hospital de São Maroul se encontram no *Ami de la Religión*, 4 de junho, e especialmente 9 de novembro de 1825; e em F. M. Miel, *Histoire du sacre de Charles X*, 1825, pp. 308 ss. (em que se lê, p. 312: " Un des malades disait aprés la visite du roi que SA MAJESTÉ était le premier médecin de son royanme"). V. também, na data de 2 de junho, o *Constitutionnel*, o *Drapeau Blanc*, o *Quotidienne* e as seguintes pequenas obras: *Précis de la cérémonie du sacre et du couronnement de S.M. Charles X*, in-12, Avignon 1825, p. 78 e *Promenade à Reims ou journal des fêtes et cérémonies du sacre... par un témoin oculaire*, in-12, 1825, p. 165; cf. Cerf, *Du toucher*, p. 281. Sobre o Hospital de São Marcoul (cuja sólida fundação, datada do século XVII, foi arruinada pelos bombardeios, e hoje abriga a Ambulance Américaine), H. Jadart, L'hopital Saint-Marcoul de Reims; Travaux Acad. Reims, CXI (1901-1902). Em Reims o evento foi aproveitado para se renovar a devoção a São Marcoul; foi reimpresso um *Petit Office* do santo, aparecido antes, em 1773 (Bibliot. de la Ville de Reims, R. 170 bis). Em relação à fórmula utilizada pelo rei, o *Constitutionnel* escreve que ele tocou "sem pronunciar uma única vez a antiga fórmula: *O rei te toca, Deus te cure*". Mas parece ser, comparando-se com outros testemunhos do evento, de um erro, já expresso em *Ami de la Religión*, 4 de junho de 1825, p. 104, n. 1. Sobre o número de doentes, as fontes oferecem cifras ligeiramente diferentes: 120 segundo o barão de Damas; 121 segundo F. M. Miel; cerca de 130 segundo o *Ami de la Religión* de 9 de novembro (p. 403), e 130 segundo Cerf (p. 283).

os quais retornaremos mais tarde[1]. Em suma, esta ressurreição de um rito arcaico, que a filosofia do século precedente havia ridicularizado, parece ter sido julgada assaz deslocada por quase todos os grupos, com exceção de alguns ultras exaltados. Chateaubriand, nas vésperas da sagração e antes, por conseguinte, de que Carlos X tomasse sua decisão, escreveu em seu diário, se pudermos acreditar em suas *Memórias de além-túmulo,* as seguintes palavras: "Já não existe mão virtuosa o bastante para curar as escrófulas"[2]. Depois da cerimônia, o *Quotidienne* e o *Drapeau Blanc* não se mostraram mais entusiasmados que o *Constitutionel*: "Se o rei", lê-se no *Quotidienne*, "cumprindo o dever imposto por um antigo costume, aproximou-se destes desafortunados para curá-los, seu espírito justo deve tê-lo feito sentir que, se não podia remediar as feridas do corpo, ao menos era capaz de suavizar as chagas da alma"[3]. A esquerda ironizava o taumaturgo:

Pássaros, este rei milagroso

Há de curar todo escrofuloso

cantava, de uma maneira algo chula, Béranger na *Sagração de Carlos o Simples[4]*.

Desnecessário dizer que Carlos X, infiel neste aspecto ao exemplo de seus antecessores, jamais tocou nas grandes festas. Após 31 de maio de 1825, nenhum rei na Europa voltou a pousar sua mão nas chagas dos escrofulosos.

Nada faz sentir mais vivamente o declínio definitivo da antiga religião monárquica que esta última tentativa, tão tímida e mediocremente acolhida, de dar à realeza o brilho do milagre. O toque das escrófulas desapareceu na França depois que na Inglaterra; mas diferentemente do que se passou do outro lado do Canal da Mancha, entre nós, quando cessou de ser praticado, a fé, que por tanto tempo havia sustentado o rito, quase que tinha ela mesma desaparecido e estava próxima de perecer por completo. Sem dúvida, as vozes de crentes tardios ainda se faziam escutar. Em 1865, um sacerdote de Reims, o abade Cerf, autor de uma estimável memória sobre a história do toque, escreveu: "Começando este trabalho eu acreditava, ainda que fracamente, na prerrogativa dos reis da França de curar as escrófulas. Ainda não terminara de concluir minhas pesquisas, e esta prerrogativa era para mim uma verdade incontestável"[5]. Este é um dos últimos

---

[1] A ser discutido a seguir.

[2] Ed. de 1860, IV, p. 306.

[3] 2 de junho, *Correspondance particuliére de Reims*. No mesmo número, *Extrait d'une autre lettre de Reims*, mesma impressão. Comparando-se as frases de Miel, *loc. cit.*, p. 312, atribui-se as palavras a Carlos X: "Le roi aurait dit en guittant les malades: Mes chers amis, je vous ai apporté des paroles de consolation; je souhaite bien vivement que vous guérissiez".

[4] *Oeuvres*, ed. de 1847,11, p. 143.

[5] *Du toucher*, p. 280. No mesmo sentido podem ver-se também o padre Marquigny, *L'attouchement du roi do France guérissait-il des ecrouelles? Études*, 1868, e ao abate Ledouble em seu *Notice sur Corbeny*, 1883, p. 215. Em 1853, monsenhor Goussel,

testemunhos de uma convicção que se tornou totalmente platônica, posto que já não se arriscava, no tempo presente, a ser colocada à prova dos fatos. As sobrevivências populares da antiga crença que ainda foram possíveis de serem encontradas no século XIX no Reino Unido, só posso comparar, na França, com a marca real – a flor-de-lis – que os sétimos filhos, como vimos, haviam herdado dos reis; mas quem, entre os clientes do "marcou" de Vovette ou de tantos outros "marcoux", pensava no laço que a consciência popular havia, de maneira um tanto quanto obscura, estabelecido entre o poder do "sétimo" e o privilégio da mão real? Entre nossos contemporâneos, muitos não acreditam mais em qualquer manifestação milagrosa: para eles a questão está completamente resolvida. Outros não rejeitam o milagre; mas não mais pensam que o poder político, ou mesmo uma filiação real, possa conferir graças sobrenaturais. Neste sentido, Gregório VII triunfou.

---

arcebispo de Reims, expressou ao barão de Damas sua fé no toque; mas não considerava milagrosos seus efeitos; Damas, *Mémoires*, p. 305. Cf. a seguir.

Livro Terceiro: A Interpretação Crítica do Milagre Real

Capítulo Único

§ 1. Os primeiros ensaios de uma interpretação racionalista

Acabamos de seguir, até onde os textos nos permitiram, as vicissitudes seculares do milagre real; no transcurso desta investigação, buscamos esclarecer as representações coletivas e as ambições individuais que, mesclando-se em uma espécie de complexo psicológico, levaram aos reis da França e da Inglaterra a reivindicar o poder taumatúrgico, e aos povos a reconhecê-los. Assim, pudemos, em certo sentido, explicar o milagre em suas origens e em seu prolongado sucesso. Mas a explicação ainda está incompleta; na história do dom maravilhoso, resta um ponto obscuro. As multidões que acreditaram na realidade das curas efetuadas operadas por meio do toque ou dos anéis medicinais viam sem dúvida nelas um fato de ordem experimental, "uma verdade clara como o sol", como afirmou Browne[1]. Se a fé destes inumeráveis fiéis não foi mais que uma ilusão, como compreender que não tenha sucumbido perante a experiência? Em outros termos, os reis curavam? Se sim, por quais procedimentos? Se, por outro lado, a resposta for negativa, como durante tantos anos foi possível convencer de que curavam? Claro, a questão não se coloca se admitíssemos a possibilidade de intervenção de causas sobrenaturais; mas, como já foi dito, quem atualmente, no caso particular que nos ocupa, iria a se atrever a invocá-las? Mas, não basta evidentemente apenas rejeitar, sem outra forma de explicação, a interpretação antiga, que repugna à razão; deve-se substituí-la por uma interpretação nova que a razão possa aceitar: tarefa delicada, que seria contudo uma covardia intelectual evitar. Assim, a importância do problema ultrapassa a história das ideias monárquicas. Estamos em presença de uma espécie de experiência crucial, em que toda a psicologia do milagre está envolvida.

As curas régias formam de fato um dos mais bem conhecidos fenômenos pretensamente sobrenaturais, mais fáceis de estudar e, se assim se pode dizer, um dos mais seguros que nos oferece o passado. Renan se aprazia em destacar que nenhum milagre jamais teve lugar diante da Academia de Ciências; mas ao menos este foi observado por numerosos médicos que possuíam pelo menos um mínimo de método científico. Quanto às multidões, elas acreditaram nele com toda paixão. Possuíamos, então, uma grande quantidade de testemunhos de origem extremamente variada. Sobretudo, que outra manifestação deste gênero seria possível mencionar aqui, que se tenha desenvolvido com tanta continuidade e regularidade durante perto de oito séculos de história? "O único

---

[1] *Charisma*, p. 2: "I shall presume, with hopes to offer, that there is no Christian so void of Religion and Devotion, as to deny the Gift of Healing: A Truth as clear as the Sun, continued and maintained by a continual Live of Christian Kings and Governors, fed and nourished with the same Christian Milk".

milagre que se manteve perpétuo na religião dos Cristãos e na monarquia da França", escrevia já em 1610 um bom católico e um zeloso monarquista, o historiógrafo Pierre Mathieu[1]. Agora, ainda que se tenha, por um feliz acaso, que este milagre perfeitamente notório tenha apresentado admirável continuidade, trata-se daqueles que hoje ninguém mais acredita: de maneira que, ao estudá-lo à luz dos métodos críticos, o historiador não corre o risco de chocar as almas piedosas: raro privilégio que convém aproveitar. Livre desta forma, cada um poderá transportar a outros fatos da mesma natureza as conclusões que se pode conduzir o estudo deste.

Não é de hoje a necessidade de dar às curas atribuídas por tanto tempo aos reis pela mentalidade popular uma explicação fundada na razão; esta se impôs aos espíritos que, pelo conjunto de sua filosofia, inclinavam-se a negar o sobrenatural. Se o historiador experimenta hoje uma necessidade semelhante, pensadores de épocas anteriores, para quem o milagre real era uma espécie de experiência cotidiana, não deveriam senti-la ainda com maior vigor?

O caso dos *cramp-rings*, na verdade, jamais foi muito discutido; em boa parte, pode-se crer, porque sua fabricação foi abandonada em uma época que impediu que o pensamento livre das épocas modernas tivesse ocasião de se ocupar deles. Porém, o francês De L'Ancre, escrevendo em 1622 um pequeno tratado contra os "sortilégios", os menciona; sem dúvida não se havia ainda, em seu meio, perdido o hábito, testemunhado treze anos antes por Du Laurens, de entesourá-los como se fossem talismãs. Ele não nega sua virtude; mas se nega a ver neles algo milagroso. E não porque a incredulidade fosse nele uma atitude filosófica; mas o orgulho nacional o impedia de admitir como autêntico um milagre inglês. Para ele aqueles "aros de cura" apresentavam eficácia por conta de algum remédio secreto e mais ou menos mágico – "pé de alce" ou "raiz de peônia", por exemplo – que os reis da Inglaterra introduziam subrepticiamente no metal[2]. Em suma, a pretensa consagração não seria mais que um truque. Encontraremos a todo momento, a propósito do milagre das escrófulas, muitas explicações semelhantes. A interpretação do toque, diferentemente da dos anéis medicinais, foi frequentemente discutida.

Foi, como já vimos, entre os primeiros "libertinos" italianos que a questão foi lançada pela primeira vez. Posteriormente, alguns teólogos protestantes da Alemanha –Peucer em fins do século XVI, Morhof e Zentgraff no século seguinte – se apoderaram do tema em um espírito bastante análogo, pois embora não pretendessem, como seus antecessores, negar todo o sobrenatural, não estavam dispostos mais que eles a atribuir poderes milagrosos fosse ao rei católico da França fosse à dinastia anglicana. Parece que o enigma das curas

---

[1] [Mathieu], *Histoire de Louys XI roy de France*, folio, 1610, p. 472. A expressão "milagre perpétuo" foi repetida por du Peyrat, *Histoire ecclesiastique de la Cour*. p. 818; assim como por Balthasar de Riez, *L'incomparable piete des tres-chretiens rois de France*, II, 1672, p. 151.

[2] *L'incredulité et mescreance du sortilege*, p. 164: "que s'il y avoit dans sa bague de guerison du pied d'élan, ou de la racine de Peonie, pourquoy atribuera-to-on a ce mirade, ce qui peut advenir par un agent naturel".

reais se tornou no século XVII uma matéria corrente para estas dissertações públicas que vinham de tempos em tempos animar a vida um tanto monótona das Universidades alemãs; ao menos os opúsculos de Morhof, de Zentgraff, e sem dúvida também aquele de Trinkhusius, cujo título não conheço, foram nascidos de teses sustentadas perante assembleias acadêmicas em Rostok, Wittemberg, Jena[1]. Então, como se pode notar, foi fora dos dois reinos diretamente interessados pela taumaturgia real que as discussões se desenvolveram. Na França e na Inglaterra os céticos se viram reduzidos à política do silêncio. Não ocorreu o mesmo na Inglaterra do século XVII, quando os reis haviam deixado de fazer suas pretensas curas. Já mencionei a polêmica sobre este tema que envolveu whigs e jacobitas. O debate possuía apenas um interesse político; mas o célebre *Ensaio sobre o milagre*, publicado em 1749 por Hume, conferiu ao tema dignidade filosófica ou teológica. E não porque em suas páginas, tão intensas e plenas, encontre-se qualquer alusão aos pretensos privilégios da mão real; Hume fala como um teórico, e não se interrompe no exame crítico dos fatos. Sua opinião sobre este ponto específico deve ser buscada em sua *História da Inglaterra*; ela é, como seria de se esperar, e como já vimos, resolutamente cética, com esse matiz de desdém que a "superstição" costumava inspirar aos homens do século XVIII. Mas o *Ensaio*, ao dirigir sua atenção a todo um conjunto de problemas, confere aos milagres em geral um tipo de atualidade intelectual, do qual o velho rito monárquico faz parte. Em 1754, um ministro anglicano, John Douglas, publicou sob o título de *Criterion* uma refutação ao *Ensaio*, situando-se resolutamente no terreno histórico. Este pequeno tratado, repleto de observações judiciosas e finas, merece, em que pesem suas conclusões, ocupar um lugar de honra na história dos métodos críticos. Ele não se apresenta como uma defesa de todos os fenômenos qualificados sem distinção de sobrenaturais. Douglas se dedica –como afirma propriamente em seu subtítulo – a refutar "as pretensões" daqueles que querem "comparar os Poderes milagrosos relatados no Novo Testamento com os que se diz subsistirem até quase os últimos tempos; e a mostrar a grande e fundamental diferença entre estes dois tipos de milagres, do ponto de vista do testemunho: de onde que os primeiros devem ser verdadeiros e os segundos falsos". Em suma, trata-se de salvar os milagres evangélicos, repudiando toda vinculação entre eles e outras manifestações mais recentes, às quais a opinião ilustrada da época definitivamente se negou a lhes dar fé: entre aqueles falsos prodígios dos tempos presentes figuram, ao lado de curas que se operaram sobre a tumba do diácono de Paris, "as curas da escrófula pelo toque real". Estes eram, para um homem do século XVIII, os dois exemplos mais familiares de uma ação que o vulgo considerava milagrosa[2].

---

[1] Para as obras de Morhof, Zentgraff, Trinkhusius, v. Bibliografia; sobre Peucer, ver a seguir.

[2] Para o titulo completo do livro do Douglas – de onde se extraiu a citação acima – v. Bibliografia. A obra está dedicada a um cético anônimo, que não é outro senão Adam Smith. A interpretação do milagre real é rejeitada, como em Hume, em termos depreciativos: "This solution might, perhaps, pass current in the Age of *Polydor Virgil*,

Ora, todos estes escritores, dos mais antigos pensadores naturalistas da Itália, Calcagnini ou Pomponazzi, até Zentgraff e Douglas adotam, frente ao poder taumatúrgico dos reis, uma posição comum. Por diferentes razões, todos concordam em lhe negar uma origem sobrenatural; mas não o negam em si mesmo; não contestam que o rei efetivamente realizasse curas. Atitude bastante embaraçosa, porque se viram forçados a procurar a explicação destas curas cuja realidade admitem, nestes "jogos surpreendentes das coisas"[1], como afirma Peucer, explicações de ordem natural, ou supostamente tais, que não encontram sem dificuldades. A que se deve terem adotado esta posição? Não teria sido mais cômodo afirmarem unicamente a inexistência do dom de cura? Seu espírito crítico, ainda insuficientemente desenvolvido, não fora capaz de semelhante audácia. Que grande número de escrofulosos se viam livres de seu mal pelos reis era algo que a voz pública afirmava unanimemente. Para rejeitar como irreal um fato proclamado por uma multidão de testemunhos ou de pretensos testemunhos, teria sido necessária uma audácia que só poderia ser dada, ou justificada, a partir de um conhecimento sério dos resultados obtidos por meio do estudo do testemunho humano. Ora, a psicologia do testemunho é, ainda nos dias de hoje, uma ciência muito jovem. Nos tempos de Pomponazzi, ou mesmo de Douglas, achava-se ainda no limbo. Apesar das aparências, o procedimento intelectual mais simples e possivelmente mais sensato era então aceitar o fato considerado como provado pela experiência comum, sem prejuízo de buscar causas diferentes atribuídas pela imaginação popular. Não podemos nos dar conta, na atualidade, das dificuldades que encontravam certos espíritos, mesmo os relativamente emancipados, ante a impossibilidade de rejeitar deliberadamente como falsas as afirmações universalmente aceitas. Ao menos, quando apresentavam a Wyclif os prodígios realizados por presumíveis santos que comprometiam, a seus olhos, sua participação nas riquezas da Igreja, podia lhes responder atribuindo sua origem aos demônios, capazes, como se sabe, de imitar as graças divinas[2]. Da mesma forma, o jesuíta Delrio insinuou que o diabo poderia ter de alguma forma agido nas curas realizadas pela rainha Isabel, se é que tais curas eram realmente verdadeiras[3]; e os protestantes franceses, segundo testemunha Josué Barbier, preferiam por vezes considerar seu rei como um cúmplice do Maligno, a lhe reconhecer o dom do milagre[4]. Mas este era um recurso do qual os próprios teólogos reformados não desejavam abusar[5] e que escapava de forma irrevogável aos filósofos naturalistas.

---

in that of Mr. Tooker, or in that of Mr. Wtseman, but one who would account for them so, at this Time of Day, would be exposed, and deservedly so, to universal Ridicule" (p. 200). Quanto aos milagres do diácono de Paris, Hume os alude também em seu *Ensaio*; é um dos poucos exemplos concretos que menciona.

[1] "Mirifica eventuum ludibria": cf. a seguir.

[2] De papa, c. 6: *English works of Wyclif...* ed. F.D. Matthew, *Early English Texts*, 1880, p. 469; cf. Bernard Lord Manning, *The people's faith in the time of Wyclif*, p. 82

[3] *Disquisitionum*, p. 64; cf. a seguir.

[4] Cf. acima.

[5] Peucer parece, da mesma forma, rejeitar a hipótese demoníaca.

As primeiras explicações do toque dadas pelos pensadores italianos da Renascença nos parecem hoje muito singulares e, falando claramente, muitas vezes bastante absurdas. Em primeiro lugar temos dificuldade em compreender que eles tenham representado com respeito à explicação do milagre qualquer progresso. É que entre estes homens e nós quase todas as ciências físicas e naturais passaram. Mas devemos ser justos com estes precursores[1]. O progresso, como destaquei anteriormente, consistiu em fazer entrar na disciplina das leis da natureza – mesmos conhecidas de maneira inexata – um fenômeno até então considerado como fora da ordem normal do mundo. Os equívocos destes esforços incertos era aquele dos primeiros passos da infância. Ainda, a própria diversidade das interpretações propostas revela as vacilações de seus autores.

O astrônomo florentino Junctinus, que foi capelão ordinário do duque de Anjou, quarto filho de Catarina de Médicis, procurava, dizia-se, a razão das curas reais em alguma misteriosa influência dos astros[2]; esta imaginação, por bizarra que nos possa parecer, era bem ao gosto da época; porém, parece não ter conhecido senão um sucesso medíocre. Cardano acreditava em uma espécie de impostura: os reis da França, segundo ele, alimentavam-se de aromas providos de uma virtude medicinal que se comunicava com suas pessoas[3]. Calcagnini supõe uma fraude de outra ordem: teriam, segundo conta, surpreendido Francisco I, em Bolonha, umedecendo seu polegar com saliva; seria na saliva dos Capetos que residiria seu o poder curativo, sem dúvida como uma qualidade fisiológica própria de sua linhagem[4]. Vemos aparecer aqui uma ideia que quase

---

[1] Sobre a escola italiana naturalista, informações úteis podem ser encontradas em J. R. Charbonnel, *La pensée italienne au XVIe siècle et le contant libertin*, 1919; cf. também Henri Busson, *Les sources et le developpement du Rationalisme dans la litterature francaise de la Renaissance* (1533-1601), 1922, pp. 29 e ss. e 231 e ss.

[2] A opinião de Junctinus aparece citada por Morhof, *Princeps Medicus* (*Dissertationes Academicae*), p. 147. Deste autor conheço apenas Eranciscus Junctinus, Florentinus, *Speculum Astrologiae*, 2 vol. in-4°, Lyon 1581, onde não encontrei nada sobre o milagre régio.

[3] Passagem de *Contradicentium medicorum libri duo*, citada várias vezes, particularmente por Delrio, *Disquisitionum*, ed. de 1624, p. 27 (falta indicação da edição de 1606); por du Peyrat, *Histoire ecclesiastique de la Cour*, p. 797; por Gaspard a Reies, *Elysius jucundarum*, p. 275; obra que, porém, não fui capaz de encontrar. Segundo Delrio, *loc. cit.*, Cardano havia sido "dignum scutica Ioann. Brodaei, lib. 8 miscellan. c. 10". A única edição do *Miscellaneorum* de Jean Brodeau que possui a Bibliothèque Nationale, Basileia 1555, não possui mais que seis livros.

[4] Caelio Calcagnini, *Opere*, Basileia, fol., 1544, *Epistolicarum quaestionum*, lib I, p. 7: carta a seu sobrinho, Thomas Calcagnini: "Quod Bononiae videris Franciscum Galliarum regem saliua tantum pollice in decussem allita strumis mederi, id quod gentilium et peculiare Gallorum regibus praedicant: non est quod mireris, aut ulla te rapiat superstitio. Nam et saliuae humanae, ieiunae praesertim, ad multas maximasque aegritudines remedium inest". Calcagnini (1479-1541) não pertence ao mesmo grupo que Pomponazzi, por exemplo, ou que Cardano, nem tampouco à mesma geração. Mas era certamente um livre pensador: tomou partido pelo sistema do Copérnico; Erasmo falou dele de maneira elogiosa. Veja-se sobre ele em Tiraboschi, *Storia della letteratura*

naturalmente deveria vir ao espírito dos homens daquele tempo: aquela de um poder de cura que se transmitia pelo sangue; havia então na Europa tantos charlatães que se diziam capazes de curar tais ou quais males por vocação familiar! Como já tivemos ocasião de assinalar anteriormente, o cônego italiano Felino Sandei – morto em 1503 – se recusou, para grande escândalo de um dos mais antigos apologistas dos Valois, Jaime Bonaud de Sauset, a reconhecer o privilégio taumatúrgico dos monarcas franceses como milagroso, atribuindo-lhe como origem "a força da parentela"[1]. O mais ilustre representante da escola filosófica paduana, Pedro Pomponazzi, valeu-se da mesma hipótese, depurando-a definitivamente de todo apelo ao maravilhoso: "Da mesma forma", dizia ele, "que determinada erva, ou tal pedra ou tal animal... pode possuir a virtude de curar certa enfermidade... da mesma maneira alguns homens podem, por um atributo pessoal, possuir uma virtude deste tipo"; no caso dos reis da França, este atributo era, em sua maneira de ver, o privilégio não de um indivíduo isolado, mas sim de toda uma linhagem; e compara com bastante irreverência estes grandes príncipes com os "parentes de São Paulo", curandeiros italianos que, como se sabe, faziam-se passar por médicos de mordidas venenosas; ele não põe em dúvida a capacidade nem de uns nem de outros; tais predisposições hereditárias são, em seu sistema, absolutamente naturais, tais como as propriedades farmacêuticas de espécies minerais ou vegetais[2]. De modo semelhante, ao menos em linhas gerais, Jules-César Vanini[3]. Mas neste último

---

italiana, VII, 3, Modena 1792, pp. 870 e ss. Era uma antiga noção popular o poder curativo da saliva: cf. C. de Mensignac, *Recberches ethnographiques sur la salive et le crachat (Extrait des bulletins de la Soc. anthropologique de Bordeaux et du Sud-Ouest*, ano 1890, t. VI), Bordeaux 1892; e Marignan, *Etudes sur la civilisation francaise, II, Le culte des saints sous les Merovingiens*, p. 190. Na Inglaterra, os sétimos filhos, antes de realizarem toques, umedeciam os dedos com saliva: *Folk-lore*, 1895, p. 205. Sobre a ideia da impostura real, cf. hipótese de Delrio sobre "emplastros" secretos dos reis da Inglaterra; v. acima.

[1] Texto de Sandei citado anteriormente. Jacques Bonaud de Sauset, obra e passagem indicadas na Bibliografia. O milagre real francês era considerado efeito de "virtude hereditária" pelo italiano Leonardo Vairo, que não era racionalista: L. Vairus, *De fascino libri tres*, 1583, lib. I, c. XI, p. 48.

[2] Petri Pomponatii, *Mantuani,... de naturalium effectuum causis*, ed. Basileia [1567], cap. IV, p. 43: "Secundo modo hoc contingere posset, quoniam quemadraodum dictum est in suppositionibus, sicuti contingit aliquam esse harbam, vel lapidem, vel animal, aut aliud, quod proprietatem sanandi aliquam aegritutinem habeat... ita contingit aliquem hominem ex proprietate individuali hebere talem virtutem" e, na p. 48, enumera exemplos: "Reges Gallorum nonne dicuntur strumas curasse". Sobre Pomponazzi e sua atitude em relação ao sobrenatural, v. uma página penetrante de L. Blanchet, *Campanella*, 1922, pp. 208-209. É curioso constatar que Campanella, querendo aparentar defender os milagres contra as proposições de Pomponazzi – os quais ele mesmo não parecia, no fundo, acreditar – elogiou, dentre outros exemplos, o milagre real: *De sensu rerum*, IV, c. 4, in-4°, Frankfurt 1620, pp. 270-271; cf. Blanchet, p. 218.

[3] Julii Caesaris Vanini... *De admirandis Naturae Reginae Deaeque Mortalium Arcanis*, Paris 1616, pp. 433 e 441; a passagem é porém bastante obscura, sem dúvida por prudência, e está entremeada de elogios aos reis da França.

já aparece – mesclada à teoria de hereditariedade que lhe é comum a Pomponazzi – uma explicação de gênero diferente, que reencontraremos em seguida com Beckett e Douglas[1]. Segundo estes autores, as curas seriam efeito da "imaginação"; eles não queriam dizer com isso que fossem imaginárias, ou seja, irreais; pensavam que os doentes, impressionados pela solenidade da cerimônia, pela pompa real e sobretudo pela esperança de recuperar a saúde, encontravam-se sob um choque nervoso capaz de, por si só, levá-los à cura. O toque era assim, em suma, uma espécie de psicoterapia, e os reis atuariam como Charcot, sem o saber[2].

Ninguém atualmente acredita na influência fisiológica dos astros, no poder medicinal da saliva, na força comunicativa de um alimento aromatizado, nas virtudes curativas inatas transmitidas pela ascendência familiar. Mas a explicação psicoterapêutica do milagre real parece ter ainda alguns adeptos; não, claro, com as formas simplistas de outros tempos – quem diria hoje, como Beckett, que o sangue, colocado em movimento pela imaginação, forçaria os canais obstruídos das glândulas? –, mas sob vestes tomadas de doutrinas neurológicas mais sutis e mais ilusórias. Por isso é importante discuti-la um pouco mais.

---

[1] Douglas inclui também o caso da coincidência: "in those Instances when Benefit was received, the Concurrence of the Cure with the Touch might have been quite accidental, while adequate Causes operated and brought about the Effect" (p. 202). Entre autores contemporâneos, Ebstein, *Heilkraft der Könige*, p. 1106, pensava que o toque fosse, na realidade, um tipo de massagem, eficaz enquanto tal; não vi necessidade de discutir esta teoria.

[2] Peucer se inclina a considerar a crença no dom taumatúrgico como uma superstição, mas não se pronuncia a respeito das diferentes hipóteses apresentadas em sua época para explicar as curas: *De incantationibus* em *Commentarius de praecipuis divinatianum generibus*, ed. de 1591, pq. in-8°, Zerbst, p. 192: "Regibus Francicis aiunt familiare esse, strumis mederi aut sputi illitione, aut, absque hac, solo contactu, cum pronunciatione paucorum et solennium verborum; quam medicationem ut fieri, sine Diabolicis incantationibus manifestis, facile assentior: sic, vel ingenita vi aliqua, constare, quae a maioribus propagetur cum seminum natura, ut morbi propagantur, et similitudines corporum ac morum, vel singulari munere divino, quod consecratione regno ceu dedicatis [sic] contingat in certo communicatum loco, et abesse superstitionis omnis inanem persuasionem, quaeque hanc sanciunt mirifica eventuum ludibria, non facile crediderim: etsi de re non satis explorata, nihil temere affirmo". Quanto às dissertações de Morhof e Zentgraff, têm valor apenas como compilações. Como tais são muito precisas: mas quanto a pensamento, não possuem originalidade. A atitude de Morhof é muito difícil de precisar; parece considerar o poder taumatúrgico dos reis como uma graça sobrenatural dada por Deus (p. 155), mas a conclusão é de um tom ligeiramente cético (p. 157). Zentgraff tem como objetivo simplesmente demonstrar que é possível uma explicação de ordem natural; entre as que apresenta, não se vê obrigado a escolher; parece inclinar-se pela ideia de uma espécie de impostura (os reis teriam mas mãos um bálsamo especial), mas sem insistência; e conclui com prudência: "Ita constat Pharaonis Magorum serpentes, quos Moses miraculose produxit, per causas naturales productos esse, etsi de modo productionis nondum sit res plane expedita" (p. B[2], v°).

É sem dúvida conveniente considerar separadamente aos anéis medicinais. Quando aplicada a esta manifestação do dom taumatúrgico, a hipótese de Vanini e Douglas não está desprovida de certa probabilidade. Pode-se considerar como adequada para explicar, se não todos os casos, ao menos certo número deles. Recordemos, de fato, quais afecções os aros de ouro ou de prata consagrados no dia da Sexta-feira Santa eram considerados aptos a curar: a epilepsia, a "cãibra", isto é, todo tipo de espasmos ou dores musculares. Certamente nem a epilepsia nem, no grupo bastante mal determinado de "dores", o reumatismo ou a gota, por exemplo, são passíveis de um tratamento psiquiátrico. Mas, como perder de vista o que era antigamente a medicina, mesmo a douta? Como esquecer o que foi em todas as épocas a medicina popular? Nem de uma nem de outra se podia esperar muita precisão nas definições clínicas, ou diagnósticos seguros. Nos tempos em que os reis da Inglaterra benziam as *cramp-rings*, confundiam-se com facilidade sob o nome de epilepsia, ou sob qualquer um de seus sinônimos, mal comicial, mal de São João, etc., bem como muitas outras alterações propriamente epilépticas, desordens nervosas, tais como crises convulsivas, tremores, contraturas, que tinham origem puramente emotiva, ou que a neurologia moderna incluiria dentro desse grupo de fenômenos surgidos da sugestão ou da auto-sugestão que ela designa com o nome de "pitiáticos": todos acidentes que um choque psíquico ou a influência sugestiva de um talismã poderiam perfeitamente fazer desaparecer[1]. Do mesmo modo, entre as dores há as de natureza neuropática sobre as quais a "imaginação", no sentido em que os antigos utilizavam esta palavra, bem poderiam atuar. Entre os portadores de anéis, alguns, segundo o que parece, deveram seu alívio, ou ao menos apenas a atenuação de seus males, muito simplesmente à forte fé que haviam depositado no amuleto real. Mas voltemos à forma mais antiga, mais espetacular, e melhor conhecida de milagre: o toque das escrófulas.

Os partidários do caráter sobrenatural da realeza no século XVII muitas vezes protestaram contra a ideia de que as curas, que eles atribuíam à mão sagrada dos reis, pudessem ser efeito da imaginação. O argumento usual era de que frequentemente eram vistos curando crianças muito pequenas, incapazes de sofrer qualquer sugestão, pois careciam de compreensão: observação que tem seu valor; pois, por que negar as curas de crianças de tenra idade, quando se admite a dos adultos, que não são, de outra maneira, comprovadas?[2] Mas o

---

[1] Sobre os transtornos de origem emotiva ou pitiáticos, v. especialmente J. Babinski, *Démembrement de l'hyslérie traditionelle, Pithiatisme; Semaine médicale*, XXIX, 1909, pp. 3 e ss. É uma confusão clínica do mesmo tipo que, segundo Gaidoz, explica um certo número das curas aparentes da raiva, observadas entre os peregrinos de São Huberto. "Lcs convulsions et les fureurs de la rage ressemblent à celles de diverses maladies nerveuses et mentales." *La rage et Saint Hubert*, p. 103.

[2] Por exemplo, Wiseman, *Severall Chirurgical Treatises*, I, p. 396; Heylin em sua réplica a Fuller que será vista adiante; Le Brun, *Histoire critique des pratiqucs superstitieuses*, II, p. 121. É curioso constatar que em 1853, monsenhor Gousset, arcebispo de Reims, crente tardio no milagre real, pensava que "em nossos dias, as crianças são mais

principal motivo que deve nos impedir de aceitar a interpretação psíquica do milagre real é de outra ordem. Há cerca de cinquenta anos tal interpretação teria encontrado entre neurologistas e psiquiatras poucos opositores: pois, seguindo-se a Charcot e sua escola, haveria uma tendência em considerar certas desordens nervosas, qualificadas de "histéricas", o poder de produzir feridas ou edemas; desnecessário dizer que as lesões que teriam esta origem eram também consideradas, inversamente, capazes de ceder ante a influência de outro distúrbio de igual natureza. Que seria mais simples, aceitando-se esta teoria, que considerar que ao menos certa quantidade de tumores ou feridas supostamente escrofulosas apresentadas ao toque real teriam um caráter "histérico"? Mas estas concepções estão hoje quase unanimemente rejeitadas. Certos estudos melhor realizados demonstraram que os fenômenos orgânicos atribuídos então à ação da histeria devem, em todos os casos suscetíveis de observações precisas, ser explicados pela simulação, ou pela presença de afecções que nada têm de nervosas[1]. Resta-nos perguntar se a sugestão pode produzir a cura da escrófula propriamente dita, ou seja, da adenite tuberculosa, ou das adenites em geral. Desconfiando, obviamente, de minha própria incompetência na matéria, acreditei meu dever expor esta pergunta a vários médicos ou fisiologistas; suas respostas variaram na forma, segundo seus temperamentos individuais; mas no fundo foram semelhantes e podem ser precisamente resumidas por esta frase de um deles: sustentar tal tese seria como defender uma "heresia fisiológica".

§ 2. Como se acreditou no milagre real

Em suma, os pensadores do Renascimento e seus sucessores imediatos jamais conseguiram dar ao milagre real uma explicação satisfatória. Seu erro foi o de colocar mal o problema. Possuíam da história das sociedades humanas um conhecimento muito insuficiente para poder medir a força das ilusões coletivas; mas hoje apreciamos melhor seu impressionante poder. Esta é, mais uma vez, a velha história que Fontenelle relatou com tanta graça. Um dente de ouro apareceu, contava-se, na boca de um menino da Silésia; os sábios produziram mil razões para explicar este prodígio; pensou-se então em examinar a mandíbula maravilhosa; descobriu-se uma folha de ouro habilmente aplicada sobre um dente absolutamente comum. Devemos nos cuidar em não imitar estes doutores descuidados: antes de investigar como os reis curavam, não deixemos de nos perguntar se realmente curavam. Se lançarmos um olhar sobre o relatório clínico das dinastias milagrosas, não tardará esclarecermos este ponto. Os "príncipes médicos" não eram impostores; mas assim como o menino silesiano não tinha um dente de ouro, eles jamais devolveram a saúde a ninguém. O

---

facilmente curadas", porque não é possível curar-se sem ter fé (relatado pelo barão de Damas, *Mémoires*, II, p. 306).

[1] Cf. em especial Dejerine, Semeiologie du systeme neruex, 1904, pp. 1110 e ss.; J. Babinski, Démembrement de l'Hysterie traditionnelle, Semaine medicale, 1909; J. Babinski e J. Froment, Hysterie, Pilhiatisme et troubles nerveux d'ordre reflexe en Neurologie de guerre, 2ª ed., 1918, p. 73 e ss.

verdadeiro problema está, então, em compreender como, posto que não curavam, pôde-se acreditar em seu poder taumatúrgico. Esclarecer este ponto nos permitirá, ainda, iluminar a informação clínica[1].

Em primeiro lugar, salta à vista que a eficácia da mão real tenha passado por eclipses. Sabemos por meio de numerosos exemplos que muitos dos doentes se faziam tocar várias vezes: prova evidente de que a primeira tentativa não havia bastado. Sob os últimos Stuart, um eclesiástico se apresentou assim duas vezes diante de Carlos II, três perante Jaime II[2]. Browne não hesita em reconhecer o fato: algumas pessoas "não são curadas até um segundo toque, posto que não obtiveram da primeira vez este benefício"[3]. Forjou-se uma superstição na Inglaterra segundo a qual o contato real não produzia efeito se não se repetisse; mas ela só pôde nascer porque o primeiro toque não teria produzido efeito[4]. Da mesma forma em Beauce, no século XIX, os clientes do "marcou" de Vovette, quando não encontravam alívio a primeira vez, multiplicavam suas visitas ao rústico médico[5]. Nem os reis nem os sétimos filhos eram comumente bem sucedidos.

Mas há mais. Que seus reis nunca curaram a ninguém é o que, na verdade, nos bons tempos da fé monárquica, seus crentes da França ou da Inglaterra não teriam admitido jamais, sob nenhuma condição; mas a maioria deles não tinha dificuldade em confessar que os reis não curavam todo mundo, nem sequer tocando alguém várias vezes. Douglas afirma, com precisão: "Ninguém pretendeu jamais que o toque real fosse benéfico em todos os casos em que era usado"[6]. Já em 1593, o jesuíta Delrio recorria a argumentos obtidos das confissões de Tooker para atacar o milagre inglês[7]: o que ele desejava era prejudicar as pretensões de uma princesa herética. Para alcançar de maneira tão despreocupada uma conclusão tão grave, deve-se ter os olhos abertos pela paixão religiosa. Usualmente, como demonstra o exemplo do próprio Tooker, e também o de Browne, era-se mais condescendente. Escutemos a resposta de Josué Barbier às dúvidas de seus antigos correligionários protestantes: "Vós

---

[1] Esta facilidade de aceitar como real uma ação milagrosa, mesmo que esteja desmentida de forma persistente pela experiência, encontra-se em todos os "primitivos" e se pode inclusive considerar uma das características fundamentais da mentalidade dita "primitiva". Veja-se, entre outros, um exemplo curioso em L. Lévy-Bruhl, *La meatalité primitive*, 1922, P. 343 (Ilhas Fiji).

[2] Crawfurd, p. 109.

[3] *Adenochoiradelogia*, p. 106: "Others again having been healed upon His second Touch, which could not receive the same benefit the first time". Como vimos, na Inglaterra, após Carlos I, exigia-se dos doentes um certificado provando que os doentes não haviam sido tocados anteriormente.

[4] V. Browne, p. 91, quem, como se sabe, combatia essa crença.

[5] Gazette des hopitaux, 1854, p. 498.

[6] Criterion, pp. 201-202: "it never was pretended that the Royal Touch was beneficial in every Instance when tried". Cf. barão de Damas, *Mémoires*, t. II, notas à p. 305, notícia sobre o toque: "Nem todos são curados".

[7] *Disquisitiontim*, p. 61 (cf. acima); segundo Tooker, *Charisma*, p. 106. Cf. Browne, *Adenochoiradelogia*, p. 111.

dizeis, ainda, para obscurecer esta virtude milagrosa, que há muito poucos escrofulosos tocados que são curados... Mas embora aceite que o número daqueles que são curados é menor que o dos que continuaram doentes, não se conclui disso que a cura daqueles que o são não seja milagrosa e admirável, tal como a cura daquele que primeiro entrou no tanque purificador de Betesda, após o movimento da água pelo ministério do Anjo que descia uma vez ao ano para este efeito. E ainda que os apóstolos não tenham curado todos os doentes, não deixaram de operar milagres entre aqueles que eram curados". Seguem-se outros exemplos extraídos dos Livros Santos: "Naamã o Sírio", o único "limpo" por Eliseu embora houvesse, segundo palavras do próprio Jesus, "vários leprosos em Israel"; Lázaro, o único entre todos os mortos ressuscitado por Cristo; a hemorragia curada apenas pelo toque às franjas do manto do Salvador, enquanto que "tantos outros o tocaram sem receber disso nenhum fruto"![1] Da mesma forma, na Inglaterra, um teólogo de elevada ciência e perfeita adesão à monarquia, Georges Bull, escreveu: "Diz-se que algumas pessoas, após serem tocadas por este remédio soberano, tiveram que retornar sem que qualquer cura tivesse sido operada neles... Deus não outorgou este poder a nossa dinastia real de maneira tão absoluta a ponto de não reter as rédeas em suas próprias mãos, deixando-as as soltas ou apertando-as segundo seu bel prazer". Além de tudo, os próprios apóstolos receberam de Cristo o dom de curar as enfermidades "de tal maneira que o colocou sempre à sua disposição, mas apenas para que eles o dispensassem, caso o Doador julgasse bom"[2]. Fazemos na atualidade do milagre uma ideia bastante intransigente. Parece que, do momento em que um indivíduo desfruta de um poder sobrenatural, ele seria capaz de exercê-lo em todos os momentos. Nas eras da fé, para quem as manifestações desta ordem faziam parte do quadro familiar da existência, pensava-se sobre esta questão com mais simplicidade; não reclamavam dos taumaturgos, mortos ou vivos, santos ou reis, uma eficácia sempre constante.

Além disso, o doente a quem o milagre real tinha falhado fosse ele tão mal educado a ponto de se queixar, os defensores da realeza lhe teriam respondido sem nenhuma dificuldade. Teriam replicado, por exemplo, como o fizeram

---

[1] *Les miraculeux effects*, pp. 70 a 73. Citações bíblicas: Naamã o Sírio, Lucas IV, 27; tanque de Betesda, João V, 4.

[2] *Some important points of primitive christianity maintained and defended in several sermons...* Oxford 1816, p. 136: "And yet they say some of those diseased persons return from that sovereign remedy re infecta, without any cure done upon them... God hath not given this gift of healing so absolutely to our royal line, but he still keeps the reins of it in his own hand, to let them loose, or restrain them, as he pleaseth". E na p. 134, após São Paulo e os apóstolos que receberam o dom de curar, "as not to be at their own absolute disposal, but to be dispensed by them, as the Giver should think fit". V. também o que diz Regnault, *Dissertation historique*, 1722, p. 3: "je scay bien que tous les Malades ne sont pas guéris: aussi avouons nous, que nos Rois n'ont pas plus de pouvoir que les Prophétcs et les Apótres, qui ne guerissoient pas tous les Malades qui imploraient leur secours".

Browne na Inglaterra[1] e o cônego Regnault na França, que faltara fé, essa fé que, como escreveu Regnault,"sempre foi uma disposição às curas milagrosas"[2]. Ou se poderia concluir que havia sido um erro de diagnóstico. Sob Carlos VIII, um pobre diabo chamado Jean L'Escart se fez tocar pelo soberano em Toulouse; ele não se curou. Mais tarde, São Francisco da Paula o libertou de seu mal, aconselhando-o a práticas piedosas e um caldo de ervas. No processo de canonização do santo, o depoimento de Jean foi tomado; e parece que ele mesmo admitiu que, se tinha sido em vão que recorrera a seu príncipe, isso foi porque não padecia da enfermidade que seria necessária[3]. Afinal, o mal real era o único que o rei podia curar.

Assim, a "mão sagrada" dos "príncipes médicos" nem sempre era efetiva. É uma pena que não possamos estabelecer a relação numérica entre fracassos e sucessos. Os certificados expedidos após a sagração de Luís XVI foram produzidos completamente ao acaso, sem nenhum plano de conjunto. Após aquele de Carlos X foi tentado um esforço um pouco melhor coordenado. As irmãs do Hospice Saint-Marcoul, bem intencionadas, mas possivelmente imprudentes, pensaram em acompanhar os doentes e reunir algumas informações sobre seus destinos. Foram cerca de 120 a 130 pessoas tocadas. No total, registraram-se oito casos de cura, mas três deles foram conhecidos apenas por testemunhos bem pouco seguros. A cifra é tão baixa que é difícil acreditar que responda à proporção habitual. O erro das religiosas foi sobretudo, sem dúvida, o da sua pressa. Os cinco primeiros casos, os únicos seguros, foram constatados em três meses e meio após realizada a cerimônia; após este prazo, parece que não se deu continuidade à pesquisa. Teria sido necessário perseverar. Continuando-se a observar os sujeitos do milagre de 31 de maio de 1825, seria possível, segundo toda probabilidade, registrar entre eles mais curas [4]. A paciência neste ponto era a regra mais sábia dos tempos verdadeiramente crentes.

---

[1] *Adenochoiradelogia*, p. 111: "Thus every unbelieving Man may rest satisfied, that without he brings Faith enough with him, and in him, that His Majesty hath Virtue enough in His Touch to Heal him, his expectation will not be answered".

[2] *Dissertation*, p. 4. Cf. o que afirma o Monsenhor Gousset, arcebispo de Reims, segundo o barão de Damas, *Mémoires*, II, p. 306: "Ces guérisons doivent étre considérées cómme des gráces privilégiées... qui dépendent en méme temps et de la foi du roi qui touche et de la foi du malade qui est touché". É a mesma explicação que os fiéis de São Huberto de Ardenne davam, e que dão sem dúvida ainda hoje, para explicar por que certos doentes, apesar de sua peregrinação à tumba do santo, sucumbiram à raiva. Gaidoz, *La rage et Saint Hubert*, p. 88.

[3] *AA. SS. aprilis*, I, p. 155, nr. 36.

[4] Cinco casos de cura foram constatados por uma ata, datada de 8 de outubro de 1825, estabelecidos de uma dupla forma: primeiramente, o testemunho das religiosas do Hospice de Saint-Marcoul, a seguir, o atestado de um médico, o doutor Noël: *Ami de la Religion*. 9 de novembro de 1825; reproduzido por Cerf, *Du toucher des écrouelles*, p. 146. Em 1867, uma religiosa – que tinha entrado no hospital em 1826 –testemunha outros três casos dos quais teve conhecimento: Marquigny, *L'attoucbement du roi de France guerissait-il des ecrouelles?* p. 389, n. 1. As cinco curas que se observaram em

Não imaginemos, de fato, que alguma vez se tenha exigido um sucesso imediato. Ninguém esperava ver feridas cicatrizando ou tumores desaparecendo sob o contato maravilhoso. Os hagiógrafos atribuíram triunfos súbitos como esse apenas a Eduardo o Confessor. Mais próximo a nós, afirmava-se que Carlos I possuía característica semelhante; uma jovem cujo olho esquerdo, afetado pela escrófula, havia deixado de ver, e que se fez tocar pelo monarca, no mesmo momento recuperou o uso, ainda que bastante imperfeito, deste órgão[1]. Na vida cotidiana não se exigia tal prontidão. Se a cura ocorresse em algum momento – e mesmo após um período bastante longo – após concluído o rito, considerava-se satisfatório. É por isso que o historiador inglês Fuller, que era apenas um partidário muito pouco entusiasmado da realeza taumatúrgica, via no poder de cura dos soberanos apenas um milagre "parcial": "pois um milagre completo opera instantânea e perfeitamente, enquanto que esta cura usualmente não ocorre senão de forma gradual e pouco a pouco"[2]. Mas Fuller era, no mínimo, um semi-cético. Os verdadeiros fiéis se mostravam menos exigentes. Os peregrinos de Corbeny não deixavam nunca de render suas graças a São Marcoul, mesmo quando curados algum tempo depois de sua "viagem". Os escrofulosos tocados pelo príncipe se consideravam como objeto de um milagre, caso fossem curados, não importa quando a cura viesse. Sob Luís XV,

---

1825 se referem todas a crianças. Ora, adultos também foram tocados. Não puderam as irmãs acompanhá-los? Este seria um motivo adicional para não se considerar a estatística como representante da proporção usual. Em 1853, o barão de Damas, que conhecia apenas cinco casos, escreveu: "A madre superiora do hospital acredita que o número seja bem maior, mas não foi possível constatar". Não sei de onde L. Aubineau, *Notice sur M. Desgenettts*, p. 15, tirou a informação de que "os onze primeiros doentes tocados pelo rei foram curados".

[1] Para Eduardo o Confessor, textos já citados; para Carlos I, fragmentos do diário de Oudert, citado por Edward Walford, *Old and new London*, III, Londres, s.d., p. 352.

[2] Em sua *Church History of Britain*, de 1655, Fuller se expressou com algum desprezo em relação ao milagre – eram tempos de Cromwell –: "Others ascribe it to the power of fancy and an exalted imagination" (fol. 145). Sobre este ponto, como em outros, foi violentamente atacado por Peter Heylin, *Examen historicum or a discovery and examination of the mistakes... in some modern histories*, peq. In-8°, Londres, 1659. Fuller, em uma réplica titulada *The appeal of injured Innocence*, in-4°, Londres, 1659, respondeu nos seguintes termos: "though I conceive fancy may much conduce in *Adultis*, thereunto, yet I believe it *partly Miraculous...* I say *partly*, because a complete Miracle is done *presently* and *perfectly*, whereas this *cure* is generally advanced by Degree and some Dayes interposed". Já em 1610, Th. Morton – anglicano e monarquista, mas de uma tendência que hoje qualificaríamos de *Low Church* – em sua obra *A catholike appeale for protestants*, in-4°, Londres, p. 418, negava-se a considerar as curas reais como propriamente milagrosas: 1°, porque não instantâneas; 2°, porque o toque era usualmente seguido por um tratamento médico. Segundo o barão de Damas (*Mémoires*, II, p. 306), monsenhor Gousset, arcebispo de Reims, tampouco considerava que as curas constituíam, no sentido estrito, um milagre; mas por uma razão diferente: porque não haveria na cura das escrófulas, nada que "contrariasse as leis gerais que governavam o mundo". O barão de Damas, informado pelo arcebispo, sabia muito bem que "as curas não são instantâneas" (*ibid.*, mesma p.).

D'Argenson acreditava fazer lisonja à corte assinalando a quem de direito um resultado obtido ao final de três meses. O médico da Isabel, William Clowes, relatou com admiração a história de um doente que se viu livre de seus males cinco meses após ter sido tocado pela rainha.[1] Vimos acima a emocionante carta que escreveu, com a alegria de seu coração paternal, um senhor inglês, Lorde Poulett, cuja filha fora tocada e, segundo acreditava, curada por Carlos I: "Sua saúde", diz aludindo a sua pequena milagrosa, "melhora dia a dia". Ou seja, esta saúde tão cara não estava, naquele momento, totalmente recuperada. Pode-se supor, caso se deseje, que a menina acabou por curar-se completamente. Mas, mesmo na melhor das hipóteses, neste caso como em tantos outros, a influência do augusto toque não se fez sentir, como destaca Fuller, senão "gradualmente e pouco a pouco". Esta ação sobrenatural normalmente, quando ocorria, tinha um efeito retardado.

Por outro lado, sem dúvida, havia casos em que o efeito produzido era apenas parcial. Parece claro que se aceitava sem discussões um semi-sucesso, quando na verdade tinha sido apenas um sucesso aparente. Em 25 de março de 1669, dois médicos de Auray, na Bretanha, expediram sem pestanejar um certificado de cura a um homem que, afligido por várias úlceras escrofulosas, tendo sido tocado pelo rei, posteriormente, como por precaução, foi em peregrinação a São Marcoul em Corbeny: pouco tempo depois, todas as suas úlceras desapareceram – exceto uma[2]. A ciência moderna diria diante de casos semelhantes: cederam algumas manifestações do mal, mas não o mal em si; ele continua ali, pronto para se manifestar em outros pontos. Pois havia as recaídas, em relação às quais parecia haver pouca surpresa ou escândalo. Em 1654, uma mulher chamada Jeanne Bugain foi tocada por Luís XIV, no dia seguinte ao de sua sagração; ela "recebeu alívio"; pois a enfermidade reapareceu e só sucumbiu definitivamente após uma peregrinação a Corbeny. Um certificado expedido ao padre da vila testemunha estes fatos[3]. O padre da campanha que o redigiu não imaginava por certo que pudessem extrair-se disso conclusões desrespeitosas em relação ao monarca. Uma fé sólida não se contraria tão facilmente. Já mencionei acima que um tal de Cristophe Lovel, de Wells, em Somerset, que tendo ido procurar o Pretendente Stuart em Avignon, em 1716, acabou, segundo disse, curado; este famoso triunfo despertou grande entusiasmo nos ambientes jacobitas e foi a principal causa das desventuras do historiador Carte; ora, parece bem atestado que o pobre Lovel voltou a ficar doente partindo, repleto de fé, para uma segunda viagem que deveria conduzi-lo até seu príncipe, mas acabou morrendo no trajeto[4]. Enfim, é conveniente tomar

---

[1] Texto citado em Crawfurd, *King's Evil*, p. 77.
[2] Arquivos de Reims, fundos de Saint-Remi, pacote 223, inform. nr. 7.
[3] Arquivos de Reims, fundos de Saint-Remi, pacote 223, nr. 11 (29 de abril de 1658).
[4] Crawford, p. 157. O que sabemos sobre o final de Lovel provêm unicamente de uma carta dirigida ao *General Evening Post* de 13 de janeiro de 1747 por um correspondente de Bristol que assina *Amiacus Veritatis* (ed. *Gentleman's Magazine Library*, III, p. 167); testemunho pouco seguro em si mesmo; mas o que parece demonstrar sua veracidade é

em conta as recidivas de uma forma diferente, que a medicina de então era praticamente incapaz de detectar. Hoje sabemos que o mal ao qual nossos pais davam o nome de *écrouelles* era quase sempre uma adenite tuberculosa, isto é, uma das localizações possíveis de uma afecção de natureza bacilar, que é suscetível de afetar diferentes órgãos; podia ocorrer que, uma vez que a adenite cedesse, a tuberculose resistisse e adotasse outra forma, frequentemente mais grave. Em 27 de janeiro de 1657, como se lê no *Compêndio dos Anais da Companhia do Jesus em Portugal* publicado em 1726 pelo padre Antonio Franco, morrera em Coimbra o "professor de teologia Michel Martin. Enviado a França para obter a cura de suas escrófulas pelo toque do Rei Muito Cristão, retornou curado a Portugal, mas sucumbiu de outro mal, vítima de uma lenta consumição"[1].

Em suma, apenas uma parte dos doentes recuperava a saúde – alguns de maneira incompleta ou momentânea – e a maioria das curas ocorria somente após transcorrido um tempo apreciável do rito. Recordemos que este era o mal sobre o qual o poder milagroso dos reis da França e Inglaterra supostamente agia. Os médicos, na época em que os reis exerciam este maravilhoso talento, não tinham ao seu dispor nem terminologia rigorosa, nem métodos seguros de diagnóstico. Como transparece claramente da leitura dos antigos tratados, como o de Richard Wiseman, compreendia-se sob o nome de escrófulas a um grande número de lesões diversas, entre as quais havia as benignas; e dentre estas, após um prazo que podia ser bastante curto, desapareciam naturalmente por si mesmas[2]. Mas deixemos estas falsas escrófulas e nos centramos nas verdadeiras, de origem tuberculosa, que constituíam então a grande maioria dos casos apresentados ao toque real. A escrófula não é uma enfermidade que se cure facilmente; pode retornar após longo tempo, às vezes quase indefinidamente; mas é, dentre todas, uma enfermidade capaz de produzir

---

que não se sabe que tenha sido desmentida por *tories*. Sobre a questão de Carte, v. discussão acima.

[1] Antonius Franco, *Synopsis Annalium Societatis Jesu in Lusitania*, Augsburg, in-4°, 1726, p. 319: "... Michael Martinus, scholasticus, a longo morbo probatus est. Ad sanandas strumas in Galliam misus, ut a Rege Christianissimo manu contigeretur, salvus in Lusitaniam rediit, sed alio malo lentae tabis consumptus".

[2] Crawfurd, pp. 122-123; cf. sobre estas confusões Ebstein, *Die Heilkraft*, p. 1104, n. 2. Abscesso dentário que se tomou por um caso de "king's evil" e por conta disso levado aos cuidados da sétima filha de uma sétima filha, que naturalmente fracassou: A. G. Fulcher, em *The Folk-Lore*, VII (1896), pp, 295-296. Cabe observar que o mal real passava, pelo menos entre o povo, por algo difícil de reconhecer: isto é provado pelo curioso procedimento de diagnóstico indicado por uma pequena recopilação de receitas médicas do século XVII, publicada pelo *The Folk-Lore*, XXIII (1912), p. 494. Convém assinalar ainda que em certas ocasiões um outro tratamento poderia ser adicionado ao toque. Tal foi o caso, ao menos, das cinco crianças "curadas" por Carlos X; o certificado do doutor Noël, de 8 de outubro de 1825, diz assim: " Je certifie... qu'il n'a été employé pour leur guérison que le traitement habituellemem en usage" (Cerf, *Du toucher des écrouelles*, p. 246). Em tais condições, a quem atribuir a cura? Ao rei? Ou ao "traitement habituel" ? Cf. também as observações de Morton.

facilmente a ilusão de cura; pois suas manifestações, tumores, fístulas, supurações, comumente desaparecem de maneira espontânea, podendo reaparecer mais tarde no mesmo lugar ou em outros. Uma remissão transitória deste tipo, ou mesmo (porque, claro está, não é impossível, ainda que seja rara) uma cura verdadeira ocorrida algum tempo após o toque, bastaram para justificar a crença no poder taumatúrgico dos reis. Os súditos fiéis dos reis da França e da Inglaterra, como vimos, não exigiam nada além disso. Sem dúvida, ninguém teria pensado em proclamar o milagre se, de antemão, não se estivesse habituado a esperar dos reis precisamente um milagre. Em relação a esta expectativa – faz-se necessário lembrar? – inclinavam-se os espíritos. A ideia da realeza santa, legado de eras primitivas, sublinhada pelo rito da unção e pelo fortalecimento da lenda monárquica habilmente explorada por alguns políticos astutos, hábeis em utilizá-la especialmente porque muitos compartilhavam das mesmas concepções comuns, terminou dominando a consciência popular. Ora, não haveria Santos sem façanhas milagrosas, nem haveria pessoas ou coisas sagradas sem poder sobrenatural; de resto, no mundo maravilhoso onde pensavam viver nossos ancestrais, que fenômeno não se podia explicar por causas que ultrapassavam a ordem normal do universo? Certos soberanos, na França capetíngia e na Inglaterra normanda, imaginaram um dia – ou seus conselheiros imaginaram por eles –, a fim de fortalecer seu prestígio um tanto frágil, assumir o papel de taumaturgos. Eles mesmos convencidos da santidade que lhes conferiam sua função e sua linhagem, provavelmente consideraram ser muito simples reivindicar semelhante poder. Possivelmente se percebeu que uma temida enfermidade por vezes cedia, ou parecia ceder, após o contato com suas mãos, que se consideravam quase unanimemente como sagradas. Como não poderiam ver nisso uma relação de causa e efeito e o prodígio previsto? O que criou a fé no milagre foi a ideia de que haveria de existir um milagre. O que lhe permitiu sobreviver foi também, e à medida que transcorriam os séculos, o testemunho acumulado de gerações que haviam acreditado, e de quem não se duvidava das afirmações, fundadas, aparentemente, na experiência. Quanto aos casos, bastante numerosos, segundo toda probabilidade, em que o mal resistia ao toque dos augustos dedos, estes eram rapidamente esquecidos. Tal é o feliz otimismo das almas crentes.

Em suma, é difícil ver na fé no milagre real outra coisa que o resultado de um erro coletivo: erro mais inofensivo que a maioria dos que aqueles que a história da humanidade está repleta. O médico inglês Carr já constatava, sob Guillaume de Orange, que a crença na eficácia do toque real possuía ao menos uma vantagem, que era a de não ser nociva[1]: grande superioridade sobre bom número de remédios que a farmacopeia antiga prescrevia aos escrofulosos. A possibilidade de recorrer a este tratamento maravilhoso, tomado universalmente como eficaz, pelo menos evitou os doentes de usar métodos mais perigosos.

---

[1] R. Carr, *Epistolae medicinales*, p. 154: "Verbo itaque expediam quod sentio: Contactus regius potest esse (si olim fuit) proficuus; solet subinde esse irritus, nequit unquam esse nocivus". Cf. Crawfurd, King's Evil; sobretudo Ebstein, *Die Heilkraft*, p. 1106.

Desde este ponto de vista – puramente negativo –, temos sem dúvida o direito de imaginar que mais de um pobre homem deveu ao príncipe a sua cura.

Made in the USA
Monee, IL
17 June 2021